JN441705

전쟁과 국제법

제법이론총서 No. 6

전쟁과 국제법

박 재 섭 著
박 기 갑 新編

『전쟁과 국제법』 새로운 판 발행에 붙여

20세기말 베를린 장벽이 무너지고 구 소련이 해체될 때 세상 사람들이 꿈꾸었던 전 세계 평화시대라는 장밋빛 상상과는 달리 세계 도처에는 아직도 국제적 및 비국제적 무력충돌은 끊이지 않으며, 21세기에 들어와서도 줄어들 기미는 좀처럼 보이지 않는다. 전쟁 또는 무력충돌 상황이 야기하는 법적 문제점을 잘 이해하기 위해서는 일단 기본적 이론의 바탕에서 출발해야 할 것이다. 기본은 역사적 맥락을 이해하는 데서 시작하며, 피상적인 설명보다는 과거 국가들의 관행과 저명한 학자들의 학설을 섭렵할 용기가 요구된다. 그리고 이를 위해서는 무엇보다도 훌륭한 지침서가 필요할 것이다.

여기 새로운 판으로 선을 보이는 『전쟁과 국제법』은 박재섭 교수님의 1960년대 초반 박사학위청구논문이다. 감히 평가하건대 지금 와서 다시 읽어봐도 내용과 짜임새 면에서 국제법 관련 서적의 고전이라 할 수 있다. 다만 유감인 것은, 선생님의 명저가 그대로는 한글세대 학생들에게 읽힐 수 없다는 점이다. 그 첫째 이유는 국한혼용(國漢混用)의 문체요, 둘째로는 난해한 용어와 문장구조 때문이다. 선생님의 많은 제자들 중 한 사람으로서 감히 이 책에 손을 댄 것도 바로 이 두 가지 난점을 최소화시킴으로써 누구나 선생님의 명저를 보다 쉽게 읽도록 하기 위함이었다.

저작권에 관한 「일조각」의 양해를 얻어 도서출판 삼우사 조병철 사장의 도움과 2001년 본인의 수업을 들었던 대학원생들의 도움을 받아 시작한 작업은 금방 끝낼 수 있으리라 여겼으나, 그 사이에 학문이 아닌 학교본부 행정을 맡다보니 차일피일 미루어지게 되었다. 지금은 일일이 당시 수강생들의 이름을 기억할 수 없지만 늘 고맙게 생각하고 있으며, 처음부터 마무리 단계까지 교정작업에 참여한 숙명여대 정경수 교수와 연구실 조교들에게 감사의 마음을 전한다. 특히 거의 십년간 미완성인 채 남아 있는 원고를 쳐다보며 꽤나 마음고생을 하셨을 삼우사 조병철 사장께는 마음에서 우러나는 미안함과 고마움을 금할 길 없다.

박재섭 선생님은 법철학적 · 법역사학적 측면에서 인류사에 있어서의 전쟁의 불가피성과 전쟁에 대한 미화론을 단호히 거부하신 후, 오로지 방위전쟁(정당방위, 자위권), 특히 민족과 국가를 망라한 국제단체(국제공동체)의 질서 자체를 파괴하려는 것을 방지하고 진압하기 위한 전쟁에만 적법성을 부여하신다. 또한 비록 전쟁이란 용어를 쓰고 계시지만 그것이 협소하기 때문에 모든 형태의 무력충돌을 포섭하는 개념으로 이해하신다. 이처럼 국제법규칙에 의하여 전쟁의 지위가 제한됨으로써 국제법질서 역시 그 본연의 자태를 가질 수 있으며, 많은 국가 및 국민들 사이에 전쟁은 원칙적으로 금지되어야 한다는 확신이 널리 인식되었을 때 비로소 전쟁의 지위는 유효하게 제한될 수 있다고 갈파하신다.

또한 정식전쟁과 '실질적 전쟁' 개념을 구분하여 국제사회에서 이루어지는 모든 무력사용 형태를 법적으로 규제하는 큰 틀을 만드셨다. 실질적 전쟁이란 종래 전통적 개념에 해당하는 것은 정식전쟁이며, 이 개념에 속하지 않으나 전시법규가 적용되고 국가의 관행에 의하더라도 전쟁이라고 불리는 것으로 무력복구(armed reprisals)가 그 좋은 예이다. 이러한 개념이 등장하게 된 주된 배경으로는 전시법규의 광범위한 적용의 요구와 무력조치의 광범위한 금지의 요구 등이라고 파악하셨다.

이 책에는 한국전쟁을 둘러싼 국제연합의 개입과정과 국제연합군의 법적 성격을 둘러싼 논쟁이 자세하게 언급되어 있다. 또한 '평화를 위한 단결' (유엔총회 결의 제377호)을 둘러싼 법적 논쟁과 인용된 사례, 초창기 평화유지군(PKO)의 창설과정, 자결권 논의 및 1977년 추가의정서 채택과정에 대한 상세한 설명은 일반 교과서에서는 찾아볼 수 없는 매우 중요한 사료라고 생각된다.

참고로 혹시 아직 국제법 이론에 충분한 지식이 없는 독자라면 이해하기 어려운 서론과 제1장보다는 일단 제2장 국제연맹규약 이하 부분을 우선 읽기를 권유한다. 여기에는 침략의 개념정의, 자위권 내지 정당방위의 발전 등 국제법, 특히 무력사용에 관한 주요 내용은 모두 포함되어 있어 지식의 폭을 넓힐 수 있을 것이며, 선생님의 책에 담긴 내용은 비단 무력사용 관련 법에만 국한되지 않고 오늘날의 국제형사법과 국제인도법을 관통하기 때문에 지평을 넓히는 좋은 기회가 되리라 믿는다.

신판을 내는 과정에서 1963년 발간된 원판과 비교하여 수정된 주요 항목은 다음과 같다. 첫째, 한자는 모두 국문으로 바꾸는 것을 원칙으로 하였으며, 혼동될 우려가 있는 경우에는 국문 뒤에 한자를 괄호처리하였다. 또한 오늘날 거의 사용되지 않는 표현(가령 과문(寡聞)에 의하면 등)은 쉬운 한글체로 바꾸었다. 둘째, 몇몇 전문용어는 가급적 현대적인 것으로 고쳤으나(가령 코르푸수로사건→코르푸해협사건, 종족주의→인종차별), 국제조직(국제기구) 등 지금까지 제한적으로 사용되는 경우 그대로 두었다. 하지만 선생님께서는 일본식 표기의 '재판소' 대신 '법원(法院)' 이란 용어를 고집하셨기 때문에 '국제사법법원' 이란 표현은 그대로 두었다. 한편 책을 읽다 보면 요즈음 세대에게는 익숙하지 아니한 용어나 표현이 나온다. 가령 '중공' 이 대표적이다. 하지만 선생님의 집필 당시 유효했던 것이기에 그대로 두었다. 선생님이 책을 집필하셨던 시대에서 거의 반세기가 흘렀기 때문에 현격히 내용적으로 차이가 나는 부분은 본문 중에 (참고)라는 보완적 설명을 달았다. 셋째, 띄어쓰기의 경우 60년대 초 당시와 오늘날 차이가 있기 때문에 현대적 용법에 따랐으며, 본문의 많은 인용문은 원판과는 달리 글자 크기와 문단구조를 달리하여 보다 쉽게 읽힐 수 있도록 하였다. 넷째, 본문의 외국인명과 지명의 경우 선생님은 한글과 원어를 병기하셨으나(가령 매크네아McNair, 뢰터Reuteur 등), 신판에서는 원어만 표기하는 방식을 취하였다.

전반적으로 볼 때 선생님의 문장은 상당히 어렵지만 찬찬히 읽어보면 의미 이해는 충분히 가능하다고 판단되어 대부분 1963년 원판 그대로를 살리도록 노력하였으며, 선생님의 번역 스타일은 의역이 아닌 직설적 해석이라고 판단되어 이 역시 거의 그대로 두었음을 밝힌다. 선생님의 저서에는 형식적인 측면에서 반드시 있어야 할 결론부분이 없어 개인적으로 상당히 의아하게 생각되지만, 혹시 상당히 길게 쓰신 서론으로 결론 역할까지 대신하려는 의도가 아닐까 짐작할 따름이다.

끝으로 선생님이 교단을 떠나시기 전에 집필하셨던 「1949년 제네바 협약들에 대한 1977년의 제2부가의정서: 내란에 적용될 전시법규의 새로운 발전」 논문을 발굴하여 신판의 부록으로 달았다. 이 논문은 선생님께서 주장하신 '실질적 전쟁' 의 범위에 포함되며, 선생님의 저서 내용을 보완할 수 있다고 판단되었기 때문이다. 이 논문에 사용된 용어 역시 위에서 언급한 신판 편제 원칙 및 대한적십자사의 공식번역본에 맞추어 약간 손질하였음을 밝힌다.

지금도 사람들은 국제법이 전쟁 또는 무력충돌을 방지하거나 규율하는 데 무슨 역할을 하는가에 대해 의구심을 갖는다. 이 점에 대해서는 구차한 설명보다는 박재섭 선생님께서 폭력행사에 대한 국내법 학자들이 갖는 국제법 평가절하 시각에 대해 반박하신 문구로 대신하며 신판 머리말을 맺는다.

"국가에서는 구성원 사이의 폭력금지의 전제가 되는 것이 확립되었고 국제사회에서는 그렇지 못하다는 것이 너무 과대시되고 국제법에서의 전쟁금지는 공문화(空文化)된 것이라는 주장은 삼가야 할 것이다. 이러한 주장에는 법은 현실과 꼭 부합되어야 한다는 그릇된 생각이 잠재하고 있다. 그뿐 아니라 우리가 세계 모든 국가들을 총괄하여 보면 무력에 의한 법질서의 교란 또는 전복이 빈번히 일어나며, 질서가 잘 잡힌 국가 내에서도 다양한 폭력사례가 발견되고 있음에도 불구하고 국내법에서는 일반적으로 폭력의 행사가 금지되었다는 것을 부인하는 자는 드물다."

2010년 2월

박 기 갑

서 문

제1차대전 후의 새로운 국제법 규칙에 비추어 전쟁의 지위가 어떻게 제한되었느냐 하는 문제와 이 문제의 전제로서의 전쟁개념이 이 책에서 다루어졌다. 그런데 국제법학 이외의 학문적 구명에 있어서의 이러한 문제 및 개념이 서론에서 별견(瞥見)되지 않을 수 없었고, 또 특히 국제연합헌장의 관계조문에 관한 논쟁에 언급되지 않을 수 없었으므로 이 책의 여러 부분의 분량 사이의 균형이 적절하지 않다고 생각되는 점도 있다.

전쟁문제에 관하여 이미 발간된 무수한 국제법서적과 논문 중에서 이 책에서 직접 참조된 것은 극히 제한된 수에 불과하나, 적어도 국제법에 있어서 전쟁지위에 관한 주된 문제는 이 책에서 구명되었다고 생각된다.

그러나 전쟁이란 어렵고 큰 문제를 필자의 문제로서 다룰 수 있느냐 하는 회의는 이 책의 내용의 구상 때부터 오늘날까지 계속되고 있다. 그럼에도 불구하고 감히 붓을 들었고 극복되리라고 생각되지 않았던 난관을 돌파하려고 계속 노력하여 드디어 이 책을 내놓게 한 것은 전쟁문제에 대한 필자의 강렬한 관심 때문이다. 인간의 자유와 세계평화는 국제법의 한 학도로서의 필자의 머릿속에 떠난 일이 없었다. 개개인의 기본적 권리 또는 인류의 평화에 관하여 자기의 의견을 떳떳이 다른 이 앞에 내놓을 수 있는 자는 확고한 세계관 및 심오한 학식과 고매한 인격을 가져야 한다는 것을 필자는 굳게 믿고 있다. 이 책이 독자 여러분 앞에 떳떳이 내놓여진 것과는 요원한 거리가 있다는 것을 필자는 몇 번이고 되풀이하고자 한다. 전쟁문제를 이 책에서와 같은 각도에서 비교적 포괄적으로 그리고 상세히 구명한 전문서적은, 적어도 저자가 아는 한, 우리나라에서는 아직까지 발간되지 않았으므로, 이 책이 같은 문제를 연구하시려는 학도에게 조금이라도 도움이 될 것을 필자는 희원할 뿐이다. 또 이 책을 읽으실 일반독자가 연속하여 일어나는 국제 무력행사의 여부에 관하여 보다 정확한 판단을 갖게 되실 것을 바라는 것은 필자의 과한 욕심은 아닐 것이다.

끝으로 특별연구비를 주신 고려대학교 당국, 여러 가지로 조력하여 주신 이충영 교수, 원고정리와 교정을 돌보아주신 법학석사 이효근, 박경수, 박수길 및 유태윤 제군과 특별히 출판의 편의를 제공하신 한만년씨에게 필자는 뜨거운 감사를 드리는 바이다.

1963년 12월

著者 識

목 차

약 호

이 논문에서 직접 참조된 주된 참고서와 그 약호는 다음과 같다.

AD; ILR	Annual Digest and Reports of Public International Law Cases; International Law Reports.
AJ	American Journal of International Law.
Anzilotti	Anzilotti (D): Lehrbuch des Völkerrechts(übersetzt von Cornelia Bruns und Dr. Karl Schmit), 1929.
Archiv	Archiv des Völkerrechts.
Aron	Aron (Raymon): On War, Atomic Weapons and Global Diplomacy(translated by Terence Kilmartin), 1958.
Berber	Berber (Friedrich): Lehrbuch des Völkerrecht, II Bände, 1960-1962.
Bishop, Jr.,	Bishop (Jr., William W.): International Law, Cases and Materials, 1951.
Bowet	Bowet (D. W.): Self-defense in International Law, 1958.
Brierly	Brierly (James Leslie): The Law of Nations, 1955.

Brierly, The Basis of Obligation	
	Brierly (James Leslie): The Basis of Obligation in International Law and Other Papers(edited by H. Lauterpacht......), 1958.
Briggs	Briggs (Herbert W.): The Law of Nations, Cases, Documents and Notes, 1952.
BY	British Yearbook of International Law.
Castrén	Castrén (Erik): The Present Law of War and Neutrality, 1954.
Cheng	Cheng (Bin): General Principles of Law, 1953.
Clausewitz	Clausewitz (Carl von): On War(translated by Colonel J.J. Graham), 3 volumes, 1956.
Corbett	Corbett (P.E.): Law and Society in the Relations of States, 1951.
Corbett, Study	Corbett (P.E.): The Study of International Law, 1955.
Dahm	Dahm (Georg): Völkerrecht, 3 Bände, 1958-1961.
De Visscher	De Visscher (Charles): Théories et Réalités en Droit International Public, 1955.
Eageton	Eagleton, (Clyde): The Attempt to Define War, International Conciliation, 1933.
Fenwick	Fenwick (Charles G.): International Law, 1948.
Fenwick, Case	Case on International Law, 1951.
Fraenkel	Fraenkel (Ernst): korea-Ein Wendepunkt im Völkerrecht, 1951.
Frye	Frye (William R): A United Nations Peace Force, 1957.
Goodrich, Korea	Goodrich (Leland M.): Korea,, 1958.
Goodrich and Hambro	Goodrich (Leland M.): and Hambro (Edvard): Charter of the United Nations, 1949.
Goodrich and Simons	Goodrich (Leland M.): and Simons (Anne P.): The United Nations and the Maintenance of International Peace and Security, 1957.
Greenspan	Green (Morris): The Modern Law of Land Warfare, 1959.

Grob	Grob (Fritz): The Relativity of War and Peace, 1949.
Grotius	Grotius (Hugo): De Jure Belli ac Pacis(1629) (übersetzt ins Deutsche von Walter Schätzel), 1950.
Guggenheim	Guggenheim (Paul): Traité de Droit International Public, 2 tomes, 1953-1954.
Guggenheim, VB	Guggenheim (Paul): Der Völkerbund, 1932.
Hall	Hall (W. E.): A Treatise on International Law(edited by A. Pearce Higgin), 1924.
Hatschek	Hatschek (Julius): Völkerrecht, 1923.
Heydte	Heydte (Friedrich August Freiherr von der): Völkerrecht, I , 1958.
Horwitz	Horwitz (Solis): The Tokyo Trial, International Conciliation, 1950.
Hudson	Hudson (Manley O.): Cases and Other Materials on International Law, 1951.
Hudson, Legislation	Hudson (Manley O.): International Legislation, 9 volumes, 1931-1950.
Hyde	Hyde (Charles Cheney): International Law, 3 volumes, 1951.
IO	International Organization.
ILM	International Legal Materials.
Jahrreiss	Jahrreiss (Hermann): Mensch und Staat, 1957.
Jessup	Jessup (Philip C.): A Modern Law of Nations, 1952.
Kelsen	Kelsen (Hans): Principles of International Law, 1952.
Kelsen, UN	Kelsen (Hans): The Law of the United Nations, 1951.
Kotzsch	Kotzsch (Lothar): The Concept of War in Contemporary History and International Law, 1956.
Lawrence	Lawrence (T.J.): Principles of International Law, 1910.
Lauterpacht, Recognition	Lauterpacht (H.): Recognition in International law, 1947.
McNair	McNair (Arnold Duncan): Legal Effects of War, 1948.
McNair, Opinions	International Law Reports(selected and annotated by McNair, Arnold Duncan), 3 volumes, 1956.

Menzel	Menzel (Eberhard): Völkerrecht, 1962.
Mirkine-Guetzêvitch	Mirkine-Guetzévitch (B.): Droit Constitutionnel International, 1933.
Mirkine-Guetzévitch, Constitutions	Mirkine-Guetzévitch (B.): Les Constitutions Européennes, 2 tomes, 1951.
Nussbaum	Nussbaum (Arthur): A Concise History of the Law of Nations, 1954.
Oppenheim-Lauterpacht	Oppenheim (L.): International Law, Vol. I (8th. edition, 1955), Vol. II (7th. edition, 1952)(edited by H. Lauterpacht).
Orfield and Re	Orfield (Lester B.): and Re (Edward D.): Cases and Materials on International Law, 1956.
Picht	Pitcht (Werner): Vom Wesen des Krieges und vom Kriegswesen der Deutschen, 1952.
RC	Recueil des Cours, Académie de Droit International.
Redslob	Redslob (Robert): Traité de Droit des Gens, 1950.
Reibstein	Reibstein (Ernst): Völkerrecht, Eine Geschichte seiner Ideen in Lehre und Praxis, I, 1958.
Reuter	Reuter (Paul): Droit International Public, 1958.
Ross	Ross (Alf): A Text-book of International Law, 1947.
Salmon	Salmon (Andre): L' O.N.U. et la Paix, 1948.
Sauer	Sauer (Wilhelm): System des Völkerrecht, 1952.
Sauer, Ernst	Sauer (Ernst): Grundlehre des Völkerrechts, 1955.
Scelle	Scelle (George): Précis de Droit International Public, 2 tomes, 1932-1934.
Schwarzenberger, Manual	Schwarzenberger (Georg): A Manual of International Law, 1952.
Schwarzenberger, Nuclear Weapons	Schwarzenberger (Georg): The Legality of Nuclear Weapons, 1958.
Schlohauer	Schlohauer (Hans Jürgen): Die Idee des Ewigen Friedens, 1953.

Sibert	Sibert (Marcel): Traité de Droit International Public, 2 tomes, 1951.
Singh	Singh (Negendra): Nuclear Weapons and International Law, 1959.
Sohn	Sohn (Louis B.): Cases on United Nations Law, 1956.
Stone	Stone (Julius): Legal Controls of International Conflict, 1954.
Stone, Aggression	Stone (Julius): Aggression and World Order, 1958.
Strupp	Strupp (Karl): Eléments du Droit International, 3 tomes, 1930.
Strupp-Schlohauer	Wörterbuch des Völkerrechts, begründet von Karl Strupp, in zweiter Auflage herausgegeben von Hans-Jürgen Schlohauer, 3 Bände, 1960-1962.
Thomas and Thomas	Thomas (Ann Van Wynen): and Thomas (Jr., A.J.): Non intervention, 1956.
United Nations Ten Years	The United Nations Ten Years' Legal Progress, Collection of Essays, 1956.
Verdross, VR	Verdross (Alfred): Völkerrecht, 1959.
Verdross, Verfassung	Verdross (Alfred): Die Verfassung der Völkerrechtsgemeinschaft, 1926.
Westlake	Westlake (J.): International Law, 1913.
Widmer	Widmer (Hans): Der Zwang im Völkerrecht, 1936.
Wilson	Wilson (George Grafton): International Law, 1921.
Wright	Wright (Quincy): A Study of War, 2 volumes, 1942.

국제연합 및 국제연맹 관계 약호

GAOR(,Supp.)	General Assembly, Official Records(,Supplement).
ICJ, Reports	International Court of Justice, Reports of Judgements, Advisory Opinions and Orders.
Resol.	Resolution(of Organs of the United Nations).
SCOR(,Supp.)	Security Council, Official Records(,Supplement).
UN Doc. or Doc.	United Nations Document.
UNCIO	The United Nations Conference on International

	Organization or Documents of the United Nations Conference on International Organization, San Francisco, 1945, 16 volumes, 1945.
UNYB	United Nations Year Book.
LNOJ	League of Nations, Official Journal.

서 론

1. 전쟁(war, krieg, guerre)이란 말[1]은 우리의 일상생활에서 또 국제법에서 오늘날 여전히 쓰이고 있다. 그런데 국제법에서 이 용어가 일반국제법의 규칙에 의하여 정의되어 있는 것이 아니므로 전쟁개념에 관하여 국제법학설 사이에 의견의 대립이 계속되어 오고 있다. 따라서 전쟁에 관한 국제법 상의 어떤 문제가 취급될 때에는 전쟁에 관한 어떤 개념이 전제되어야 할 것이다. 여러 가지 규모로 나타나는 전쟁 자체의 국제법상의 합법성의 한계문제를 취급하는 전쟁지위의 제한을 논함에 있어서도 종래 논쟁이 되어 온 전쟁의 개념이 검토되어야 할 것이며, 그렇지 않으면 전쟁의

---

1) 'war' 라는 말은 중세영어 및 고대 후기 영어에서는 'werre' 로서, 이 말은 고대 북부 불어 'werre' (고대 불어 및 불어의 'guerre')에서 왔으며, 또 이 말은 고대 표준독어 'werra' (추문, 싸움, 동란, 선동이란 의미, 일설에서는 혼란이란 의미)에서 온 것이다(The Webster's New Dictionary, 1959, p. 2871; The Concise Oxford Dictionary, 1931, p. 1391. Cf. Berber, II, S. 1). 전쟁이란 말은 일찍부터 쓰여진 것 같다. 人人自安樂, 無戰爭之患(史記 秦始皇記); 更相戰爭(後漢書 董卓傳); 芝對孫權曰, …則戰爭方始耳(蜀志, 劉芝傳); 呂氏春秋曰, …爲戰爭起於炎黃之際也(事物紀元, 戰陳攻守部, 戰爭); 大漢和辭典, 日本東京 大修館書店 刊行 卷五, 1962, 40~42면.

합법성의 한계도 그어질 수 없는 것이다. 그런데 전쟁은 사회현상을 다루는 사회과학의 다른 부문에서도 연구되고 있는 것은 되풀이될 필요도 없다.[2] 이러한 다른 부문에서의 전쟁개념[3]을 별도로 살펴보는 것은 국제법상의 그 개념을 검토하는 전제로서 필요하다고 생각된다. 왜냐하면 국제법학에 있어서 비교적 널리 취하여진 전쟁개념은 너무나 협소하게 규정되었고 따라서 현실과 유리되었다고 생각되는데,[4] 이러한 개념 검토에 전쟁이라는 현상을 보다 구체적으로 파악하려는 입장은 좋은 시사를 주는 데 틀림없을 것이기 때문이다.

Wright는 사회학적 견지[5]에서 "전쟁은 그러므로 집단 사이의 폭력을 포함한 충돌이 사회적으로 승인된 한 형태"라고 말하고 있으며,[6] 또 "…보다 최근의 사회학자는… 전쟁을 국제적대행위에 대하여서와 같이 계급, 산업, 가족 및 국내투쟁에 적용되는 것으로서 충돌이라는 류(類)의 하나의 종(種)으로 보려는 경향에 있다"고 말하고,[7] 또 "현대 사회학자는 전쟁은

---

2) Wright, I, pp. 423~437, II, pp. 701~716.

3) Wright의 다년간의 연구의 결정인 『전쟁의 연구』에 요약된 바에 의하면(주 2) 각 사회과학에서 전쟁의 개념은 일반적으로 취급되고 있지 않은 것 같으며, 다만 사회학의 입장에서의 전쟁개념은 이 책에서 많이 언급되고 있다. 다음에 우선 이러한 개념이 인용될 것이다.

4) 제1장 제1절 1. B 참조. 다음에 종래 비교적 널리 취하여진 전쟁개념을 표시하기 위하여 종래의 일반적인 전쟁개념 또는 전통적인 전쟁개념이란 말이 쓰이는데 이것은 다음에 명명될 "정식전쟁"의 개념으로서 전쟁을 하나의 상태로 보는 것이다(제1장 제1절 2. B, C). Grotius가 이 개념을 취하였는데(Grotius, S. 47, Buch I, Kap. I, II, 1), 이 개념은 그 당시 수락되었고 그의 명저 『전쟁법 및 평화법』의 위대한 영향력과 더불어 수백년간 유지되어 왔다(Kotzsch, pp. 38~39). 또 19세기에 삼권분립제하에서 행정부의 전쟁선언에 입법부의 동의를 요하게 되자, 이와 같은 구속을 면하기 위하여 전쟁이라는 명칭을 붙이지 않는 무력행사를 행하는 경향도 한편에 있어 Grotius의 전쟁개념을 지지하는 데 도움이 되었다고 생각된다(Cf. *ibid.*, pp. 42~43). 그러나 이 경향은 또 한편에 있어 전쟁상태설에 대한 비판과 검토를 촉구하였다(*Ibid.*, pp. 40~44).

5) Cf. Helmut Shoek, Soziologie: Geschichte ihrer Probleme, 1952, S. 16, 346~347; R.M. Maclver, Sociology, Encyclopaedia of the Social Sciences, The Macmillan Company, New York, Vol. 14, 1957, pp. 232ff.

6) Wright, I, p. 10. 또 그는 다음과 같이 말하고 있다. "추상적으로 사회과학적 견지는 제도화된 집단 사이의 충돌로서 전쟁을 생각한다"(*Ibid.*, I, p. 423).

집단생활을 항구화하며 보전하는 특수한 기능을 가진 사회적인 상호작용과 집단적 행동의 한 형태라고 생각한다"라고 말하고 있다.[8] 위에서 인용된 사회학적 입장에 의하면 전쟁개념은 우리가 보통 전쟁이라 칭하는 것보다 훨씬 광범위한 사회현상을 포함하고 있다. 기업주와 노동자 사이의 노동쟁의도 또 심지어 가족상호간의 싸움도 전쟁개념에 포함되고 있다.[9]

그런데 Kotzsch에 의하면 사회학적 개념으로서 전쟁을 특징지우는 표준은 다음 세 가지에 귀착된다는 것이다. "첫째, 전쟁은 진행중에 있는 무력충돌이다. 둘째, 이 무력충돌은 정치적 집단에 의하여 행해져야 한다. 셋째, 전쟁은 정치질서에 있어 새로운 안정성을 가져오기 위하여 이루어진다."[10] 이 견해에 나타난 사회학적 전쟁개념과 위에서 인용된 그것이 대비될 때 적어도 "집단"이란 말 대신 "정치적 단체"란 말이 사용되고 "폭력을 포함한 충돌"이 "무력충돌"로 제한되었다는 점에 있어, 이 견해에 나타난 전쟁개념이 보통 사용되는 전쟁이란 말의 의미에 더 가까운 것이라고 생각된다. 여기서 한 걸음 더 나아가서 정치적 단체 중에서도 국가들 사이의 무력충돌이 현대사상에 있어 전형적으로 전쟁으로 취급된다는 견해[11]는 적절하다고 생각된다.

사회학적 입장에서 전쟁이 전형적으로 국가간의 무력충돌로 생각된다 하더라도 여기에는 국가간의 모든 무력충돌이 포함된다는 점에 있어 그 전쟁개념은 종래 국제법학에서 일반적으로 지지된 전쟁개념[12]보다는 넓다.

---

7) *Ibid.*, II, p. 705.

8) *Ibid.*

9) Wright 자신은 전쟁의 군사적 · 심리학적 · 법적 및 사회학적 표명을 분석한 다음, 전쟁을 각 교전자의 입장에서 본다면 그것은 군사활동, 심리학적 긴장, 법적 힘 및 사회통합의 극단의 강화로 생각될 수 있다는 것이다(*Ibid.*, I, p. 698).

10) Kotzsch, p. 22.

11) Alvin Johnson, War, Encyclopaedia of the Social Sciences, *op. cit.*, 15, pp. 331ff.

12) 주 4 참조.

Osgood도 그의 "제한전쟁"론에서 전쟁에 관하여 다음과 같은 견해를 표명하고 있다.

> "전쟁이란 주권국가들 사이에 있어 서로 상대방에 대하여 자국의 의사를 관철하기 위하여 행하여지는 조직적 무력충돌로서 가장 간단히 정의될 수 있다. 그러나 국제충돌의 다른 형태에 당연히 적용되는 것과는 전혀 다른 일련의 규칙 및 고려가 적용되는 단일의, 단순한, 그리고 동일형태의 실체(entity)로서 또는 그 자체로서 독립한 것으로서 전쟁을 생각하는 일은 과오일 것이다. 국제충돌의 복잡하고 다양한 성질에 비추어 격렬성 및 범위가 커가는 국제충돌 형태 중 가장 극단적인 형태가 전쟁이라고 보는 것이 더 현실적이다. 이 충돌의 규모에 따라 주권국가는 다른 국가와의 충돌에 있어 그들의 의사를 여러 가지 군사적 및 비군사적 강제수단에 의하여 관철하려는 것을 우리는 생각할 수 있다. 그러나 그 규모의 어떤 정도 내지 수준부터 충돌이 전쟁이 되느냐 하는 것은 어떤 정의도 정확히 정할 수 없다. 이러한 의미에서 전쟁이란 정도의 문제이며 그 자체가 격렬성 및 범위의 상이한 정도를 포함하고 있다."[13]

여기서 인용된 바와 같이 Osgood은 전쟁이라 불려지는 것 중에 그 격렬성과 범위에 차이가 있는 것이 포함되고 있으며 따라서 획일적 전쟁개념이 배제되어야 할 것으로 보고 있다.

그리고 이러한 견해는 저명한 군사이론가 Clausewitz에게서 이미 표명되고 있다. 그에 의하면 "전쟁이란 우리의 적대자에게 대하여 우리의 의사를 강제하기 위한 폭력행위"이며,[14] 전쟁의 목적(적을 우리의 의사에 강제적으로 복종시키는 궁극의 목적과 그 목적에 도달하기 위하여 적을 무장해제시키는 것)과 이 목적을 위하여 서로 상호동원되는 힘(모든 이용될 수단과 의사의 힘)이 추상적으로 생각될 때에는 전쟁은 극단에 이를 것이나, 현실에 있어서

13) Osgood, p. 20.

14) Clausewitz, I, p. 2.

는 전쟁은 보통 그렇게 극단에 이르는 것은 아니며, 특히 전쟁의 근원적 동기로서의 정치적 목적이 군사력의 목표 및 행하여질 노력의 한도를 결정하는 표준일 것이며, "치열한 전쟁으로부터 단순한 정찰군의 사용에 이르기까지 그 중요성 및 사용되는 힘이 다른 모든 정도의 전쟁이 있을 수 있다"[15]는 것이다.

그리고 Osgood은 그가 미국의 대소련정책의 하나로서 제의하는 소위 제한전쟁의 하나의 예로서 1948~1949년의 소련에 의한 베를린봉쇄와 이에 따른 미국의 공수(空輸)를 들고 있다.[16]

2. 이미 언급된 바와 같이 전쟁의 개념규정 문제가 제기된 것은 전쟁지위의 제한문제의 전제로서이다. 전쟁지위의 제한은 소위 정당한 전쟁설로서[17] 일찍부터 주장되었다. 그러나 전쟁지위의 제한이 국제법상 특히 중요한 의의를 갖게 된 것은 제1차대전 종결 이후의 일이다. 이 대전 후 국제연맹규약 및 전쟁포기조약 같은 많은 국가가 가입한 조약에 의하여 전쟁이 넓은 범위에서 금지되었고 또 제2차대전후 국제연합헌장에 의하여 전쟁금지의 범위는 더 명확해졌고 또 전쟁에 이르지 않는 것에까지 확대되었다. 이러한 국제법의 경향은 제1차 및 제2차 대전의 참화를 겪은 직후의 인류의 공통된 확신을 떠나서 생각될 수 없다. 살상, 파괴, 약탈 및 그 밖의 조직적 대규모의 폭력이 공공연하게 자행되고 합법시되는, 그리고 시시각각으로 발전되는 신병기 및 그 밖의 전투수단으로 인류의 파멸을 가져올 수 있는 전쟁은 금지되어야 한다는 대전 후의 인류의 절실한 염원과 확신이 위에서 언급된 바와 같이 국제법에 나타나게 된 것이다. 그러나 국제법에 규정된 바와 같이 전쟁지위의 제한이 가능한 것이냐, 또 가능

15) *Ibid.*, I, p. 13.
16) Osgood, p. 123.
17) 제1장 제2절 2. B.

성이 있다 하더라도 전쟁의 금지가 과연 염원될 성질의 것이냐, 다시 말하면 전쟁이 있는 것보다 없음으로써 인류의 행복 및 발전향상이 더 기대될 수 있느냐 하는 문제는 국제법규칙이나 국제법학만으로 답변될 수는 없다. 반면에 이러한 문제에 대한 답변이 없는 한 전쟁을 넓은 범위에서 금지하려는 국제법규정은 기껏해야 회의의 대상밖에 되지 않을 것이다.

A. 인류 역사상 무수한 전쟁의 여러 가지 원인 중에서도 권력의 확장, 즉 정복이 현저하였다. 또 인류는 원시시대부터 전쟁을 알고 있었고 역사의 대부분을 전쟁 속에서 보냈다는 그릇된 생각이 널리 퍼져 있다. 이로 인하여 전쟁은 인간의 생물학적 필연성이라고 생각되는 경향도 있으나[18] 이는 최근의 생물학 및 역사학의 연구에 의하여 지지될 수 없다는 것이다.[19]

---

18) Cf. Joachim von Elbe, The Evolution of the Concept of the Just War in International Law, AJ, 1939, p. 165.

19) "생물학적 필연성으로서의 전쟁의 정당화에 대하여서는 다음과 같이 반박된다. 즉 일반적으로 동물세계에 있어서는 동종의 동물 사이의 투쟁은 거의 없다는 것, 동물의 타종의 동물에 대한 수렵(…여우의 닭에 대한)은 인간들 사이의 전쟁이 아니고 동물에 대한 수렵 또는 도살장의 인간의 관행에 부합한다는 것, 아프리카의 원시림 속에 사자, 표범…코끼리는 의식적으로 상봉을 피한다는 것, 사슴… 및 쌈닭 사이의 투쟁은 전쟁욕보다는 잡아뜯는 욕망에 부합한다는 것, 그 자체와 동종의 것에 대한 병사 및 전쟁을 갖는 하나의 사회적 조직을 이루고 있는 것은 무엇보다도 개미이지만(W.M. Wheeler, Social Life among the Insects, 1923(Berber, II, S. 17에서 재인용)), 이것은 최근의 연구에 의하면 막다른 골목에 빠졌고 정지하여 침체되었고 비개성화하여 임무에 흡수된 것으로 표지된다는 것(Teilhard de Chardin, The Phenomena of Man, 1959, p. 1953(*Ibid.*에서 재인용))이다." 특히 Wilhelm Schmidt는 다음과 같이 확언하고 있다. '주권적 대가족, 이 원시국가적인 형성체는 완전히 평화적이며 그뿐 아니라 우호적 성질을 갖는다. …남의 영역을 뺏기 위한 정복전쟁은 원시문화에 있어서는 거의 없다. …그 자체에서 전쟁의 소질을 가지고 전쟁을 좋아하였던 종족 및 민족을 원시문화는 알지 못한다. …왜냐하면 이 현상은 하나의 일시적이고 과도적 현실을 나타내는 것이 아니고 하나의 다음과 같은 현실, 즉 본질적 특징에 있어서 몇 천년에 뻗치고 따라서 인간의 역사의 포괄적으로 가장 긴 기간(즉 석기시대 이전의 목기 및 골기시대와 전 전기구석기시대)를 망라하는 현실이기 때문이다(Handbuch des Weltgeschichte, herausg. v. A. Randa, Bd. I, 1958, S. 77ff.(*Ibid.* S. 20에서 재인용)). 그러므로 전쟁을 인간의 하나의 생물학적 필연성으로 주장하는 것은 역사적으로 근거세워지지 않는다. 도리어

또 Wright가 인용한 바에 의하면 "당신은 심리학자로서 국가들 사이의 전쟁을 불가피하게 하는 근절될 수 없는 본능적인 요인이 인간의 성질 속에 있다고 주장합니까"라는 질문에 대하여 미국심리학회(The American Psychological Association) 회원 528명 중 346명은 그렇지 않다고 답변하고 22명의 답변은 애매하였으며 150명으로부터는 답이 없었고 10명만이 그렇다고 긍정하였다는 것이다.[20] Radbruch는 다음과 같이 말하고 있다.

> "자기 자신 위에 세워진 위험에 있어 자신을 확보하려는 모험충동, 개별적인 나를 세계적인 나로 확장하려는 파우스트적인 열망, 현존의 규율되지 않는 다채성과 충만, 위험하게 사는 것은 그러므로 법의 규율 및 질서에 내적으로 반항하였으며, 의식적 또는 무의식적으로 1914년 전에 또 1933년 후에도 더욱 숨김없이 잔인하게 전쟁낭만으로, 그리고 그 중간에는 비밀결사의 낭만으로 향하여 갔던 것이다."[21]

정상적이고 예기되며 규칙적인 것을 벗어나서 비정상적이고 우연적이며 신기한 것을 찾는 모험의 충동 또는 자신의 전 생명을 걸어 무엇인가를 감행하는 데서 생활의 보람을 느끼는 우리의 성질은, Radbruch가 말한 바와 같이 부정될 수 없으며 이것이 우리를 전쟁으로 이끌어갈 수 있는 것이다. 그러나 Radbruch는 이어서 다음과 같이 말하고 있다. "그러나 이러한 기분에는 윤리적 요구가 결합된다. 사람과 사람 사이에 보호하는 울타리를 세우는 데 법이 성공하면 할수록 싸움에서 서로 겨누려는 유인은 그

전쟁은 일정한 전제하에서 나타난 인간의 행동이며, 그 행동은 과거에 있어 다른 전제하에서는 나타나지 않았고, 또 장래에 있어 부합하는 전제하에서 일어남을 요하지 않는다" (*Ibid.*, S. 21).

20) John M. Fechter, The Verdict of Psychologists on War Instincts, Scientific Monthly, XXXV, August 1932, pp. 142~145(Wright, II, p. 1198에서 재인용). Cf. *ibid.*, II, pp. 704~705.

21) Gustav Radbruch, Einführung in die Rechtswissenschaft, 1952, S. 238.

만큼 사라졌다."[22] 또 뒤에 언급될 바와 같이 미덕으로 발전할 수 있는 모험의 충동은 전쟁이 아니라도 충족시킬 수 있는 것이다.

Clausewitz는 전쟁을 정치적 교통의 하나의 양상이며 정책의 하나의 수단에 지나지 않는 것으로 보고 있다.[23] 그렇다면 전쟁의 금지는 불가능한 것이 아니냐 하는 의문이 당연히 생기게 된다. 인간은 사회적 동물이며 정치 없는 사회라는 것이 생각될 수 없고,[24] 전쟁은 정치의 하나의 표현양식이므로 부단히 반복될 가능성을 갖는다고 생각될 수 있지 않는가? 그러나 Clausewitz는 전쟁의 성질을 정치적 교통의 한 양식 및 정책의 한 도구에서 찾은 것이지, 그가 정치적 단체 사이의 중대한 충돌 또는 적개심을 전쟁 아닌 수단에 의하여 해결 또는 무마할 수 있는 일반적 가능성을 배제하는 단정을 위에서 말한 것이라고는 생각되지 않는다.

또 현실주의자라는 자기의 기치를 내세우고 오늘날 국제정세에 비추어 정치에 있어 의연히 폭력이 배제되지 않고 있다는 것을 지적하고, 또 핵무기에 의한 총력전 이전의 전쟁에 대비할 것을 서방측에 경고하고 있는 Aron[25]과 또 오늘의 공산주의에 대비하여 미국이 총력전, 무저항 또는 비효과적인 저항 삼자택일의 딜레마에 빠지지 않기 위해서는 제한전쟁을 성공적으로 이룰 수 있는 정책을 세워야 할 것을 종용하고 있는 Osgood[26]에 대하여서도 위에서 Clausewitz에 대하여 우리가 말한 것과 같은 것이 타당하다. 즉 전쟁이 오늘에 있어서도 정책의 한 도구, 특히 공산주의측의

22) *Ibid.*

23) "…전쟁은 하나의 정치적 행위일 뿐 아니라 또 하나의 현실적인 정치적 도구, 정치적 교통의 하나의 계속, 정치적 교통의 다른 수단에 의한 하나의 실행이라는 것을 우리는 알게 된다. 이것 이상으로 전쟁에 독특한 것은 전쟁에 사용되는 독특한 수단에 관계된다.…" (Clausewitz, I, p. 23. Cf. *Ibid.*, III, 121ff.).

24) Aristoteles가 이미 인간을 정치적 동물(zoon politicon)이라고 말하였다(Aristoteles, Politik, I, Buch, 2. Kap., Deutsche Aufgabe von Rolfes, 1922, S. 4(Archiv, 1962, S. 132에서 재인용)).

25) Aron, pp. 12~13, 40.

26) Osgood, p. 1. Cf. *ibid.*, p. 2.

잠식의 한 수단인 데 비추어 서방측은 이에 대비하여야 된다는 그들의 의견이 전쟁 이외의 수단에 의하여 공산주의 침투를 방지할 가능성을 배제하는 것은 아니며, 더욱이 일반적으로 전쟁을 방지할 수 없다는 것을 말한 것은 아니다.[27]

또 Aron과 Osgood의 견해의 직접적인 동기를 이루는 것은 말할 것도 없이 공산주의진영, 특히 소련의 전쟁관 및 이에 따르는 그의 행동이다. Lenin이 전쟁을 정치의 하나의 표현양상으로 보는 점에 있어서는 Clausewitz에 따른 것이나, Lenin 및 그의 후계자에게 있어 특이한 것은 계급국가관에 입각한 전쟁의 의의의 구명이었다.[28] 러시아에서 볼셰비키 혁명 후, 마르크스-레닌의 이론에 의하면 악의 화신인 부르주아지국가를 타도하고 계급도 국가도 없는 사회에 도달하기 위하여 세계의 프롤레타리아트와 같이 소련은 그 주위의 부르주아지국가와 끝까지 결정적 싸움을 하여야 된다는 것이다.[29] 따라서 소련과 국제공산당이 그의 세계제패시까지 전쟁을 포함한 폭력을 그의 정책의 불가결한 수단으로 본다면 소련의 공산주의정권이 붕괴하거나 그러한 정책이 포기되지 않는 한 전쟁은 부단

---

27) 예를 들면 빈곤, 무지, 정치적 부패가 공산주의 침투 또는 폭동 내지 내란의 온상이며, 현명한 여러 국가의 정책과 대국적인 국제협력에 의하여 이러한 온상이 제거됨으로써 전쟁에 호소할 가능성은 그만큼 감소될 것이다.

28) Cf. V.I. Lenin, Sochinenya, Vol. XIX, 1961~1917; E. Margolis, Certain Aspects of the Impact of Communism on International Law, Thesis Harvard, 1951, p. 315(Kotzsch, p. 68에서 재인용).

29) Mintauts Chakste, Soviet Concept of the State, International Law and Sovereignty, AJ. 1949, pp. 22~23. Lenin은 1919년 3월 제8차 당대회의 중앙위원회에의 그의 보고에서 다음과 같이 말하고 있다. "우리는 한 국가 속에서만 살고 있는 것이 아니고 국가들의 체계 속에 살고 있으며 소비에트공화국이 제국주의국가들과 오랫동안 병존한다는 것은 생각될 수 없다. 일자 또는 타자가 결국 승리하지 않으면 아니 된다. 그리고 그 목표에 도달하기까지는 소비에트공화국과 부르주아지국가들 사이에 일련의 무서운 충돌이 불가피한 것이다" (Lenin, Selected Works, 1936~1938, VIII, 33(Osgood, p. 48에서 재인용)). 이러한 입장은 1928년 제6차 국제공산당세계대회에서 명백히 확인되었다(Timothy A. Taracouzio, War and Peace in Soviet Policy, 1940, p. 26(*Ibid.*에서 재인용)). 이와 같은 입장은 Stalin에 의하여 계승되었다(Chakste, *op. cit.*, p. 23).

히 일어나야 할 것이다.

그러나 제2차대전 종료후 소련은 최강대국의 하나로서 국력을 과시하게 되고, 또한 상당수의 위성국가를 갖게 됨과 동시에 가공할 핵무기[30]의 출현으로 스탈린의 사후 종전의 전쟁불가피론을 포기하게 되었다.

Khrushchev는 1956년 2월 14일 제20차 소비에트공산당대회에서, 핵무기의 저지효과를 암시하면서 자본주의국가와 사회주의국가 사이의 전쟁불가피론에 관한 Lenin의 견해를 명백히 배격하였던 것이다. 착취자에 의한 저항의 한도 및 형식이 폭력에 의한 억압을 요구하지 않는 한 사회주의에의 전환은 힘과 내란에 의하여 초래됨을 요하지 않는다고 그는 다시 말하고 있다.[31] Osgood이 지적한 바와 같이, 공산주의 입장에서 전쟁의 합법성이 보편적 도덕원칙에 의하여 여전히 판단되어서는 아니 되며, 구체적 · 정치적 목표와 전쟁의 관계에 의하여 판단되어야 할 것이다.[32] 그런데 제2차대전 후 소련은 많은 위성국가를 얻었고, 또 그 진영의 경제력이 강해져가고 있다고 생각되고 있으며, 그의 과학기술 특히 무기에 있어 현저한 진보를 보인 오늘날에 와서는 전쟁은 불가피한 것이 아니며, 산업 및 과학력에 있어 또 아직 어떤 진영에도 가담하지 않은 인민들의 마음과 시장을 획득하려는 정치적 및 경제적 싸움에서 서방진영을 능가함으로써 공산주의가 승리할 것이라는 Khrushchev의 견해가 그 진영에서 대체적으로 지지되고 있는 것 같다.[33]

---

30) 핵무력의 무서운 위력, Friedrich August von der Heydte, Atomare Kriegführung und Völkerrecht, Archiv, 1961, S. 162ff. 1945년 8월 6일 일본 히로시마에 투하된 원자폭탄은 2만톤의 TNT의 힘을 가졌고 그 피해로서 일본의 계산에 의하면 28만 2천명이 사망하였는데(Rousseau, p. 560), 이미 실험된 핵무기의 힘은 수십 메가톤의 TNT에 달한 것이 있다는 것이다.

31) New York Times, Feb. 15, 1956, p. 10(Osgood, p. 48에서 재인용).

32) *Ibid.*, pp. 48~49.

33) 소련공산당이 1961년 7월 30일 당기관지 「프라우다」를 통하여 발표한 새로운 당강령 중 다음과 같은 것이 있다. "전쟁을 방지하고 인간사회로부터 전쟁을 제거하기 위하여 다른 사회주의국가들과 가능한 모든 노력을 경주한다." "엄격한 국제적 감시하에 전반적 완전군축을

Picht는 스콜라철학의 정당한 전쟁론을 평하면서 다음과 같이 말하고 있다. "그 학설(스콜라철학, 필자 주)은 전쟁의 고유한 근거가 권력충동(Machttrieb)에 있다는 것을 인식하지 않았다."[34] 그렇다면 그에 의하면 권력이란 무엇인가?

> "권력의지(Machtwille)는 인간성질의 하나의 근원적 속성이다. 권력의지는 주어진 그리고 제거될 수 없는 위대한 것으로서 현재의 계산 속에 들어와야 한다. 권력의지가 허용되느냐 않느냐 하는 것을 유용성 및 좋은 행태증명에 의존시킨다는 것은 권력의지의 부동의 지위를 오인할 것을 의미하는 것이다. 권력은 실존의 모든 내적 및 외적인 성취의 기반이라는 것이다(Alfred Weber). 권력은 도덕적 또는 종교적 목적설정에서 유도될 수 없다. 모든 그렇게 지향된 시도는 실패하기 마련이다. 왜냐하면 그러한 시도는 하나의 해소될 수 없는 현상의 해명을, 그 속에 이 현상이 붙들려지지 않는 범주의 도움으로써, 기도하기 때문이다. 이리하여 일련의 기만에 이르게 되며 이러한 것으로 권력에 관한 서구사상사는 나타난다. 권력충동은 무해한 것으로의 해석의 변경에 의하여 힘을 상실하게 되는 것은 아니다. 권력충동의 자율성을 박탈하려는 시도는 그의 자연의 그리고 근원의 성격 및 객관적이며 초월적인 힘의 영역에 대한 그의 관계를 고려하지 않는 것이다. 역사가 증명한 바와 같이 권력충돌은 이와 같은 시도를 조소한다."[35]

이러한 Picht의 견해에 의하면 권력의지는 인간의 근원적 속성이고 권력충동은 그 자율성에 의하여 움직이는 것이며, 전쟁의 고유한 근거가 이러한 권력충동[36]에 있다는 것이다.

성취하도록 한다"(동아일보, 1961. 7. 31). 그런데 아직 전쟁불가피론을 취하는 중공정권과 소련정권 사이의 알력은 주지의 사실이다.

34) Picht, S. 75.

35) *Ibid.*, S. 90~91.

36) 인간의 근본적 충동으로서의 권력충동. Erich Fechner, Rechtsphilosophie, 1956, S. 117, 118~119.

그렇다면 전쟁지위를 제한하려는 것은 인간의 본질에 반하는 것이 아닌가? 그러나 기독교의 입장에 선[37] Picht에 의하면 권력이라는 것은 지식과 같이 신의 속성이며, 이러한 속성을 인간이 그 본능과 동시에 갖게 되었으므로 권력은 윤리적 목적에 의하여 구속되지 않으려는 경향을 가지고 있으나, 권력이 체질적으로 나쁘지 않다는 것이다.[38] 또 그는 다음과 같이 말하고 있다.

> "…권력이 선악의 피안에 있는 것은 아니다. 선악의 피안이란 없다. 도덕률은 인간 실존의 모든 영역에 뻗치고 있다. 그러나 권력이 인간에 귀속되었다. 권력투쟁이 모든 피조물에 시원적 적대성으로써 주어져 있는 것은 아니다. 이것은, 권력이 등장하는 곳에는 그와 같이 책임이 세워진다는 것에서, 이미 간취되는 것이다. 권력이 윤리에 반할 때 권력은 처벌을 받게 된다."[39]

따라서 Picht에 의하더라도 권력충동은 윤리규칙에 구속되지 않으려는 분방한 성격을 가진 것이지만, 권력의 시원은 신에게 있고 또 인간실존의 다른 영역에 있어서와 같이 권력에 대하여서도 윤리규칙은 타당한 것이다. 따라서 권력 이외의 충동에서의 인간의 행동이 윤리규칙에 의하여 제한되어야 하며, 제한되고 있고 제한될 수 있다고 생각되는 것과 같이, 전쟁을 포함하여 권력충동에서의 인간의 행동도 제한되어야 하며, 오늘날 제한되어 있는 것과 같이 제한될 수 있다고 생각될 수 있는 것이다. 실천이성의 원칙, 즉 정언명령에 입각하여 영구평화를 논한 Kant에 의하면, 정치는 도덕규칙의 하나의 적용에 불과하고 도덕에 복종하지 않고는 한 걸음도 나갈 수도 없는데, 도덕은 이성규칙하에서 항구적인 평화조직에 결합하도록 국가들에 명령하고 있다는 것이다.[40]

---

37) Picht, S. 11.
38) *Ibid.*, S. 92~93.
39) *Ibid.*, S. 98.

또 전쟁지위의 제한을 국제법규칙이 규정하고 있는데, 국제법, 나아가서는 법 일반의 본질에 관하여 소위 권력설(Machttheorie)이 취하여진다면 "권력은 법에 앞선다"라는 격언이 시인되고, 법은 결국 "일정한 권력기회에 관한 사회의 판단에 해소되고"[41] 법은 그의 고유한 의의를 상실하게 될 것이다. 오늘날에는 권력설 같은 일방적인 견해는 지지될 수 없고 법이 정치를 포함한 현실적인 요인들과 또 이념적 요인들에 의하여 형성된다는 것은 법학자들에게서 상실될 수 없는 공동재(共同財)인데,[42] 이 요인 사이의 지위를 정한다면 Coing과 같이 윤리적 가치인 정의, 인간의 위엄 등에 가장 윗자리를 주어야 할 것으로 생각된다.[43] 이 점에 있어 Radbruch가 상대주의에서 자연법주의로 옮겨가게 되고[44] "가장 깊은 곳에 있어서는 법은 권력에서도 또 승인에서도 지지될 수 없고 다만 하나의 보다 높은 또는 가장 높은 당위에, 하나의 초실정적인 가치에만 지지될 수 있다"[45]고 말한 것은 주목되어야 할 것이다. 이와 같이 인간의 하나의 표현인 법[46]에 있어서도 권력이라는 요소는 간과될 수 없으나 보다 높은 요소에 의하여 규율되는 것이다.

B. 전쟁에 의하여 개인들의 미덕이 함양된다든가 민족, 국민, 국가들의 침체를 막고 그 발전을 위하여서는 전쟁이 필요하다는 것은 적어도 오늘에 있어 핵무기 등 대량파괴의 수단의 사용을 포함한 총력전에는 타당

---

40) Verdross, VR, S. 28.

41) Friz Sander, Archiv des Öffentlichen Rechts, N.F.X., 1926, 194(Verdross, Verfassung, S. 2에서 재인용).

42) Helmut Coing, Grundzüge der Rechtsphilosophie, 1951, S. 100; Fechner, a.a.O., S. 188.

43) Coing, a.a.O., S. 36, 94, 147, 283.

44) Fechner, a.a.O., S. 211, Anm. 44; Alfred Verdross, Abendländische Rechtsphilosophie, 1958, S. 201~202; Verdross, VR, S. 21.

45) Radbruch, a.a.O., S. 14.

46) Cf. Werner Maihofer, Recht und Sein, 1954, S. 30~34.

하지 않다는 것은 일반적으로 인정되어야 할 것 같다. 인류의 거의 전체의 사멸이 문제되는 경우에 개인의 발전향상 또는 민족, 국민, 국가의 발전이 생각될 수 없다.[47] 위에서 언급된 바와 같이 미국의 국가정책의 수단으로서의 소위 제한전쟁의 필요성을 Osgood이 주장하는 주된 이유의 하나는 총력전의 발발을 막는 것이며, 세계제패를 지향하는 공산주의진영의 지도자가 그 수단으로서 자본주의국가와 사회주의국가 사이의 전쟁의 불가피의 입장을 포기한 주된 이유의 하나도 핵무기 등의 출현인 것이다. 또 Aron은 다음과 같이 말하고 있다.

> "…일반적 공포의 균형을 표시하는 논의를 떠나서라도 핵무기에 의한 침략이 냉정한 입장에서는 개연성이 아주 적은 다른 이유가 있다. 소련의 지도자들은 이러한 위험에 함축된 모험에 비교될 만한 모험을 한 일이 없다. 그들이 양 진영 사이의 전쟁을 그들의 계산에서 배제한 일이 없다는 것은 사실이나, 그들에게는 이러한 전쟁은 공산주의의 최후의 승리에 앞선 오랜 역사적인 막간의 종료를 의미할 것이며 자본주의의 패배를 도발하는 것보다는 명백한 것일 것이다."[48]

오늘에 있어 지구상의 모든 민족 및 국가들은 좋은 의미에서나 나쁜 의미에서나 서로 밀접히 관련되고 있으며 또 좋으나 싫으나 관련은 더욱 강화되어가고 있다. 따라서 모든 무력충돌은 세계대전의 맹아를 그 속에 지니고 있으며, 이러한 세계대전으로의 발전 가능성을 고려에 넣을 때 어떠한 규모의 전쟁의 유용성 또는 요망성도 부인되어야 할 것이다. Moltke가 인간의 가장 고귀한 덕은 전쟁 속에서 발전한다고 말하고[49] 또

47) Sauer, S. 278. Cf. Radbruch, a.a.O., S. 240.

48) Aron, p. 110. 1962년 10월 22일 미국이 쿠바의 해상봉쇄를 선언하였을 때, 위기일보 전에서 Khrushchev가 소련 선박에 대하여 봉쇄선을 피할 것을 명령하고, 또 소위 공격용 무기의 쿠바로부터의 철수요구에 응한 것은 이러한 의미에서 이해될 수 있다.

49) Sauer, S. 274, Anm. 2.

Nitzsche가 좋은 전쟁은 모든 사항을 정화한다고 말하였으며,[50] Hegel이 전쟁은 민족, 국민들의 침체를 방지한다고 설파하였는데,[51] 그들이 이러한 견해를 표명한 당시의 전쟁은 거기에 비록 모든 강대국들이 휩쓸려 들어간 것이라 하여도, 오늘의 고성능핵무기에 의한 총력전을 상상하여 이와 비교된다면 그 파괴력과 규모에 있어 극히 제한된 것이었다.

오늘과 장래에 있어 가공할 무기와 공격수단(예: 핵무기, 세균 및 가스무기 등과 이것을 나르는 수단, 즉 유도탄, 로켓 등)이 동원될 양대진영의 전면적인 대치를 가져올 전쟁의 경우를 고려 밖에 두고 일반적으로 전쟁의 요망성이 검토된다.[52]

사회윤리적 관점에서 볼 때 전쟁은 Sauer가 지적한 바와 같이, 개개인의 유기체에 있어서의 병적 현상과 같이 사회병적인 과정이라고 생각된다.[53] 전쟁에 의하여 개인 또는 민족의 미덕이 함양되고 강인한 생명력이 발휘된다는 면도 있다는 것은 부인할 수 없다. 그러나 궁핍과 고통이 개인을 정화시키고 그 미덕을 높인다고 하여 곤궁과 고통을 초래하기 위하여 일부러 노력하고 그것을 찬양한다는 것은 적어도 일반적으로는 생각될 수 없는 것과 같이, 전쟁의 시련을 통하여 미덕과 생명력이 앙양된다 하여 전쟁이 요망되고 찬양될 수는 없는 것이다. 또 전쟁의 참화 속에서는 인간의 미덕과 아울러 악한 성질도 조장된다는 것은 부인할 수 없으며, 또 전쟁에 의하여 함양될 수 있는 미덕이 다른 수단으로 함양될 수 없고 그 미덕에의

50) Wright, I, p. 425, note 6.

51) Sauer, S. 273~274, Anm. 2; Sauer, Ernst, S. 118~189. Hegel에서 우리가 볼 수 있는 것과 같이 초개인적 또는 유기적인 국가관을 취하는 자가 일반적으로 전쟁을 찬양하는데, 개인주의적 국가관을 취하는 자도 전쟁은 개인의 미덕을 함양하고 인격을 앙양, 충실히 한다는 점에서 전쟁을 찬양하는 경우가 있다(Radbruch, a.a.O., S. 236~237).

52) 다음 설명에서는 Sauer가 많이 참조되었다. 그의 저서 『국제법체계』는 하나의 국제법철학이라고 생각될 수 있으며, 특히 전쟁문제에 있어서는(Sauer, S. 272ff.) 법 이외의 여러 가지 입장에서 전쟁이 구명되었다.

53) *Ibid.*, S. 277.

충동이 다른 방면에서 만족될 수 없는 것이라고 생각되지 않는다.[54] 또 전쟁은 참전하지 않는 제3자에게 유익한 것이며, 따라서 그의 입장에서 요망된다고 생각하는 것은 마치 두 경쟁자의 한편의 질병은 또 한편을 위하여 요망된다고 생각하는 것과 같은 것이다.

또 법이념으로의 방향에 있어서의 전민족 또는 국민생활의 발전 속에, 즉 전쟁의 원격작용으로서 정의가 더욱 더 실현된다는 것에서, 전쟁의 유용성을 찾으려는 시도는 언제나 있었으나, 전쟁에 있어 승리는 언제나 정의에 부합하는 것은 아니다.[55] 그뿐 아니라 전쟁에 있어서 승리가 확실하고 그 결과 정의가 더욱 발전할 수 있다고 생각되는 경우일지라도, 그 전승을 위하여 먼저 정의의 전반적인 유린이 강요될 때 정의의 구체적 실현을 위하여 그 전쟁이 요망된다고 생각될 수는 없을 것이다.[56] 또 과거에 명예를 위한 전쟁은 민족, 국민들 사이의 위대한 역사적 심리이며, 이 심리에 있어서의 결정이 신의 판결이라고 생각되었는데, 이에 대하여 오래 전부터 신봉되어 온 보다 새로운 종교적 · 윤리적으로 정화된 관념을 Sauer은 다음과 같이 말하고 있다.

> "신성(神性)은 교전에 있어서의 승리에 의하여 표현되지 않고 사회문화생활, 영원한 가치에의 노력, 민족들의 생활 속에 문화가치의 배양 및 실현에 있어서의 승리에 의하여 표현된다."[57]

역사적으로 회고될 때 전쟁은 막대한 가치를 파괴하고 귀중한 인명을

---

54) 예: 각종투기, 체육운동, 사회사업 및 문화활동에의 참여(*Ibid.*, S. 285).

55) *Ibid.*, S. 227.

56) Picht는 다음과 같이 말하고 있다. "…권력행사 따라서 전쟁수행의 형태 중에는 그것에 의하여 달성될 소득이 다른 방법으로 이루어질 수 없는 경우일지라도, 국가존립이 최종적으로 입각하는 윤리질서가 그 형태에 의하여 포기되기 때문에, 배제되어야 할 것이 있다"(Picht, S. 102).

57) Sauer, S. 277.

살상하고 민족에게 과중한 부담을 과하여 그 힘을 위축시키나, 때로는 민족, 국민의 발전을 촉진시키고 그 발전을 저지하였던 낡고 부패한 제도를 일소하고 그 대신 위기에 있어서 진가를 발휘하는 생명력을 나타나게 하였다고 생각된다. 그러나 전쟁에 관한 역사기술은 모순된 사실들을 하나의 조화된 전체로 사후에 인과관계적 또는 목적론적으로 설명하고 과학적 · 인위적으로 결합시키는 것에 지나지 못한다. 이것으로써 전쟁이 일어난 당시에 있어서의 정당화는 곧 주어질 수 없는 것이다. 또한 어떤 전쟁이 민족, 국민의 어떤 유익한 발전을 위하여 사실상 불가결하였던가 또는 전쟁이 없이 그와 같은 또는 그 이상의 발전이 있었을 것이 아니었던가 하는 중요한 문제는 해답되지 않는다.[58]

따라서 전쟁의 피해와 해독이 고려될 때, 1국민, 민족의 입장에서 진정코 불가피한 전쟁만이 유용하고 요망된 것으로 생각되어야 할 것이다. 진정한 불가피성이 문제될 때, 민족, 국가간의 분쟁으로서 평화적인 여러가지 방법으로 해결될 수 있는 것을 무력에 호소하여 해결하려고 하는 것, 위정자의 정복욕, 영토욕에서 또는 내분을 제거하기 위한 것, 민족, 국민 전체를 위한 것이나 순수한 방위가 아니고 나아가서 민족, 국민의 문화와 힘을 과시 · 강화하기 위한 것 등은 그 불가피성에서 배제되어야 할 것이다. 또 전쟁의 진정한 불가피성이 고려될 때 전쟁의 결과가 그 고려 속에 들어가지 않으면 아니 된다. 어떤 민족, 국가에 있어 어떤 전쟁이 불가피하며 따라서 유용하다고 생각되었을 경우라도, 그 민족, 국가가 그 전쟁에 패하는 결과를 가져온다면 그 전쟁은 그에게 유용한 것은 되지 못한다고 보는 것이 일반적 견해일 것이다. 그런데 전쟁의 결과에는 불확실한 여러가지 요소가 작용하게 된다. 먼저 전쟁 시작의 철저한 준비와 군사적 및 정치적 숙고에 불구하고 전쟁의 결과가 확실하지 않고, 전쟁중에 일어날

58) *Ibid.*, S. 273.

자연적 피해를 예견할 수 없고, 또 대외정치관계의 변동(적편의 동맹국의 증가와 우리 편의 동맹국의 이탈 등)도 예견하기 곤란하며 국내의 곤란(민심의 이반 등)도 그러하다.

또 대규모의 전쟁에서는 승리자는 없고 결과적으로는 패배자만이 있으며,[59] 또 전쟁에 무력적으로 승리하였다고 하여 승리자에게 그가 소망한 이득이 그대로 주어지는 것은 아니다. 전후처리에 있어 제3국의 개입의 강력한 작용의 예는 간과될 수 없다.[60] 따라서 1민족, 국가의 입장에서 볼 때 불가피하며 따라서 유용하고 요망된 전쟁이란 극히 제한된다고 보아야 할 것이다. 그러면 1민족, 국가에게 진정으로 불가피한 전쟁은 어떠한 것인가? 방위전쟁, 즉 먼저 무력으로써 침공을 당하고 이에 무력으로써 대항하지 않으면 민족, 국가가 그 문화와 함께 적에게 그대로 유린당할 경우, 말하자면 민족, 국가의 생사 또는 중대한 타격의 기로에 섰을 때 그가 무기를 들고 일어서는 전쟁만이 불가피한 것이며 따라서 유용하고 요망된다고 생각될 것이다. Sauer은 다음과 같이 말하고 있다.

> "그 민족들의 생활의 진정한 내용과 민족들의 생기(生起)의 구사력을 나타내는 생활필연성 및 생활가치[61]가 위기에 처하자 전쟁의 불가피성은 명백해진다. 그런 경우에는 강한 민족은 언제나 자기관철을 위하여 노력할 것이며 다른 방도가 없을 때 그는 무력을 선택할 것이다."[62]

Sauer의 이러한 불가피한 전쟁 중 적어도 가장 중요한 것은 위에서 언

---

59) 예를 들면 전승국이 전패국에서 전후 배상을 거의 받을 수 없는 경우가 있다(Cf. Rousseau, p. 588).

60) Sauer, S. 275~276.

61) 그의 생활가치라는 것은 생활이해관계와 같은 것을 의미하며, 생활필연성은 전자의 높은 정도인데, 이들은 그것 없이는 살아 있는 국제법이 전혀 불가능한 생활의 힘인 것이다(*Ibid.*, S. 33ff.).

62) *Ibid.*, S. 274.

급된 방위전쟁이라 생각된다. 그런데 그에 의하면 해양에 접근하기 위하여, 유용한 항구를 갖기 위하여, 과잉인구를 위한 새로운 땅을 찾아, 관리경영을 위한 식민지를 찾아 또는 상품판로를 찾아 행하여지는 전쟁도, 그것이 전쟁을 하는 민족, 국가의 어느 정도 견디어 나갈 현존 가능성에서 요구되는 공간에 관한 한, 모두 불가피한 전쟁에 속한다는 것이다.[63] 그러나 이러한 견해는 위에서 언급된 바와 같이 그 자신이 경계한 과거의 전쟁에 관한 역사적 기술에는 해당할는지 모르나, 일반적으로 전쟁지위의 불가피성에 관하여서는 타당하지 못하다. 이 견해에 의하면 강한 민족, 국가는 그 발전을 위하여 어느 때나 전쟁을 하는 것이 불가피하며 또 유용하다는 결론에 이르게 될 것이다.

1민족, 국가의 입장에서가 아니고 민족, 국가들을 포섭한 단체, 즉 국제단체의 입장에서는 원칙적으로 모든 전쟁은 요망되지 않으며 배제되어야 한다. Sauer이 지적한 바와 같이[64] 다른 국가, 민족을 살상 · 파괴함으로써 자기국가, 민족의 행복을 확보하려는 것은 하나의 망상이라고 생각될 것이다. 다만 국제단체 전체를 위한 전쟁, 즉 국제단체의 질서 자체를 파괴하려는 것을 방지하고 진압하는 전쟁이 그 단체의 대의명분하에 행하여질 때, 이는 요망되는 전쟁이라고 생각될 수 있다.

국제법규칙에 의하여 전쟁의 지위가 제한됨에 따라 국제법질서도 그 본연의 자태에 가까워오고 있는 것이다. 이미 시사된 바와 같이 법질서는 실정법으로써 완결된 것이 아니고, 정의, 질서가치, 법이념 또는 평화질서의 이념에 그 규범적 근거를 가지고 있다.[65] 국제법질서를 포함한 모든 법질서는 원칙적으로 법단체 사이의 힘의 행사를 금지하고, 법 위반자에 대

63) *Ibid.*

64) *Ibid.*, S. 278.

65) Sauer에 의하면 법이념, 정의 또는 국민들의 양심이라는 것은 공동복지의 규범적 표현에 지나지 못하며 민족, 국가들의 생활에 있어 세계평화가 모든 국가들을 위한 최고의 복지로서 우위를 갖는다는 것이다(*Ibid.*, S. 4, 224. Cf. Verdross, VR, S. 13ff.).

한 단체의 반동으로서만 힘의 행사를 허용하는 평화질서란 점에 있어 일치한다. 국제단체는 국가와 같이 아직 조직되지 못하였고, 따라서 국내법과 같이 법을 제정 · 적용 및 실시하기 위한 강력한 조직을 갖지 못한 국제법은 전자에 비해 미약한 것은 틀림없으나, 그 궁극의 목표는 그 속에서 모든 민족, 국가들이 다 같이 평온하게 공존할 수 있는 국제평화상태인 데 틀림없다.[66] 그러나 진정한 평화는 단순히 무력의 휴식상태만으로 이루어지는 것은 아니다. 국내에서 평화가 유지 · 확보되려면 개인들 사이의 힘의 행사가 금지될 뿐 아니라, 각 개인에게 인간으로서 위엄을 유지하는 데 필요한 인권과 자유를 향유케 하며 또 개인들의 조화된 공동생활을 가능하게 하도록 각자의 능력에 적합한 임무와 보수가 부여되어야 하는 것과 같이, 국제평화가 유지 · 존속되려면 무력의 휴식인 외부적인 평온뿐 아니라 민족, 국가들의 국제질서에의 진정한 협력을 확보하기 위하여 각자에게 평등권 및 생활권이 보장되어야 할 것이다. 이렇게 하여 평화질서의 이념으로서의 법이념은 윤리적 단체 일반의 이념으로 확장된 것이다. 이러한 이념의 실현을 위하여 끝없는 노력이 계속되어 왔고 또 계속되어야 할 것이 아닌가?[67]

---

66) Sauer, Ernst, S. 189. Mirkine-Guetzévitch는, 그의 현실적 견지에서, 국내법은 자유의 기술이고 국제법은 평화의 기술이라는 것이다(Mirkine-Guetzévitch, p. 8; Mirkine-Guetzévitch, Constitutions, I, p. 99).

67) 영구한 평화라는 윤리적이며 시적 표현은 Kant의 이름과 같이 우리에게 잊혀질 수 없는 것이다. Kant의 황폐되지 않는 문화낙관주의와 선(善)에 대한 순수한 신앙은 영구한 평화가 가까워오고 어느 때엔가는 현실이 된다는 것의 필연성을 예언하고 또 그러한 것을 요구하였다. 그의 『영구한 평화』(Zum Ewigen Frieden, 1795)는 프랑스혁명에서 영향을 받았고(3. B, 특히 주 110 참조) 프랑스와 프러시아 사이의 강화조약(바젤 Basel, 강화조약)의 구성을 따랐으며, 그에게 그 실천이 항구적이며 확고한 평화상태의 전제로 생각되는 평화를 위한 국내 및 국제조직에 관한 6개 전제조항과 3개 확정조항을 세웠다(Schlohauer, S. 100~109). 어쨌든 영구한 평화는 Sauer이 말한 바와 같이 "생활에 있어서의 결함의 극복에의 동경"이며(Sauer, S. 279), Picht가 말한 바와 같이 "인간의 천국에 있어서의 항성"의 하나인 것이다(Picht, S. 116).

3. A. 법의 분야에 있어서는 국제법에 있어서뿐 아니라, 국내법에 있어서도 전쟁 자체에 관한 또는 전쟁시의 행위에 관한 법규[68]와 전쟁에 언급된 계약[69]의 해석에 관련하여 전쟁개념이 당연히 문제된다. 그런데 이러한 국내법상의 해석에 관련하여 국제법상의 전쟁개념과 일치하지 않는 어떤 전쟁개념이 문제되는 경우가 있다는 것이 지적되고 있다. Reuter는 국제법과 국내법 사이의 위임(renvoi)의 설명에 있어 다음과 같이 말하고 있다.[70]

> "…전쟁의 개념에 어떤 일정한 결과를 결부시키는 어떤 국내법률이 있는 경우에 국제법에의 위임이 있다고 생각되어야 하는가 또는 … 전쟁의 국내적인 관념에의 위임이 있다고 생각되어야 하는가?…"[71]

McNair는 1939년 영국의 고등법원에 의한 신호천기(神戶川埼)기선회사 대 밴덤기선회사사건[72]의 판결에 있어, 1937년 7월 7일에 시작된 일본의 중국침략이 두 회사의 용선계약에 규정된 전쟁에 해당한다는 견해가 표명된 데 대하여 다음과 같이 말하고 있다.[73]

> "…이 사건은 다음과 같은 것을 보이고 있다. 즉 그 법원이 용선계약, 보험계약 및 유사한 문서에 있어 전쟁 또는 적대행위 같은 말을 해석하여야 하는 경우에는, 그 법원은 전쟁의 전문적인 정의(국제적이든 또는 국내적이든)를 적용하는 데 관심을 갖지 않고 계약당사자들이 그 말에 주려고 의도한 보통 상식적인 의미를 그 말에 주려는 데 관심을 갖는다는 것이다."[74]

---

68) 예: 전시근로동원법(법률 제292호, 1953년 6월 3일).

69) 예: 보험계약, 용선계약.

70) Reuter, pp. 14~15. Cf. Kotzsch, p. 47.

71) Eagleton은 다음과 같이 말하고 있다. "이 문제에 대한 답을 요구하는 사건의 대부분은 국내법원에서였으며 국내법에 따라 또는 국제법의 국내해석에 따라 해결되었다. 이치에 맞지 않게 전쟁정의는 대부분의 법원의 의견에서 국제문제가 아니었다"(Eagleton, p. 261).

72) Briggs, pp. 964~967. 제2장 제1절 2. A, 주 51.

73) McNair, p. 8. Cf. Stone, p. 304, note 40; Kotzsch, pp. 61~62.

국내법의 규정에 있어 전쟁이란 말이 명백히 특수한 의미로 사용되어 있거나,[75] 또는 국내법상의 계약에 있어 전쟁이란 말이 특수한 의미로 사용된 것이[76] 명백한 경우에는 해당 법규 또는 계약의 해석에 있어 전쟁이 그 특수한 의미에 따라야 할 것은 재언을 요하지 않는다.[77] 그러나 특수한 의미가 명시되지 않고 단순히 '전쟁'이란 말이 국내법 또는 국내법상의 계약에 쓰여진 경우에는[78] 원칙적으로 국제법상의 전쟁개념을 표시하는 것으로 해석되어야 할 것이며, 따라서 국제법상의 전쟁과 국내법상의 전쟁 또는 이 양자와 보통 상식적 의미에서의 전쟁의 구별이 뚜렷하며, 법적 해석에 있어 중요한 의미가 있는 것같이 생각되는 것은 적당하지 않다.[79] 이렇게 생각된 주된 원인은 이미 언급된 바와 같이 국제법학에서 전쟁이

74) 이 견해에서 문제되는 것은 소위 '상식적인 의미'에 있어서의 전쟁이며, 이것이 전쟁의 전문적 정의와 구별되어 뚜렷한 의의를 갖는다는 것은 긍정될 수 없다.

75) 1952년 이스라엘의 대법원에서 디아브 대 검찰총장(Diab v. Attorney General)사건에 관련하여 그 해석이 문제된 이스라엘의 1953년 형법령 제52(a)항에는, "팔레스타인(이스라엘)에 있는 어떤 당파, 종족 또는 인(人)의 단체와 더불어, 그를 위한, 그에 의한 또는 그에 대한 어떤 전쟁 또는 전쟁과 같은 기도를 합법적 권한없이 실행하거나, 그것을 실행하기 위한 준비를 하거나, 그것을 돕거나, 그것의 실행을 권고하거나 또는 그것을 위한 준비를 권고하는 자는 어떤 자나… 중죄를 범한 것"이라고 규정되었다. 법원은 이 조문에서의 전쟁은 내란을 의미하며(당해 조항의 표기에도 내란의 조장이라는 것이 붙어 있다), "통상적 의미에 있어서의 전쟁"(war in the usual sense) 또는 "국제전쟁"과 구별되어야 한다는 것이었다(ILR, 1952, pp. 550~ 554). 그런데 이 조항에 의하면 유태인과 유럽인 사이의 오로지 종교적 숙원에서의 집단적 충돌로서 전시법규 적용의 단계에 이르지 않는 것도 "전쟁"(법원의 의견에 의하면 내란)에 포함될 것이다.

76) 1949년 네덜란드 고등법원은 포레나 대 O.O.M.(Polenar v. O.O.M.)사건에 있어 보험계약의 규정 "전쟁 또는 전쟁행위, 국내소동, 반란, 군사당국의 명령의 정당하거나 또는 부정당한 집행에 있어서 행하여졌거나, 군사당국에 의하여 발표된 명령에 의거하여 취하여진 행위와 철수하는 동안의 절도 및 약탈에 의하여 야기된 손상"의 해석에 있어, '전쟁'의 개념은 그 다음에 열거된 것들에 국한된다는 해석을 취하였다(*Ibid.*, 1949, pp. 372~373).

77) 따라서 전쟁의 시기에 관하여 국내법원에서 국내법상의 계약의 해석에 관련하여 국제법의 입장과 다른 것이 취하여질 수 있다(제1장 제1절 1. B. II, 주 62 참조).

78) 한국전쟁에 관련된 예: 제3장 제2절 1. B(1). II. c, 주 244~246.

79) 국내법규칙에 있어서의 전쟁개념의 다양성을 과대시하는 예: Josef L. Kunz, Kriegsbegriff, Strupp-Schlohauer, II, S. 330.

란 개념이 너무나 협소하게 규정되었다는 것이다.[80] 국가관행을 재검토하여 실제에 부합하도록 국제법상의 전쟁개념이 규정된다면,[81] 일반적으로[82] 국내법령이나 국내법상의 계약에 나타난 전쟁이란 말은 국제법상의 전쟁개념을 표명한 것으로 생각되어야 할 것이 아닌가? 우리가 오늘날 전쟁이라고 말할 때, 법적 입장에서는 주로 고권행사자로서의 국가들 사이에 일어나는 것과 때로는 1국내에서 일어난 것이나 국가 대 국민의 관계로서 국내법의 적용으로써 쉽사리 결정지워지지 않고 국가에 준하는 정치적 목적을 가진 단체들 사이에 전개되는 것을 말한다. 이러한 것의 규율은, 사인(私人)들 사이의 관계가 원칙적으로 국내법에 의하여 규율되는 것과 같이, 원칙적으로 국제법에 의하여 규율될 성질의 것이다. 따라서 국제법규에 일반적으로 국내법에 의하여 규율될 개인들 사이 또는 국가와 개인 사이의 관계에 관한 언급이 있을 때 그 관계의 결정은 해당 국내법에 의하여 결정되는 것이 원칙적인 것과 같이, 국내법령 또는 국내법상의 계약에 전쟁에의 언급이 있을 때에는 전쟁이 무엇이냐 하는 것은 국제법에 의하여 결정되는 것이 원칙적인 것이라고 보는 것이 타당할 것이다.

Anzilotti는 다음과 같이 말하고 있다.

> "전쟁상태중에 행하여진 행동에 관한 법률은 국제법에 지시하고 있으며, 국제법에서 전쟁상태, 그 개시 및 종결을 위한 표준이 인용된다."[83]

여기서 전쟁상태라는 말이 전통적인 협소한 전쟁개념을 시사한다는

---

80) McNair도 전통적 전쟁개념을 고수하였다(The Legal Meaning of War and the Relation of War to Reprisals, 11 Grotius Society Transactions 29 at 45, 1925(Myres S. McDougal and Florentino P. Felliciano, The Initiation of Coercion: A Multi-Temporal Analysis, AJ, 1958, p. 242에서 재인용)). Reuter도 전통적 전쟁개념에만 집착하고 있으며(Reuter, p. 327). Eagleton도 그러한 개념에서 벗어나지 못하고 있다(Eagleton, pp. 252~253, 264).

81) 제1장 제1절 2 참조.

82) 예외: 주 75 및 76 참조.

83) Anzilotti, S. 44. Cf. Menzel, S. 353.

것만 제외된다면 Anzilotti의 법이론의 명철함이 표현되었다고 생각된다.

국내법령 및 국내법상 계약의 해석에서 전쟁개념의 문제에 대한 위에서의 우리의 입장과 관련하여 다음 두 가지 점이 언급되어야 할 것으로 생각된다. 그 하나는 전쟁의 상대성에 관한 일부 학자의 소론이며 또 하나는 전쟁개념의 규정에 있어 국내판례가 중요한 역할을 한다는 것이다. Grob는 그의 저서 『전쟁과 평화의 상대성』에서 법적 의미에서의 전쟁, 즉 전쟁에 관한 모든 국제 및 국내 법규의 의미에 있어서의 전쟁과 같은 관념은 있을 수 없다는 것은 명백하다는 것이다. 법적 의미에 있어서 언제나 타당한 전쟁의 관념을 세우려면 전쟁에 관하여 지금까지의 모든 국제 및 국내 법규를 편찬하고 해석해야 될 뿐 아니라, 장래에 만들어질 전쟁에 관한 법규도 예상하여 해석하여야 할 것이 아닌가 생각된다는 것이다.[84] 따라서 그에 의하면 구명되어야 할 것은 전쟁이란 하나의 모든 것에 미칠 수 있는 정의가 아니고 다수의 법적 정의이며, 그 각자는 고려되는 규칙의 특수한 의도와 목적에 비춰 또 그 관계에 있어 내려진 것이라는 것이다.[85] 따라서 어떤 인간들의 어떤 행동에 전쟁에 관한 어떤 국제 또는 국내 법규가 그 의도 및 목적에 비춰 적용되는 경우에는 그 인간들의 그 행동은 그 법규에 관한 한 전쟁이나, 그 행동에 전쟁에 관한 다른 어떤 국제 또는 국내 법규가 적용되지 않을 경우에는 이 법규에 관하여서는 그 행동은 전쟁이 아니며, 무수한 전쟁의 정의가 무수한 전쟁법규와의 관계에 있어 성립될 수 있다는 것이 그의 생각임에 틀림없다. 이러한 입장에 설 때 도대체 법학적 이론구성이 가능할 것이냐 하는 문제는 고사하고,[86] 그의 입장을 검토하

---

84) Grob, p. 176.

85) *Ibid.*, p. 189. 이와 같은 철저는 기하지 못하였으나 Stone에 의하면 선언되지 않는 적대행위가 전쟁이냐 아니냐의 결정은 그 답이 요구된 목적에 따라 달리 답변될 수 있다는 것이다(Stone, p. 312).

86) 그의 입장에 충실하려면 전쟁에 관한 한 법규에 적합한 전쟁정의도 내려지기 어렵다. 왜냐하면 그 법규의 의의와 목적도 사회현상의 추이에 따라 변경될 수 있고, 또 그 법규 자체도

는 데 더 중요한 점은 그것이 그의 소론에서 일관될 수 있었느냐 하는 것이다. 그에 의하면 법학가는 역사가와 다르며 적절한 명명(전쟁 또는 그 밖의 명칭을 붙이는 것)에 관여하지 않고, 어떤 국가의 병력을 사용하는 어떤 구체적인 양식이 전쟁에 관한 어떤 법규와 관련하여 그 의미에 있어 전쟁을 구성하느냐, 그리고 그 결과 이러한 규칙이 적용되느냐 않느냐를 발견하는 데 관여한다는 것이다.[87] 그는 어떤 인간들의 어떤 행동에 어떤 전시법규가 적용되느냐 않느냐를 법학자가 구명하여야 한다고 말하지 않고, 인간들의 행동의 일부분인 "어떤 국가의 무력을 사용하는 구체적인 양식"에의 어떤 전시법규의 적용 여부를 구명하여야 한다는 것이며, 따라서 이러한 그의 표현 속에 이미 일반적으로 통용되어야 할 전쟁개념이 전제되고 있는 것이다. 그가 주장한 바와 같이 전쟁이란 말이 나타난 법규의 하나하나에 비추어 그 법규에 관한 전쟁개념이 규정될 것이라면, 국가의 병력행사에만 전쟁개념이 국한될 수는 없다.[88] 그에 의하면 1915~1934년 아이티에서 또 1916~1924년 도미니카공화국에서 미국이 취한 작전은 양국의 군대를 상대로 한 것이 아니고, 도적단 또는 모반한 병사 등을 상대로 한 것이기 때문에 전쟁이라고 보통 불려지지 않는데, 확실히 간섭이라는 것이 더 적절한 용어였다는 것이다.[89] 여기서 다시 그는 전쟁이라는 것은 국가간의 무력행사라는 것을 전제하고 있다.[90]

현실주의 법학파의 한 사람인 McDougal은 Grob의 전쟁개념의 상대성에는 찬성하나 그 소론의 적절치 못함을 지적하며 다음과 같이 말하고 있다.

곧 변경될 수 있기 때문이다.

87) Grob, p. 192.

88) 위에서 인용된 이스라엘 형법령 제52(a)항에서의 전쟁이란 말(주 75) 같은 것은 그 기본적 입장에도 불구하고 무시되고 있다.

89) Grob, p. 231.

90) 1827년 10월 영국, 프랑스 및 러시아의 연합군과 터키군 사이의 나바리노(Navarino)의 해전에 관하여서도 같은 입장을 취하고 있다(*Ibid.*, p. 82).

"…두 학자(Grob와 Stone, 필자 주)는 특히 다음과 같은 것을 강조하지 않는다. 즉 탐구가 추상적이며 규범적으로 애매한 설명을 벗어나려면, 사실의 어떠한 특수한 사태에의 어떤 규칙의 적용 또는 부적용은 결정과정의 산물로서 생각되어야 한다는 것과, 이 산물은 그 결정을 하는 자(적용자)가 알려지고, 그의 정책목표가 명확히 알려지고 적용의 여러 가지 조건 및 절차가 명시되지 않으면 유의하게 연구될 수 없다는 것이다."[91]

McDougal에 의하면 어떤 사실에 어떤 전쟁에 관한 규칙의 적용 여부는 결정을 하는 자(국제기관의 예: 국제법원의 법관, 국제연합 안전보장이사회의 구성원, 국가기관, 입법, 사법 및 행정의 각 기관 및 군기관)[92]의 정책결정 문제로써 구명되어야 한다. 따라서 어느 때 전쟁이 시작된 것이냐, 전쟁이 있느냐 없느냐 하는 것은 각각의 특수한 사태와 관련하여 정책을 결정할 각자의 결정에 좌우된다. McDougal의 이러한 입장은 Kunz의 적절한 비판[93]과 같이 법정책학적인 것은 될지 모르나 법학적인 것이라고 생각되기는 어렵다. 그는 전쟁의 개념규정에 있어 Grob 및 Stone이 특수한 문제, 특수한 정책 및 특수한 결정자에게 초점을 두지 않고 법규에 너무나 집착하고 있다는 것이나,[94] 전쟁에 관련하여 소위 결정자는 그가 입법자이든 법의 집행적용자이든 법규를 떠나서는 결정을 할 수 없는 것이며, 법사회학적 설명이 법학적 설명과 긴밀한 관계를 가진 것은 부인될 수 없으나, 양자를 혼동하는 것은 거부되어야 할 것이다.[95] 그리고 입법자 또는 법을 집행·

---

91) McDougal and Feliciano, *op. cit.*, p. 246.

92) Myres S. McDougal, Peace and War: Factual Continuum with Multiple Consequences, AJ, 1955, p. 65.

93) Josef L. Kunz, Sanctions in International Law, AJ, 1960, p. 343; Josef L. Kunz, The Changing Science of International Law, AJ, 1962, pp. 495~496. Cf. Stanley L. Anderson, A Critique of Professor Myres S. McDougal's Doctrine of Interpretation by Major Purposes, AJ, 1963, pp. 378~383.

94) McDougal and Feliciano, *op. cit.*, p. 246; McDougal, *op. cit.*, p. 63, note 1.

95) Cf. Alf Ross, On Law and Justice, 1958, pp. 19~24.

적용하는 자가 법규 중의 전쟁이란 말을 해석함에 있어서는 이미 언급된 바와 같이 일반적으로는 국제법상의 전쟁개념에 따른다고 보는 것이 적당하다.

국제법상의 전쟁개념 특히 국가관행을 검토하여 실제에 부합하도록 규정된 것의 구명에 있어 특히 국내판례가 중요한 연원을 이루고 있다.[96] 그것은 말할 것도 없이 어떤 사태가 전쟁이냐 아니냐가 결정되어야 할 것을 포함한 무수한 사건이 국내법원에서 결정되어 왔기 때문이다.

이 경우에 국내법원이 단순히 국내법상의 기관에 불과한 것으로 생각된다면, 위에서 인용된 바와 같이, "전쟁의 국내적 관념"이니 "보통 상식적인 의미"에서의 전쟁이니 하는 것이 강조되기 쉽다. 그러나 이러한 경우에 국내법원은 국내법상의 기관인 것과 동시에 국제법상의 기관, 즉 국제관습에 이끌 국제관행을 표명하거나 이미 성립한 국제법규를 적용하는 기관의 역할을 하는 것이며, Scelle의 소위 기능의 양분성(le dédoublement fonctionnel)[97]을 갖는다.[98]

B. 많은 국가 및 국민들 사이에 전쟁은 원칙적으로 금지되어야 한다는 확신이 널리 인식되었을 때 비로소 전쟁의 지위는 유효하게 제한될 수 있다. 제1차 및 제2차 대전후 이러한 확신은 특히 국제연맹규약, 전쟁포기조약 및 국제연합헌장에 표명되었던 것이다. 오늘에 있어 원칙적으로 전쟁이 금지되어야 한다는 것은 보편적 규칙이 되었다고 할 수 있으며[99]

96) 주 71 참조.

97) George Scelle, Manuel Elementaire de Droit International Public, 1943, p. 21~23 (Verdross, VR, S. 74. Cf. Rousseau, p. 65~66, 577에서 재인용).

98) 이러한 의미에서 국제법상의 전쟁개념의 구명에 국내판례는 서슴지 않고 인용될 수 있다. Eagleton이 "…이치에 맞지 않게 전쟁정의의 대부분은 법원의 의견에 있어 국제문제가 아니었다"라고 말한 것(주 71)은 국내기관은 국내법상의 기관의 임무밖에 갖지 못한다는 생각에서 온 것이다.

99) E.g. U. Scheuner, Sovereignty and the United Nations, United Nations Ten Years, p. 23.

각 국가는 그 국내법규칙이 이에 부합하든 아니하든 원칙적으로 전쟁에 호소하여서는 아니 될 의무를 지고 있다. 그러나 일부 국가는 특히 그 헌법에 국제법규에 맞추어 전쟁금지를 규정하게 되었다.[100] 이러한 헌법의 규정들은 오늘에 있어서는 국제법상 확립된 바를 대개 천명한 데 불과한 것이나[101] 중요한 의의를 갖는다고 생각된다. 첫째, 오늘날 넓은 범위에서 전쟁이 금지되고 있는 데도 불구하고 세계의 어느 곳에서든 전쟁은 쉴새 없이 계속되고 있는데, 헌법에서의 그 금지의 명문화는 당해 국가에서 자기권력을 위하여 광분할 가능성이 있는 정치가를 제지하는 구실을 할 것이며 또 일반인민의 그 금지에 대한 확신을 더 굳게 할 것이다. 둘째, 현대 헌법에 있어 개인의 인권 및 기본적 자유는 불가결의 구성요소를 이루고 있다는 것은 다시 되풀이됨을 요하지 않는데, Mirkine-Guetzévitch가 지적한 바와 같이[102] 프랑스혁명 이래 국내자유와 국제평화는 불가분의 관계에 있으므로,[103] 국제평화의 유지를 그 임무로 하는 국제법이 인권 및 기본적 자유의 보장을 등한시할 수 없다는 것과 마찬가지로 헌법에 전쟁의 금지가 규정된 것은 당연히 있어야 할 것이다.[104]

실정국제법규에 의한 전쟁금지의 선구자 역할을 한 것은 프랑스혁명 당시 헌법 등 국내법 규정이었다.[105] 1946년 10월 27일 프랑스 헌법 전문에 표명된 바와 같은 정복의 목적을 위한 전쟁이라든가, 어떤 인민의 자유

100) 제1차대전후 특히 1931년 12월 9일 스페인헌법 제6조 및 제77조(Mirkine-Guetzévitch, pp. 240~241; Mirkine-Guetzévitch, Constitutions, I, p. 109). 제2차대전후 1946년 10월 27일 프랑스헌법 전문(*Ibid.*, II, p. 428), 1947년 12월 27일 이탈리아헌법 제11조(*Ibid.*, II, p. 507), 1949년 5월 23일 서독의 기본법 제26조(간접적으로 전쟁을 금지한다. *Ibid.*, I, p. 174), 1946년 11월 3일 일본헌법 제9조(宮澤俊義 編, 세계헌법집, 328~329면), 대한민국 헌법 제4조.

101) 주 99 참조.

102) Mirkine-Guetzévitch, Constitutions, I, p. 99.

103) 2. B, 주 66 참조.

104) 拙稿, "국제법상의 인권보장문제", 『고려대학교 법학논총』, 1953, 47면 이하.

105) Cf. Mirkine-Guetzévitch, Constitutions, I, p. 114.

에 대한 힘의 행사의 포기는 처음 1790년 5월 22일의 헌법의회의 명령에 표명되었고, 1791년 및 1848년의 헌법에 되풀이되었을 뿐 아니라[106] 일반적으로 프랑스혁명 때에는 Mirkine-Guetzévitch가 말한 바와 같이 현대화되고 민주화된 정당한 전쟁론이 신봉되었고, 또 헌법에 표명되었던 것이다.[107] 이것으로써 정당한 전쟁론이 국제법규로 곧 발전할 수 있었던 것이 아님은 말할 것도 없지만[108] 헌법규정으로써 전쟁을 포기하는 귀중한 출발점이 확립되었고,[109] 자유 및 평등과 결합된 전쟁포기 및 평화의 사상은 특히 Kant에의 영향과 그 표명인 그의 영구평화론[110]을 통하여 뒤에 큰 영향을 미쳤다는 것은 부인될 수 없을 것이다.

4. 오늘날 국제법규에 의하여 전쟁은 원칙적으로 금지되고 있으나 실제에 있어서는 이에 반한 행동이 되풀이되고 있다. 이에 대조가 된다고 생각되는 것은 국내법에 있어서의 폭력의 원칙적인 금지이다. 국가란 법단체 내에 있어서 그의 구성원들 사이의 폭력의 대결이 허용되지 않는 전제로서, 첫째, 국내에서의 무력은 국가 자체에 독점되어 그것은 외적의 방위 및 질서유지와 이 질서에서 주어진 개개의 구성원에 대한 보호에만 행사되고, 둘째, 구성원 상호간 나아가서는 구성원과 국가 사이의 이해관계의

106) *Ibid.*, I, pp. 103, 107.

107) *Ibid.*, I, pp. 103~105.

108) 제1장 제2절 1; 동 2. B 참조.

109) 19세기에 1790년 5월 22일 프랑스 헌법의회의 명령 등에 규정된 전쟁포기에 따른 타국의 헌법이 있었다(예: 1891년 2월 24일의 브라질헌법 제88조, Mirkine-Guetzévitch, Constitutions, I, p. 108).

110) *Ibid.*, I, pp. 106~107. Kant의 '영구한 평화'의 확정조항 제1조에는 "시민의 헌법은 모든 국가에서 공화제라야 한다"라고 규정되었고, 제2조에는 "국제법은 자유국가들의 연방제에 입각되어야 한다"라고 규정되었다(2. B, 주 67 참조). 여기서 공화제라는 것은 집행권과 입법권의 분리를 의미하며(Mirkine-Guetzévitch, Constitutions, I, p. 106, note 2), 또 연방제라는 것은 조약에 입각한 국가들의 결합체를 의미한다(Schlohauer, S. 27. Cf. Verdross, VR, S. 28).

충돌을 공정한 제3자의 입장에서 법에 따라 판단하고 그 판단을 집행할 기구가 확립되었고, 셋째, 발전 · 변천하는 생활관계에 적합하도록 법을 제정 또는 개정하는 기구가 확립되어 있다. 국제법단체에서 이와 같은 전제는 존립하지 않을 뿐 아니라 가까운 장래에 존립하게 되리라는 것을 약속하는 확실한 것도 없다. 또 위에서와 같은 전제가 국가에서와 같이 국제단체에서도 존립하게 된다면 오늘의 국제법과는 성격을 달리하거나[111] 현저히 변모된[112] 법질서가 존립하게 되었다는 것을 의미하게 될 것이다.

그러나 오늘날 국제법의 전쟁금지의 전제로서 아래와 같은 국내법에서의 폭력금지의 전제에 가까운 것이 요청된다는 것은 당연하다.

첫째, 군비축소 및 군비규율에 관한 적절한 조약의 체결과 이 조약에 입각한 그 실시 적용을 위한 협력, 감시 및 통제기관의 설치.

둘째, 국제평화의 유지 및 평화파괴의 진압을 위한 상설국제군을 가진 실효적인 집단적 안전보장제도의 확립.

셋째, 국가들 사이의 적어도 법적 분쟁에 대하여 국제법원의 보편적 강제관할권이 확립되고, 이익분쟁에 대하여 공정한 심의조정기관이 확립되고, 판결 또는 그 밖의 결정을 실효적으로 실현시킬 기구의 확립.

넷째, 과학기술의 발전과 국제관계의 변천에 비추어 국제법규를 재심 · 개정 또는 새로 설정하는 절차와 기관의 확립.

이러한 전제들 중에는 이미 오랜 발전의 역사를 가진 것도 있으나 그들이 포괄적으로 취급된 것은 제1차대전 후부터이다. 그러나 그 발전은 순조롭지 못하고 위축되고 있다. 따라서 이러한 전제문제가 고려될 때 전쟁의 금지는 혼자서 너무나 앞선 느낌을 주고 있다.[113] 그럼에도 불구하고

---

111) 즉 동위법(Koordinationsrecht oder Genossenschaftliches Recht)인 오늘의 국제법이 국내법과 같은 복종법 또는 지배법(Subordinationsrecht oder Herrschaftsrecht) 같은 것으로 변경될 것이다(Verdross, VR, S. 59).

112) *Ibid.*, S. 8~9.

113) Dahm, I, S. 200, II, S. 565~566; Kelsen, pp. 48, 58; Kelsen, UN, p. 544. Cf. Kunz,

제1차대전후 일반적인 확신에 입각한 전쟁금지는 실정법규 밑에 보다 확고한 근거를 가지고 있으며, 또 오늘의 과학기술의 발달에 비추어 인류 전체의 높은 문화뿐 아니라 생존까지 걸지 않는 한 후퇴될 수 없는 것이다.[114]

또 국가에서는 구성원 사이의 폭력금지의 전제가 되는 것이 확립되었고, 국제단체에서는 그렇지 못하다는 것이 너무 과대시되고 국제법에서의 전쟁금지는 공문화(空文化)된 것이라는 주장은 삼가야 될 것이다. 이러한 주장에는 법은 현실과 꼭 부합되어야 한다는 그릇된 생각이 잠재하고 있다. 그뿐 아니라 우리가 세계 모든 국가들을 총괄하여 보면 무력에 의한 법질서의 교란 또는 전복이 빈번히 일어나며, 또 혁명 같은 것이 일어날 여지가 없이 잘 질서잡힌 국가 내에 있어서도 개인 대 개인의 문제가 아니고, 조직된 단체 대 단체의 관계에 있어서는 폭력의 난무가 흔히 있는 것이다.[115] 그렇다고 하여 국내법에서는 일반적으로 폭력의 행사가 금지되었다는 것을 부인하는 자는 드문 것 같다.

위에서 언급된 전쟁금지의 전제가 되는 것들은 그 금지에 관련하여 중요한 것에 틀림없으나, 그 각자가 큰 문제를 이루고 있으므로 본론에서는 전체적으로는 언급되지 않는다.

5. A. 전쟁지위의 제한이 제1차대전 후의 새로운 국제법의 가장 중요한 경향이라고 하여도 이것이 과장이라고는 생각되지 않을 것이다. 그러나 전쟁이 무엇이냐 하는 것은 이미 언급된 바와 같이 일반국제법규에 의하여 규정되어 있지 않았기 때문에 전쟁의 정의에 관하여 허다한 학설의

Sanctions, *op. cit.*, pp. 339~341.

114) Dahm, II, S. 354~355.

115) "미국은 법에 의하여 다스려지는 단체라고 우리는 보통 생각한다. 그러나 노동관계에 있어서 폭력과 정부통제의 실패는 생활의 경험에 있어 우리 모두에게 매일 확인되는 사실이다. 실로 국내에서의 노동관계와 국가간의 국제관계의 유사는 현저하다" (Jessup, p. 7).

차이가 있었던 것이다. 국제법학자 Fauchille와 Rolin이 그 자신의 전쟁정의를 갖는다고 말한 것도 그다지 과장은 아니다.[116] 따라서 전쟁금지의 한도, 즉 전쟁지위의 제한이 구명되려면 먼저 전쟁의 개념이 명백해져야 할 것이다. 그런데 이 점에 있어 국제연합헌장에는 과거의 것에 언급될 때 이외에는 전쟁이란 말은 사용되지 않고 그 대신 무력의 행사, 무력공격, 평화의 파괴 또는 침략행위란 말이 사용되고 있으므로, 논의가 분분한 전쟁이란 용어의 개념을 구명할 필요는 없지 않느냐 하는 주장이 있을 수 있다. 그러나 이미 언급된 바와 같이 전쟁이란 말은 국제법 밖에서 일반적으로 살아 있을 뿐 아니라, 국제연합헌장이란 조약이 입각하고 있는 일반국제법에 있어서도 살아 있는 것이다. 헌장에 의하여 전쟁이란 개념이 배제되지 않을 뿐 아니라 헌장의 해석에 있어 이 개념을 인정할 적극적인 이유도 있는 것이다. 이에 관한 것은 본론에서의 설명으로 미룬다.[117] 헌장에 의하여 전쟁개념의 필요성은 없어진 것은 아니며 또 특히 소멸되었다고도 생각되지 않는다. 본론 제1장 제1절에서 전쟁의 개념이 검토되었다.

여기서는 먼저 전쟁이 아닌 국가간의 무력행사의 명칭이 검토되었고, 다음에 전쟁과 전쟁아닌 무력행사의 구별의 곤란이 지적되었다. 그러나 이 구별에서 생각되었던 전통적인 전쟁개념은 아직도 적어도 학설상 의의를 가지고 있다고 생각되므로 그 개념이 검토되었다. 그런데 이러한 전쟁개념은 협소하게 규정되었으므로 실제에 부합하지 않는다는 것이 구명되었다. 즉, 전통적 전쟁개념에 부합하지 않는 국가간의 무력행사에서도 적어도 직접 무력행사에 관련된 범위에서는 당연히 전시법규가 적용될 것이 명백하고 또 그 적용이 명시된 예도 있다. 때문에 국가관행 및 학설에 따

116) Paul Fauchille, Traité de Droit International Public, 1921, II, No. 996; Alberic Rolin, Le Droit Moderne de la Guerre, 1920, I, 139(Grob, p. 174, note 12에서 재인용). Eagleton은 학자들의 정의 중 10여개를 들고 있는데(Eagleton, pp. 258~264), 그 주된 의도는 정의의 불일치를 보이는 것이다.

117) 제3장 제1절 2; 동 제2절 1. A. III; 동 B(1). II. c; 동 B(2). II. d; 동 2. C.

라 '실질적 전쟁'이란 개념이 인정되어야 한다.

종래 좁게 국한된 전통적 전쟁개념에 표명될 것을 정식전쟁이라고 칭하고, 이 개념에는 들어가지 않지만 거기에 전시법규가 적용되고, 국가의 관행에 의하더라도 전쟁이라고 불리는 것을 실질적 전쟁(예: 무력복구)이라고 칭하는 것이 적당하다는 결론에 도달되었다. 전쟁이 점차 광범위하게 금지됨에 따라, 소위 정식전쟁은 이에 비례하여 그 의의를 상실하고, 소위 실질적 전쟁이 그 중요성을 더 가지게 되었다.[118] 그러나 실질적 전쟁이란 개념에 관하여도 논의될 점이 있는데 그 개념을 넓게 규정하는 것이, 그 개념이 취하여진 위에서 언급된 이유에 비추어 적당할 뿐만 아니라, 전시법규의 광범위한 적용의 요구와 무력조치의 광범위한 금지의 요구에 적응되는 것이라고 생각된다. 이에 관련하여 부언되어야 할 것은 본론에서 실질적 전쟁개념이 확립될 때까지는[119] 전쟁이란 말은 주로 정식전쟁의 의미로 사용된 것이며, 그 후부터는 정식전쟁과 실질전쟁을 포함하는 의미로 사용될 것이나, 양자를 구별할 필요가 있을 때에는 그것이 표시될 것이라는 것이다.

실질적 전쟁의 개념이 인정될 때 소위 정당한 전쟁설[120]은 실질적 전쟁까지를 포함하며 검토되어야 할 것이다. 전쟁개념이 좁게 국한된 제1차대전 발발 당시의 일반국제법에 의하면 국가들의 전쟁의 자유가 인정되었으며 따라서 정당한 전쟁설은 실제로 타당하지 못하였다. 그러나 무력에 의한 복구(復仇, reprisals) 및 자위(여기서 소위 실질적 전쟁)에 있어서는 일정한 요건이 구비될 때만 합법시되므로 여기서는 정당한 전쟁설이 타당한 것이다. 이 점을 학자들이 종래에 등한시한 것은 다음과 같은 이유 때문일 것이다. 첫째는 전통적 전쟁개념에 얽매였다는 것과 다음에 보통 대규모

118) 제1장 제1절 2. C. VI.

119) 제1장 제1절 2. B.

120) 제1장 제2절.

의 무력행사인 전쟁을 행하는 것이 국가들의 자유에 맡겨진 데 대하여, 보통 소규모의 무력행사인 복구 등이 일정한 요건하에서만 합법시된다는 것은 서로 모순이며, 복구의 지위 제한이라는 것은 무의미한 것으로 생각된다는 것이다.

그러나 단체의 조직이 미약한 경우에 그 구성원들 사이의 소규모의 무력행사는 그 단체의 법질서에 의하여 규율되고 따라서 불법한 힘의 행사가 합법적인 힘의 행사와 구별되지만, 구성원이 그 생사를 걸고 투쟁하려는 경우에 관하여서는 그 투쟁이 원칙적으로 금지되어야 한다는 구성원들 사이의 일반적 확신이 생길 때까지는 그 금지의 법적 규율이 성립되지 못하고 구성원들의 자유가 인정될 수 있는 것이다.[121] 따라서 제1차대전시까지 국제법상 전쟁의 자유가 국가들에 인정되었다고 하여, 복구라든가 자위의 제도가 법적으로 무의미하다고는 생각될 수 없다.

B. 제2장에서는 국제연맹규약 및 전쟁포기조약에 있어서의 전쟁지위의 제한이 검토되었다. 규약에 있어 전쟁이 금지되느냐 않느냐는 그 이유가 부정하냐 정당하냐에 의하여 결정되는 것이 아니고 일정한 형식적인 절차를 밟았느냐에 의하여 결정되는 것이라는 견해에는[122] 긍정되는 점도 있으나, 규약은 전쟁지위의 제한에 있어 획기적 의의를 가졌던 것으로 생각된다. 그것은 국제연맹이 세계평화를 주된 목적으로 하고 또 세계적 규모를 가진 최초의 국제조직이었다는 것과 그 기본법인 규약이 넓은 범위에서 전쟁을 금지하는 최초의 일반적 조약이었다는 것에 의하여 명백하다. 규약 발효후 전쟁의 금지에 관한 조약 또는 조약안이 나타났으나, 이들은 대개 규약의 관계규정과의 연관을 떠나서 생각될 수 없는 것이었다.

121) Cf. Jessup, pp. 157~158.

122) Josef L. Kunz, Bellum Justum and Bellum Legale, AJ, 1951, p. 532; Dahm, I, S. 198, II, S. 340.

규약의 전쟁금지규정이 실제에 얼마만한 의의를 가졌던가에 대하여서는 물론 의문이 있을 수 있다. 규약성립 후에도 전쟁은 계속하여 일어났으며, 이에 대한 국제연맹의 무력제재는 발동된 일이 없고 또 적용된 경제적·재정적 제재도 소원의 목적은 달성하지 못하였던 것이다. 그러나 이러한 사실만으로써 규약의 당해규정의 의의가 평가되어서는 아니 될 것이다. 평화의 부인을 의미하는 전쟁의 금지가 규약 같은 일반조약에 표명되었고, 다시 규약에 입각하며 전쟁은 금지되어야 한다는 확신이 확대되고 확고히 되어 갔다는 데 규약의 중요한 의의가 발견된다고 생각된다.

규약에 관하여 우리가 말한 것은 더 넓은 범위에서 전쟁을 금지한, 즉 국가정책 수단으로써의 전쟁을 금지한 전쟁포기조약에도 그대로 타당한 것이다. 이 조약에는 제재의 규정조차도 없으나 그렇다고 제재가 배제되는 것은 물론 아니며, 또 제재의 존부에 의하여 법의 의의가 좌우되는 것은 아니다.[123] 그런데 양 조약에서 금지되는 전쟁이란 말은 전통적 의미에서의 전쟁(정식전쟁)만을 의미한다고 생각되는 경향이 있다.[124] 그러나 양 조약의 적용에 관한 합리적이며 하나의 유력한 견해에 의하면 정식전쟁뿐 아니라 실질적 전쟁도 양 조약에 의하여 금지된다. 이것은 전쟁이란 용어를 소위 정식전쟁에만 국한한다는 것은 실제에 부합하지 않는다는 것을 증명한다고 생각될 것이다. 그런데 실질적 전쟁개념에는 규약에 의한 무력제재도 포함될 성질의 것이나, 이 무력제재는 하나의 가능성에서만 그쳤다.

---

123) Strupp, I, p. 3; Scelle, I, p. 22; Verdross, Verfassung, S. 1~3; Berber, I, S. 9~17; Rudolf Laun, L' Autonomie du Droit et du Droit International, Internationales Recht und Diplomatie, Heft 1/2 1956, pp. 120~127. Dahm은 국제법에 있어 강제가 약하거나 결한다고 그의 법적 성질이 부인될 수 없는 것은 민법이나 형법의 발전의 이전단계에 있어 그의 법적 성질이 부인될 수 없다는 것과 같다는 것이다(Dahm, I, S. 14). 반대견해: Kelsen, pp. 3ff.; Guggenheim, I, p. 2 et s.

124) E.g. Dahm, I, S. 198, II, S. 339.

그런데 제2차대전후 독일 및 일본의 수뇌전범자 처벌에 관련하여 뉘른베르크 및 동경 국제군사법원에서 전쟁포기조약에 또 하나의 중요한 법적 의의가 주어지려고 하였던 것이다. 이 조약에 의하여 또는 이 조약을 계기로 하여 양성된 일반적 법적 확신에 의하여 국가정책으로서의 전쟁은 범죄이며, 따라서 이러한 전쟁을 계획 · 시작 · 수행한 자는 국제법상의 범죄자로서 처벌되어야 한다는 견해가 양 법원 및 검찰진에 의하여 표명되었던 것이다. 이와 같은 해석을 전쟁포기조약에 붙이는 것은 희망되는 법의 표명이기는 하나 법적 정확성을 결한 것이다. 당해 조약에 표명된 바에서나, 또 그 체결시 지배한 전쟁 같은 사태에 관한 집단적 책임의 원칙에서나 위에서와 같은 해석은 긍정될 수 없다. 또 뉘른베르크 및 동경 국제군사재판후 오늘까지도 전쟁의 범죄성 및 개인의 이에 대한 형사책임은 실정법상으로도 또 법적 확신으로도 성립되지 못하였다고 보는 것이 적당할 것이다.[125]

C. 말할 것도 없이 전쟁지위의 제한에 관하여 오늘날 실정법으로서 가장 중요한 규칙을 포함한 것이 국제연합헌장이다. 제2차의 그리고 보다 참혹한 세계대전 직후 넓은 범위의 전쟁의 금지가 더 명백히 헌장 속에 시도된 것은 당연한 일이다. 그러나 국제관계에 있어 권력정치의 현실을 중시하는 입장은 헌장에 규정된 전쟁금지를 부당하게 제한하여 해석하고, 따라서 국가들의 전쟁자유를 부당하게 넓게 인정하며 이를 위하여 정의라는 말도 원용된다.[126] 국제연합이 성립된 후에 실제에 비추어 보면 헌장의 규정에도 불구하고 지구상의 어느 부분에서든 전쟁이 그칠 날이 없으며, 또 국제평화 및 안전의 유지 및 전쟁의 금지를 위하여 헌장에 규정된 바에

---

125) *Ibid.*, I, S. 38~39.

126) Stone, Aggression, pp. 42~43, 96~97, 165~174. Cf. Stone, pp. 50ff. 이에 대한 비판: Kunz, Sanctions, *op. cit.*, pp. 338~339.

비하여, 또 그 관련에 있어 회원국의 국제법상의 권리의 보호 및 침해된 권리에 대한 구제에 관한 규정은 헌장에서 소홀히 되어 있다. 그러나 그렇다고 하여 넓은 범위에서 전쟁이 헌장에 의하여 허용된다고 생각된다면 헌장의 중요한 법적 의의는 거부된 것이다.

헌장의 전문의 첫머리에 "우리 일생중에 두 번이나 말할 수 없는 슬픔을 인류에게 가져온 전쟁의 불행에서 다음 세대를 구하려는" 연합국 인민들의 결의가 표명되었고, 또 전문에서 "공동이익을 위한 경우 이외에는 무력을 사용하지 아니한다는" 결의가 명시되고 있다. 그리고 제1차대전 후의 경험에 비추어 협의로 해석될 가능성이 있는 전쟁이란 말이 배제되고, 제2조 4항에서 "모든 회원국은 그 국제관계에 있어서 다른 국가의 영토보전이나 정치적 독립에 대하여 또는 국제연합의 목적과 양립하지 아니하는 어떠한 기타 방식으로도 무력의 위협이나 무력행사를 삼간다"고 규정되었다. 이리하여 명백하게 정당방위 및 긴급원조(헌장 제51조)를 제외하고는[127] 개별적인 국가들의 상호 무력행사는 금지되었으며, "국제법사에 있어서의 하나의 경계석, 일단 시작되어 다시 정지하지 않는 영원한 평화를 향한 전진에 있어서의 하나의 정류소"[128]가 이룩된 것이다.

이러한 헌장의 규정이 현실과 꼭 부합하지 않는다고 하여, 또는 위에서 언급된 바와 같은 이러한 규정에 부합할 제도가 구비되지 않았다고 하여[129] 그 법적 의의를 거부하려는 것은[130] 법과 현실 사이의 거리, 긴장관계를 고려하지 않은 것으로 생각된다. 한편에 있어 성자만으로 이루어진 사회를 전제로 하는 것과 같은 현실에 발을 디디지 않는 법은 그 현실성의 결여, 즉 사회학적 기반의 결여로써 실효성을 갖지 못하나, 또 한편에 있

127) Radbruch, a.a.O., S. 234.

128) *Ibid.*, S. 235.

129) 4 참조.

130) 전쟁포기조약에 관하여 이러한 입장을 취하는 예: Jahrreiss, S. 207ff.

어 현실 그대로가 아니고 인간의 노력과 창조로써 이루어질 세계, 우리의 동경의 세계, 이상계에 향하여짐으로써 비로소 법은 당위로서의 의의를 갖는다.[131] 따라서 헌장의 위반이 많고 위에서 언급된 바와 같이 헌장에 전쟁의 금지에 관련된 여러 가지 결함이 있고, 또 헌장규정에 애매한 점이 있다는 것을 인정하면서도, 우리는 전쟁금지에 관한 그 규정의 의의를 부인하는 것 같은 해석에는 찬동할 수 없는 것이다.

금지된 전쟁에 관련하여 침략이란 말이 새로운 의미로써 쓰이게 되었는데, 그 정의에 관하여 끝없는 대립이 계속되고 있으나 이 말은 이미 법적 용어로서도 의의를 갖는다고 생각된다.

헌장의 전쟁지위의 제한에 관한 규정의 실효성에 직접 연결되는 것이 국제연합의 집단적 안전보장제도이다. 이 제도는 국제연맹의 그것에 비하여 획기적으로 강화되었다. 그러나 헌장에 본래 의도되었던 중앙집권적 무력조치는 강대국간의 대립으로 아직 실현될 단계에 있지 못하다.[132] 그럼에도 불구하고 제2차대전 후의 최대의 전쟁이라고 생각되는 한국전쟁에 있어서 안전보장이사회의 결의를 통하여 국제연합군이 출동되었다. 권력정치면을 특히 주시하는 국제법학자측에서는 이와 같은 국제연합군 출동도 또 1950년 11월 3일 총회의 '평화를 위한 단결' 결의에 의하여 예견된 집단적 조치도 다 같이 연합 자체의 행위는 아니며, 일반국제법의 전쟁자유에서 오는 국가들의 행동 또는 집단적 자위(긴급원조)에 불과하다고 보는 경향도 있다.[133]

131) Cf. Radbruch, a.a.O., S. 15.

132) "예를 들면 국제연합 내에 집단적 안전보장의 이미 작용할 체계가 있다는 것…을 자신들 및 다른 이들에게 설득시키려는 많은 희망적 사색가가 있다"라고 Kunz가 말한 것은(Kunz, The Changing Science of International Law, *op. cit.*, p. 493), 여기서 언급된 중앙집권적 무력조치만 고려될 때 긍정될 수 있다. 그러나 집단적 안전보장제도가 헌장의 테두리 안에서 일반적으로 결여되어 있다는 것은 지나친 견해이다.

133) Stone, pp. 228ff., 266ff.

한국전쟁에서의 국제연합군 출동에 관한 국제연합 결의가 헌장 규정과 부합되느냐 하는 점에는 논의가 있으며, 또 '평화를 위한 단결' 결의에 관하여서도 같은 논의가 있다. 그러나 명백히 국제연합 기관의 결의로써 나타난 행위이며, 헌장 규정에 부합하도록 해석될 수 있으며 또 일반적으로 그렇게 부합한다고 생각되는 것을 국제연합 기관이란 편리한 장소를 이용하였으나, 헌장에 입각한 국제연합의 행위는 아니고 그 밖에서의 행위라고 설명할 이유는 어디에 있는가? 국제연합은 국가들의 권력정치를 위한 수단에 지나지 못하며,[134] 헌장은 세력균형에 입각한 국제정치제도를 세우려는 하나의 갱신된 기획의 기도에 불과하다고 생각될 때[135] 위의 견해는 수긍될 수 있다. 그러나 국제연합이 강대국의 헤게모니를 유지하는 데 필요한 하나의 이용물에 불과하든, 약소국의 결속에 편리한 하나의 무대이든, 또는 세력균형에 의한 불안정한 평화를 모색하는 회의장소에 불과하든, 국제연합에서는 세계평화의 유지, 인권과 기본적 자유의 존중 · 보호 등과 같은 그 목적과 원칙에 표명된 바와 관계규정에 배치되는 결의는 원칙적으로 취하여질 수 없는 것이다.

이와 같은 결의가 권력정치와 부합될 수 있는 경우도 있을 수 있는 것인데, 그러한 경우에 그 결의의 일면, 즉 권력정치를 전면에 내세우는 것은 법학적 입장에서는 긍정될 수 없다. 한국전쟁에서의 국제연합군의 출동, 평화를 위한 단결 결의에 입각하여 1956년 이스라엘, 영국 및 프랑스 대 이집트 무력충돌에 긴급하고 유효한 조치가 취하여진 것과, 또 1960년 콩고사태에 있어 질서를 유지하기 위한 국제연합군이 안전보장이사회의 결의에 의하여 출동하였다는 것은 국제평화유지, 전쟁의 지위제한에 관한

134) Pashukanis는 소련의 입장에서 국제연맹은 제1차대전에서 승리를 얻은 제국주의 강국들의 도구로서 발생하였다는 것이다(E.B. Pashukanis, 『소비에트국제법개론』, 山之內一郞 역, 1937, 124면.

135) R. Cordorva, The Development and Codification of International Law, United Nations Ten Years, pp. 46~47.

헌장의 유효성을 뒷받침하는 것으로 생각된다.

강제조치를 위하여 국제연합군이 출동되었을 때 국제연합군의 행동도 실질적 전쟁의 개념에 포함되어야 할 것이며, 이와 같은 실질전쟁은 국제연맹규약에서는 하나의 가능성에 그쳤으나 헌장하에서 그 가능성이 실현되었다.

D. 전쟁은 오랜 역사를 가졌으며 따라서 전쟁을 구명하는 이론이나 설명도 그러하다. 이러한 전쟁사나 전쟁이론사를 전망한다는 것은 필자의 능력과 본 논문의 의도 범위 밖에 있으며, 본론에서는 제1차 세계대전 발발시의 일반 국제관습법 및 이 대전 후에 나타난 보편적 또는 거의 보편적 의의를 가진 국제연맹규약, 전쟁포기조약 및 국제연합헌장의 해석을 중심으로 하여 전쟁지위의 제한과 그 전제로서 전쟁의 개념이 구명될 것이며, 따라서 전쟁의 예시 및 학설의 인용도 대체적으로 가까운 과거의 것에 국한되었다.

설명의 편의상 위에서 언급된 바와 같이 제1장에서는 제1차대전 발발시의 전쟁의 개념 및 지위에 관한 일반국제법이 취급되었으므로, 거기서 일반국제법으로 설명된 것이 오늘에 있어서는 이미 일반국제법이 아닌 것(특히 전쟁의 지위에 관한 것)도 있는데, 이러한 점은 본론의 설명에서 명백히 되고 있다고 생각된다.

제 1 장

일반국제법에 있어서의 전쟁

제1절 전쟁의 개념

제2절 전쟁의 지위

제 1 절

전쟁의 개념

1. 전쟁과 전쟁 아닌 조치의 구별

A. I. 국가간[1]의 무력행사[2]는 국경에서의 우발적인 사소한 충돌에서 무수한 인적 희생과 막대한 물적 파괴[3]에 이르기까지 그 규모와 격렬성에

1) 국내에서의 무력행사도 국제법의 규율대상이 되는 경우가 있는데 이러한 경우에 관하여서는 다음에 곧 설명될 것이며, 여기서는 원칙적으로 국가간의 무력행사가 취급된다.

2) 자국진영을 강화하고 상대편의 국가진영을 약화하기 위하여 여러 가지 심리적 및 경제적 수단이 취하여지고 때로는 정치적 수단으로서 전쟁의 위협도 행하여지는 지속적 대치의 상태가 소위 냉전(la guerre frioid)이라 불려지지만, 이것은 적어도 국제법에 있어서는 전쟁의 개념에 포함될 수 없다. 무엇보다도 냉전에 있어서 취하여지는 경제적 조치 등이 전시법에 의하여 규율될 것으로 관계국가들에 의하여 생각되지 않으며, 평시에 있어서의 통상 등의 정책으로서 취하여지고 있다(De Visscher, pp. 369~370; Orfield and Re, pp. 617~618; Sauer, S. 291~293; Guggenheim, II, p. 312, note 3; Starke, p. 352; Berber, II, S. 15; Menzel, S. 355).

3) 예를 들면, 제2차대전시 독일이 프랑스에 입힌 손해만 1952년에 15조 프랑으로 평가되고 있으며(Rousseau, p. 688), 또 제1차대전시 프랑스의 인적 희생이 전사군인 140만명, 부상자 450만명이라는 것이다(Osgood, p. 93). 오늘에 있어서 핵무기의 무서운 파괴력은 이미 주지의 사실이며(서론 2. A, 주 30) 이를 운반하는 수단의 위력에 관하여서는 그러하다.

있어 무수한 단계를 이루어 왔다. 이러한 무력행사를 법적으로 규율하기 위하여 국제관행과 학설은 몇 가지 명칭을 만들어냈다. 무력행사의 이러한 명칭들은, 학자들의 국제법 전체에 관한 설명체계에 있어서의 설명의 순서 및 내용에 따라, 한 부분에서 총괄적으로 취급되지 않고 대개 둘 이상의 부분에서 취급되고 있다.[4] 그 중에서 여러 가지 명칭의 무력행사가 비교적 포괄적으로 설명된 것은 국제분쟁의 평화적 해결,[5] 국제법상의 불법행위에 대한 위법성조각의 이유,[6] 국제법상의 제재[7] 또는 단순히 힘(force, Gewalt)의 행사란 표제 또는 이에 유사한 표제가 붙여진 것[8]을 취급한 부분에서이다. 그러나 이러한 부분에서 설명되는 것이 적당하지 않은 것은 다른 부분에서 설명되고 있다. 예를 들면, 자위로써의 무력행사가 국제분쟁의 강제적 해결의 수단이라고 보는 것은 적당하지 않으므로, 자위는 다른 부분(예를 들면 국가의 기본권을 취급하는 곳[9])에서 설명된다. 또 전쟁은 따로 설명되는 경우가 많다.[10]

학자들이 그의 국제법의 체계적 설명에서 사용하는 무력행사의 명칭 및 그 내용의 설명에 있어서는 정도의 차이는 있으나 각자 서로 상이한 점이 있다. 그러나 전쟁 외에 그것과 구별되는 것으로서 복구(復仇, reprisals), 평시봉쇄, 간섭 및 자위가 비교적 널리 공통된 명칭이다.[11] 이러한 명칭의

4) 특히 국가간의 무력행사만을 취급한 것에는 두 가지가 있다. 즉 국가간의 무력행사를 총괄적으로 취급한 것(E.g. Hans Widmer, Zwang)과 그것의 일면을 취급한 것(E.g. Julius Stone, Aggression and World Order)이다. 후자가 많은 것 같다.

5) Oppenheim-Lauterpacht, II, pp. 132ff.; Fenwick, pp. 531ff.; Hyde, II, pp. 1654ff.; Starke, pp. 341ff.; Stone, pp. 285ff.; Wilson, pp. 226ff.

6) Strupp, I, p. 342 et s.; Ross, pp. 243ff.; Redslob, p. 243 et s.; Anzilotti, S. 395.

7) Guggenheim, II, p. 82 et s.; Kelsen, pp. 20ff.; Verdross, VR, S. 343ff.; Sibert, II, p. 549 et s.

8) Brierly, pp. 308ff.; Lawrence, pp. 334ff.; Hall, pp. 433ff.; Westlake, pp. 6ff.; Schwarzenberger, Manual, pp. 80ff.; Dahm, II, S. 408ff.; Briggs, pp. 947ff.; Orfield and Re, pp. 603ff.; Hudson, pp. 605ff.; Jessup, pp. 157ff.

9) Oppenheim-Lauterpacht, I, pp. 297ff.; Hyde, I, pp. 237ff., 247.

10) E.g. Oppenheim-Lauterpacht, II, pp. 201ff.

조치 중에는 무력행사가 포함되지 않는 것도 있는데 이러한 것은 여기서는 논외가 된다.[12] 그런데 복구 또는 복구 및 자위와 간섭, 평시봉쇄 또는 양자를 나란히 놓는 경향도 있으며[13] 이것은 그 네 가지 것이 법적으로 어떤 같은 성질의 것에 속하고 이것이 다시 넷으로 세분된다는 것을 표시한다고 해석되는데, 그와 같은 조치는 적당하지 않다.

첫째, 평시봉쇄라는 것은 어떤 법적 성질을 나타내는 것보다는 무력행사의 하나의 외부적 형태를 표시하는 것이라고 보는 것이 적당하다. 물론 '평시'라는 수식어는 법적으로 전쟁이 아니라는 것을 표시하고, 또 평시봉쇄는 전시봉쇄와는 상이하며 제3국의 선박에는 효과를 미치지 못하지만, '평시'라는 것은 전쟁과의 대립에서 자명한 것이고, 그 효과의 제한도 평시봉쇄가 전쟁의 수단이 아니라는 데서 오는 당연한 결과이다. 따라서 평시봉쇄는 복구, 간섭 또는 자위의 수단의 하나로써 특히 복구의 수단으로써 취급하는 것이 적당할 것이다.[14]

둘째, 무력행사의 법적 성질을 나타내는 것으로서 복구 및 자위와 간섭을 나란히 놓는 것은 적당하지 않다. 간섭(intervention)은 법적 용어로서

---

11) 주 5~8 참조. 영 · 미 학자들은 흔히 이러한 명칭을 가진 것들 전부 또는 그 대부분을 전쟁에 이르지 않는 힘의 행사(use of force short of war)라는 말(Jessup, p. 157; Hudson, p. 605) 또는 전쟁에 이르지 않는다는 것을 표시하는 비슷한 말(Oppenheim-Lauterpacht, I, pp. 132, 185; Schwarzenberger, Manual, p. 80; Stone, p. 285; Hall, p. 419; Westlake, p. 6; Briggs, p. 947; Orfield and Re, p. 603; Hyde, II, p. 1654; Wilson, p. 226; Fenwick, p. 531)로 총괄하고 있다.

12) 단순히 힘의 행사라고 할 때(주 8, 11 참조)에는 반드시 무력행사가 지칭되는 것은 아니다 (Cf. Hans Kelsen, General International Law and the Law of the United Nations, United Nations Ten Years, pp. 4~6). 보복(Retorsion)이라는 것이 하나의 강제조치 특히 분쟁의 강제적 해결수단의 하나로서 설명되는데 무력행사는 보복에는 포함되지 않는다고 보는 것이 적당하다(Cf. Fenwick, p. 532).

13) Jessup, pp. 157ff.; Brierly, pp. 308ff.; Hyde, II, pp. 1654ff.; Dahm, II, S. 408ff.; Oppenheim-Lauterpacht, II, pp. 132ff.; Starke, pp. 341ff.; Hall, pp. 433ff.

14) Hatscheck, S. 409; Widmer, S. 54ff.; Verdross, VR, S. 346; Lawrence, S. 339ff.; Wilson, p. 229; Kelsen, General International Law and the Law of the United Nations, *op. cit.*, p. 6.

대단히 애매하며[15] 따라서 이 말을 법적 분야에서 배제하자는 견해[16]에도 수긍할 바가 있는데, 지배적이라고 생각될 수 있는 견해에 의하면 간섭이란 간섭하는 국가가 그의 의사를 간섭받는 국가에 강요하여 후자의 대내 및 대외사항에 개입하는 것이며[17] 따라서 국제법상 원칙적으로 금지될 것이다.[18] 이에 반하여 복구나 자위는 국제법상 합법적인 행위를 표명하고 있다. 그러나 복구나 자위로서의 행위도 상대방의 국가의 의사에 반한 강제라는 점에 있어서는 간섭이며[19] 본래 금지될 행위이지만, 이 경우에는 그 행위가 복구 또는 자위의 요건을 구비함으로써 합법화된다. 그러므로 복구나 자위는 간섭과 나란히 놓이는 것이 아니고 간섭에 포함된다.[20]

---

15) 간섭에 관한 여러 가지 개념규정: Dahm, I, S. 201~202; Thomas and Thomas, pp. 67~70.

16) E.g. Ross, pp. 185~186.

17) Dahm, I, S. 202; Brierly, p. 308; Rousseau, p. 321; Thomas and Thomas, p. 71; Oppenheim-Lauterpacht, I, p. 305; Hyde, I, p. 247; Sibert, I, pp. 342~343; Jessup, p. 172; Starke, pp. 85~86; Kelsen, pp. 63~64. 물론 간섭에 관하여 이러한 관념을 가지고 있는 학자들 사이에 있어서도 간섭의 범위에 관하여서는 의견의 차이가 있다(Cf. Thomas and Thomas, pp. 67~70). 또 간섭에 관하여 특이한 개념을 세우려는 학자도 있다. Widmer에 의하면 "간섭은 한 국가의 어떤 다른 국가의 사항(이 사항은 동시에 객관적 국제법질서의 손상의 사실임)에의 권위적 개입(authoritative Einmischung)이다" (Widmer, S. 93). 그러나 이러한 개념은 국가간에 실제로 간섭이라 생각된 것과 상당히 거리가 있다.

18) Oppenheim-Lautherpacht, I, p. 305; Thomas and Thomas, p. 78. 국제사법법원도 코르푸해협(The Corfu Channel) 사건에 관한 1949년 4월 9일 그의 판결에서, 영국의 기뢰제거작업의 정당한 간섭에 의한 변호에 대하여 다음과 같이 말하였다. "법원은 소위 간섭권을 힘의 정책의 표현으로 볼 수 있을 뿐이다. 이러한 힘의 정책은 과거에 가장 중대한 남용을 일으켰으며 오늘에 국제조직의 결함이 어쨌든 국제법에서 그 자리를 찾을 수 없는 것이다" (ICJ, Reports, 1949, p. 35(Bowet, p. 14; Rousseau, p. 326에서 재인용)). 1948년 4월 29일 보고타(Bogota)에서 서명된 미주국가기구헌장 제15조 등에서도 간섭이 금지된다는 것이 표명되었고, 또 국제연합에서 모색된 국가의 권리 · 의무에 관한 선언안 제3조에서도 간섭의 금지가 표명되고 있다(UNYB, 1948~1949, p. 948(Dahm, I, S. 205~206에서 재인용)).

19) 간섭의 개념에서 자위, 복구 등의 자구행위를 제외하려는 견해도 있으나(Hyde, I, p. 246; Jessup, p. 172), 이러한 입장에 무리가 있다는 것은 그 입장이 관철되지 않는 데도 표명되고 있다(Hyde, I, p. 248). Berber도 간섭의 정의에서는 국제법상 금지된 것만을 간섭에 포함시키고 있으나(Berber, I, S. 185), 그 자체로서 허용되지 않는 간섭도 관계국가의 동의 또는 일반국제법에 의하면 정당화될 수 있다고 말하고 있다(*Ibid.*, S. 188).

20) Heydte, S. 316~318; Ross, p. 246; Starke, p. 87; Thomas and Thomas, p. 78; Bowet, pp.

소위 불간섭의 원칙에 의하여 금지된 무력행사가 예외적으로 허용되는 경우는 복구 및 자위의 요건을 구비하였을 때뿐 아니라, 조약에 의하여 미리 간섭권이 인정되는 때이다.[21][22] 또 구체적인 경우에 어떤 국가의 합법정부의 동의가 있을 때에는 타국이 전자에 대하여 무력으로써 개입할 수 있는데,[23] 이렇게 동의가 있을 때에는 이는 간섭의 개념에는 포함될 수 없다.

따라서 전쟁 아닌 무력행사는 불법적인 것과 합법적인 것으로 나누어지며, 후자에는 조약에 입각한 것 및 그때그때에 관계국가의 동의를 얻어 행하여지는 것과 아울러 일반국제법상 복구 및 자위로써 행하여지는 것이 있다. 전쟁의 합법성 여부에 관하여서는 다음에 언급될 것이다.[24]

II. 다음으로 복구의 개념에 관하여는 여기서 별로 문제될 점이 없으나[25] 자위에 관하여서는 해명을 요하는 점이 있다. 즉, 자위(self-defense, Selbstverteidigung)라는 것은 협의의 정당방위(legitimate defense, Notwehr, légitime défense)를 의미하며 긴급피난(necessity, Notstand, nécessité)과 구별되나,[26] 양자를 포함하는 의미로 쓰여지는 경우도 있다.[27] 이 용어문제에

52~53; Sibert, I, 353~355.

21) 1863년 런던조약에 입각하여 영국, 프랑스 및 러시아는 그리스의 독립을 보장할 입장에서 제1차대전중(1916, 1917년) 그의 합헌정부의 재건의 목적으로 개입하였다(Oppenheim-Lauterpacht, I, p. 308).

22) 그 밖에 간섭이 허용되는 예외적인 경우가 열거되는데(E.g. Oppenheim-Lauterpacht, I, pp. 306~313; Rousseau, p. 324~325), 거기에는 적당하다고 생각되지 않는 경우도 포함되며 그 밖의 경우는 여기서 설명된 바에 포함된다.

23) 예: 1958년 7월 레바논의 합법정부(샤문정부)와 요르단의 합법정부(후세인왕의 정부)의 요청으로 미국 및 영국이 각각 파병한 것(Dahm, II, S. 358, Anm. 8)(제3장 제2절 2. B. I. c. (2)). 그러나 이러한 경우(내란)에 있어서의 외국의 파병의 합법성에 관하여서는 이론이 있다(Qwincy Wright, United States Intervention in the Lebanon, AJ, 1959, S. 112ff.).

24) 제2절 1. C.

25) 복구의 개념에 관하여서는 다음에 보다 상세히 설명될 것이다(제2절 2. D. II).

26) Dahm, II, S. 424ff., 438ff.; Verdross, VR, S. 332, 346ff.; Anzilotti, S. 395ff.; Cheng, pp.

관하여 Guggenheim은 다음과 같이 말하고 있다.[28] "자위(self-defense)권은 정당방위(legitimate defense)권에 반하여 자연법개념에 입각한 전통적인 보존권(le droit de conservation)의 표현으로서 긴급피난권(le droit de nécessité)을 포함한다." 국가의 자기보존권은 엄격한 의미에서 권리로서 인정되지 않으며[29] 정당방위와 긴급피난은 개념상 구별되어야 할 것이다.[30] 그러나 우리말로서 자위라는 것은 양자를 포함하는 의미로 사용될 수도 있는 것이다. 왜냐하면 우리말로는 따로 정당방위란 말이 사용되고 있고 자위는 그 원어[self-defense]에 있어 이미 언급된 바와 같이 긴급피난도 포함하여 사용되는 경향이 있기 때문이다.[31] 그러나 자위로서 표현된 것이라도 그 내용에 비추어 긴급피난을 포함할 수 없는 경우에는 물론 그 내용에 따라 해석되어야 할 것이다.

다음 일부 학자들에 의하여 복구, 정당방위 및 긴급피난과 구별될 것으로서 세워진 자기보호(Selbstschutz)의 개념[32]은 자위의 개념에 포함될 것으로 생각된다. 소위 자기보호라는 것은, 어떤 국가가 일반국제법상의 의무에 따라 그의 영역상에서 폭력에 의한 공격(내란, 폭동 등의 경우)에 대하여 외국 및 외국민의 법익을 보호하지 못하거나 보호할 의사가 없을 때, 관계외국이 병력을 파견하여 영역국이 취하여야 할 것의 한도 내에서 보

69ff.; Ross, pp. 244, 247~250; Bowet, pp. 10, 171~173.

27) Hyde, I, pp. 237ff.; Oppenheim-Lauterpacht, I, pp. 298ff.; Fenwick, pp. 299ff. Cf. Bowet, pp. 56, 89~90.

28) Guggenheim, II, p. 59, note 5.

29) Verdross, VR, S. 165, 331~332; Brierly, pp. 318~319; Bowet, p. 10; Singh, pp. 108ff.

30) 양자의 개념에 관하여서는 다음에 설명될 것이다(제2장 2. D. III, IV).

31) 실제에 있어서도 이러한 경향이 있다. 예를 들면, 다음에 곧 설명될 캐롤라인호에 있어서 그러하다. 또 제2차대전후 독일 수뇌전범자의 뉘른베르크재판에 있어 1940년 4월 9일 독일의 노르웨이 침입에 관한 Erich Raeder의 형사책임의 심의에 관련하여 위에서의 침입은 정확히 말하면 긴급피난문제로 취급되어야 할 것이나(Bowet, p. 173), 재판에 있어서는 자위문제로서 취급되었다(Cheng, pp. 88ff.; Bowet, pp. 142~143).

32) Verdross, VR, S. 347~351; Jessup, pp. 169~172; Heydte, S. 317~318.

호조치를 직접 취하는 것을 말한다. 실제에 이러한 사태는 특히 두 가지 전형적인 경우, 즉 첫째로 외국에 침입할 목적을 가진 폭도가 어떤 국가의 영역상에서 형성되었거나, 둘째로 어떤 국가 내의 폭동 또는 내란 등에 있어 사인(私人)들의 행동에 의하여 외국 및 외국인이 피해를 입는 경우에 일어난다.[33] 이러한 경우에 관계외국이 파병하여 보호조치를 취하는 것을 정당방위 및 긴급피난에서 구별될 독특한 법적 성질의 조치로서 취급하는 것은 적당하다고 생각되지 않는다. Verdross가 자기보호의 전형적 예로써 들고 있는 것은 1837년 캐나다반란 때 나이아가라강의 미국영역 쪽에서 캐나다의 반도를 원조한 선박 캐롤라인호(The Caroline)를 캐나다군이 국경을 넘어서 격침시킨 사건인데,[34] 이 사건에 있어 미국이 위와 같은 반도원조행동을 방지 또는 진압할 수 있었는 데도 불구하고 그대로 방치하였다면[35] 캐나다의 행동은 정당방위로써 규율될 것이며, 미국이 그 반도원조를 방지 및 진압할 여유가 없었거나 그렇게 하려 해도 할 수가 없었을 경우에는 캐나다의 행동은 긴급피난으로써[36] 규율될 성질이다.[37]

Verdross가 자기보호란 개념을 세운 것은, 소위 자기보호조치는 영역국의 불법공격에 대한 것이 아니고 그 영역 내에 있는 사인들의 공격에 대한 것이라는 점에 있어 정당방위와 구별되어야 하며, 또 그 조치는 영역국

33) Ross, p. 249.

34) Verdross, VR, S. 348; Bowet, pp. 58~60; Cheng, pp. 85ff.

35) Ross는 이 사건에 있어서의 사정에 비추어 미국이 국제법상의 의무에 위반하였다고 본다(Ross, p. 249. Cf. Menzel, S. 307).

36) Bowet는 Ross와 반대로 미 · 영 양국의 논의에 있어 미국의 국제의무 위반에 언급됨이 없음에 비추어 미국에 대한 영국의 행동은 엄격히 말하면 긴급피난이었다는 것이다(Bowet, pp. 59~60).

37) 캐롤라인호사건에 관련하여 미국의 국무장관 Daniel Webster가 이러한 사건의 경우에 정당화될 수 있는 행위의 요건으로서 다음과 같은 것을 표명하였는데(Briggs, p. 985), 이것은 뒤에 많이 인용되며 그 내용은 정당방위 및 긴급피난에 다같이 적용된다고 생각된다. "…a necessity of self-defence, instant, overwhelming, leaving no choice of means, and no moment of deliberation … the act, justified by the necessity of self-defence, must be limited by that necessity and kept clearly within it."

으로부터 오는 긴급한 객관적 불법상태에 대한 것이란 점에 있어 객관적으로 아무런 관계가 없는 국가에 대하여 취하여지는 긴급피난과 구별되어야 한다고, 그가 생각하기 때문이다.[38] 그러나 이미 언급된 바와 같이, 본래는 사인(私人)들에 의한 공격이라 할지라도 영역국이 이를 방지 또는 진압할 의무가 있는 데도 불구하고 그러지 않았을 때에는 그 사인들의 공격에 당해 영역국의 불법행위가 표명되었다고 해석될 것이며, 사인들에 의한 공격을 영역국이 모든 가능한 조치로써도 방지도 진압도 하지 못하였을 때에는 그 사인들의 공격은 그 영역국에 귀속시킬 수 없는 제3자의 행위인 것이다.[39] 따라서 소위 자기보호도 여기서는 자위에 포함되는 것으로 취급된다.

또 하나 자위에 관련하여 언급되어야 할 것은 정당한 전쟁설에 있어 정당한 이유의 하나로서 자위가 문제되었다는 것이다.[40] 그러나 전쟁개시에 관련하여서는 자위로써의 전쟁이란 말이 타당할 수도 있으나, 즉 긴급한 공격을 물리치기 위하여 전쟁이 시작되었다는 것은 이해될 수 있으나, 전쟁이 시작되면 전쟁 자체(전쟁중의 개별적 행위와는 구별되는 것)에 관하여서는 그 말은 허용되지 않는다. 왜냐하면 자위는 긴급한 공격을 물리치기 위한 데 국한되어야 하나, 복구 및 자위와 구별되는 전쟁에서는 이러한 제한은 없기 때문이다.[41]

B. Ⅰ. 다음으로 전쟁 아닌 국가간의 무력행사와 전쟁(이 양자가 대립한 경우에는 다음부터 전자는 복구로써 대표된다)의 구별, 즉 전쟁의 개념규정에 관

---

38) Verdross, VR, S. 350~351.

39) 이러한 입장은 국제법상 일반적으로 긍정되어야 할 것으로 생각된다. 예를 들면, 불법행위에 대한 배상범위에 관한 규준의 설명에 있어 Guggenheim은 이 입장을 표명하고 있다 (Guggenheim, II, p. 74).

40) Bowet, p. 4. 제2절 2. B.

41) Bowet, pp. 117~118. Cf. Jessup, p. 163. B 참조.

하여, 전쟁 아닌 무력행사의 상호 구별에 있어서와 같이 학설의 대립이 계속되고 있다. 이러한 학설의 대립은 복잡한 현실의 반영이라고도 생각될 수 있는데, 이러한 사정을 더 명백히 하고 이 학설대립의 검토의 준비단계로서 아울러 이미 규지된 용어의 혼란을 더 명백히 하기 위하여서 다음에 Starke의 이론이 소개되는 것은 의미가 있다고 생각된다.

Starke는 국가간의 분쟁해결의 강제수단으로서 전쟁과 아울러 보복, 복구, 평시봉쇄 및 간섭을 열거하고 있는데, 간섭의 설명에서는 그 일종인 대외적 간섭에 어떤 국가가 타국들 사이의 관계(일반적으로 적대적인 관계)에 개입하는 것, 따라서 타국들 사이의 전쟁에 참전하는 것도 포함되고 있다.[42] 다음에 전쟁의 총론적인 설명에 있어 Starke는 1931~1932년에 또 1937년부터 중국에서의 중국-일본 적대행위, 1938년 장고봉에서의 소련-일본 적대행위, 1939년 노몬한에서 외몽고 및 내몽고군을 포함한 무력작전, 1950~1953년 한국에서의 적대행위, 1947~1954년 인도차이나에서의 전투와 1956년 이스라엘, 이집트, 프랑스 및 영국이 연합된 수에즈운하 주변에서의 충돌을 전쟁 아닌 적대행위(non-war hostilities)(무력충돌 또는 평화의 파괴라고도 불려진다)라고 칭하고 있다.[43] 따라서 Starke의 설명에 의하면 국가간의 무력행사는 세 가지로 구별되어야 한다.

즉 전쟁 아닌 강제수단(복구) 및 전쟁과 Starke의 소위 전쟁 아닌 적대행위(Stone에 의하면 선언되지 않은 적대행위)이다. 소위 전쟁 아닌 적대행위라는 용어가 쓰여지게 된 것은 예시에서 표명된 바와 같이 제1차대전후 전쟁이란 명칭이 정식으로 붙지 않는 대규모의 무력충돌을 지칭하기 위한 것이다. 그리고 이와 같은 현상의 주된 이유는 제1차대전 후 전쟁을 금지

42) Starke, pp. 341ff., 85ff. 그는 또 간섭과 복구를 한편에서는 대치시키고 있으나 또 한편에서는 복구는 간섭의 일종(처벌적인 간섭)이라는 것이다.

43) *Ibid.*, pp. 347~351. Stone은 선언되지 않은 적대행위(undeclared hostilities)라는 말을 사용하고 있다(Stone, pp. 311ff.). Cf. Oppenheim-Lauterpacht, II, pp. 184ff.

하는 조약(특히 국제연맹규약, 전쟁포기조약 및 국제연합헌장)규정위반의 제재 또는 비난을 면하기 위하여 대규모의 무력행사를 하면서도 그 당사국이 전쟁의사를 표명하지 않거나 부인한 것과 전쟁성립에서 오는 법적 구속 및 불편을 그 당사국이나 제3국이 면하려는 것이다.[44] 국가간의 무력행사에 관한 새로운 사실을 뚜렷이 하기 위하여 전쟁 아닌 적대행위 같은 용어를 새로 사용하는 것은 수긍될 수도 있으나, 문제는 이 용어가 구체적 현상을 법적으로 파악하는 데 도움이 되느냐 하는 것이다.

'전쟁 아닌 적대행위' 라고 하면 우선 '전쟁' 이 아니라는 부정만 되었지 '어떤 것' 이라는 긍정은 없으며, 다음 '적대행위' 라는 것이 전쟁에서만 일어날 수 있는 것을 말한다면[45] 이 용어는 상호부정의 두 가지 말을 연결하여 놓은 것이 되므로, 적대행위라는 말이 전쟁이 일어나는 것에 한정되지 않는 넓은 의미로 해석된다면 여기에는 복구 및 자위에 있어서의 무력행사도 포함될 것이며,[46] 따라서 전쟁 및 복구와 구별되는 '전쟁 아닌 적대행위' 의 법적 개념은 파악될 수 없는 것이 된다.[47] 또 Starke는 전쟁과 '전쟁 아닌 적대행위' 의 구별의 설명에 있어 다음 두 가지를 지적하고 있다. 첫째, 전자는 국가들 사이에 일어나는데 후자는 국가와 국가 아닌 단체 사이에도 일어날 수 있다는 것이다. 둘째, 전자에 있어서는 전쟁의사가 결정적일 것이라는 것이다.[48] 그러나 전쟁에는 국가만이 참여한다는 것은 정확하지 않으면 내란에 있어 반란단체가 교섭단체로 승인되는 경우 그렇게 승인된 범위 내에서 그 내란은 국제법상 전쟁으로 취급된다.[49] 그

44) Cf. Stone, p. 311, note 79; Starke, p. 349.

45) 육전에 있어서의 중립에 관한 헤이그조약(1907년) 제10조의 적대행위(hostile act)라는 말과 이에 관련한 Oppenheim의 적대행위(hostilities)라는 말은 이러한 의미로 쓰여지고 있다(Oppenheim-Lauterpacht, II, pp. 684~685. Cf. McNair, Opinions, II, p. 405).

46) Stone, p. 312; Kotzsch, p. 63.

47) Stone의 선언되지 않은 적대행위란 용어에 대하여서도 같은 비판이 타당하다.

48) Starke, p. 349.

49) 2. C. IV.

뿐 아니라 '전쟁 아닌 적대행위'도 Starke에 의하여 예시된 것과 같이 대개 국가간에서 일어나는 것이다.[50] 다음 전쟁의사가 전쟁의 결정적 요인이라고 보는 견해를 그는 곧 수정하여 전쟁이냐 아니냐는 당사자들의 의도와 아울러 충돌의 규모 및 제3자의 태도 및 반동에 의존한다고 말하고 있는 것과 같이,[51] 전쟁의 결정적 요인이 전쟁의사라는 것은 그대로 긍정될 수 없다.[52]

여기까지 검토된 바에 의하면 '전쟁 아닌 적대행위'라는 것은 Starke에 있어서는 새로운 사실을 뚜렷이 하기 위하여 사용된 것이나 새로운 사실을 법적으로 파악하는 데 도움이 되지 않을 뿐 아니라, 용어로 인한 혼란을 가져올 뿐이다.[53] 그런데 Starke가 이러한 용어를 내놓고 해명하려는 것은 전쟁과 전쟁 아닌 대규모의 무력행사의 구별과 후자에의 전시법규의 적용 여부문제이며 이 점에 있어서는 Stone도 마찬가지다.[54] 그렇다면 그들과 같이 혼란을 가져올 용어를 내놓지 말고, 무력행사란 국제현상을 법적으로 파악하는 데 필요한 용어에 관한 모색에 있어서 한 걸음 더 나아가는 노력이 필요하다고 생각된다.[55]

II. Starke의 "전쟁 아닌 적대행위"의 예시에서 전쟁과 전쟁 아닌 무

---

50) 제3장 제1절 1. A. I. d 참조.

51) Starke, p. 351.

52) 2. C. III.

53) 그렇다면 전쟁과 구별되어 종래 쓰여진 용어로써 대규모의 무력행사를 파악하려는 시도가 더 적절할 것이다. 연속적 복구라든가 복구, 자위 및 양자의 요건을 구비하지 못한 불법행위의 복합체 같은 것이 생각될 수 있다. 예를 들면 1931년 9월 18~19일 일본군의 상해진주(1931~1933년의 중일관계의 일부)는 중국의 경제단교에 대한 복구 또는 자위로 주장되었다(Widmer, S. 48; Grob, pp. 147~148). 또 그 중일관계 전부가 복구라고 주장되기도 하였다(Dahm, II, S. 340, Anm. 36). 1798~1800년 계속된 미국-프랑스 사이의 해군작전도 미국의 청구권법원은 복구의 연속 같은 것으로 보았다(2. A. II, 주 104 참조).

54) Stone, pp. 312~313.

55) 다음에 설명된 '실질적 전쟁'은 이러한 의의를 갖는다고 생각된다.

력행사의 구별이 언제나 뚜렷한 것이 아니라는 것은 명백히 되었는데,56) 이것은 제1차대전후 더 현저하여졌다고 생각될 수 있으나,57) 이미 오랜 역사를 가진 문제인 것이다.

우선 명백한 선전포고 또는 최후통첩이 앞서지 않고 무력행사가 일어나면 적어도 처음에는 전쟁 여부가 불분명하다. Hall에 의하면 17세기의 전쟁은 대부분이 선전포고 없이 일어났고(어떤 경우에는 무력행사 계속중에 선전포고가 있었다),58) 18세기에 있어서는 선전포고가 무력행사 진행중에 행하여진 경우가 많았고(극단적인 예는 1756년 5월 및 6월에 미국 및 프랑스의 선전포고가 교환되었을 때에는 이미 2년 동안이나 미주에서 무력충돌이 진행되었다),59) 19세기에 있어서는 대부분의 경우에 무력행사가 선전포고에 앞섰다는 것인데,60) 이것은 전쟁과 복구의 구별이 적어도 일시적으로 곤란하다는 것을 의미한다. 또 무력행사가 앞섰을 때 선전포고에 의하여 전쟁을 그 무력행사 때까지 소급시킬 수도 있으므로,61) 한 행위가 전쟁중의 것일 수도 있고 그렇지 않을 수도 있는 것이다.62)

---

56) 예를 들면 1931~1932년 중·일 사이에 전쟁이 있었느냐 없었느냐는 국제연맹총회 및 이사회에서의 토의에서 밝혀지지 않았으며, 제3국의 대표들의 상이한 견해의 표명은 고사하고 전쟁이 아니라고 고집한 일본대표도 1932년 3월 4일 총회의 일반위원회에서 '전쟁'이 있다는 것을 인정하였다(Grob, pp. 140~149).

57) Stone, p. 311; Briggs, p. 973.

58) Hall, p. 447, note 1. 중세와 16세기까지의 근세에 있어서는 적에게 직접 통고(전에는 도전장, 후에는 전령관)가 보내졌다(*Ibid.*, p. 445).

59) *Ibid.*, p. 448, note 1.

60) *Ibid.*, pp. 450~451. Phillipson에 의하면 1700년에서 1872년 사이에 118개의 승인된 전쟁중 10개만이 사전 정식선언으로써 시작되었다는 것이다(ILR, 1954, p. 417).

61) Hall, p. 434; Stone, p. 310. 예: 1898년 4월 26일 미의회는 미국-스페인 양국 사이에 전쟁이 있다는 것 그리고 그것이 동 21일부터이라는 것을 표명하는 결의안을 통과시켰다. 이에 관련된 미국 대 Pelly(U.S.A v. Pelly)사건에서 이 소급효가 인정되었다(McNair, p. 7; Eagleton, pp. 266, 276).

62) 이러한 문제에 있어 태평양전쟁에 관련된 다음과 같은 미국법원의 의견의 대립은 교훈적인 것으로 생각된다. 일본의 해공군의 계획적이며 비열한 진주만공격은 1941년 12월 7일(오후 1시 30분, 워싱턴시간)에 시작되었고, 7시간 반후 오후 9시 일본외무성으로부터 주일미대

다음으로 뚜렷한 전쟁의사가 있는 경우에도 실제에 전쟁이 있는지 의문시되는 경우가 있는가 하면 반대로 전쟁의사가 결한 경우에도 곧 복구라고 단정되기 어려운 경우가 있다. 1902년 베네수엘라에 대한 청구권을 이행시키기 위하여 영국은 독일 및 이탈리아의 지지를 받아 전자의 해안을 봉쇄하였는데, 그 효과를 제3국(특히 미국)의 선박에도 미치게 하기 위하여 그 봉쇄는 전시봉쇄로 인정되었다.[63] 그리고 이 봉쇄의 결과 베네수엘라는 그의 일정한 항구의 관세수입의 3할을 외국의 청구권의 이행에 충당할 것에 동의하였는데, 이것이 봉쇄를 한 3개국의 청구권에 우선적으로 충당될 것이냐, 또는 3개국과 그 밖의 청구권을 가진 국가(미국외 7개국)에 공평히 충당되어야 할 것이냐 하는 문제(The Venezuelan Preferential case)가 상설중재법원에 부탁되었을 때 이 법원도 그 봉쇄를 명백히 전쟁으로 보았다.[64] 그러나 이 법원의 견해에 의하더라도 이 문제에 관한 그의 판결이 강화조약의 역할을 할 것이었으므로 이 점에 있어 이 봉쇄는 보통 전쟁과는 다른 특수한 것이라 생각될 수 있다.[65] 그것보다도 중요한 것은 봉쇄가

사관은 당일부터 양국 사이에 전쟁상태가 생겼다는 것을 미국정부에 전하는 통지를 받았고, 미의회가 대통령의 요청으로 양국 사이의 전쟁상태를 정식선언하는 의결안을 통과시키고 대통령이 이를 승인하여 효과를 발생케 한 것은 8일 오후 4시 10분이었다. 그런데 보험계약 등의 해석에 관련하여 태평양전쟁이 진주만공격으로써 이미 성립되었다고 볼 것인가(E.g. New York Life Ins. Co. v. Bennion, United States Court of Appeals, Tenth Circuit, 1946, 158 F. (2d) 260(Orfield and Re, pp. 637~641에서 재인용)), 또는 미의회의 전쟁상태존립의 선언이 효과를 발생할 때까지는 전쟁이 없었다고 볼 것인가(E.g. Rosenau et al v. Idaho Mutual Benefits Ass'n, United States, Superior Court of Idaho, 1944, 65 Idaho 408, 145 P. (2d) 277(Fenwick, Case, pp. 741~743에서 재인용)) 하는 문제에 있어 미국법원들의 의견이 일치하지 않는다. 이 경우에 국제법의 입장에서 전쟁의 시기에 의의가 있는 것은 미국의 전쟁상태의 선언에 앞선 일본의 선전포고다. 그런데 저명한 국제법학자에게 있어서도 이러한 점의 설명이 소홀히 된 것은(Oppenheim-Lauterpacht, II, p. 298; Rousseau, p. 543) 국제법상의 전쟁과 국내법상의 전쟁의 구별이 과장되어서는 아니 된다는 것을 증명하는 것으로 생각된다(서론 3. A 참조).

63) Briggs, p. 957; Eagleton, p. 270.

64) Briggs, pp. 953~957.

65) Cf. Brierly, The Basis of Obligation, p. 231.

끝난 다음 나포되었던 베네수엘라의 모든 공용선박 및 상선은 해방되었다는 것이며, 이런 점에 비추어 그 봉쇄는 전시봉쇄가 아니었다는 견해가 긍정되기도 하는 것이다.[66]

1882~1884년 안남(Annam)에 대한, 그리고 1883~1885년 중국에 대한 프랑스의 육해작전은 대규모이며 장기에 걸친 것이었다. 그러나 그 작전 말기에 이르러(1885년 1월 29일) 프랑스가 그의 교전자임을 표명하고 공해상에서의 전시금제품(戰時禁制品) 수송에 대하여 제3국선박의 해상포획권을 주장할 때까지는[67] 프랑스와 중국 다 같이 전쟁의사를 표명하지 않았을 뿐 아니라,[68] 프랑스 내각은 헌법상 요구(1875년 7월 16일의 헌법에 의하면 대통령의 선전에는 국회 양원의 사전동의를 요한다)와 중립에서 오는 불이익(프랑스함대가 홍콩 등에서 석탄의 공급을 받지 못하는 것)을 피하기 위하여 국회에서 되풀이하여 이 작전이 전쟁이 아님을 주장하였다.[69] 1884년 10월 20일 대만을 봉쇄하고 그 효과를 제3국의 선박에까지 미치게 하겠다는 것을 표명하면서도 프랑스 내각은 이것이 평화봉쇄라고 주장하였다.[70] 프랑스가 전쟁의사를 표명할 때까지 프랑스와 중국 사이에 전쟁이 있었는지 없었는지 결정하기 어려운 것이다.

Ⅲ. 전쟁과 복구의 구별에 관하여 학설상으로는 종래에 주관설과 객관설이 대립하였다. 전쟁과 복구의 구별은 주관설에 의하면 당사국의 의사, 즉 전쟁을 하겠다는 의사(animus belligerendi) 유무에 의하여 결정된다

---

66) 이 봉쇄가 평시봉쇄로 분류된 예: Oppenheim-Lauterpacht, II, pp. 146~148; Briggs, p. 959; Orfield and Re, pp. 608ff.; Fenwick, Case, pp. 732ff.; Hudson, pp. 608ff.

67) Grob, pp. 133~134. 또 강화, 우호 및 통상조약도 1885년 6월 9일에 체결되었다(*Ibid.*, p. 140).

68) *Ibid.*, p. 123. 쌍방 다 같이 제3국에 대한 중립의무준수의 일반적 요구도 하지 않았다(*Ibid.*, pp. 123, 131).

69) *Ibid.*, pp. 104~105, 109, 129, 137.

70) *Ibid.*, pp. 124~128, 132~133.

는 것이며,[71] 객관설에 의하면 무력행사에 있어서의 규모,[72] 외교관계 등의 평화관계의 단절 같은 객관적 상태[73]의 존립 여부에 의하여 결정된다는 것이다. 그런데 적어도 일방 관계 당사국에 의한 선전포고 또는 최후통첩(조건부 선전포고를 포함한 것)이 있었을 때에는 일반적으로 전쟁은 성립된 것으로 간주된다.[74] 주로 문제가 되는 것은 이러한 명백한 전쟁의 의사표시 없이 무력행사가 행하여질 때 전쟁과 복구의 구별의 기준인 것이다.

주관설의 대표자의 한 명인 Castrén은 다음과 같이 객관설을 비판하고 있다.[75]

> "…이 문제를 해결하기 위하여, 예를 들면, 다음과 같은 어떤 일정한 객관적 표준이 원용된다. 소위 무력충돌에 있어서의 행동의 범위는 영역적으로나 실질적으로나 전쟁에 있어서보다 보통 협소하다. …또 하나의 전쟁의 부수적인 특징은 관계국가간에 외교교섭이 중단된다는 것이다. 또한 많은 조약은 이미 적용되지 않을 것이며 평화시의 법적 상태 일반은 전시법체계에 의하여 대치된다. 제3국은 교전국과의 관계에 있어 중립법규를 적용하기 시작할 것이며, 전쟁은 강화조약에 의하여 일반적으로 종결된다. 그러나 이러한 특징은 언제나 있는 것이 아니다. 외교교섭의 단절은 무력충돌 중에도 일어날 수 있으며, 이러한 종류의 충돌은 관계국가간에 체결된 조약에 영향을 미칠 수 있다. 정당한 견해에 의하면 일정한 전시법규는… 무력충돌에도 적용되어야 한다. 때로는 무력충돌조차도 강화조약으로써 종결하였다. …때로는 제3국은 단순한 무력충돌중에도 중립법규를 적용한다. 당사국이 그들의 의

71) Castrén, p. 33; Strupp, II, p. 505; Guggenheim, II, p. 92; Lawrence, p. 334: Starke, p. 349. Cf. Myres S. McDougal and Florentino P. Feliciano, The Initiation of Coercion: A Multitemporal Analysis, AJ, 1958, pp. 241~242.

72) Kelsen, p. 24.

73) Verdross, VR, S. 351. Cf. McDougal and Feliciano, *op. cit.*, pp. 242~243.

74) 여기에 예외가 있다. 1914년 미국이 멕시코의 영역 Veracruz을 점령하였을 때 멕시코는 이를 전쟁으로 보려고 하였으나, 미국은 어디까지나 전쟁이 아니라는 것을 고집하였다(Briggs, p. 973; Hudson, p. 607, note 2; Widmer, S. 134~135).

75) Castrén, pp. 32~33.

도를 명백히 지시하지 않았을 때에는 제3국은 혼란에 빠지게 되므로 교전국의 태도에서 지침을 얻을 수 없다. 병력이 어느 편에서 확대한 지역상에서 그리고 넓은 범위로 행사된다는 것은 전쟁상태가 있다는 것을 지시할 수 있지만, 우리는 상대적인 개념을 취급하고 있기 때문에 무력충돌의 범위에 입각하여 명확한 선을 긋는다는 것은 불가능한 것이다. 명백히 선언되지 않으면 무력행동에 호소한 국가의 미리 결정되었고 제한된 목적은 알려질 수 없다. …그 무대가 전투자에 의하여 합의되었거나 사실에 있어 제한된 전쟁도 있었다는 것은 주목되어야 할 것이다. 이미 설명된 바와 같이 무력행사는 전쟁중 제한된 규모에서도 반드시 일어나는 것이 아니다."[76]

이리하여 Castrén은 주관설을 취하고 있으나 그의 설명에 의하더라도 그 설이 관철될 수는 없는 것이다. 첫째, 충돌하는 당사국이 제3국 및 그 국민에게 대하여 교전국의 권리를 행사할 때는 문제는 달라진다는 것이다.[77] 둘째, 정당한 근거가 있는 학설에 의하면 소위 경제전[78]은 오로지 전쟁 때에만 전개될 수 있다는 것이다.[79] 따라서 제3국 및 그 국민에 대한 그리고 경제전에 관한 전시에 허용되는 조치가 취하여질 때에는 당사국의 표명된 의사에 관계없이 전쟁이 성립되는 것이다.

다음에 주관설에 대하여 간단하나마 예리한 Verdross의 다음과 같은 비판이 있다.[80]

"전쟁을 할 의도가 선전포고 또는 사정에서 나타날 때 전쟁이 성립된다고 많은 학자는 생각하고 있다. 그러나 이 개념규정은 순환정의인 것이다. 왜냐하면 이 개념규정은 이미 전쟁의 개념을 전제하고 있기 때문이다."

---

76) 가장 현저한 예로서는 제2차대전중 추축국(樞軸國)에 대하여 선전한 50여개국 중 그 반수 이상이 적과 군사충돌은 하지 않았다(Briggs, p. 972, note 16; Starke, p. 349).

77) Castrén, p. 33.

78) 경제전의 의의: 2. C. V, 주 185.

79) Castrén, p. 34.

80) Verdross, VR, S. 351~352.

이에 대하여 Verdross는 객관설을 취한다. 즉 강제조치(Zwangsmassnahme)가 분쟁당사국 사이의 평화적 교통의 원칙적인 유지하에 취하여질 때에는 전쟁은 없으며 반대로 강제조치가 분쟁당사국 사이의 평화적 관계의 단절 후 또는 단절과 동시에 취하여질 때에는 전쟁이 있다는 것이다.[81] Verdross의 견해는 이론적으로 정연하며 당사국의 의사와 객관적 상태가 상충되는 경우에는 뒤에 다시 설명될 것과 같이[82] 객관적 상태가 지배할 것으로 생각된다. 그럼에도 불구하고 객관설이 취하여질 때, Castrén이 위에서 지적한 바와 같은 현실에서의 현저한 유리(遊離)의 가능성이 생긴다. 여기에 절충설을 시도할 여지가 있는 것이다.[83]

이와 같은 학설의 대립과 혼란이 계속되는 이유의 하나는 파악될 대상이 복잡하다는 것이며 또 하나는 전통적 전쟁개념의 규정이[84] 너무나 협소하다는 것이다. 전쟁과 전쟁이 아닌 무력행사의 구별의 곤란은 이미 언급된 바와 같이 제1차대전후 더 심하여졌다고 보는 데는 물론 수긍될 바가 있으나, 더 근본적인 점은 이미 제1차대전 전에 전통적 전쟁개념이 협소하며 국제관행에 부합하지 않았던 것이다.[85] 따라서 실제에 더 적합한 전쟁개념이 찾아져야 할 것이다. 그러나 전통적 전쟁개념에 대하여 일부의 극단의 실증주의자 및 현실주의자의 주장과 같이, 전쟁에 관한 각 국

---

81) *Ibid.*, S. 352.

82) 2. C. III 참조.

83) 예를 들면 Brierly는 보통 전쟁의 성립에는 전쟁의사가 있어야 한다는 것을 인정하면서도 다음과 같이 말하고 있다. "…만약 힘의 행위가 충분히 중대하고 오래 계속된다면, 그 경우에는 쌍방이 전쟁의사를 부인하고 그들 사이에 전쟁상태가 일어났다는 것을 인정하지 않더라도 법이 당사자들에게 다음과 같이 말할 때가 온다. 즉 너희들은 사실을 승인하는 것을 거부하고 있다. 너희들의 행동은 법의 정책이 전쟁으로서 특징지울 종류의 것이다. 그리고 그러므로 너희들이 그것에 관하여 무엇이라 하든 법의 눈으로 본다면 전쟁상태인 사태를 사실상 너희들은 세운 것이다.…" (Brierly, The Basis of Obligation, p. 235. Cf. McDougal and Feliciano, *op. cit.*, p. 243).

84) 전통적 전쟁개념(정식전쟁의 개념)에 관하여서는 상술될 것이나(2. B, C)(서론 1, 주 4 참조), 그 주된 점은 위에서 인용된 Castrén 및 Verdross의 설에 시사되고 있다.

85) 2 참조.

제법규 및 국내법규마다 전쟁개념이 다를 수 있다든가 또는 어떤 사태에의 전쟁에 관한 법규의 적용 따라서 그 법규에 관한 전쟁의 존부의 문제는 정책결정의 문제로서 구명되어야 한다는 견해는 지지될 수 없다.[86)]

2. 정식전쟁과 실질적 전쟁

A. Ⅰ. 이미 언급된 바와 같이 최근 특히 전쟁정의의 곤란성이 현저하게 된 것 같으나 그 곤란성의 주된 원인은 전통적 전쟁개념규정의 편협에 있었던 것이다. 전부터 이미 일부 학자들에 의하여 전쟁과 복구의 구별의 곤란성이 지적되었다. Guggenheim은 그의 1932년의 저서에서 무력에 의한 자력구제조치(gewaltsame Selbsthilfemassnahme)를 전쟁행동(kriegerische Handlungen)에서 완전히 구별하는 것은 곤란하다고 지적하였으며,[87)] 또 Hall에 의하면 복구는 완전한 전쟁이 아니기 때문에 전쟁보다 완화된 수단이나 역시 전쟁행위(acts of war)라는 것이다.[88)] 그뿐 아니라 무력복구와 전쟁의 동일성을 주장하는 학자도 있다.[89)]

구체적인 경우에 복구와 전쟁의 구별이 곤란하다는 것은 Kelsen의 의견[90)]을 기다릴 것도 없이 일반적으로 학자들에 의하여 긍정되고 있다고

---

86) 서론 3. A 참조.

87) Guggenheim, VB, S. 121.

88) Hall, p. 434. 위에서 인용된 Guggenheim은 전쟁행동이란 말을 사용하고 있고 또 여기서 Hall의 전쟁행위란 말이 나왔는데 이 말은 다음과 같이 쓰여진다는 것이다(Kotzsch, pp. 163ff.). 첫째, 전쟁행위는 전쟁시에 행하여지는 군사행동이며 전쟁의 시작에 관하여서는 전쟁상태(정식전쟁)를 가져온다. 둘째, 전쟁행위는 전쟁상태와 구별되어 무력복구 같은 의미로 쓰여진다. Guggenheim의 전쟁행동은 첫째의 의미로 쓰여지고 Hall에 있어서의 전쟁행위는 둘째 의미로 쓰여졌는데, 여기서 중요한 것은 전쟁이란 말이 쓰여졌다는 것이다.

89) Ernest NYs, Le Droit International, II, 1912, p. 587(Kotzsch, p. 153, note 75에서 재인용).

90) Kelsen, p. 24.

생각되어야 할 것이다.[91] 또 Sibert는 무력복구의 특수한 경우에 관하여 다음과 같이 말하고 있다.[92]

> "평시봉쇄와는 달리 복구에 의한 포격은 어떠한 가면 뒤로도 피할 수 없다. 포격에 있어서는 용어의 기만 밖에서는 가장 난폭한 폭력이 조종되는 것이다. 생명 및 재산의 파괴적인 포격은 적대행위인 것이다. 상대편의 반항의 강도의 정도 여하는 포격이 완전히 전쟁작전(pleine opération de guerre)이라는 사실에 아무런 변경도 가져오지 않는다.…"

이와 같이 실질적으로 인명의 살상과 재화의 파괴를 가져오는 무력행사라면, 그것이 당사국에 의하여 전쟁이라 명명되든 또는 복구라 명명되든 또 병행되는 사태가 어쨌든(예: 당사국간의 외교관계가 유지되든 중단되든) 그 무력행사 속에 휩쓸려들어간 범위에 있어서는 같은 법적 규율이 적용되어야 할 것이 아니냐 하는 문제가 일어난다. 전시법(*jus in bello*, the laws of war), 특히 무력행사에 직접 관련된 것은 전쟁에 있어 그 목적, 즉 상대방을 굴복시키는 것과 이러한 목적달성에 불필요한 살상과 파괴는 피하여야 된다는 인도(人道) 원칙의 절충으로 성립된 것이라면[93] 이러한 전시법규의 존재이유는 복구에 있어서도 엄연히 있는 것이다. 어떤 무력행사에 있어서나 일방의 당사국은 상대국을 자국의 일정한 의사에 굴복시키려는 것이며, 이러한 목적에 필요하지 않는 무력의 수단 및 정도는 배제되어야

91) E.g. Cheng, p. 99.

92) Sibert, II, p. 563. Sibert의 이러한 의견은 직접적으로는 1854년 미국의 니카라과영역(Greytown) 피격과 1923년 이탈리아의 그리스 코르푸섬 포격에 관한 것이다.

93) 1907년의 육전에 있어서의 법규 및 관습에 관한 조약의 전문, "…체약국의 견해에 의하면, 군사상의 요구가 허용하는 한 전쟁의 참해를 감소시킬 희망에 의하여 그 기초가 고무된 이 규정은 교전국 상호간에 있어 또 교전국의 주민과의 관계에 있어 교전국의 행동의 일반적 규칙으로서 봉사할 것이 의도된 것이다…" (Greenspan, p. 6). Cf. Freidrich August Freiherr von der Heydte, Atomare Kriegführung und Völkerrecht, Archiv, 1961, S. 171~172; Berber, II, S. 63; Verdross, VR, S. 360~361; Oppenheim-Lauterpacht, II, pp. 226~227; Hatschek, S. 290~291.

한다는 것이 이러한 경우에 관철될 수 있는 인도(人道)의 원칙의 요구인 것이다. 그렇다면 전쟁이나 복구에 있어서 다 같이 무력행사에 관한 전시법이 적용되어야 한다고 보는 것이 적당할 것이다.[94] 전통적인 전쟁개념이 학설로서 뿌리깊기 때문에 이러한 전통에서 이탈하는 것을 주저하는 것 같은 인상을 주면서 일부 학자는 복구에 있어서도 인도(人道)의 규칙에 반하여서는 아니 된다는 주장에서 그치고 있다.[95]

물론 인도(人道)의 원칙이 전시법의 기반을 이루고 있는 것이나 구체적인 적용의 경우에 인도(人道)의 규칙이라는 것만으로는 애매함을 면하지 못할 것이며,[96] 더욱이 인도(人道)의 원칙에 입각한 개별적 전시법규가 존립하고 있다는 것을 고려에 넣을 때 단순히 인도(人道)의 규칙이라는 것은 더욱 애매해진다. Castrén은 다음과 같이 복구에도 전시법규가 적용된다고 말하고 있다.[97]

> "정당한 견해에 의하면 어떤 전시법규 특히 실제에 전투에 관련된 것은 무력충돌에도 적용되어야 하며, 이는 이러한 무력행동은 전쟁보다도 경미한 수단이기 때문이다."

같은 견해를 Verdross도 취하고 있다.[98] 그런데 이 견해에서는 복구 등에 전시법규가 적용되는 이유는 복구가 전쟁보다 더 경미한 수단이라는 것인데, 그 의미는 전쟁같이 국가간 상호 생사를 건 대규모의 그리고 격렬

---

94) 전쟁 아닌 무력행사의 경우에 전시법보다 무력행사에 따르는 파괴와 손상을 더 경감시키는 규칙이 그 행위가 전시조치가 아닌 것에 의하여 확립되었을 때 후자가 적용되는 것은 다시 되풀이됨을 요하지 않는다.

95) Reuter, p. 326; Redslob, p. 254. 국제법학회(l'Institut de droit international)의 1880년 및 1934년의 결의에서 같은 의견이 표명되고 있다(*Ibid.*, note 4). Cf. Cheng, pp. 97, 99.

96) Cf. Oppenheim-Lauterpacht, II, p. 351. Schwarzenberger, Nuclear Weapons, pp. 7~11.

97) Castrén, p. 33.

98) Verdross, VR, S. 345~346. Cf. Hall, p. 437, note 1; Josef L. Kunz, Kriegsbegriff, Strupp-Schlohauer, II, S. 332.

한 투쟁에 있어서도 이를 제한하는 전시법규는 적용되어야 하는 만큼 일정한 주장의 실현이란 제한된 목적을 가지고, 따라서 소규모의 무력행사가 있는 복구에서 전시법규가 적용되는 것은 당연하다는 것이다. 그러나 실제에 있어 전쟁이 반드시 대규모의 격렬한 투쟁을 가져오는 것이 아니며[99] 반면에 이미 언급된 바와 같이[100] 전쟁이란 이름을 내세우지 않은 대전쟁과 같은 투쟁도 있었다는 것은 고사하고, 복구 등의 무력행사에의 전시법규 적용의 이유를 복구가 전쟁보다 미약한 수단이라는 우회적인 데에서 구하는 것보다는 위에서 언급된 바와 같이 실질적으로 같은 무력행사가 있을 때에는 그것이 전쟁이란 이름을 갖든 아니 갖든 전시법규의 존재이유에는 변함이 없다는 더 직접적이며 구체적인 것에서 구하는 것이 적절하다고 생각된다.[101]

II. 무력행사가 전쟁의 이름으로써 행하여지든 그렇지 않든 전시법규가 적용되어야 한다는 것은 긍정되어야 하는데 다음과 같은 실례도 있다.[102] 1793년 2월 영국이 프랑스에 대항하는 연합측에 가담한 직후부터 프랑스의 중립선 및 중립화(中立貨)에 대한 나포 및 몰수가 자행되었고 이에 대비하기 위한 미국의 해상작전의 조치가 1798년 4월부터 취하여졌으며, 이와 같은 양국간의 제한된 작전 대치관계는 1800년 9월 30일 체결된

---

99) 무력행사가 없었던 전쟁도 있다(1. B. III, 주 76).

100) 1. B. I, II.

101) 전시법규에 관한 조약에서 말하는 전쟁이라는 것이 전통적인 의미에서의 전쟁만을 의미한다는 것(Guggenheim, II, p. 312, note 2)은 여기서 우리의 주장에 배치된다고 생각되지 않는다.

102) 다음의 예가 제한된 참고서적에서 필자가 찾은 전부인데 이것이 우리의 주장에 조금도 영향을 미치는 것으로는 생각되지 않는다. 그 이유의 하나를 들면, 전시법규 위반은 전쟁중이나 복구중에는 변명되기는 쉬우나 규명되기는 어렵고 또 전쟁 또는 복구의 종료와 함께 청산되는 것이다. Kotzsch는 전세기(前世紀) 이래 사실상의 전쟁인 무력충돌에도 일정한 전시법규가 적용되었다는 것이나(Kotzsch, p. 234. Cf. *ibid.*, p. 235), 전세기에 있어서의 실례는 하나도 들지 않고 있다.

협정에 의하여 종결되었다.[103] 이와 같은 미국과 프랑스 사이의 1798년~1800년 관계는 그 성질상 전쟁인지 여부에 있어 많은 논의를 일으켰다. 그런데 그레이 대 미국사건에 있어,[104] 미국청구권법원은 1798년~1800년 미국과 프랑스 양국간에 "공적, 일반적 전쟁은 없었고 성질에 있어 장기에 걸친 연속적 복구에 유사한 제한된 전쟁이 있었다"고 단정하였다. 즉 전통적 의미에 있어서의 전쟁은 없었다고 단정된 것이다.[105]

그리고 이러한 단정은 다른 사건에 있어서도 동 청구권법원에 의하여 고수되었다.[106] 그러면서도 동 법원은 그레이 대 미국사건에 있어 미국과 프랑스간의 당해 대치관계에 있어서 포로가 붙들렸고 전시법규에 따라 대우되었다는 것을 인정하고 있다.[107] 또 동 법원은 양국간에 해상포획이 행하여졌다는 것도 인정하였다.[108] 그러나 프랑스에 의한 포획과 이에 대한 미국의 배상청구가 양국간의 관계의 주된 일면을 이루었는데, 미국은 이 청구권을 1778년 양국 사이의 조약의 의무에서의 해방과 교환으로 포기한 것이므로[109] 양국 사이에 해상포획에 관한 전시법규가 적용된 것은 아니며, 또 뒤에서 언급될 바와 같이[110] 무력복구에는 해상포획권은 성립되지 않는다.

그러나 복구에 있어 포획에 관한 전시법규의 적용이 고집된 예도 있다. 1831년 프랑스는 자국민에 대한 포르투갈 정부의 부정 및 억압행위에 대한 구제를 받기 위하여 함대를 포르투갈의 타구스강(The Tagus)으로 파

---

103) Grob, pp. 37~63.
104) William Gray v. United States Court of Claims, 21 Court of Claims 340, 1886(Orfield and Re, pp. 619~624; Eagleton, pp. 274~275).
105) Orfield and Re, p. 624.
106) Grob, p. 62.
107) Orfield and Re, p. 620; Grob, pp. 56~57.
108) Orfeild and Re. p. 620.
109) Grob, pp. 52~53.
110) C. V 참조.

견하였고, 이 함대는 포르투갈의 군함 및 상선을 나포하였는데, 그 사이에 프랑스 함대사령관은 "…(배상) 거부의 경우에는 포르투갈과 프랑스 사이에 사실상 전쟁이 선언되고 적대행위가 곧 일어날 것이라는 것"이라고 선언하였고 이 선언에 따라 적대행위가 일어났다. 이 사태에 관하여 처음부터 전쟁이 있었다는 견해도 있으나[111] 전체적으로 복구가 있었다고 보는 것이 적당한데,[112] 이 사태에 관하여 프랑스는 포획에 관한 전시법규적용을 고집하였던 것이다.

또 1854년 7월 미국군에 의한 니카라과의 도시 그레이타운(Greytown)의 공격은 전쟁이라고 생각되지 않았는데도 전시법규가 적용되었다.[113] 또 다음에 설명될 바와 같이 일국 내에서의 반도가 대규모로 조직되어 일정한 요건을 구비하고 본국 또는 제3국으로부터 교전단체로서 승인되었을 때에는 승인된 범위 내에서는 그 반란은 국가간의 전쟁과 같은 성질을 가지며 따라서 전시법규가 적용되지만, 반도의 교전단체로서의 승인이 없고 따라서 전쟁이 성립되지 않은 경우일지라도 반란이 상당한 규모에 달하여 반도가 반도단체로서 승인되었을 때에는 역시 일정한 전시법규가 적용된다는 것을 긍정하는 판례를, 예를 들면, 1928년 미국과 멕시코 사이의 오리엔탈 내비게이션 컴퍼니 청구권사건(Oriental Navigation Co. Claim)에 관한 일반청구권위원회의 결정에서 찾을 수 있다.[114]

위에서의 예시는 무력복구 같은 사태에 언제나 전시법규가 적용되었다는 것을 의미한 것은 물론 아니다. 확실히 그러한 적용이 없었던 예도

---

111) McNair, Opinions, II, pp. 403~405.

112) McNair의 상게서에서 취급된 위치(전쟁에 이르지 않는 무력조치)가 그렇고 Wright의 전쟁일람표(거기에는 반드시 정식전쟁만이 게재된 것은 아님)에도 양국 사이의 이 사태는 없고 (Wright, I, Table 38), 타구스강 문제는 평시봉쇄로 취급되고 있다(Oppenheim-Lauterpacht, II, p. 145; Hall, p. 437).

113) C. IV, 주 162.

114) C. IV, 주 176.

있다. 그러나 이러한 예로써 무력복구 등에 전시법규가 적용될 것이 아니라는 결론이 유도될 수 없는 것은 물론이고 여기에는 국제법위반이 있었다고 생각되어야 할 것이다.[115]

B. Ⅰ. 전쟁과 복구 등의 구별이 곤란한 경우가 있고 또 후자에도 전시법규가 적용되므로 후자도 일정한 수식어를 붙여 전쟁이라 칭하는 관행이 있다. 위에서 인용된 바와 같이 그레이 대 미국사건에 있어 미국청구권법원은 1798~1800년 프랑스의 상태를 제한된 전쟁(limited war)이라고 불렀다. 또 이 사건의 재판에서 인용된 미국대법원에서의 바스 대 팅기사건(Bas v. Tingy)(이 사건도 위에서의 영국과 프랑스간의 상태에 관련하여 일어난 것이다)에 있어서의 법관들의 의견에 의하면 위에서의 상태는 "불완전한 전쟁"(imperfect war), "제한되며 부분적인 전쟁"(limited, partial war)이라는 것이다.[116] 또 쿠바에서 스페인에 대한 무장반란이 일어났을 때 미국대통령은 그 국민에게 미국중립법에 위반하지 말도록 1895년 6월 12일 포고를 발하였는데도 불구하고, 쿠바의 반도를 원조하기 위하여 미국 내에서 의장(艤裝) 및 무장된 선박에 관한 사건(The Three Friends, 1897)에 있어서 미국대법원은 다음과 같이 말하고 있다.[117]

"교전단체의 승인과 정치적 반란상태의 승인 사이의 구별, 실질적 의미

115) 예: 1900~1901년 중국과 열강 사이의 충돌(The Boxer Expedition)은 전통적 의미에서의 전쟁은 아니었다고 생각되는데(Cf. Grob, pp. 71~73), 이 충돌에서는 포로의 대우, 약탈금지, 비전투원존중에 관한 전시법규는 준수되지 않았다(*Ibid.*, p. 72). 이것은 명백히 전시법위반행위이다. 역사적 기념건조물의 불존중에 관하여서도 그러하다(Rousseau, p. 570).

116) Orfield and Re, pp. 621~622; Eagleton, p. 274. 한국전쟁에 관련된 사건(Western Reserve Life Insurance Co. v. Meadows, 1953)에 있어 미국 텍사스주 대법원은 19세기부터의 선례를 인용하면서 다음과 같이 말하고 있다. "전쟁에 관한 많은 정의와 많은 결정은 사실에 있어서의 전쟁(war as war in fact)의 공통된 이해를 반영하고 있다"(제3장 제2절 1. B(1). II. c, 주 244).

117) Briggs, pp. 998~999.

에 있어서의 전쟁(war in a material sense)의 존재의 승인과 법적 의미에 있어서의 전쟁의 존재의 승인 사이의 구별은 우리 앞에 있는 사건에 의하여 예리하게 설명된다."[118]

한국전쟁에 관련된 번스사건(Burns v. the King)에 있어 오스트레일리아의 고등법원은 자국은 북한과 사실상의 전쟁(war *de facto*)을 하고 있다는 견해를 표명하였다.[119] 제2차대전 때 네덜란드에서 일어난 화재보험에 관한 사건에 있어 고등법원은 전문적 의미에서의 전쟁(war in the technical sense)에 대한 실제의 전쟁상태(the actual state of war)라는 말을 사용하고 있다.[120][121] 이 두 가지 예는 뒤에 설명될 국제연합의 조치 및 전통적 전쟁중에 일어난 사건에 관련된 것이나, 여기서 중요한 것은 전통적 의미에 있어서의 전쟁 아닌 것에도 전쟁이란 말이 붙여진다는 것이다.

학자들도 전통적 의미에 있어서의 전쟁을 전쟁상태(state of war), 정식전쟁(war in the formal sense or formal war) 또는 법적 의미에서의 전쟁(war in the legal sense or de jure war)이라고 칭하고, 이에 대하여 복구 등을 전쟁행위,[122] 사실상의 전쟁,[123] 실질적 의미에서의 전쟁,[124] 제한전쟁[125] 또는 일

118) 또 이러한 수식어 없이 전쟁이라는 말이 쓰여진 경우도 있다. 1900~1901년 중국과 열강 사이의 충돌(A. II, 주 115 참조)이 해밀톤 대 매크로그리사건(Hamilton v. Mclaughry, ILR, 1953, pp. 588~589)에 있어서는 전쟁상태로 생각되었다.

119) 제3장 제2절 1. B(1). II. c, 주 244. ILR, 1953, pp. 596~598.

120) Arnhem Life Insurance Co. Ltd. v. Arnhem Fire Insurance Co. Ltd., Court of Appeal Arnhem, Match 22, 1949 and November 7, 1950, AD, 1949, p. 376.

121) 윔블던호사건에 관한 상설국제사법원의 판결(The S.S. Wimbledon, Permanent Court of International Justice, Series A, No. 1, Orfield and Re, pp. 277ff.)에 있어서도 Kotzsch에 의하면 실질적 전쟁의 개념이 설정되었다는 것이다(Kotzsch, pp. 200~203). 또 그는 제2차대전 후 동경 및 뉘른베르크 국제군사법원에서 실질적 전쟁개념이 긍정되었다는 것이다(*Ibid.*, p. 236. Cf. *ibid.*, pp. 112ff.).

122) A. I, 주 88 참조. Briggs, p. 973.

123) E.P. Borchard, War and Peace, AJ, 1933, p. 116(Briggs, p. 975에서 재인용).

124) Quincy Wright, Changes in the Conception of War, AJ, 1923, p. 755(Kotzsch, pp. 50~51

반적인 용어의 의미로서의 전쟁(Krieg im Sinne des allgemeinen Sprachgebrauchs)[126]이라고 부름으로써 전쟁의 개념을 확대하려고 한 것이다. 이러한 전쟁개념의 구명에 있어 Guggenheim은 중요한 위치를 차지한다.[127]

II. Guggenheim의 정식의미에서의 전쟁에 대한 실질적 의미에서의 전쟁(guerre au sens matériel)에는 무력에 의한 복구, 국제조직에 의하여 취하여지는 군사적 성격의 강제집행의 집단적 조치 및 내란 등[128]이 포함되며, 이러한 무력행사에는 군사적이며 또한 인도적 성격을 지닌 전시법규가 적용된다는 것이며, 이러한 확인은 법정책적 경향(tendances juridique-politiques), 즉 인도적 이유로 군사적 수단의 행사에 과하여진 일정한 제한을 모든 충돌에, 그의 명칭에도 불구하고, 확대 적용하려는 것에 부합한다는 것이다.[129] 이와 같이 Guggenheim의 국제법상의 전쟁개념의 구명은 전시법규 및 그 적용범위에서 출발한 것이다.[130] 이와 같은 Guggenheim의 학설을 부연하려는 것이 Kotzsch의 학설이다.

III. 그가 실질적인 의미에서의 전쟁(다음부터 인용되는 경우를 제외하고는 실질적 전쟁이라 불려짐)개념을 취하게 된 근거는 실질적 전쟁이 국제법에서

에서 재인용); Quincy Wright, When Does War Exist? AJ, 1932, p. 362(Eagleton, p. 265에서 재인용).

125) Hyde, III, pp. 1690ff.

126) R. Bindschedler, Die Völkerrechtliche Stellung Deutschlands, Schweizerisches Jahrbuch für Internationales Recht, 1949, S. 46(Kotzsch, p. 51에서 재인용). Dahm은 정식의미에 있어서의 전쟁(Krieg im förmlichen Sinne)이라는 용어를 사용하고 있다(Dahm, II, S. 414). 또 Menzel은 군사적 복구가 정치적 목적달성을 위하여 행하여질 때 이를 소전쟁(Kleiner Krieg)이라고 부르고 있다(Menzel, S. 353).

127) Kotzsch, p. 44.

128) 그가 자위에 언급하지 않은 것은 그가 일반국제법상 정당방위 및 긴급피난을 설정하지 않기 때문일 것이다(Guggenheim, II, p. 58~59, 62~63).

129) Guggenheim, II, p. 312.

130) Kotzsch, pp. 52~53.

그 지위를 확보하고 있었고,[131] 따라서 전통적 의미에서의 전쟁개념이 편협하다는 것[132]과 실질적 전쟁에의 계속적인 전시법규의 적용 및 군사적 충돌을 더욱 인도적으로 하려는 일반적 경향이다.[133]

Kotzsch의 실질적 전쟁에 관한 설명은 대략 다음과 같다.[134] 실질적 전쟁의 법적 개념은 국제법에서 제도화된 전쟁의 어원적 의미(독일어 'wehr' 에서 온 것)라고 말할 수 있다고 전제한 다음, 그는 실질적 전쟁이란 정부에 책임을 지우는 조직된 군대에 의한 연속적 무력충돌을 의미하는 것이라고 말하고, 또 실질적 전쟁에서는 교전자가 국가여야 한다는 조건은 필요하지 않으며, 실질적 전쟁의 존부는 의도란 증거에 의하여 판단되지 않고 전선에 있어서의 병력의 행동이란 증거에 의하여 판단되어야 한다는 것이다. 또 실질적 전쟁의 개념은 하나의 독립한 법적 개념이 되었으나, 그 개념은 정식전쟁중 무력적대행위의 기간을 지칭하기 위하여서도 또한 사용된다는 것이다.

다음으로 그의 정식전쟁의 설명은 대강 다음과 같다.[135] 먼저 그에 의하면 정식전쟁(전쟁상태)은 둘 이상의 국가들 사이의 어떤 일정한 관계이며 실질적 전쟁에 대하여 세 가지 특징, 즉 하나의 상태라는 것, 충돌의 적어도 한 당사국의 전쟁의사로써 시작된 무력충돌이라는 것과 충돌에 참가하지 않는 제3국에 관하여 중립상태가 성립한다는 것을 갖는다는 것이다.

위에서의 첫째의 특징에 관하여서는 전시법의 테두리 안에서 군사적 적대행위가 일어날 것이 예기되지만 실제에 적대행위가 일어나느냐 않느

---

131) *Ibid.*, p. 17.

132) 그는 다음과 같이 말하고 있다. "전쟁에 관한 역사의 충분한 연구는 Grotius 이래 전쟁에 관한 하나의 배타적인 법적 개념은 역사에서 근거 세워지지 않는다는 것을 가르쳐 줄 것이다" (*Ibid.*, p. 41).

133) *Ibid.*, p. 53.

134) *Ibid.*, pp. 55~57.

135) *Ibid.*, pp. 57~62.

냐는 정식전쟁의 존부에는 관계가 없는 것이며, 일단 전쟁상태에 들어가면 관계국가들의 정상적인 권리 및 의무는 전시 또는 중립의 권리 및 의무로 변경된다는 것이다. 둘째의 특징에 관하여서는 전쟁의사는 국가만이 표명할 수 있는 것이며, 그것은 선전포고 또는 국제법에 의하여 그와 같은 효과를 가진 것으로 생각되는 어떤 명백한 행위에 의하여 표명되거나 또는 선언되지 않는 전쟁에 있어서는 무력에의 호소에 의하여 표명될 수도 있다는 것이다. 끝으로 셋째의 중립에 관하여서는 정식전쟁은 자동적으로 중립상태를 초래한다는 것이 그 특징이며 중립법은 전쟁상태의 관념에 고유한 계(系)라는 것이다. 그리고 싸우는 양 당사국이 전쟁의사를 부인할 때에는 제3국의 중립선언은 사실상의 적대행위를 정식전쟁으로 변경시키지 않으며, 그 선언은 그 선언을 한 국가와 교전국 사이의 중립관계를 가져올 수 있을 뿐이라는 것이다. 또 Kotzsch에 의하면 전쟁으로 발전하는 국제충돌은 실질적 또는 정식전쟁의 형태를 취하게 되며, 전시법 및 전쟁에 언급한 법적 규율의 대부분은 양 전쟁개념의 일방 또는 쌍방에 관계된다는 것이다. 또 전투에 관한 모든 규칙, 경제전의 규칙, 계약에 관한 권리의 문제 및 해상에서의 재산문제에 있어 전쟁이 문제되었을 때에는, 이는 정식전쟁을 의미하여 또 이 전쟁의 존부에 그 해결이 의존하고 있는 다른 많은 사태가 있다는 것이다.[136]

C. Guggenheim과 Kotzsch의 정식전쟁 및 실질전쟁[137]의 개념에 관하여 다시 해명 또는 검토될 점이 있다.

---

136) 또 Kotzsch는 보험, 용선 등의 계약에 나타난 전쟁이란 말의 해석에 관련하여 대중적 의미에서의 전쟁이라는 것을 과장하여 인정하려고 하나(*Ibid.*, pp. 61~62) 이것은 이미 언급된 바와 같이 적당하지 않다(서론 3. A 참조).

137) Castrén에 의하면 법적 전쟁에 대한 사실상의 전쟁에 관하여 운운할 것은 없다는 것이며 그 이유는 사실상의 전쟁은 무력충돌에 의하여 더 잘 표현될 수 있기 때문이라는 것이다(Castrén, p. 35). 그러나 우리의 입장에서 이러한 주장이 지지될 수 없는 것은 다시 상론을

Ⅰ. 정식전쟁에 관하여서는, Kotzsch가 지적한 바와 같이, Grotius에 의하여 확립되었으며 그 후 수백년간 학계를 지배하여 온 전쟁상태설[138]이 적어도 현재까지는 적당하다고 생각된다.[139] 이 상태설에 대한 전쟁행동설이 저명한 학자에 의하여 주장되고 있는데,[140] 이 행동설이 실질적 전쟁을 포함하려고 하지 않는 한[141] 적어도 현재까지는 적당하다고 생각되지 않는다. 전쟁에 있어 가장 중요한 중심이 되는 것이 무력행사, 즉 행동이라는 것은 부인될 수 없으나,[142] 무력행사가 곧 전쟁은 아니며 또 무력행사가 있어야만 전쟁이 성립되는 것도 아니며, 또 전쟁중 무력행사가 오래 중단되었다고 하여도 전쟁이 중단되는 것은 아니다. 선전포고가 있은 후 단 한 번의 무력행사도 없이 전쟁은 성립, 계속될 수 있으며, 이러한 전쟁이 강화조약에 의하여 종결되는 예[143]와 또 전쟁 중 오랜 무력휴식(武力休息)의 상태의 많은 예가 있다.[144] 관계국가간의 평화관계가 단절되고 따라서 평화시의 국제법규의 적용이 중단되고 그 대신 전시법규가 적용되고, 평시에는 범죄행위인 살상, 파괴 및 약탈행위가 합법시되는 관계(전시법의 제한은 받으나)에 양국이 놓였을 때 이러한 상태가 전쟁이라고 일반적

요하지 않는다.

138) Kotzsch, pp. 38~40.

139) Briggs에 의하면 전쟁은 무력에 의한 투쟁, 사실의 상태 또는 무력적대행위의 상태(status or condition)로 정의되나 마지막 정의가 국가의 관행에 더 합치하는 것 같다는 것이다(Briggs, p. 972).

140) Kelsen, p. 27; Sauer, S. 286. 이전의 예, Cicero(Kotzsch, p. 38에서 재인용); Grotius, S. 47.

141) Kelsen에 있어서도 실질적 전쟁을 그의 전쟁개념에 포함시키려는 것은 적어도 의식적으로는 기도되고 있지 않다(Cf. Kelsen, p. 24).

142) Eagleton, p. 264.

143) 제1차 및 제2차 대전시의 독일과 중미제국과의 관계, Verdross, VR, S. 352. 1. B. III, 주 76 참조. 이견: Kelsen, pp. 26~27.

144) 18세기에는 수개월 동안 정지된 전쟁이 있었다. 그리고 제2차대전시 프랑스가 독일에 대하여 선전포고를 한 1939년 9월 3일부터 1940년 5월 10일까지 서부전선은 평온하였다(Grob, p. 180).

으로 생각되어 왔던 것이다.

그런데 전쟁이 하나의 상태라고 생각될 때, 그 상태에 있어서도 전시법규가 적용된다는 면만이 강조된다면 전쟁은 하나의 법적 상태라고 불려질 것이나, 전쟁에 의한 파괴, 혼란과 평화시의 국제법질서의 전도라는 넓은 면이 고려될 때, 전쟁은 법적 상태로는 생각될 수 없으며 하나의 사실상의 상태인 것이다.[145] 정식전쟁이 상태라면 실질적 전쟁은 무력행사, 즉 행동인 것이다.

II. 정식전쟁은 자동적으로 교전국과 모든 제3국 사이에 중립관계를 가져오게 되며 양국 사이에 중립법에 의한 권리 및 의무가 적용된다. 이것이 실질적 전쟁으로부터 정식전쟁이 구별되는 가장 뚜렷한 표지인 것이다.[146] 무력행사당사국의 어느 일방도 전쟁의사를 표명하지 않는 경우에 있어서도, 쌍방 또는 일방의 당사국이 제3국에 대하여 중립국으로서의 의무를 강요하는 태도를 취할 때는 이러한 상태는 제3국에 의하여 전쟁으로 간주될 수 있으며 당사국은 전쟁의 존립을 부인할 수 없다.[147]

III. Kotzsch는 위에서 설명된 바에 의하면 정식전쟁에 관하여 주관설을 취하고 있으나, 이미 언급된 바와 같이[148] 여기에 예외가 인정되고 있

---

145) 제2절 2. C 참조. Cf. Kunz, Kriegsbegriff, a.a.O., S. 329~331.

146) Kotzsch, pp. 130~131.

147) *Ibid.*, p. 139. 이미 언급된 바와 같이(1. B. II 참조) 1902년 영, 독 및 이탈리아에 의한 베네수엘라 봉쇄시 제3국의 선박에 그 효과를 미치기 위하여 그 봉쇄가 전시의 것이라는 것이 인정되었다. 1962년 10월 22일 미국이 쿠바에 대하여 봉쇄를 하였을 때 그 효과를 제3국의 선박에 미칠 것을 명백히 하였는데, 이것은 평시봉쇄에 관한 규칙을 위반한 것이다. 그렇다고 전시봉쇄가 있었다고 생각되지 않는 것은 그 봉쇄는 쿠바로 들어가는 선박을 임검, 수색하고 공격용의 무기를 실은 것은 회항시키고 검색을 거부하는 선박을 격침할 수 있는 데 그 효과를 그치고(동아일보, 1962년 10월 23일), 전시에 있어서와 같이 봉쇄를 침파하는 선박 등을 몰수하는 것은 예견되고 있지 않기 때문이다.

148) II 참조.

다. 그렇다고 객관설이 관철될 수도 없는 것이다.[149] 대치하는 당사국의 표명한 의사와 객관적 사태가 부합하지 않는 경우에 그 의사가 결정적 역할을 하느냐 또는 그 사태가 결정하느냐에 의하여 학설이 나누어지며 또 절충설이 나오게 된다. 국제법이 개별적 국가들의 의사에 의하여 좌우될 수 없는 하나의 독립된 질서라는 것이 인정되어야 한다면, 당사국의 표명된 의사와 국제법에 의하여 규율될 객관적 사태가 부합하지 않는 경우에는 후자가 결정적 역할을 할 것으로 생각된다. 실질적 전쟁의 유무는 오로지 객관적 사태에 의하여 결정된다.

Ⅳ. 이미 언급된 바와 같이 Guggenheim은 무력복구, 국제조직에 의하여 취하여지는 군사적 성격의 강제집행 및 내란을 실질적 전쟁으로서 들고 있는데, Kotzsch는 복구 및 국제조직의 강제조치가 쌍방적인 성격을 갖게 될 때(무력충돌이 있을 때) 비로소 실질적 전쟁이 존립하게 된다고 보고 있다.[150] Kotzsch는 실질적 전쟁을 쌍방적인 것으로 볼 뿐 아니라 정식전쟁도 그렇게 생각한다.

> "일반국제법에 있어서 전쟁의 개념은, 정식전쟁이든 실질적 전쟁이든 쌍방적 성격을 갖는다. 정식전쟁의 경우에는 이것은 의제적일 수 있지만 그 결과 전쟁의사 없이 행해지며 아무런 저항도 받지 않는 일방적 무력행사는 전쟁을 이루지 않는다."[151]

아래에서는 Kotzsch가 따르고 있는 전쟁의 쌍방적 성격 또는 상호성

---

149) 1. B. III 참조.

150) "실질적 전쟁은 빈번히 무력복구에의 호소에서, 그것이 군사력에 의한 저항을 받아도 그 목표를 확보하기 위하여 유지되는 경우, 결과한다는 것은 말할 것도 없다"(Kotzsch, p. 63). "…헌장의 원래의 의도에 의하면 실질적 전쟁만이 그의 군사적 강제조치 중에 일어날 수 있을 것이다. 그러나 이러한 실질적 전쟁은 국제연합의 병력의 강제행동에 의하여 시작될 수 있는 것이 아닐 것이고 위법국가의 대항에 의하여서만 시작될 수 있다"(*Ibid.*, p. 290).

151) *Ibid.*, p. 175.

을 검토한다.[152)]

첫째, 전쟁이 쌍방적이라는 것은 많은 학자들에 의해 주장된다. Oppenheim은 전쟁을 국가간의 투쟁(contention)으로 보고 있는데 투쟁[153)]이라는 것은 쌍방적인 것을 의미한다.[154)] 그러나 우선 정식전쟁 성립에 관계당사국 쌍방의 행동을 요하느냐는 의문시된다. Kotzsch는, 위에서 인용된 바와 같이, 정식전쟁이 쌍방적 성격을 갖는다는 것은 의제적일 수 있다고 말하고 있으며, 또 1931년 7월 1일 루마니아가 불가리아에 대하여 선전포고를 하였으나, 후자는 그의 군대에 대하여 저항하지 말 것을 명령하였다는 선언을 하고 루마니아주재대사를 그대로 임지(任地)에 머무르게 하였는데 Kotzsch는 여기에 전쟁이 있었다고 보고 있다.[155)]

일방의 당사국이 선전포고를 하고 무력행사를 하면(반드시 필요한 것은 아니나) 다른 당사국이 완전히 수동적인 경우에도 전쟁은 성립된다는 것이 적당한 견해로 생각된다.[156)] 그러므로 상호성설은 지지될 수 없다. 따라서 Kelsen과 Guggenheim의 전쟁의 일방적 행동설[157)]과 이에 따르는 전쟁과 반대전쟁 개념은, 양 교수에 있어서 이 개념을 필요로 하게 한 중요한 동기, 즉 정당전쟁론의 고집을 떠나서는[158)] 지지될 것이나 보통은 전쟁과 소위 반대전쟁이 합쳐져 전쟁이라고 불리고 있다.[159)]

---

152) 여기서 검토되는 전쟁의 성질 외의 전쟁을 법적 제도로 볼 것이냐 법적 상태로 볼 것이냐 또는 사실적 상태로 볼 것이냐 하는 것은 이미 언급된 바와 같이(I, 주 145) 다음에 검토될 것이다.

153) 전쟁을 투쟁으로 보는 것은 영국학설에 많다(E.g. Lawrence, p. 331; Starke, p. 237). Cf. Kotzsch, p. 49.

154) Oppenheim-Lauterpacht, II, pp. 202~203.

155) Kotzsch, p. 59, note 65. 반대의견: Redslob, p. 261, note 4.

156) 1813년 엘리사 앤(Eliza Ann)사건에서의 Lord Stowell의 견해(Kotzsch, p. 60, note 65에서 재인용); McNair, p. 4.

157) Kelsen, p. 27; Guggenheim, II, p. 96~97.

158) 제2절 2. C 참조.

159) Hatschek도 전쟁을 일방적 행위라고 보지만(Hatschek, S. 290), 전쟁이니 반대전쟁이니 하

둘째, Kotzsch는 전쟁상호성을 지지하는 데 있어 전쟁의 어원에 구애된 것 같다. 즉 전쟁 'war' 란 말은 독일어 'wehr' 에서 나왔으며 모든 언어에서 한 단체가 힘에 의하여 그 권리를 방위하는 상태를 의미한다는 것이다.[160] 그러나 어떤 법적 용어의 어원이 그 용어가 표현하고 있는 개념을 왜곡하면서까지 지지되어야 할 것으로는 생각되지 않는다.

셋째, Kotzsch가 실질적 전쟁에서 상호성을 내세운 것은 더욱 의문시되지 않을 수 없다. 이미 언급된 바와 같이 그가 실질적 전쟁의 개념을 취하게 된 것은 전통적 전쟁개념이 편협하기 때문인데 전자인 개념에서 일방적인 무력행사를 제외하려는 것은 적당하지 않다. 그보다도 중요한 것은, 그가 이 개념을 취한 또 하나의 근거는 소위 실질적 전쟁에의 전시법규의 적용과 군사적 충돌을 더욱 인도화하려는 일반적 경향인데, 정식전쟁 아닌 일방적 무력행사에도 전시법규가 당연히 적용되어야 할 것[161]은 되풀이됨을 요하지 않고, 또 적용된 중요한 의의를 가진 예도 있으며,[162] 또 무력행사에 인도적 제약을 더욱 강화하려는 새로운 조약(1949년 8월 12

는 구별의 필요를 인정하지 않고 있다.

160) Kotzsch, p. 55; Marqués Ramón de Dalmau Y de Olivart, Derecho Internacional Público, 1906, p. 277(Grob, p. 186에서 재인용). 서론 1, 주 1 참조.

161) A. I.

162) 1854년 7월 13일 미국군함에 의한 니카라과의 그레이타운(Greytown or San Juan)의 포격 및 소각은 일방적 무력조치였다. 이 조치의 관련된 페랭 대 미국(Perrin v. United States)사건에 있어 미국의 청구권법원은 다음과 같이 말하고 있다. "어떤 정부나 공동의 공적에 대한 공격 또는 방위에 있어 파괴될 자국 내에서의 자국민의 재산에 대하여서조차도 특별한 호의로써 행하는 경우를 제외하는 배상을 한 일이 없으며, 더욱이 어떤 정부나 그의 군대가 그러한 적에 대한 그의 작전에서 우연히 파괴하게 될 그의 적국에 살고 있는 중립국민의 재산에 대하여서는 배상을 할 의무를 지지 않는다"(United States, Court of Claims, 1868, 4 Court of Claims Reports, 543, Briggs, p. 949). 즉 전통적인 전쟁개념에 포함되지 않는 일방적 무력행사에 전시법규가 적용된다는 것이다. 또 이 법원이 인용한 1868년 2월 26일부 미국무장관의 상원 외교위원장에게의 서한에는 다음과 같은 말이 있다. "영국정부는 국왕의 법무관(law officers of the Crown)의 조언으로 유사한 청구권을 추구할 수 없는 것을 국회에 대하여 선언하였다. 1857년 팰머스톤경은 크리미아전쟁시 영국군에 의하여 어떤 러시아의 항에서 재산을 파괴당한 영국상인에 대한 배상을 거부하기 위하여 그레이타운사건에

일 제네바에서 체결된 전쟁희생자의 보호에 관한 네 개의 조약)에서도 그 규정이 일방적 무력행사에 적용될 것이 확인되었다.[163][164]

넷째, Kotzsch는 국제무력행사를 세 가지, 즉 정식전쟁, 실질적 전쟁 및 전쟁에 이르지 않는 무력행사로 나눈 것[165](종래 전쟁과 전쟁에 이르지 않는 것으로 나누어진 것에 대한 것)은 수긍될 점을 가지고 있으나, 셋째의 전쟁에 이르지 않는 무력행사는 그가 생각하는 것보다 범위가 좁아야 한다. 왜냐하면 위에서 언급된 바와 같이 일방적 무력행사도 실질적 전쟁에 포함되어야 하기 때문이다. 따라서 실질적 전쟁개념에 포함되는 범위는 상당히 넓다는 것이 명백한데[166] 그 범위가 어디까지 미칠 것이냐 하는 문제가 생긴다. 외국인, 외국의 영역, 선박, 항공기 등에 대한 모든 강력조치가 실질적 전쟁이라고는 생각되지 않으며, 국가의 조직된 병력 등에 의한 상당한 규모의 조직적이며 어느 정도 계속적인 무력행사가 있어야 비로소 국제무력행사가 있다고 보통 생각될 것이며 따라서 실질적 전쟁이 존립하게 된다.[167]

있어서의 결정을 선례로서 적용하였다. 오스트리아 및 러시아정부는 1849 및 1850년 이탈리아에서의 교전작전에 의하여 손상받은 영국민의 청구권에 대하여 그레이타운사건에 포함된 이론을 적용하였다…" (*Ibid.*, pp. 949~950). 이 서한의 인용 부분에 의하면 같은 전시법규가 전쟁시에도 또 무력복구에도 적용된다는 것이 여러 국가의 태도에 나타나 있다.

163) 네 개의 조약에 공통된 제2조의 규정 "…본 협약은 평시에 실시될 규정 외에도 둘 또는 그 이상의 체약국간에 발생할 수 있는 모든 선언된 전쟁 또는 기타 무력충돌의 모든 경우에 대하여 당해 체약국의 하나가 전쟁상태를 승인하거나 아니하거나를 불문하고 적용된다. 본 협약은 또한 일 체약국 영토의 일부 또는 전부가 점령된 모든 경우에 대하여 비록 그러한 점령이 무력저항을 받지 아니한다 하더라도 적용된다.…"

164) 또 Kotzsch는 국제법에 있어 실질적 전쟁의 승인은 사실상의 전쟁의 방지를 위하여 가장 널리 촉구되어 왔다는 것을 말하고 있는데(Kotzsch, p. 175), 이러한 방지를 위하여서도 실질적 전쟁에 일방적인 것도 포함되어야 할 것이다.

165) *Ibid.*, pp. 163, 175, 298.

166) Eagleton은 1798~1800년 미국과 프랑스 사이의 관계, 1900~1901년 중국과 열강 사이의 충돌 등의 사태에 관련된 몇 가지 사건에 관한 미국의 법원들의 판례를 인용하고(Eagleton, pp. 274~276), "법원들은 힘의 행사의 거의 모든 종류를 전쟁으로 해석하고자 하는 것 같으나…"라고 말하고 있다(*Ibid.*, p. 277).

다음으로 Guggenheim이 말한 바와 같이 내란의 일부도 실질적 전쟁에 포함된다. 한 국가 내에서 합법정부를 전복시키기 위하여 또는 그 영역의 일부를 분리 독립시키기 위하여 반란이 일어났을 때라도 이것이 곧 종식되거나 반도의 행동이 무조직하고 산발적인 것에 불과할 때에는 그러한 사태는 그것만으로는 제3국의 관여를 도발하지 않는다. 그러나 반란이 상당히 진전된 상태에 이르렀을 때, 즉 반도가 정부의 조직을 가지고 상당한 지역을 점령하여 거기서 시정(施政)을 하여 합법정부에 대하여 전시법규를 준수하면서 무력으로써 대항을 계속할 때[168] 이 반도는 합법정부 또는 제3국에 의하여 교전단체로서 승인될 수 있다.[169] 반도가 위에서의 요건을 구비하지 못하더라도 일정한 정치적 조직을 가지고 개별적 지역을 점령하고, 또 때로는 일정한 함대를 가지고 일정한 전시법규를 준수하면서 합법정부에 유효하게 대항할 때,[170] 합법정부 또는 제3국에 의하여 반란단체(insurgency)의 지위에 있는 것으로서 승인될 수 있다.[171] 반도가 교전단체로서 승인되면 승인된 범위에 있어[172] 반도는 교전자로서의 권리 및 의무

---

167) 우발적이며 고립된 무력행사는 실질적 전쟁이라 불려질 수 없을 것이다. 국제연합헌장 제2조 4항의 무력행사라는 것과 제51조의 무력공격에 포함되는 것이 대개 실질적 전쟁을 표시하는 것으로 생각된다(제3장 제1절 1. A. I. a. (2); 동 B. II. b 참조).

168) Heydte, S. 196. 이 요건 외의 제3국이 승인을 하려면 그 국가에 반란에 관련하여 교전단체로서의 승인의 이유가 되는 이해관계가 있어야 한다는 것이 주장되는데(Lauterpacht, Recognition, pp. 176, 239; Wilson, p. 66; Sibert, I, p. 194; Thomas and Thomas, p. 219), 이 주장은 적당하다고 생각된다. 승인의 예: Lauterpacht, Recognition, pp. 177ff.

169) 대개 묵시적으로 승인이 행하여진다.

170) Verdross, VR, S. 147; Guggenheim, I, p. 202~203; Fenwick, p. 147; Wilson, pp. 63~64; Oppenheim-Lauterpacht, I, p. 140~141; Lauterpacht, Recognition, pp. 270ff. 승인의 예: Rousseau, p. 302.

171) 제3국이 승인하는 경우에는 쿠바반란시 미국과 같이(B. I, 주 117) 반란이 있다는 것을 승인하고 국내중립법규를 적용한다든가 반도와 협정을 한다든가 하며, 합법정부가 승인하는 형식으로서는 적십자 국제위원회의 인도적 임무의 개입을 허용하는 것 같은 것이 있다(Kotzsch, p. 232; Guggenheim, I, pp. 204~206).

172) 합법정부가 승인하면 반도와 합법정부 사이에 모든 전시법규가 적용되며 합법정부 및 반도

를 갖게 되며 관계 제3국은 중립국으로서의 권리 및 의무를 갖게 된다. 즉 정식전쟁이 성립한다. 반도가 반도단체로서 승인되었을 때에는 교전단체로서 승인되었을 때와 같이 어느 때나 확정된 법적 효과가 생기는 것이 아니다. 이 효과는 갖가지 경우에 있어 승인하는 국가의 자유재량에 맡겨졌으며 이 자유재량은 반도를 불법도당이나 해적으로 취급하지 않으려는 것에서 반도를 합법정부와 거의 같이 취급하는 데까지 미친다.[173] 그리고 반도의 반란단체로서의 승인에 어떤 효과가 주어지든 국제법상 반도에게 교전자로서의 완전한 지위가 인정되고 이에 따라 제3국이 중립국으로서의 지위를 갖게 되는 것이 아니다.[174] 그러나 Wilson이 반란단체로서의 반도의 승인에 의하여 제한된 전쟁상태가 결과한다고 말한 바와 같이[175] 그러한 승인이 있었을 때에는 적어도 일부 전시법규는 적용되어야 하며 또 적용되었다.[176] 반도를 교전단체로서 승인한다는 것은 이미 언급된 바와 같

와 제3국 사이에는 중립관계가 성립한다(Wilson, p. 69; Oppenheim-Lauterpacht, II, p. 209)(이견: *Ibid.*, II, p. 660). 어떤 제3국이 승인하면 그 제3국과 합법정부 및 반도 사이의 관계에 있어서만 중립관계가 성립된다(Wilson, p. 68; Heydte, S. 195~196)(이견: Oppenheim-Lauterpacht, II, p. 660). 그리고 이 경우에 합법정부와 반도 사이에의 관계에 있어서는 전시법규가 전부 적용될 것은 아니나, 일정한 전시법규가 당연히 적용될 것으로 생각된다(*Ibid.*,II, pp. 209~210, 251. Cf. The Prize Cases, 1862, Briggs, pp. 988, 989, 999; Lauterpacht, Recognition, pp. 191~193. 주 179; A. V 참조).

173) Lauterpacht, Recognition, p. 276.

174) Oppenheim-Lauterpacht, I, p. 141; Hyde, I, p. 203; Briggs, p. 1003.

175) Wilson, p. 69.

176) 오리엔탈 내비게이션 컴퍼니청구권사건(Oriental Navigation Co. Claim, United Stated-Mexico, General Claims Commission, 1928, Briggs, pp. 993~995)에 있어서 일반청구권위원회는 반도의 수중에 있는 Frontera 항구를 합법정부가 그 국내법에만 의거하여 폐쇄할 수 있다는 멕시코 주장을 물리치고 다음과 같이 말하고 있다. "…평화시에는 그것(항의 폐쇄, 필자 주)은 틀림없이 국내문제에 지나지 않는다. 그러나 내란에 있어서 어떤 항의 지배가 반도의 수중에 들어갔을 때에는 국제법이 적용되며 중립통상은 전쟁의 경우에 일반적으로 인정되는 규칙과 유사한 규칙에 의하여 보호된다는 것은 오랫동안 계속된 권위에 의하여 거의 일치하여 주장된다"(*Ibid.*, p. 994). 이 위원회의 견해는 학설상 논의되지만 미, 영 및 독, 중재재판과 국가관행에 있어 지지되고 있다(*Ibid.*, pp. 1000ff. Cf. Lauterpacht, Recognition, p. 196, note 3). 스페인 내란 때 합법정부가 프랑코정권의 수중에 있는 항을

이 정식전쟁을 성립시키는 것이며,[177] 반도가 반란단체로서 승인되었을 때에는 국가간에 있어서의 무력행사의 경우와 같이 실질적 전쟁이 있는 것이며,[178] 또 이렇게 승인될 단계에 이르렀을 때에는 일정한 전시법규가 적용되어야 한다는 의미에서 실질적 전쟁이 있다고 생각되는데 이 전시법 적용은 1949년 제네바협약에 규정되었다.[179]

V. 다음 실질적 전쟁에는 어떤 범위에서 전시법규가 적용되어야 할 것인가? Guggenheim에 의하면[180] 군사적인 동시에 인도적 성격을 갖는 전시법규는 어떠한 국제적 무력충돌에도 적용되며, 군사작전 또는 인도적 문제에 관하지 않고 다른 분야, 예를 들면 경제분야에 관한 때에는 전시법규는 정식전쟁에만 적용되며 정식전쟁을 하지 않는 국가는 중립법의 규칙을 원용할 수 없다는 것이다.[181] Kotzsch에 의하면[182] 어떤 전시법규가 정식전쟁뿐 아니라 실질적 전쟁에도 적용되느냐 하는 것은 인도 및 군사적 상호주의라는 강제적 이유에 의하여 결정되는 것이며, 어떠한 실질적 전쟁에나 강제적인 전시법규는 포로 및 부상병의 대우, 군사의 특권, 투항의 신호, 전시범죄의 소추를 받은 자의 절차적 권리와 불필요한 고통을 일으

봉쇄하겠다는 통첩(1936년 4월 20일), 중국정부가 중공의 권내에 있는 해안을 봉쇄하겠다는 통첩(1949년 6월 20일)에 대한 미국의 답변(각각 1936년 4월 25일, 1949년 6월 28일)에도 같은 입장이 표명되고 있다(*Ibid.*, pp. 995~997).

177) Cf. Oppenheim-Lauterpacht, II, p. 660; Heydte, S. 195.

178) 쓰리 프렌즈호(The Three Friends)사건에 있어서의 미국대법원의 견해(B. I, 주 117).

179) 1949년 8월 12일 전쟁희생자의 보호에 관한 네 개의 제네바협약에 공통된 제3조의 규정. 이 조문의 적용은 반란단체로서의 반란의 승인에 의존하지 않는다(Guggenheim, II, p. 314). Cf. T. Opperman, Die Anwendbarkeit der Genfer Abkommen Zum Schutz der Kriegsopfer im Algerien-Konflikt, Archiv, 1961, S. 47~59.

180) Guggenheim, II, pp. 312~314.

181) *Ibid.*, pp. 314~315.

182) Kotzsch, pp. 292~296. Kotzsch는 여기서 국제연합헌장하에서의 전시법 적용을 설명하고 있으나 그 중에는 실질적 전쟁 일반에의 전시법 적용범위도 취급되고 있다.

키는 방법 또는 무기에 대한 군인의 보호에 관한 규칙 같은 것이라는 것이다.[183] Guggenheim 및 Kotzsch의 견해에 관련하여 다음과 같은 점이 지적되어야 할 것으로 생각된다.

첫째, 실질적 전쟁의 당사국이 제3국과의 관계에 있어 중립법에 의한 권리를 주장할 수 없다는 것은 반복됨을 요하지 않는다.

둘째, 실질적 전쟁의 당사국 상호간에 있어서는, 전투 또는 그 밖의 작전에 직접 관계되며 인도적 성격을 가진 전시법규[184]는 적용되며, 전투 및 그 밖의 작전에 직접 관련되지 않거나 경제전[185]에만 관계되는 규칙은 적용되지 않는다고 생각된다.

셋째, 국제연합 같은 국제조직에 의한 무력강제조치[186]의 경우에 적용될 전시법규가 특히 언급되어야 할 것이다. Kotzsch는 전시법에 관련한 침략자와 방위자의 법적 지위의 차이는 무엇보다도 모든 중립법과 재산에 대한 권원획득 및 배상청구에 관한다고 말한 다음, 침략자는 봉쇄 및 전시금제품(戰時禁制品) 등에 관련된 권리를 갖지 못하며 점령지에서의 징발, 압수 및 몰수 등의 권리도 갖지 못한다는 것이다.[187] 따라서 방위자는 위

---

183) Kotzsch에 의하면 어떤 실질적 전쟁에서나 적용될 전시법규의 최소한도의 범위는 여기서 열거된 것과 같은 개인의 권리를 규정하는 규칙에 포함된다는 것이다(*Ibid*). 이것은 정확한 설명이 되지 못한다.

184) 모든 규칙이 여기에 망라된다는 것은 불가능하다. 그러나 대체적으로는 전쟁희생자의 보호에 관한 규칙(1949년의 제네바협약), 사용금지의 무기에 관한 것, 그 밖의 해적수단의 제한에 관한 것이 실질적 전쟁에도 적용될 것이다. 그리고 육전에 있어서의 점령에 관한 규칙은 전체적으로 본다면 군사작전의 필요와 주민의 보호를 위한 인도적 입장의 타협의 산물인 규칙이며 이 규칙은 실질적 전쟁에도 적용될 것으로 생각된다(Kotzsch, p. 236).

185) 경제전이란 말이 국제법의 규칙에 의하여서는 물론 국제법 학설상으로도 확립된 것이 아니다. Verdross는 교전국이 자국의 영역상에서 적성인(敵性人)에게 대하여 전쟁이기 때문에 취할 수 있는 조치만을 경제전의 범위에 포함시키는가 하면(Verdross, VR, S. 386ff.), Guggenheim과 Stone은 해상포획권(전시금제품, 봉쇄, 제1차 및 제2차 대전시의 장거리봉쇄, 비중립적 원조 등도 포함)의 내용을 주로 경제전에 포함시키고 있다(Guggenheim, II, pp. 357~388; Stone, pp. 457ff.). 후자의 견해가 적당하다.

186) 제3장 제2절 참조.

에서 언급된 중립에 관한 권리를 갖는다고 해석되는데, 그에 의하면 이러한 당사자 사이의 차별은 국제연합에 의하여 권원이 부여되고 지휘되는 무력강제조치의 경우에만 가능하다는 것이다.[188] 다시 말하면 Kotzsch는 국제연합에 의한 강제조치의 경우에 침략자의 낙인이 찍힌 국가와 그를 제재하는 국제연합 사이의 전시법규 적용에 관한 법적 지위의 차이를 설명하고 있는데, 이러한 경우에 종래의 중립이란 개념이 적용될 여지는 원칙적으로 없다고 생각되며,[189] 그 밖의 차별에 관하여서는 국가간의 무력행사를 원칙적으로 금지하는 새로운 국제법의 당연한 귀결이 관행 또는 조약에 의하여 장래 확립될 것이 기대된다.[190] 그러나 국제연합의 무력강제조치도 이미 언급된 바와 같이 실질적 전쟁이며 전투 또는 그 밖의 작전에 관련되며 인도적 성격을 갖는 전시법규는 여기에 적용되어야 할 것이며,[191] 또 1950~1953년 한국전쟁에 있어서 국제연합군도 전시법규를 따랐다.[192]

VI. 국가간에 있어서의 조직적 무력행사와 이에 준한 내란을 국제법

187) Kotzsch, p. 295. 점령지에서의 징발 등을 할 수 없다는 것은 징발, 몰수를 한 침략자가 군사상의 필요라는 이유로 배상의 청구를 거부할 수 없다는 특수한 의미로 사용된다는 것이며, 또 이러한 침략자에 대한 차별적 취급은 침략자의 패배가 전제되고 있다는 것이다 (*Ibid.*, note 86).

188) *Ibid.*, p. 296.

189) 헌장 제2조 제5항, 제25조, 제48조 제1항, 제49조.

190) Oppenheim-Lauterpacht, II, p. 225. 위에서 Kotzsch의 설명은 하나의 시론이며, 이보다도 더 상세한 것을 Jessup이 제시하고 있다(Jessup, pp. 188~221). Cf. H. Lauterpacht, The Limits of the Operation of the Law of War, BY, 1953, pp. 206ff.; Oppenheim-Lauterpacht, II, pp. 217~222.

191) Verdross, VR, S. 552; Oppenheim-Lauterpacht, II, pp. 224~225; Howard J. Taubenfeld, International Armed Forces and Rules of War, AJ, 1951, pp. 676~677; Josef L. Kunz, The Chaotic Status of the Laws of War and the Urgent Necessity for Their Revision, AJ, 1951, p. 55; Stone, pp. 315~316; Berber, II, S. 60.

192) 제3장 제2절 1. A. III; 동 B(1). II. c; Taubenfeld, *op. cit.*, pp. 678~679; Stone, p. 316.

상 포괄적으로 파악하기 위하여 위에서 구명된 바와 같이 실질적 전쟁이란 개념이 취하여졌다. 이 개념이 취하여진 것은 첫째, 정식전쟁 아닌 국가간의 무력행사 또는 내란에 있어서도 전쟁이란 용어가 사용되어 왔으며 전시법규가 당연히 적용되어야 하며 또 적용되었다는 점에 있어 지금까지의 국가의 관행에 부합한 것이며, 둘째, 새로운 국제법에 표명된 법정책적 경향에도 부합한 것이다. 이 경향은 두 가지 점에서 표명된다.

그 하나는 전시법규가 전통적 의미에 있어서의 전쟁에 있어서뿐 아니라 국가간의 모든 무력행사 및 내란에도 적용된다는 것을 명문으로써 규정하는 것이다.[193] 또 하나는 전쟁금지에 있어 전통적 의미에 있어서의 전쟁뿐 아니라 국가간의 모든 무력행사를 포함시킨다는 것이다.[194] 그리고 실질적 전쟁의 개념은 그 중요성을 증대시키고 있다. 정식전쟁의 개념이 아직도 살아 있다는 것은 조약,[195] 국제법원의 견해[196] 및 학설[197]에 의하여 지지되고 있다고 생각된다. 그러나 제1차대전후 전쟁이 끊임없이 계속되고 있으나 전쟁선언은 거의 없었고,[198] 정식전쟁의 가장 뚜렷한 특징이라고 생각되는 중립제도가 아직 그 의의를 완전히 상실한 것은 아니나[199]

---

193) 위에서 인용된 1949년 8월 12일 네 개의 제네바협약과 1954년 5월 14일 무력충돌의 경우에 문화재의 보호에 관한 협약의 규정(제4조, 제18조, 제19조) 등.

194) 1925년 10월 16일 소위 로카르노조약(제2장 제1절 2. C 참조)의 규정, 1932년 12월 12일의 제네바에서의 5개국 선언, 1934년 1월 26일의 독, 폴란드선언(양 선언이 다같이 무력에 호소하지 않는다는 것), 1938년 12월 24일의 리마선언(국가정책의 수단으로서 무력에 호소하지 않는다는 것)(Rousseau, p. 467), 국제연합헌장의 규정(제3장 제1절) 등. 특히 제2장 제1절 2 참조.

195) 예: 1954년 5월 14일 무력충돌의 경우에 문화재의 보호에 관한 조약 제18조.

196) 코르푸해협사건(The Corfu Channel Case, Merits, ICJ, Reports, 1949) 판결의 부수적 의견에서 그리스가 알바니아와 전쟁상태에 있다고 생각한데 대하여 이것이 법적으로 의의가 있는 것으로 생각되고 있다(Kotzsch, pp. 206~207).

197) E.g. Bernd Hartwig, Der israelisch-ägyptische Streit um den Golf von Akaba, Archiv, 1961, S. 38~46.

198) 제1차대전후 제2차대전까지 선전이 있었던 것은 단 한 번이었고(1934년 파라과이가 볼리비아에 대한 것, Dahm, II, S. 340) 제2차대전 후에는 아직 선전의 예가 없다.

법적 제도로서 그 존재가 희박해진 것은 부정될 수 없다.[200] 또 국제연맹 규약하에서는 하나의 가능성에 그쳤던 국제조직에 의한 무력강제조치[201]가 국제연합헌장하에서 실현됨으로써[202] 실질적 전쟁의 범위는 확대된 것이다.

---

199) 국제연합헌장과의 관계에 있어 중립제도를 거의 부정적으로 보던 Verdross(Verdross, VR, 1955, S. 524~526)가 다시 이 제도를 어느 정도 긍정하는 방향을 취하고 있다(Verdross, VR, S. 552~554). Cf. Bowet, pp. 179~181; Berber, II, S. 59, 215, 217.

200) 영세중립국을 제외하고 국제연합의 어떤 회원국이나 헌장에서(Verdross, VR, S. 554), 또 어떤 국가나 전쟁포기조약규정의 내용에서(*Ibid.*, S. 423) 중립에서 벗어난 행동을 취할 수 있는 근거를 찾을 수 있다. 따라서 법적 제도로서의 중립은 정치적 정세에 편리하게 이용될 수 있는 것에 불과하다 하여도 지나친 표현은 아닐 것이다. 1935~1936년 이탈리아의 에티오피아 침략 때 국제연맹 회원국을 포함하여 일부 국가들이 전통적인 중립규칙을 거의 규칙적으로 적용하는가 하면(De Visscher, p. 374), 제2차대전 직전에 전쟁에 휩쓸려 들어가지 않기 위하여 국제의무의 요구보다 더 엄격한 입법을 한 미국이 1940년 9월부터 중립에서 벗어난 군사원조를 하였으며(Oppenheim-Lauterpacht, II, pp. 634~640), 또 최근 양대 진영의 대립에 있어 정치적 중립의 대두에 부합하여 중립제도가 다시 그 의의를 찾는 것 같은 인상을 준다.

201) 제2장 제2절 참조.

202) 제3장 제2절 참조.

제 2 절

전쟁의 지위

1. 전쟁(정식전쟁)[1]의 자유

A. 인류는 원시시대부터 전쟁을 알고 있었고 역사의 대부분을 전쟁 속에서 보냈다고 생각한다든가 전쟁은 인간의 생물학적 필연성으로 보아야 한다든가 하는 견해는, 이미 언급된 바와 같이[2] 지지될 수 없으나 인류의 역사에 전쟁이 등장한 후 무수한 유혈의 참극이 되풀이되었다. 특히 우리에게 가까운 역사에 있어 인간사회의 가장 큰 권력을 잡은 국가들은 아무런 구속도 받지 않고 권력충동에 취약한 것 같이 보인다.[3]

국제법의 사회학적인 전제, 즉 각 국가에의 권력의 귀속에 입각하여

---

1) 종래의 학설 및 관행에서 국가의 전쟁자유가 운운될 때는 이는 주로 정식전쟁에 관한 것이었다.

2) 서론 2. A 참조.

3) Picht는 권력은 악마의 영역 속에 자리잡고 있다고도 말하며(Picht, S. 80), 또는 가톨릭신학의 사색(정당한 전쟁에 관한)은 권력을 악마의 잠재력으로서 그의 국가학설 속에 넣은 것에 실패하였다고도 말하고 있다(*Ibid.*, S. 81)

국제법에 있어서의 이론과 현실을 검토한 De Visscher는 국가의 주권의 설명에서 다음과 같이 말하고 있다.[4]

> "형식적으로 평등은 주권의 상호관계의 중요한 역할을 하고 있으며[5] 논리적으로는 이 평등은 주권들이 상호존중할 것을 명령한다. 그러나 논리적 논의로써 국가이유(la raison d'Etat)에 의하여 인도되는 야심은 억제되지 않는다. 힘의 새로운 분배의 순전히 이론적 결과인 평등은 지배욕을 제지할 수 있는 도덕적 원칙을 포함하지 않으며, 평등이 하나의 평등권이 되어서 자연법학파의 철학자(Wolf, Vattel)에 의하여 국가의 본질적 속성의 하나로 올려지는 경우에 있어서조차도 그러하다. 권력의 충동에만 좇아 주권들은 무제한한 전쟁권 속에서 그들의 야심과 법적 형식의 존중을 일치시키는 방법을 발견하였다. 주권들은 그들이 주장하는 동위의 질서(l'ordre de coordination)와의 끝임없는 모순 속에서 살았다."

De Visscher 자신은 국가권력이란 인권과 자유에 봉사하여야 하며 따라서 제한이 가해져야 할 것이라는 입장을 취하고 있으나,[6] 현실에 있어서 주권국가들은 상호존중을 요구하는 평등의 원칙에서 아무런 제약도 느끼지 않고 오로지 지배욕, 권력충동에 따라 움직여 왔으며 무제한한 전쟁의 자유를 주장하게 되었다는 것이다.

또 Stone은 다음과 같이 말하고 있다.[7]

> "국제법하에서는 조약에 의하여 제한된 경우를 제외하고 사적인 힘의 행사는 전쟁의 형태에서이든 또는 전쟁이 이르지 않는 어떤 강제조치의 형태에

---

4) De Visscher, p. 32~33.

5) 주권자들이 서로 평등하다고 생각되는 근거에 관하여서는 다음과 같이 설명되고 있다. "주권자들이 폐위시킨 보편적 왕국으로부터 권력의 신적 기원의 이념을 빌려서 주권자는 적어도 이론에 있어서는 상호평등한 자라고 생각되어야 하였다" (*Ibid.*, p. 32).

6) *Ibid.*, e.g. p. 46~47.

7) Stone, p. 297.

서이든 국가의 법적 권리를 강제하기 위하는 정상적 양식인데 전쟁의 형식에 있어서 힘은 이러한 권리에 관계없이도 호소될 수 있다. 실로 국제관습법은 극단의 사적인 힘(즉 전쟁)이 국가들에 의하여 상호간에 호소될 수 있는 경우를 규율조차도 하지 않는다."

De Visscher 및 Stone과 같이 국제법연구에 있어 새로운 경향을 대표한다고 생각되는[8] Corbett는 다음과 같이 말하고 있다.[9]

"이 실패(전쟁을 제한하려는 세력의 실패－필자 주)는 국가주권의 고집과 어디에 정의가 있는가를 궁극에 선언할 수 있는 어떤 인간의 권위의 결여에 주로 기인하였다."

근대국가 성립후 최고의 권력구현형태인 국가에 무제한한 전쟁의 자유가 허용되었다는 점에 있어서 우리는 구태여 위에서의 국제법연구의 새로운 경향의 통찰을 기다릴 필요도 없는 것이다. 국제법에 있어서의 강제를 해명하려는 Widmer는 강제(Zwang)를 "법규칙에 의하여 과하여진 금지 또는 명령의 권위적 이행"[10]으로 보고 있는데 그러한 강제의 하나의 양식으로서의 전쟁의 설명에 있어서는 다음과 같이 말하고 있다.[11]

"전쟁이 무엇인가? 이 문제의 답변에 있어 나는 사실에만 집착하고… 전쟁의 소위 법적 정의를 세우려는 것… 등등은 하려고 하지 않는다. …전쟁은 그러므로 힘의 수단으로서 특징지워지며 더욱이 전쟁은 힘이 궁극의 요구(ultima ratio der Gewalt), 즉 그 위에 더 높고 더 강한 것이 없는 힘의 수단인 것이다. 그러나 전쟁은 모든 사정하에서 하나의 법적 수단이라고는 말해

8) Frederick S. Dunn, Forward to de Visscher's Theory and Reality in Public International Law, translated from French by P.E. Corbett, 1957. Cf. Corbett, Study, p. 18.

9) Corbett, p. 211. Cf. Corbett, Study, pp. 37~38.

10) Widmer, S. 4, 6.

11) *Ibid.*, S. 67.

질 수 없으며, 어떤 경우에 있어서나 이것(전쟁이 법적 수단이라는 것—필자주)은 전쟁개념 그 자체에서는 유도될 수 없다. 왜냐하면 전쟁은 그 성질에 의하면 정당한 자를 돕는다는 필연성을 그 속에 감추고 있지 않기 때문이다."

Widmer가, 법에 의한 금지 또는 명령의 권위적 이행, 즉 강제의 한 양식, 다시 말하면 하나의 법적 수단으로써 내세워진 전쟁의 설명에 들어가서는, 법적 수단으로써의 전쟁을 부인하고 힘의 수단으로써 전쟁을 제시한 것은 그가 국가간의 관행에 나타난 실제에 입각한 때문이다. 그리고 그의 이 실제의 관찰은 다시 다음과 같이 표현되고 있다.[12]

"국가의 영토보전의 유지, 경제적 · 정신적 및 정치적 제국주의, 중세에 있어서의 군주의 영광 및 명성, 국민의 자부, 종교적 광신주의, 정복욕, 정치적 균형의 유지, 국토를 위한 새로운 구입처의 획득, 국가의 명성, 독립, 안전 등이 모두 충분한 전쟁이유였던 것이다."

이상 예시된 학설에서 표명된 바와 같이 제1차대전이 발발한 1914년에 그리고 그것보다 오래 전부터 국가관행에 의하여 모든 주권국가는 자국의 어떠한 이익을 위하여서나 전쟁을 할 자유[13]를 가졌던 것이며 학설의 다수도 이를 긍정하였던 것이다.[14] 오늘에 있어서도 전쟁을 금지하는 조약(전쟁포기조약, 국제연합헌장 등)을 포함하지 않는 일반국제법에 의하면

12) *Ibid.*, S. 71.

13) 전쟁의 자유를 전쟁의 권리라고 칭하는 경향도 있는데, 엄격히 말하면 전쟁의 권리란 적당한 표현은 되지 못한다. 왜냐하면 어떠한 이유로서나 전쟁할 수 있는 권리에 상응하는 의무라는 것은 생각될 수 없다(Castrén, p. 39).

14) Josef L. Kunz, Bellum Justum and Bellum Legale, AJ, 1951, p. 528; Lawrence, pp. 333~334; Hall, p. 82; Oppenheim-Lauterpacht, II, p. 178; H. Lauterpacht, Limit of the Operation of the Law of War, BY, 1953, pp. 210, 237; Svarlin, p. 338; Verdross, VR, S. 355; Briggs, p. 973; Redslob, p. 265~266; Hyde, III, pp. 1681~1682; Jessup, p. 157; Brierly, The Basis of Obligation, pp. 281~282.

전쟁은 엄격한 방위 이외의 목적을 위하여 또는 국가정책을 위하여 호소될 수 있다는 견해가 많은 학자에 의하여 지지되고 있다는 것이나,[15] 이 견해는 부당하다.[16]

B. Ⅰ. 제1차대전이 발발할 때 국가관행과 이에 따른 다수의 국제법학설에서 확인될 수 있는 전쟁의 자유, 즉 국가는 그의 권리뿐 아니라 어떤 정치적 이익을 관철하기 위하여 전쟁을 할 수 있다는 것은 전쟁에 따르는 중립제도와 전쟁에 직접 관련된 국제법규적용에 의하여서도 지지되었던 것이다. 전시중립제도는 17~18세기에 발달하기 시작한 것이나[17] 그것이 확립된 것은 19세기를 거쳐 20세기초에 이르러서이다.[18] 중립제도란 전쟁시에 교전국과 전쟁에 참가하지 않은 국가, 즉 중립국 사이의 전쟁에 관련된 관계를 규율하는 국제법규들을 총칭하는 것인데, 그러한 법규들에 일관된 것은 중립국의 피지(避止) 및 공평의 태도인 것이다.[19] 즉 중립국은 전쟁에 대하여 국외 제3자로서 교전국의 어느 편에 대하여서나 전쟁수행의 원조가 될 행동을 하여서는 아니 되며 또 양교전국에 대하여 불편부당한 공평한 대우를 하여야 되는 것이다. 이러한 중립제도는 위에서 언급된 전쟁의 자유를 전제로 하고 있다. 어떤 국가나 어떤 이유로나 전쟁의 자유를 가지며, 따라서 어떤 전쟁에 있어 다 같이 전쟁의 자유를 향유하는 교전국들에 대하여 제3국은 그도 전쟁의 자유를 발동하지 않는 한 어느 편에나 원조하지 않고 엄격한 불편부당의 태도를 취하여야 한다는 것이다.[20]

---

15) Castrén, pp. 56~57.
16) 제2장 제1절 3 참조.
17) Reuter, p. 360; Berber, II, S. 210.
18) Fenwick, pp. 612~613; Oppenheim-Lauterpacht, II, pp. 624ff.
19) Rousseau, pp. 672~673.
20) Bowet, p. 156; Lauterpacht, *op. cit.*, p. 237.

제2차대전에 미국이 참전하기 전, 따라서 아직 중립국으로 있을 때 영국에 대하여 구축함을 제공하고(1940년) 연합국에 대하여 군사원조를 할 수 있는 법(Lend-Lease Act, 1941)을 통과시킨 것을 역사적으로 또 국제연맹규약 및 전쟁포기조약에 의하여 정당화하는 연설을 미국 국무장관(R.H. Jackson)이 1941년 3월 27일에 미주변호사협회(The Inter-American Bar Association)에서 하였는데 그 중에 다음과 같은 말이 있다.[21]

> "19세기 중에 특수한 중립규칙이 확립하였으며… 여러 가지 헤이그조약(1907년—필자 주)에서 많이 편찬되었다는 것을 나는 부정하지 않는다. 그러나 이 규칙의 적용성은 대체되었다. …불편부당한 중립의 학설의 정당한 범위를 평가하려면 그 학설의 토대가 고려되어야 한다. 모든 주권국가는 거의 모든 법 밖에 있으며 그 자체의 의사 이외에는 아무런 통제에도 복종하지 않고 어떤 타국에 대하여서나 의무를 지지 않는다는 주장이 그 학설의 초석인 것이다. 여기서 다음과 같이 추리된다. 즉 평화를 유지하도록 주권국가를 구속하는 아무런 법도 없기 때문에 모든 전쟁은 합법적이며 정당하다고 간주되어야 한다. …모든 전쟁은 합법적이며 모든 전쟁하는 국가는 평등한 권리를 갖는다고 주장하는 국제법이, 중립자는 교전자 사이에 차별대우를 하여서는 아니 된다는 결론에 도달한다는 것은 쉽사리 이해될 수 있다."

이 연설에는 과장된 점도 있으나 중립제도의 전제로서 주권국가의 전쟁의 자유가 인정되었다는 것은 명백히 표현되고 있다.

따라서 중립제도의 근거인 전쟁의 자유가 조약에 의하여 제한됨에 따라 전쟁에 직접 참가하지 않는 제3국에 대하여 불편부당 대신 이 제한에 위반한 교전국에 불리하게 차별하는 중립이 허용되며, 나아가서는 이 교전국에 대한 제재에의 참여가 요구되는 것이다.[22] 그리고 중세의 정당한 전쟁설[23]에 있어서는 중립의 여지는 없었다.[24] 또 중립국은 어느 때나 어

21) AJ, 1941, p. 348(Orfield and Re, p. 672에서 재인용).
22) 제2장 제2절; 제3장 제2절.

느 교전국에든 가담하여 참전할 수 있다는 것도 전쟁의 자유를 전제하고 있다.

II. 일반국제법에 의하면 전시법은 모든 환경 및 조건하에서 양 교전자에게 대하여 다 같이 적용되는 것이다.[25] 특히 전투에 직접 관계되는 전시법 적용의 근거는 이미 언급된 바와 같이[26] 인도적 고려에 있는 것이며, 따라서 제1차대전 후 조약에 의하여 전쟁이 금지되고 합법적인 전쟁과 불법의 전쟁, 합법적 교전자와 불법의 교전자가 구별되는 오늘날에 있어서도 전시법은 양 교전자에게 다 같이 적용된다는 주장은[27] 긍정되어야 할 것이다. 그러나 이러한 주장은 인도적 입장과 군사적 상호주의의 고려가 미치는 범위에 한한 것이며 이러한 범위를 넘어서까지 종전과 같이 양 교전자에게 평등한 입장이 주어져야 할 것인가에 대하여서는 검토를 요한다. 국제연맹규약, 전쟁포기조약 및 국제연합헌장 등에 의하여 합법적 전쟁과 불법전쟁이 구별되는 데 비추어 전시법 적용의 한계문제를 법이론과 국가관행에 입각하여 구명한 Lauterpacht는, 적대행위에 직접 관련된 전시법규는 합법적인 교전자 및 불법교전자에게[28] 다 같이 적용되며 전쟁

---

23) 2. A 참조.

24) Dahm, II, S. 328~329.

25) Oppenheim-Lauterpacht, II, p. 231.

26) 제1절 2. A. I 참조.

27) Castrén은 전시법 무용론에 대한 항변에서 다음과 같이 말하고 있다. "불법으로 공격받은 국가에 대하여서조차도 그 상대방에게 대하여 손상을 가할 무제한한 권리가 허용되어서는 아니 될 것이다. 왜냐하면 전쟁에 호소할 것을 결정한 정치가인 진정한 유죄자보다 싸우는 병력 및 일반민이 그 손상을 입을 것이기 때문이다. 전시국제법을 무용한 것이라고 보는 자들은 그 법에 모든 평시법이 많이 의존하고 있다는 것을 망각하고 있는 것이다"(Castrén, pp. 9~10). 제1절 2. C. V 주 191 참조.

28) Lauterpacht는 오늘의 상태에 비추어 안전보장이사회가 침략자를 결정하고 제재를 가하는 경우는 제외(가능성이 적으므로)하고 각 회원국이 각자의 판단으로 침략자에게 대항하는 경우와 총회의 권고에 따라 회원국들이 협력하는 경우를 주로 하여 이론을 전개하고 있다 (Lauterpacht, *op. cit.*, pp. 206~208).

중 전쟁의 수행에 관한 재산획득(점령지에서의 징발, 해전에서의 포획 등)에 관한 전시법에 관하여서도 불법교전자에게 대하여 차별대우하는 것은 국가관행의 지지를 받지 못한다는 것과 이것은 정당한 이유에 입각한다는 것을 설명한 다음,[29] 교전에 관한 고유한 규칙(rules of warfare proper)을 구성하지 않지만 전쟁과 직접 관련된 일정한 국제법규에 관하여서는 불법교전자에 대하여 이러한 법규에 의한 권리가 거부될 여지가 있다는 것이며, 그러한 국제법규로서는 국가에 대한 강박에 의하여 체결된 조약도 유효하다는 것, 정복에 의한 권원획득도 승인된다는 것, 합법적 전투행위에 의한 손실에 대한 배상에서 면제된다는 것, 전쟁 전에 체결된 조약을 교전자는 소멸된 것으로 간주할 수 있다는 것, 침략전쟁을 시작한 데 대하여 교전자나 그 책임적 지위에 있는 개인이 형사책임에서 면제된다는 것 등을 그는 들고 있다.[30]

이와 같은 종래의 관습법으로서 인정된 국제법규에서 오는 권리 등을 불법교전자에게 대하여 거부하는 것은 Lauterpacht에 의하면 주로 전쟁이 끝난 다음에 오는 문제이며 불법전쟁의 효과로서는 제한된 범위이기는 하나, 그는 다음과 같은 점을 강조하고 있다.[31]

> "이 좁은 범위(위에서 든 국제법규에 의한 권리 등을 불법교전자는 얻을 수 없다는 것—필자 주)에서 그 원칙(불법행위는 불법행위자에 대한 이익 및 권원의 연원이 되어서는 아니 된다는 것—필자 주)의 적용은 문제의 변두리에만 관련된다. 국제사회에서 전쟁의 법적 지위에 있어서의 기본적 변경과의 부합의 이 축소될 수 없는 최소한은 넓은 함축성을 가지며, 또 제한된 범위이기는 하나 국제법의 권위 및 그 기본적 변경 자체에 중대한 위험 없이는 무시될 수 없는 것이다."

29) *Ibid.*, pp. 224, 228~229, 230, 231. 제1절 2. C. V 참조.
30) Lauterpacht, *op. cit.*, pp. 233~237, 239.
31) *Ibid.*, p. 240.

Lauterpacht가 합법적 교전자와 불법교전자에게 대하여 차별적 적용을 할 것으로 위에서 시사한 국제법규는 이미 언급된 바와 같이 전체적으로 고유한 전시법규라고는 생각될 수 없으나 전쟁에 직접 관계된 것이다. 따라서 Lauterpacht가 위에서 시사한 것의[32] 이면에는 다음과 같은 것이 표명되고 있다. 즉 전쟁에 직접 관련된 위에서와 같은 국제법규가 양 교전자에게 마찬가지로 적용되었다는 것은 국가의 전쟁의 자유를 전제한다는 것이다.

C. 위에서 설명된 바에 관련하여 전쟁에 관한 일반국제법상의 또 하나의 성질[33]이 구명될 단계에 이르렀다. 전쟁은 법적 제도이냐 또는 법적 상태이냐 그렇지 않으면 단순한 사실이냐 하는 문제가 남아 있다. 전쟁을 법제도로 보는 하나의 견해로서 Kelsen과 Guggenheim의 설, 즉 전쟁을 국제법상의 제재의 하나의 양식으로 보는 것에 대하여서는 그 밖의 법제도설과 같이 부정되어야 할 것인데, 이 두 교수의 전쟁, 즉 제재설에 관하여서는 다음 정당한 전쟁설에서 검토될 것이다.

그 밖에 전쟁을 하나의 법제도로 보는 전형적인 설은 전쟁을 복구 등과 같이 국제분쟁의 강제적 해결수단의 하나로 보는 견해에서 찾아질 수 있다.[34] 그러나 전쟁을 과연 국제분쟁해결의 한 수단이라고 볼 수 있는가?

---

32) 말할 것도 없이 Lauterpacht가 시사한 것 중에는 이미 국가의 새로운 관행에 어떤 정도 그 경향을 나타내고 있는 것이 있다. 강압에 의한 조약의 무효는 스팀슨주의(The Stimson doctrine)와 이것을 구체화한 규칙에 표명되었고(Verdross, VR, S. 112, 543~544), 합법적 전투행위일지라도 불법교전자가 행한 것에 대하여서는 배상을 과할 수 있다는 경향은 베르사이유강화조약 제231조에서 표명되었고(Lauterpacht, *op. cit.*, pp. 234~235. 그러나 이 해석은 당시의 국제법에 비추어 법적으로 긍정될 수 없다), 침략전쟁을 일으킨 데 대한 형사책임은 제2차 세계대전후 뉘른베르크 및 동경의 수뇌전범자의 처벌에서 표명되었다(*Ibid.*, p. 236).

33) 전쟁이 행동이냐 상태냐, 전쟁의 정의에 있어 주관설이 지지될 것이냐 객관설이 지지될 것이냐, 전쟁은 일방적인 것이냐 쌍방적인 것이냐 하는 것은 이미 구명되었다(제1절 2. C. I, III, IV).

국제분쟁이라는 것은 한 국가가 다른 국가에 대하여 일정한 방도로 행동할 것을 주장하고 후자가 이 주장에 응하지 않을 때 일어나는 것이며[35] 한편의 국가의 특수한 개별적인 이익을 보호하려고 할 때 생기는 것이다.[36] 실제문제로서 과거에 많은 전쟁이 이렇게 뚜렷한 특수한 개별적인 이익을 둘러싼 주장과 반대주장 때문에 일어난 것이 아니었다는 것은[37] 고사하고, 전쟁이 전쟁 전의 분쟁을 보통 해결하는 것은 아니며, 전쟁에서 한편의 패배가 그의 전쟁 전의 분쟁에 있어서의 주장의 부당함을 의미하는 것이라고는 생각되지 않는다.[38]

다음에 전쟁이 법적 상태라는 설,[39] 즉 전쟁시에도 평화시의 상태가 완전히 끝나지 않고 또 전쟁의 실제수행이 국제법에 의하여 규율되기 때문에 그 한도 내에서 전쟁은 법적 상태로 고려될 수 있다는 것에 대하여 Castrén은 다음과 같이 반박하고 있다.[40]

> "전쟁도 교전국 및 비교전국에 대하여 어떤 법적 결과를 가져온다는 것은 이미 설명되었다. 그러나 교전국 사이의 관계에 있어서 법적 결과는 전투의 형식, 즉 투쟁방법의 규율에 주로 국한된 것이다. 왜냐하면 다른 점에 있어서는 전쟁은 권리를 제한, 폐기하고 파괴, 황폐 및 무질서를 야기함으로써 본질적으로 부정적 효과를 갖는다. 전쟁은 무정부상태에 비하여질 수 있으며

34) E.g. Starke, p. 341; Stone, p. 285. Cf. Joachim von Elbe, The Evolution of the Concept of Just War in International Law, AJ, 1939, pp. 684~685.

35) Kelsen, p. 367.

36) Salmon, p. 56.

37) "전쟁포기조약 전에 전쟁을 타국으로부터 받은 불법행위에 대한 만족을 얻기 위한 자력구제의 법적 구제로써 정의한 학자들은 전쟁이 때때로 정치적 이유로서만 양 당사국에 의하여 이루어졌다는 것을 망각하였다. 그들은 전쟁의 하나의 가능한 원인이기는 하나 반드시 필요한 원인은 아닌 것과 전쟁개념을 혼동하고 있다"(Oppenheim-Lauterpacht, II, p. 202. Cf. Castrén, p. 31).

38) Cf. Guggenheim, II, p. 98.

39) Cf. Castrén, p. 37. 제1절 2. C. I, 주 145 참조.

40) Castrén, p. 39.

평화질서 및 조직을 의미하는 국제법의 전도인 것이다."[41)]

이와 같이 Castrén에 의하면 전쟁은 법적 관계로 생각될 수 없으며 무정부상태에 비할 수 있다.

19세기부터 20세기초에 걸쳐 압도적이었던 실정법주의[42)]에 의하여 전쟁은 하나의 사실로 취급되었다.[43)] 또 법을 사회연대성에서 오는 자연발생적인 것으로 보며[44)] 따라서 자연법주의를 취한다고 생각되는[45)] Scelle도 전에는 정부의 선전의 권력을 제한하기 위하여 권리남용론을 세우려고 하였으나, 이러한 이론은 적어도 국제연맹규약이 채택될 때까지는 타당하지 않다는 것은 자인하고 있다.[46)]

제1차대전시의 일반국제법에 입각할 때 위에서 설명된 전쟁의 자유에 비추어, 전쟁을 하나의 사실, 즉 국제법은 전쟁을 합법적으로도 또는 불법으로도 보지 않고 그것이 일어나면 하나의 사실로서 받아들이고, 다만 전투 및 그 밖에 관하여 일정한 규칙이 거기에 적용되는 것으로 보는 것이 적당할 것이다.[47)]

---

41) Coing은 다음과 같이 말하고 있다. "투쟁관계는 그의 상대방의 힘에 의한 손상 및 파멸을 지향하는 한 법의 본질에 명백히 반대되는 것이다. 이것은 법의 평화적 경향과 결부될 수 없다. 힘에 의한 투쟁은 법의 가장 원시적인 형태, 즉 경기규칙법에 의하여서만 규율될 수 있으며, 그뿐 아니라 투쟁은 법적 규율의 이 경향도 또한 파멸시키려고 항시 위협하고 있다. 이것은 현대의 국민적 대중의 전쟁에 특히 타당하다"(Helmut Coing, Grundzüge der Rechtsphilosophie, 1950, S. 85. Cf. *ibid.*, S. 18).

42) Verdross, VR, S. 54; De Visscher, p. 362.

43) Strupp도 Anzilotti의 견해에 동의하면서 다음과 같이 말하고 있다. "…(법적 결과를 가진) 하나의 사실인 전쟁 자체를 법적으로 평가한다는 것은 절대로 불가능하다(Strupp, II, p. 506). Cf. Oppenheim-Lauterpacht, II, p. 202; von Elbe, *op. cit.*, pp. 2~6.

44) Scelle, I, pp. 2~6.

45) Kelsen에 의하면 자연법학설의 본질적인 요소는 사실과 규범의 관계의 일원론적 견해, 즉 규범(가치)은 사실(현실)에 내재한다고 보는 것이라는 것이다(Hans Kelsen, What Is Justice?, 1957, p. 174).

46) Scelle, I, p. 64.

47) Cf. Oppenheim-Lauterpacht, II, p. 179.

2. 정당한 전쟁설

A. 정당한 전쟁설의 검토의 필요

전쟁의 정당한 이유에 관한 실질적인 표준[48]을 구명함으로써 고전적 정당한 전쟁설을 세우는 데 중요한 자리를 차지한 것은 Augustin(354~430)이다.[49] Augustin 후에도 정당한 전쟁설은 16세기에 이르기까지 신학적이

---

48) Cicero(106~43 B.C.)도 아직 고대로마의 "*jus fetiales*"(Cf. Nussbaum, pp. 10-11; Kotzsch, pp. 28~29)의 영향을 받아 정당한 전쟁의 조건으로써 형식적인 것 즉 위의를 갖춘 권리요구와 형식적 통고 또는 선언을 주요시하였으나(Reibstein, S. 124. Cf. Berber, II, S. 28; von Elbe, *op. cit.*, pp. 666~667), Augustin의 정당한 전쟁설에 있어서는 이 형식적인 것은 중요시되지 않았다(Reibstein, S. 136).

49) 전쟁에 관한 Augustin의 입장은 인간의 불평등에 입각하여 전쟁을 찬양하는 아리스토텔레스의 입장과는 부합될 수 없었으며 플라톤의 도덕철학적인 명제에는 가까운 것이었으며(*Ibid.*, S. 121, 123) 또 Augustin은 스토아철학의 영향을 받았다(Dahm, II, S. 328). 로마의 정치적 현실 속에 살고 있으며 또 가톨릭교부였던 Augustin은 "사람들은 부정에 대한 보복을 행사하는 것으로서 정당한 전쟁을 정의한다"라고 말하고 또 구약성서에서 직접 정당한 전쟁의 이유를 취하고 있다(Reibstein, S. 125~126). 콘스탄틴(Constantin, 306~377)황제 시대에 기독교가 로마에서 허용되고 제4세기말에 드디어 로마국교가 되자 신학적인 입장에서 절실한 문제가 된 것은 가톨릭교도가 죄를 범하지 않고 전쟁에 참여할 수 있느냐 하는 것이었다(Hutton Webster, World History, 1921, p. 151). 이 문제에 대하여 Augustin은 기독교적인 사색에 있어서는 복음의 명령과 정치적 생활의 사실 사이에는 극복될 수 없는 모순이 있다는 것에서 출발하여야 되었으나, 그는 이 모순을 긍정하면서도 그의 평화이념의 정신에서 이 모순을 해결하였다. 그의 평화이념은 힘의 적용, 인간생명의 파괴도 또한 배제하지 않을 뿐 아니라 힘의 행사 등을 죄와 투쟁하기 위한 그리고 정의의 보존을 위한 필요한 수단으로써 포괄하고 있다(Reibstein, S. 127). 신의 나라의 최고의 재(財)인 영구한 완전한 평화와 속세국가만으로 이룩할 수 있는 시간적이며 불완전한 평화 특히 정복 및 지배에 입각한 평화를 그는 생각하였으며, 따라서 그에게 있어서는 서로 전쟁을 하고 신에게서 먼 인간의 고찰은 아직 못한 사이에 로마에만 관계되는 것이 아닌 정치적 비판 및 도덕적 교훈에 이르게 되었다(*Ibid*). 그의 입장은 교회법학자의 흥미를 끌었고 드디어는 그라티안의 교회법집(Decretum Gratiani, about 1150)에 수록되어 공적인 교회학설이 되었다(Reibstein, S. 129). 여기서 첫째로 문제되는 것은 전쟁을 하는 것은 죄이냐 하는 것이다. 이 문제에 관련하여 복음에 나타난 바로는 모든 종류의 전쟁에 반한 것 같이 보이기도 하나(Neues Testament, e.g. Matth. 5, 39, 41; Röm. 12, 19…), 예수그리스도의 가르침이 전쟁일반은 부정하였다고는 생각되지 않으며(Luk. 3, 14), Augustin도 전쟁을 행하는 것이 죄가 아니고

며 교회적인 도덕 및 법의 학설의 영역에 속하였고 그 문제의 온상이며 배양원은 스콜라철학 및 교회법학이었다.[50] 이러한 경향에 있어 정당한 전쟁의 개념전개에 결정적 역할을 한 것은 Thomas von Aquin(1225~1274)이었다.[51] 이 정당한 전쟁설은 다시 Franciscus de Victoria(1480~1546), Ayala(1548~1584), Franciscus Suárez(1548~1617)를 거쳐[52] Gentilis(1552~

전리품을 위한 전쟁수행이 죄라는 것이며(Canon 5), 또 그에 의하면 신의 진정한 봉사자에게 있어서는 전쟁은 평화를 사랑하는 것이며 이것은 그들의 폭력성이나 욕망에서 전쟁을 하는 것이 아니고 평화를 위하여 악자와 싸우고 선자를 해방시키기 위하여 전쟁하기 때문이라는 것이다(Canon 6). 둘째로 무엇이 정당한 전쟁이냐 하는 문제이다. 이에 대하여, Isidor von Sevilla(about 570~636)은 다음과 같이 말하고 있다. 보다 높은 명령에 입각하여 물을 다시 찾기 위하여 또는 적을 막기 위하여 행하여지는 전쟁은 정당하다(Reibstein, S. 129~136; Cf. von Elbe, *op. cit.*, pp. 667~669).

50) Reibstein, S. 138.

51) Aquin은 정당한 전쟁에 필요한 것으로서 세 가지를 들고 있다. 첫째, 그 명령으로 전쟁이 행하여질 군주의 전권(*auctoritas principis*), 둘째, 정당한 사항 즉 싸움대상이 되는 자가 어떤 죄 때문에 마땅히 싸움을 받아야 할 것, 셋째, 전쟁을 행하는 자의 정당한 의도, 즉 선을 촉진시키거나 악을 저지하려는 것이다(*Ibid.*, S. 139; von Elbe, *op. cit.*, p. 669). 그는 군주의 전권이라는 특징적인 표지로써 시대의 발전에 앞서 주권국가의 병존을 인식하였다. 그러나 군주의 전권은 공동복지에 봉사하도록 되어야 하며 공동복지는 그의 최종충족을 평화 속에 발견한다는 것이었다(Reibstein, S. 140~141). Aquin에게 있어 정당한 전쟁에 관한 이 기본명제들과 국제법(*jus gentium*)의 개념의 결합에 관하여 우리가 탐구한다면, 그의 도덕철학적인 사상세계에 보다 깊이 침투하여야 된다. 그의 도덕철학적 사상세계는 Augustin주의(그 명제들이 받아들여진)에서 아리스토텔레스주의(그 방법 즉 지식과 신앙, 자연과 초자연, 도덕신학과 도덕철학의 구별이 받아들여진)로 이끈다. 그는 신의 영원한 법(*lex aeterna Dei*)에서 자연법이 또 자연법에서 *jus gentium*을 포함한 실정법이 유도되며 국가들 사이에 있어서도 자연법이 적용된다는 것을 명백히 하고 있다(*Ibid.*, S. 141~146). 로마법에서 방향이 정하여진 법학의 제2의 그리고 중세 후기의 르네상스, 즉 후기주석법학파는 Aquin에게서 출발하였다는 것이 알려져 있다. 프랑스의 베네딕트파 수도사 Jacques de Revigny는 이미 13세기에 Aquin의 방법을 속세의 법학에 적용하였으며 이것으로써 주석법학파의 단순한 말과 사물의 석명 대신 법학적 변증법을 기초세웠다. 법학의 새로운 방향은 시종일관하게 근저에 있는 이념 및 원칙을 탐구하였으며, 그러한 이념 및 원칙을 방법론적으로 법명제로 발전시키고 모든 그들의 추론으로써 하나의 체계로 만들려고 하였다. 이러한 법명제와 이 체계는 물론 로마법의 개별적인 인증문에 결부되고 있으나, 그들의 권위를 로마법의 문자에서가 아니고 Isidor가 의도하였고 Aquin이 스콜라철학의 형태로 가르친 것과 같이 그들 속에 살고 있었던 이성 속에 가지고 있었다(*Ibid.*, S. 146~147).

52) Dahm, II, S. 328; Nussbaum, pp. 79ff.

1608), Grotius[53] 및 그 후계자들에 의하여 가톨릭신학의 기반에서 분리되었다.[54] 그리고 프랑스혁명시까지 신학자 및 철학자들과 아울러 저명한 자연법주의 및 실정법주의 국제법학자들에 의하여 대개 이 설은 지지되었다.[55]

그러나 Grotius시대에는 이미 이 설은 현실과의 유리로써 해소과정에 있었다. 중세의 세계상이 무너지고 근대국가의 주권개념이 관철됨에 따라 국가는 모든 사물의 척도로 생각되었고, 국가의 정치적 행동은 보다 높은 진리 또는 정의의 관점에서 이미 판단되지 않게 되었고 따라서 전쟁을 어떤 도덕적 또는 법적 평가의 대상으로 만드는 가능성은 희박해져 갔던 것이다. 이러한 경향은 이미 Machiavelli(1469~1527) 및 Hobbes(1588~1679)에 의하여 표명되었다.[56] 실정법주의자인 Johann Jakob Moser(1701~1785)는 정당한 전쟁과 부당한 전쟁의 구별은 조약의 특별한 규정을 떠나서는 국제법상 근거를 갖지 못한다는 것을 주장하였으며, 이 주장은 전쟁은 자유라는 국가관행의 뒷받침을 받아 18세기말 이후 제1차대전에 이르기까지 널리 지지되었던 것이다.[57]

De Visscher는 실정법주의 학자들이 정당한 전쟁설을 부인한 데 대하여 다음과 같이 비난을 하고 있다.[58]

---

53) 그에 의하면 권리손상만이 정당한 전쟁의 이유를 줄 수 있다는 것이다(Grotius, S. 136, Buch II, Kap. I, I, 4). 그는 대개 세 가지 정당한 전쟁이유 즉 방위, 탈취된 것의 탈환, 처벌을 들 수 있다고 말하고(*Ibid.*), 또 처벌을 위한 전쟁에 관하여 따로 설명하고 있으나(*Ibid.*, S. 354ff., Buch II, Kap. XX, XL 40ff.) 그의 정당한 전쟁이유의 핵심이 되는 것은 권리 손상인 것이다(von Elbe, *op. cit.*, p. 679, note 107; Kelsen, p. 35; Berber, II, S. 30).

54) Kunz, *op. cit.*, p. 530.

55) Verdross, VR, S. 355; Redslob, p. 263.

56) Dahm, II, S. 329~330.

57) Verdross, VR, S. 355; Dahm, II, S. 330~331. 19세기의 한 대표적인 자연법학자 James Lorimer(Institutes of the Law of Nations, 1884)도 전쟁의 자유를 인정하고 있다(Nussbaum, pp. 238~239).

58) De Visscher, p. 358.

"…실정법주의학설은 도덕적 고려에 대하여 무관심을 표명하였다는데 이는 그 학설 자체의 방법(사실은 시찰하는 방법)의 견지에서 보더라도 결코 정당화되지 않는다. 이 학설은, 전쟁의 역사적 이유에서 만족한 구별의 원칙을 끌어내는 것을 포기하고, 전쟁에의 호소를 단순한 사실, 중립적인 또는 법 밖에 있는 사실로서 취급할 수 있다고 믿어왔다. 이것은 근시안적인 기술에 의하여 야기된 많은 기형화의 일례이다. 여론이나 정부나 전쟁에의 호소의 도덕적 정당화에 무관심하지 않는다. 다음과 같이 현저한 사실은 없다. 즉 모든 전쟁계획이 실패로 돌아가지 않으려면 없어서는 아니되는 집단적 충동을 대중 속에 야기시킨 도덕적 이유를 전쟁에의 호소에 찾아주기 위하여 정부는 항시 유념하였던 것이다."

그러나 어떤 전쟁에 있어서나 어떤 교전국에 있어서나 국민의 적개심을 북돋우기 위하여 또는 제3국의 여론의 시인을 받기 위하여 도덕적 이유를 내세우고 나아가서는 일정한 권리를 내세웠다는 것만으로 실정법주의학설이 정당한 전쟁설을 세울 수는 없는 것이다. 왜냐하면 각 교전국이 도덕적 또는 법적 근거를 내세우는 것은 단순한 구실에 지나지 못하며 실상은 당해 교전국의 단순한 이기적 동기에서의 전쟁의 정체를 은폐시키기 위한 수단에 지나지 못하는 경우가 많았기 때문이다.[59] 각국 각자의 전쟁의 도덕성 또는 합법성 주장에서 정당한 전쟁에 관한 공통된 표준은 세울 수 없는 것이다.[60] 이것은 국가들의 관행과 이 관행의 사회학적 배경에 관

59) Castrén은 다음과 같은 내용의 설명을 하고 있다. 특별한 이유없이 전쟁에 호소될 수 없으나 이러한 이유는 확실히 찾아내기 쉬운 것이다. 정부들은 때로는 법적이며 때로는 정치적 성질인 여러 가지 이유에 입각하여 그들의 전쟁에의 호소를 변호하는 것이 필요하다고 보통 생각하였던 것이다. 정부는 이렇게 하여 그 양심을 무마시키고 인민의 눈에 그 행동을 정당화시킬 것을 기도하지 않으면 아니 되었다(Castrén, p. 52). 또 Reuter는 다음과 같이 말하고 있다. "국가는 언제나 무력적 강제에의 호소를 정당화하기 위한 권리를 원용할 것이며, 이것은 그들이 그러한 권리를 믿지 않고 또 그들이 무력에의 호소의 법적 정당화가 국제법에 의하여 요구되지 않는다고 생각할지라도 그러하다"(Reuter, p. 322).

60) 따라서 한결같은 국가들의 구실을 근거로 삼아 침략전쟁이 금지되어 왔다는 입장(In re

한 De Visscher의 설명[61]에 비추어보더라도 긍정되어야 할 것이다. 전쟁의 어떤 정당한 이유에 관한 국가들의 공통된 확신 없이는 정당한 전쟁에 관한 일반적인 규칙은 세워질 수 없다.[62] 또 실정법주의학자뿐 아니라 자연법주의학자도 국가의 관행에 비추어 정당한 전쟁설을 부인하였던 것이다.[63]

제1차대전후 정당한 전쟁설은 자연법주의학자[64] 및 실정법주의학자에 의하여 다시 주장되었다. 새로운 정당한 전쟁설은 일부전쟁을 금지하는 국제연맹규약 같은 새로운 국제법규에 관한 경우도 있고 그렇지 않은 경우도 있는데, 여기서 문제되는 것은 후자의 경우이며 특히 주목을 끄는 것은 자연법주의를 완강히 거부하는 Kelsen과 Guggenheim의 이론이다.

다음에 고전적인 정당한 전쟁설과 새로운 것이 검토될 것이다. 그리고 실질적인 전쟁개념을 긍정하는 입장에서는 종래에 정식전쟁에만 국한된 정당한 전쟁설이 재검토되어야 할 것이며, 이 점이 지금까지 소홀히 취급되었다는 것은 놀라운 사실이라는 것이 먼저 지적되어야 할 것이다.

B. 고전적 정당한 전쟁설

이미 언급된 바와 같이 가톨릭신학 및 스콜라철학의 입장에서 정당한 전쟁설을 완성시킨 것은 Aquin이었고, 또 이 설을 전개함에 있어 그는 시대의 발전에 앞서 주권국가(그가 이러한 용어를 사용한 것은 아니나)의 병존을 승인하였고[65] 따라서 현대국제법개념의 맹아를 표명하였으며 오늘까지

Weizsaeker and Others, US Military Tribunal at Nürnberg, April, 14, 1949, ILR, 1949, pp. 345~346)은 긍정되지 않는다.

61) 1. A(특히 주 4). De Visscher, p. 359.

62) Widmer, S. 71.

63) 주 57.

64) Louis Le Fur, Leo Strisower(Kunz, *op. cit.*, p. 529).

유력한 자연법의 한 방향(신학적인 것)[66]을 세웠을 뿐 아니라, 이 방향은 곧 중세후기의 후기주석법학파의 토대를 이루었던 것이다.[67] Aquin에 의하면 정당한 전쟁에는 세 가지가 필요하다는 것이다. 첫째, 그 명령으로 전쟁이 행하여질 군주의 전권(*auctoritas principis*), 둘째, 정당한 이유(*requiritur justa causa*), 즉 싸움의 대상이 된 자가 어떤 죄과 때문에 마땅히 싸움을 받아야 할 것, 셋째, 전쟁을 하는 자의 정당한 의도(*requiritur ut sit intentio bellantium recta*), 즉 의도는 선을 촉진시키고 악을 저지하는 데 지향되어야 한다는 것이다.[68] 첫째는 오늘에 있어 전쟁의 주체인 소위 주권국가만이 전쟁을 할 수 있다는 것이다. 셋째의 정당한 의도에 관하여 그는 다음과 같이 말하고 있다. 설사 정당한(정당한 이유에서) 전쟁을 하는 자일지라도 그 정당한 것 때문이 아니고 전리품을 위하여 싸우는 경우에는, 그는 나쁜 의도에서의 욕망에 의하여 전리품을 취함에 있어 죄를 범한다는 것이다.[69] 이 설명에서는 정당한 의도라는 것은 오늘의 전시법규에 관한 것이다.[70] 정당한 의도는 이러한 의미로 해석되지 않을 수도 있다. 즉 전쟁의 정당한 이유를 가지고 있는 자라도 영토확대 같은 부당한 동기에서 행동할 때는 부정한 전쟁을 할 수 있다는 것이다.[71] 이러한 의미에서의 정당한 의도는 결국 정당한 이유에 귀착하게 된다고 생각된다. 왜냐하면 정당한 이유에 부합하는 동기만이 정당하며, 그러한 이유에서 벗어나는 동기는 부정하다고 생각되어야 하기 때문이다. 둘째의 정당한 이유가 정당한 전쟁설의 실질적인 표준이다.[72] Aquin에 있어 정당한 이유는 도덕적인 죄과

---

65) A, 주 50. Reibstein, e.g. S. 140.

66) Josef L. Kunz, Natural Law Thinking in the Modern Science of International Law, AJ, 1961, p. 953.

67) A, 주 50. Reibstein, S. 146~147.

68) A, 주 50. *Ibid.*, S. 139.

69) *Ibid.*, S. 146.

70) Redslob, pp. 264~265.

71) Kunz, Bellum Justum, *op. cit.*, p. 530. Cf. von Elbe, *op. cit.*, p. 674.

로서 표현되었는데[73] Grotius에 있어서는 권리의 손상으로 표현되었다.[74] 또 Emmerich de Vattel(1714~1767)에 있어서는 전쟁은 힘에 의한 권리의 추구라고 정의되었다.[75] 결국 법적 표현에 의하면 불법에 대한 반동으로써만 전쟁은 허용되며, 이 정당한 전쟁은 불법공격에 대한 방위(방위전쟁) 또는 침해당한 권리의 구제를 받기 위한 전쟁(집행전쟁)이다.[76] 그러나 전쟁의 이러한 정당한 이유론은 도덕적인[77] 것에서 한 걸음 더 나아가 법적인 것으로서 국가들의 행동을 실제로 규율할 수 있는 것도 아니었고 또 그러한 것으로 발전될 수도 없었다. 때문에 Kunz에 의하면, 학자들에 의하여 정당한 전쟁설의 다음과 같은 기형화가 행하여졌다는 것이다.[78]

첫째, 방위전쟁에 있어서 구체적인 경우에 무엇이 불법의 공격이냐 하는 점에 있어, Gentilis 같은 학자는 방지전쟁, 즉 미리 계획된 것은 아니나 개연성 또는 가능성이 있는 위험을 예기하고 행하는 전쟁조차도 정당한 전쟁으로 보았다.

둘째, 누가 객관적으로 정당한 이유를 가진 교전자와 그렇지 않은 교전자를 구별하여 판단할 것인가? 이 판단은 각 교전자 자체에 맡겨졌으므로 정당한 전쟁설은 절대적 및 상대적 정의 사이에, 객관적 및 주관적 정의 사이에 구별을 하였으며, 따라서 Gentilis의 견해와 같이 전쟁에 있어 양 교전자가 다 같이 정당할 수 있다. 이와 같이 실상은 모든 전쟁은 정당

---

72) Aquin은 또 전쟁을 시작하기 전에 상대방에게 알려서 배상으로써 전쟁을 피하도록 할 기회를 주어야 한다는 것도 주장하고 있다(Reibstein, S. 145~146). 그 밖의 학설, Redslob, p. 264; Kunz, Bellum, Justum, *op. cit.*, p. 530.

73) 주 68. Picht, S. 76.

74) A, 주 53.

75) Verdross, VR, S. 355.

76) *Ibid.*, S. 354; Kunz, Bellum Justum, *op. cit.*, pp. 530~531.

77) 정당한 전쟁론이 도덕적인 학설로서도 변호될 수 없는 결함을 가졌으며, 그것은 이교도는 이 정당전쟁론에 의하여 보호될 것이 아니었기 때문이다(Berber, II, S. 29~ 31).

78) Kunz, Bellum Justum, pp. 531~632. 그의 설명의 요점만이 다음에 옮겨진다(Cf. von Elbe, *op. cit.*, pp. 675~678).

하며 이것은 국가가 자유로이 전쟁을 할 수 있다는 것에 귀착한다.

셋째, 정당한 이유를 가진 교전자도 승리할 수 있으며 따라서 전쟁은 권리를 집행하는 데 적당한 수단이 아니므로, 정당한 이유를 가진 군주일지라도 그가 승리의 도덕적 확실성을 갖지 않는다면 전쟁을 하지 말도록 권고하는 학자도 있다.

자연법주의의 경향을 가진 학자의 한 사람인 Brierly는 다음과 같이 말하고 있다.[79]

"국제법학설은 일찍부터, 즉 국제법이 하나의 체계로서 존립하게 되었다고 말하여질 수 있는 때보다 오래 전부터, 합법적인 무력행사와 불법의 무력행사, 정당한 전쟁과 부당한 전쟁을 구별할 것을 표명하였다. 그러나 그 학설은 그 구별을 국가들의 관행에 부과할 수 있었던 일은 없었다. 만약 우리가 이 실패의 이유를 찾는다면 우리는 그것을 다음과 같은 사실에서 발견할 것이라고 믿는다. 즉 지금까지 역사의 상태가 그 구별을 제도 속에 구현시키는 것을 불가능하게 한 것이다. 그 구별은 부득이 하나의 학설, 희망에 그쳤으며 법규는 되지 못하였다. 적절한 기구만 갖추면 이 구별을 하는 데 중대한 곤란은 없다는 것을 우리는 알고 있다."

역시 자연법주의학자인 Redslob는 다음과 같이 말하고 있는데,[80] 특히 정당한 전쟁설이 법제도가 될 수 없었다는 근거, 즉 일반적 법적 확신의 지지를 받지 못하였다는 것이 적절하게 지적되고 있다.

"그러나 1914년의 전쟁으로써 끝나는 근대까지는 그 설(정당한 전쟁설－필자 주)은 국제법에 대하여 명확한 세력을 갖지 못하였다. 그 설은 학문적인 사색 속에 국한되었다. 그 설은 조약 속에 인용되지 않았으며 국가의 정

79) Brierly, The Basis of Obligation, p. 262.

80) Redslob, pp. 265~266.

책을 인도한다는 것은 드물었다. 중세의 종교개혁 때의 전쟁은 그 설에 의하여 세워진 정의의 고려의 표지를 갖지 않았다.… 웨스트팔리아강화조약(1648—필자 주) 후에는 왕조전쟁의 시대가 시작되었다. 왕실들은 그들의 영역의 확대에 열중하였다. 전쟁을 규율하는 법, 즉 국가이유의 관념적인 완화는 문제될 수 없었다. 전쟁을 일으키는 권리, 즉 왕의 절대주의의 계(系)인 무제한한 권리만이 있었다. … 전쟁의 합법성에 대한 반성은 그 시대의 질서에는 없었다. 전쟁은 자연의 대변동으로 생각되었다. 전쟁은 정부정의 규칙에 의하여 측정될 수 없다고 생각되었다. 그와 같은 사고방식은 20세기초까지도 지배적이었다.… 그 때까지 정당한 전쟁설은 높은 선에 있는 정신에 의한 이상적 규범의 긍정의 전형적인 경우인데, 그 규범은 진정한 법은 아니었으며 그 이유는 그 규범이 일반적 확신, 즉 국가를 지배하는 자와 지배자에게 압력을 가하는 인민의 확신에 입각하지 않았기 때문이다."

C. 새로운 정당한 전쟁설

제1차대전후 특히 주목을 끄는 것은 실정법주의자인 Kelsen 및 Guggenheim의 일반국제법에 입각한 정당한 전쟁설이다.

먼저 Kelsen은 어떤 국가의 타국에 대한 강제행위가 불법행위에 대한 반동으로서만 허용되는 경우, 따라서 어떤 국가의 타국에 대한 무력행사가 제재 또는 불법행위로서 해석이 가능한 경우에만 국제법은 진정한 법(국내법과 같은)이라고 말할 수 있다는 전제하에서 전쟁의 성질을 구명하고 있다. 그러면 국제법에 의하면 전쟁은 다만 제재로써만 허용되며 제재의 성격을 갖지 않는 전쟁은 국제법에 의하여 금지되며 따라서 불법행위라고 말할 수 있는가? 이러한 의문[81]을 제기한 다음 그는 이에 답하기 위하여 우선 전쟁의 개념분석에 들어가서 전쟁을 일방적 행동으로 보고,[82] 전쟁

81) Kelsen, p. 26.
82) *Ibid.*, pp. 26~28.

을 합법 또는 불법, 즉 제재 또는 불법행위로 보려면 전쟁 및 반대전쟁(counterwar) 사이의 구별이 그에 의하면 불가결하다는 것이다. 그리고 계속하여 그는 다음과 같이 말하고 있다.[83)]

"어떤 국가가 타국에 과한 전쟁은 불법이며 후자가 전자에 대하여 대항하는 것은 합법적인 경우도 있을 수 있으며 그 반대의 경우도 있을 수 있다. …만약 두 행동, 즉 전쟁과 반대전쟁이 분리되지 않는다면 사태(전쟁사태－필자 주)는 전쟁은 동시에 불법이며 합법, 즉 불법행위이며 제재라는 진술에 의하여서만 특징지워질 것이며, 이 진술은 용어에 있어 모순을 포함하고 있는 것이다. 전쟁 및 반대전쟁은 살인 및 극형과 같은 상호관계에 있는 것이다. 누구나 극형이 집행되어야만 살인이 있다고 주장하지 않는다. 전쟁을 금지하며 따라서 불법시하는 국제법의 규칙은 한 국가의 행동에만 관한 것이며 타국의 반동에 관한 것은 아니다.…"

이와 같은 전쟁의 개념을 구명한 다음 Kelsen은 전쟁의 법적 해석에 있어 일반국제법하에서 전쟁을 불법행위로도 또 제재로도 보지 않는 견해와 정당한 전쟁설, 즉 전쟁은 제재가 아니면 불법행위라고 보는 것을 간단히 설명하고 있다.[84)] 계속하여 그는 정당한 전쟁설에 대한 반대를 과소평가하여서는 아니 된다는 것을 지적하면서도 다시 그 반대설을 반박한다.[85)]

"어떤 국가가 타국에 대하여 호소한 전쟁이 합법이냐 불법이냐를 결정할 권한이 있는 객관적인 권위가 없는 한 그 원칙(정당한 전쟁의 원칙－필자 주)은 실로 크게 문제시된다. 더욱 중대한 논의점이 있다. 즉 반대자보다 더 강한 국가에 의하여 과하여졌을 때에만 전쟁은 제재로써 성공적으로 호소될 수

83) *Ibid.*, p. 28.
84) *Ibid.*, pp. 33~35.
85) *Ibid.*, pp. 35~36.

있다는 것이다. 그러나 그 반면에 두 가지 논쟁점은 복구에도 또한 적용되며, 그럼에도 불구하고 이 강제행동(복구—필자 주)은 일반국제법에 의하여 국제불법행위에 대한 반동, 즉 제재로써만 허용된다는 것이 일반적으로 승인된다는 사실이 무시되어서는 아니 된다. 국제법하에서 어떤 국가의 이익권에 대한 제한된 개입이 법적으로 금지되나 국제불법행위에 대한 반동으로서만 허용된 데 대하여, 어떤 국가의 이익권에 대한 무제한한 개입, 즉 전쟁은 법적으로 금지되지 아니 하며 따라서 불법행위도 아니고 제재도 아니라고 생각하는 것은 모순 이상인 것이다. 국제법의 제재로서 복구 및 전쟁의 명백한 불충분성은 국제법에 의하여 구성된 단체의 완전한 지방분권의 결과인데, 국제법은 바로 이 지방분권 때문에, 특히 중앙집행권의 결여 때문에 원시법의 전형적 성격을 갖는다. 만약 최소한의 중앙집권이 법의 본질적 요소로 생각되기 때문에 자력구제의 전형적 수단인 복구 및 전쟁이 법적 제재로 생각되지 않는다면, 우리가 일반국제법이라고 부르는 사회질서는 그 용어의 진정한 의미에 있어서 법이라고 간주될 수 없다."

이와 같이 Kelsen은 국제법이 진정한 법이라면 정당한 전쟁설이 긍정되어야 한다고 보며, 또 일반국제법하에서 이 설을 실증하는 것으로서 1919년 6월 28일 베르사이유조약 제231조를 들고 있다.[86] 이 조문은 다음과 같다.

"독일 및 그의 연합국의 침략에 의하여 연합 및 동맹정부에 과하여진 전쟁의 결과 연합 및 동맹정부와 그 국민이 겪은 모든 손실 및 손해를 야기시킨 데 대한 독일 및 그의 연합국의 책임을 연합 및 동맹정부는 확인하고 독일은 그 책임을 수락한다."

Kelsen에 의하면 이 조문은 어떤 특수한 조약(예를 들면 벨기에와 룩셈부

86) *Ibid.*, pp. 38~39.

르크의 중립에 관한 조약)에 아무런 언급이 없고 독일 등의 침략행위 일반, 즉 일반국제법에 위반하여 전쟁에 호소한 것에 대하여 배상의 의무를 지운 것이며, 이것은 침략전쟁, 즉 국제법상의 정당한 이유 없이 전쟁에 호소하는 것은 불법행위라는 정당한 전쟁설을 전제로 한다는 것이다.

Guggenheim도 Kelsen과 같이 국제법을 하나의 법질서로 보려면 전쟁은 복구와 같이 제재로 간주되어야 한다는 것을 다음과 같이 말하고 있다.[87]

> "널리 퍼진 의견에 의하면 국가들은 어떠한 동기를 위하여서나 또 아무런 동기 없이도 전쟁에 호소할 수 있다는 것이다. 즉 국가들의 재량 권한은 아무런 제한을 받지 않는다는 것이다. 이 이론(무차별 이론, la théorie dite de l'indifférence)은 법질서로서의 국제법의 개념과 양립될 수 없다. 복구조치를 이루는 강제행위는 위법을 동기로 하여 호소될 경우만 허용되고, 반대로 전쟁(우리는 전쟁을 무력복구와 구별되지 않는다고 보았는데)은 법의 위반에 대한 반동이든 아니든 모든 경우에 행하여질 수 있다고 생각하는 것은 모순일 것이다. 국제법의 전 체계는 붕괴될 것이다.… (전쟁에 관한 무차별 이론에 의하면-필자 주) 그 자체에 있어 불법인 어떤 행위이든 그 행위에 호소하는 주체가 그 행위를 전쟁행위로 보면 그 행위는 합법적이 된다는 결과가 된다. 이 개념은 …문란화된 법질서를 재건할 목적도 아니며 그 법질서를 문란하게 할 불법행위도 아닌 폭력행위가 있다는 가정 위에 서 있는 것이다. (그렇다면-필자 주) 법정책적인 의미에서 결함이 있을 뿐 아니라, 국제법의 체계에 본질적인 결함이 있게 될 것이다."

그에게 있어서는 전쟁이 제재로서 합법적이 아닌 경우에는 불법행위라는 것이 위에서 인용된 Kelsen의 견해에 있어서와 같이 뚜렷하게 강조되지는 않았으나, 이 점에 있어 Kelsen과 견해를 같이 한다는 것은 위의

87) Guggenheim, II, p. 94~95.

인용을 통해 알 수 있다.[88] 또 그는 Kelsen과 같이 전쟁을 일방적 행동으로 보고 반대전쟁(contre-guerre)을 인정하는데,[89] 양자의 견해의 중요한 차이는, 이미 인용된 바와 같이 Kelsen에 의하면 전쟁이 불법이면 반대전쟁은 합법적이며 전쟁이 합법적이면 반대전쟁은 불법이며 따라서 대치하는 양 교전자가 다같이 합법적이라는 것은 배제되는 데 대하여, Guggenheim에 의하면 대치하는 양 교전자가 다 같이 합법적인 전쟁을 할 수 있다는 것이다. Guggenheim은 다음과 같이 말하고 있다.[90]

> "적어도 손상을 받은 국가는 다음과 같이 주장한다. 즉 전쟁은 주관적 권리에 입각한 주장의 집행을 목적으로 한다. 이 주장의 유효성을 판단할 수 있는 공통된 기관을 국제관습법은 인정하지 않기 때문에 각 교전자는 그의 견해에서 그가 행하는 전쟁은 정당한 전쟁이라고 생각할 수 있다. 또 전쟁선언이나 적대행위 개시 때 각 교전자는 상대방이 행한 국제불법행위에 의하여 개시된 제재에 불과할 정당한 전쟁을 행한다는 확신을 표명하는 것을 우리는 확인할 수 있다."[91]

또 그는 다음과 같이 말하고 있다.

> "…이 반대전쟁은 공격받은 국가의 견지에서 본다면 부정한 침략전쟁에 대한 반동에 불과하며, 그러므로 한편(의 교전자－필자 주) 또는 한편에 의한 폭력행위(전쟁－필자 주)는 분리하여 본다면 제재에 불과한 것이다."

다음에 우리는 Kelsen 및 Guggenheim의 이론을 검토하여 보아야 할 것이다.

---

88) Cf. *ibid.*, p. 94, note 2.
89) *Ibid.*, pp. 96~97.
90) *Ibid.*, pp. 93~94.
91) *Ibid.*, p. 97.

첫째, 양자 다같이 국제법이 하나의 법질서라면 폭력행사의 극단적 형태인 전쟁은 불법행위이거나 또 불법행위에 대한 제재여야 한다는 전제 하에서 이 전제에 맞추어 이론을 전개하고 있다. 그러나 이미 언급된 바와 같이[92] 제1차대전 때까지 수백년 동안 국가들은 어떤 공통된 규준에 따라 전쟁에 호소하느냐 않느냐를 결정한 것이 아니고, 그들의 어떠한 이익을 찾기 위하여 전쟁에 호소할 수 있다고 생각하였고 또 호소하였으며, 따라서 국제관계에 있어서 현실은 위에 언급된 전제와 현저히 유리된 것이다. 이러한 현저한 유리에도 불구하고 그 전제에 부합하도록 현실을 설명하는 결과는 현실과 유리된 이론밖에 되지 않는 것이다. 그럼에도 불구하고 법이론적으로 그 전제에 맞추어 현실이 설명될 수 있어야만 국제법의 법적 성질이 긍정된다고 보아야 할 것인가? Kelsen과 Guggenheim은 그 전제를 세움에 있어 국내법을 표준으로 하고 있다. 틀림없이 국내법에서 일반적으로 폭력행위는 불법행위가 아니면 제재이다.

그러나 국내법을 꼭 표준으로 하여 국제법상의 현실을 설명하여야 된다고 생각하는 것은 지나친 선입견에 사로잡힌 것이 아닌가? Verdross가 지적한 바와 같이[93] 국내법과 국제법은 그 모습을 달리하며 국내법이 복종법 또는 지배법이라면 국제법은 동위법인 것이다. 따라서 국내법에서는 당연하다고 생각되는 법제도가 그대로 국제법에서 실현될 수 없는 경우도 있고,[94] 강력한 법인 국내법에서 오늘날 실현되고 있는 자명한 법제도가 약한 법인 국제법에서는 아직 실현되지 못한 경우도 있다. 개별적 법구성원 사이의 폭력이 원칙적으로 금지되고, 다만 불법행위에 대한 법단체의 반동으로서만 폭력이 원칙적으로 허용되는 것은 후자의 경우에 속하는 것

---

92) 1. A 참조.

93) Verdross, VR, S. 56~59.

94) 예를 들면 국내법에서의 구별적 책임의 원칙과 그 원칙에 선 법규들은 그대로 국제법에 도입될 수는 없다.

이다. 따라서 국내법에 있어서와 같이 국제법에 있어서도 폭력행위인 전쟁은 불법행위가 아니면 제재여야 한다고 Kelsen과 Guggenheim이 생각한 것은 지나친 것이다.

둘째, Kelsen과 Guggenheim은, 정당한 전쟁설의 하나의 논거로서, 한 국가의 타국에 대한 비교적 제한된 침해에 관하여서는 국제법상 합법성의 한계가 정하여져 있고 그 한계 내의 침해인 경우에는 복구로써 허용되지만, 그 한계 밖의 침해인 경우에는 불법행위인데 대하여 한 국가의 타국에 대한 무제한한 침해인 전쟁은 국제법상 불법행위도 아니요 제재도 아니라고 생각되는 것은 모순이라는 것을 말하고 있다.

위에서와 같은 것은 Kelsen과 Guggenheim이 자랑할 수 있는 시종일관한 법논리에 비추어 볼 때 모순임에 틀림없다. 그러나 그들이 관철시키려는 시종일관하여야 할 법논리가 현실과 일치되지 않을 경우에는 그 법논리의 전개에도 불구하고 현실은 그대로 살아 있다는 것은 부인될 수 없다. 이 점에 있어 다음과 같은 Jessup의 견해[95]는 긍정되어야 할 것이다.

> "전통적 국제법이 전쟁에의 호소의 궁극의 권리는 그대로 두고 전쟁에 이르지 않는 무력의 행사의 약간의 규율을 성취시켰다. 이 명백한 모순은 놀라운 것은 아니다. 전쟁 자체에의 호소의 규율은 세계가 해결을 모색하는 궁극의 문제다. 그 도중에 어떤 정도의 적은 문제에 관한 합의를 확보하는 것이 가능하였던 것이다.…"

제1차대전이 일어났을 때 복구에 관한 합법성의 한계가 국제법상 확립되었던 것이며,[96] 이러한 한계에 비추어 구체적인 경우에 복구의 합법성 여부가 논의된 예를 우리는 볼 수 있으나,[97] 전쟁에 관하여서는 구체적

---

95) Jessup, p. 157.

96) D. II 참조.

97) 예: 1850년 돈파시피코(Don Pacifico)사건에 관련하여 영국이 취한 조치는 확실히 균형을

인 경우에 법적으로 그 합법성의 한계가 논의된 일이 없고 정·부정이 논의된 것은 윤리적 입장에서였다고 생각되어야 할 것이다.

셋째, Guggenheim에 의하면, 대치하는 일방의 교전자는 침해당한 권리의 구제를 위하여 전쟁에 호소한 것이라고 주장하고 상대방의 교전자는 전자의 부정한 침략에 대항하는 것이라고 주장하는 경우에, 일반국제법상 이러한 대립되는 주장의 시비를 결정할 기관이 없으므로 그 시비의 판단은 각 교전자에게 맡겨지며, 따라서 양 교전자 모두 적어도 주관적으로는 정당한 전쟁을 하는 것으로 생각할 수 있다는 것이다. Kunz가 말한 바와 같이 이미 고전적 정당한 전쟁설에서도 이러한 견해가 표명된 일이 있으며, 또 이 견해는 전쟁의 자유를 인정하는 것과 다를 것이 없는 것이다.

또 Kelsen은 베르사이유조약 제231조가 일반국제법상 정당한 전쟁설을 긍정하는 것으로 보고 있으나, Guggenheim에 의하면 정치적 이유로 "독일 및 그의 연합국의 침략…"이라는 문구가 사용되고 있으나 이러한 강화조약의 조문에 의하여 과하여지는 배상은 불법한 전쟁을 한 국가의 그 불법에 대한 제재가 아니고 그 조약 자체에 입각한 배상의 의무에 불과하다는 것이다.[98] 따라서 Guggenheim에 의하면 베르사이유조약 제231조는 정당한 전쟁설을 긍정하는 근거는 될 수 없다. 이 점에 관하여 실정법주의라는 점에 있어서 Kelsen 및 Guggenheim과 공통되며 투철한 국제법 이론가인 Anzilotti는 다음과 같이 말하고 있다.[99]

> "적어도 제231조가 관계되는 시기에 관하여서는, 일반적으로 승인된 원칙에 의하면, 국제법은 전쟁이유에 관하여 허용되는 전쟁과 허용되지 않는 전쟁 사이의 구별을 하지 않는다. …이러한 엄격한 법적 관점에서 본다면, 그리고 도덕적인 책임에 관한 모든 것을 논외로 한다면, 독일의 허용되지 않는

잃은 복구였다는 것이다(Redslob, p. 253. Cf. Guggenheim, II, p. 85, note 4).

98) Guggenheim, II, pp. 98~99.

99) Anzilotti, S. 403.

전쟁에 관하여서는 벨기에에 관하여서만 우리는 말할 수 있을 것이다. 이러한 원칙에서 출발하여 우리는 제231조에 순수히 도덕적 내용의 확립의 의의 및 가치만 귀속시킬 수 있을 것이다. 이 경우에 독일에 부과된 배상의무는, 그것이 전시법 위반에서 야기된 손상을 초과하는 한, 전승자가 전패자에게 요구한 일종의 전쟁배상으로 간주될 수 있을 것이다."[100]

D. 정당한 전쟁설의 검토 ― 실질적 전쟁의 지위

Ⅰ. 이미 설명된 바와 같이 20세기초의 일반국제법에 의하면 국가는 어떠한 목적관철의 수단으로서나 전쟁을 할 수 있는 자유를 가졌던 것이며, 일반국제법은 전쟁을 금지도 하지 않고 또 하나의 법제도로서 합법화도 하지 않고, 따라서 전쟁은 하나의 사실에 불과하였던 것이다. 그러므로 고전적인 정당한 전쟁설이나 더 이론적인 새로운 정당한 전쟁설이나 법학설로서는 긍정될 수 없었다.

그런데 종래 정당한 전쟁설은 오로지 정식전쟁에 관련시켜서만 검토되었으나[101] 정식전쟁의 개념과 같이 실질적 전쟁의 개념이 인정된다면 이 후자에 관하여서도 정당한 전쟁설은 검토되어야 할 것이며, 이 경우에 이 설은 법적 제도의 표명으로서 의의를 가졌다고 보아야 할 것이다.[102] 왜냐하면 복구에 관하여서는 그 합법성의 요건이 일반국제법상 확립되었으며 그 요건을 벗어나는 경우는 불법으로 간주되며, 정당방위 및 긴급피

---

100) Cf. Dahm, III, S. 269, Anm. 7.

101) 1, 주 1 참조.

102) 정식전쟁만을 전쟁개념에 포함시키는 경향이 나타나기 전(서론 1, 주 4) Baltolus(1314~1357)가 복구에 관련하여 전쟁의 정당한 이유를 취급하였고, 복구를 전쟁과 같이 보았다는 것이다(von Elbe, *op. cit.*, pp. 671~672). 또 von Elbe에 의하면 복구의 개념은 이전의 법학자들에게 보다 높은 권위를 인정하지 않는 단체들 사이의 힘의 행사를 규율하는 규칙을 제공하였다는 것이다(*Ibid.*, p. 673).

난에 관하여서는 다음 언급된 바와 같이 학설상 논의된 점도 있으며 양자가 명확히 분화되어 사용되지 않고 또 오늘까지는 자위로서 총괄되는 경향도 있으나,[103] 양자의 요건의 중요한 점에 있어서는 많은 학자들의 견해가 일치하며 국가들도 법적 제도로서 양자를 인정하므로 일반국제법상 양자의 핵심을 이루는 점은 확립되어 있다고 간주되어야 하기 때문이다.

II. 복구는 다음과 같은 조건을 충족시켜야 한다.

첫째, 복구를 받을 국가가 먼저 국제법에 반한 행동을 하였을 것.[104]

둘째, 복구에 앞서 배상의 요구가 있었고 이 요구가 거부되었을 것.[105] 따라서 직접교섭이라든가 또는 국제재판의 여지가 있는 한 복구는 허용되지 않는다고 생각되어야 할 것이다. 또 복구에 앞서 상대방의 국가에 재고의 기회를 주기 위하여 경고를 하여야 된다는 견해도 있다.[106] 또 복구 중 배상을 받게 되었을 때에는 복구는 곧 중지되어야 한다는 주장은 긍정될 수 있다.[107]

셋째, 무력의 행사는 필요한 경우에만 정당화될 수 있다는 것.[108] 더 일반적으로 복구의 목적을 달성할 수 있는 수단 중에서 상대방에게 가장 적은 피해를 줄 것이 선택되어야 한다.[109]

넷째, 복구는 복구를 야기시킨 불법행위와 현저한 불균형관계에 있어서는 아니 되는 것.[110]

---

103) 제1절 1. A. II.

104) 1914년 가을 독일과 포르투갈 사이에 일어난 나우리라사건(Naulilla Incident)에서 관련한 중재재판의 결정에서 표명된 의견(Briggs, p. 952; Cheng, p. 98).

105) 나우리라사건의 중재재판의 결정(Briggs, p. 953; Cheng, p. 98).

106) 1934년 국제법학회의 결의(Dahm, II, S. 429).

107) Verdross, VR, S. 345.

108) 나우리라사건에 있어서의 중재재판의 결정(Briggs, p. 953).

109) Dahm, II, S. 429.

110) 나우리라사건에 있어서의 중재재판(Briggs, p. 953). 이것은 다수설이라고 생각되는데(예:

다섯째, 복구는 불법행위를 받은 국가가 불법행위를 행한 국가에 대하여서만 행하여질 수 있다는 것. 물론 복구의 결과 제3국의 국민이 피해를 입을 수 있으나, 이것은 간접적이며 본의 아닌 결과로서 복구를 하는 국가는 될 수 있는 한 이것을 피하고 제한하도록 노력하여야 한다.[111]

여섯째, 복구에서 전시법의 위반은 허용되지 않는다는 것.[112] 이것은 전통적 의미에 있어서 전쟁 아닌 경우에 타당하며 전쟁시의 복구에 있어서는 이 제한은 타당하지 않다.[113]

Ⅲ. 정당방위는 다음과 같은 조건을 충족시켜야 한다.

첫째, 정당방위를 행하는 국가에 대한 방위대상인 국가로부터의 현재의 또는 급박한 권리의 침해가 있을 것.[114] 권리의 침해, 즉 불법행위가 있다는 것을 전제로 하므로 합법적인 행위(예: 복구로서의 요건을 구비한 행위)에 대하여서는 정당방위는 성립되지 않는다.[115] 그리고 현재의 무력공격에 대하여서만 정당방위를 허용하는 국제연합헌장의 규정(제51조)은 일반국제법상의 제한을 이 점에 있어 좁힌 것이다.[116]

둘째, 첫째에서 언급된 바와 같은 권리의 침해, 즉 불법행위의 모든 경우에 정당방위가 성립되는 것은 아니고 국가의 안전 및 국민의 생명에 관련된 중요한 권리의 침해에 대하여서만 정당방위는 성립될 수 있다는 것.[117] 그 중 중요한 것이 국가의 영토보전권 및 정치적 독립권에 속한 것

국제법학회의 1934년의 결의), 반대설도 있다(Strupp, I, pp. 345~346).

111) 1930년 독일과 포르투갈 사이의 사건(The Cysne)에 관한 중재재판의 결정(Cheng, p, 98). 이 규칙은 특히 전시복구에 있어 많은 위반의 예를 남기고 있다는 것이다(Dahm, II, S. 431). 여기서는 물론 전시복구는 원칙적으로 취급되지 않는다.

112) 제1절 2. A. I, 주 97 및 98.

113) Verdross, VR, S. 377~378.

114) *Ibid.*, S. 347; Bowet, p. 23.

115) *Ibid.*, p. 9.

116) 제3장 제1절 1. B. II. b.

이다.[118]

셋째, 위에서 언급된 현재의 또는 긴박한 권리의 침해를 구체적인 경우에 방지하는 데 다른 합법적이며 평화적 수단이 없다는 것.[119]

넷째, 정당방위는 위에서 언급된 현재의 또는 위급한 권리의 침해를 방지할 필요에 의하여 허용되는 행위이므로 "…그 필요에 의하여 제한되며 그 필요 속에 국한되어야" 한다는 것.[120] 정당방위는 이와 같이 하나의 방위행위이므로 그 자체가 하나의 보복적 행위인 복구와는 구별된다. 그리고 정당방위는 방위의 필요에 의하여 제한되고 그 필요 속에 국한되기 때문에, 여기서 문제되는 무력에 의한 정당방위는 대부분의 경우에 무력에 의한 공격의 경우에 허용되나 무력에 의하지 않는 권리침해의 경우에 일반국제법상 반드시 배제되지는 않는다. 그리고 비무력 대 비무력의 정당방위가 배제되는 것은 아니다.[121]

다섯째, 무력에 의한 복구에 있어서와 같이 무력에 의한 정당방위의 경우에 있어서도 전시법규위반이 있어서는 안 된다는 것.[122]

일반국제법상 정당방위를 인정하지 않으려는 학설도 있다. Guggenheim에 의하면[123] 국내법에 있어서와 같이 강제행위가 국가에 의

117) Bowet, p. 9; Cf. Cheng, pp. 94~95.

118) Bowet는 정당방위권에 의하여 보호될 수 있는 실체적이며 중요한 권리를 검토함에 있어 그 권리들을 다섯 가지로 나누었다. 즉 영토보전권, 정치적 독립권, 공해에서의 국가안전의 방위, 국민의 보호권 및 경제적 이익의 보호이다(Bowet, pp. 29~ 114). 경제적 이익의 보호를 위한 정당방위권 행사는 적어도 오늘까지는 예외적인 것으로 생각될 수 있는 것이고, 공해에서의 국가안전의 보호를 위한 정당방위도 좁고 예외적 권리로서 인정된다는 것이며, 해외에 있는 자국민의 생명 및 재산을 보호하기 위하여 국가는 정당방위권을 갖는다는 것이나, 재산에 관하여서는 그 주장의 정당성은 긍정되기 어렵다(Dahm, II, S. 425, Anm. 2).

119) Bowet, p. 23. 캐롤라인호사건에 관련한 Webster의 표현에 의하면 "…수단의 선택과 숙고의 여유를 주지 않는…"다고 표현되고 있다(제1절 1. A. II, 주 37).

120) 캐롤라인호사건에 관한 Webster 견해(주 119). Bowet, p. 23.

121) *Ibid.*, pp. 22~25.

122) II, 주 112.

123) Guggenheim, II, p. 58~59.

하여 독점되고 따라서 개개인에게 대하여 폭력이 원칙적으로 금지되고, 이 강제를 위한 국가기관이 구비되어 있는 법질서에 있어서는 정당방위는 개개인에게 예외적으로, 즉 불법강제의 모든 행위를 방지 또는 진압할 임무를 가진 국가기관이 그 임무를 수행하지 못할 때 허용되는 강제행위로서 법적으로 독자적인 의의를 가지나, 국제법에 있어서는 자력구제가 일반적으로 허용되므로 정당방위가 법적으로 독자적인 의의를 갖지 못한다는 것이다.[124] 그러나 Verdross가 지적한 바와 같이,[125] 자력구제가 원칙적으로 승인되는 법질서에 있어서도 일정한 불법사실은 직접적으로 강제적인 효과와 결부될 수 있는 데(정당방위) 대하여 그 밖의 불법사실은 간접적으로(배상의 청구와 그 거부를 거쳐) 강제적인 효과와 결부되므로(복구), 자력구제의 하나의 독특한 의의를 갖는 것으로서 정당방위의 개념은 긍정되어야 한다. 또 이 개념은 때로는 조약의 규정에 표명되었으며(예: 1907년 육전에 있어서 중립국 및 중립인의 권리 및 의무에 관한 조약 제10조, 같은 해 해전에 있어서의 중립국의 권리 · 의무에 관한 조약 제25조), 또 1928년 전쟁포기조약의 체결에 앞서 각 국가간의 통첩교환에 있어서 정당방위는 일반국제법상의 제도로서 승인되었다.[126] 그뿐 아니라 국제법원에서 소송당사국 및 법원에 의하여 반복하여 정당방위의 개념이 원용되고 있다.[127]

IV. 긴급피난에 관한 국가들의 공통된 법적 확신을 찾기 위하여 외교문서, 공적 성명 등에 표명된 바를 세심히 검토하고, 이 검토에서 얻은 바

---

124) 정당방위를 복구에 포함시키고 따라서 그 독자적 제도로서 인정하지 않으려는 견해, Strupp, I, pp. 343, 347. Cf. Kelsen, p. 60; Anzilotti, S. 395.

125) Verdross, VR, S. 347.

126) 제2장 제1절 1. B; 동 3 참조.

127) Cheng, pp. 77~97. 길게 설명된 것은 특히 캐롤라인호사건, 뉘른베르크 국제군사법원에 있어 1940년 4월 9일 독일의 노르웨이 침입사건(구체적으로 그 침입에 대한 Erich Raeder의 형사책임)인데, 전자는 긴급피난으로 설명될 수도 있으며, 후자는 그렇게 설명되는 것이 더 적절하다고 생각된다(제1절 1. A. II, 주 31, 35~ 37).

를 법질서 특히 국제법질서의 본질에 비추어 재검토한 Anzilotti는 긴급피난의 합법성의 요건으로서 다음과 같은 것을 열거하고 있다.[128]

첫째, 긴급피난을 취하는 국가의 존립에 대한 위험이 있을 것(개별적 이익은 그것이 아무리 중대하더라도 긴급피난의 이유는 되지 않는다).

둘째, 위에서 언급된 위험이 긴급피난의 행동을 취하는 국가에 의하여 야기된 것이 아닐 것.

셋째, 위의 위험이 중대하고 절박하며 다른 방도로 피할 수 없는 것.

넷째, 긴급피난행동은 절박한 위험을 제거하는 데 국한되어야 한다는 것.[129]

이 요건에 부가할 것은 무력에 의한 복구 및 정당방위에 있어서와 마찬가지로 무력에 의한 긴급피난[130]의 경우에도 전시법규는 존중되어야 한다.[131]

일반국제법상 긴급피난제도를 부인하려는 학자도 있으며,[132] 또한 긴급피난에 정당방위의 부수적 의의만을 주려는 경향도 있으며,[133] 또 Anzilotti가 지적한 바와 같이 진실로 긴급피난이 일어난 것은 드문 일이라는 것도 사실이며, 또 긴급피난을 일반적인 것으로 인정하려는 학설에 있어서도 그 요건 및 효과에 있어 반드시 학설이 일치하지 않지만,[134] 국가

128) Anzilotti, S. 400~401.

129) Cf. Cheng, p. 71.

130) 긴급피난의 요건인 국가의 존립에 대한 긴급피난의 행위가 반드시 무력적인 것을 요하지 않으나, 무력(반도 같은 개인들 또는 제3국으로부터 오는 것) 대 무력의 경우가 주로 문제가 된다는 것(Cf. Dahm, II, S. 440~441)은 의심의 여지를 남기지 않는다.

131) II. 주 112.

132) De Visscher, Strisower, Borsi, Caraglieri(Anzilotti, S. 397에서 재인용). Guggenheim도 같은 주장을 한다(Guggenheim, II, pp. 60~63). Cf. Dahm, II, S. 438~444.

133) Bowet, p. 10.

134) Anzilotti에게 있어서는 국가의 존립이 위태로운 것이 그 하나의 요건이나(같은 견해: Redslob, p. 249; Cheng, pp. 71, 74; Heydte, S. 314), 그렇게 엄격하게 제한하지 않는 학설도 있다(Ross, p. 248; Strupp, I, p. 343). 긴급피난을 위법성 조각사유로 보는 견해가 있는가 하면(Anzilotti, S. 400. Cf. Dahm, II, S. 444, Anm. 28), 책임조각사유로 보는 견해도

들은 해당되는 요건이 있다고 생각되는 경우에는 어느 때나 긴급피난을 원용하며,135) 그 원용되는 주장에서 공통된 표지를 찾아 그 개념이 형성될 수 있으므로 일반국제법상 긴급피난의 개념을 부인하려는 것은 적당하지 않다.136)

V. 우리가 전통적인 편협한 전쟁개념에서 벗어나서 여러 가지 명칭하에서 행하여지는 국가간의 무력행사를 망라하는 포괄적인 전쟁개념을 취한다면, 위에서 설명된 바와 같이 실질적 전쟁에 있어서는 이미 일반국제법상 정당한 전쟁이론이 구현된 것이다. 국제법도 다른 법질서와 마찬가지로 그가 규율하는 국제단체의 평온, 안녕 및 질서를 유지할 것을 그 사명으로 하는 한, 그 단체의 평화를 가장 노골적으로 파괴할 전쟁을 제한하려는 것은 당연한 일이다. 그러나 국제단체는 조직되지 않았기 때문에 그 단체의 구성원인 국가들이 중대한 이해관계를 내걸고 때로는 생사를 걸고 싸우는 전쟁(정식전쟁)의 자유에는 제한을 가할 단계에 이르지 못하였던 국제법이 보통 정식전쟁보다 소규모인 실질전쟁에는 제한을 가하며 정당한 이유가 있는 경우에만 이를 허용하였던 것이다.137)

있다(Verdross, VR, S. 332). 또 긴급피난에 배상의무를 인정하는 견해(*Ibid.*, S. 332~333; Heydte, S. 314; Ross, p. 248; Redslob, pp. 251~252; Dahm, II, S. 444)와 그 의무를 인정하지 않는 견해가 있다(Strupp, I, p. 342; Anzilotti, S. 401; Bowet, p. 174). 이러한 점에는 여기서 상세히 언급될 수 없으나, 긴급피난은 책임조각사유이고 또 배상의무를 수반하는 것으로 우리는 본다. 다음과 같이 긴급피난에 의하여 위험에서 면할 이익에 대하여 긴급피난에 의하여 침해될 이익이 비중으로 보아 문제되지 않는다는 것을 긴급피난의 하나의 요건으로 드는 학자도 있다(Dahm, II, S. 444).

135) Anzilotti, S. 397.

136) 긴급피난의 예 중 많이 인용된 것으로 네프튄호사건(1795년)(Cheng, pp. 70ff.), 1807년 영국이 덴마크함대를 압수한 것(Oppenheim-Lauterpacht, II, pp. 299~300), 캐롤라인호사건 및 독일의 노르웨이침입(II, 주 127)이 있다. 또 최근의 예로서는 1958년 프랑스가 튀니지 영역에 무력으로써 공격한 것인데, 이 경우에 튀니지가 알제리반도에게 그 영역의 이용을 허용한 것이라면(프랑스는 그렇게 생각하였다) 이는 긴급피난보다는 정당방위로 생각되는 것이다(Cf. Dahm, II, S. 442, Anm. 20).

실질적 전쟁에 관하여서는 이미 일반국제법상 그 합법성의 요건이 확립되었다고 하지만, 실제에 있어 무력에 의한 복구는 정치적 편의주의에 의하여 좌우되었으며 복구는 주로 강한 국가의 약한 국가에 대한 무기였으며 반대로 약자는 강자에게 대하여 복구에 호소할 수 없었던 것이 아닌가?[138] 복구에 이러한 정치적 성격이 따를 수 있다는 것과 또 복구가 과거에 남용되었다는 것은 부인될 수 없다. 그러나 그것으로써 복구의 법적 제도로서의 의의는 부인될 수 없는 것이다. 복구가 누누이 남용되었다 하더라도 되풀이되는 국가간의 문제에 있어 복구의 합법성 요건에 관한 국가들의 일치하는 법적 확신이 표명되고 있을 때에는 법제도로서의 복구는 의심될 수 없다. 이것은 정당방위와 긴급피난에 관하여서도 타당하다.

---

137) C. 주 95 참조.

138) De Visscher, pp. 360~361.

제 2 장

국제연맹규약 및 전쟁포기조약과 전쟁

제1절 국제연맹규약 및 전쟁포기 조약에 있어서의 전쟁의 금지와 전쟁의 개념

제2절 국제연맹의 집단적 안전보장제도에 의한 강제조치–전쟁금지의 실효성에의 영향 가능성과 실질적 전쟁규범의 확대 가능성

제3절 전쟁의 범죄성

제 1 절

국제연맹규약 및 전쟁포기조약에 있어서의 전쟁의 금지와 전쟁의 개념

1. 금지된 전쟁

A. 국제연맹규약 (The Covenant of the League of Nations)

적어도 제1차대전시까지는 국가들이 정식전쟁에 호소할 자유를 가졌고 다만 복구 같은 실질적 전쟁에 있어서만 일정한 법적 요건의 제한을 받았다. 그러나 그때까지의 미증유의 대전을 겪고 인류는 평화의 존귀함을 보다 절실하게 느꼈고, 전쟁을 방지하고 평화를 유지시킬 새로운 질서를 세우려는 노력은 국제연맹이란 조직된 국제기구의 성립으로 결실하였고, 이 연맹은 국제평화 및 안전의 유지를 주된 목적으로 하였으며 그 규약은 종래 국가들의 자유에 맡겨진 일부 전쟁을 금지하게 되었다. 일찍이 영구평화를 지향한 Kant에 의하면 영구평화에의 노력은 이성의 요청일 뿐 아니라, 이 목표에의 접근은 또한 인간의 의사에 반하여서도 또한 점차적 발전에 의하여 초래된다는 것이며, 그 이유는 전쟁에 의하여 야기된 일반적

궁핍 및 힘의 탕진은 결국 다음과 같은 것을 하도록 강제하기 때문이라는 것이다. 즉 그것은 "그러한 많은 슬픈 경험 없이 이성이 인간들에게 말할 수 있었던 것, 즉 야만적인 것에서 벗어나서 국가연합 속에 들어가는 것"인데, "그 연합 속에서는 모든 국가(가장 작은 국가까지도)는 그 안전 및 권리를 그 자체의 힘 또는 그 자체의 법적 판단에서 기대할 수 있는 것이 아니고 다만 이 커다란 국가연합으로부터… 기대할 수 있는 것이다."[1] 세계평화를 위하여 국제조직을 세워야 한다는 사상은 오랜 전통을 가지고 있으나[2] 국제연맹 탄생의 직접적인 동기를 이룬 것은 제1차대전이었다는 데에 의심의 여지가 없다. 그러나 국제연맹규약에 의하여 모든 전쟁이 금지되었던 것은 아니다. 전쟁의 자유를 가졌던 주권국가의 병존이란 국제기구의 기본적 구조는 규약에 의하여 아무런 변화를 이루지 않았던 것은 말할 것도 없고, 또 그것에 의하여 강력한 집단적 안전보장기구도 설치되지 않았으므로 국제조약에 있어 전쟁의 지위의 급격한 폐출은 기도될 수 없었던 것이다. 국제연맹규약에 의하면 다음과 같은 전쟁[3]이 금지된다.

첫째, 회원국들 사이에 국교단절에 이를 우려가 있는 분쟁이 일어났을 때 그 분쟁을 중재재판, 사법적 해결 또는 이사회에 그 해결을 부탁하지 않고 전쟁에 호소하는 것은 금지된다(규약 제12조 1항).

둘째, 위에서와 같은 분쟁의 해결의 부탁후, 중재법관의 판결, 사법적 결정 또는 이사회의 보고가 있은 다음 3개월이 경과할 때까지 전쟁에 호소하여서는 안 된다(규약 제12조 1항).[4]

---

1) Idee zu einer allgemeinen Geschichte in weltbürgerlicher Absicht(1784), 7. Satz (Verdross, VR, S. 28~29에서 재인용).
2) Schlohauer; Verdross, VR, S. 25~29; Dahm, II, S. 139~140.
3) 이 전쟁의 개념에 관해서는 다음(2. A)에 취급될 것이다.
4) 이렇게 전쟁에의 호소를 지체시킨 것은 전쟁열을 냉각시키기(cooling off) 위한 것이며 그 정신은 1913년 이래 미국이 타국들과 체결한 브리앙(Bryan)조약에서 온것이다(Verdross, VR, S. 336).

셋째, 부탁된 분쟁에 관하여 중재법관의 판결 또는 사법적 결정이 내려졌을 때 그 판결 또는 결정에 복종하는 회원국에 대하여서나, 부탁된 분쟁에 관하여 이사회의 전원일치(분쟁당사국의 대표를 제외한)의 보고(총회에 부탁되었을 때에는 분쟁당사국을 제외하고 이사회에 대표를 낸 모든 회원국 및 그 밖의 회원국의 과반수의 대표에 의하여 합의된 총회의 보고가 이사회의 전원일치의 보고에 해당)의 권고에 따르는 회원국에 대하여 전쟁에 호소하여서는 아니 된다(규약 제13조 4항, 제15조 6 및 10항).

넷째, 회원국의 영토보전 및 정치적 독립은 존중되어야 하므로 어떤 회원국의 영역을 탈취하기 위한 또는 타국을 속국으로 만들기 위한 전쟁은 금지된다(규약 제10조).[5)]

규약에서 허용되었거나 명문으로 금지되지 않은 전쟁은 다음과 같다.

첫째, 이사회가 전원일치의 보고를 하지 못하였을 때(총회가 분쟁을 취급하는 경우에는 위에서 언급된 바와 같이 이사회의 전원일치의 보고에 해당한 것을 하지 못하였을 때), 회원국은 권리 및 정의를 유지하기 위하여 필요한 행동을 취할 수 있으며 따라서 보고후 3개월이 지나면 전쟁에 호소할 수 있다(제15조 7항).

둘째, 이사회 또는 총회가 분쟁의 부탁을 받은 후 6개월 이내에 보고를 하지 아니하는 경우에는 어느 분쟁당사국이나 전쟁에 호소할 수 있다(규약 제12조 2항 참조). 분쟁이 어떤 당사국의 국내사항이기 때문에 보고를 하지 않는 경우도 여기에 포함된다(제15조 8항).

---

5) 제10조의 "회원국의 영토보전과 현재의 정치적 독립을 존중하고… 보존할 것을 약속한다"라는 규정과, 뒤에 언급될 규약 제15조 7항 사이의 모순의 가능성도 있다. 그러나 그렇지 않도록 해석하는 것, 즉 제15조 7항에 허용되는 전쟁은 제10조에 규정된 바와 같은 영토보전 및 정치적 독립을 침해하지 않는다는 것도 가능하다(M. Walclaw Komarnicki, La Définition de L'Agresseur dans le Droit International Moderne, RC, 1949, II, p. 22). 이 규정은 전체적으로(제2장 1 참조) 미래의 의도에서 벗어나서 그다지 중요성을 갖지 못하였다(*Ibid.*, pp. 20~21; Eagleton, pp. 241~242; Dahm, II, S. 338~339).

셋째, 이사회의 전원일치의 보고에 어느 분쟁당사국도 따르지 않을 때에는 어느 당사국이나 보고후 3개월이 지나면 전쟁에 호소할 수 있으며, 어느 일방의 당사국만이 이사회의 보고에 따르지 않을 때에도 보고후 3개월이 지나면 다른 당사국은 전자에 대하여 전쟁에 호소할 수 있다.

넷째, 적당한 기간 내에 중재법관의 판결 또는 사법적 결정이 내려지지 않을 때 양 당사국 어느 편이나 전쟁에 호소할 수 있다(규약 제12조 2항 참조).

다섯째, 분쟁의 어느 한편의 당사국이 판결이나 결정에 따르지 않을 때 다른 당사국은 판결 또는 결정후 3개월이 지나면 전자에 대하여 전쟁에 호소할 수 있다.[6]

여섯째, 위에서 금지된 전쟁에 먼저 호소한 회원국에 대하여서는 모든 다른 회원국은 이사회의 결의로 무력에 호소할 수 있다(제16조 2항, 이것은 제재로서의 성격을 갖는다). 그뿐 아니라 금지된 전쟁에 호소한 회원국에 대하여 타 회원국은 개별적으로 전쟁을 할 수 있다.

일곱째, 자위로써 취하여지는 무력행사[7]는 허용된다.

여덟째, 비회원국 상호간에 있어서는 규약에 의한 전쟁금지는 그대로는 적용되지 않는다. 그들 사이에 분쟁이 생겼을 때에도 그 분쟁의 해결에 관하여 회원국의 의무를 수락하도록 이사회에 의하여 권유되며 그들이 이 권유에 따를 때에는 그들에 대하여서도 그 규약의 전쟁금지 및 제재의 규정이 이사회의 수정에 따라 적용된다. 그러나 그들이 이사회의 위에서의 권유에 따르지 않을 때에는 이사회는 적대행위를 방지하고 분쟁의 해결에 이르는 조치를 취할 수 있으며 권고를 할 수 있을 뿐이다. 회원국과 비회

6) 규약 제13조 4항 참조.

7) 자위로서의 전쟁이라는 것은 이미 언급된 바와 같이(제1장 제1절 1. A. II) 전쟁의 시작에 관련된 것으로서만 법적 의의를 가질 수 있는 것인데, 먼저 공격을 받아 자위로써의 행동의 결과 전쟁이 성립되면 실제에 있어 한편이 타도되는 데까지 이를 수 있는 것이나, 이러한 경우에도 일반적으로 자위전쟁이란 말이 사용되고 있다.

원국 사이의 분쟁에 있어서도 이사회는 비회원국에 대하여 위에서와 같은 권유를 하여야 되는데 비회원국이 이를 거부하고 회원국에 대하여 전쟁에 호소하였을 때에는 규약에 의한 제재를 받게 된다(규약 제17조). 따라서 비회원국과의 관계에 있어서 회원국도 대개 다른 회원국과의 관계에 있어서와 같이 전쟁에 호소하지 않을 의무를 진다고 생각될 것이다.

B. 전쟁포기조약

프랑스의 외무장관 브리앙(Aristide Briand)과 미국의 국무장관 켈로그(Frank Kellogg)가 주동이 되어 1928년 8월 27일 체결된 전쟁포기조약(The General Treaty of the Renunciation of War)[8]에 의하면 "체약국은 국제분쟁해결을 위하여 전쟁에 호소함을 불법으로 보며 또 그 상호간의 관계에 있어 국가정책의 수단으로서의 전쟁을 포기할 것을 각자의 인민의 이름으로 엄숙히 선언한다"는 것이다(제1조). 동조약 제2조는 다음과 같다. "체약국은 그들 사이에 일어나는 모든 분쟁 또는 충돌은 그 성질 또는 기인의 여하를 불문하고 평화적 수단에 의하지 않고는 그 처리 또는 해결을 구하지 않을 것을 약속한다." 그리고 전문에는 다음과 같은 규정이 있다. "앞으로 전쟁에 호소하여 그 국가이익을 증진하려는 어떠한 서명국에도 이 조약에 의하여 제공된 이익이 거부될 것이다."

---

8) 국제연맹규약 뒤에 전쟁의 지위를 제한하려는 여러 가지 시도가 있었다(2. C). 특히 미국에서는 19세기 이래 활발하였던 평화 및 전쟁배제행동이 제1차대전후 여론에 영향을 주었는데, 대전후 자국의 안전유지에 특히 관심을 가졌던 프랑스는 미국의 여론에 비추어 양국 사이에 전쟁을 금지하는 조약을 체결하려고 하였던 것이다. 이에 대하여 미국은 2개국 조약보다 강대국을 포함한 다수국 조약을 체결할 것을 제의하였고 양국과 그 밖의 국가들 사이의 교섭의 결과 전쟁포기조약이 성립되게 된 것이다(Dahm, II, S. 347~348 ; Oppenheim-Lauterpacht, II, pp. 180~181). 이 조약은 처음에는 15개국에 의하여 서명되었으나 그 후 체약국은 60여국에 달하게 되었다. 이 조약은 켈로그조약, 브리앙조약, 켈로그-브리앙조약 또는 파리조약으로도 불려지며 우리말로서는 부전조약이라고도 불린다.

이 조약에 의하면 종래 전쟁의 대부분을 차지하였고 장래에도 그러할 전쟁이 일반적으로 금지된 것이다. 그러나 이 조약에 의하더라도 모든 전쟁이 금지된 것은 아니다. 다음과 같은 것은 허용된다.[9)]

첫째, 국제연맹규약 제16조 2항에 의하여 먼저 불법으로 전쟁에 호소한 국가에 대하여 이사회의 권고로 행하는 무력행사 같은 것은 허용된다. 이러한 무력행사는 국가정책의 수단으로서의 전쟁이 아니고 국제안전보장정책으로서의 조치이다.[10)]

둘째, 이 조약에 위반하여 전쟁에 먼저 호소한 체약국에 대하여서는 어떤 다른 체약국이나 전쟁을 할 수 있다(조약 전문).

셋째, 자위의 수단으로써의 무력행사는 허용된다. 이 조약체결에 앞서 국가들 사이의 의견의 교환에서 자위는 이 조약에 불구하고 인정될 것으로 간주되었다. 다음과 같은 1928년 6월 23일부로 켈로그의 통첩의 내용은 체약국들의 일치된 의견을 표명한 것이다.

"모든 국가는 어느 때나 그리고 조약규정에 불구하고 공격 또는 침입에 대하여 그 영역을 방위할 자유를 갖는다. 그리고 그 국가가 자위를 위한 전쟁[11)]에의 호소를 요구하는지 않는지를 결정할 권한을 갖는지 여부는 그 국가만의 사정에 의한다."[12)]

넷째, 비체약국 상호간, 비체약국과 체약국 사이에서는 이 조약에 의한 전쟁의 금지는 적용되지 않는다.[13)]

따라서 이 조약은 규약에서 허용된 일부 전쟁을 금지함으로써[14)](규약

---

9) Oppenheim-Lauterpacht, II, pp. 182~183.
10) 다른 견해: Berber, II, S. 38.
11) A, 주 7 참조.
12) Bowet, p. 135.
13) 비체약국에 이 조약의 내용이 타당하지 않는 것은(예: 1933년 파라과이가 볼리비아에 대하여 선전한 것은 볼리비아가 체약국이 아니기 때문에 이 조약위반은 아니다. Oppenheim-Lauterpacht, II, p. 183, note 2) 오늘에 있어서도 타당하지만, 이 조약의 내용은 오늘에 와서는 이미 관습법으로서 보편적 효력을 갖는다.

에서 위에서와 같이 허용된 전쟁의 첫째~다섯째 것은 이 조약에서 금지된다) 적어도 조문상으로는 전쟁지위의 제한에 획기적인 것이라고 생각된다.[15]

그런데 규약에 있어서는 금지된 전쟁과 허용된 전쟁은 주로 형식적 절차의 요구의 위반 여부에 의하여 결정되고, 이 조약에서는 국가정책 수단으로서의 전쟁이 일반적으로 금지되고 있으므로, 전쟁이유의 정 · 부정에 의하여 정당한 전쟁과 부정한 전쟁을 구별한 고전적인 정당한 전쟁설이 이 양 조약에 의하여 재현되었다고는 생각할 수 없다고 Kunz는 말하고 있다.[16]

2. 금지된 전쟁의 범위와 전쟁개념—실질적 전쟁개념 인정

A. 국제연맹규약

위에서 설명된 바와 같이 규약의 규정에는 '전쟁' 만을 금지하고 그 밖에 무력행사의 금지에 관해서는 아무런 규정이 없다. 그러면 종래의 지배적인 견해에 따라 전쟁, 즉 정식전쟁만이 규약에 의하여 금지되느냐 하는 문제가 생각될 수 있을 뿐 아니라 실제문제에 관련하여 규약에 의하여 복구 같은 실질적 전쟁도 금지되는 것이 아닌가 하는 점이 많이 논의되었던 것이다. 그런데 이 문제는 말할 것도 없이 규약에 나오는 전쟁이란 용

---

14) 프랑스는 이 조약하에서도 규약에 의한 권리 및 의무를 명문으로써 유보하려고 하였으나 조약문에 나타난 바에 의하면 이것은 쓸데없는 것이다(Bowet, pp. 132~134. Cf. Strupp, II, p. 501).

15) 이 조약체결후 규약을 전자에 조화시키려는 기도가 행하여졌다. 1930년 이사회에 의하여 임명된 1위원회의 제안은 주로 규약에 의하여 회원국에 허용된 전쟁의 자유를 제한한 것이었다. 그러나 이 제한이 회원국들에 의하여 받아들여지지 않았다(Oppenheim-Lauterpacht, II, p. 194, note 1).

16) Josef L. Kunz, Bellum Justum and Bellum Legale, AJ, 1951, pp. 532~533.

어의 해석에 귀착될 수도 있는 것이다. 유력한 학설에 의하면 규약의 전쟁이란 말은 전통적인 의미에서의 전쟁(정식전쟁)만을 의미하며 복구 같은 것(실질적 전쟁)을 포함하지 않는다는 것이다.[17] 그런데 또 한편에 있어 많은 학자들은 규약에 의하여 무력복구도 금지된다고 보고 있다.[18]

복구 같은 실질적 전쟁도 규약에 의하여 금지되어야 할 것인가 하는 문제는 1923년 이탈리아와 그리스 사이의 Corfu섬 포격 및 점령사건을 계기로 하여 특히 논의된 것인데, 그 전에 이사회에 의하여 설치된 국제봉쇄위원회[19]의 다음과 같은 두 가지 의견은 주목을 끈다.[20] 이 위원회의 1921년 8월 이사회에의 보고에는 다음과 같은 내용이 있다.

> "규약의 문구에 의하면 규약 제12조, 제13조 및 제15조의 규정에 위반하여 연맹의 어떤 회원국에 전쟁에 호소한 국가, 즉 그 회원국에 대하여 무력행동을 한 국가는 연맹의 모든 회원국에 대하여 전쟁행위를 한 것으로 간주된다."[21]

그 후 그에 대한 설문[22]의 답변(이것은 동년 10월 4일 총회에 의하여 채택되

17) E.g. Dahm, II, S. 339; Guggenheim, VB, S. 109; Widmer, S. 42.

18) De Visscher, p. 361(주 38 참조). Eagleton은 몇몇 학자의 견해를 인용하고 당해국가에 의하여 전쟁이라고 불려지지 않는 강제조치가 규약하에서 불법이라는 입장의 지지에 있어 학설이 거의 일치된 것 같다는 것이다(Eagleton, pp. 248~250). 또 Eagleton의 인용한 바에 의하면 규약 및 전쟁포기조약의 원안들은 전쟁이란 말을 사용하지 않고 더 넓은 용어를 취하였다는 것이다(*Ibid.*, p. 285. Cf. Kotzsch, pp. 169~170).

19) 이 위원회는 일반적으로 규약 제16조 적용을 심의할 임무를 가졌던 것이다. 특히 봉쇄에 관한 그 위원회의 임무는 다음과 같다. "첫째의 문제는 경제봉쇄가 전쟁조치냐 아니냐 하는 것이다. 제16조의 의미에 있어 규약의 위반은 전쟁행위를 구성한다고 간주된다. 그러나 이 전쟁행위가 실제에 전쟁상태를 이룬다는 것은 규정되어 있지 않다. 봉쇄가 전쟁조치라고 생각된다면 봉쇄에 관한 국제법은 적용되어야 할 것인가"(Kotzsch, p. 156. Cf. Eagleton, pp. 242ff.).

20) Kotzsch., p. 157.

21) 다음과 같은 규약 제16조 1항이 적용될 것이라는 의미이다. "제12조, 제13조 또는 제15조를 무시하고 전쟁에 호소한 회원국은 당연히 다른 모든 회원국에 대하여 전쟁행위를 한 것으로 간주된다."

었다)에서는 위원회는 다음과 같이 말하고 있다.

> "규약을 위반하는 국가의 일방적 행위는 전쟁상태를 가져오지 않는다. 그것은 다만 규약위반의 국가와 전쟁상태에 있다는 것을 선언할 권한을 다른 회원국에 주는 것이다. 그러나 국제연맹은 적어도 처음에는 전쟁을 피하고 경제적 압력에 의하여 평화를 회복하도록 기도하는 것이 규약의 정신에 부합하는 것이다."

첫째 의견에 있어서는 전쟁의 성립에 관하여 객관적 표준이 취하여진 데 대하여 둘째 의견에서는 주관적 표준이 취하여졌고[23] 또 둘째 의견에서는 전쟁상태설(따라서 정식전쟁의 개념) 및 상호성이 강조되고 있으나,[24] 두 가지 의견에서 다 같이 무력복구도 규약에 의하여 금지된다는 것과 무력복구 같은 실제적 전쟁도 규약에서 금지된 전쟁에 포함된다는 것이 긍정되고 있다. 이것은 첫째의 의견에서는 명백히 표명되었으므로 다시 설명됨을 요하지 않지만 경제봉쇄[25] 같은 일방적 행위(평시봉쇄를 의미)도 규약에 위반한다는 것이 둘째 의견에서도 표명되었는데 이 규약위반이라는 것은 제12조, 제13조 및 제15조에 위반하여 '전쟁'에 호소하였다는 것을 의미한다.

위에 언급된 이탈리아 및 그리스 사이에 Corfu섬 포격 및 점령사건[26]을 이사회에 부탁함에 있어 그리스정부는 규약 제12조 및 제15조를 원용하였으며, 이탈리아의 대표는 다음과 같은 견해를 표명하였던 것이다.[27]

---

22) 주 19 참조.

23) Cf. Kotzsch, pp. 157~158

24) 전쟁행위란 말에 대해서도 두 가지 의견은 상이한 의의를 준 것으로 해석된다(제1장 제1절 2. A. I, 주 88).

25) 주 19 참조.

26) Briggs, p. 960.

27) *Ibid.*, p. 961.

> "…처음부터 이탈리아정부는 Corfu섬의 점령은 다만 일시적이며, 이탈리아 정부가 그리스에 요구하였으며 후자가 그 당시 동의하지 않은 배상을 확보하기 위한 담보의 평화적 수단을 이룰 뿐이라는 성명을 하였다는 것이 사태의 진상이다. 국제연맹규약이 억압의 이러한 평화적 수단을 금지한다는 것은 생각될 수 없다. 이러한 수단은 규약의 어떤 조문에 의하여서도 금지되지 않는다. 규약의 전문에는 국제법의 원칙이 명백히 승인되었다는 것을 나는 부언하고자 한다. 이러한 원칙 중에는 보장의 수단으로서의 평화적 복구 및 점령의 권리가 있다. 그러므로 어떤 전쟁행위도 어떤 국제법의 위반도 행하여지지 않았다."

그러나 영국의 대표는 이사회에서 15명을 살해한 포격의 평화적 성격에 의문을 표명하고 그러한 행동이 어떻게 전쟁행위에서 구별될 수 있는가가 이해하기 곤란하다고 말하였으며, 스웨덴 대표는 Corfu섬의 점령은 규약의 원칙 및 국가들이 엄숙히 수락한 의무에 반하며 규약의 서명 전에 국가에 허용된 것과 대다수 국가가 규약에 가입한 현재에 허용된 것 사이에는 차이가 있다는 것을 표명하였다.[28)]

이 사건에 관련된 법적 문제를 이사회에 의하여 상설국제사법법원에 부탁하도록 하려던 영국 및 스웨덴 대표 등의 기도는 좌절되고 이 사건에 일어난 다섯 가지 문제는 6명으로 구성되는 법학자특별위원회에 이사회에 의하여 부탁되었다. 그 중 다음과 같은[29)] 넷째가 여기에 취급되는 문제에 관련된다. "전쟁행위를 구성하도록 의도되지 않는 강제조치가 규약 제12조에 규정된 절차에 먼저 부탁되기 전에 국제연맹의 한 회원국에 의하여 다른 어떤 회원국에 대하여 취하여졌을 때에 위에서 말한 조문과 양립할 것인가?" 이에 대한 위원회의 답변은 다음과 같다.[30)]

---

28) *Ibid.*, p. 961; Eagleton, pp. 246~247.

29) Briggs, pp. 961~962.

30) *Ibid.*

"전쟁행위를 구성하도록 의도되지 않은 강제조치는 규약 제12조 내지 제15조와 양립할 수도 있고 양립하지 않을 수도 있다. 그리고 분쟁이 부탁되었을 때 그 사건의 모든 사정과 채택된 조치를 정당히 고려하여 그러한 조치를 유지 또는 철수시킬 것인가를 곧 결정하는 것은 이사회의 임무이다."

위원회의 이 답변은 이사회에 의하여 채택되었으나 그 내용은 모호한 것이 틀림없다. 이러한 답변이 나오게 된 것은 첫째, 국가들이 전쟁이냐 아니냐의 문제에 있어 명문으로써 법적 개념을 밝히는 것을 싫어하였으며, 둘째로 관계국가들(위원회 소속 위원국, 우루과이, 프랑스, 네덜란드, 스웨덴, 벨기에 및 일본)이 이 사건에 있어 그들의 정치적 입장을 달리하였기 때문이라고 생각된다.[31] 이 위원회의 답변은 두 가지 부분(강제조치가 규약 제12조 내지 제15조에 위반할 수도 있고 위반하지 않을 수도 있다는 것과, 이사회가 그 강제조치의 유지 또는 철수를 건의하여야 된다는 것)으로 나누어지는데, 여기서 문제된 점에 관한 모호성은 첫 부분에 있어서이다.[32] 어떠한 강제조치가 규약의 규정과 양립하지 않을 것인지 아무런 표준이 세워지지 않았으며 따라서 여기에 비판이 없을 수 없는 것이다.

스웨덴 대표는 연맹 회원국에 관하여 어떤 강제조치가 합법적인지 지적되지 않은 데 대하여 유감의 뜻을 표명하고, 스웨덴정부는 "넷째 문제에 지시된 사정에 있어 무력행사는 규약과 양립하지 않는다는 의견을 계속하여 갖는다"고 말하였다.[33] 또 우루과이 대표는 "…법적 · 경제적 및 재정적 성격의 복구는 제외하고, 한 국가의 어떤 다른 국가에 대한 어떤 다른 힘의 행사는 그 조치를 적용하는 국가가 그것에 주는 성질이 고려될 것 없이 배제되어야 한다고 생각할 이유가 있다"고 말하였다.[34] 또 총회도 위원

31) Kotzsch, pp. 159~160.
32) 둘째 부분의 의의에 관한 설명, *Ibid.*, pp. 160~161.
33) Briggs, p. 962.

회의 답변에 불만을 표명하였다. 회원국에 대하여 위원회의 답변에 대한 의견을 요구한 바 답변한 21개국 중 11개국은 아무런 논평을 가하지 않고 나머지 10개국(전부 약소국)은 강제조치 채택에 관한 위원회의 답변에 관하여 불만 또는 불확실성을 표명하였다.[35]

전쟁(정식전쟁)을 의도하지 않는 어떤 강제조치가 규약과 양립하지 않느냐에 관한 여러 가지 설이 주장되었으나,[36] 그 중 비교적 명확한 것으로서 위에 인용된 우루과이 대표(Alberto Guani) 견해[37]와 이론적으로 투철한 De Visscher의 견해를 들 수 있다.[38] De Visscher의 견해를 Briggs는 다음과 같이 요약하고 있다. 첫째, 모든 무력복구는 규약의 정신과 양립하지 않는다. 과거에 무력복구가 어느 정도 법적으로 정당화된 것은 국제분쟁의 평화적 해결수단이 적당히 발전되지 못하였던 것과 국가가 전쟁에 호소할 절대적 권리를 가졌던 때문인데 이러한 정당화의 이유는 규약하에서는 없어진 것이다(넷째 참조). 둘째, 이러한 복구는 중재재판, 사법적 해결 또는 이사회에 의한 조정기간중의 회원국에 과하여진 평화모라토리엄(pacific moratorium)과 양립하지 않는다. 셋째, 그뿐 아니라 이러한 복구는 국교단절에 이를 성질을 갖기 때문에 규약 제12조의 조문과 양립하지 않는다. 제12조 및 제15조에 사용된 국교단절이란 말은 "전쟁" 또는 "전쟁의 위협"이란 말보다 넓은 의미를 갖는 것으로 생각된다. 이리하여 연맹

34) *Ibid.*

35) *Ibid.*

36) Schuman 등(Schuman; Schücking-Wehberg; Politis; V. Bardelehen; Strupp; Salandra)의 견해와 이에 대한 Widmer의 비판: Widmer, pp. 40~42.

37) 그는 다시 그가 예외로 인정하는 것을 제외하고는 모든 강제행동은 육군력 또는 해군력에의 호소를 의미하며 따라서 전쟁행위를 의미하고 이것은 규약 제12조 내지 제14조와 양립하지 않는다는 것이다(Briggs, p. 962).

38) Charles de Visscher, L' Interpretation du Pacte au Lendemain du Différend Italo-Grec, Revue de Droit International et de Législation Comparée, V(1924), pp. 213~230, 377~396(Briggs, pp. 962~963에서 재인용). Cf. Brierly, The Basis of Obligation, pp. 237~238.

회원국이 평화적 해결의 절차에 부탁하기 전에 무력행사를 하는 것은, 그것이 "전쟁에의 호소"(제16조)를 이룬다는 것이 증명될 필요가 없이, 규약에 위반한다고 주장될 수 있다는 것이다. 넷째, 무력행사를 위하여 전에 주장된 정당화는 연맹 회원국에 이미 타당하지 않다. 회원국들이 그들의 권리를 집행하기 위하여 전쟁에 호소할 이전의 절대적인 권리는 평화적 절차에 미리 부탁할 것을 요구하는 규약에 의하여 제한된다. 전쟁에 호소할 절대적인 권리의 이러한 상실과 동시에 복구는 그 대체물보다 더 평화적이란 정당화는 없어진다. 왜냐하면 대체물은 이미 전쟁이 아니기 때문이다.[39]

이와 같은 De Visscher의 견해에 반대하는 유력한 설이 있다는 것은 이미 언급되었는데, Corfu섬 포격 및 점령사건 이후 연맹의 관행은 De Visscher의 견해를 지지한 것 같다고 Briggs는 말하고 있으며 이것을 증명하는 예로서 그는 다음과 같은 것을 들고 있다.[40]

첫째, 1925년 10월에 그리스군이 불가리아에 침입하고 후자는 무저항의 태도를 취한 사건[41]에 있어, 이사회에서 임명된 사실심사위원회는 그리스는 그 병력으로써 불가리아 영역 일부를 점령함으로써 연맹규약을 위반하였다고 판단하였다. 동년 12월 7일 이사회에서 그리스는 침략 또는 전쟁의도는 없다는 그리스 대표의 선언에도 불구하고 동월 14일 이사회에 의하여 채택된 보고에는 다음과 같은 구절이 포함되고 있다.

> "충분한 이유 없이 영역이 침범되었을 경우에는, 그 사건 때 그 침범행위를 하는 국가가 사정상 그 행동을 정당하다고 믿는다 할지라도 배상의 의무가 있다는 넓은 원칙을 지지하는 우리의 견해에 모든 회원국이 따를 것이라

39) De Visscher와 비슷한 또 그에 반대하는 견해: Briggs, p. 936. Cf. Brierly, The Basis of Obligation, pp. 238~241.

40) Briggs, pp. 963~964.

41) Kotzsch, pp. 182~183.

고 우리는 믿는다."[42]

둘째, 볼리비아와 파라과이 사이에 챠코(Chaco)지방의 쟁탈에서 일어난 1932년, 1935년의 양국의 무력적인 충돌[43]은 파라과이가 볼리비아에 선전포고하였으므로 1933년 5월 10일 정식전쟁으로 진전하였으나, 그 전에 1932년 9월 7일 이사회는 "양국은 그들 사이에 일어난 불행한 그 분쟁을 해결하기 위하여 무력에 호소하지 않고 중재재판, 사법적 해결 또는 이사회에 부탁하도록 연맹에 대한 그들의 의무에 의하여 법적으로 또 정당히 구속된다는 것"을 엄숙히 상기시켰던 것이다.[44]

셋째, 일본의 만주침략으로 인하여 일어난 중국-일본 양국의 충돌[45]에 있어 총회는 1932년 3월 11일에 채택된 그의 결의에서 "중국 및 일본의 분쟁의 해결이 어떤 편의 군사적 압력에서 구하여진다는 것은 규약의 정신에 반한다는 것을 확인하고"[46] 있다.

넷째, 1939년 11월 소련의 핀란드 포격침입으로 시작된 양국 사이의 문제[47]에 있어 총회는, 핀란드에 침입함에 있어 전쟁에 호소한 것은 아니라는 소련정부의 구실을 일축하고, 육군에 의한 핀란드에의 침입 및 해군

42) 이에 대하여 이사회는 불가리아에 대한 그리스의 배상지불을 결정하였다. Tenekidès는 다음과 같이 말하고 있다. "그리스-불가리아분쟁에 있어 연맹의 결정은 강제조치의 사항에 있어 코르푸사건에 있어서의 법학자의 의견과 이후 유화될 수 없는 원칙결정의 모든 가치를 갖는다"(Briggs, p. 963).

43) Kotzsch, pp. 186~189.

44) Briggs, p. 964.

45) Kotzsch, pp. 189~191.

46) 더욱이 일본이 그의 행동을 합법화하려고 한 데 대한 개별적인 국가들의 정당한 반박비판은 유의되어야 할 것이다(Eagleton, pp. 251~252, 279~280). 강대국이 강경한 태도를 취하지 아니하고 연맹기관에서도 그러하였으나(*Ibid.*, pp. 256~257), 위에서의 많은 국가들에 의하여 표명된 여론의 비중은 경시될 수 없다. 또 주목되는 것은 총회에서 시인된 스팀슨주의로서, 이것은 규약이 실질적 전쟁도 금지한다는 것을 간접적으로 표명한 것이다(B, 주 61 참조).

47) Kotzsch, pp. 197~198.

에 의한 포격은 규약 제12조에 반한다는 것과 핀란드에서 소련군의 작전이 전쟁포기조약과 규약 제12조의 의미에 있어 전쟁의 호소를 구성하지 않는다고 주장할 수 없다는 것을 발견하였던 것이다.[48]

이상의 예에 의하면 규약에 의하여 정식전쟁뿐 아니라 무력에 의한 복구, 즉 실질적인 전쟁도 금지되었다는 것이 알려진다. 즉 실질적 전쟁의 제한도 위에서 설명된[49] 규약 제10조, 제12조, 제13조 및 제15조의 규정에 따른다. 따라서 종래의 일반관습법에 의하여 허용되었던 복구[50]도 규약에 의하여 일부 금지되었다고 생각될 수 있다. 그런데 규약에 의한 실질적 전쟁의 금지가 규약의 규정에 있는 "전쟁"이란 용어에 정식전쟁뿐 아니라 실질적 전쟁까지도 포함시킴으로써만 설명될 수 있는 것이 아니라는 것은 위에서의 De Visscher의 견해에서도 또 예시의 무력행사에 대한 연맹기관의 입장에서도 표명되고 있으나, 위에서 인용된 바와 같이 볼리비아와 파라과이 사이의 충돌에 관하여 이사회는 규약의 전쟁에의 호소와 무력의 호소를 같은 것으로 보고 있다고 해석된다.

즉 이사회는 규약의 전쟁이란 말에 실질적 전쟁도 포함시키고 있다. 정식전쟁과 실질적 전쟁의 한계가 구체적인 경우에 불명료한 때가 많다는 것과, 연맹의 주된 목적이 평화를 유지하고 국가간의 분쟁을 평화적으로 해결하여 평화를 파괴하는 무력행사를 방지하려는 데 있었다는 엄연한 사실은, 종래에 정식전쟁만을 전쟁개념에 포함시키려던 완강한 고집에도 불구하고, 실질적 전쟁의 개념을 인정하고 규약의 전쟁이란 말에 포함시키게 되었다고 보는 것이 타당한 것이다.[51] 그러나 이 점에 있어 연맹의 관

---

48) LNOJ, 1939, 539(Briggs, p. 964에서 재인용). 제2절 2. B, 주 24 참조.

49) 1. A 참조.

50) 제2장 제2절 2. D. II 참조.

51) Brierly는 1932년에 발표된 그의 논문에서 규약의 전쟁에의 호소(resort to war)라는 말에 무력복구 같은 것도 포함시켜야 할 것으로 보고 있다(Brierly, The Basis of Obligation, pp. 235~236). 국제연맹시대에 연맹과는 관계없이 실질적 전쟁이 인정된 저명한 예로서는 1937

행이 명료하고 시종일관하였던 것은 아니다. 또 규약의 규정에 위반하여 정식 또는 실질적 전쟁에 호소한 국가에 대하여 제16조에 의한 제재가 발동함으로써 비로소 전쟁금지의 목적은 보다 유효하게 달성될 수 있을 것이나, 다음에 설명된 바와 같이 제16조가 적용된 것은 드문 것이었다.

B. 전쟁포기조약

국제연맹규약에 있어서와 마찬가지로 전쟁포기조약에 의하여 정식전쟁뿐만 아니라 실질적 전쟁도 금지되는 것이 아닌가 하는 문제와, 이 문제에 대하여 긍정적인 답이 나오는 경우에 그것은 이 조약에 규정된 전쟁이라는 말은 실질적 전쟁까지도 포함하기 때문이 아닌가 하는 문제가 생긴다. 전통적 전쟁개념에 구애되는 입장에서는 이 조약에 의하여 정식전쟁만이 금지되는 것으로 생각된다. 소련이 이 조약에의 참가요청을 받고 그 회답에서 "…말의 형식적, 즉 법적 해석에서의 전쟁뿐 아니라 간섭, 봉쇄, 타국 영토의 군사적 점거와 같은 군행동의 금지"[52]를 제의한 것은 위에서의 입장을 명백히 한 것이다. 그리고 일부 학설에 의하면 이 조약에 의하여 정식전쟁만이 금지된다는 것이다.[53]

그런데 다른 일부 학자에 의하면 무력복구(실질전쟁)도 이 조약에 의하여 금지된다는 것인데, 그 논거는 동조약 제2조(분쟁이 평화적 수단에 의하여 해결되어야 한다는 것)와 전문의 다음과 같은 문구가 원용되고 있다는 점이다.[54] "…그 상호관계에 있어서의 모든 변경은 평화적 수단에 의하여서만

년 일본의 중국재침략에 관련된 川崎汽船주식회사 대 밴텀汽船주식회사사건(Kawasaki Kisen Kabushiki Kaisha v. Bantham Steamship Co., Ltd., United Kingdom Court of Appeal(1939))이 있다(Briggs, pp. 964~967; Kotzsch, pp. 204~207).

52) E.B. Pashukanis, 소비에트국제법개론, 山之內一郎 譯, 1937, 109면.

53) Bowet, p. 136; Starke, p. 354.

54) Orfield and Re, p. 613; Quincy Wright, AJ, 1933, pp. 51~54(Oppenheim-Lauterpacht, II,

구하여져야 되며 또 평화적이며 질서 있는 절차의 결과여야 한다…." 그런데 이러한 논거에 대하여 다음과 같은 반박이 있다. 전문의 해당 규정은 국제관계의 변경에만 관한 것이지 현행법적 관계의 집행에는 무관한 것이며, 전쟁에 이르지 않는 무력조치는 강제적 수단이기는 하나 그래도 평화적 수단이라는 것이다.[55]

이 반박 중 전쟁에 이르지 않는 무력조치는 평화적 수단이라고 지적한 것은, 전쟁을 정식전쟁에 국한시키고, 정식전쟁 아닌 사태는 그것이 대규모의 무력행사를 포함한 것이라도 평화시에 일어나는 현상이며 따라서 그 무력행사는 평화적 수단이라는 이론 위에 바탕을 둔 것이다. 그러나 실질적 전쟁개념을 인정하는 입장에 설 때에는 정식전쟁에 이르지 않는 국가간의 무력행사도 실질적 의미에 있어서의 전쟁이며 그러한 무력행사도 평화적 수단이라고는 생각될 수 없는 것이다.[56] 또 이러한 해석을 취하는 것이 학설의 현실과의 유리를 막는 결과도 되는 것이다. 전쟁포기조약에 의하여 무력에 의한 복구도 금지된다는 논거를 위에서와 같이 반박한 Lauterpacht도 그 조약에 의한 전쟁의 금지가 전쟁(정식전쟁—필자 주)에 이르지 않은 무력조치를 어느 정도 포함하는지 불명료하다고 말하고 있으며,[57] 국제연맹규약에 의하여 무력에 의한 복구 같은 것은 허용된다고 본 Strupp도 일반적 견해에 의하여 진정한 전쟁에 동등한 군사적이며 과격한 성질의 복구는 금지된다고 말하고 있다.[58]

---

pp. 184~185에서 재인용).

55) *Ibid.*, II, p. 185.

56) 무력복구 같은 것을 평화적 수단으로 보아야 한다는 것은 학자들의 견해이지 국제법의 규칙으로 정하여져 있는 것은 아니다. 따라서 문제는 그러한 견해가 현실에 부합하며 그 견해에 따르는 것이 적당하다고 보아야 할 것이냐 하는 것이다. 보통 일반이 사용하는 말에 의하면 정식전쟁만을 전쟁이라고 부르고 무력복구 같은 것은 전쟁으로 보지 않는다고 생각될 수 없으며, 또 조약의 해석에 있어서도 이미 설명된 바와 같이 무력복구는 연맹규약의 "전쟁"이란 말에 포함되는 것이다.

57) *Ibid.*, II, p. 196.

또 전쟁포기조약에 의하여 무력에 의한 복구 같은 것은 금지되지 않는다는 증거로서 1929년 중국에 대한 소련의 적대행위, 1931~1932년 일본의 중국침략 및 1932~1935년 레티카(Letica) 지방의 쟁탈을 위한 콜롬비아 및 페루 사이의 적대행위에 있어 이 조약에 위반되었다는 권위적인 발견은 없었다는 것이 지적되고 있다.[59] 그러나 이러한 주장은 검토를 요하는 것으로 생각된다.

첫째, 1929년 8월 소련군의 중국 동부 철도 부근의 석탄지대에의 침입과 동년 11월 소련군의 만주 등에 있어서의 공격으로 시작된 양국의 충돌에 있어 이것이 이 조약위반이란 Lauterpacht의 소위 권위적인 결정은 없었지만, 양국에 대하여 평화적 수단을 사용할 의무를 상기시킨 미 국무장관 스팀슨(Henry Lewis Stimson)의 호소는 양국을 포함한 전쟁포기조약의 모든 체약국에 의하여 정식 인정되었으며, 양국은 자위의 경우를 제외하고는 무력에 호소하지 않을 보장을 하였던 것이다.[60]

둘째, 1931~1932년 일본의 중국침략은 국제연맹에서 취급되었는데 총회가 일본의 행동을 규약에 의한 전쟁에의 호소로 낙인을 찍지 않은 것은 회원국들의 정치적 고려에서 온 것이다. 그러나 이 사태를 조사하기 위하여 연맹에 의하여 설치된 리튼위원회(The Lytton Commission)는 다음과 같은 내용의 보고를 하고 있다.

> "전쟁의 선언 없이 틀림없이 중국의 영역인 넓은 지역이 일본병력에 의하여 강제적으로 탈취, 점령되었으며 이 점령의 결과 중국의 그 밖의 부분으로부터 분리되어 독립이 선언된 것은 사실이다. 이러한 것을 달성한 조치는 국제연맹규약, 전쟁포기조약 및 워싱턴의 9개국조약의 의무와 양립한다고 일본은 주장하나, 이 모든 조약은 이러한 종류의 행동을 방지하기 위한 것이다."[61]

---

58) Strupp, II, p. 501.

59) Oppenheim-Lauterpacht, II, p. 185; Bowet, p. 136.

60) U.S. Foreign Relations, 1929, II, pp. 186ff.(Kotzsch, pp. 183~184에서 재인용).

셋째, 1922년 3월 콜롬비아와 페루 사이의 국경조약에 의하여 전자에 귀속된 레티카지방을 탈취하기 위한 페루의 무력행사(1932년 9월에 시작)와 이를 격퇴하려는 콜롬비아의 무력행사로써 이루어진 양국 사이의 충돌에 있어, 이사회는 1933년 3월 18일 그 보고에서 콜롬비아 영역에 페루군이 있는 것은 국제연맹규약 및 전쟁포기조약의 원칙과 국제법의 원칙과 양립하지 않는다는 견해를 표명하였다.[62] 그리고 이 충돌에 있어 양 당사국이나 연맹은 전쟁이란 용어를 애써 피하려고 하였는데, 그것은 규약 제16조의 제재규정의 적용이 문제되지 않게 하기 위한 것이다. 이 무력충돌을 명명하기 위하여 "적대행위, 침략행위 또는 전쟁포기조약의 원칙의 위반"이란 말이 사용되었으며, 특히 전쟁포기조약의 원칙의 위반이란 말이 누누이 사용된 것은 연맹이 "국가정책의 수단으로서 전쟁에의 호소"를 취급하고 있었다는 것을 명백히 확증하고 있는 것이다.[63]

이와 같이 위에서 예시된 세 가지 무력행사에 있어서도 적어도 지배적인 법적 견해에 의하면 실질적인 전쟁도 이 조약에 의하여 금지되는 것이다. 그런데 이러한 금지가 반드시 이 조약 제1조의 전쟁이란 말에 실질적 전쟁을 포함시킴으로써 설명되는 것이 아니라는 것은 이미 언급되었는데 콜롬비아, 페루 사이의 레티카충돌에 있어서의 연맹의 태도에 의하면 이 조약의 전쟁이란 말에는 실질적 전쟁도 포함되고 있다. 이 조약체결시의 개별적인 체약국의 의도가 어떠하였든 또 종래의 전통적 전쟁개념이 아무리 강하였든, 이 조약의 목적 및 정신과 정식전쟁 아닌 실질적 전쟁도

61) Lytton Report, p. 127(*Ibid.*, p. 190에서 재인용). 그리고 이 문제에 관련하여 연맹총회는 1932년 3월 11일의 결의(제2절 1, 주 11)에서 회원국은 연맹규약이나 전쟁포기조약에 저촉하는 수단으로 달성된 어떠한 조약 또는 협정을 승인하지 아니할 의무를 진다고 표명한 것은 간접적으로 양 조약에 의하여 실질적 전쟁이 금지된다는 것을 표명하고 있다. 그뿐 아니라 총회는 동일의 결의에서 이러한 무력행사가 규약의 정신에 반한다는 것을 표명하였다(A, 주 46이 붙은 부분 참조).

62) Kotzsch, pp. 185~186.

63) Cf. LNOJ, 1933, pp. 498, 524, 526, 532, 536(Kotzsch, p. 186에서 재인용).

전자와 같이 평화의 파괴라는 엄연한 사실은 이 조약규정의 "전쟁"에 실질적 전쟁도 포함시켰다고 생각되어야 할 것이다. 전쟁금지에 관한 규약의 결함을 메우려는 것이 이 조약인데, 전자 규정의 전쟁에 실질적 전쟁까지 포함된다면 이 후자의 규정의 전쟁도 당연히 그렇게 해석되어야 함은 새삼스레 언급됨을 요하지 않는다. 그리고 1937년에 다시 시작된 일본의 중국 침입 및 1939년 소련의 핀란드 침입에 있어서는 이 조약의 위반이 국제연맹에 의하여 확인되었다.[64] 따라서 1934년 9월에 국제법협회(The International Law Association) 회의에서 채택된 유명한 부다페스트해석조항 제2조의 규정(전쟁포기조약 제1조가 무력행사 일반을 포함하도록 확장해석하도록 한 것)은 비판도 받지만,[65] 단순한 희망의 표명만도 아니며 이 조약 제1조의 부적당성을 표시한 것만은 아니고 당시의 실제에 있어 지배적인 법적 견해를 표명한 것으로 생각된다.[66]

C. 기타 조약

국제연맹규약이 발효한 후 곧 그 결함을 메우려는 시도가 행하여졌다. 1923년의 상호원조조약(Le Traité dassistance mutuelle)안 및 1924년의 제네바의정서(Le Protocole de Genève)안은 효력을 발생하지 못하였으나 이러한 시도로서 언급될 의의를 갖는다고 생각된다. 이 두 개의 조약안은 국제연맹규약보다도 더 넓은 범위에서 전쟁을 금지하려고 하였다는 점에 있어 여기서는 의의가 있으나, 또 이러한 전쟁금지와 그것에 실효를 주기 위한 제도와 결부되었다는 점도 유의할 만한 것이다.[67]

---

64) Oppenheim-Lauterpacht, II, pp. 185~186, 197. 제2절 2. B, 주 23, 24 참조.

65) H. Lauterpacht, The Pact of Paris and Budapest Articles of Interpretation, Transactions of Grotius Society, Vol. XX(1934), pp. 197~201(Bowet, p. 136, note 5에서 재인용).

66) Cf. Eagleton, pp. 279~280.

67) 양 조약 내용의 다음 설명에 있어 주로 Dahm이 참조되었다(Dahm, II, S. 341~347).

1923년 조약안에서는 침략전쟁의 포괄적 금지가 표명되었고 침략전쟁은 국제범죄로 선언되었다(제1조). 국제연맹 회원국은 모든 침략에 대하여 집단적으로 또 그것을 넘어서 그들 사이의 특수조약에 의하여 상호 군사적 원조를 할 의무를 진다. 이 조약안은 그 후에 전쟁금지를 위한 노력에 영향을 미쳤다.

연맹총회 제5차 정기회합에서 평화 및 안전보장체계의 새로운 형성이 기도되었고 전쟁금지, 국제분쟁의 평화적 해결, 집단적 안전보장 및 군비축소를 하나의 포괄적이며 완결된 체계 속으로 넣으려는 노력의 결과가 제네바의정서안이다. 1923년의 조약안에 있어서와 같이, 그 전문에 의하면 침략전쟁은 범죄이며(연맹총회 제8차회합에서 같은 내용의 결의가 채택되었다), 체약국들은 상호간에 또 의정서에 입각한 의무에 복종할 국가에 대하여 전쟁을 하지 않을 의무를 지며, 다만 두 가지 경우(즉 방위전쟁과 연맹총회 또는 이사회의 의사와 일치하여 또 의정서와 일치하여 행하여질 전쟁)만 예외가 된다(제2조). 또 전쟁의 위협도 원칙적으로 금지되고 있다(제8조). 이 전쟁의 원칙적인 금지는 Dahm에 의하면 전쟁방지 및 국제분쟁의 평화적 해결의 거의 결함이 없는 체계와 결부되고 있다는 것인데, 원칙적으로 모든 분쟁은 법적 분쟁과 그 밖의 분쟁으로 나누어져 각자는 구속력이 있는 결정(상설국제사법법원, 중재법원 및 연맹이사회에 의한)에 의하여 해결될 것이며(제3조, 제4조), 평화적 해결절차가 시작될 때까지 또 해결절차가 진행중에는 군비 및 병력의 증강은 금지되며 체약국들은 사태의 악화를 가져올 행동을 삼가야 한다(제7조).

다음으로 침략에 대한 보장으로서의 집단적 안전보장에 있어서는 우선 제10조에 따라 침략자가 확정된다. 연맹규약 및 의정서에 위반하여 전쟁에 호소한 자가 침략자가 될 것이며, 적대행위가 개시된 후에 제10조 2항의 규준에 따라 분쟁의 평화적 해결을 회피하거나 내려진 결정을 받아들이지 않거나 무시하는 국가는 침략자로 간주된다. 그러나 이사회가 전원일치로 결정하였을 때에는 예외가 인정된다. 침략자의 결정이 짧은 기간에 불가능할 때는 이사회는 휴전을 제안할 수 있다. 다음에 제재의 결정도 침략자의 확정과 같이 연맹에 상당히 중앙집권화되었다. 이사회는 규약 제16조 1항 및 2항에 의한 제재, 즉 경제적 및 군사적 제재를 회원국에 대한 법적 구속력으로써 결정할 수 있다(제10조 5항, 제11조). 체약국들은 그들의 지리적 위치 및 군비의 상태가 허용하는 한 규약을 존중하고 모든 침략행위에 대항하도록 신의성실에 따라 모든 것을 행하여야 한다(제11조 2항). 개별적 및 집단적 원조의무도 규정되고 있는데, 이것은 대항의 능력에 관한 고려에 의하여 제한된다. 군사적 제재를 위한 국가병력의 적시의 준비를 확보하기 위하여, 이사회는 군사적 행동을 위하여 병력을 제공할 준비가 된 국가들의 의무선언을 받게 되어 있다(제13조). 그런데 이 의정서의 기초자들은 가까운 장래에 일반적인 국제적인 군축이 이루어질 것이라는 데서 출발하였고 이 군축의 성과를 이 의정서의 실시의 전제조건으로서 생각하였던 것이다. 의정서는 비준되어야 할 뿐 아니라, 거기에 예견된(제17조) 군축회의에 의한 군축안의 채택으로써 비로소 효력을 발생할 것이었다(제21조 5항). 그러나 군축문제의 난관에 부닥치기 전에 영국의 반대 때문에 의정서는 유산되었으나, Dahm에 의하면 그 내용은 세계여론에 의하여 환영되었다는 것이다.

제네바의정서의 유산과 더불어 연맹의 테두리 안에서 많은 국가를 포섭한 평화질서수립의 커다란 시도는 좌절되었고 다음에는 구체적 목표 특히 독일과 프랑스의 대립의 극복 및 서구에서의 평화의 확보로 지향되었다. 그 결과 1925년 10월 16일 로카르노(Locarno)조약들의 체결에 이르렀다. 여기서는 한편에 있어 독일, 또 한편에 있어 벨기에, 프랑스, 폴란드 및 체코슬로바키아 사이에 각각 성립된 네 개의 중재재판조약과 독일, 벨기에, 프랑스, 영국 및 이탈리아 사이의 안전 및 보장조약이 포함되는데 이 후자가 그 핵심을 이루고 있는데 주요 내용은 다음과 같다.[68] 이 조약에 있어 체약국들은 개별적으로 또 전체로서 베르사이유조약의 규준에 따라 한편에 있어서는 독일과 또 한편에 있어서는 벨기에 및 프랑스 사이의 영역의 현상유지와 라인지역에 있어서의 비무장지대를 대상으로 하는 베르사이유조약의 규정 준수를 보장하고 있다(제1조). 그리고 직접 전쟁금지에 관한 규정으로서 독일, 프랑스 및 벨기에 사이에 있어서는 어느 편에서나 공격(attaque, Angriff), 침입(invasion, Einfall) 또는 전쟁을 하여서는 아니 된다는 것이 규정되어 있다(제2조 1항).

이 규정은 확실히 연맹규약의 규정을 넘어서 전쟁을 금지하고 있으며, 또 전쟁이란 명칭이 붙지 않는 공격 및 침입도 그 금지 속에 포함되어 있다. 그러나 자위, 규약 제16조에 의한 행동, 연맹총회 또는 이사회의 결의에 입각한 행동과 규약 제15조 7항에 입각한 행동은 예외로서 허용되는데, 이 마지막 경우에 있어서는 먼저 공격을 한 국가에 대한 행동만이 허용된다(제2조 2항 및 3항).

이와 같은 전쟁금지와 아울러 국제분쟁의 평화적 해결이 규정되어 있다. 한편에 있어서는 독일과 또 한편에 있어서는 각각 벨기에 및 프랑스 사이에 있어서는 모든 분쟁은 평화적으로 해결되어야 하며, 당사국이 서로 권리를 다투는 분쟁은 법원에 그 밖의 분쟁은 조정위원회에 부탁되어야 하며, 이 위원회에 의한 해결안에 당사국이 동의하지 않을 때에는 그 분쟁은 연맹이사회에 부탁되어야 한다. 그리고 위에서 언급된 바와 같이 한편에 있어서는 독일과 또 한편에 있어서는 벨기에 및 프랑스 사이에는 각각 중재재판조약이 체결되었다(제3조).

다음에 전쟁 등의 금지에 관한 제2조의 위반 또는 베르사이유조약 제42조 및 제43조 위반의 경우의 법적 효과가 규정되고 있다. 이러한 위반의 경우에 어떤 체약국이나 이를 이사회에 부탁할 수 있다. 그리고 연맹이

68) 이 안전 및 보장조약은 일명 서부조약(Westpakt)(*Ibid.*, S. 344; Guggenheim, VB, S. 142) 또 라인조약(Le Pacte de Rhin)(Strupp, II, p. 488)이라 불려진다.

사회가 그 위반을 확정하였을 때에는 그는 그것을 체약국들에 통지하며 체약국들은 위반행위를 받은 국가에 대하여 원조를 하여야 한다. 위에서 언급된 위반이 뚜렷한 경우에, 그 위반의 행위가 도발된 공격이 아니면, 그 밖의 체약국은 즉시 원조할 의무를 진다. 그러나 뒤에 연맹이사회가 그 위반문제에 관하여 전원일치(관계당사국은 제외됨)로 권고를 하였을 때에는 체약국들은 이에 따라야 한다(제4조). 위에서 언급된 바와 같이 뚜렷한 조약위반의 경우를 제외하고는 그 위반에 대한 제재는 연맹이사회에 집권되었으나, 그래도 명백한 위반과 그렇지 않은 것의 구분, 공격이 도전(挑戰)된 것이냐 아니냐 하는 것에 관한 결정은 체약국의 재량에 맡겨져 있으며 또 제재의 실행도 물론 체약국들에 맡겨져 있다. 이 조약은 서구에 있어 일시 정치적 긴장을 완화하는 데 공헌하였으나 1935년 동조약은 나치독일에 의하여 폐기되었고 1936년 독일이 라인지역을 점령하였을 때 연맹이사회에 의하여 이 조약 및 베르사이유조약 위반이 확정되었으나 어떤 체약국도 제재를 가하려고 하지 않았다.[69]

제1차 및 제2차 세계대전 사이에 전쟁의 금지에 관하여 중요한 의의를 가진 것으로서 침략정의에 관한 조약을 들 수 있다고 생각된다. 1933년 7월 3일 루마니아, 에스토니아, 라트비아, 폴란드, 터키, 소련, 이란 및 아프가니스탄 사이의 침략의 정의에 관한 조약(The Convention defining Aggression)이 체결되었다. 이 조약 제2조에 의하면 분쟁당사국 사이에 효력이 있는 합의를 유보하고, 다음과 같은 어떤 행동을 먼저 하는 자는 침략자[70]가 된다는 것이다.

1. 어떤 타국에 대한 선전
2. 전쟁선언이 없는 경우에 있어서도 어떤 타국의 영역에 침입하는 것
3. 전쟁선언이 없는 경우에 있어서도 어떤 타국의 영역, 선박 또는 항

---

69) Dahm, II, S. 346.
70) 침략문제에 관하여서 다시 다음에(제3장 제1절 1. A. III) 총괄 설명될 것이다.

공기를 그의 육 · 해 · 공군으로써 공격하는 것

4. 어떤 타국의 해안 또는 항구를 봉쇄하는 것

5. 그 영역상에서 편성되어 어떤 타국의 영역에 침입할 집단에게 지지를 주는 것 또는 침입된 국가의 요청에도 불구하고 이러한 집단에게 모든 원조 또는 보호를 없애기 위하여 그 권력 내에 있는 모든 조치를 그의 영역상에서 취하는 것을 거부하는 것[71)]

이 규정은 침략정의를 내린 데 불과하지만 이 침략이란 말에 이미 불법성을 포함시키고 있는 것이 명백하며 이것은 동조약 전문에도 표명되고 있다. 즉 체약국들은 "그들이 서명한 브리앙-켈로그조약(전쟁포기조약)이 모든 침략을 금지한다는 사실을 명기하여" 이 조약을 체결할 것을 결정하였다는 것이다. 따라서 이 조약에 의하여 정식전쟁뿐 아니라 실질전쟁도 금지되고 있는 것이다. 그리고 "공격 또는 침입" 또는 "힘의 행사"란 말을 사용하였거나 침략개념을 표시하는 약 70개의 지역적 또는 2개국안전보장 또는 불침략조약이 1920년 및 30년대에 체결된 것이다.[72)] 이러한 조약에서 전쟁과 그 밖의 무력행위를 명백히 나누어 놓은 데 비추어 국제연맹규약 및 전쟁포기조약의 전쟁이란 용어는 정식전쟁만을 포함하며 또 이 양 조약에 의하여 정식전쟁만이 금지된 것이 아니냐 하는 의견이 나올 수 있다. 그러나 이미 지적한 바와 같이 양 조약의 전쟁이란 용어에 실질적 전쟁도 포함된다고 보는 것이 적당하며, 이 문제에 따른 애매한 점을 배제하기 위하여 특히 안전보장을 원하는 국가 사이의 위에서 언급된 조약들에 있어서는 전쟁과 나란히 "공격", "침입"이란 말들이 사용된 것이다. 따라서 이러한 조약들이 연맹규약 및 전쟁포기조약의 전쟁의 개념이 정식전

---

71) Hudson, Legislation, IV, pp. 413. 이 침략의 정의안은 1932~1933년 군축회의에 소련에 의하여 제의되었으나 그 회의에서 유보되었다. 그 후 소련이 주동이 되어 이와 같은 내용의 조약이 이 조약 이외에도 체결되었다(*Ibid.*, pp. 410~411). 주 72 참조.

72) Stone, Aggression, p. 37. Cf. Berber, II, S. 34~35.

쟁에 국한되었다는 증거는 되지 않는다.

3. 국제연맹규약과 전쟁포기조약의 실질적 의의

다음에 설명될 바와 같이 1935년 이탈리아의 에티오피아침략전쟁에 있어 국제연맹을 통하여 협력한 회원국들의 이탈리아에 대한 경제적 및 재정적 제재는 결과적으로 이탈리아의 에티오피아합병을 저지하지 못하였으며, 이로써 국제연맹의 집단적 안전보장기구로서의 기능의 한계가 더 뚜렷이 드러났다는 것은 누구나 부인할 수 없을 것이다. 또 국제연맹규약 및 전쟁포기조약의 성립후 무수히 크고 작은 무력행사가 국가간에 일어났다.[73] 그러나 그렇다고 하여 국제연맹의 기구가 집단적 안전보장[74]에 있어 의의를 가지지 못하였다고 볼 수는 없으며 적지 않은 무력행사사건에 있어 사태의 확대를 방지하고 평화를 복구하는 데 성공하였던 것이다.[75]

그보다도 여기서 중요한 것은 많은 무력행사가 실제로 일어났다고 하여 이미 언급한 두 개의 조약이 전쟁금지에 있어 중요한 의의를 갖지 못하였다고 단정하는 것은 속단이 아닌가? 명백히 국제평화를 파괴하는 국가들이 이 두 조약에 위반하지 않는 합법적 행위를 한다는 것을 주장하고 특

---

73) 제2차대전까지의 그 중요한 것을 들면 다음과 같다(Kotzsch, pp. 178~198). ① 1921년 유고슬라비아의 알바니아에의 진격, ② 1923년 이탈리아의 Corfu섬 포격, ③ 1920~1927년 폴란드와 리투아니아 사이의 관계, ④ 1925년 그리스군의 불가리아에의 침입, ⑤ 1929년 소련군의 만주방면에의 공격, ⑥ 1932~1935년 콜롬비아와 페루 사이의 레티카지방을 둘러싼 무력충돌, ⑦ 1932~1935년 볼리비아와 파라과이 사이의 차코지방에 관련된 전쟁, ⑧ 1931~1933년 일본의 중국침략, ⑨ 1935~1936년 이탈리아의 에티오피아침략, ⑩ 1937년부터의 일본의 중국침략, ⑪ 1939년 독일의 폴란드침입, ⑫ 1939~1940년 소련의 핀란드침공.

74) 여기서 집단적 안전보장은 넓은 의미로 사용된다(제2절, 주 1).

75) 예시하면 위에서의 사태(주 73)들에 있어, 정도의 차이는 있으나 국제연맹이 사태의 악화를 방지하는 데 노력하였으며 또 직접 · 간접으로 그 방지에 공헌하였다고 보는 것이 적당할 것이다.

히 이 두 조약 위반을 명백히 폭로하는 것을 방지하기 위하여 그들의 행동이 전쟁이 아니라는 것을 주장한 데도 불구하고, 이러한 주장의 가면이 국제연맹의 결의에서 또는 그 토의에 나타난 여론에서 벗겨져 그러한 국가들이 관련 조약을 위반하여 명백히 불법한 전쟁에 호소하였다고 단정되었거나 또는 그러한 단정이 시사되었다는 것이[76] 의의있는 점이 아닌가? 이 두 조약에 의하여 전쟁이 실제로 일어나지 않고 평화가 확립된다는 것은 말할 것도 없이 바람직한 일이나, 이것은 국제기구가 각 국가와 같은 정도로 조직되었을 때 대체로 그 실현을 기할 수 있는 것이라는 점이 인정된다면 이 두 조약에 의하여 종래에는 완전히 또는 일정한 요건하에서 각 국가의 자유에 속하였던 무력행사가 금지된다는 것이 위에서 언급된 바와 같이 세계의 여론이 반영될 수 있는 국제연맹 같은 국제조직체의 기관에서 단정 또는 시사되었다는 것이 전쟁금지 및 세계평화의 유지를 위하여 중요한 것이다.

제2차대전후 독일수뇌전범자를 재판한 뉘른베르크 국제군사법원에 있어 독일수뇌전범자의 변호인단(defence council)에 속했던 Jahrreiss는 그 법원에 제출한 법적 견해[77] 중에서 제2차대전 훨씬 전에 이미 집단적 안전보장제도는 붕괴되었다고 보고, 나아가서는 전쟁포기조약은 체결 당시 법적 의의를 갖지 못하였으며 그 후에도 그러한 의의를 갖지 못하였다고 단정하였는데 그 이유로서 다음과 같은 것을 들고 있다.

첫째, 제1조에 있어 국가정책으로서의 전쟁금지는 정치적인 침략개념에서 나온 것이며 제2조의 평화적 수단이란 말에서 법적 침략개념을 연역하려는 학자도 있으나 평화적 수단이라는 것도 명료하지 못하다.[78]

---

76) 2 참조.

77) Der Bruch des zwischenstaatlichen Friedens und seine Strafbarkeit nach Völkerrecht, Jahrreiss, S. 205~232.

78) *Ibid.*, S.222.

둘째, 이 조약의 체결의 사전교섭에 있어 통첩교환에 나타난 각 정부의 개념규정, 해석, 제한 및 유보를 본다면 조약용어의 배후에 있어 그들의 의견이 얼마나 상이하였는가를 우리는 알게 될 것이며,[79] 하나의 형식적 합의가 성립된 데 불과하다.

셋째, 이 조약이 실제로 법적으로 파악할 수 있도록 명확한 그리고 유보없는 전쟁포기를 가져왔다고 가정한다면 이 조약에 의하여 금지된 전쟁은 국제기구의 질서에 반한 전쟁이 될 것이며 따라서 불법으로 전쟁을 시작한 국가와 그 상대국은 같은 법적 지위에 설 수 없어야 할 것이다.[80] 그러나 이 조약 체결후 이러한 법적 지위의 차이는 학설이나 관례에 있어 전혀 나타나지 않은 것도 있고 또 일부 나타난 경향도 관철되지 않았다. 즉 전시법의 적용에 있어서는 종전과 같이 전쟁의 합법성 여부에 무관하고 그 법은 양 교전국에 같이 적용되었고,[81] 몇몇 정치가 및 학설에 의하여 중립법의 의의상실이 주장되었으나 특히 이탈리아와 에티오피아의 전쟁을 계기로 하여 중립사상이 새로운 힘으로써 복귀하였고,[82] 불법한 전쟁의 승리자에게 그 승리의 결과를 거부하는 스팀슨주의(Stimson Doctrine) 같은 것이 나타났으나 이것도 관철되지 못하였다는 것이다.[83]

이와 같은 Jahrreiss의 견해는 다음과 같은 이유에서 인정될 수 없다.

첫째, 국가정책의 수단이란 말이 모호하다는 것은 부인할 수 없으나, 국가정책의 수단이란 말은 국제정책의 수단, 즉 국제기구에 공통된 이익을 위한 수단(국제연맹규약 제16조에 위한 제재 같은 것)에 대한 말로서 단순히 한 국가의 이기적 목적을 위한 것이며 법적 내용을 부여할 수 없는 정도로 애매한 것은 아니다. 또 국제분쟁해결의 수단[84]이란 말이 첨가됨으로써

79) *Ibid.*, S. 219.
80) *Ibid.*, S. 222~223.
81) *Ibid.*, S. 223.
82) *Ibid.*, S. 223~225.
83) *Ibid.*, S. 225~226.

그 내용은 더 뚜렷해지는 것이며, 자위로써 전쟁을 개시하는 것을 허용함으로써 그 내용은 더욱 뚜렷해지는 것이다. 따라서 제1조에 단순히 정치적 의의만을 부여하는 것은 적당하지 않다. 제2조의 평화적 수단에 관하여 다만 문제가 되는 것은 정식전쟁에 이르지 않는 무력에 의한 복구도 평화적 수단이라고 볼 수 있느냐 하는 것인데, 이미 언급된 바와 같이 반대설도 있으나 이 조약성립 후의 유력한 관행에 의하면[85] 무력행사는 어떤 명목의 것이든 원칙적으로 평화적 수단으로 생각될 수 없다. 1927년 9월 24일의 연맹총회의 결의[86](모든 침략전쟁은 금지되고 모든 분쟁은 평화적으로 해결되어야 한다는 것)가 도덕적 · 정치적 의의를 갖는 데 대하여, 이 조약은 법적 의의를 갖는다.

둘째, 이 조약 체결 전의 각 정부의 통첩교환에 있어 여러 가지 상이한 해석, 유보 등에 의하여 이 조약의 체결에 의하여 형식적 합의만이 있었고 어떤 실질적 합의는 없었다는 것이다. 이러한 조약의 체결에 앞서 각 정부가 저마다 다른 입장에서 여러 가지 견해를 표명한다는 것은 당연한 일이나, 이러한 견해가 전부 조약의 해석적용에 제한을 가한다고는 생각될 수 없는 것이다. 또 이 조약의 서명시나 비준시에는 아무런 정식유보가 행하여진 것은 아닌데,[87] 사전의 통첩교환에 나타난 것 중 이 조약의 해석에 중대한 것은 이미 설명된[88] 1928년 6월 23일의 미국의 자위에 관한 것과 동년 5월 19일의 영국의 지역에 관한 유보이다.[89] 그런데 전자에 관하

84) 이 조약 제1조의 국제분쟁의 해결수단은 국제정책의 수단에 포함된다고 생각될 수도 있으며, 별개의 것으로 생각될 수도 있는데, 후자의 경우에 국가정책의 수단으로서 전쟁은 현 국제법에 입각한 권리 · 의무관계를 변경하기 위한 전쟁이다(Cf. Oppenheim-Lauterpacht, II, p. 182).

85) 2. B 참조.

86) Strupp, II, p. 493. 1928년 2월 18일 제6차 미주국가회의에서 같은 내용의 결의가 채택되었다(*Ibid.*, p. 494).

87) Guggenheim, II, p. 297, note 3.

88) 1. B 참조.

여서는 관계 각 국가가 구체적인 경우에 자위를 위한 전쟁에 호소할 것인지 아닌지를 결정하여야 된다는 데 문제가 있다. 일부 학자에 의하면 이것은 각 국가에 자위의 자유(즉 임의로 자위를 구실로 삼아 전쟁에 호소할 수 있는 것)를 준 것이며[90] 종래의 일반국제법에 아무런 변경을 가져오는 것이 아니라는 것이다.[91]

또 실제에 있어서 예를 들면 일본은 1931년 만주침략에 있어 자기판단에 의한 자위를 주장하였던 것이다.[92] 그러나 전쟁포기조약은 일부 전쟁만을 금지한 국제연맹규약의 결함을 메우기 위하여 체결되었다는 사실에 비추어 볼 때, 모든 정식전쟁의 자유를 허용하는 일반국제법의 규정을 전쟁포기조약이 명문화하였다는 것은 생각될 수 없으며, 긴급한 경우에 자위행동 여부의 판단이 우선 각 국가에 일임되고 있으나 이는 임의의 행동을 취할 수 있다는 것이 아니고 국제법의 규칙에 따라 행동할 제한이 부과되고 있는 것이다. 또 자위의 요건이 구비되었느냐 않았느냐가 문제되었을 때 해당 국가가 최종결정권을 갖는 것이 아니고, 최종에 있어서는 공정한 제3자의 입장에 선 법원 또는 그 밖의 기관에 의하여 결정될 것이다. 국제기구가 조직되지 않았기 때문에 실제에 있어 공정한 심판이 없는 경우가 적지 않지만 그렇다고 해서 법에 있어 "자기 스스로가 자기문제결정의 법관이 될 수 없다"는 원칙이[93] 부인되는 것은 아니다.

위에서의 1931년의 만주침략에 있어 일본이 내세운 자위는 이미 언급한 바와 같이[94] 국제연맹의 리튼위원회보고에 표명된 것 같은 일반적 법

---

89) 영국정부는 어떤 지역에 관한 유보를 하였는데 그 지역의 보존이 영국의 평화 및 안전에 중대한 이해관계를 가지며 거기에서는 영국정부가 아무런 간섭도 받지 않는다는 것이다 (Guggenheim, II, 297, note 1).

90) Cf. Jahrreiss, S. 219.

91) Kunz, *op. cit.*, p. 532.

92) Bowet, p. 135.

93) Schwarzenberger, Manual, p. 16.

적 견해에 의하여 부인되었으며, 연맹이 제재를 가하지 않은 것은 오로지 정치적인 이유에서 온 것이다. 또 뉘른베르크 국제군사법원도 전쟁포기조약 체결시에 유보된 것과 같은 자위에 있어 당해 국가가 최종심판권을 갖지 못한다는 것을 확언하였다.[95] 다음 영국의 유보에 관해서는 그것이 진정한 유보라고 볼 수 있을는지 의문이며[96] 또 그 후 영국이 이 유보를 원용한 예는 없다. 또 설사 이 유보가 진정한 것이라 하더라도 전쟁포기조약의 의의를 치명적으로 파괴하는 것은 아니라고 생각된다.

셋째, 전쟁포기조약이 체결된 후에도 전쟁의 불법성 여부에 무관하고 전시법규가 양 교전국에 똑같이 적용될 것으로 생각되었고, 또 실제에 그렇게 적용되었으며, 중립체제가 그대로 존속하였고, 불법전쟁을 한 승자에게 승리의 결과를 승인하지 않는 스팀슨주의가 관철되지 않았기 때문에, 불법전쟁과 합법전쟁의 구분은 없었던 것이며 따라서 전쟁포기조약은 그 체결 후 생명을 얻지 못하였다는 것이다. 인도적 및 군사적 성격을 지닌 전시법규는 전쟁의 정 · 부정에 관계없이 모든 교전자에게 적용되어야 하지만 전쟁에 관련한 법규의 일부에 있어 합법적인 교전자와 불법의 교전자 사이에 구분을 두어야 하며, 중립체제가 의의를 상실한다는 것은 전쟁금지에 따른 당연한 귀결이며 또 불법의 승리자에게 불법의 획득을 거부하는 것도 그러하다.[97] 그러나 전쟁포기조약은 장래의 이러한 귀결의 토대만을 세워놓은 것이며 그 자체가 이러한 귀결을 규정하여 놓은 것은 아니다. 또 조직되지 않은 국제기구에 있어 이러한 귀결이 명확한 규칙이 되는 데는 장구한 시일을 요한다는 것도 누구나 알 수 있는 일이다. 그리고 이러한 규칙이 이미 나타나기 시작하였다는 것도 부인될 수 없다.[98] 이

---

94) 2. B, 주 61 참조.

95) Oppenheim-Lauterpacht, II, p. 188.

96) Guggenheim, II, p. 297, note 1; Berber, II, S. 37.

97) 제1장 제2절 1. B; 동 제1절 2. C. V 참조.

러한 귀결이 조속한 시일 내에 충분히 명백하게 나타나지 않았다 하여 그 토대가 없어졌다는 것은 성급한 판단이라고 볼 수밖에 없다.

이와 같이 전쟁포기조약이 실질적으로 없었던 것과 같이 보는 Jahrreiss는 정치적 현실에 의하여 국제법이 유린되는 경우만을 과대시하고, 반면에 그 법이 지배적인 법확신에 입각하고 있다는 것을 간과하고 있는 것이다. 전쟁포기조약은 오늘까지 그 효력을 존속시키고 있으며[99] 또 그 내용은 이미 체약국의 범위를 넘어서 일반국제법화하였다고 보는 데 문제가 없을 것이다.[100] 그리고 이 조약은 Lauterpacht가 지적한 바와 같이 종래에 각 국가에 인정되었던 전쟁의 자유를 원칙적으로 부인함으로써 국제법에 급진적인 변경을 가져온 기본적인 조약으로 생각될 수 있다.[101] 그러나 이미 설명된 바에서도 우리가 알 수 있는 바와 같이 이 조약에는 흠결이 있다.[102] 첫째, 조약위반의 권위적인 확인에 관한 규정이 없는 것, 둘째, 조약의무의 집단적인 강제를 위한 규정이 없는 것(적어도 불법교전자에게 불리하게 중립규칙의 엄격성의 완화의 정도에 관한 것), 셋째, 체약국간의 전쟁을 구속력 있는 해결에 부탁할 의무가 없는 것, 넷째, 평화적 변경에 관한 적절한 고려가 없는 것 등이다. 이러한 흠결은 말할 것도 없이 중대한 것이며 조약위반의 행동이 누누이 일어난 것도 여기에 기인한 것이며, 그 보완은 국제기구의 조직과 아울러 평화에의 끊임없는 의욕과 노력에 의하여서만 기할 수 있는 것이다.

---

98) Lauterpacht는 새로운 조약에 의하여 불법전쟁과 합법전쟁이 구별되는데 비추어 전쟁에 관련한 일부 법규가 불법전쟁을 한 국가와 합법전쟁을 한 국가에 어떻게 차별적용되어야 할 것이냐 하는 문제를 법이론과 관행에 비추어 검토한 다음 차별될 법규를 제시하고 있다(제1장 제2절 1. B). 그리고 스팀슨주의의 실현, Verdross, VR, S. 543~544.

99) Guggenheim, II, p. 297.

100) Verdross, VR, S. 357. Cf. Oppenheim-Lauterpacht, II, pp. 193~194.

101) *Ibid.*, pp. 192, 196~197.

102) Cf. *ibid.*, p. 196.

제 2 절

국제연맹의 집단적 안전보장제도에 의한 강제조치[1)]

—전쟁금지의 실효성에의 영향 가능성과 실질적 전쟁범위의 확대 가능성

1. 규약 제10조

"회원국은 모든 회원국의 영토보전 및 현재의 정치적 독립을 존중하고 또 외부의 침략에 대하여 이를 보존할 것을 약속한다. 위와 같은 침략의 경우 또는 이와 같은 침략의 위협 또는 위험이 있는 경우에는 이사회는 이 조문의 의무를 이행할 수단을 권고하여야 한다."

---

1) 집단적 안전보장(collective security)이라는 것은, Scheuner에 의하면, 조약에 의하여 합의된 국제질서를 표지하는 것이고 이 질서에서는 개별적 목적을 위한 무력의 행사는 금지되고(자위는 예외) 개별적 국가들과 국제법질서의 보호는 보편적 또는 지역적 국제조직체의 모든 국가들의 법에 의하여 허용된 행동에 맡겨진다는 것이다. 그리고 전쟁 및 무력의 금지가 집단적 안전보장의 기본적 구성요소를 이루고 이 금지는 분쟁의 평화적 해결수단에 의하여 보완된다는 것이다(Ulbrich Scheuner, Kollektive Sicherheit, Strupp-Schlohauer, II, S. 242). 이러한 의미에서 국제연맹의 안전보장제도는 규약에 의한 전쟁의 금지 및 분쟁의 평화적 해결도 포함한다(*Ibid.*, S. 243ff.). 그러나 안전보장제도가 언급될 때 이는 어떤 조약에 의하여 금지된 전쟁 또는 무력행사에 대한 당해조약에 입각한 당사국들에 의한 집단적 행동을 의미한다고 생각되어도 무방하다(Hans Kelsen, Collective Security and Collective Self-defense and the Charter of the United Nations, AJ, 1948, pp. 783~784; Kelsen, UN, p. 920; Dahm,

이 조문은 회원국에 대하여 두 가지 의무, 즉 다른 회원국의 영토보전과 정치적 독립을 존중할 소극적 의무와, 외부의 침략에 대하여 다른 회원국의 영토보전 및 정치적 독립을 보장할 의무를 포함하고 있다. 전자에는 이미 언급된 바와 같이 전쟁금지[2]도 포함되어 있는데, 여기서 문제되는 것은 후자이다. Guggenheim이 지적한 바와 같이[3] 이 조문에 규정된 국제연맹 회원국의 영토보전 및 정치적 독립의 상호보장은 그들 사이에 항구적인 평화관계의 수립을 시도하는 주권국가들을 토대로 하고 있는 국제조직의 존립에 전제가 되는 것이다. 그러나 문제는 그 상호보장의 정도와 내용이었던 것이다. 제1차대전의 전승국의 하나였으며 장래 특히 독일에 대비하여 안전보장의 필요를 느낀 프랑스의 국제연맹안(1918년 여름에 알려지게 된 것)에서는 각 회원국이 부담할 군사편대가 총사령관 및 상설적인 국제참모부 밑에서 강제조치의 수행에 출동될 것이 제안되었던 것이다.[4] 그

II, S. 387ff.).여기서는 이 후자의 의미로 이 말이 사용된 것이다. 그리고 이런 의미에 있어서의 안전보장제도의 핵심을 이루는 것이 강제조치(coercive measures)이나 이것이 그 제도에 포함되는 모든 것이 아니고 강제가 수반되지 않는 집단적 조치(collective measures)도 그 제도에 포함된다(예를 들면 국제연합긴급군의 설치는 국제연합의 안전보장제도에 의한 집단적 조치이나 강제조치는 아니다. 제3장 제2절 2. B. I. b. (1) ii). 강제조치와 집단적 조치를 구별하여야 된다는 주장은 정당하나 집단적 조치의 한 요소로서 유형의 압력을 들고 국제연합긴급군도 이러한 요소를 갖춘다는 견해(John W. Halderman, Legal Basis for United Nations Armed Forces, AJ, 1962, pp. 974, 976~979)는 적당하지 않다. 또 강제조치라고 할 때 곧 생각되는 말은 제재(sanction)다. 제재는, Sibert에 의하면, 법규위반의 억압을 실현하면서 그 법규의 적용을 확보하기 위한 사회적 방책이다(Sibert, II, p. 551. Cf. Kelsen, p. 4). 이러한 의미에서의 제재도 그 적용을 받는 자의 의사에 반하여 취하여진다는 점에 있어 강제적인 것인데(Kelsen, UN, p. 706), 여기서의 강제조치와는 일단 구별되어야 한다. 여기서의 강제조치는 그 적용을 받는 자에 대한 물리적 압력이 가하여지는 것만을 포함하는 것으로 사용되고 있으며 따라서 국제연맹 또는 국제연합에서의 제명처분(규약 제16조 4항, 헌장 제6조) 같은 제재(*Ibid.*, p. 710)는 포함하지 않는다. 또 제재 아닌 강제조치도 물론 있을 수 있다(제3장 제1절 1. A. II, 주 49~51 참조).

2) 무력에 의하여 다른 회원국의 영역을 탈취하는 것뿐 아니라 그 밖의 수단에 의한 영역획득도 금지된다(Strupp, II, p. 461).

3) Guggenheim, VB, S. 133.

4) *Ibid.*, S. 132~133.

러나 이 제안은 특히 제1차대전중 중립을 지켰던 국가들의 반대로 좌절되고[5] 타협안으로서 제10조의 내용이 채택된 것이다. 그런데 프랑스의 안이 채택되었더라면, 연맹의 기치하에서 출동되는 연맹군의 행동은 개별적인 회원국의 어떤 목적을 위한 것이 아니고 연맹이란 국제기구의 공통된 목적인 상호안전보장을 위한 것이며, 그 행동은 정식전쟁이 아니고 실질적 전쟁에 포함될 것이었으며,[6] 따라서 후자의 범위가 확대되었을 것이다. 다음 제10조에 의하여서도 말하자면 국제연맹군이 조직, 출동될 가능성과 따라서 실질적 전쟁범위의 확대의 가능성은 있었다. 즉 어떤 회원국의 영토보전 또는 정치적 독립에 대한 외부의 침략이 있었을 때, 이사회가 이 침략에 대항하고 이를 진압하기 위하여 각 회원국에 대하여 병력의 출동을 권고하고, 이 권고에 따라 출동한 회원국들의 병력이 연맹의 기치하에서 이사회의 조절하에 협동적인 행동을 취할 수 있었던 것이다. 그러나 이러한 가능성도 역시 실현되지 못하였다.

이미 언급된 바와 같이 제10조는 프랑스안과 이에 대립하는 국가들 사이의 타협안이다. 그런데 이 타협적인 것이, 규정의 내용에 의하면, 각 회원국은 모두 다른 회원국의 영토보전 및 정치적 독립을 보장하여야 할 책무를 진다는 것으로 해석되는 때문에, 캐나다의 대표는 강화회의에서 그 조문의 채택에 반대하였을 뿐 아니라, 제1차 연맹총회(1920년)에서 그 조문의 삭제를 주장하기까지 하였던 것이다. 이 조문의 충실한 운용에 대한 이러한 강력한 반대에 봉착하여 총회에서 1923년 9월 25일 다음과 같은 내용의 결의안이 토의, 작성되었다.[7]

---

5) Howard J. Taubenfeld, International Armed Forces and the Rules of War, AJ, 1951, p. 672.

6) 제1장 제2절 2. B. II, III; 동 C. V; 제3장 제2절 1. A. III; 동 B(1). II. c; 동 B(2). II. d 참조.

7) Strupp, II, p. 462~463. Cf. Dahm, II, S. 338~339. 이 결의안은 페르시아(이란)의 반대로 채택되지 않았으나 그 내용은 제10조의 일반적으로 인정된 해석이다. 또 국제연맹 내에서 세

"침략의 결과 이사회가 군사적 조치의 적용을 건의하여야 한다고 생각했을 경우에는, 특히 각 국가의 지리적 위치 및 특수한 조건을 고려하는 것이 제10조의 정신에 부합한다. 회원국들의 독립 및 영토보전의 의무에 관하여 각 회원국이 어느 정도 그 군사력의 사용에 의하여 의무의 수행을 확보하여야 할 것인가를 판단하는 것은 그 회원국의 헌법상의 권한에 속한다. 그러나 이사회에 의한 권고는 모든 회원국에 의하여 그들의 약속의 성실한 수행의 바람과 같이 가장 높은 중요성을 가진 것으로 간주되고 고려되어야 한다."

이 결의안에 의하면 구체적인 침략의 경우에 각 회원국의 제10조의 보장조치 여부는 완전히 그 회원국의 자유재량에 일임하게 되었으며, 침략의 경우에 회원국들의 군사력이 연맹군으로서 공통된 기치하에서 행동할 가능성은 희박해졌으며 제10조에 포함된 의무의 힘은 대부분 파괴된 것이다.[8]

그 후 실제에 있어 제10조는 연맹의 활동에 있어 그다지 의의를 갖지 못했던 것인데,[9] 그 조문이 뚜렷한 의의를 가진 것은[10] 일본의 만주침략에 관련하여 1932년 3월 11일 총회에서 채택된 결의에서인데, 거기에는 제10조가 명백히 채택된 다음, 다음과 같이 규정되었다.[11]

"국제연맹규약 또는 전쟁포기조약에 반한 수단으로 초래될 어떠한 사태, 조약 및 협정도 승인하지 않을 의무를 국제연맹 회원국은 지고 있다."

워진 규약 제10조의 보장의 해석은 제16조에 규정된 제재의 약속의 해석과 같은 의미로 추구되었다(Komarnicki, *op. cit.*, pp. 25~26).

8) Goodrich and Simons, pp. 424~425.

9) 이 조문을 간접적으로 강화하려는 기도(제1절 2. C)도 대개 실패로 돌아갔다(Guggenheim, VB, S. 136~141).

10) *Ibid.*, S. 136.

11) LNOJ, Special Supplement No. 101, pp. 87~88(Briggs, p. 847에서 재인용). 결의내용은 소위 스팀슨주의(Stimson Doctrine)를 표명한 것이다.

2. 규약 제16조

A. 무력에 의한 제재

국제연맹규약 제16조의 내용은 다음과 같다.

"1. 제12조, 제13조 또는 제15조에 의한 규약을 무시하고 전쟁에 호소한 회원국은 당연히 다른 회원국에 대하여 전쟁행위를 한 것으로 간주된다. 그 밖의 모든 회원국은 규약에 위반한 국가에 대하여 곧 모든 통상상 또는 재정상의 관계를 단절하고, 자국민과 규약에 위반한 국가의 국민 사이의 모든 교통을 금지하고 또 규약에 위반한 국가의 국민과 회원국이든 아니든 그 밖의 모든 국가의 국민 사이의 모든 재정상, 통상상 또는 개인적인 교통을 방지할 것을 약속한다.

2. 이사회는 이와 같은 경우에 있어 연맹의 약속을 수호하기 위하여 사용할 병력에 대하여 회원국이 개별적으로 제공할 육 · 해 · 공군의 분담정도를 관련정부에 권고할 의무를 진다.

3. 또 회원국은 이 조문에 의하여 취하여지는 재정적 및 경제적 조치에서 일어나는 손실과 불편을 최소한도로 하기 위하여 위에서의 조치에 있어서 서로 원조할 것, 한 회원국을 목표로 한 규약에 위반한 국가의 특별조치에 대항함에 있어 서로 원조할 것과 연맹의 약속의 수호를 위하여 협조하는 어떤 회원국 병력이 그의 영역을 통과하는 데 필요한 조치를 취할 것을 약속한다.

4 .연맹의 약속에 위반한 회원국에 대하여서는 이사회에 대표를 내는 모든 그 밖의 회원국의 대표의 이사회에 있어서의 일치된 투표로써 연맹으로부터 이를 제명시킨다는 것이 선언될 수 있다."

제1항은 재정적 · 경제적 제재를, 제2항은 군사적 제재를, 제3항은 두 가지 제재에 있어 원조 · 협력의 의무를, 제4항은 제명처분을 규정하고 있

으며, 경제적 · 재정적 제재에 중점이 놓여져 있는데 이는 제1차 대전의 경험에 의한 것이다.[12] 군사적 제재에 관해서는 이사회의 건의에 따라 각 회원국이 병력을 출동시키는 것은 임의이므로 규약 제12조, 제13조 또는 제15조에 위반한 국가에 대하여 회원국들의 병력이 국제연맹의 기치하에서 제재를 가할 가능성만이 예견되는 것이다. 그러나 실제에 있어서 이사회의 건의로 회원국이 병력을 출동시킨 예는 없었다. 이리하여 규약 제10조에 있어서와 같이 제16조 2항에 의하여 국제연맹군의 출동과 따라서 실질적 전쟁범위의 확대의 가능성[13]은 끝까지 가능성만으로 남고 실현되지 못하였다. 또 이것이 규약의 전쟁금지의 실효성(實效性)을 해친 것은 말할 것도 없다.

B. 경제적 및 재정적 제재

이미 언급한 바와 같이 규약 제16조는 경제적 제재에 중점을 두고 있다. 이 제재가 실제에 어떻게 적용되었느냐 하는 것은 규약의 전쟁금지의 실효성에 영향이 있다는 것은 말할 필요도 없다. 제1항에 의하면 금지된 전쟁에 호소한 회원국에 대하여 모든 다른 회원국이 경제적 제재를 당연히 과할 의무를 지게 되어 있으나, 금지된 전쟁이 일어났느냐 어느 때 일어났느냐를 누가 결정할 것인가에 관하여서는 아무런 규정이 없다. 이 문제에 관하여 제2차 총회는, 1921년 10월 4일의 "경제적 무기에 관한 결의"[14]에 의하여, 인도(引導)를 위한 규칙(Rules for Guidance)으로서 규약의 이러한 위반이 있었다는 것을 납득한 모든 회원국은 다음에 제16조에 규

---

12) Guggenheim, II, p. 264.

13) 규약 제16조는 전쟁상태를 예견하였다는 것(Taubenfeld, *op. cit.*, p. 672; Stone, p. 315)은 긍정될 수 있으나 회원국들이 이사회의 건의에 따라 집단적 공동조치를 취할 가능성이 배제된다고 생각되지 않는다(B; 제3장 제2절 1. B(1). I 참조).

14) 이 결의에 관한 설명은 Stone이 인용하고 말한 바 그대로 옮겨졌다(Stone, pp. 176~ 177).

정된 조치를 취할 의무를 져야 한다는 것을 건의하였다. 이 결의에 의하면 이사회가 규약위반 여부를 결정할 것이 아니고 다만 의견을 작성하고 "회원국이 그것에 따라 행동할 것을 권고할 것"이었다. 그러나 회원국은 "어떤 위반이 일어났다는 것을 납득하면" 행동을 취함을 요하였을 뿐이었다.

간단히 말하여 이사회의 유일한 임무는 문제를 각 회원국 앞에 그의 결정을 위하여 제기하는 것이었다.[15] 이리하여 연맹의 경제적 제재는 말하자면 지방분권적인 것으로 규정되었던 것이며 따라서 중앙집권적인 것에 비하여 약한 것이 예견되었던 것이다. 그러나 이 약화된 것마저도 적어도 대규모로 적용된 것은 단 한 번에 불과하며 그것은 1935년 이탈리아의 에티오피아 침략에서였다. 이 경우에 있어 경제적 및 재정적 제재는 대체적으로 위에서의 1921년 10월 4일의 총회의 결의에 따랐다.

다음에 이탈리아에 대한 제재의 경과가 간단히 설명될 것이다.[16] 이사회에 의하여 이탈리아 및 에티오피아 사이의 분쟁에 관하여 구성된 위원회는 1935년 10월 5일의 보고에서 이탈리아정부가 규약 제12조에 의한 약속에 위반하여 전쟁에 호소하였다는 것을 확인하였다. 이에 입각하여 이사회의 의장은 이 권고 및 그 결론의 수락 여부를 이사회의 각 구성국에 요구하였던 것이다. 이탈리아를 제외한 모든 14개의 구성국은 그 보고와 결론을 수락하였다. 다음 총회가 소집되어 모든 회원국에 이 문제에 대하여 입장을 취할 기회가 부여되었으며[17] 여기서는 투표를 하지 않고 이사회의 구성국의 의견에 반대하지 않고 침묵을 지키는 회원국은 그 의견에 동의를 표하는 것으로 간주되었다. 이러한 절차의 결과 54개국 중 50개국은 이사회의 14개의 구성국의 의견과 같이 이탈리아가 규약 제12조에 위

15) Cf. Strupp, II, pp. 471~472.

16) 이하의 설명은 Guggenheim과 Stone의 설명에서 인용된 것이다(Guggenheim, II, p. 260, note 1, pp. 266~268; Stone, pp. 177~182).

17) Cf. *ibid.*, p. 178.

반하여 전쟁에 호소하였으며 제16조에 의한 제재가 가해져야 한다는 의견이었다.[18] 이어서 총회는 각 회원국이 제각기 취할 조치의 조정의 요망성을 표명하는 결의를 채택하고 각 회원국에서 각 1명의 대표로 구성되는 위원회의 설치를 권고하였다.

이 권고에 의하여 곧 조정위원회(The Coordination Committee)가 설치되었는데,[19] 이 위원회는 이사회나 총회에 속하는 기관은 아니고 이탈리아에 대한 제재란 확정된 목적을 위한 연맹회원국의 회의였으며, 그 결정은 의무적이 아니고 권고의 성격을 가졌던 것이다. 이 위원회의 첫 번째의 제안은 이탈리아에의 무기, 탄약 및 전쟁물자의 수출 또는 재수출을 즉시 금지하는 것이었다(이 제안은 52개국에 의하여 수락되고 50개국에 의하여 실시되었다). 두 번째의 제안은 재정에 관한 것인데, 이탈리아정부에 직접 또는 간접으로 대부(貸付) 또는 신용을 주는 것이 거부될 것과, 이미 체결된 대차계약의 이행이 거부될 것이었다. 그리고 대부 및 신용의 금지는 이탈리아의 영역상에 있는 모든 자연인 및 법인에 확장될 것이었다(이 제안은 50개국에 의하여 수락되고 43개국에 의하여 실시되었다). 세 번째의 제안은 금 및 은괴 또는 화폐를 제외하고, 이탈리아에서 나오는 상품의 수입 금지였다(이 제안은 50개국에 의하여 수락되고 43개국에 의하여 실시되었다). 네 번째의 제안은 무기, 탄약 및 전쟁물자의 생산에 필요한 주된 일정한 수의 물자로서 연맹회원국이 생산한 것의 이탈리아에의 수출금지였다(이 제안은 51개국에 의하여 수락되었으며 45개국에 의하여 실시되었다). 다섯 번째의 제안은 제16조 3항에 따라 제재의 집행에 있어 상호 지지할 것이었다. 이러한 목적을 위하여 제재의 집행 결과 이탈리아 시장을 포기한 국가에서 나오는 물자의 수입을

---

18) 이사회에서와 총회에서의 회원국들의 의견의 합치는 법적으로는 두 기관의 결의가 아니고 각 회원국의 개별적 결정이 합치한 데 불과하다(*Ibid.*, p. 179).

19) 이 위원회 밑에 18개국의 대표로 구성된 위원회와 34개의 소위원회가 설치되었다(*Ibid.*, p. 181).

가능한 한 늘이고 제재에 참가하지 않는 회원국에서 나오는 물자의 수입을 적당한 방법으로 줄일 것이 권고되었다(이 제안은 46개국에 의하여 수락, 실시되었다).

이러한 제안의 실시는 그것이 보편적으로 되지 못하였기 때문에 처음부터 그 효과가 크지 못하였으며, 이탈리아는 재정적 · 경제적으로 제재의 타격을 받기는 하였으나 제재에 참가하지 않는 국가를 통하여 불가결한 중요한 물자를 구입할 수 있었던 것이다. 또 한편에 있어서는 중개의 제의에 의하여 또 다른 한편에 있어서는 일부 국가들이 조정위원회와의 사전 양해 없이 제재의 집행을 중지함으로써 타격을 받아, 이탈리아에 대한 제재는 그의 에티오피아 정복을 막지 못하였던 것이다. 그 결과 총회는 1936년 6월 30일 조정위원회에 대하여 제16조 적용의 조치를 폐기하기 위한 적당한 제안을 할 것을 권고하였다. 위원회는 이 요구에 따라 동년 7월 15일에 제재의 중지를 제안하였다.

규약 제16조에 의한 경제적 및 재정적 제재의 유일한 시도도 그 목적을 달성하지 못하였다. 이것이 연맹규약에 의한 전쟁금지의 실효성을 약화시킨 것은 틀림없는 사실이나 동시에 다음과 같은 점도 유의되어야 할 것이다. 우선 당시 강대국의 하나인 이탈리아가 규약에 위반하여 전쟁에 호소하였다는 것을 대부분의 회원국이 단정하고 전자에 대하여 미증유의 대규모의 경제적 · 재정적 제재를 시도하였다는 것은, 비록 그 시도가 국가들의 정치적 및 경제적 이해관계의 충돌 때문에[20] 목적을 달성하지 못하였다 하더라도, 규약의 전쟁금지 및 금지된 전쟁에 대한 제재에 관한 일반적 법적 확신을 표명한 것이다. 다음에 설사 전쟁금지와 같은 법규의 위반에 대한 제재가 불충분하고 나아가서는 없다 하더라도 그것으로 곧 그 법규의 의의가 상실되는 것은 아니다.[21]

---

20) *Ibid.*, p. 183. 이탈리아에 대한 제재 의의에 대한 대립된 견해: Dahm, II, S. 337, Anm. 24.
21) 서론 5. B, 주 123.

이탈리아의 에티오피아 병합 후 역시 당시 강대국이었던 일본이 다시 중국을 침략했을 때 연맹은 일본에 대하여 이 사건에 관한 한 연맹회원국원의 의무를 수락할 것을 권유하였으나 이것이 거부되자(당시 일본은 이미 연맹을 탈퇴했다) 총회는 규약 제17조 3항[22]에 의하여 제16조가 적용되어 연맹회원국은 제16조에 규정된 조치를 개별적으로 채택할 수 있다고 선언하였던 것이다.[23] 이 경우에는 어떤 회원국도 실제 강제조치를 가하지 않았으나, 일본이 규약에 반하여 전쟁에 호소하였으며 이에 대하여 회원국들의 강제조치가 가하여질 성질의 것이라는 점이 확인되었다. 그리고 1939년 소련의 핀란드 침입은, 연맹총회의 결의에 의하면, 연맹규약 및 전쟁포기조약에 위반한 불법의 전쟁이며 경제적 제재 내지 무력제재가 가하여질 성질의 것이었으며, 이사회는 소련을 제명처분하였다.[24]

22) 제17조의 내용, 제1절 1. A 참조.

23) LNOJ, 1938, p. 878(Kotzsch, p. 195에서 재인용); Guggenheim, II, p. 260, note 1.

24) LNOJ, 1939, pp. 539, 540~541(Kotzsch, pp. 197~198에서 재인용).

제 3 절

전쟁의 범죄성

1. 서 론

여기서는 제2차대전 후 독일 및 일본의 수뇌전범자의 처벌에 관련하여 침략전쟁 등을 일으키고 수행한 개인의 형사책임, 즉 개인에 관한 전쟁의 범죄성이 취급될 것이다. 그러나 "전쟁은 범죄이다"라는 법명제가 성립된다면 그러한 범죄의 주체로서 국가와 국가의 정치수뇌부의 개인들이 생각될 수 있으며 양자의 이 범죄주체성을 인정하는 경향도 있다.[1] 그런데 양자의 이 주체성에는 기본적으로 각각 특이한 문제가 있다. 첫째, 국가의 정치수뇌부인 개인의 경우에는 그들의 공적 행위는 국가에 귀속되는데 그들의 개별적인 형사책임이 있을 수 있느냐 하는 것이다. 이 문제와 함께 전쟁의 범죄성, 즉 전쟁이 범죄라는 것이 실정법 또는 일반적 법확신에 의하여 확립된 것인가는 본론에서 검토될 것이다.[2] 둘째, 국가의 경우

1) Oppenheim-Lauterpacht, I, p. 357.

2) 3. A 참조.

에는 국가가 죄를 범할 수 있느냐 하는 것과, 이것이 긍정되는 경우에도 국가를 처벌한다는 것이 형벌의 목적에 부합하느냐 하는 것이다.

국가가 죄를 범할 수 있느냐 하는 데 대하여 뉘른베르크 국제군사법원은 이를 부정하였으며,[3] 동 법원에서 영국 수석검찰관(Jackson)도 같은 의견을 표명하였는데, 오랜 영미법의 입장을 취한 듯한 영국의 검찰관(Shawcross)은 반대의 견해를 표명하였으며[4] Lauterpacht 같은 학자도 같은 견해를 갖는다.[5] 국가가 죄를 범할 수 있다는 것을 일단 가정한다 하더라도 이에 대하여 국가를 처벌하는 것이 형벌의 목적에 부합하느냐 하는 것이다. 진정한 형벌은 윤리적인 죄과(罪過, Schuld)에 대한 반동이다. 그리고 죄과라는 것은 인격적 · 개별적인 것이며 죄과의 판단은 어떤 사람의 내적인 입장, 정신적 태도에 대하여 내려지는 하나의 가치판단이다. 형법에 있어 죄과와 책임(責任, Haftung)이 서로 부합한다는 것은 정의의 한 요구이다. 그런데 국가가 처벌되어야 한다면 죄과와 책임이 부합하지 않는 것이다. 국가가 처벌되는 것은 국민 전체의 죄과가 아니고 그 극소 일부인 국가기관의 죄과 때문이다. 그러므로 국가의 처벌은 그것의 고통으로 속죄의 념(念)을 일으키는 기능(Sühnefunktion)을 갖지 못한다. 또 국가처벌은 범죄의 예방수단으로서 유용한 것으로서 생각되지 않는다.[6] 국가의 처벌이 형벌의 목적에 부합하지 않는다면 국가가 죄를 범할 수 있다는 가정은 그 진의를 상실하고 "단체는 범죄행위의 주체가 될 수 없다"(*Societas delinquere non potest*)는 법언이 타당하다고 생각되어야 할 것이다.

오늘날 국제법에서도 국가기관인 개인의 공적임무에 관련한 불법행위를 그 소속국가에 귀속시키고 따라서 일반적으로 집단적 책임이 인정되

3) 3. A, 주 46.
4) Dahm, III, S. 270, Anm. 8.
5) 주 1.
6) Dahm, III, S. 270~271.

고 있다. 또 이러한 책임 중 비물질적 손상에 대한 명예회복(satisfaction, Genugtung)의 의무와 같은 형벌의 색채를 가진 것도 있다.[7] 또 국제기구와 관련하여 예를 들면 국제노동기구헌장 제28조에 따라 심사위원회가 그 보고서에서 어떤 국가가 어떤 노동협정에 위반하였다는 것을 인정하고 동헌장 제32조에 따라 국제사법법원이 이 인정을 확인하는 것 같은 것은 협정에 위반한 정부 내지 국가의 국제적인 명망에 관한 것으로 명예형(Ehrenstrafe)이라 불려질 수 있다.[8] 또 국제기구에서의 제명 또는 정권처분과[9] 같은 징계벌의 색채를 가진 것도 있다. 그러나 일반적으로 국가관행은 국가의 처벌에 대하여서는 억제하여 왔던 것이다.[10] 제2차대전 후 독일 및 일본의 수뇌전범자처벌에 있어서 개인들의 개별적인 책임만이 취급되었으며 양국에 대한 처벌은 문제되지 않았고,[11] 또 그후 국제범죄의 처벌을 취급한 조약(1948년 12월 9일의 집단적 살해의 방지 및 처벌에 관한 조약), 조약안 및 국제기관의 결의 등[12]은 국가의 집단적 책임에서가 아니라 개인들의 개별적 책임에서 출발하고 있다.[13] 또 국제연합헌장 제7장 등에 의하면 평화에 대한 위협, 평화의 파괴 또는 침략행위에 대하여 국제연합은 강제조치를 취할 수 있는데 평화의 유지 및 복구를 목적으로 한 집단적 안전보장조치가 관계국가에 대한 처벌이라고 곧 단정할 수 있다고는 생각되지 않는다. 이러한 단정은 위에서 언급된 형벌의 목적에 비추어 정당한 판단이 아니며 또 적어도 지금까지의 국가관행에도 부합하지 않는다.

---

7) Verdross, VR, S. 325; Dahm, III, S. 244, 268~269. Cf. Oppenheim-Lauterpacht, I, pp. 354~355; Cheng, pp. 237~238.

8) Dahm, III, S. 269.

9) 국제연합헌장 제5조 및 제6조.

10) Cheng, pp. 233ff.

11) 2 참조. 유럽추축국의 수뇌전범자의 처벌을 위한 협정의 부속서인 국제군사법원헌장 제8조 및 제9조에 의하면 독일의 일정한 조직을 법원이 범죄적인 것으로 선언할 수 있게 되었으나 이것도 개개인의 처벌을 목적으로 한 것이다(Dahm, III, S, 270).

12) 3. D 참조.

13) Dahm, III, S. 270~271.

2. 제2차대전 후 수뇌전범자의 처벌

A. 처벌의 근거

전쟁이 발발한 후 병력에 속한 자 또는 병력에 속하지 않는 자가 전시법규에 위반한 행위를 하고 적에게 붙들렸을 때에는 전시범죄자로서[14] 처벌될 수 있으며 또 그 소속국에 의하여 그러한 자가 처벌되어야 할 것이다.[15] 이러한 전시범죄제도는 이미 오래 전부터 존립하여 온 것인데, 제2차대전 때 독일 및 일본 등이 세계제패의 야욕에서 곳곳에서 분쟁과 충돌을 야기하고 또 이에 따른 대규모의 전쟁을 수행하기 위하여 미증유의 조직적인 살상, 파괴, 약탈행위를 감행함에 비추어 대전중에 양국의 수뇌범죄자, 즉 침략전쟁도발 및 수행과 불법의 파괴, 살상에 있어 정치적으로 주동적 역할을 한 자를 처벌하여야 한다는 연합국측의 결의가 개별적으로 또는 합의에 의하여 표명되었던 것이다.[16] 독일의 수뇌전범자에 관하여서는 1945년 8월 8일 미, 영, 불 및 소련 사이에 유럽추축국의 수뇌전범자의 소추 및 처벌을 위한 협정(The Agreement for the Prosecution and Punishment of the Major War Crinimals of the European Axis)이 체결되었다.[17] 그 제1조에 의하여 수뇌전범자, 조문의 문구에 의하면 그 범죄가 특별한 지리적 위치를 갖지 않는 전범자[18]를 재판할 국제군사법원(The International Military

14) Oppenheim-Lauterpacht, II, pp. 566ff.

15) Dahm, III, S. 297, Anm. 5.

16) 1942년 1월 13일 세인트제임스선언, 1943년 10월 30일 모스크바선언, 1942년 12월 28일 미국부통령 연설, 1945년 7월 26일 포츠담선언(Horwitz, pp. 477, 479).

17) 뒤에 19개국이 가입하였다(Hans Ehard, The Nürnberg Trial against the Major War Criminals and International Law, AJ, 1949, p. 244).

18) 그 밖의 전범자를 처벌하기 위한 각국에 의한 개별적인 법원도 설치되었다(Oppenheim-Lauterpacht, II, pp. 582ff.).

Tribunal)이 설치된다. 이 법원의 구성, 관할권 및 기능은, 제2조에 의하면, 협정의 부속서인 법원의 헌장에 의하여 규율된다. 일본의 수뇌전범자의 재판 및 처벌을 위한 극동군사법원헌장(The Charter of the International Military Tribunal for the Far East)은 1946년 1월 19일 태평양지역연합군총사령관의 포고의 부속서로서 발포되었다.[19] 이 헌장이 그 선구자인 독일 수뇌전범자를 재판할 법원의 헌장에 따른 것은 물론이지만 특수한 사정에 따른 차이가 없는 것은 아니다.[20] 그러나 양 헌장은 주된 원칙에 있어 일치하며 또 양 법원에 있어서의 검찰측 및 피고인 변호측 사이에 전쟁의 범죄성에 관한 논쟁점과 이에 대한 법원결정도 그 주요한 점에 있어서는 일치한다고 보아도 틀림이 없다고 생각된다. 다시 말하면 극동국제군사법원(소재지 동경)의 헌장 및 그 재판에서 표명된 중요한 법적 문제는 뉘른베르크 국제군사법원의 헌장 및 재판의 예를 대개 따랐으므로, 후자인 헌장 및 재판이 주가 되어 법적 문제가 검토될 것이다.[21]

B. 문제점

뉘른베르크 국제군사법원헌장 제6조의 규정은 다음과 같다.[22]

"유럽추축국의 수뇌전범자의 재판 및 처벌을 위하여 제1조에 언급된 합의에 의하여 설치된 법원은, 개인으로서이든 또는 단체의 구성원으로서이든

---

19) Horwitz, p. 483. Oppenheim-Lauterpacht, II, p. 581, note 2. 헌장의 근거는 포츠담선언 및 이것을 수락하고 연합군 총사령관의 명령에 따를 것을 약속한 1945년 9월 2일의 일본의 항복문서, 총사령관에게 연합국을 대표하여 항복문서를 이행할 권한을 준 1945년 12월 27일의 모스크바협정이다. 또 일본에 대한 정책을 결정할 연합국의 극동위원회가 1945년 2월에 설치되었다(Horwitz, pp. 481~483. Cf. Greenspan, pp. 424~425).

20) Horwitz, pp. 486ff.

21) 뉘른베르크 및 극동의 수뇌전범자재판에 관하여서는 그 관계문서가 간행되고(주26, 33, 39; 3. B. 주 57) 이미 많은 해설 및 비판서 또는 논문이 나왔다(Cf. e.g. Briggs, p. 1018).

22) 동경국제군사법원헌장의 해당 조문 제5조.

유럽추축국의 이익을 위하여 활동하면서 다음과 같은 범죄의 어떤 것을 범한 자를, 재판하고 처벌할 권한을 갖는다. 다음과 같은 일개 또는 수개의 행위는 법원의 관할권에 속하는 범죄이며 이에 대하여 개인책임이 있다.

a. 평화에 반한 범죄. 즉 침략전쟁 또는 국제조약, 협정 또는 보증에 반한 전쟁의 계획, 준비, 착수, 또는 실행 또는 이러한 행위의 어떤 것을 달성하기 위한 공동계획 또는 모의에의 참가.

b. 전시범죄. 즉 전시법규 및 관습의 위반. 이러한 위반은 다음과 같은 것을 포함하나 그것에 국한되지 않는다. 점령지역의 또는 그 지역 내에 있는 민간인의 살해, 학대 또는 노예노동이나 그 밖의 목적을 위한 추방, 포로 또는 해상에 있는 사람의 살해 또는 학대, 인질의 살해, 공유 또는 사적재산의 약탈, 군사적 필요에 의하여 정당화되지 않는 시, 읍 또는 촌락의 무법한 파괴 또는 황폐화.

c. 인도(人道)에 반한 범죄. 즉 범행지 국내법위반이든 아니든 이 법원의 관할권 내에 있는 어떤 범죄의 수행으로서 또는 그와 관련하여 행하여진 전쟁전 또는 전쟁중 민간인(civilian population)에 대한 살해, 절종(絶種), 노예화, 추방 및 그 밖의 비인도적 행위 또는 정치적 · 종족적 또는 종교적 이유에 입각한 박해.

이상 범죄의 어떠한 것을 범하기 위한 공동계획 또는 모의의 입안 또는 수행에 참가하는 지도자, 조직자, 교사자 및 공범자는 이러한 계획의 수행에 있어 어떤 자에 의하여서이든 행하여진 모든 행위에 대하여 책임을 진다.

제7조. 피고의 공적 지위는 국가원수이든 또는 정부 부서의 책임 관리이든 그들을 책임에서 면제하는 것 또는 형벌을 경감시키는 것으로 생각되지 않는다.

제8조. 피고가 그의 정부 또는 상관의 명령에 따라 행동하였다는 사실은 그를 책임에서 면제하지 않지만 법원이 정의가 그렇게 요구한다고 결정하면 형벌의 경감에 있어 고려될 수 있다."[23]

---

23) 동경국제군사법원헌장 제6조.

이러한 조문에 입각하여 나치독일정권의 수뇌전범자 19명이 1946년 9월 30일(재판 시작은 1945년 11월 20일) 유죄판결을 받았다.[24]

아래에서는 이 조문에 입각한 재판에 관하여 법적으로 문제되는 점이 검토될 것이다.

첫째, 제6조에 열거된 세 가지 범죄 중 전시범죄가 이미 국제법상 확립된 것이라는 점은 반복될 필요가 없으나, 문제는 처벌된 자들이 직접행위자가 아니라는 데 관련된다. 그런데 피고가 군의 사령관인 경우에는(사령관이 개인의 입장에서가 아니고 국가의 법령에 따를 경우는 여기서 제외된다), 그의 지휘하에 있는 군의 전시법규에 위반한 행위를 그가 직접 명령하였을 경우는 말할 것도 없고, 그러한 행위를 방지 또는 진압할 가능한 조치를 취하지 않았을 때 또 나아가서는 그러한 행위를 범한 자를 고의 또는 과실로 처벌하지 않았거나 처벌을 주장하지 않았을 경우에, 그도 책임을 져야 한다는 것은 기존 국제법에 있어서는 긍정되어야 할 것이다.[25] 피고가 정부부서의 책임자인 경우에는(이 경우에는 국가의 법령을 집행하는 것이 주로 고려된다) 문제되는 점이 있는데 이는 다음에 곧 언급될 것이다.

둘째, 인도(人道)에 반한 범죄에 관하여서는 법원헌장이나 재판에서 표명된 바에는 모호한 점이 있으며, 특히 전시범죄와의 한계가 명확하지 못하다.[26] 그러나 인도에 반한 범죄가 전시범죄와 구별되는[27] 범위에 있

---

24) Bishop, VIII-38; Oppenheim-Lauterpacht, II, p. 579. 동경국제군사법원에 의하여서는 25명이 1948년 11월 12일 유죄판결을 받았다(Horwitz, pp. 475, 584).

25) Oppenheim-Lauterpacht, II, pp. 572~574. 山下사건에 있어서의 미국대법원의 견해, (1946) 327 United States Supreme Court Reports 1, AJ, 1946, p. 432(Greenspan, pp. 478~481에서 재인용). Cf. Berber, II, S. 256~257.

26) 동경국제군사법원에서의 기소에는 전시범죄와 인도에 반한 범죄가 구별되지 않았고 법원도 양자의 차이점을 취급하지 않았다(Greenspan, p. 436). 뉘른베르크 군사법원은 양자를 구별하는 데 고심하였는데 이 조문을 제한하여 해석하였다. 즉 전시범죄 또는 평화에 반한 범죄와 직접 관련이 있는 행위만 취급되었고 또 개전 후의 행위에 그 관할권이 국한되었다(Judgement of Nürnberg Tribunal, September 30, 1946, U.S. Government Printing Office, 1947(Bishop, Jr., VIII-37에서 재인용). Cf. Castrén, p. 86; Oppenheim-Lauterpacht, II, p.

어서[28] 법원헌장의 규정은 성문국제법상 새로운 것이다.[29] Sibert가 말한 바와 같이, 인간의 기본권을 침해하는 행위가 전쟁작전의 밖에 있어서도 가장 엄격하게 억압되어야 한다는 이념이 새로운 것은 아니며, 19세기에 인도(人道)를 위한 간섭은 그러한 목적을 가졌고,[30] 또 "1907년 육전(陸戰)의 법규 및 관습에 관한 조약"의 전문에 의하면 교전자는 문명국 사이의 관습, 인도의 법칙 및 공공양심의 요구에서 생기는 국제법의 원칙에 따라 행동하여야 된다는 것이나, 이 규정은 애매하고 제재도 따르지 않는데, 인도에 반한 범죄에 관한 처벌의 규정은 이 법원헌장에 비로소 규정된 것이다.[31] 그러나 인도에 반한 죄의 내용은 이미 모든 국가의 국내법에 의하여 보편적으로 불법시되고 처벌될 것이므로[32] 다음과 같이 생각될 수 있다. 인도에 반한 범죄는 법의 일반원칙으로서 이미 국제법상 확립된 것으로,[33] 이러한 죄를 범한 자를 그 관할 내에 가지는 국가는 범죄지 및 범죄로 인한 피해자의 수하에 관계없이 그 자를 처벌할 수 있다. 이 견해와 같

579, note 5; Dahm, III, S. 299).

27) 양자의 관계에 관하여서는 전시범죄가 넓은 의미에서 인도에 반한 범죄의 일종이라는 견해가 있을 수 있다. 그러나 그렇다면 인도에 반한 범죄는 그 개념이 파악될 수 없어 애매하게 될 것이다. 양자는 그 범위가 일부 교착하는 관계에 있다고 생각되는데(Dahm, III, S. 301), 그 경우에 인도에 반한 범죄의 개념구성에 표준이 되는 것으로서는 첫째, 범죄의 대상이 개개인으로 생각되는 것이 아니고 어떤 단체의 구성원으로 생각된다는 것이며, 따라서 범죄에서 의도된 것은 개개인보다 그 개개인이 속하는 어떤 단체를 파괴하려는 것이다(Cf. Greenspan, p. 437, note 94). 둘째, 이 범죄는 인간 그 자체에 대한 것이며 따라서 단순히 재산에 대한 것 같은 것은 여기서 제외된다(Cf. *Ibid.*, p. 460; Dahm, III, S. 300).

28) 독일국내에서 유태인에 대한 박해가 그 현저한 예라는 것은 다시 언급됨을 요하지 않는다(Greenspan, p. 462; Stone, p. 361, note 67).

29) Kelsen, p. 135; Briggs, p. 1019.

30) 이 간섭은 대의명분으로 인도의 기치를 내세웠으나 실상은 정치적 이해관계에 의하여 주로 좌우되었다(졸저, 국제법상의 인권보장문제, 고려대학교 법학논집, 1958년 3월, p. 71).

31) Sibert, II, p. 591~592.

32) Verdross, VR, S. 159; Redslob, p. 229; Stone, pp. 360~361, 369~370.

33) Nürnberg Indictment, U.S. Dept. of State, Trial of War Criminals Documents, p. 23 (Bishop, Jr., VIII-27에서 재인용). 아이히만사건의 판결 참조(AJ, 1962, pp. 808ff.).

은 결론에 도달하나 좀더 명확하게 Redslob는 다음과 같이 말하고 있다.[34)]

> "어떤 국가나 그의 국경 밖에서 외국인에 의하여 범하여진 죄에 의하여 그가 손상을 받았을 때에는 그 죄를 소추할 수 있다.[35)] 정의 및 인도의 기본적 규범을 침범하는 범죄에 의하여 언제나 어떤 국가나 손상을 받는다는 것이 부언되어야 할 것이다."

이렇게 본다면 인도에 반한 범죄는 새로운 국제법에 따른 규정의 산물이라고 볼 수 없는 것이다.[36)]

셋째, 이미 언급된 바와 같이 전시범죄 또는 인도에 반한 범죄가 정부의 명령(단순한 상관의 명령과는 구별되며 국가의 법령에 의한 것)에 따라 행하여진 경우에 있어서도 행위자가 책임을 진다는 점인데, 이러한 행위는 기존의 일반국제법에 의하면 국가의 행위이며, 따라서 이에 대하여 개개의 행위자가 책임을 지는 것이 아니고 행위자의 소속국이 집단적 책임을 지는 것이다. 따라서 이 점에 있어서 뉘른베르크 국제군사법원헌장은 소급효를 가진 새로운 법이라고 보아야 할 것[37)]이 아닌가?

넷째, 가장 중요한 문제는 평화에 반한 범죄[38)]에 관한 것인데, 여기서 논의대상이 된 것은 다시 말할 것도 없이 침략전쟁 또는 국제조약에 위반한 전쟁의 경우에 전쟁을 계획, 수행한 개인들의 형사책임이다.[39)] 독일 및

---

34) Redslob, p. 229.

35) 한국형법 제6조에도 유사한 내용이 있다.

36) Cf. Ehard, *op. cit.*, p. 239. Berber는 독일에서의 다년간의 공포정치에 의하여 생긴 비정상적 상태에 비추어 인도에 반한 범죄에 대한 재판이 허용된다고 생각하고 있다. 그러나 처벌될 행위는 모든 문명국가들에 의하여 범죄가 될 행위라야 한다는 것이다(Berber, II, S. 255~256).

37) Verdross, VR, S. 159; Kelsen, pp. 136~137. 뉘른베르크 및 동경 국제군사법원은 소급효를 부인하고 있다(주 41 참조).

38) 베르사이유강화조약 제227조 참조.

일본이 불법의 전쟁을 과하였다는 것에 대하여서는 거의 학설이 일치하지만,[40] 이러한 불법전쟁을 실제로 계획, 준비, 착수 또는 실행한 자에게 대하여 형사책임을 지우는 법원헌장은 소급효를 가진 새로운 법이 아니라는 양 법원의 단정에[41] 반대설이 유력하며, 이 반대설의 입장에 설 때 다음과 같은 문제가 일어난다. 법원헌장은 문명국가의 형법에서 많이 인정되고 있는 죄형법정주의(*nullum crimen sine lege, nulla poena sine lege*)에 반한 것인데, 죄형법정주의 원칙이 일반국제법에서 인정되어야 할 것이라면 법원헌장과 이에 따라 한 법원의 판결은 위법이라고 보아야 할 것이 아닌가? 여기서 문제된 점을 셋째 번에서 설명된 점과 결부시킨다면 기존의 일반국제법에 의하여 국가행위로 취급될 불법전쟁의 도발행위를 범죄로 볼 수 있으며, 그 행위자가 처벌될 수 있는가 하는 문제가 일어난다.

다섯째,[42] 뉘른베르크 및 동경 국제군사법원은 다 같이 전승국(처벌하는 측)이 판정하는 법에 의하여 설치되었으며, 검찰관 및 법관 다 같이 전승국을 대표하는 자로서만 구성되었다.[43] 이것이 문명국가의 형사재판에

39) 그 밖의 논의된 것의 예: 침략정의의 결여 및 모의문제(Judgement of the International Military Tribunal for the Far East, November 4~12, 1948, pp. 994, 1142(Horwitz, pp. 549, 552~553에서 재인용). Cf. Stone, Aggression, pp. 134~136; Greenspan, p. 436).

40) 이에 대한 반대이론을 제기한 사람으로서 Herrmann Jahrreiss가 있다(제1절 3 참조). 또 동경국제군사법원의 법관의 한 사람인 인도의 Pal은 전쟁포기조약에 의하여 전쟁의 성격에는 아무런 변경이 가하여지지 않았다고 말하고 있다(Judgement of the Honorable Mr. Justice Pal, member from India of the International Military Tribunal for the Far East, November 12, 1948, pp. 151~152(Horwitz, p. 548에서 재인용)). 그러나 전쟁에 대한 개인의 형사책임을 단호히 부인하는 학자도 독일의 행동이 불법이라는 것은 긍정하고 있다(E.g. Ehard, *op. cit.*, pp. 237~238).

41) Judgement of the Nürnberg Tribunal, op, cit.(Bishop, Jr., VIII-30, 31에서 재인용); Judgement of the International Military Tribunal for the Far East, *op. cit.*, pp. 25~26 (Horwitz, p. 546에서 재인용).

42) 여기서 수뇌전범자의 재판에 관한 여러 가지 문제가 모두 언급될 수 없는 것은 부언을 요하지 않을 것이다(Cf. Ehard, op, cit., p. 231).

43) 일본 수뇌전범자 처벌에 대하여서는 일본이 동의하였다고 하지만(Dahm, III, S. 292) 그 동의에는 수락의 여부가 작용할 여지가 없었다.

서 승인된 원칙에 반한 것은 말할 것도 없는데 이것은 국제법원의 요구에도 반한 것이 아닌가?[44]

3. 전쟁범죄성

A. 전쟁포기조약과 전쟁범죄성

뉘른베르크 국제군사법원의 헌장이 채택될 때 불법전쟁은 범죄이며 따라서 그러한 전쟁을 도발한 자는 처벌되어야 한다는 것이 국제법상 확립되었다는 근거로서 법원이 든 것은 주로 전쟁포기조약이다. 뉘른베르크 국제군사법원은 다음과 같이 말하였다.[45]

> "법원의 견해에 의하면 국가정책의 수단으로서의 전쟁의 엄숙한 포기는 이러한 전쟁은 국제법에 있어 불법이며 이러한 전쟁을 계획하고 실행하는 자는 이 전쟁의 불가피하며 가공할 결과로써 그러한 행위를 함에 있어 범죄를 범한다는 명제를 필연적으로 포함한다.… 그러나 전쟁포기조약은 이러한 전쟁이 범죄라는 것을 명시적으로 규정하지도 않고 또 이러한 전쟁을 한 자를 재판할 법원도 설립하지 않는다는 것이 주장된다. 그러한 한도에 있어 똑같은 것이 헤이그조약에 포함된 전시법에 관하여서도 해당된다. 1907년의 헤이그조약은 전쟁을 하는 어떤 일정한 방법에의 호소를 금지하였다. 이 방법은 포로의 비인도적 대우, 독을 칠한 무기의 사용, 휴전기의 부당한 사용 및 비슷한 사항을 포함하고 있다. 이러한 금지의 대부분은 조약 이전에 오랫동안 실시되어 왔으나 1907년 이래 확실히 그러한 금지는 전시법에 반한 죄과로서

---

44) *Ibid.*, III, S. 291; Ehard, *op. cit.*, p. 231.

45) Judgement of the Nürnberg Tribunal, op, cit.(Bishop, Jr., VIII, 31~32에서 재인용); Judgement of the International Military Tribunal for the Far East, *op. cit.*, pp. 25~26 (Horwitz, p. 546에서 재인용).

처벌될 수 있는 범죄였던 것이다. 그러나 헤이그조약은 어디에서도 이러한 행동을 범죄로 명명하지 않았으며, 아무런 형의 선고도 규정되지 않았으며, 범죄자를 재판하고 처벌할 법원에 관하여서도 아무런 언급이 없다. 그러나 과거 오랫동안 군사법원은 이 조약에 의하여 규정된 육전규칙을 위반한 개인들을 재판하고 처벌하여 왔던 것이다. 법원의 견해에 의하면 침략전쟁을 실행한 자는 똑같이 불법이며, 또 헤이그조약의 규칙의 하나의 위반보다도 훨씬 중대성을 가진 것을 행하는 것이다.…"[46]

이러한 법원의 입장을 지지하는 학자의 견해도 있다. Lauterpacht에 의하면[47] 전쟁포기조약은 주권국가의 국제특권으로서의 전쟁을 폐위시킨 하나의 기본적인 조약이며, 이러한 조약의 계획적인 위반은 단순한 불법행위가 아니고 국제사회 전체를 해치는 것으로서 범죄성을 갖는다는 것이다. 물론 전쟁포기조약이 종래에 국가의 자유에 맡겨졌던 전쟁을 원칙적으로 금지하였다는 점으로 보아 국제법에 있어 중요한 자리를 차지한 것은 부인할 수 없으나, 이것만으로 곧 종래의 국제법의 또 하나의 원칙이, 즉 집단적 책임의 원칙에 중대한 수정을 가져온다고 보는 해석은 지나친 것이 아닌가? 종래의 국제법에 의하면 위에서 언급된 바와 같이 국가기관이 국가의 명의로 불법행위를 하였을 때는 그 기관을 구성하는 개인이 책임을 지는 것이 아니고 당해국가가 책임을 진다. 그런데 전쟁포기조약에

---

46) 또 여기에 관련된 법원의 판결의 내용으로서 다음과 같은 것이 있다. "국제법은 주권국가의 행위에 관련하여 개인에 관한 처벌을 규정하지 않는다고 진술되었다. 또 문제의 행위가 국가의 행위인 경우에는, 그것을 실행하는 자는 개인적으로 책임을 지지 아니하고 국가주권의 교의에 의하여 보호된다고 진술되었다. 법원의 견해에 의하면 이러한 진술은 다같이 거부되어야 한다.… 국제법에 반한 범죄는 사람에 의하여 범하여지고 추상적인 실체에 의하여 범하여지지 않으며 이러한 범죄를 범한 개인들을 처벌함으로써만 국제법의 규정은 실시될 수 있다"(Judgement of the Nürnberg Tribunal, *op. cit.*(Bishop, Jr., VIII-33에서 재인용). Cf. Horwitz, p. 550).

47) Oppenheim-Lauterpacht, II, p. 192, I, pp. 341~342, 639. 그는 계획적(premeditated)인 전쟁만이 범죄적이라는 것이나 소위 침략전쟁에 있어 계획적이 아닌 것이 있다고는 볼 수 없을 것이다.

위반하여 어떤 국가가 전쟁에 호소하였을 때 그러한 전쟁을 도발시킨 자에게 개별적인 형사책임을 지운다는 것은 조약의 규정에서 찾아지지 않으며, 또 조약체결의 준비문서에서도 개별적인 형사책임에 관한 조약입안자의 의도는 표명되지 않았다.[48] 또 법원은 전쟁의 범죄성을 논증하기 위하여 국제기구의 결의(1927년 9월 24일 국제연맹총회 결의의 전문, 1928년 2월 18일의 제6차 미주국가회의 결의) 및 조약안(1923년 상호원조조약안 제1조, 1924년 제네바의정서안 전문)에 나타난 것, 즉 침략전쟁은 국제범죄라는 것을 인용하였던 것이다.[49]

이러한 결의 및 조약안은 형식적으로는 법적 구속력을 갖지 못하고 또 개인의 처벌은 표명되지 않았으므로 이러한 문서에 공통적으로 표명된 것, 즉 불법전쟁의 범죄성이 세계의 일반적인 법적 확신을 표명하느냐가 문제되는 것이다. 법원은 이를 긍정하는 의미로 위에서 언급된 문서들을 인용하였던 것이다.[50] 그러나 제2차대전 전에 이러한 법적 확신이 적절하게 표명될 구체적인 기회가 있었는데도 불구하고 표명되지 않았다. 1931년 및 1937년에 각각 시작된 2차의 일본의 중국침략, 1935년 이탈리아의 에티오피아 공격, 1939년 소련의 핀란드 침공에 있어, 미국, 영국, 프랑스 및 소련 중 어떤 나라도 "이러한 침략전쟁을 당시 국제법하에서 범죄로 보고 이에 대한 국제적인 처벌이 있을 것이며 따라서 관계정치가에게 개인적으로 책임지운다"는 것을 공적으로 표명한 적은 없었던 것이다. 또 제2차대전 직전에 히틀러에 대하여 진지한 말로써 행하여진 여러 정치가의 경고도 침략전쟁의 범죄성에 관한 일반적 법적 확신에의 언급과 범죄 및 처벌의 경고는 포함하지 않았던 것이다.[51] 따라서 침략전쟁의 범죄성은

48) Guggenheim, II, p. 302; Kelsen, pp. 137~138.

49) Judgement of the Nürnberg Tribunal, op, cit.(Bishop, Jr., VIII, 32~33에서 재인용).

50) 검찰진도 이와 같은 법적 확신이 이미 확립된 것으로 보았다(Ehard, *op. cit.*, p. 232).

51) 뉘른베르크의 미국의 군사법원은 평화에 반한 죄에 대한 처벌의 근거를 논함에 있어 프레데릭대왕 및 나폴레옹이 각각 제국이사회에 소환된 것과 세인트 헬레나에 유배된 것을 들고

1939년 당시의 일반적 법적 확신에는 부합되지 않는 것이라고 생각된다.[52)]

또 위에서 인용된 바와 같이 뉘른베르크 국제군사법원은 전쟁포기조약이 조약위반의 개인행위의 범죄성, 그 재판 및 처벌에 관하여 규정하지 않은 것에 관하여 헤이그조약을 예로써 인용하고 있으나 이 비교는 적절하지 않다. 즉 헤이그조약의 규칙은 개개인을 수범자로 하고 있으나 전쟁포기조약은 국가만을 수범자로 한다는 점이 간과되고 있다.[53)] 뉘른베르크 국제군사법원은 그 판결에 있어 "이러한 범죄를 범한 개인들을 처벌함으로써만 국제법의 규정은 실시될 수 있다"[54)]고 말하고 있으나, 이는 Verdross가 지적한 바와 같이 현행법이 아니고 희망되는 법(*lege ferenda*)에 불과한 것이다.[55)]

B. 국제군사법원헌장의 소급효 문제

위에서 설명된 바에 비추어 뉘른베르크 및 동경 국제군사법원헌장의 평화에 반한 범죄의 규정은 소급효를 가진 범죄 및 형벌에 관한 규칙인 것이다.[56)] 이것은 뉘른베르크 및 동경의 군사법원의 일부 검찰관 및 법관에 의하여서도 긍정되었다.[57)] 다음에 소급효를 가진 범죄 및 형벌에 관한 규

있으나 이와 같은 정치적으로밖에 의의를 갖지 않는 고사를 든 것(In re Weizsaecker and Others, Ministries Trial, U.S. Military Tribunal at Nürnberg, April 14, 1949(AD, 1949, pp. 348~349에서 재인용))은 적당하지 못하다.

52) Ehard, *op. cit.*, p. 239; Jahrreiss, S. 230. Cf. Stone, p. 325. 반대입장의 예: Greenspan, pp. 432~436.

53) Guggenheim, II, pp. 302~303.

54) 주 46 참조.

55) Verdross, VR, S. 159.

56) *Ibid.*; Guggenheim, II, p. 42; Kelsen, p. 137; Ehard, *op. cit.*, p. 239.

57) 뉘른베르크 군사법원에 있어 소련의 수석검찰관의 견해(Trial of the Major War Criminals before the International Military Tribunal, Nürnberg, 14 Nov. 1945~1 Oct. 1946

칙은 국제법에서도 허용되지 않는다고 보아야 할 것이 아니냐 하는 문제가 제기된다. 다시 말하면 죄형법정주의(罪刑法定主義)는 국제법에서도 타당한 것이 아닌가 하는 문제가 일어난다.[58)]

Kelsen에 의하면,[59)] 일반국제법은 일부 국가들의 헌법과 같이 소급효를 가진 법규의 제정을 금지하지는 아니하며 따라서 런던협정은 일반국제법에 배치하는 점이 없다는 것이다. Stone도, 국제법에 있어서는 죄형법정주의에 따라 소급적인 형벌을 금지하는 규칙은 없으며,[60)] 따라서 뉘른베르크 죄목의 일반적인 소급문제는 엄격한 의미에서의 법의 문제가 아니고 실질적인 정의 및 정책의 문제라고 생각되어야 한다고 단정한 다음, 이와 같은 입장에서 볼 때 평화에 반한 범죄의 처벌도 그 밖의 범죄의 처벌과 같이 긍정될 것을 시사하고 있다.[61)] 그러나 Ehard는, 죄형법정주의가 국제법에서도 적용된다는 것을 뉘른베르크 국제군사법원에서의 기소 및 재판이 원칙적으로 부인하지 않았다는 것과 상설국제사법법원이 1934년 단치히(Danzig)의 형법에 있어 유추의 도입의 가부문제에 관한 그의 권고적 의견(국제연맹 이사회에 대한)에서 같은 입장을 취하였다는 것을 인용하

(Nürnberg, 1947), Vol. Ⅶ, p. 148(Ehard, *op. cit.*, p. 234에서 재인용)). 동경국제군사법원에서 인도출신의 법관(R.M. Pal)의 입장(Pal Judgement, *op. cit.*, pp. 151~153(Horwitz, p. 548에서 재인용)).

58) 죄형법정주의와 범죄 및 형벌에 관한 규칙의 불소급의 원칙의 관계는 Ehard에 의하면 다음과 같이 표명되고 있다." …만약 발전과정에 있어 지금까지 처벌될 수 없었던 행위를 처벌하게 하는 어떤 규칙이 생긴다면, 그 규칙은, 그것이 참으로 법이라고 생각되어야 할 것이라면, 장래에 대하여서만 적용될 수 있다. 왜냐하면 그 때까지는 그 행위는 법에 반하지 않았으며 그리고 입법자는 과거를 변경할 수는 없기 때문이다. 이것이 '*nulla poena sine lege*'이라는 주의가 입각하고 있는 이념이다" (Ehard, *op. cit.*, p. 236).

59) Kelsen, p. 137.

60) Stone, pp. 359~360, 368~370.

61) Stone이 뉘른베르크 국제군사법원의 헌장 및 판결을 긍정하는 것은 세 가지 이유에서이다. 첫째, 죄형법정주의 및 형벌법규 불소급의 원칙을 긍정하는 국제법규는 없다. 둘째, 침략전쟁을 불법시하는 윤리규범은 이미 존재하고 있었다. 셋째, 독일이 무조건 항복하였으므로 전승국인 연합국은 수뇌전범자를 처벌할 권한을 갖는다(*Ibid.*, p. 359. Cf. Guggenheim, II, p. 42).

고,[62] 그 주의가 국제법에서 당연히 적용될 것으로 생각하고 있다.[63] Ehard의 이러한 입장은 찬성될 수 없으며, 죄형법정주의가 모든 문명국가의 법질서에 공통된 원칙은 아니며,[64] 일반국제법에 포함되지는 않는다 할지라도 이 원칙이 각 국가의 형사법의 제정 및 해석적용에 있어 존중되고 있고 존중되어야 할 것임에는 틀림없으며 따라서 국제법에 있어서도 존중되어야 할 것이다. 이 점은, 뉘른베르크 및 동경 국제군사법원이 다같이 평화에 반한 범죄와 그 처벌에 관한 법원헌장의 규정이 소급법이 아니라는 것의, 위에서 언급된 변명에도 표명되고 있다.[65]

또 뉘른베르크 국제군사법원에서 영국의 수석검찰관은 전쟁의 범죄성문제에 있어 헌장의 현행국제법과의 관계를 검토하는 것을 그의 긴 인삿말의 중심논제로 삼았는데 그의 설명의 필요성을 다음과 같이 정당화하였던 것이다. 즉 이 재판의 임무는 인류에게 봉사하는 것인데 헌장이 국제법 앞에 존립할 수 있을 때 다시 말하면 국가간의 평화의 파괴 때문에 개개인을 처벌하는 것이 현행국제법에 입각한 때에만 재판은 위에서의 의무를 수행할 수 있다는 것이다.[66] 헌장의 평화에 반한 범죄에 관한 규칙이 소급법인 것이 부정될 수 없으므로 이러한 법에 대하여 비판의 예봉이 집중하는 것은 당연한 일이다. 그리고 뉘른베르크 및 동경 국제군사법원의 헌장 및 판결에 표명된 소급법이 나치독일과 군국주의 일본의 미증유의 계획적 침략 및 잔인성에 의하여 정당화된다 하더라도 그 법의 적용의 공정성에 대하여 의심을 남기지 않을 방법으로 행하여졌느냐 하는 문제가 남는다. 소위 수뇌전범자의 처벌이란 정치적 색채가 강하기 때문에 그 재판의 공정성이 특히 중요시된다는 것은 지극히 당연하다.

---

62) Ehard, *op. cit.*, p. 231.

63) 같은 입장을 취하는 학자들이 다음 곳에서 열거되고 있다. Dahm, III, S. 314. Anm. 1.

64) *Ibid.*, III, S. 316.

65) 2. B, 주 41; 3. A, 주 45 참조.

66) Jahrreiss, S. 208~209.

C. 재판의 공정성의 문제

뉘른베르크 및 동경 국제군사법원의 헌장이 전승국에 의하여 제정되었고 법관 및 검찰관의 전부가 전승국 출신이라는 것이 실질적으로 공정한 재판에 어떤 정도의 영향을 가져왔느냐 하는 것은 논쟁으로 판단하기 곤란하다 하더라도,[67] 이러한 것이 입법자가 동시에 검찰관 및 법관이 되어서는 아니 되며 또 범죄를 묵인하고 원조한 자가[68] 범죄자에 대한 입법자 및 법관이 되어서는 아니 된다는 현대 형사재판에 관하여 일반적으로 승인된 원칙에 배치되는 것이다. 또 국제법원에 있어서는 중립자에게 재판이 맡겨지거나 대립하는 양 당사국이 법원에 대표를 내는 것이 지금까지의 국제재판의 실제인 것이다.[69] 이러한 점에 비추어 뉘른베르크 및 동경 국제군사법원의 재판은 문명사회의 형사재판의 원칙에 반할 뿐 아니라 지금까지의 국제법원의 요구에도 배치된 것이라는 비난을 면할 수 없다.

뉘른베르크 국제군사법원에서 미국의 대표는 제2차대전에서의 세계적인 대규모의 침략의 결과 소수의 중립자만이 남게 되었다는 것을 지적하고,[70] 동경 국제군사법원의 다수의 법관은 중립국 출신의 법관의 참가가 공평한 재판의 필수요건으로 생각될 수 없다는 입장을 취하였다.[71] 그러나 Ehard가 지적한 바와 같이, 당시 적지 않은 수의 국제법에 유능한 인사와 현명한 법관이 중립국인 스위스, 스웨덴 및 포르투갈 같은 나라에 있었으며, 또 군사법원에 적어도 중립국 출신의 법관이 참가하고 나아가서

---

67) 인도출신 법관(R.M. Pal)은 법관들이 개인의 자격과 능력에서 참여하였다는 것과 법관으로서의 기본적인 자격을 구비하였다는 것을 말하고 있다(Pal Judgement, *op. cit.*, pp. 12~15 (Horwitz, p. 543에서 재인용)). Cf. Berber, II, S. 250, 258~261.

68) 예: 소련의 독일과 같이 폴란드 침략 및 기타. Dahm, III, S. 290~292.

69) Ehard, *op. cit.*, p. 243.

70) *Ibid.*, p. 233.

71) Horwitz, p. 543.

는 독일출신의 법관도 참가하였더라면 법원의 관할권에 대한 신임과 재판의 도덕적 효과는 독일국민 사이에 있어 더 컸을 것이며,[72] 그뿐 아니라 현재 및 장래 그 재판은 전세계 인민을 수긍시키는 보다 큰 힘을 갖게 되었을 것이다. 군사법원의 구성을 변호하는 학자도 있으나,[73] 전승국의 일방적인 재판에 비판이 가하여지는 것은[74] 당연한 것이다. 모든 전쟁에 있어 전승자와 전패자의 구분 없이 전쟁에 관한 범죄자를 중립자로 구성되는 국제법원에서 재판, 처벌케 한다는 것은 희망되는 일에 틀림없으나 현실이 거기까지에 미치는 것은 오늘에 있어 기대되지 않는다 하더라도, 적어도 전패자의 전쟁에 관한 범죄자를 전승자가 일방적으로 재판하지 않고 중립자를 참여시키는 것은 그 처벌이 전승자의 단순한 복수심이나 전단에서 나온 것이 아니고, 법을 수호하고 평화를 확립하려는 동기에서 나오는 한 오늘의 국제현실에서도 가능한 것이다.[75]

D. 국제연합에 있어서의 전쟁범죄성

침략전쟁을 국제범죄로 보고 그러한 전쟁을 일으키고 실행한 국가기관의 주된 책임자에게 개별적 형사책임을 지운 것은 전쟁포기조약을 위시한 기존의 국제법에서는 해명될 수 없는 것이었으며, 따라서 침략전쟁에 대한 개별적 형사책임에 관한 점에 있어서는 뉘른베르크 및 동경 국제군사법원헌장의 규정은 명백히 소급효를 가진 것이었다. 또 수뇌전범자에 대한 재판은 전승국에 의하여 일방적으로 행하여졌다. 이와 같은 형사책임에 관한 법의 소급효 및 재판의 일방성은, 뉘른베르크 및 동경 국제군사

72) Ehard, *op. cit.*, p. 243.
73) Sibert, II, p. 590.
74) Dahm, III, 290; Stone, p. 370; Castrén, p. 84; Ehard, *op. cit.*, pp. 231, 243.
75) Cf. Stone, p. 326.

법원의 재판 후에 있어 침략전쟁에 대한 개별적 형사책임이 확립되려면, 시정되어야 할 것임은 재언의 필요가 없다. 이러한 점을 고려하여 국제연합은 일찍부터 노력하여 왔다.

국제연합총회는 1946년 12월 11일 "뉘른베르크 국제군사법원의 헌장 및 그 법원의 재판에 의하여 승인된 국제법의 원칙을 재확인한다"는 결의를 만장일치로 통과시켰다.[76] 또 총회는 1947년 1월 2일의 결의에[77] 의하여 국제법위원회에 대하여 첫째, 뉘른베르크 국제군사법원의 헌장 및 재판에서 승인된 국제법의 원칙을 형성할 것과 둘째, 이 원칙의 그 속에서의 자리를 명백히 표시하고 "인류의 평화 및 안전에 반한 범죄 초안"을 준비할 것을 요청하였다. 또 이러한 범죄에 대한 관할권문제가 집단적 살해의 방지 및 처벌에 관한 조약의 토의중에 제기되었고 어떤 국제사법기관 설치의 필요성, 가능성의 문제도 국제법위원회에 부탁되었으나,[78] 총회의 1950년 12월 12일의 결의[79]에 의하여 국제형사관할권에 관한 위원회가 설치되고, 이 위원회는 총회의 결의에 따라 국제형사법원규정안(Draft Statute for an International Criminal Court)을 총회에 제출하였다.[80] 또 국제법

---

76) Resol. 95(I)(Oppenheim-Lauterpacht, II, p. 582에서 재인용). Cf. Dahm, III, S. 292, Anm. 20.

77) Resol. 177(II)(Stone, p. 327에서 재인용).

78) B.V.A. Röling, The United Nations and the Development of International Criminal Law, United Nations Ten Years, pp. 77~78.

79) Resol. 489(V)(IO, 1951, p. 169에서 재인용).

80) Annex I to the Report of the Committee, UN Doc. A/AC. 48/4, Sept. 5, 1951(AJ, 1952, Supplement, pp. 1ff에서 재인용). 이 법원은 현 규정의 당사국인 국가들 사이의 협정 또는 특별협정에 규정된 국제법상의 범죄로 기소된 자를 재판하기 위하여 설치되는데(제1조), 법원은 국가원수 또는 정부기관을 포함한 자연인만을 재판할 권한을 가지며(제25조), 이 관할권은 관계국가의 의사에 의하여서만 갖게 되고(제26조, 제27조), 또 총회의 승인을 받아야 한다(제28조). 법원은 상설적이며(제3조), 규정 당사국에 의하여 지명된 후보자 중에서 이 당사국의 대표의 회의에서 선출된(제7조, 제11조) 9명의 법관으로 구성된다(제5조). 총회의 결의에 따라 1952년 12월 19일 새로운 위원회가 구성되었으며(IO, 1953, pp. 107~109), 이 위원회는 그 회의(July 27~August 20, 1953)의 성과에 관한 보고를 총회의 제9차 정기회의에 제출하였다(GAOR, Ninth Session, Supp. No. 12(IO, 1954, pp. 351~352에서 재인

위원회는 "뉘른베르크법원의 헌장 및 법원의 판결에서 승인된 국제법의 원칙"[81]을 형성하여 1950년 총회에 제출하였으며, 또 "인류의 평화 및 안전에 반한 범죄 초안"[82]을 작성하여 1951년 총회에 제출하였으며, 또 이 안에 대한 정부의 견해 등을 참작하여 개정된 안[83]이 1954년 총회에 제출되었다.

이와 같이 평화에 반한 범죄를 포함한 "인류의 평화 및 안전에 반한 범죄 초안"과 이러한 죄를 범한 자를 재판, 처벌할 법원의 규정안은 이미 오랜 시일 국제연합의 관계기관 및 회원국들의 심의의 대상이 되었으나 이러한 범죄 초안이나 규정안이 법적 구속력을 가진 조약으로서 성립될 가능성은 가까운 장래에 있어서는 기대되지 않는다(참고: 국제형사법원은 박재섭 교수님이 이 책을 발간한 1963년으로부터 35년 후인 1998년에 비로소 창설되었다). 국제형사법원을 설치하는 가장 중요한 의의는 인류의 평화 및 안전에 반한 범죄를 공정히 심의하여 그 범죄자를 처벌하는 데 있다. 그러나 이러한 범죄는 대개 국가기관에 의하여 범하여질 성질의 것이기 때문에[84] 그 범죄에 관한 조약의 성립에는 오늘날 극복되기 어려운 곤란이 있는 것 같다. 또 범죄자를 공정한 입장에서 심의 · 처벌할 국제형사법원이 설치되지 않는 한 인류의 평화 및 안전에 반한 범죄만 조약에 의하여 규정된다 하더

용)). 이 보고에는 규정의 개정서도 포함되었다.

81) 이 원칙은 국제법위원회의 총회에의 보고(GAOR, Fifth Session, Supp. No. 12, A/1316 (1950, Supplement, pp. 125~134에서 재인용))의 일부로서 포함된 것이다. 국제법상의 범죄인 행위를 범한 자는 책임을 지고 처벌된다는 것을 비롯하여 7개 원칙이 열거되고 있다.

82) 이 범죄전안은 국제법위원회의 총회에서의 보고(GAOR, Sixth Session, Supp. No. 9, A/1858(AJ, 1951, Supplement, pp. 123~132에서 재인용))에 포함되었다. 이 안에서는 국제평화 및 안전을 위태롭게 하거나 교란하며 정치적 요소를 포함한 범죄(침략행위 등)만이 취급되었으며 또 해적, 위험한 약의 거래, 부녀자 및 아동의 거래, 노예, 통화위조, 해저전선에의 위험 등은 이 안에 포함되지 않았다. 그리고 개인의 형사책임만이 취급되었다.

83) 이 개정된 법전안은 국제법위원회의 총회에의 보고(GAOR, Ninth Session, Supp. No. 9, A/2693(AJ, 1955, Supplement, pp. 17~23에서 재인용))에 포함되었다.

84) 주 82, 83 참조.

라도 그 조약은 공문화하거나 적어도 인류의 평화를 확보하는 데 아무런 기여도 못할 것인데, 국제형사법원 설치문제는 국가주권과 관련하여 국가들의 합의를 보기 어려운 문제이다. 그뿐 아니라 인류의 평화 및 안전에 반한 범죄와 소위 침략이란 용어는 불가분의 관계에 있는데[85] 침략의 내용이 명확히 한정되기 어려운 성질의 것이다.[86] 이 세 가지 문제는 국제연합에서 각각 따로 취급되었으나 상호 불가분의 관련성을 가지며 각 문제가 합의되기 어려운 것이다.[87]

따라서 오늘에 있어서도 또 적어도 가까운 장래에 있어서도, 불법의 전쟁을 도발시킨 자를 평화에 반한 범죄자로서 형사책임을 지울 근거가 되는 일반적인 성문의 국제법규[88]는 없을 것이며, 또 이러한 범죄자를 제3자인 입장에서 심리, 재판할 기관도 없을 것이다. 따라서 오늘날 또는 가까운 장래에 있어 전쟁의 종결 후 전패국의 불법전쟁의 도발자가 평화에 반한 범죄자로서 재판, 처벌되는 경우에 있어서도, 뉘른베르크 및 동경 국제군사법원의 재판의 선례가 되풀이되지 아니하리라는 아무런 보장도 없을 뿐 아니라, 그 선례에 따를 가능성이 농후한 것이다.[89] 또 한편의 교전자의 불법전쟁도발이 아무리 명백한 경우에 있어서도 상대방의 교전자가 결정적으로 승리하지 못하는 한 전자의 정치수뇌부에 속한 자들의 처벌은 오늘날에 있어서는 생각될 수 없는 것이다.[90] 또 이미 설명된 바와 같이

85) 국제법위원회가 작성한 1951년 및 1954년의 인류의 평화 및 안전에 반한 범죄법전의 제2조에 열거된 첫째의 범죄가 침략행위인데 그것이 정의되어 있지 않고, 또 그 밖의 범죄에도 침략에 포함된 것으로 생각되는 것이 있다(주 82).

86) 제3장 제1절 1. A. III 참조.

87) 국제연합의 총회의 제12차 정기회의에서 국제형사법원규정 초안 및 인류의 평화 및 안전에 반한 범죄 초안의 토의가 연기(IO, 1958, pp. 116~117)(그후 오늘까지 토의 중지)된 이유도 여기에 있다.

88) 뉘른베르크 및 동경 국제군사법원규정은 그 목적을 달성하고 소멸하였다.

89) Cf. Stone, pp. 326~327.

90) 1950년 6월 25일 북한의 남한에 대한 침략으로 시작된 한국전쟁이 우선 휴전협정(1953년 7월 27일)으로 일단락된 것은 그 현저한 예이다(졸저, 국제법, 1961, p. 308 참조).

전쟁포기조약 이래 실질적 전쟁을 포함하여 전쟁은 원칙적으로 금지되어야 한다는 일반적 법적 확신은 성립되었으나, 이 금지에 보다 큰 실효성을 줄 전쟁범죄성에 대한 일반적 법적 확신은 뉘른베르크 및 동경 국제군사재판 이전에 있어서와 같이 그 후에도 성립되었다고 생각될 수 없다.[91][92]

91) Dahm, I, S. 29, 38~39(주 76 참조); Guggenheim, II, p. 43.

92) 평화에 반한 범죄에 관한 개인의 개별적 책임문제는 제1차대전 후 특히 제2차대전 후 나타난 국제형법(international criminal or penal law, das Völkerstrafrecht, le droit criminal international)의 일부에 속한다. Dahm에 의하면 국제범죄라고 할 때는 그 행위가 국제법에 위반할 것과 국제적인 법원 또는 그 밖의 기관에 의하여 처벌될 것을 의미하여야 한다는 것이며, 이러한 국제범죄사상은 점차 국가의 관행에서 지반을 얻고 있으며 국제형법의 발전에의 어떤 일정한 경향이 인식될 수 있으나 그 법의 다만 어떤 정도의 완결된 형태도 아직 표현되기 어렵다는 것이다(Dahm, III, S. 288, 307~312).

제 3 장

국제연합헌장과 전쟁

제 1 절

국제연합헌장에 의한 무력행사의 금지

—전쟁지위의 제한

1. 헌장에 의한 무력행사금지의 범위

A. 헌장 제2조 4항과 제39조—무력행사의 금지

Ⅰ. 제2조 4항

이미 설명된 바와 같이 국제연맹규약 및 전쟁포기조약에 의하여 이미 정식전쟁뿐만 아니라, 복구 같은 실질적 전쟁도 금지되었다고 보는 것이 관행에 비추어 보아도 적당하다고 생각되지만[1] 전쟁개념에 관한 분분한 논의에 비추어 국제연합헌장은 전쟁에의 호소를 금지하는 대신 무력행사를 금지하게 되었다.[2]

그러면 무력행사의 금지에 관련하여 헌장의 해석에 있어 전쟁의 개념

1) 제2장 제1절 2 참조.

2) Briggs, p. 964; Guggenheim, II, p. 254. 헌장에 있어 전쟁이란 말은 다만 과거의 것에 관련된 한에서만 사용하고 있다. 전문, 제53조, 제77조, 제107조.

이 배제되어야 할 것이냐 하는 문제에 관하여서는 긍정적인 답변을 하는 경향도 있으나 이러한 경향이 적당하지 못하다는 것은 다음에 검토될 기회가 있으며,[3] 여기서는 우선 헌장이 그의 첫째 목적인 국제평화 및 안전을 유지하기 위하여 어느 범위에 있어 무력행사를 금지하고 있는가 하는 점이 검토될 것이다.

헌장 제2조 4항은 다음과 같다.

> "모든 회원국은 그 국제관계에 있어서 다른 국가의 영토보전이나 정치적 독립에 대하여 또는 국제연합의 목적과 양립하지 아니하는 어떠한 기타 방식으로도 무력의 위협이나 무력행사를 삼간다."

그런데 덤바턴오크스 제안(Dumbarton Oaks Proposals)에 있어서 이 조문의 원안에는 "다른 국가의 영토보전이나 정치적 독립에 대하여"라는 문구가 없었던 것이며, 이것이 샌프란시스코회의에서 일부 약소국의 요청으로 추가됨으로써,[4] 다음에 언급할 바와 같이 도리어 조문의 해석에 약간 혼란이 생기게 되었다. 또 과거 국제연합 기관의 관행도 대단히 제한되었기 때문에[5] 여기서도 해석의 표준을 찾는 것은 어렵다. 따라서 제2조 4항

---

3) 2 참조.

4) UNCIO, Vol. VI, pp. 67, 346(Bowet, p. 146, note 3에서 재인용); Goodrich and Hambro, p. 103.

5) Bowet는 제2조 4항에 관련된 예로서 다음과 같은 것을 들고 있다(Bowet, pp. 146~147). 알바니아, 불가리아 및 유고슬라비아가 그리스영역에 침범하는 무장반도에 대하여 물질적 및 도덕적 원조를 주는 것은 그리스의 정치적 독립 및 영토보전에 대한 위협을 이룬다는 특별위원회의 의견을 총회는 1948년 11월 27일의 결의(Resol. 193(III))에서 인정하였다. 버마영역 내에 외국군대의 존재, 적대행위 및 약탈은 버마연방의 영역 및 주권의 침범을 이룬다는 결의(Resol. 707(VII))를 1952년 총회는 채택하였다. 그 밖에도 코르푸해협사건(the Corfu Channel case)에 있어서의 알바니아의 답변서 및 재재답변서가 인용되고 있다. Bowet에 의하여 인용된 외에 다음과 같은 것이 예가 된다고 생각된다. 1956년 10월 23일에 시작된 헝가리혁명에의 소련의 개입에 관련하여 총회는 동년 11월 4일의 결의에 의하여 소련의 무력공격의 중지를 요청하였다(Resol. 1004(ES-II))(International Committee of Jurists, The Hungarian Situation and Rule of Law, 1957, p. 48에서 재인용)). 그리고 동년 12월 12일의

의 해석은 조약해석에 관한 일반적 원칙에[6] 많이 의존되어야 한다.

a. (1) 무력의 위협 또는 무력의 행사에서의 무력이란 원문에서는 단순히 힘(force)으로 나타나 있다. 이것이 무력의 의미로 해석되어야 한다는 근거로는 헌장 전문에 의하면 "연합국의 국민들은… 공동이익을 위한 것 외에는 무력(armed force)을 사용하지 않는다…"라고 규정되어 있다는 것,[7] 샌프란시스코회의에서 경제적인 힘도 포함하도록 제2조 4항에 의한 금지를 확장하자는 브라질의 제안이 거부되었다는 것,[8] 무력에 국한되지 않는다면 힘은 광범위하며 따라서 막연한 내용을 갖게 되고 제2조 4항은 무의미하게 된다는 것 등이 열거될 수 있다.[9]

(2) 무력행사에는 말할 것도 없이 정식전쟁 및 실질적 전쟁이 포함된다. 거기에는 다음과 같은 국가의 행동이 포함된다. 1961년 12월 18일 인도의 고아 등 포르투갈령 진주와 같은 군사점령[10](또 중공의 인도국경 내에의 침입, 특히 1962년 10월 하순부터의 대거침입), 반도원조, 군사행동에 참가하기 위한 의용병의 파군, 외국영역에 국제법에 위반하여 자국군대를 그대로 두는 것, 외국이 그 영역상에서 고권(高權)을 행사하는 것을 방해하는 것,

결의(Doc. A/Res/424(*Ibid.*, pp. 54~55에서 재인용))에 의하여 총회는 "헝가리인민에게 대하여 그 무력을 행사함으로써 소련정부는 헝가리의 정치적 독립을 침범하고 있다"는 것을 선언하였으며, "헝가리의 자유 및 독립을 박탈하고 헝가리인민의 기본권의 행사를 박탈함에 있어 소련정부가 헌장을 침범하는 것을 불법시"하였다(제2절 2. B. I. b. (2) 참조). 또 1956년 11월 2일의 결의(Doc. A/3256)에서 총회는 이스라엘군이 일반휴전협정에 반하여 이집트 영역에 깊이 침투하였다는 것과 이집트의 영역에 대하여 영국 및 프랑스의 병력이 군사작전을 하고 있다는 것을 주목하고 즉시 정전, 휴전선에의 철군 등을 촉구하였다(제2절 2. B. I. b. (1) i 참조). 콩고사태에 관련하여 안전보장이사회는 1960년 7월 22일의 결의(Doc. S/4405(IO, 1960, pp. 581~582에서 재인용))에서 모든 국가에 대하여 콩고공화국의 영토보전과 정치적 독립을 해칠 어떠한 행동도 삼갈 것을 요청하였다(제2절 1. B(1). I. b 참조).

6) Cf. Verdross, VR, S. 114~116; Berber, I, S. 441~448.

7) Verdross, VR, S. 543.

8) UNCIO, Vol. VI, pp. 339~340(Bowet, p. 148에서 재인용).

9) Dahm, II. S. 357; Oppenheim-Lauterpacht, II, p. 153; Goodrich and Hambro, p. 104.

10) Cf. Quincy Wright, The Goa Incident, AJ, 1962, pp. 617ff.

항공기 또는 로켓 같은 것으로써 외국영역의 피격, 1962년 10월 22일에 선언된 미국의 쿠바에 대한 봉쇄[11]와 같은 외국해안 또는 항의 해상봉쇄, 1948년 베를린봉쇄와 같은 육상봉쇄 등이다.[12] 또 외국의 국민, 선박 및 항공기에 대한 무력의 행사도 여기에 포함된 것으로 생각된다.[13] 그리고 위에서 언급된 행동이 국가에 의하여 조직되며 상당한 규모의 것이어야 한다.[14]

(3) 무력의 위협에는 최후통첩, 군대동원, 군대집중, 함대시위, 로켓발사의 통고 같은 것이 포함된다고 생각된다.[15]

(4) 무력의 행사 및 무력의 위협의 금지에서 그 당연한 추론으로서 전쟁 사주 같은 것도 금지되며, 이러한 목적으로서의 선전도 이 조문의 금지에 포함된다는 견해[16]는 적당한 것이다.

b. "영토보전이나 정치적 독립에 대하여"라는 것이, 무력행사의 금지에 어떤 제한을 가져오느냐 하는 문제가 논의될 수 있다. 코르푸해협사건 때 영국의 대리인인 베케트 경(Beckett)은 국제사법법원에서 수뢰제거행동은 제2조 4항에 위반하지 않는다고 주장하면서 다음과 같이 말하였다.

> "그러나 11월 12일 및 13일의 우리의 행동은 알바니아의 영토보전이나 정치적 독립을 위협한 것이 아니다. 알바니아는 그것 때문에 영역손실을 본

11) Cf. Quincy Wright, The Cuban Quarantine, AJ, 1963, pp. 555~557. 미국이 봉쇄를 한 목적은, 공표된 쿠바 응징 7개 항목에 의하면, 소련으로부터의 모든 공격용무기의 도입을 차단하는 것이며, 봉쇄의 효과는 봉쇄선을 통과하여 쿠바로 향할 선박은 봉쇄함대의 임검수색을 받고 공격용무기를 실은 선박은 되돌아가야 하며 임검수색을 거부하면 격침될 수 있다는 것이다(동아일보, 1962. 10. 23, 1면).

12) Cf. Dahm, II, S. 357.

13) *Ibid.*, S. 359.

14) Cf. *Ibid.*, S. 425. 제1장 제1절 2. C. IV, 주 167.

15) Dahm, II, S. 358. 국제사법법원은 코르푸해협사건에 있어 알바니아의 앞선 국제법위반에 의하여 도발된 알바니아의 해안 앞에서의 영국함대의 시위를 국제법위반으로 보았다(ICJ, Reports, 1949, pp. 33ff.(*Ibid.*, S. 358, Anm. 9에서 재인용)).

16) *Ibid.*, S. 358, 357, Anm. 7.

것도 아니고 그의 정치적 독립의 일부를 침해당한 것도 아니다."[17)]

이 견해에 의하면 어떤 국가가 다른 국가에 대하여 무력행사를 하는 경우일지라도, 그것이 후자의 영토의 탈취 또는 속국화의 목적으로 행하여졌거나 또는 그러한 결과를 가져온 것이 아니면 제2조 4항에 반하지 않는다는 것이다. Stone은 한국전쟁에의 국제연합군의 출동을 개별적인 회원국들의 협조적 행동에 불과한 것으로 보았고,[18)] 그것은 일반국제법에 의하여 허용될 뿐 아니라 헌장 제2조 4항에 의하여서도 금지되지 않는다는 것인데, 만약 이 회원국들의 협조적 행동이 북한의 영토보전이나 정치적 독립에 대한 것이었더라면 그것은 불법이었으리라는 것이다.[19)]

그러나 타국 영토의 탈취 또는 속유화의 의도를 가지거나 그러한 결과를 가져오는 무력행사만이 금지된 것이라고 제2조 4항이 해석된다면, 이것이 이 규정제정의 본래의 의도에 합치될 것인지 의문시된다. 이미 언급된 바와 같이 "영토보전이나 정치적 독립에 대하여"라는 문구는 샌프란시스코회의에서 약소국들이 그들의 '영토 및 독립' 에 관한 명확한 보장을 받고자 하는 요망에 응한 것이며 무력행사금지의 의무를 제한하려는 것은 아니다. 또 헌장에서 무력행사를 금지하는 주된 목적은 무엇보다도 국제평화의 유지일 것이며, 이 목적을 위하여서는 당사국 의도가 어쨌든 외견상 타국 영토 또는 독립을 침범하는 것 같은 무력행사는 금지되어야 한다. 따라서 다음과 같은 Lauterpacht의 견해[20)]가 적당하다고 볼 것이다.

"…무력에의 호소나 무력 위협에의 호소는 어떤 국가의 '영토보전이나 정치적 독립에 대하여' 라는 말에 의하여 제한되지 않는다. 영토보전이 특히

17) ICJ, Pleadings, Corfu Channel case, Vol. III, pp. 295~296(Bowet, p. 151에서 재인용).
18) 이 문제는 다시 검토될 것이다(제2절 1. B(1). II. b).
19) Stone, pp. 234~235.
20) Oppenheim-Lauterpacht, II, p. 154.

정치적 독립과 합칠 때에는 영토불가침과 같은 의미를 갖는다. 이리하여 어떤 국가가 어떤 타국의 영토보전에 항구적으로 개입할 의도를 갖지 않고 소위 급박한 공격을 예상하여 또는 구제를 받기 위하여 후자의 영토 내에 침입하거나 거기서 무력행사를 할 때에, 그 국가는 헌장에 의한 그의 의무에 위반하여 행동하는 것이 될 것이다."[21]

제2조 4항의 금지는 뒤에 설명될 바와 같이 국제연합기관의 결의에 의한 강제조치와 제51조에 의한 자위의 경우를 제외하고는 타당하다.

그런데 영토국의 초청 또는 그의 동의로써 타국이 전자의 영토에 병력을 주둔시키거나, 내란의 경우에 국제연합이 강제조치를 취하기 전이며 반도가 교전단체로 승인되기 전에 합법정부를 무력으로써 원조하는 것은 영토국 또는 내란을 겪고 있는 당사국의 의사에 반하지 않으므로 이 조문에 반하지 않는다.[22]

c. 제2조 4항에 의하여 "국제연합의 목적과 양립하지 아니 하는 어떠한 기타 방식으로도" 무력행사 또는 무력의 위협을 하여서는 아니 된다.

국제연합의 목적 중 특히 여기에 관련된 것은 다음과 같은 제1조 1항의 규정이라고 생각된다.

"국제연합의 목적은 다음과 같다.

1. 국제평화 및 안전을 유지할 것. 이 목적을 위하여 평화에 대한 위협의 방지 및 제거와 침략행위 또는 그 밖의 평화파괴의 진압을 위하여 유효한 집단적 조치를 취할 것과 평화의 파괴에 이를 우려가 있는 국제분쟁 또는 사태의 조정 또는 해결을 평화적 수단에 의하고 또한 정의와 국제법의 원칙을 따라서 실현할 것."

---

21) Dahm은 대개 이에 찬동하는 견해를 가지고 있다(Dahm, III, S. 359). 또 하나 상이한 견해: Bowet, p. 152.

22) Dahm, II, S. 357~358. 제1장 제1절 1. A. I, 주 23 참조.

제2조 4항이 이 조문에 관련하여 해석된다면, 회원국은 평화에 대한 위협, 평화의 파괴 또는 침략행위를 방지 내지 진압하고 평화의 파괴에 이를 우려가 있는 국제분쟁 또는 사태를 평화적으로 조정 또는 해결하는 국제연합의 기능과 양립하지 않을 방법으로 무력의 위협 또는 무력의 행사를 하여서는 아니 된다는 것이다.[23] 따라서 회원국의 그들 사이의 분쟁을 해결하기 위한 무력행사 같은 것은 금지된다. 다시 언급될 것도 없이 종래 일반국제법에 의하여 허용되었던 무력에 의한 자력구제의 수단 특히 복구는 명백히 금지된 것이다. 또 이렇게 보는 것이 국제연맹규약 및 전쟁포기조약에 의하여 이루어진 성과에 부합하는 헌장의 해석도 되는 것이다.

그러나 이러한 견해에 대한 반대도 있다. Stone에 의하면 제2조 4항에 언급된 국제연합의 목적은 제1조에 규정된 것을 넘어 전문에 규정된 것(세계를 전쟁의 참화로부터 구제하는 것, 기본적 인권, 정의와 조약 및 일반국제법에서 생기는 의무의 존중을 확보하는 조건의 유지)을 포함할 수 있으며, 이러한 목적에 순응하여 행사되었으며 어떤 국가의 영토보전이나 정치적 독립에 대한 것이 아닌 무력의 위협 또는 무력의 행사는 헌장에 의하여 반드시 금지되기는커녕 도리어 권장될 것이라고 논의하는 것은 결코 불가능하지 않다는 것이다.[24] 이와 같은 주장이 헌장규정의 무리한 결합에 의하여 불가능한 것은 아니나, 국가간의 무력행사를 금지하려는 조문을 도리어 일반국제법의 범위를 넘어서의 무력행사를 허용하는 것으로 해석하려는 것은[25] 적당하지 않다. 또 Stone은 특히 다음과 같이 말하고 있다.[26]

23) Kelsen, UN, p. 727(Cf. Kelsen, p. 45; Berber, II, S. 43); Verdross, VR, S. 543. 다른 의미로 해석하는 견해: Dahm, II, S. 359.

24) Stone, Aggression, p. 43.

25) 예를 들면 인권을 위한 무력행사는 과거에 가끔 있었으나 일반국제법상 허용되지 않는다(Guggenheim, I, p. 290. Cf. Oppenheim-Lauterpacht, I, pp. 312~313).

26) Stone, Aggression, p. 43.

"다음과 같은 사태가 생각될 수 없는 것은 아니다. 즉 평화수단에 의한 분쟁해결의 기도가 지연되고 성공의 희망이 극단적으로 희박하기 때문에, 국가간의 관계에 있어 법 및 정의의 최소한의 존중이 그의 옹호를 위한, 그리고 다음 단계에 있어 더욱 파멸적인 무력에의 호소를 피하기 위한 적당한 시기의 무력행사를 요구할 수 있는 것이다."

이것은 명백히 무력복구가 제2조 4항에 의하여 반드시 배제된 것이라고는 볼 수 없다는 것을 말하고 있다.[27] 이러한 견해는, 헌장에 의한 국제평화 및 안전을 유지하기 위한 기구가 기능을 상실한 경우일지라도, 긍정되기 어려운 국제법의 퇴보를 인정하는 것이며[28] 헌장에 본래 의도된 바도 아닐 것이다.[29] 헌장 제94조 2항에 의하면 어떤 소송당사국이 국제사법법원의 판결을 이행하지 않는 경우에 다른 당사국은 안전보장이사회에 호소할 수 있다는 것인데, 이는 판결에 의하여 공정하게 확인된 권리의 구제를 위하여서도 복구로써의 무력행사는 허용되지 않으며 안전보장이사회에 부탁해야 된다는 것을 말한다. 또 무력에 의한 복구가 불법이라는 것은 안전보장이사회에서 다음 경우에 긍정되었다고 생각된다. 이스라엘군의 시리아군에 대한, 명백히 복수의 성격을 지닌 1954년 3월 11일의 공격에 관한 시리아의 호소를 다룸에 있어서 안전보장이사회는 전원일치로 이 공격을 불법으로 보았던 것이다.[30]

---

27) Cf. *ibid.*, p. 97.

28) 제2장 제1절 2. A, B 참조.

29) 6 UNCIO Docs. 304, 334, 459(Stone, Aggression, p. 97에서 재인용). Stone은 샌프란시스코회의에서의 관계위원회(Committee 1 to Commission I)의 보고에 "legitimate self-defense"가 허용된다는 것이 표명되었고 이 "legitimate self-defense"는 헌장 제51조의 자위보다는 넓은 의미를 갖는다는 것인데(*Ibid.*, pp. 97~98), 이에 대해서는 다시 검토될 것이다(B. II. a, 주 184 참조). Kunz에 의하면 1956년에 영국과 프랑스가 이스라엘의 이집트침입에 가담하게 된 것은 헌장 제2조 4항의 금지를 좁게 해석하려는 입장에 선 것인데 이러한 입장은 부당하다는 것이다(Josef L. Kunz, Sanction in International Law, AJ, 1960, pp. 338~339. Cf. Berber, II, S. 43~44).

이 결의에서 내세운 이유는 그 공격이 휴전협정 및 국제연합헌장에 의한 이스라엘의 의무와 양립하지 않으며 1948년 안전보장이사회의 정전 결의에 대한 명백한 도전이라는 것이다. 이사회는 그 전에 다음과 같은 내용을 포함한 결의를 채택하였던 것이다.[31] "어떠한 당사자나, 그가 다른 당사자에게 대하여 복구 또는 복수를 하고 있다는 이유로, 정전에 반하는 것은 허용되지 않는다." 그런데 이러한 금지로 인하여 당사국들의 자위권이 박탈되지 않는다는 것은 주저치 않고 인정되었던 것이다. 따라서 위에서 인용된 경우에 있어서 이사회는 자위와 구별되어 무력복구는 헌장하에서는 불법이라는 입장에 선 것으로 생각된다.

d. 모든 회원국은 그 "국제관계에 있어…"라고 규정된 바에 비추어 회원국의 국내에 있어서의 폭동 또는 내란을 진압하기 위한 강제조치는 금지되지 않는다. 이것은 국제연합은 국내문제에 원칙적으로 간섭하지 않는다는 헌장 제2조 7항과도 부합된다. 그러나 말할 것도 없이 내란이 확대되어 국경을 넘거나 그러한 위험이 있을 때에는, 거기에 안전보장이사회가 헌장 제39조에 따라 개입할 수 있는 것이다.[32]

그리고 제2조 4항은 국제평화 및 안전의 유지를 그 목표로 하고 있으므로 '국제관계'는 넓은 의미로 해석되어야 할 것이며 또 그렇게 해석되고 있는 것 같다. 즉 국제관계란 명확히 주권국가로서 서로 승인된 단체 사이의 관계에 국한됨을 요하지 않는 것이다.[33]

이에 해당하는 첫째의 경우는 한 국가의 일부가 분리독립할 단계에 이르렀을 때, 모국이 분리독립하려는 단체의 국제법상의 인격을 부인하는 경우에 있어서도 양자의 관계는 국제관계로 생각될 수 있는 것이다. 구체

---

30) Resol. of March 29, 1955, UN News, Release No. 16/55(Bowet, p. 13에서 재인용).

31) SCOR, Third Year, 354th Meeting, August 19, 1948, pp. 39ff.(*Ibid.*, 14에서 재인용). 또 코르푸해협사건에 있어 국제사법법원의 견해(a. (3), 주 15 참조).

32) II. a 참조. 헌장 제2조 7항 단서.

33) Cf. Dahm, II, S. 358~359.

적인 예로써 인도네시아에서의 사태를[34] 들 수 있다. 1947년 7월 20일 인도네시아군에 대한 네덜란드군의 적대행위가 헌장 제39조에 의한 평화의 파괴에 해당하는 여부가 안전보장이사회에서 논의되었을 때, 네덜란드측은 이 사항은 그의 국내관할권에 속하므로 이사회가 관여할 바가 아니라는 것을 주장하였으나,[35] 이사회는 네덜란드의 주장을 일축하고 양 당사자에 대하여 적대행위를 중지하고 그들의 분쟁을 평화적 방법으로 해결할 것을 요청하였다. 이 사태에 있어서 헌장 제39조 및 제2조 7항이 원용되었으며 제2조 4항은 직접 문제되지 않았으나, 이 조항의 위반문제가 제기되었더라면 네덜란드는 인도네시아에 대한 그의 적대행위가 국제관계에 있어서의 무력행사는 아니었다고 주장하였을 것이며 이 주장은 이사회에 의하여 부인되었을 것이다. 그런데 당시 인도네시아는 이미 수개국에 의하여 사실상 승인되고 또 이집트 및 시리아와 우호조약도 체결하였으며, 네덜란드와는 1947년 3월 25일 협정(The Linggadjati Agreement)을 체결하여 그 정부가 일정한 영역에 대하여 사실상의 권한을 행사한다는 것을 승인받고 있었으나, 인도네시아가 주권국가는 아니었으며 당해 영역에서의 주권이 아직 네덜란드에 있었다는 것은 위에서 언급된 양자 사이의 협정 및 1948년 1월 17일 국제연합주선위원회의 알선으로 성립한 양자 사이의 정전에서 수락된 원칙에 표명되었으며, 인도네시아에의 주권의 정식이양은 1949년 12월 27일에[36] 행하여졌다.

다음으로 무력행사의 한편이 또 한편의 국가자격을 부인하려는 경우가 문제된다. 구체적인 예로서는 팔레스타인사태가 있다. 1948년 팔레스

34) 인도네시아에서의 사태의 설명, Bowet, pp. 149~150; Kelsen, UN, pp. 438ff.; Briggs, pp. 78~80.

35) SCOR, Second Year, 1947, No. 67, 171st Meeting, pp. 1619~1620, 1045~1046(Bowet, p. 150, note 2에서 재인용).

36) Netherlands-Indonesia Charter of the Transfer of Sovereignty, UN Doc. S/1471, Add. 1, 14 November, 1948(Briggs, p. 80에서 재인용).

타인에 대한 영국의 위임통치가 끝난 다음 아랍국가들의 이스라엘에 대한 적대행위가 안전보장이사회에서 취급되었을 때, 전자는 후자의 국가자격을 부인하고 한 독립국가 내의 모반하는 소수자로 보려고 하였던 것이다.[37] 여기서도 제2조 4항보다는 제39조에 관련하여 국제평화의 파괴 또는 위협이 논의되었으나, 이 논의된 바와 이사회가 취한 결정은, 위에서의 인도네시아 문제에 있어서와 같이, 제2조 4항의 해석에도 관계된다. 이사회의 대다수의 대표는 이스라엘의 국가자격 문제는 취급하지 않고 국가들이 그들의 영토가 아닌 곳에 침입한 것을 중시하였던 것이며,[38] 이사회는 계속하여 팔레스타인 문제에 개입하였다.[39]

e. 제2조 4항의 "다른 국가의 영토보전…"의 규정에 있어 다른 국가란 말에 관련하여 검토되어야 할 점이 있다. 첫째로 위에서 국제관계란 말에 관련하여 구명된 바는 "다른 국가"란 말의 해석에도 관련됨은 명백하다. 둘째로 "다른 국가"에는 말할 것도 없이 회원국뿐 아니라 비회원국도 포함된다. 따라서 비회원국도 제2조 4항에 의하여 보호되고 있다. 그러면 반대로 비회원국도 이 조문에 의한 의무를 지는가? 이 조문의 문구에 의하면 회원국만이 그러한 의무를 지지만, 제2조 6항에 의하면 "국제평화와 안전을 유지하는 데 필요한 한" 비회원국도 제2조에 열거된 "원칙에 따라 행동하도록" 확보할 의무를 국제연합은 지고 있다. 말할 것도 없이 타국에 대하여 무력의 행사 또는 위협을 하지 않을 것이 이 원칙의 하나이며, 비회원국이 제2조 4항에 위반된 행동을 하였을 때, 안전보장이사회가 국

37) SCOR, Third Year, 292nd Meeting, Statement of Mr. Nakleh(Arab High Commissioner), pp. 7~9(Bowet, p. 153에서 재인용).

38) SCOR, Third Year, 293rd~299th Meeting(*Ibid*에서 재인용).

39) 팔레스타인 문제와 이에 관한 국제연합의 결의 등, Sohn, pp. 456ff. 안전보장이사회는 1948년 3월부터 팔레스타인사태에 있어 정전의 요청 등을 되풀이하여 왔으나 동년 7월 15일에는 결국 평화에의 위협이 있다고 명시적으로 단정을 내렸던 것이다(Doc. S/902(*Ibid.*, p. 504에서 재인용)).

제평화의 유지에 필요한 한, 이에 대하여 진압뿐만 아니라 방지를 위한 강제조치를 취하여야 한다(제39조).[40] 이리하여 헌장은, 국제평화 및 안전의 유지란 국제연합뿐 아니라 인류 전체의 중대하고도 긴급한 임무에 비추어 상호주의에 입각하여, 비회원국에도 제2조 4항의 의무를 지우고 있는 것이다.[41] 제2조 6항은 국제조약은 제3자에게 의무를 지울 수 없다는 일반국제법의 원칙에 대하여 조직된 국제기구법에 의한 수정을 의미하므로,[42] 이 규칙이 법적 유효성을 갖느냐 갖지 못하느냐 하는 것은 국제연합이 세계평화유지의 임무수행 여부에 의존한다고 생각된다.[43] 그러나 이미 언급된 바와 같이 비회원국이나 회원국이나 일반국제법화한 전쟁포기조약에 의하여 적어도 무력행사를 하지 않을 의무를 지고 있는 것이며, 이 의무는 헌장 제2조 6항의 유효성과는 무관한 것이다.[44]

이상의 설명에 비추어 헌장 제2조 4항은 국제관계에 있어, 집단적 안전보장조치를 제외하고는, 개별적인 국가들에 의한 전쟁 및 복구를 포함한 모든 무력행사, 즉 우리의 입장에서 볼 때는 정식전쟁 및 실질적 전쟁을 금지할 뿐 아니라[45] 무력의 위협도 금지하고 있다. 모든 무력행사를 원칙적으로 금지한다는 점에 있어 헌장은 이미 국제연맹규약 및 전쟁포기조약에 의하여 이루어진 것을 더 명확히 한 것이며, 무력의 위협까지 금지한 점에 있어 이 양 조약에서의 전진을 보이고 있는 것이다.

그런데 이미 언급된 바와 같이 과거에 안전보장이사회 또는 총회에서 제2조 4항 위반 여부가 논의되고 그것이 적용된 예가 적었으며, 이 조문에

40) Cf. Goodrich and Hambro, pp. 108~110.

41) Cf. Kelsen, UN, pp. 106~110; Bowet, pp. 152~153.

42) Oppenheim-Lauterpacht, I, p. 928; Verdross, VR, S. 124~125, 449, 555. Cf. Kelsen, pp. 345~348; Kelsen, General International Law and the Law of the United Nations, United Nations Ten Years, pp. 11~12.

43) Guggenheim, I, p. 100; Verdross, VR, S. 125.

44) Cf. Dahm, II, S. 357~359.

45) Kelsen, pp. 44~45.

따라 관계기관에 호소될 수 있는 사태에 있어서 대개 제39조가 원용되었던 것이다.[46] 그 이유는 제39조에 의한 "평화에 대한 위협, 평화의 파괴…" 의 사태가 안전보장이사회에 의하여 확인되면, 무력에 의한 또는 무력에 의하지 않는 조치가 가하여질 수 있기 때문인 것이다. 즉 제2조 4항에 위반한 사태에 대하여 이를 방지 또는 진압하는 조치에 관하여서는 직접 이 조문에는 규정이 없으며, 다음에 설명할 바와 같이 제2조 4항의 위반의 사태는 대개 제39조에 의한 강제조치의 전제인 "평화에 대한 위협, 평화의 파괴, 또는 침략행위" 에 포함되므로, 그 위반의 사태에 의하여 직접 또는 간접으로 침해를 받은 국가는 그 침해의 제거 또는 진압을 기할 수 있는 제39조를 원용함은 당연한 것이다. 그런데 제2조 4항에 의하여 금지된 것과 제39조에 의한 강제조치의 전제가 되는 것이 일치한다면, 양 조문에서 표명된 의무와 그 의무위반에 대한 제재와의 관계의 해석은 명확할 것이나, 그렇지 않기 때문에 다음에 설명될 바와 같이 상이한 해석문제가 일어난다.

II. 제39조

헌장 제39조는 다음과 같다.

> "안전보장이사회는 평화에 대한 위협, 평화의 파괴, 또는 침략행위의 존재를 결정하고, 국제평화와 안전을 유지하거나 이를 회복하기 위하여 권고하거나, 또는 제41조 및 제42조에 따라 어떠한 조치를 취할 것인 지를 결정한다."

이 조문의 후반은 안전보장이사회에 의한 조치에 관한 것이며, 이에 관하여서는 다음에 따로 설명될 것인데,[47] 그 조치의 전제조건이 되는 평

46) Bowet, pp. 147~148.
47) 제2절 1.

화에 대한 위협, 평화의 파괴 또는 침략행위의 해석문제는 헌장에 의한 무력행사의 금지의 범위에도 관련된 문제다. 왜냐하면, 침략행위 등이 있다고 안전보장이사회에 의하여 단정되면, 그것을 진압하기 위한 강제조치가 취하여질 수 있기 때문에 적어도 결과적으로 보면 헌장 제39조는 침략행위 등을 금지하는 것이기 때문이다.

그런데 조문상으로 보면 헌장의 규정으로서 회원국에 대하여 평화에 대한 위협, 평화의 파괴 또는 침략행위를 삼갈 의무를 지운 것이 없으며 이러한 의무에 가까운 내용을 가진 것이 제2조 4항에 의한 의무다. 그러나 그 내용은 이미 언급되었고 다음에 설명될 바와 같이 일치하지 않는다. 따라서 국제연합의 기능, 즉 제39조에 의하면 평화에 대한 위협 등이 있는 때는 안전보장이사회가 권고를 하거나 강제조치를 취한다는 것, 제1조 1항에 의하면 국제연합의 목적으로서 평화에 대한 위협의 방지 및 제거와 침략행위 또는 그 밖의 평화파괴의 진압을 위하여 유효한 집단적 조치를 취할 것에 맞추어 제2조 4항에 의한 회원국의 의무가 규정되었거나, 또는 제2조 4항의 문구에 맞추어 제39조 및 제1조 1항이 형성되었더라면, 헌장의 규정은 더 명확한 통일성을 갖출 수 있었을 것이다.[48] 그러나 실제에는 그렇지 못하기 때문에 제39조에 의한 강제조치가 단순히 정치적인 조치이냐, 헌장에 의한 의무위반에 대한 반동, 즉 제재이냐 하는 문제가 일어난다.

그 조문의 문구에 의하면 강제조치는 헌장에 규정된 의무, 특히 무력의 위협 또는 무력행사를 삼가야 할 의무를 위반한 회원국에 대하여서만 취하여진다는 것도 없으며, 또 평화에 대한 위협, 평화의 파괴 또는 침략행위를 범한 회원국에 대하여서만 취하여진다는 것도 규정되지 않았으며, 따라서 국제법상 불법행위를 하지 않은 회원국에 대하여 강제조치가 취해

48) Kelsen, UN, pp. 726~727, 737.

질 수 있다.[49] 이러한 점에서는 제39조의 강제조치는 정치적인 것이라고 생각될 수 있으며, 이러한 견해는 다시 안전보장이사회가 평화에 대한 위협 등을 확인한 다음 제재라고 볼 수 없는 권고를 할 수 있다는 규정에 의하여서도 긍정될 수 있으며, 헌장 채택시의 지배적 경향, 즉 법적 추구에 대한 정치적 추구의 우위에도 일치한다.[50] 그러나 제39조의 강제조치는 제재로써, 즉 회원국이 일정한 의무에 위반하였을 때 이에 대한 반동으로서 해석될 수도 있는 것이다. 그렇다면 제재의 전제인 의무란 안전보장이사회가 제39조에 입각하여 평화에 대한 위협, 평화의 파괴 또는 침략행위라고 결정할 성질의 행동을 취하지 않는 것이다. 법질서에 있어 어떤 행동을 취할 의무가 명시적으로 규정되지 않고, 그에 반한 행동에 강제조치를 결부시킴으로써 그러한 의무가 지워질 수도 있는 것이다.[51]

제39조의 강제조치를 단순히 정치적인 것으로 보느냐 또는 제재로 보느냐 하는 것은 이론상의 문제로서 실제적 중요성은 갖지 못하며,[52] 또 어떤 쪽의 해석이 취하여지더라도 이미 언급한 바와 같이 결과적으로는 이 조문은 평화에 대한 위협, 평화의 파괴 또는 침략행위를 금지하게 되는 것이다. 따라서 헌장에 의한 무력행사 등의 금지의 범위에 관하여서는 제2조 4항뿐 아니라 제39조가 검토되어야 할 것이다. 평화에 대한 위협, 평화

---

49) *Ibid.*, pp. 729~730.

50) *Ibid.*, pp. 733~735.

51) *Ibid.*, pp. 735~736; Kelsen, pp. 54~55; Kelsen, General International Law and the Law of the United Nations, United Nations Ten Years, p. 11. 평화의 파괴, 침략행위의 개념이 명확히 한계지워진 것은 아니며 또 평화에 대한 위협은 대체적으로 일반국제법상 금지된 것이 아니며 또 제2조 4항에도 완전히 포함되는 것은 아니다(Guggenheim, II, p. 246, note 1). 또 샌프란시스코회의에서 이 조문의 기초에 관련하여 표명된 바(The Report of Rappoteur on Chapter VIII, Section B, UNCIO Doc. 881, III/3/46, pp. 3ff.(Kelsen, UN, p. 728, note 7에서 재인용))에 의하면 평화에의 위협 등의 존부의 결정에 있어 안전보장이사회에 자유재량권이 부여되게 되었다(Goodrich and Hambro, p. 264). 그렇다고 아무런 기준도 없이 평화에의 위협 등의 존재가 결정될 수 있다고는 생각될 수 없다(Dahm, II, S. 389).

52) Kelsen, UN, p. 737; Guggenheim, II, p. 264.

의 파괴 또는 침략행위란 문구는 대단히 애매하며 국제연합의 기관의 관행에서도 그 내용을 확정할 자료는 아직 얻어지지 않지만 다음에 학설 및 관행에 따라 제39조의 관계내용이 구명될 것이다.

a. 평화에 대한 위협, 평화의 파괴란 말이 여기서 쓰여지고 있는데, 이는 헌장의 다른 조문에서는 국제평화란 말이 쓰여지고 있는 데 대하여 이색을 띠고 있다. 그러므로 이 조문의 평화란 반드시 국제적인 것을 의미함이 아니며 따라서 안전보장이사회는 국내폭동 또는 내란의 경우에도 아무런 제한 없이 개입할 수 있지 않는가 하는 문제가 제기된다. 그러나 이 조문에 의하면 국제평화 및 안전을 유지하기 위하여 이사회는 필요한 조치를 취하게 되므로 평화란 말은 국제평화로 해석되어야 할 것이다.[53] 그러나 물론 내란의 경우에 안전보장이사회가 개입할 수 없다는 것이 아니고, 내란이 국제평화에 대한 위협 등을 이룬다고 이사회에 의하여 결정되었을 때에는 이에 대하여 강제조치가 취하여질 수 있다.

b. '평화에 대한 위협' 에 해당한 것으로는 먼저 무력행사에 이르지 않는 사태가 생각될 수 있다. Kelsen이 예시한 것, 즉 국제법원의 판결이나 조정위원회의 권고에 따르지 않는 것, 안전보장이사회의 군비규율을 위한 체계를 수립하기 위한 계획의 불수락, 헌장 제33조 1항에 따르지 않고 동 2항의 요구에 따르지 않는 것, 헌장의 규정에 따라 안전보장이사회에 분쟁의 해결을 부탁하지 않는 것, 안전보장이사회 또는 총회에 의한 분쟁해결의 권고에 따르지 않는 것[54]이나, Lauterpacht가 예시한 것의 대부분, 즉 국제평화 및 안전의 유지에 반한 비우호적 태도 및 적응의 결여, 무력사용에 이르지 않는 국제법위반, 헌장하에서 총회 또는 안전보장이사회의 권고에 따르지 않는 것은[55] 무력행사에 포함되지 않는다. 그런데 이렇

53) Kelsen, UN, p. 731. Cf. Stone, pp. 256~257.

54) Kelsen, UN, pp. 727~728. Cf. Dahm, II, S. 389.

55) Oppenheim-Lauterpacht, II, p. 163. Komarnicki는 평화에 대한 위협을 침략의 태도로 보

게 무력의 위협 등을 포함하지 않는 사태가 평화에 대한 위협을 이루려면 긴박한 것이라야 하느냐,[56] 또는 잠재적인 것이면 되느냐, 특히 어떤 정부의 성격이 어느 때나 평화를 파괴할 가능성을 내포하면 되느냐[57] 하는 데 의견이 대립되고 있다. 두 가지 견해에 모두 다 일리가 있다고 생각될 수 있다.[58] 그러나 정치적 이데올로기를 달리하는 국가들이 공존하고 있는 현실에 있어 전자인 견해가 더 적당하다고 생각되는데, 구체적인 경우에 두 가지 견해의 적용의 한계가 뚜렷하지 못할 수 있는 것은 재언을 요하지 않는다.

다음에 평화에 대한 위협에는 무력행사의 사태가 포함된다고 생각하는 것이 일반적인 견해 같은데,[59] 그 하나의 예로써 Wright의 정의를 들 수 있다.[60]

> "다른 국가에 대하여 어떤 국가의 정부가 전쟁선언, 간섭 또는 그 밖의 적대의사의 표시를 하였기 때문에, 또는 한 국내에서 내란의 중대성 때문에 국제평화 파괴의 급박한 위험이 있을 때 평화에 대한 위협이 일어난다."

고 있다(M. Waclaw Komarnicki, La Défiition de l' Agresseur dans le Droit International Moderne, RC, 1949, II, p. 85).

56) Quincy Wright는 곧 설명될 바와 같이 평화에 대한 위협은 급박함을 요한다는 견해를 취하고 있으며, 또 1946년 안전보장이사회의 스페인문제에 관한 특별위원회도 이러한 입장을 취하였다고 생각된다(SCOR, First Year, Second Series, Special Supp., June 1946, Rev. ed., p. 10(Goodrich and Simons, p. 354에서 재인용)). Cf. Dahm, II, S. 389~390.

57) 위에서 언급된 안전보장이사회의 특별위원회가 스페인의 프랑코정부가 평화에 대한 위협을 이룬다고 보지 않고 따라서 스페인에 대하여 제41조를 적용하자는 폴란드의 제안을 거부하자, 폴란드대표는 다음과 같이 말하였다. "…급박한 위험이나 잠재적인 위험이나 제39조의 의미에 있어서의 평화에 대한 위협으로 생각될 수 있다…" (Sohn, p. 542. Cf. Goodrich and Simons, p. 355).

58) 1946년 스페인의 프랑코정부에 대하여 안전보장이사회는 아무런 조치를 취하지 않았으나(Sohn, pp. 542~547), 총회가 프랑코정부 문제를 취급하였고, 그가 채택한 결의(Resol. 39(I), Dec. 12, 1946(*Ibid.*, pp. 555~556에서 재인용))에서 회원국에 스페인주재 외교사절의 철수 등을 권고하였다.

59) Oppenheim-Lauterpacht, II, p. 163.

60) Quincy Wright, The Prevention of Aggression, AJ, 1956, p. 525.

그런데 이 정의에 의하면 국제관계에서의 무력행사는 평화에 대한 위협에 포함되지 않고 내란만이 이에 포함되고 있는데, 평화에 대한 위협이 될 수 있는 무력행사 중에서 적어도 주된 것이 내란으로 생각되는 것 같다.[61] 또 내란에 관련하여 외국이 반도를 원조하는 것은 평화에 대한 위협으로 생각될 수 있는 경우가 있다.[62]

c. '평화의 파괴' 에는 무력행사까지 이르지 않는 것도 포함될 수 있다는 견해도 있으나,[63] 평화의 파괴라 할 때에는 무력행사가 이미 일어난 것을 전제로 하고 있다고 보는 것이 적당할 것이다.

Wright는 평화의 파괴를 다음과 같이 정의하고 있다.[64]

> "국제적으로 승인된 경계의 쌍방에서 사실상의 정부 또는 합법정부들에 의하여 통제되는 병력 사이의 적대행위."

---

61) 팔레스타인문제가 처음 안전보장이사회에서 제기되었을 때 미국대표는 내부 무질서가 평화에 대한 위협을 이룰 수 있다고 말하였다. 또 1950년에 소련이 한국전쟁을 내란에 불과하다고 말하였을 때 영국대표는 내란도 어떤 사정에서는 제39조에 의한 평화에 대한 위협을 이룰 수 있으며 평화의 파괴까지도 이룰 수 있다고 말하였다(SCOR, Fifth Year, No. 28, 486th Meeting, August 11, 1950, p. 6(Goodrich and Simons, p. 356에서 재인용)). 또 1947년 및 1948년 인도네시아문제의 토의에 있어서도 몇몇 회원국은 이 입장을 취한 것 같다. 이상 설명: *Ibid.*, pp. 355~356. 그러나 국제관계에서의 무력행사라고 인정될 것에 있어서도 평화에 대한 위협이라는 말이 쓰이는 경우가 있다. 예: 팔레스타인 사태에 관한 1948년 7월 15일의 안전보장이사회의 결의(I. d, 주 39).

62) I. a. (2) 참조. Guggenheim, II, p. 253. 1946년 그리스의 호소에 관하여 조사 보고하도록 안전보장이사회에 의하여 임명된 위원회의 다수는 한 국가내에서 타국으로 들어가는 무장반도의 지지 또는 관계국가의 요청에도 불구하고 어떤 정부가 그의 영역에서 이와 같은 반도에게 어떤 원조 또는 보호를 박탈하기 위하여 모든 조치를 취하지 않는 것은 안전보장이사회에 의하여 헌장의 의미에서 평화에 대한 위협으로 생각되어야 한다는 의견이었다. 그러나 이상의 내용을 구체화한 1947년 8월 12일의 이사회의 결의안(Doc. S/486)은 소련의 거부권으로 부결되었다. 이 문제에 관하여 총회가 1948년 11월 27일 채택한 결의(I, 주 5 참조)는 계속된 원조(게릴라에 대한 알바니아 등의 원조)는 "발칸에 있어서의 평화를 위태롭게 한다"고 말하고 있다. 이상 설명: Goodrich and Simons, p. 355.

63) Kelsen, UN, p. 727. Cf. Komarnicki, *op. cit.*, p. 85.

64) Wright, The Prevention of Aggression, *op. cit.*, p. 524.

이 정의가 반드시 적당한 것이냐는 별문제로 하고,[65] 무력행사가 평화의 파괴의 한 요건이 된다고 보는 점에 있어서는 이 정의는 일반적 견해를 대표한다고 생각된다.[66] 그러나 국제관계에 있어서뿐 아니라 내란에 있어서 무력행사도 평화의 파괴를 이루는 경우가 있느냐 하는 문제에 대하여서는 Kelsen이 지적한 바와 같이 원칙적으로 부정적으로 해답되어야 할 것이다. 그에 의하면 이미 언급된 바와 같이 제39조의 "평화"란 국제적 평화를 의미하며 국가간의 관계인 국제평화의 파괴는 국가간의 관계에 있어서만 범하여질 수 있다는 것이다.[67] 그리고 한국전쟁에 직면하여 안전보장이사회가, 그의 1950년 6월 25일의 결의[68]에서 북한, 북한위정당국을 국가 및 정부로 보지 않는 데 비추어, 동 결의에서 평화의 파괴가 있다고 단정한 것은 적당하지 않다고 Kelsen은 지적하고 있는데,[69] Wright는 이러한 한국과 같은 사태(비슷한 것은 독일, 베트남 등)에 비추어 위에서의 정의에서와 같이 "국제적으로 승인된 경계"(반드시 국경에 국한된 것은 아닌)라든가 사실상 또는 합법적 정부(국가란 용어를 피하고)란 용어를 사용하고 있다.

---

65) 위에서의 평화에 대한 위협의 정의와 대비하면 양 정의의 연관성에 흠결이 발견된다. 이 흠결은 정부와 국가라는 용어에 대한 검토가 부족한 데 기인한 것으로 생각된다.

66) 인도네시아 문제를 안전보장이사회가 심의할 때 오스트레일리아 대표는 다음과 같은 것을 시사하였다. 즉 '평화의 파괴'의 의미를 정한 선례는 없지만 "적대행위가 일어나고 있으나 한 특정한 당사자가 침략자라거나 또는 침략행위를 범하였다는 것이 주장되지 않을 경우"의 사태를 평화의 파괴는 의미한다는 것이다(SCOR, Second Year, No. 67, 171st Meeting, July 31, 1947, p. 1623(Goodrich and Simons, p. 357에서 재인용)). 또 같은 문제의 이사회에서의 심의에 있어 소련대표는 다음과 같이 말하고 있다. "다른 국가의 어떤 타국에 대한 군사작전이 국제평화의 파괴라고 불려질 수 없다면 무엇이 평화의 파괴라 불려질 수 있는지 나는 알 수 없다"(SCOR, Second Year, No. 68, 173rd Meeting, August 1, 1947, p. 1692 (*Ibid.*에서 재인용)). 또 1948년 7월 15일의 결의(I. b, 주 39 참조)에 의하여 이사회는 팔레스타인에서 그의 정전명령에 당사자들이 따르지 않는 것은 "제39조의 의미에 있어서의 평화의 파괴의 존재를 예증하는 것"이 될 것이라고 선언하였다. 이상 설명: Goodrich and Simons, pp. 356~357.

67) Kelsen, UN, p. 930.

68) Doc. S/1501(Sohn, p. 514에서 재인용).

69) Kelsen, UN, p. 930.

Kelsen의 견해가 용어의 합리적인 해석이며 따라서 평화의 파괴는 원칙적으로 국가간의 사태를 의미하는데, 어떤 무력행사에 있어 그것이 과연 내란이냐 또는 국가간의 사태인가 하는 데 관하여 관계국가 및 그 밖의 국가의 의견이 나누어질 수 있으며,[70] 따라서 일부 견해에 의하면 명백히 내란이 있는데 사태의 영향의 중대성에 비추어 평화에 대한 위협 대신 평화의 파괴의 단정이 내려질 수 있다.

d. "침략행위"란 말처럼 최근의 국제법의 용어로서 논의를 일으킨 것은 드물 것이다. 샌프란시스코회의에서 침략의 정의를 헌장 속에 삽입하자는 것이 제안되었으나, 침략을 미리 정의내리는 것은 이 회의의 가능성 및 헌장의 목적을 넘는다는 것과 현대전의 기술이 침략의 모든 경우를 망라할 정의를 대단히 어렵게 한다는 이유 등에서 이 제안은 결국 채택되지 못하였다.[71] 그런데 "침략"이란 용어는 국제연맹규약이 채택된 이후, 특히 국제집단안전보장제도에 관련하여 금지된 전쟁 또는 무력행사를 상징하는 용어로서 40년간 사용되어 왔으며 이것을 정의하기 위한 시도가 국제연합 내에서 다년간 계속됨에 비추어, 침략의 정의에 대한 시도에 관하여서는 다시 더 상세히 언급될 것인데,[72] 여기서는 이 용어의 대강의 윤곽이 구명될 것이다.

먼저 평화의 파괴란 것 속에 침략이란 말은 포함되므로, 평화의 파괴에 침략행위를 첨가할 필요가 없지 않느냐 하는 점이다.[73] 이와 같은 의문은 제1조 1항의 규정 "…침략행위 또는 기타 평화의 파괴"에 의하여서도 수긍될 것 같으나 평화의 파괴와 나란히 침략행위가 규정된 바에는 그것이 처음부터 독특한 의의를 갖거나[74] 설사 그렇지 않더라도 나중에 독특

---

70) I. d 참조.

71) UNCIO Doc. 881, III/3/46, pp. 3ff.(Kelsen, UN, p. 728, note 7에서 재인용).

72) III.

73) Kelsen, UN, pp. 726~727.

74) Komarnicki는 평화에 대한 위협을 침략의 태도, 평화의 파괴를 무력행사에 이르지 않는 평

한 의의가 부여될 가능성을 가지고 있다고 생각된다. Wright는 이미 인용된 평화에 대한 위협 및 평화의 파괴의 정의에 대하여 침략의 정의를 다음과 같이 내리고 있다.[75)]

> "침략행위란 국제적으로 승인된 경계를 넘어서의 무력의 행사 또는 그 위협이며, 이것에 대하여 어떤 사실상의 또는 합법적 정부가 행위 또는 태만 때문에 책임을 지는 것이다. 단 개별적 또는 집단적 자위, 국제평화 및 안전을 회복하기 위한 국제연합의 권한 또는 무력이 거기서 행사되는 영역소속국의 동의에 의하여 정당화된 것은 제외된다."[76)]

이 정의가 평화의 파괴에 대한 정의에 비하여 가장 특이한 점은 무력행사 또는 위협에 대하여 책임을 질 정부를 명백히 한다는 점이다. 즉 평화의 파괴가 있다고 단정되었을 때에는 그 결과에 대하여 어떤 국가 또는 정부가 책임을 질 것인가에 대한 확정적인 판단이 내려지지 않는 것이나, 침략행위가 있다는 단정이 내려졌을 때에는 그 침략행위에 대하여 책임을 질 국가 또는 정부가 확정되는 것이다. 이것은 국제연합의 회원국 및 기관의 태도에서도 긍정될 수 있다.[77)]

화의 침범, 그리고 침략은 이미 시작된 공격이라고 보고 있다(Komarnicki, *op. cit.*, p. 85. b, 주 55, c, 주 63 참조).

75) Wright, The Prevention of Aggression, *op. cit.*, p. 526.

76) c, 주 65 참조.

77) 인도네시아 문제 심의 때 안전보장이사회에서 오스트레일리아 대표의 견해(c, 주 66). 팔레스타인문제의 이사회에서의 심의중 유태인기관(The Jewish Agency)의 대표는 침략자를 정하는 곤란을 인정하면서도 침략의 단 하나의 표준이 있다고 생각하였으며 그 표준이란 누가 싸움을 시작하였느냐 하는 이니셔티브라고 말하였다(SCOR, Third Year, No. 69, 269th Meeting, May 18, 1948, p. 18(Goodrich and Simons,, p. 358에서 재인용)). 1950년 6월 25일의 결의에서 이사회는 북한군의 공격을 침략으로 보지 않고 평화의 파괴로 규정지었으나 그후 이사회 및 총회의 토의에서 그 공격은 침략행위로서 언급되었다. 그리고 총회는 그의 1951년 2월 1일의 결의(Resol. 498 (V)(*Ibid.*에서 재인용))에서 중공은 한국에서 이미 침략을 범하고 있는 자들에게 직접 원조, 조력하고 거기서 국제연합군에 대하여 적대행위를 함으로써 그 자체가 한국에 있어서 침략을 한 것으로 보았다. 이상 설명: *Ibid.*, pp. 357~358.

다음 Wright의 정의에서는 무력행사 또는 그 행사의 위협의 경우만이 침략이 될 수 있다는 것인데, 침략이 무력행사에 관련하여서만 고려된다는 점에 있어서는 이 정의는 적당하다. 그런데 지금까지 침략개념을 무력행사 아닌 것을 포함하도록 넓히려는 기도가 행하여지고 있다.[78] 물론 조약에 의하여 체약국들 사이에 침략의 범위가 확대되거나 간접적·경제적 또는 이데올로기적 등의 수식어가 붙어 본래의 침략과는 다른 것이 지시되는 것은 배제되지 않지만, 국제법상 단순히 침략이 운운될 때는 위에서와 같이 확대된 의미로 사용되는 것은 적당하지 않다.[79] 또 Wright와 같이 무력행사의 위협까지도 침략에 포함시키는 것은 적당하지 않다.

e. 제39조에 의하면 평화에 대한 위협, 평화의 파괴 또는 침략행위가 있으면 이사회는 개입하는데 이는 평화의 파괴 등이 회원국에 의하여 행하여질 경우에 국한되지 않는다. 따라서 비회원국이 타국(회원국 여부는 불문하고)에 대하여 침략행위를 하거나, 또는 비회원국의 내란이 국제평화에 대한 위협이 되는 경우에는 안전보장이사회는 강제조치로써 개입할 수 있다.[80] 이러한 개입을 제재로 보느냐, 다시 말하면 비회원국도 제39조에 의해서 평화에 대한 위협을 삼갈 의무를 지느냐 하는 점에 관해서는 이미 언

1956년 10월말 이스라엘의 이집트에 대한 무력공격과 특히 이 공격에 가담한 영국과 프랑스의 무력행사는 긴급총회에서 일부 국가에 의해 침략이라고 규탄되었다(IO, 1957, pp. 73ff.). 1956년 10월 23일에 시작된 헝가리의 내란에의 소련군의 개입(I, 주 5 참조)은 침략으로서 당연히 규정될 수 있는 성질의 것이었다(The Hungarian Situation, *op. cit.*, p. 11).

78) Kelsen은 침략행위로서 무력의 행사 또는 위협 아닌 것도 생각될 수 있다는 것이며(Kelsen, UN, p. 727), Dahm은 침략행위는 군사적인 것 이외의 수단으로서 결과할 수 있다는 것이다(Dahm, II, S. 390. Cf. C.A. Pompe, Aggressive War an International Crime, 1953, pp. 42, 51(Kotzsch, pp. 108~109에서 재인용)). 또 최근 소련침략정의안(III, 주 139~140)에는 간접적 침략 등이 포함되고 있다. 보고타헌장(1948년 4월 30일) 제15조에도 간접적 침략이 운위되고 있다(미주국가들 사이의 1947년 9월 2일 상호원조조약 제6조에도 무력공격 아닌 침략이 언급되고 있다).

79) Cf. Guggenheim, II, p. 259, note 2. 또 안전보장이사회나 총회에서도 무력행사 아닌 사태에 관하여 침략이 진지하게 논의된 일은 없는 것 같다(주 77 참조).

80) Guggenheim, II, p. 262; Kelsen, UN, pp. 730~731. I. e 참조.

급되었다.

이상 학설과 국제연합의 기관에서 표명된 바에 비추어 다음과 같은 점이 확인될 수 있을 것이다. 평화의 위협에는 국제관계에 있어 무력의 위협 및 무력행사를 포함하지 않는 사태도 포함될 수 있으며, 내란도 국제평화유지에 관계될 때는 어느 때나 적어도 평화에 대한 위협으로는 단정될 수 있으므로, 제39조에 포함될 수 있는 사태의 범위는 제2조 4항에 포함될 수 있는 것보다도 넓은 것이다.[81] 전쟁지위의 제한에 관한 한에 있어서는 제39조는, 내란의 경우에도 국제평화의 유지에 관계되는 경우에는 안전보장이사회가 개입한다는 점에 비추어, 제2조 4항보다 적어도 명문으로써 더 넓은 범위에서 무력행사를 제한하는 효과를 가지며, 우리가 정식전쟁 및 실질전쟁이라고 생각하는 것[82] 중에 헌장규정에 의하여 제외되는 것 이외는 모두 금지하고 있는 것이다. 이렇게 제외되는 것 중 첫째는 이미 언급된 제39조에 규정된 것 같은 국제연합에 의한 강제조치이며, 둘째는 헌장 제51조에 규정된 자위권의 행사와 제107조 및 제53조에 의한 제2차대전시 연합국의 적국이었던 국가에 대한 일정한 조치다. 전자에 관해서는 제2절에서 설명될 것이며, 국가들의 개별적 무력행사의 금지의 예외를 이루는 후자에 관해서는 계속하여 설명될 것이나, 그것에 앞서 침략의 정의문제가 검토될 것이다.

Ⅲ. 침략의 정의문제

a. 긴장이 계속되고 있는 국제관계에 있어 침략이란 말은 일상용어로서 많이 쓰여지고 있다. 이 경우에 침략은 대단히 모호한 내용을 표시하고 있다. 국제연합헌장의 규정에 포함되는 침략(aggression, Angriff, agression)[83]

---

81) Guggenheim, II, p. 264, note 1. 따라서 제2조 4항의 위반은 제39조의 "평화에 대한 위협, 평화의 파괴 또는 침략행위"의 범위에 들어간다고 보는 것이 적당하다(Cf. Bowet, p. 176).

82) 제1장 제1절 2. C, 특히 Ⅳ 참조.

이란 용어는 일상용어로서의 그것에서 완전히 유리된다고 생각될 수 없으나 법적 용어로서 더 명확한 개념을 가져야 할 것은 말할 필요도 없다. 헌장 제39조 해석에 있어서 원칙적으로 국가간 무력행사에 있어 그 무력행사에 대하여 책임을 져야 할 당사국의 행동이 침략으로 생각되며, 이것은 안전보장이사회 및 총회에서의 결의, 토의에서 표명된 바에 의하여서도 긍정된다는 것이 언급되었다.[84] 따라서 샌프란시스코회의에서 침략의 정의의 제안은 이미 언급된 바와 같이[85] 거부되었고 또 곧 설명될 바와 같이 국제연합에서의 침략의 정의에 대한 시도는 성공하지 못하고 있으나 헌장 제39조의 침략이란 말이 법적 책임문제에는 관계없는 단순한 사실을 표시하는 개념이라고 보는 Bowet의 견해[86]는 긍정될 수 없다.

Bowet가 이러한 견해를 표명한 것은 침략이란 말의 군사상의 개념에 구애되는 까닭인 것 같다. 종래의 군사상의 개념으로서의 침략은 먼저 무력행사를 시작한다는 것을 표시한다.[87] 그런데 국제법상 침략정의의 시도로서 의의가 크며, 1933년 군축회의에서 제안된 소련안[88]에서 무력행사를 먼저 한 국가를 침략자로 규정하였기 때문에 Bowet의 그릇된 선입견이 생기게 된 것 같다.[89] 침략정의의 소련안이 군사적 의미에서의 침략의 개념을 취하였다 하더라도, 그러한 침략이 조약에 의하여 불법행위를 표시한 것으로 규정되었을 때에는 그 침략은 국제법상의 책임을 수반하는 것

83) 불어와 독어에서는 공격과 침략이 다같은 용어로서 표현되며(c, 주 127, 141 참조) Dahm과 Berber는 침략정의 문제를 헌장 제51조에 규정된 무력공격이란 말에 관련하여 설명하고 있다(Dahm, II, S. 418~422; Berber, II, S. 48~51).

84) II. d(특히 주 77) 참조.

85) II. d, 주 71 참조.

86) Bowet, pp. 251~256.

87) Verdross, VR, S. 353. 이런 의미로서 침략은 오래 전부터 사용되어 왔다. 예: 1879년 독일과 오스트리아 사이의 동맹조약(러시아에 대비한), Komarnicki, *op. cit.*, p. 12.

88) b 참조.

89) Cf. Bowet, p. 250.

이며 이미 단순히 군사상의 개념 또는 단순한 사실만을 표시하는 것은 아닌 것이다.

Verdross에 의하면,[90] 종래에 위에서 설명된 군사상의 침략개념과 같이 국제법상의 침략개념도 존립하였다는 것인데, 후자는 어떤 나라가 다른 어떤 나라에 대하여 어떤 상태의 변경을 요구하고 그 요구(법적으로 근거가 있을 경우도 있고 없을 경우도 있다)를 힘으로써 관철하려고 할 때 이러한 행동, 태도를 의미한다는 것이다. 그러나 이러한 의미의 침략이 전쟁(정식전쟁)의 자유가 국가들에 인정되었던 때에 국제법상의 용어로서 그다지 의의를 가졌다고는 생각되지 않으며, 따라서 침략이란 관념은 1914년 이전에는 법적 의의를 갖지 못하였다고(그 때에 그 관념은 도덕 및 정치에 관한 이미 오랜 문헌상의 역사를 가졌지만) 보는 견해[91]에도 긍정될 바가 있다. 여하튼 침략이 국제법상의 용어로서 뚜렷한 의의를 갖게 된 것은 국제연맹이 성립된 이후의 일이며,[92] 규약 및 전쟁포기조약 등에 의하여 국가들의 전쟁의 자유가 제한됨에 따라 침략은 금지된 전쟁 또는 무력행사를 의미하게 되었다.[93]

그러나 말할 것도 없이 침략의 개념에 포함될 범위는 무력행사를 제한하는 국제법의 발전에 따라 변경되는 것이다. 예를 들면 국제연맹규약

90) Verdross, VR, S. 353.

91) R. Théry, La Notion d' Agreesion en Droit International(1927), p. 19~40(Stone, Aggression, p. 16, note 2에서 재인용).

92) Wright, The Prevention of Aggression, *op. cit.*, p. 519.

93) Stone은 이제는(국제연맹 성립후) 법적 목적을 위하여서든 또는 정치적 목적을 위하여서든 침략이란 말을 중립적 의미로 쓰는 것은 어려울 것이라고 말하고 있다(Stone, Aggression, p. 16, note 2). Komarnicki는 국제조직이 형성되고 전쟁이 법적 표준에 복종하게 되자 침략은 그 국제조직에 의하여 대표되는 법질서에 대한 공격이며 그 조직이 입각한 토대 및 그 조직의 보호하에 있는 재(財)에 향하여진 행위라고 생각한다(Komarnicki, *op. cit.*, p. 14~15). Cf. Guggenheim, II, p. 253~161; Oppenheim-Lauterpacht, II, pp. 188~199. II. d, 주 75 참조. 국제연합에서 침략의 정의문제가 제기된 초기에 총회는 그의 결의(Resol. 380(V)(Stone, Aggression, pp. 46~47에서 재인용))에서 "어떤 침략이나… 평화 및 안전에 반한 모든 범죄 중 가장 중대한 것이다"라고 재확인하였다.

하에서는 동 규약 제15조 7항에 입각한 전쟁은 허용된 전쟁[94]이며 따라서 침략이 아니나[95] 헌장에서는 침략이 되는 것이다.

침략은 군사적 또는 정치적 용어만도 아니고 또 도덕적인 함축만을 갖는 것도 아니며 국제법상의 용어가 되어 침략의 정의를 내리려는 시도는 국제연맹규약이 채택된 후 되풀이되었다. 이러한 시도는 2개국 또는 소수국간의 조약에서 그때그때에 성공하였으나 보편적 의의를 갖게 될 수 있도록 다수국간의 합의를 가져온 일은 없다. 국가들의 의견이 대립하는 점에 관하여서는 더 구체적으로 침략정의안에 관련하여 또는 국제연합의 각 기관에서 표명된 바에 의하여 다음에 설명될 것이나, 대립의 원인이 된 것은 정치적 대립과 입법기술상의 곤란이다. 침략의 정의는 중대한 정치적 의의를 수반하므로 거기에 쉽사리 국가간의 의견이 대립할 수 있으며,[96] 국가간에 허용된 무력행사와 금지된 것의 구분에 관하여 명확한 판단을 내릴 표준이 되는 것을 세운다는 것은 쉬운 일이 아니다.[97]

침략정의에 관하여 먼저 명백히 되어 있어야 할 점은 그 정의가 두 가지 상이한 의의를 갖는다는 것이다. 그 첫째는 국제조직의 집단적 강제조치의 전제가 되는 사태를 정하는 것이며, 둘째는 국제평화파괴에 대한 개인의 형사책임을 가져올 행위[98]를 규정하는 것이다. 침략정의의 이 상이한 두 가지 기능의 혼동이 일어나고 이러한 혼동의 부당함이 지적되는 것은 수긍될 점도 가지고 있다.[99] 여기서는 위에서 언급된 첫째의 기능, 즉

---

94) 제2장 제1절 1. A 참조.

95) Cf. Komarnicki, *op. cit.*, p. 19.

96) *Ibid.*, p. 28.

97) Stone, Aggression, pp. 15~19. 그의 정의의 곤란성 근거에 대한 설명에는 과장된 바가 있다.

98) 제2장 제3절 3. D 참조.

99) Bowet, p. 254; Stone, Aggression, p. 46. 집단적 강제조치에 관한 침략정의는 그 강제조치를 지연시킬 정도로 세밀하여서는 아니 되는 데 대하여 개인의 형사책임에 관한 침략정의는 비교적 명확함을 요한다. 또 개인의 형사책임에 있어서는 범의가 중요한 요소를 이루는데

집단적 강제조치에 관련한 침략의 정의문제가 취급되지만, 이 정의에서의 침략행위의 객관적 특징의 주요한 것은 개인의 형사책임에 관련한 침략정의에서의 침략행위의 그것과 부합하여야 될 것이다. 침략정의의 두 가지 기능이 다 같이 국제평화 및 안전의 유지를 목표로 하는 점에 있어 일치하며, 사후에 위정자인 개인에게 형사책임을 지울 침략행위는 원칙적으로 동시에 집단적 강제조치의 대상이 되는 당해개인에 속하는 국가의 침략행위일 것이다. 추축국수뇌전범자처벌을 위한 1945년 8월 런던회의에서 미국은 1933년 런던군축회의 정치위원회에서 채택된 침략의 정의(소련의 제안에 입각한 것)를 취하자는 제안을 하였는데[100] 이 정의는 본래 개인의 형사책임을 추구하기 위하여 작성된 것은 아니며,[101] 또 1954년 국제법위원회가 총회에 제출한 인류의 평화 및 안전에 반한 범죄 초안의 제2조 1항의 침략에 관한 규정은[102] 동시에 집단적 강제조치를 위한 규정으로서 적합하다. 이러한 예는 침략정의가 그 기능에 따라 달라야 된다 하더라도[103] 두 가지 정의에 있어 침략의 객관적인 중요한 특징은 일치되어야 한다는 것을 증명한다고 생각된다.[104]

b. 이미 언급된 바와 같이 국제연맹 성립후 침략의 정의에 대한 시도

집단조치를 위한 침략의 단정에 있어서는 국가의 행동의 주관적 요소인 동기는 그다지 중요시되지 않는다(Stone, pp. 61, 137~142).

100) 이 제안은 소련의 반대로 채택되지 않았다(Stone, Aggression, pp. 134~135).

101) Komarnicki, *op. cit.*, pp. 44~45.

102) "국가의 국가적 · 집단적 자위 또는 국제연합의 권한있는 기관의 결정 또는 권고에 따르는 것 이외의 목적으로 어떤 타국에 대하여 어떤 국가의 당국이 무력을 행사하는 것을 포함한 침략행위"(제2장 제3절 3. D, 주 82, 83 참조). 그러나 이 조문에서는 침략정의의 특별한 시도는 없었다고 생각된다.

103) 예를 들면 정부나 상관의 명령으로 침략을 범하였다는 것이 곧 행위자의 책임면제사유가 될 수 없다는 규정(1945년 8월 8일 런던협정부속서 국제군사법원헌장 제8조)은 개인의 형사책임에 관한 침략정의에만 필요한 것이다.

104) Wright는 방지, 관념, 구제 및 처벌의 모든 목적을 위하여 하나의 정의를 제안하였다 (Quincy Wright, The Concept of Aggression, AJ, 1935, pp. 373, 376(Stone, Aggression, p. 137, note 22에서 재인용)).

는 거듭 행하여졌으나 보편적 의의를 갖게 될 수 있는 다수국의 합의를 확보하는 것은 이루어지지 않았다. 침략에 관련한 2개국 또는 소수국 사이의 조약은 제2차대전 전에 채택되었는데,[105] 침략정의로서 가장 의의가 큰 것은 위에서 언급된 바와 같이 1933년 군축회의의 정치위원회에 의하여 수정, 채택된 소련안[106]이다. 이 안은 그 회의의 일반위원회에서 채택이 보류되었으나, 그 후 소련과 다른 나라들 사이의 조약에서 채택되었다.[107] 그러한 조약의 하나인 1933년 소련외 7개국 사이의 침략정의의 조약의 제2조 규정은 다음과 같다.[108]

> "다음과 같은 어떤 행동을 먼저 범한 국가가 국제충돌에 있어 침략자로 간주된다.
>
> (1) 타국에의 전쟁선언
>
> (2) 전쟁의 선언이 있든 없든, 그의 병력에 의하여 타국의 영역에 침입하는 것
>
> (3) 전쟁의 선언이 있든 없든, 그의 육, 해 또는 공군에 의하여 타국의 영역, 선박 또는 항공기를 공격하는 것
>
> (4) 타국의 해안 또는 항의 해군봉쇄
>
> (5) 그의 영역 내에서 형성되었으며 타국의 영역에 침입한 무장반도에게 지지를 주는 것, 또는 침입받은 국가의 요청에도 불구하고, 이러한 반도에의 모든 원조 또는 보호를 박탈하도록 그 권내에 있는 모든 조치를 그의 영역 내에서 취하는 것을 거부하는 것"

---

105) Stone에 의하면 1920년 및 30년대의 약 70개의 지역적 또 2개국 사이의 안전보장 또는 불침략조약에 침략관념 또는 유사한 관념이 표명되고 있다는 것이다(Stone, Aggression, pp. 37~38).

106) 소련이 제출한 원안과 다음 조약에 표명된 것 사이에는 약간 상이한 점이 있다(*Ibid.*, pp. 34~36).

107) 1933년 7월 3일 소련, 루마니아, 에스토니아, 라트비아, 폴란드, 터키, 페르시아, 아프가니스탄 사이에, 동월 4일 소련, 체코슬로바키아, 루마니아, 터키, 유고슬라비아 사이에, 동월 5일에 소련, 리투아니아 사이에 침략정의의 협정. 그 이외의 조약, 주 105 참조.

108) Hudson, Legislation, Vol. VI, pp. 410~414.

동 제3조에 의하면 "어떠한 정치적 · 군사적 · 경제적 또는 기타의 고려도, 제2조에 언급된 침략에 대한 변명 또는 정당화의 역할을 할 수 없다"는 것이다. 그리고 이 조문의 부속선언[109]에서는 침략을 정당화할 수 없는 중요한 이유가 특히 다음과 같이 예시되고 있다.

> "A. 어떤 국가의 국내상태, 예시하면, 그의 정치적 · 경제적 또는 사회적 구조, 그의 시정에 있어서의 운운되는 결함, 태업, 혁명 또는 내란으로 인한 교란
>
> B. 어떤 국가의 국제적 행동, 예시하면, 어떤 외국 또는 그 국민의 실질적 또는 도덕적 권리 또는 이익의 침범 또는 침범의 위협, 외교 또는 경제관계의 단절, 경제 또는 재정단교, 외국에 대한 경제적 · 재정적 또는 그 밖의 의무에 관한 분쟁, 제2조에 열기된 침략의 어떤 경우도 이루어지지 않는 국경 사고"[110]

이 침략정의는 일반적으로 수락되지는 못하였으나, 가장 널리 수락된 것으로 생각하여도 과오는 아닐 것이다.[111] 다음에 설명될 바와 같이 소련의 침략정의안은 부분적으로 수정, 확장되고 또 비군사적 침략도 부가되어 국제연합의 관계기관에 제출되었다. 그런데 소련제안에 입각한 침략정의가 비교적 큰 의의를 갖게 된 것은 물론 근거없는 일이 아니다. 첫째, 생각될 수 있는 것은 본래 소련의 침략정의안은 당시 정치적으로 고립하였던 그 자체의 입장, 즉 외국들의 개입, 침해를 항시 두려워하였다는 것을 표명하고 있는데,[112] 이유 여하를 막론하고 자국이 먼저 공격하지 않는 한

109) *Ibid.*, pp. 414~415.

110) 이 선언의 마지막에서 위에서 열거된 사태에 포함될 국제법위반이 이 조약에 의하여 정당화되는 것이 아니라는 점이 명시되고 있다.

111) Stone에 의하면 이 소련의 침략정의안은 25년의 시련을 겪고, 확실한 생명을 갖지 못하고 또 확실히 죽은 것도 아니라는 것이다(Stone, Aggression, p. 34).

112) Komarnicki, *op. cit.*, p. 44; Stone, Aggression, p. 115.

적어도 외국의 무력에 의한 공격을 받지 않으려는 태도는 언제나 국가들 특히 약소국의 지지를 받을 수 있는 것이다. 둘째, 이 침략정의에 있어서는 국가영역의 불가침이 그 중심을 이루고 있다. 이것은 일반국제법의 기본구조에 부합한다고 생각된다. 현대국제법은 독립국가의 병존에 입각하고 있으며 이 병존의 유지를 위하여서는 국가들이 서로 타자의 권한 특히 배타적 권한을 침범하지 않음을 요한다. 그런데 국가의 배타적 권한의 주된 것이 영역적 권한, 즉 자국의 영역 내에서는 자국만이 국가행위를 설정할 수 있다는 것이다.[113] 새로운 국제법인 국제연맹규약이나 국제연합헌장도 독립국가의 병존이란 토대 위에 서 있는 것이다.[114] 그리고 새로운 국제법이 전쟁 내지 무력행사를 금지함에 있어서도 국가 상호간의 영토보전의 보장에 특히 중점을 두고 있다(규약 제10조, 헌장 제2조 4항). 따라서 침략정의에 있어 영역불가침이 주된 표준이 되었다는 것은 그 정의안이 일반국제법 및 새로운 국제법에 부합한다는 것을 의미한다.[115] 셋째, 이 정의는 엄격하다는 것, 즉 어떠한 정치적 · 군사적 · 경제적 또는 기타의 고려도 원칙적으로 침략의 변명 또는 정당화가 되지 못한다는 것이 이미 언급된 바와 같이 언제나 일부 국가 특히 약소국의 지지를 확보하고 있다고 생각된다.

이와 같이 이 침략정의가 언제나 국가들의 지지를 받을 근거를 가지고 있으나, 일반적으로 수락되지 않는 것도 거기에 상당한 법적 및 정치적 이유가 있기 때문이다. 첫째, 이 정의에서는 침략자를 정하는 하나의 표준은 시간적인 전후관계인데, 이러한 표준이 적용되기 어려운 사태가 있을 수 있다.[116] 둘째, 이 정의가 비교적 명확, 상세한 것이나 모든 가능한 침

113) Verdross, Verfassung, S. 108.

114) 국제연합의 원칙을 규정한 헌장 제2조 2항은 다음과 같다. “기구는 모든 회원국의 주권평등원칙에 기초한다.”

115) Cf. Kormarnicki, pp. 53~55.

116) Guggenheim은 이러한 사태의 예로서 1925년 그리스와 불가리아 사이의 충돌을 들고 있다

략의 사태를 포함한 것은 아니며, 또 이 정의가 포함한 사태에 있어 이 정의에 의한 표준(시간적인 것 제외)만으로는 침략자가 정하여질 수 없는 사정도 있을 수 있다. 발전하는 과학기술에 비추어 침략행위를 충분히 열거한다는 것은 생각되지 않는다. 예를 들면 육상의 봉쇄도 이 정의에 포함되지 않았고[117] 오늘날 외기권에서 비행하는 물체에 의한 군사적 행동이 상상될 수 있다. 그리고 이 정의에서는 국경이 확정되었다는 것이 전제로 되어 있으나 그렇지 못한 경우도 있을 수 있다.[118][119] 이 정의는 이와 같은 결함을 가지고 있기 때문에 잠재적인 침략자에 의하여 남용될 수 있는 것이다.[120] 넷째, 이 정의가 정치적 목적을 위하여 남용될 가능성을 가지고 있을 뿐 아니라, 이미 언급된 바와 같이 이 정의안이 본래 원안자인 소련의 입장에 특히 유리하도록 고안되었다는 것도 간과될 수 없다.[121] 국제연맹

(Guggenheim, II, p. 259).

117) Dahm, II, S. 420.

118) Komarnicki, *op. cit.*, p. 47, 58~60. 다음과 같은 경우가 예시되고 있다. 1932～1935년 레티카(Letica)지방의 쟁탈을 위한 콜롬비아와 페루 사이의 적대행위, 1932～1935년 볼리비아와 파라과이 사이의 챠코(Chaco)지방을 둘러싼 적대행위.

119) 또 Komarnicki는 이 정의에서의 두 가지 주된 표준, 즉 타국의 영역을 침범하였다는 것과, 그러한 행동을 먼저 취하였다는 것이 구체적인 경우에 반드시 정당한 판단을 가져오지는 못한다는 것이다. 가상적 예로서 이탈리아와 에티오피아의 충돌(1935～1936)에 있어 에티오피아황제가 이탈리아의 침략의 의도를 좌절시키기 위하여 소말릴란드(Somaliland)에 있는 이탈리아군에게 먼저 공격을 가하였다고 하더라도 에티오피아를 침략자로 규정하는 것은 정당시될 수 없다는 것이다(*Ibid.*, p. 60). 그러나 이것은 적어도 오늘에 있어서는 국제연합헌장 제51조의 해석에 비추어(B. II. b 참조) 적당하다고 생각될 수 없다.

120) "그 침략정의가 허물없는 자에게 대하여서는 함정이며 악자에게 대해서는 도표가 될 것이라고 생각되기 때문에 나는 침략정의의 그 기도에 반대한다." 이것은 1924년 제네바의정서안 제10조에 규정된 침략정의를 반대하는 영국의 챔벌린(Austin Chaberlain)의 견해이나(Komarnicki, *op. cit.*, p. 31), 여기서 논의된 침략정의에도 물론 적용된다(Cf. The Report by M. Paul Boncour, 12 UNCIO Doc. 505(Stone, Aggression, p. 41에서 재인용)). 소련안에 입각한 불침략조약을 소련과 체결한 국가들이 소련에 의하여 침입 또는 병합되었다는 사실이 상기되어야 할 것이다(예: 라트비아, 에스토니아, 리투아니아의 3개국 병합, *Ibid.*, p. 38). 새로운 소련의 침략의 예로는 1956년 10월말에 일어난 헝가리내란에의 소련의 군사적 개입(II. d, 주 77 참조).

121) Cf. Stone, Aggression, pp. 115~118.

성립 후 위에서 검토된 침략정의 이외에도 법적으로 침략을 정의내리려는 기도가 있었으나[122] 그 어떤 것이나 국가들의 일반적 합의는 확보되지 못하였다.

c. 침략의 정의를 위한 노력은 국제연합에서도 되풀이되고 있다. 그런데 국제연합에서 침략정의의 문제가 처음 대두하게 된 것은 집단적 강제조치의 분야에서가 아니고 개인의 형사책임에서였다. 즉 총회가 1947년 11월 21일의 결의에 의하여 국제법위원회에 뉘른베르크법원의 헌장 및 판결에서 승인된 국제법의 원칙을 형성할 것과 이 원칙을 포함한 인류의 평화 및 안전에 반한 범죄 초안을 준비할 것을 위촉하게 되자, 이 범죄의 하나인 침략의 정의문제가 생겨나게 되었다.[123] 그리고 집단적 강제조치에 관련하여 침략의 정의가 국제연합에서 논의되기 시작한 것은 1950년 한국전쟁에 관련하여 안전보장이사회의 기능이 마비되고 동년 11월 3일 총회에서 "평화를 위한 단결 결의"가 채택된 것을 계기로 하여서이다. 이 결의[124]에 의하면, 안전보장이사회가 침략 등의 사태에 직면하여 상임이사국들의 의견의 불일치로 국제평화 및 안전을 위한 그의 책무를 수행하지 못할 때에는 총회가 그러한 사태를 심의하고, 필요하면 무력행사를 포함하여 회원국에 집단적 조치를 권고한다는 것이다. 안전보장이사회는 제39조 등에 의하여 법적 구속력이 있는 결정을 할 수 있으나 총회는 집단적 조치의 권고밖에 할 수 없으므로, 이 건의에 대한 회원국들의 호응을 확보하기 위하여서는 회원국들의 도덕적인 감정에 호소할 수 있는 침략의 정의를 미리 내리는 것이 특히 필요하다고 생각된 것이다.[125]

---

122) 국제연맹 성립시부터 제6차 국제연합정기총회시까지의 침략정의의 시도 등의 자료를 포함한 사무총장의 총회에의 보고(GAOR, Seventh Year, Annexes, Item 54, pp. 17~86, Doc. A/2211(Stone, Aggression, p. 53에서 재인용))에 여러 가지 정의안이 망라되고 있다(Cf. Komarnicki, *op. cit.*, pp. 17ff.).

123) Stone, Aggression, p. 137.

124) 제2절 2. A. I 참조.

1950년 11월 6일 총회의 제1위원회에서 소련은 "적대행위가 일어났을 경우에 있어서의 국가의 의무"라는 항목하에서 이미 언급된 1933년의 조약의 침략정의를 제출하였다.[126] 이 정의안[127]은 우선 1951년 국제법위원회에서 검토되었는데, 심의의 결과 침략행위의 상세한 열거에 의해 침략을 정의한다는 것은 요망되지 않는다는 결론이 내려졌을 뿐 아니라[128] 새로운 안에 입각하여 침략정의의 노력을 계속하자는 제안도 부결되었다. 그리고 이 위원회가 작성한 인류의 평화 및 안전에 반한 범죄 초안에 있어서도 침략을 특히 정의하려는 시도는 없다.[129] 그런데 국제법위원회의 위에서와 같은 입장을 표명한 그의 제6차 정기총회에의 보고[130]를 심의한 제6위원회에서는 특히 침략정의의 가능성 및 필요성이 토의되었는데, 여기서는 대체적으로 국제법위원회와 대립되는 입장이 취하여졌다. 즉 침략자를 결정할 국제기관을 위하여 지침을 규정하는 것은 유익한 것이라는 견해가 취하여졌다.[131]

이와 같이 국제연합의 양 기관에 있어 침략정의의 가능성 및 필요성에 관하여 상이한 입장이 표명되었는데, 이러한 상이한 입장은 물론 국가

---

125) Stone, Aggression, pp. 45, 46, 137. Cf. Wright, The Prevention of Aggression, *op. cit.*, p. 518. 그러나 침략정의가 채택된다면 그것이 우선 총회의 기능에 관련하여 채택되었다 하더라도 안전보장이사회의 기능에 관련하여서는 일정한 규준이 될 성질의 것이라는 점은 재언을 요하지 않는다.

126) 국제연합에서의 침략정의의 시도에 관해서는 주로 Stone에서 인용되었다(Stone, Aggression, pp. 46~77).

127) 1933년의 조약(b, 주 108 참조)에 나타난 것과 상이한 것은 동 조약 제2조의 "침략자"라는 말 대신 "공격자"란 말이 사용되고 있는데, 이것은 "무력적 폭력에 의한 침략자"의 의미로 해석되는 것이 적당하며(Stone, Aggression, p. 47), 따라서 어떤 의미의 변경을 가져온 것은 아니다.

128) International Law Commission Report covering the ... Third Session 16 May~27 July, 1951, c. III, p. 9, A/C. 1/108(*Ibid.*, p. 48, note 30에서 재인용).

129) a, 주 102.

130) 주 128 참조.

131) GAOR, Sixth Year, Annexes, Item 49, p. 15(Stone, Aggression, p. 50, note 44에서 재인용).

들 사이에도 표명된다. 제6차 정기총회는, 제6위원회의 제안에 따라, 사무총장에게 제7차 정기총회에 침략정의의 문제에 관한 보고를 제출할 것을 훈령함과 동시에 회원국에 대하여 인류의 평화 및 안전에 반한 범죄 초안의 주석에 있어 침략정의에 특히 유의할 것을 요청하였다.[132] 이 요청에 따라 주석을 가한 14개국 중 일부(영국 포함)는 침략을 더 정의하려는 것의 가능성 및 필요성에 대하여 의문을 표명하였으며,[133] 일부 국가(프랑스, 네덜란드를 포함)는 적당한 기관을 인도하기 위하여 침략정의를 내리는 것은 가능하며 또 가능하여야 할 것이고,[134] 가능하다면 정의를 내리는 것이 필요하다는 견해를 취하였다.

제7차 정기총회는 침략정의문제를 사무총장의 보고[135]와 함께 제6위원회에 부탁하였는데 이 위원회에서의 토의는 대체로 소련의 정의안 및 기타의 정의안에 집중하였으며, 정의를 찬성하는 대표와 반대하는 대표 사이에 의견의 대립이 있었는데, 위원회는 총회에 침략정의문제에 관한 특별위원회를 설치할 것을 건의하였다. 이 건의에 따라 총회는 15개국으로 구성되는 특별위원회를 설치하였으며, 그 임무는 침략개념의 정의 또는 성명안을 작성하고 정의가 채택된다는 가정 위에서 일어나는 문제를 연구하는 것이었으며, 그의 보고서는 회원국의 이에 대한 주석과 같이 제9차 정기총회에 제출될 것이었다.[136]

특별위원회는 1953년 8월 24일부터 9월 21일까지 침략정의문제를 토의하였는데, 여기서 8개국(소련, 프랑스를 포함)의 대표는 침략정의의 가능

---

132) GAOR, Sixth Year, Supp. No. 20, pp. 84ff., Resol. 599(VI)(*Ibid.*, p. 51, note 47에서 재인용).
133) GAOR, Seventh Year, Annexes, Item 54, p. 3(*Ibid.*, p. 51, note 48에서 재인용).
134) 프랑스의 표현, GAOR, Seventh Year, Annexes, Item 54, p. 7(*Ibid.*, p. 51, note 53에서 재인용).
135) b, 주 122 참조.
136) Resol. 688(VII), GAOR, Seventh Year, Supp. 20(A/2361), p. 63(Stone, Aggression, p. 54, note 63에서 재인용).

성 및 필요성을 긍정하는 데 대하여 그 밖의 국가의 대표(영, 미를 포함)는 그 정의가 가능하지 않으며 가능하다고 하더라도 그것은 국제평화 및 안전의 유지에 무가치하거나 위험하기까지도 하다는 견해를 취하였으며, 또 침략정의를 찬성하는 국가의 대표자들 사이에 있어서도 어떤 정의가 취하여질 것인가에 대하여서는 견해의 일치가 없었다. 이 특별위원회는 그 토의의 자료로서 기존의 문서뿐 아니라 소련의 새로운 수정정의안, 그 밖의 4개의 정의 또는 성명안을 갖게 되었는데 이러한 안에 대하여 투표도 하지 않고 그대로 회원국 및 총회에 송부하였다. 그런데 이 특별위원회에 제출된 소련의 침략정의안에는 경제적 및 이데올로기적 침략에 관한 새로운 항이 신설되었는데 이것은 소련대표의 말에 의하면 라틴아메리카 및 아시아국가들의 압력에 의한다는 것인데,[137] 이미 제7차 정기총회의 제6위원회의 토의에서 일부 라틴아메리카국가는 침략정의에 경제적 · 문화적 및 이데올로기적 침략을 포함시킬 것을 주장하였던 것이다.[138] 소련의 새로운 침략정의안[139]은 다음에 언급될 1956년의 새로운 특별위원회에도 다시 제출되었는데,[140] 그 새로운 중요한 내용은 대개 다음과 같다.

첫째, 1933년 소련 외 7개국 사이의 침략정의의 조약 제2조에 있어 "침략자"란 말 대신 "공격자"라는 말이 사용되고 있으며[141] 동조에 다음과 같은 새로운 항이 삽입되었다.

> "타국 정부의 허가 없이 그 국가 경계 내에 그의(침략국이 되는 국가—필자 주) 육, 해 또는 공군을 착륙시키거나 인도하는 것, 또는 그러한 허가 특히

---

137) GAOR, Ninth Year, Supp. 11, p. 9(*Ibid.*, p. 55, note 70에서 재인용).

138) GAOR, Sixth Year, Sixth Committee, 293rd Meeting, para. 30(*Ibid.*, p. 54, note 67에서 재인용).

139) A/AC. 66/L.2/Rev. 1(The Hungarian Situation, *op. cit.*, p. 41에서 재인용).

140) A/AC. 77/L.4, repr. 1956 Special Committee Report, Annex II, pp. 30~31(Stone, Aggression, p. 201에서 재인용).

141) 주 127.

그 군의 체류기간 또는 체류구역의 범위에 관한 것의 조건을 위반하는 것"

둘째, 간접침략에 관하여 다음과 같이 규정되고 있다.

"다음과 같은 행위를 한 국가는 간접침략을 범한 것으로 선언된다.
a. 타국에 대한 파괴행위(테러행위, 견제행위 등)를 장려하는 것
b. 타국 내에서 내란의 양성을 조장하는 것
c. 타국 내에서 국내소요 또는 침략자에게 유리하게 정책의 변경을 조장하는 것"

셋째, 경제적 침략에 관하여 다음과 같이 규정되고 있다.

"다음과 같은 행위의 어떤 것을 먼저 범한 국가는 경제적 침략행위를 범한 것으로 선언된다.
a. 타국에 대하여 그의 주권 및 경제적 독립을 침범하고 그의 경제생활의 기초를 위협하는 경제적 압력의 조치를 취하는 것
b. 타국에 대하여 그가 그의 자연의 부를 개발하고 국유화하는 것을 방지하는 조치를 취하는 것
c. 타국을 경제적 봉쇄에 복종시키는 것"

넷째, 이데올로기적 침략에 관하여서는 다음과 같이 규정되고 있다.

"다음과 같은 행위를 한 국가는 이데올로기적 침략을 범한 것으로 선언된다.
a. 전쟁선전을 장려하는 것
b. 원자력, 세균, 화학 및 그 밖의 대량파괴의 무기사용에 유리한 선전을 장려하는 것
c. 파시스트-나치의 견해, 종족적 및 민족적 배타주의와 다른 인민의 증오, 모욕의 선전의 조장"

다섯째, 무력공격, 간접적 · 경제적 및 이데올로기적 침략으로서 열거된 것이 모든 침략행위를 망라하는 것은 아니라는 것을 표명하는 새로운 항이 규정되었다.

> "앞의 여러 항에서 열거된 것 이외의 국가가 취한 행위도, 특수한 경우에 안전보장이사회의 결정에 의하여 공격 또는 경제적 · 이데올로기적 또 간접 침략으로 선언되면, 침략을 이룬다고 간주될 수 있다."

여섯째, 1933년의 조약의 제3조에 규정된 침략의 정당화의 이유가 될 수 없는 사항이 더 명료하게 구체적으로 규정되었다.142)

이미 언급된 바와 같이 소련의 침략정의는 정의안 중 종래에 가장 널리 수락되었다고 생각될 수 있는데, 이 안에 다시 간접 · 경제적 및 이데올로기적 침략이 부가됨으로써, 침략의 개념은 부당하게 애매성을 갖게 되었고, 따라서 이 안이 일반적으로 수락될 가능성은 그만큼 적어졌으며 또 위에서 언급된 다섯째의 새로운 규정이 부가됨으로써 종래의 열거적인 것의 특색을 잃고 다음에 언급될 혼합적인 것이 되었다. 소련의 정의안 이외에도 이미 언급된 바와 같이 제출된 정의안이 있는데, 이러한 안들은 사무총장의 보고143)에서의 분류에 의하면 포괄적인 것, 열거적인 것, 또는 혼합적인 것이라고 불려질 수 있다.144) 소련의 정의안은 위에서 언급된 바와 같이 종래 열거적이었는데 새로운 것은 혼합적인 것이다. 포괄적 정의145)

142) 내용의 전체: The Hungarian Situation, *op. cit.*, pp. 41~43; Stone, Aggression, pp. 201~202.

143) b, 주 122 참조.

144) 이 분류의 명칭이 정확한 것이냐는 여기서 그 검토함을 요하지 않는다(Cf. Stone, Aggression, pp. 80ff., 88ff.).

145) 포괄적인 것의 예로서는 헌장 제39조의 해석에 있어서의 Wright의 정의와 같은 것이다. 또 1951년 국제법위원회에서는 알파로(R.J. Alfaro)에 의하여 다음과 같은 정의가 제안되었다. "침략이란 개별적 또는 집단적 자위 또는 국제연합의 권한 있는 기관에 의한 결정 또는 건의에 따르는 것 이외의 어떠한 이유나 목적으로, 어떤 방법으로나 또는 어떤 무기가 사용되

나 혼합적 정의[146]에 대하여서도 이견이 있을 수 없으며 일반적인 수락을 확보할 정의안은 쉽사리 예상되지 않는다.[147]

1953년의 특별위원회의 보고는 회원국들의 주석과 함께[148] 제9차 정기총회의 제6위원회에서 토의되었고, 총회는 이 위원회가 기초한 결의안을 1954년 12월 4일에 채택[149]하고 또 하나의 침략문제에 관한 특별위원회[150]가 구성되었으며, 이 특별위원회는 1956년에 회합할 것이었고 그 임무는 침략에 관한 상세한 보고와 정의를 제11차 정기총회에 제출하는 것이었다. 새로운 특별위원회는 1956년 10월 8일부터 11월 9일까지 19회의 회의를 가지고 토의를 거듭하였으나, 우선 침략정의의 가능성 및 필요성

든, 그리고 공공연한 것이든 그렇지 않은 것이든, 다른 나라에 대한 국가 및 정부에 의한 무력의 행사 또는 위협이다" (International Law Commission Report covering the … Third Session 16 May~27 July, 1951, c. III, pp. 9~10, A/C. 1/108(*Ibid.*, p. 48, note 31에서 재인용)).

146) 혼합적인 정의란 침략의 포괄적 정의를 내리고 다시 침략의 중요한 것을 열거한 것을 말한다. 예를 들면 제9차 정기총회에 이란 및 파나마 대표에 의하여 제출되었으며 1956년의 특별위원회에서 페루의 요청으로 회부된 것이다(Doc. A/AC. 77/L. 9, repr. 1956 Special Committee Report, Annex II, p. 31(*Ibid.*, pp. 202~203에서 재인용)). 1. 침략이란 개별적 또는 집단적 자위의 고유한 권리의 행사, 국제연합의 권한있는 기관의 결정 또는 권고에 따르는 것 이외의 목적으로, 한 국가가 타국에 대하여 무력을 행사하는 것이다. 2. 위에서의 정의에 따라 침략자를 결정하도록 요구된 국제기관이 침략을 이룬다고 선언할 다른 행위에 부가하여 다음과 같은 것은 모든 경우에 있어 침략이다. a. 타국에 속하거나 타국의 유효한 관할권 내에 있는 영역에 국가의 무력에 의하여 침입하는 것, b. …, c. …, d. … Cf. Dahm, II, S. 421.

147) 포괄적 정의는 침략행위를 열거하지 않고 추상적으로 정의를 내린 것이며 따라서 이러한 것이라면 이미 성립된 침략의 개념을 더 밝히는 데 도움이 되지 않는 것이다(1956년 특별위원회에서의 소련의 비판, Stone, Aggression, p. 56). 또 혼합적인 정의는 포괄적인 정의와 아울러 중요한 침략이 열거되는 것이며 또 열거적인 것이나 포괄적인 것보다 더 지지를 받는 것 같기도 하나(*Ibid.*, p. 57) 관점에 따라서는 두 가지 다른 정의의 결점을 구비한 것이라고 생각된다.

148) GAOR, Ninth Year, Annexes, Item 51, pp. 2~12(Doc. A/2806)(*Ibid.*, p. 61, note 111에서 재인용).

149) GAOR, Ninth Year, Annexes, Item 51, p. 12, Resol. 895(IX)(*Ibid.*, p. 62. note 116에서 재인용).

150) 미국, 영국, 프랑스 및 소련을 포함하며 18개국으로 구성되었다.

에서부터 의견이 대립되어 아무런 정의안도 투표에 붙이지 않고 심의, 토의에 관한 상세한 보고[151]만을 총회에 제출하였다. 제12차 정기총회 제6위원회에서 특별위원회의 보고가 토의되었으나 침략정의에 대한 아무런 진전도 없었고, 또 하나의 위원회를 설치하여 침략정의에 관한 회원국의 답변을 연구하고 총회가 다시 침략정의를 재심의(재심의는 일러도 제14차 정기총회)할 적당한 시기를 검토하게 할 것 등을 포함한 결의[152]가 채택되었으며 이 결의는 총회에서도 그대로 통과되었다.[153]

지금까지의 경위에 비추어 보아 가까운 장래에 어떤 침략정의가 국제연합회원국의 대부분의 합의를 확보하리라고는 생각되지 않는다. 1956년의 특별위원회에서 침략정의의 가능성 및 필요성에 반대하는 이유로서 다음과 같은 것이 주장되었다.[154] 즉 현 국제상태 특히 안전보장이사회의 상임이사국 사이의 의견의 불일치, 단순한 자위를 행하는 국가를 잘못하여 침략자로 보며 반대로 정의의 결함을 이용하는 교묘한 침략자를 잘못하여 그렇게 보지 않을 위험, 일반적으로 특수한 환경에 대하여 정당한 고려를 하지 않고 정의를 자동적으로 적용하며 자위의 필요에 적절한 고려를 하지 않는 위험, 정의를 해석할 필요 때문에 위급한 행위의 시기에 있어 권한 있는 기관의 행동의 지연, 어떤 일정한 종류의 침략에 지나치게 치중하는 열거적 정의에서 오는 위험, 총회의 단순한 다수결에 의하여 채택된 어떤 정의나 회원국 및 안전보장이사회에 대하여 구속력이 없다는 것 등이다. 이러한 이유 중에서 가장 실제의 문제로서 큰 비중을 가진 것은 첫째이며 이 이유는 곧 해소될 전망을 보이지 않고 있다. 침략정의에 이와 같은 큰 장애가 있지만 이것은 감소되어갈 것을 전제로 하여 침략정의의 필

---

151) Doc. A/3574(IO, 1958, p. 115에서 재인용).

152) Doc. A/C.6/L.4031 Rev. 1(*Ibid.*, p. 116에서 재인용).

153) *Ibid.*, pp. 115~116.

154) Stone, Aggression, p. 64.

요성은 긍정되어야 할 것이다(참고: 국제연합 총회는 1970년 침략의 개념정의에 관한 결의 3314를 채택하였다).

1952년 국제연합 사무총장은 침략이 정의되어야 할 이유로서 다섯 가지를 들고 있다.[155] 즉 정부들이 알지 못하고 침략을 범치 않도록 할 것, 안전보장이사회가[156] 침략을 정하는 데 도움이 될 것, 안전보장이사회의 행동이 없을 때 자위 또는 다른 행동을 하는 데 있어 회원국을 인도할 것, 여론을 인도할 것, 침략전쟁을 범한 자를 재판하는 법원에 도움이 되는 것이다.[157] 또 정의의 가능성에 관한 곤란성도 과소평가하여서는 아니 되지만 그렇다고 과장될 성질의 것도 아니다.[158]

끝으로 다시 되풀이되어야 할 점은 침략은 이미 법적 용어로서 일정한 개념을 표시하고 있다는 것이다. 이미 설명된 바와 같이 그 개념을 더 상세히 규정하려는 의도는 성공하지 못하였으나, 구체적인 행동의 판단의 기준이 될 침략의 개념은 확립되어 있다. 이것을 적절히 표현한 것으로서 하바드대학교 국제법연구소의 침략의 경우에 있어서의 국가의 권리 및 의무에 관한 협정안 제1조가 있다.[159]

> "이 협정에서 침략이란 말은 국가에 의한 무력에의 호소가, 그 국가가 수락하도록 제시된 방법에 의하여, 의무의 위반을 가져온다고 정당히 결정되었을 경우에 그러한 무력에의 호소를 의미한다."

---

155) *Ibid.*, p. 23.
156) 총회의 경우도 포함되어야 할 것으로 생각된다.
157) 이에 대한 반박도 물론 있을 수 있다(*Ibid.*).
158) 심한 과장의 대변자: *Ibid.*, pp. 15~19, 130.
159) Harvard Research in International Law, Draft Convention on Rights and Duties of States in Case of Aggression, AJ, 1939, Supp. pt. iii, p. 827(*Ibid.*, pp. 215~216에서 재인용).

B. 헌장 제107조 및 제53조와 제51조—무력행사의 금지에 대한 예외

Ⅰ. 제107조 및 제53조

이미 설명된 바와 같이 헌장 제2조 4항 및 제39조에 의하여 국제연합에 의한 집단적 강제조치를 제외하고 정식전쟁을 포함한 국가간의 무력행사뿐 아니라 무력의 위협 내지 평화에 대한 위협도 금지되고 있다. 그런데 이 금지에 대한 두 가지 예외가 헌장에 명문으로써 규정되어 있는데, 그 하나가 제2차 세계대전 때 적국이었던 국가에 대한 일정한 행동(제107조 및 제53조)이며, 또 하나는 자위로써의 행동이다(제51조). 먼저 전자가 구명될 것이다.

a. 헌장 제107조의 규정은 다음과 같다.

> "이 헌장의 어떤 규정도 제2차대전중 이 헌장의 서명국의 적이었던 국가에 관한 조치로서, 그러한 조치에 대하여 책임을 지는 정부가 그 전쟁의 결과로서 취하였거나 허가한 것을 무효로 하거나 배제하지 아니 한다."

이 조문은 말할 것도 없이 제2차대전 때 적이었던 국가에 대한 원회원국의 행동의 자유를 규정하고 있다. 이 행동의 자유는 제2차대전의 "결과"로서 취하여져야 한다는 점과 또 "그 행동에 대하여 책임을 지는 정부"에 의하여 취하여지거나 허가된다는 점에 있어 제한되지만, 이 제한이라는 것이 명확히 규정되어 있지 않으며 모호하다.[160] Kelsen이 지적한 바와 같이 이 조문에 의하여 허용된 행동이란 휴전협정, 항복문서 또는 강화조약에 의한 행동으로서, 이러한 문서의 당사국인 국가가 책임을 지는 것을 의미한다고 보는 것이 합리적일 것이나 이렇게 제한된 해석은 조문의 문

160) Stone, p. 251.

구에는 나타나 있지 않다.[161]

또 이 조문에 의하면 "적이었던 국가에 관한 조치"라고 규정되었으므로, 전적국(前敵國)에 대한 조치뿐 아니라, 그의 동의(강화조약 같은 것에 의하여)를 얻어서 취하여지는 조치와 회원국에 의하여 점령된 전적국 영역 내에서의 회원국의 조치도 또한 이 조문의 조치에 포함될 수 있다.[162] 특히 조치라는 것에는 전적국과의 강화조약의 내용결정의 자유도 포함되고 있으며, 따라서 그 내용이 헌장의 규정과 배치되는 경우(예를 들면 분쟁의 평화적 해결과 타국의 영토보전이나 정치적 독립에 반한 무력행사의 금지의 원칙에 반한 규정의 삽입)에도 헌장 제103조는 적용되지 않고 그 강화조약은 유효한 것이라고 해석될 수 있다.

이렇게 제107조에 의하여 전적국에 관하여 광범위한 조치의 자유가 허용된다고 해석될 수 있는데,[163] 다시 제53조에 의하여 이 조치의 자유는 확대되고 있다. 그 규정은 다음과 같다.

> "1. 안전보장이사회는 그 권한하에 있는 강제조치를 위하여 적절한 경우에는 그러한 지역적 약정 또는 지역적 기관을 이용한다. 다만, 안전보장이사회의 허가없이는 어떠한 강제조치도 지역적 협정 또는 지역적 기관에 의하여 취하여져서는 아니 된다. 그러나 이 조 제2항에 규정된 어떠한 적국에 대한 조치이든지 제107조에 따라 규정된 것 또는 그 적국에 의한 침략정책의 재현

---

161) 샌프란시스코회의에서 관계위원회(Committee 3 to Commission III)의 보고에 포함된 영국의 견해(UNCIO Doc. 1095, III/3150, p. 4, Doc. 1161, III/3/53(Kelsen, UN, pp. 805~ 806에서 재인용))에는 제107조의 행동을 휴전협정, 강화조약, 모스크바선언 같은 공동선언에서 결정된 행동에 국한하는 것은 불가능한 것이며 현명하지 않다는 것이 지적되고 있다.

162) *Ibid.*, p. 806.

163) 전적국에 대한 관계에 있어서의 조치가 헌장의 규정에 의하여 무효로 되거나 방해되지 아니 한다는 것은 그러한 조치가 헌장에 따라 국제연합의 기관에 의하여 토의되며 또 어떤 권고가 행하여지는 것을 배제하는 것이 아니다(Cf. *Ibid.*, p. 807). 그리고 제107조의 행동에는 적국에 관련하여 한 회원국이 다른 회원국에 대하여 취하는 것도 포함될 수 있느냐는 문제도 일어나는데, 적어도 기초자의 의도는 이러한 행동까지 포함시키려고 하지 않았을 것이다(제53조 1항 참조. Cf. *Ibid.*, pp. 807~ 808).

에 대비한 지역적 약정에 규정된 것은, 관계정부의 요청에 따라 기구가 그 적국에 의한 새로운 침략을 방지할 책임을 지게 될 때까지는 예외로 한다.

2. 이 조 1항에서 사용된 적국이란 용어는 제2차 세계대전중에 이 헌장 서명국의 적이었던 어떠한 국가에도 적용된다."

이 조문은 전적국에 대한 강제조치에 있어 지역적 기관 및 지역적 약정에 가입한 모든 국가에 제107조에 의한 조치의 자유를 허용하고, 또 그들에게 전적국의 침략정책의 재현에 대비한 행동으로서 지역협정에 규정된 것을 허용하고 있다. 이 후자인 행동에 있어서는 제107조의 규정인 제2차 대전의 "결과"로서 취하여진 조치라든가 또는 "책임을 지는 정부"가 취하거나 허가한 조치라든가 하는 제한도 없으며, 또한 침략정책의 재현에 대비한 조치란 광범위할 수 있는 것이다.

b. 제107조 및 제53조에 의한 전적국에 대한 광범위한 조치의 자유는 헌장에 의한 무력행사의 금지에 제한을 가하고 있다. 즉 전적국에 대한 한 광범위한 무력행사 또는 무력의 위협 등은 허용되고 있다. Kelsen이 지적한 바와 같이 제107조 및 제53조는 헌장 제2조 4항 및 제39조에 의한 보호를 전적국에 대하여서만은 거부하고 있는 것이다.[164] 그러면 다음 문제로서 전적국이 헌장의 이러한 규정의 보호 밖에 있는 것은 시간적으로 무제한한 것이냐 하는 것이다. 그런데 조문의 문구상 전적국에 대한 조치의 자유, 따라서 그를 법 밖에 두는 것에 대한 시간적 제한은 제107조에는 없다. 제53조에서는 "관계정부의 요청에 따라 이 기구가 그 적국에 의한 새로운 침략을 방지할 책임을 질 때까지"라고 규정되었으므로 국제연합이 그러한 침략방지의 책임을 지면 제53조에 의한 조치의 자유는 없어진다. 그러나 국제연합이 그러한 책임을 지려면 먼저 관계정부의 요청이 있어야

164) *Ibid.*, pp. 808, 813.

하므로 관계정부가 요청하지 않는 한 국제연합이 침략방지의 책임을 질 수는 없는 것이다. 따라서 제53조에 의한 시간적 제한도 그다지 의의를 갖지 못한다.[165)]

그렇다면 헌장 제107조 및 제53조에 의하여 전적국은 항구적으로 헌장의 보호 밖에 있을 수 있는 것이다. 전적국과 강화조약이 체결된 후에도 또 그가 국제연합에 가입한 후에도 그는 헌장의 보호를 받을 수 없다는 해석이 성립할 수 있는 것이다.[166)] 이러한 해석에 대하여서는 다음과 같은 점이 지적될 수 있다.

첫째, 말할 것도 없이 헌장은 제2차대전의 적대행위가 일부 진행되고 있는 동안에 채택되었으며, 따라서 적국에 대한 실효적인 적대행위, 적국의 재기를 불가능하게 할 군사적 타격, 적국의 패배후의 그 영역의 점령, 또는 적국의 장래의 침략정책에 대비한 일정한 강화조약의 부과 등에 있어, 샌프란시스코회의에 참집하였던 연합국(원회원국)들 특히 제2차대전에서 주도적 역할을 한 국가들이 헌장의 일정한 규정(무력행사의 금지 같은 것)에 제약을 받지 않으려는 것은 당연한 것이며 이것이 제107조 및 제53조에 표현되었다. 따라서 이 조문은 제2차대전의 전승을 확보하고 적이었던 국가가 다시 그 대전과 같은 인류의 참화를 초래하지 못하도록 하자는 데 그 목적이 있다. 이 목적은 적국의 패배에 따른 강화조약의 부과[167)] 또는 그의 패배후의 그 영역의 점령 및 이에 따른 점령정책의 실현(예: 독일 및 일본의 경우)[168)] 및 점령을 동결시킴에 있어서 부과되는 의무(강화조약 또는 그

---

165) *Ibid.*, p. 811.

166) *Ibid.*, pp. 813, 918; Stone, p. 252; Berber, II, S. 53.

167) 이탈리아, 핀란드, 불가리아, 헝가리 및 루마니아에 관한 강화조약(1947년 2월 10일).

168) 독일과 일본의 연합국에 의한 점령은 양국의 무조건항복(독일은 1945년 5월 7일, 일본은 1945년 9월 2일. 이 항복의 조건은 1945년 7월 26일 포츠담선언에 규정되었다)에 따른 것이다. 이 점령을 전시점령으로 보아야 할 것이냐 아니냐, 또 전자인 경우에도 점령국이 1907년의 육전규칙에 제한을 받아야 되느냐(Kurt V. Laun, The Legal Status of Germany, AJ, 1951, pp. 274, 283) 또는 이 규칙의 제한을 넘어서 행동할 수 있느냐(Guggenheim, II,

밖의 합의에 의한)[169]에 의하여 실현된다고 생각된다. 이러한 의무의 이행을 확보하는 데 필요한 한에 있어서만 전적국에 대하여 제107조 및 제53조에 의한 조치의 자유가 허용된다고 보는 것이 적당할 것이다. 그렇지 않았으면 제2차대전 때 적국이었던 국가는 항구적으로 헌장의 보호 밖에 두는 결과가 될 것이다.

이것이 세계평화 및 안전을 유지하고 모든 국가간의 우호적 관계를 발전시키며 경제, 사회, 문화의 모든 부문에 있어 국제적 협력을 촉진시키려는 헌장규정의 목적에 배치될 뿐 아니라, 전적국도 침략전쟁을 일으킨 국가들이지만 전쟁상태가 끝나면 일반국제법화한 1928년의 전쟁포기조약에 의하여 보호되는 것이다.[170] 또 실제에 비추어 보면 강화조약 자체에 의하여 당연한 것이지만 제107조 및 제53조에 의한 조치의 자유를 전승국들이 자진 포기한다는 것이 규정되어 있다.[171]

---

pp. 469, 472), 또 후자인 경우에 있어서도 독일의 경우에 독일이 무조건항복 때 일단 소멸한 것으로 볼 것이냐(Josef L. Kunz, The London and Paris Agreements on West Germany, AJ, 1955, p. 213; Kelsen, p. 76) 또는 전전의 독일은 존속하는 것으로 볼 것이냐(졸저, 국제법, 1961, 304~307면)에 관하여서는 견해가 나누어질 수 있다. 무조건항복의 결과 독일과 일본은 전승국인 연합점령국의 의사에 복종하게 되었으며(Guggenheim, II, p. 469), 점령국은 양국의 정부를 개편하였을 뿐 아니라, 침략정책에서 나온 국민들의 그릇된 관념을 없애기 위하여 신문보도기관과 부분적으로 교육제도까지도 통제하였으며 또 경제생활도 간섭하였던 것이다(재벌의 해체 등)(Fenwick, p. 667; Dahm, I, S. 170).

169) 일본의 경우에는 강화조약(1951년 9월 8일)에 의하여 독일의 경우에는 1954년 런던회의 및 파리회의에서 합의된 여러 가지 문서(Cf. Dahm, I, S. 169~171; Berber, I, S. 153~154; Kunz, The London and Paris Agreements, *op. cit.*, pp. 210~216)에 의하여 양국은 주권국가로서의 면목을 회복함과 동시에 장래 국제평화 및 안전의 유지를 위한 의무를 지게 되었다. 부언될 것은 독일에 관하여서는 동·서독의 통일과 다시 강화조약의 체결이 예견되고 있으나, 이것이 쉽사리 가까운 장래에 실현될 수 있느냐는 별문제로 하고 법적으로 오늘날에도 독일과의 관계에 있어 전쟁상태가 계속된다고 볼 수 없다는 것은 명백하고, 문제는 서독과 동독의 분리, 대립을 어떻게 보느냐에 관한 것인데, 동·서독은 두 국가이며 서독은 전쟁 전의 독일의 계속이다(Cf. Berber, I, S. 244).

170) Verdross, VR, I, S. 517.

171) 대일강화조약 제5조 b항, 대이강화조약 제83조, 제86조 및 제87조(Kelsen, UN, p. 918; Stone, p. 252).

둘째, 전적국이 회원국이 되었을 때에도, 그 국가에 대하여서만은 헌장 제2조 4항 및 제39조에 의한 보호가 배제되며 여전히 제107조 및 제53조가 적용된다는 구문상의 해석이 적당치 않다는 것은 학자들의 견해에서 또한 관계국가들의 의도에서도 표명되었다고 생각될 것이다.[172]

셋째, 일부 학자들의 견해에 의하면, 제107조 및 제53조에 의한 행동자유의 규정은 1945년에 있어 일시적이며 경계적인 중요성만을 가졌던 것 같으나, 그 후 발전에 의하여 이 조문 등은 중요성(무력행사금지의 규정에서 도피하는 구실을 주는 데 있어)을 갖게 되었다는 것이며, 그러한 발전으로서 안전보장이사회의 상임이사국인 소련과 미국, 영국, 프랑스 및 중화민국의 대립과 서독과 동독의 분리가 있다는 것이다.[173] 그리고 실제에 있어 1945년 3월 17일의 서구 5개국 조약의 전문 및 제7조에 독일에 의한 침략정책 등의 재현에 대비한다는 것이 규정되었고, 또 소련 및 그 위성국들 사이의 2개국상호원조조약(24개 조약)에는 모두 독일의 침략에 대비한다는 것이 규정되었다는 것이다.[174] 그러나 실제의 발전에 비추어 보면, 이러한 견해가 적당하다고는 생각할 수 없다. 서구 5개국 조약에서는 1954년 10월 23일의 개정에 의하여 독일의 침략 운운이라는 문구는 삭제되었으며, 동시에 이탈리아 및 서독이 그 조약에 가입하였고, 또 소련과 그 위성국가

---

172) 미국 상원외교위원회에서의 청취(Hearings before the Committee on Foreign Relations, United States Senate, on the Charter of the United Nations, United States Printing Office, 1945, p. 303(Kelsen, UN, p. 813, note 7에서 재인용))에서 국무성대표는 전적국이 회원국이 되었을 때에는 제53조의 예외(즉 무력행사를 할 수 있는 것)는 적용되지 않는 것이라는 의견이 있다. 또 이것과 비슷한 견해는 영국의 견해에서도 우리는 볼 수 있다(The British Commentary on the Charter of the United Nations, Presented by the Secretary of Foreign Affairs to Parliament by Command of His Majesty, Comd. 6666, 1945, p. 9(*Ibid.*에서 재인용)).

173) Stone, pp. 252~253.

174) *Ibid.*, p. 253. 2개국조약의 예: 소련과 불가리아 사이의 조약(1948년 3월 8일), 소련과 루마니아 사이의 조약(1948년 2월 4일), 소련과 헝가리 사이의 조약(1948년 2월 18일). Cf. Dahm, II, S. 286~287.

사이의 1955년 5월 14일의 우호, 협력 및 상호원조조약의 전문에는 서독이 서구연합의 형태에서의 새로운 군사적 결합에 참가하였다는 것과 또 하나의 전쟁의 위험을 증가시키는 북대서양 블록에의 편입이 언급되고 있으나 직접 서독의 침략 운운의 규정은 없다. 전적국에 대하여 전(前)전승국이었던 국제연합 회원국이 대비하는 것보다는 소련블록과 서방블록이 서로 경계, 대립하는 것이 훨씬 실제에 있어 중요성을 갖게 되었으므로, 제107조 및 제53조의 의의는 실제에 있어서도 상실되었다고 보는 것이 적당하지 않을까? 전적국이었던 이탈리아가 이미 1949년에(국제연합에 가입하기 전) 북대서양조약에 가입한 것, 그 밖의 전적국과 전전승국인 회원국 사이에 2개국안전보장조약(예: 미국과 일본 사이의 1951년 9월 8일의 조약, 1960년 개정) 및 위에서의 소련과 그 위성국가 사이의 조약[175]이 많이 체결되었다는 것은 일부 전전승국인 회원국이 전적국을 방위(방위의 필요성은 대립하는 상대 블록에서 올 것이 예견된다)하는 것을 의미한다.

물론 이러한 조약에서 대비하는 상대 블록의 전전승국인 회원국(예: 소련)이 그 조약에 가입한 전적국(예: 일본)에 대하여 무력행사를 감행한다면 제107조 및 제53조를 법적 방패로 내세울 가능성이 있다. 그러나 그러한 법적 방패는 그 조약에 의하여 전적국의 방위를 약속한 전전승국인 회원국(예: 미국)에 의하여 부정될 것은 명백하다. 이리하여 제107조 및 제53조에 의한 전적국에 대한 조치의 자유는, 그 문구의 애매성에 의하여 항구성을 가진다고 해석될 가능성을 가지나, 헌장 채택후의 정치적 발전에 의하여 그 중요성을 증대하기는커녕 도리어 그 적용의 실효 가능성을 빨리 상실한 것이라고 생각될 수 있다.[176] 따라서 이 조문들은 입법 당시의 적국에 대한 일시적이며 경계적 중요성을 실제로 그리고 결과적으로는 정당히 이미 상실하였으며, 제2조 4항 및 제39조의 무력행사의 금지에 대한

175) 주 174 참조.

176) Guggenheim, I, p. 258.

제한으로서의 의의는 거의 문제되지 않는다고 생각된다. 그리고 제2조 4항 및 제39조의 규정의 주된 예외는 제51조에 규정되고 있다.

II. 제51조

a. 헌장 제51조는 다음과 같다.

> "이 헌장의 어떠한 규정도 국제연합 회원국에 대하여 무력공격이 발생할 경우, 안전보장이사회가 국제평화와 안전유지에 필요한 조치를 취할 때까지 개별적 또는 집단적 자위의 고유한 권리를 침해하지 아니 한다. 자위권을 행사함에 있어 회원국이 취한 조치는 즉시 안전보장이사회에 보고된다. 또한 이 조치는, 안전보장이사회가 국제평화와 안전의 유지 또는 회복을 위하여 필요하다고 인정하는 조치를 언제든지 취한다는, 이 헌장에 의한 안전보장이사회의 권한과 책임에는 어떠한 영향도 미치지 아니한다."

이 조문에서 "개별적 또는 집단적 자위의 고유한 권리"(the inherent right of individual or collective self-defense, le droit naturel de légitime défense, individuelle ou collective, 단독 혹은 집단자위의 자연권리)는 자연법사상을 표명하고 있는데, 이러한 표명에 맞지 않게 자연법상의 자위권은 일방에 있어서는 확대되고 타방에 있어서는 제한되고 있다고 Kelsen은 지적하고 있다.[177] 위에서 확대되었다는 것은 집단적 자위권을 인정한 것이고, 제한되었다는 것은 무력공격의 경우에만 또 이 경우에도 문구상 회원국에 대한

177) Kelsen, UN, pp. 791~792, 797, 914. Cf. Oppenheim-Lauterpacht, II, pp. 155~156; Berber, II, S. 46. 또 이 조문의 개별적 자위를 정당방위라고 보는 것은(E.g. Kunz, Sanctions, *op. cit.*, p. 332; 서론 5. C, 주 127) 대체적으로 긍정되어야 할 것이나, 정당방위에 불가피하게 부수하여 제3국의 권리가 침해되는 경우에 이는 긴급피난에 해당하며(Dahm, II, S. 440~441. 제1장 제1절 1. A. II; 동 제2절 2. D. IV 참조), 이러한 긴급피난도 이 조문에 의하여 허용된다고 생각되므로 엄격히는 개별적 자위를 정당방위에 국한시키는 것은 부적당하다.

경우에만 그리고 안전보장이사회가 국제평화 및 안전의 유지를 위하여 필요한 조치를 취할 때까지만 자위가 허용된다는 것이다. 이러한 점은 다시 개별적으로 검토될 것인데 여기서 먼저 우리는 다음과 같은 문제를 취급하기로 한다.

즉 이 조문의 제한 밖에서는 일반국제법상의 자위가 헌장에 의하여 허용될 것인가, 허용된다면 어떤 한계에서 허용될 것인가 하는 것이다. 이 문제에 대한 답의 전제로서 첫째, 자위를 무력(武力)[178] 대 무력의 경우에만 국한하는 것은 적당하지 않다는 것과 둘째, 헌장 제51조는 제2조 4항 및 제39조의 금지에 대한 예외를 이루고 있다는 것을 들 수 있다. 따라서 무력에 의하지 않는 자국의 권리에의 침해에 대해 일반국제법상 자위가 헌장에 의하여 무조건 배제되는 것은 아니고[179] 다만 제2조 4항 및 제39조의 금지에 반하는 수단에 의한 경우만 배제된다.[180] 예를 들면, 자국의 연안해에서 불법으로 어로를 하는 외국선박 또는 자국의 영역을 불법으로 정찰하는 외국항공기를 당해 국가가 무기의 힘으로 방지한다 하더라도 그것은 일반국제법상 허용되는 자위이지 이 조문의 의미에서의 자위는 아니며, 또 제2조 4항 및 제39조에 의하여 금지되는 것이 아닌 것이 보통이다.[181]

Kelsen이 “자위권을 세운 것은 이 조문이다. 그리고 국가들이 국제연합 회원국으로서 그들의 능력에 있어 가지는 권리로서 이 권리는 제51조에 의하여 정하여진 것 이외의 내용을 갖지 않는다”라고 말한 것[182]은 이러한 제한된 의미로 해석되어야 할 것이다. 그런데 제2조 4항과 제51조의

178) 무력에 의한 자위의 전제가 되는 무력공격도 전자와 같이 상당한 규모의 조직적인 국가의 행동이어야 할 것(b 참조)으로 해석된다.

179) 제1장 제2절 2. D. III 참조.

180) Cf. Dahm, II, S. 424~426.

181) A. I. a. (2), (3); 동 II. b, c, d.

182) Kelsen, UN, p. 914.

해석에 관하여서 후자의 제한 밖에서 무력에 의한 자위를 널리 인정하려는 주장을 하는 학자도 있다. Stone은 다음과 같이 말하고 있다.[183)]

> "제51조의 제한 내에서 자위의 허용는 헌장의 어떤 다른 규정이 명백히 그것(자위－필자 주)을 금한다 하더라도 보류되고 있다. 이 제한 밖에서는 모든 국가에 의한 자위는(회원국의 경우에 있어서는) 헌장의 다른 곳에 있어서의 어떤 특수한 금지에 의하여 수정된 일반국제법에 의존한다."

Stone의 이 간략한 표현은 다음과 같은 것을 의미하는 것으로 생각된다. 제51조에 의한 자위는 무력행사금지의 규정 제2조 4항 및 제39조에 대한 예외를 이룬 것이고, 제51조의 제한된 조건 밖에 있는 일반국제법상의 자위는 제2조 4항 및 제39조 등이 허용하는 범위에서 헌장에 의하여 배제되지 않는다는 것이다. 그러면 문제는 주로 헌장 제2조 4항 및 제39조에 의하여 어느 범위가 허용되느냐 하는 것이다. 이 허용되는 무력행사 속에 Stone이 생각하는 허용되는 일반국제법상의 자위가 포함될 수 있는 것이다. Stone은 제2조 4항에 의한 무력행사의 금지를 극히 제한하여 해석하려고 하며 따라서 허용된 무력행사를 넓게 보고 있다는 것은 이미 설명되었고 이러한 견해의 부당함도 지적되었으며,[184)] 우리의 견해에 의하

183) Stone, p. 244.

184) A. I(특히 b, c) 참조. Bowet는 제2조 4항에 의하여 허용되는 무력행사를 Stone과 같이 널리 생각하지 않지만 제51조의 제한 밖에서 일반국제법상의 자위가 상당한 범위에서 허용된다고 보고 있다(Cf. Goodrich and Hambro, p. 301). 그에 의하면 일반국제법에 따라 현재의 무력공격뿐 아니라 예기되는 급박한 무력공격에 대하여도 또 무력공격에 의하지 않는 국가이익의 침해에 대하여도 자위는 허용되며 제51조는 선언적 성격을 갖는다는 것이다(Bowet, p. 188. Cf. Myres S. McDougal, The Soviet and Cuban Quarantine and Self-Defense, AJ, 1963, pp. 598ff.). 그의 주장의 논거의 하나로서 샌프란시스코회의에서 제2조 4항을 취급한 위원회의 의견("legitimate self-defense"에 있어서의 무력행사는 계속 허용되고 훼손되지 않는다는 것, UNCIO, Vol. VI, Report of Rapporteur of Committee 1 to Commission I, p. 459(Bowet, p. 182에서 재인용))을 그는 들고 있다(*Ibid.*, pp. 182, 185). 그가 주장한 바와 같이 조약 규정의 해명에 있어 불분명한 것은 준비문서(travaux préparatoires)에 호소하는 것은 당연하지만, 그의 해석에 따르면 제51조는 무용한 것이다.

면 제2조 4항에 의하여 헌장에 의한 집단적 강제조치를 제외한 국가간의 개별적인 모든 조직적이며 상당한 규모의 무력행사는 금지되는 것이다. 따라서 적어도 이러한 무력행사에 의한 자위는 제2조 4항에 의하여 허용되지 않으나 이에 대한 예외가 제51조에 규정된 것이다. 조직적 무력행사는 이 조문의 제한조건을 벗어나지 않는 한도 내에서만 헌장에 의하여 허용된다.

b. 제51조에 의하면 무력공격이 발생할 때만 자위가 허용된다. 무력공격이란 것은 국가의 책임기관에 의하여 계획·조직되고 상당한 규모의 군사행동을 의미하며, 대단치 않은 국경사고, 타국의 선박 또는 항공기에 대한 우발적인 공격은 여기에 포함되지 않는다고 생각된다.[185] Dahm에 의하면 전쟁(정식전쟁—필자 주)도발, 무력침입, 반란단체를 조직하거나 무장시키는 것(무력폭동을 일으키는 것, 외국에 무력의용병을 보내는 것), 폭탄 또는 로켓 등으로써 원격포격, 함대에 의한 봉쇄 및 육상봉쇄, 외국영역에 위법으로 무장군대를 두거나 거기에서의 합법적 주둔의 조건을 위반하는 것 등이 무력공격으로 생각될 수 있다는 것이다.[186]

그리고 법에 위반하는 무력공격에 대해서만 자위가 있을 수 있으며 합법적 무력행사(그 자체가 자위권의 행사인 경우라든가 또는 국제연합의 집단적 조치인 경우 등)에 대하여서는 자위는 성립하지 않는다.[187]

제2조 4항에 의하여서도 넓은 범위의 자위로써의 무력행사가 허용되는데 더 제한된 범위에서의 자위를 명문화한다는 것은 무의미한 것이 된다. 물론 제51조가 채택된 동기가 된 것은 지역적 기구인 미주국가조직에 의한 관계국가들의 위급한 경우에 있어서의 행동의 자유를 확보하려는 것에 틀림없으며(*Ibid.*, pp. 182~184; Goodrich and Hambro, pp. 297~299), 때문에 동 조문에 집단적 자위권도 인정되고 있으나 이것도 Bowet에 의하면 일반국제법상 확립된 것이다(Bowet, p. 200). 그의 해석에 따르면 이 조문은 아무런 의의를 갖지 못한다. 만약 관계 준비문서가 이러한 해석으로 인도한다면 다른 해석 가능성이 정당히 고려되어야 할 것이다(Oppenheim-Lauterpacht, I, pp. 955, 957~958; Verdross, VR, S. 115~116; Guggenheim, I, p. 135~136).

185) Dahm, II, S. 413~414. Cf. Kelsen, UN, p. 798; Guggenheim, II, p. 245.

186) *Ibid.*

그런데 이미 언급된 바와 같이 제51조의 제한 밖에서 무력에 의한 자위권의 행사가 헌장에 의하여 허용된다고 보는 학자는 현재의 무력공격에 대하여서뿐 아니라 급박한 무력공격에 대하여서도 자위권의 행사가 허용된다고 주장한다.[188] "…타방에 있어 국가는 원자 또는 수소무기로써의 최초의 그리고 그를 파멸시킬 수도 있는 타격이 그를 공격할 때까지 기다려야 되는 것은 아니다"[189]라고 말하는 Dahm에 의한 이 주장 일부의 변호는 물론 긍정될 것을 포함하고 있으나 그것과 비교가 되지 않을 큰 위험을 내포하고 있다. Dahm은 계속하여 직접 존재하는 위험, 확실히 곧 일어날 대규모의 무력공격만이 예방적 정당방위를 정당화한다는 것이나, 예방적 정당방위를 허용한다는 것이 곧 아무런 제약 없는 무력행사에의 문호를 개방하는 것이라고 생각될 것이다. "무력공격이 발생할 경우"라는 것은 엄격히 해석되어야 한다. 이러한 해석에 의하여 먼저 공격받을 국가에 대하여 불공평한 결과를 가져올 것이 우려된다 해도, Dahm의 입장에서 시사되는 것같이 이러한 국가가 상대방의 공격할 국가의 태도에 대한 정확한 지식을 얻을 수 있다는 것이 기대된다면, 이러한 지식에 입각하여 먼저 공격을 가하는 면허장이 주어지는 것보다는 이러한 지식의 능력으로 국가들의 물심양면의 상호견제를 기대하고, 개별적 국가에는 아직 전가의 보도라고 생각될 수 있을는지 모르나 인류의 파멸의 유인이 될 수 있는 무력행사는 법에 나타난 대로 엄격히 제한되어야 할 것이다. 따라서 인접국의 군비가 자국의 안전에 위협을 준다 하더라도 그것만으로는 이에 대한 무력행사는 허용되지 않는다.[190]

---

187) Dahm, II, S. 416.

188) Stone, Aggression, pp. 99~101; Bowet, pp. 188~191.

189) Dahm, II, S. 415. 이 주장의 찬부에 관한 학설의 지시: *Ibid.*, Anm. 17. 이와 비슷한 견해는 침략정의에 관한 미국각서 제3호(Dept. of State Publication 2720(Berber, II, S. 12, Anm. 3에서 재인용))에서도 표명되고 있다.

190) 이미 언급된 바와 같은 1962년 10월 22일에 선언된 미국의 쿠바에 대한 해상봉쇄(1. A. I.

국제연합원자력위원회는 그의 최초 보고[191]에서 원자력생산의 국제적 규율에 관한 조약의 중대한 위반은 제51조에 의한 자위권을 발동시킬 수 있다는 것을 시사하였다. 이러한 조약의 위반은 일반적으로 무력공격으로 생각되지 않는데, 제51조의 그러한 해석은 제51조의 개정 전에는 긍정될 수 없을 것으로 생각된다.[192]

다음에 자위권을 발동시킬 수 있는 요건인 '무력공격의 발생' 이란 사태의 결정은 공격을 당하였으며 따라서 자위권을 정당히 행사할 수 있다고 생각하는 당사국이 먼저 하게 된다. 그런데 이러한 자위권행사의 상대국도 또한 위에서의 결정을 할 수 있다. 즉 그에 대한 소위 자위권행사는 자국의 선행한 무력공격 없이 행하여진 것이며, 따라서 그 자체가 무력공격이고 자국은 이에 대하여 자위권을 적당히 행사할 수 있다고 단정할 수 있는 것이다. 이렇게 무력공격에 있어 양편의 국가가 서로 자위를 내세울 때 그 어느 편이 자위권을 가졌느냐의 시비는 안전보장이사회가 국제평화 및 안전을 유지하는 데 필요한 조치를 취하였을 때까지는 계속하게 될 것이다.[193] 그런데 안전보장이사회의 개입이 늦어 상호 무력공격이 계속될 때 자위의 주장에 관련하여 다음과 같은 점이 생각된다. 자위란 개념 중에는 비례의 요구[194]가 포함되며 이 요구를 넘었을 때에는 과잉방위가 있게 되고, 이에 대하여 또 상대방이 자위권행사를 주장하고, 이에 또 과잉방위 문제가 일어날 수 있다. 이러한 상호 자위 주장이 되풀이되었을 때 사후에 자위권의 시비를 안전보장이사회 같은 기관이 판정하는 것이 곤란할 것이

---

a. (2), 주 11)는 헌장 제2조 4항에 반하며 이것이 정당화될 근거는 헌장에서는 찾아지지 않는다.

191) Doc. AEC/18/Rev. 1, p. 24(Bowet, p. 189에서 재인용).

192) Lauterpacht는 이러한 제51조의 확장해석은 조약명문으로써 실현될 수 있다는 것인데 (Oppenheim-Lauterpacht, II, p. 156, note 2) 이러한 입장도 헌장 제103조에 비추어 긍정되지 않는다.

193) Kelsen, UN, pp. 798~800.

194) 제1장 제2절 2. D. III 참조.

나, 주된 표준은 역시 어느 편이 먼저 무력공격을 하였느냐 하는 것이다. 그러나 일국의 무력공격이 명백히 국부적이며 일시적인 경우에 상대방의 국가가 이를 구실로 하여 전면적인 대규모의 무력행사를 한다면, 안전보장이사회 같은 기관이 이러한 사태에 개입함에 있어 비례의 요구를 고려에 넣어야 할 것이다.[195]

c. 이미 언급된 바와 같이 "안전보장이사회가 국제평화와 안전의 유지에 필요한 조치를 취할 때까지"만 자위권의 행사는 허용된다. 따라서 안전보장이사회가 이렇게 개입하지 못할 때에는 자위의 상충하는 주장이 되풀이되는 실질적 전쟁이 계속되거나 정식전쟁이 전개될 가능성이 없지 않다. 그러면 이러한 사태를 중지시킬 안전보장이사회의 "국제평화… 유지에 필요한 조치"란 무엇을 말하는가? 먼저 여기서 말한 조치란 제39조에 의한 것이냐 아니냐 하는 문제이다. 제51조가 제7장에 규정되어 있다는 것, 제39조에 이사회는 침략행위의 존부를 결정한다고 규정되었는데 제51조의 무력공격도 침략행위란 것 등에 비추어, 제51조에서의 "필요한 조치"는 제39조, 제41조 및 제42조에 의한 조치를 의미하는 것으로 생각된다.[196] 다음에 이사회가 국제평화 및 안전의 유지에 필요한 조치를 취하였는가의 여부의 결정은 조문의 문구로 보면 자위권을 주장하는 국가에 맡겨진 것도 같으나,[197] 기초자의 의도는 이사회가 그 자체의 생각으로 국

---

195) 1956년 10월말 이스라엘군의 이집트 영역에의 침범에 관하여 총회의 긴급회의에서 이스라엘 대표는 이집트측의 일련의 도발행동을 지적하고 자국의 공격은 자위로서 정당화된다는 것을 주장하였으나(IO, 1957, p. 75), 거의 모든 회원국은 영국, 프랑스의 행동과 아울러 이스라엘의 공격을 비난하였다(*Ibid.*, p. 74). 또 긴급총회에서의 결의는 온건한 문구로 표명되어 있으나 이스라엘과 영국, 프랑스가 헌장의 규정에 반한 무력행사를 하였다는 것이 표명되었다고 볼 것이다(A. I, 주 5 참조).

196) Kelsen, UN, p. 801.

197) *Ibid.*, p. 802. 또 Bowet에 의하면 이사회와 당사국의 양자가 이 문제에 관한 결정권을 가지고 두 가지 결정이 충돌될 때에 당사국은 제39조의 제재를 받을 위험을 무릅쓴다는 것이다(Bowet, pp. 106~197).

제평화 및 안전을 유지, 회복하는 데 필요한 조치를 취할 때까지만 자위권의 행사를 허용하려는 것이었다고 보는 것이 적당할 것이다.[198]

그런데 이사회가 필요한 조치를 취하려면 먼저 주장되는 자위권행사의 요건인 무력공격이 있었느냐 없었느냐 하는 것을 결정하여야 되는데, 이러한 무력공격이 없었으며 따라서 자위라고 주장된 것이 제51조의 무력공격이라는 것으로 결정되었을 때에는 그 공격은 중지되어야 할 것이다.[199] 반대로 주장된 자위권행사의 요건인 무력공격이 있었다는 것이 이사회의 결정에 의하여 확인되는 경우에는, 다음에 이사회가 국제평화의 유지 · 회복을 위한 조치를 결정한 것, 예를 들면 무력공격을 먼저 한 국가에 대하여 정전, 철군을 명하는 것만으로는 자위권행사를 중지시키는 효과는 갖지 못한다고 생각되어야 한다.[200] 이 결정이 이행되었을 때, 즉 무력공격을 시작한 국가가 이사회의 결정에 따라 정전을 하였다든가, 또는 헌장 제39조, 제41조 및 제42조에 의한 군사적 또 비군사적 조치가 취하여졌을 때 자위권의 행사는 중지되어야 하는 것이다. 이사회가 이러한 국제평화 및 안전의 유지 · 회복에 필요한 조치에 자위권을 행사하던 국가도 이사회의 결정에 따라 계속 참여할 수 있으나, 이 국가는 이제는 자위권을 행사하는 것이 아니고 국제연합의 집단적 강제조치에 참가하여 행동하는 것이다.

d. 이 조문에 의하면 "국제연합 회원국에 대하여 무력공격이 발생한 경우"라고 되어 있으므로 비회원국의 경우에는 개별적 또는 집단적 자위권이 없는 것 같이 보인다. 그러나 이미 설명된 바와 같이[201] 제2조 6항에 의하여 비회원국에도 무력행사를 삼갈 의무가 지워졌다고 생각된다면, 그

198) Kelsen, UN, p. 803.
199) Cf. *ibid.*, p. 804.
200) Cf. Bowet, pp. 195~196.
201) A. I. e; 동 II. e 참조.

들에게도 이 조문에 의한 자위권이 인정되어야 할 것이며 따라서 비회원국이 무력공격을 받았을 때 회원국이 이에 대하여 집단적 자위권을 행사할 수 있고, 또 비회원국은 무력공격을 받은 타국에 관하여 집단적 자위권을 갖는다고 보아야 할 것이다.[202] 또 조문의 뒷 부분에 "회원국이 취한 조치는 즉시 안전보장이사회에 보고되어야 하며"라고 규정되어 있으나, 비회원국에도 자위권을 인정한다면 그에게도 보고의 의무가 부과되어야 할 것이다.[203] 자위권이 회원국에 대한 무력공격에만 국한된다면 문구해석에 구애되는 경향도 있으나[204] 그것은 적당하다고 생각되지 않는다.

e. (1) 이 조문에서는 개별적 자위뿐 아니라 집단적 자위도 인정하고 있다. 이미 언급된 바와 같이 Kelsen은 집단적 자위란 자연법사상에서 고유한 권리라고 볼 수 없는 것이며, 그것은 공격받은 국가뿐 아니라 그를 원조하는 타국에 의한 방위를 의미하는 것이며 따라서 집단적 자위가 아니라 집단적 방위라고 보아야 된다는 것이다.[205] Stone도 일반국제법에 있어 국가는 타국에 대한 무력공격에 관하여 자위권을 갖지 못하며, 한 국가에 의하여 동시에 공격을 받은 둘 이상의 국가가 같이 대항하는 경우를 제외한다면 집단적 자위란 개념은 모순같이 보인다고 말하고 있다.

그리고 그는 위에서의 동시공격을 받는 경우를 제외하고는 한 국가에 대한 공격에 다른 국가들이 같이 대항할 유일한 기존의(고유한) 권리는 전쟁에 호소할 자유라고 부가하여 말하고 있다.[206] 집단적 자위란 말의 적부는 별문제로 하고 이 조문에 의하여 무력공격을 받은 국가의 긴급한 사태

202) Kelsen, UN, p. 793. Lauterpacht는 자위권을 제51조의 문구상 회원국에 국한함은 부주의가 아니었더라면 국제연합이 실제에 보편적인 기구인 것이라는 가정에 기인한 것 같다고 말하고 있다(Oppenheim-Lauterpacht, II, p. 155, note 2).

203) Kelsen, UN, p. 793.

204) Stone, p. 244.

205) Kelsen, UN, pp. 792, 915. Cf. Hans Kelsen, Collective Security and Collective Self-defense under the Chater of the United Nations, AJ, 1948, p. 792; Berber, II, S. 47.

206) Stone, p. 245. Cf. Kotzsch, p. 279.

를 구하기 위하여 타국이 원조할 권리가 부여되고 있다. 이것을 Verdross와 같이 긴급원조(Nothilfe)라고 보는 것이[207] 적당할 것이다. 따라서 이 집단적 자위를 Stone과 같이 종래의 일반국제법에서의 전쟁의 자유에다 붙이는 것은 적당하지 않다. 국제기구가 조직되어 있지 못하므로 개별적인 구성원이 그 이익을 위하여 생사를 걸고 투쟁하는 것을 막지 못하고 부득이 구성원의 자유에다 맡기는 것, 즉 전쟁의 자유가 새로운 국제법인 헌장의 집단적 자위에 해당한다는 것은, 법규의 정치적 배경을 중요시하는 입장에 선다 하더라도, 국제법의 용어와 그 용어의 이념적 배경을 무시한 것이다. 일반국제법에 있어 자위를 도울 권리가 인정된다는 설은 긍정될 수 있을 뿐 아니라[208] 이러한 권리의 개념은 전쟁을 금지하는 새로운 국제법, 즉 국제연맹규약 및 전쟁포기조약에도 표명되고 있다.[209] 따라서 집단적 자위는 일반국제법상의 전쟁자유를 표명하기보다는 일반국제법에서의 전쟁의 간접적인 방지와 새로운 국제법에서의 전쟁의 지위제한에 대한 예외를 표시하는 것으로 보는 것이 적당하다. 집단적 자위가 전쟁의 자유를 의미한다면 거기에 아무런 법적 제한이 없다는 것이 시사되고 있는데, 집단적 자위에 제한이 있음은 말할 것도 없다. 또 실례에 있어서는 집단적 자위가 전쟁의 자유를 의미하는 것과 같은 상태도 있을 수 있으나, 이러한 상태가 전쟁의 자유가 허용되었던 때와 같이 당연한 것으로 생각되는 것이 아니고 적어도 일방의 관계국가에 관하여서는 불법상태로 생각되어야 한다는 규범의식이 제51조에 표현되어 있는 것이다.[210]

207) Verdross, VR, S. 545; Dahm, II, S. 411.

208) Redslob, p. 247; Bowet, p. 200.

209) 제2장 제1절 1. A, B 참조.

210) 뒤에 곧 언급될 바와 같이 헌장 제51조에 입각한 집단적 자위를 조직하기 위한 많은 조약이 체결되었는데 이러한 조약에서의 자위권은 헌장의 제한 내에서만 허용된다. 따라서 헌장의 제한 밖에서의 무력행사를 허용하는 것(미주상호원조조약 제6조 및 제8조, 3, 주 218 참조)은 법적으로 효력을 갖는다고 생각되지 않는다(헌장 제103조와 미주상호원조조약 제10조, Dahm, II, S. 301~302).

그런데 집단적 자위, 즉 긴급원조는 조약에 의하여 미리 조직되어야 실효적으로 발동될 수 있고, 다음에 설명할 바와 같이 이해관계가 깊은 국가들이 그러한 조약을 많이 체결하게 되었으며 따라서 구체적인 경우에 긴급원조를 할 국가는 미리 정하여져 있는 경향에 있다. 그러나 이런 조약이 없다 하더라도 그리고 무력공격을 받은 국가와 특히 긴밀한 이해관계가 없는 경우에도 어떠한 국가에나 긴급원조가 허용된다고 생각된다.[211]

그런데 이 점에 있어 긴급원조를 할 수 있는 국가를 제한하여 생각하는 경향이 있다. Guggenheim에 의하면 타국에 대한 공격에 의하여 자국의 독립 및 안전이 위협된다고 생각하는 국가에 긴급원조가 허용된다는 것이며,[212] Lauterpacht에 의하면 공격받는 국가의 안전 및 독립이 자기의 그것에 중대하다고 생각하는 국가에는 긴급원조가 허용된다는 것이다.[213] 타국에 대한 공격이 자국의 독립, 안전 또는 안전에 중대한 관계를 갖느냐 않느냐는 주관적 평가에 좌우될 수 있는 것이므로, 이 견해는 앞의 견해와 실제적으로 상위(相違)하다고 생각되지 않는다. 실제에 공격받은 국가의 방위에 아무런 이해관계를 느끼기조차 하지 않는 국가가 원조한다고 생각될 수 없기 때문이다.[214]

(2) 집단적 자위는 조약에 의하여 미리 조직됨으로써 실효적으로 발동될 수 있는 것이다. 그런데 그러한 조약을 체결하는 것은 헌장에 위반한다는 주장이 나올 수 있다. 즉 이 조문의 문구에 의하면 "무력공격이 발생한 경우" 다시 말하면 무력공격이 일어난 후에 비로소 개별적 또는 집단적

---

211) Cf. Kelsen, UN, p. 796.

212) Guggenheim, II, pp. 244~245.

213) Oppenheim-Lauterpacht, II, p. 155.

214) Bowet는 Guggenheim보다 한 걸음 더 나아가 개별적 자위권을 가진 국가만이 집단적 자위에 참가할 수 있다는 것이다(Bowet, pp. 205~207). 그러나 그가 집단적 자위의 기원이 되는 관행으로서 먼로주의(The Monroe Doctrine)를 들고 있는 것으로 보아(*Ibid.*, pp. 208~212) 그의 주장이 긍정된다 하더라도 집단적 자위에 참가할 수 있는 국가의 범위에 현저한 변동을 가져온다고는 생각되지 않는다(Cf. *ibid.*, p. 207).

자위권이 발동될 수 있는 것이며, 따라서 집단적 자위의 조직도 무력공격 발동 후에 가능한 것이며 미리 이 조직을 위한 조약체결은 제51조에 위반한다고 생각할 수 있다. 그런데 이 해석에 있어서는 "무력공격이 발생한 경우"라는 구절이 "이 헌장의 어떠한 규정도… (자위의 고유한 권리를) 침해하지 않는다"라는 부분을 제한한다고 해석되고 있으며, 또 집단적 자위의 준비를 위한 조약체결도 집단적 자위권행사로 생각되고 있다. 그러나 이러한 해석은 적당하지 않다.

첫째로 "무력공격이 발생한 경우"라는 구절이 "이 헌장의 어떠한 규정도… (자위의 고유한 권리를) 침해하지 않는다"라는 부분을 제한한다면, 무력공격이 일어날 때까지는 헌장의 어떤 규정이 자위권을 침해할 수 있다는 것을 의미하거나 자위권은 무력행사가 발생할 때 비로소 행사하게 되므로 이러한 해석은 불가능한 것이며, 따라서 "무력공격이 발생한 경우"라는 구절은 자위권을 제한하고 있는 것이다.[215] 둘째로 집단적 자위의 준비를 위한 조약의 체결은 집단적 자위권행사로는 생각될 수 없으며 따라서 그러한 조약을 미리 체결하는 것은 허용된다고 보는 것이 적당하다. 왜냐하면 자위권행사라는 것은 무력행동 같은 것을 의미하며 집단적 자위의 조직을 위한 조약의 체결은 그러한 행동을 위한 준비에 지나지 못하기 때문이다.[216]

(3) 집단적 자위, 즉 긴급원조를 조직하기 위한 많은 조약이 오늘날 체결되어 있는데,[217] 그 예로서 1949년 4월 9일에 체결된 북대서양조약[218]이

215) Kelsen, UN, p. 914. 그는 이러한 해석의 가능성의 원인은 제51조의 표현의 부적절성에 있다고 말하고 있다.

216) *Ibid.*, p. 915. Stone은 집단적 자위의 준비(조약에 의한)가 제2조 4항에 배치되느냐의 여부를 검토하고 Kelsen과 같은 결론에 도달하고 있다(Stone, pp. 262~263).

217) 제2차대전후 소련진영의 국가들은 그 안전보장을 주로 독일, 일본 및 그 동맹국을 상대로 한 상호원조조약에서 찾았는데(Stone, p. 253; Dahm, II, S. 286ff.), 이것은 원래 제107조 및 제53조에 입각한 것이라고 생각되나 오늘에 있어 그 조약들이 헌장하에서 의의를 갖는다면 헌장 제51조에 입각한 것이라고 생각되어야 할 것이다(I. b 참조. Cf. Bowet, pp.

취하여지기로 한다. 이 조약 제5조에는 다음과 같이 규정되었다.

> "체약국은 구주 또는 북아프리카에 있어 그들의 하나 또는 둘 이상에 대한 무력공격은 그들 전체에 대한 공격으로 간주될 것에 동의한다. 따라서 체약국은, 그들의 각자는 이러한 공격이 일어나면 국제연합헌장 제51조에 의하여 승인된 개별적 또는 집단적 자위권의 행사에 있어 북대서양 구역의 안전을 회복 및 유지하기 위하여 무력행사를 포함하여 체약국이 필요하다고 생각하는 행동을 개별적으로 그리고 타 체약국과 공동으로 곧 취함으로써 이렇게 공격받은 체약국을 원조할 것에, 동의한다.
>
> 이러한 무력공격 및 그 결과로서 취하여진 모든 조치는 곧 안전보장이사회에 보고되어야 한다. 이 조치는 안전보장이사회가 국제평화 및 안전의 회복, 유지를 위하여 필요한 조치를 취하였을 때에는 종료되어야 한다."

이 조문은 헌장 제51조에 입각한 집단적 자위권을 체약국 상호간에

226~227).

218) 그러한 조약의 효시의 역할을 한 것이 1947년 9월 2일의 미주상호원조조약(IO, 1948, pp. 198ff.)이며, 북대서양조약(*Ibid.*, 1949, pp. 393ff. 지금의 체약국은 미국을 비롯하여 15개국)에 맞서는 소련진영의 우호, 협력 및 상호원조조약이 바르샤바에서 1955년 5월 14일 체결되었다(AJ, 1955, Supplement, pp. 194ff. 체약국은 소련을 비롯하여 8개국). 또 1948년 3월 17일 프랑스, 영국, 벨기에, 네덜란드, 룩셈부르크 사이에 브뤼셀에서 경제적 · 사회적 및 문화적 협력과 집단적 방위를 위한 조약(Archiv, 1948~1949, S. 113(Verdross, VR, S. 460에서 재인용))이 체결되었고, 뒤에 이탈리아 및 서독이 이에 가입하였다. 또 1954년 9월 8일 미국을 비롯하여 8개국 사이에 동남아시아조약(Archiv, 1956~1957, S. 93(*Ibid.*, S. 464에서 재인용))이 체결되었다. 또 1950년 4월 13일 아랍동맹국가들 사이에 상호원조조약이 체결되었다(Archiv, 1953~1954, S. 89(*Ibid.*, S. 460에서 재인용) (지금의 체약국은 이집트, 이라크, 예멘, 요르단, 레바논, 사우디 아라비아, 시리아, 리비아, 수단, 모로코, 튀니지). 또 1955년 2월 24일에는 이라크와 터키 사이에 상호협조를 위한 조약(Jahrbuch für Internationales Recht, 1955, S. 320(*Ibid.*, S. 464에서 재인용))이 체결되었고(바그다드조약), 뒤에 영국, 파키스탄 및 이란이 가입하였다(1958년 혁명후 이라크는 탈퇴). 1954년 8월 9일 그리스, 유고슬라비아 및 터키 사이에 상호원조 및 정치적 협력에 관한 조약(Archiv, 1955~1956, S. 343(*Ibid.*, S. 463에서 재인용))이 체결되었다. 또 1951년 7월 12일 미국, 오스트레일리아 및 뉴질랜드 사이에 공동방위를 위한 조약(Archiv, 1951~1952, S. 353(*Ibid.*, S. 464에서 재인용))이 체결되었다. 그 밖에 헌장 제51조에 입각한 안전보장을 위한 많은 2개국조약(예: 한 · 미간의 1953년 8월 8일 조약)이 체결되었다.

있어서는 의무화한 데 의의가 있다. 제51조에 의하면 타국이 무력공격을 받았을 때 이를 원조하는 것은 허용되는데 불과하며, 따라서 실제로 어떤 국가에 대한 무력공격이 일어났을 때 타국이 이를 원조하느냐 않느냐는 각자의 임의이므로, 국제 알력이 심하고 국제연합 같은 보편성을 지향하는 집단적 안전보장기구가 모든 경우에 반드시 실효적으로 또 신속하게 작용한다는 것이 기대되지 못하는 실제에 비추어, 상호안전에 있어 이해관계를 같이하는 국가군이 소위 집단적 자위권에 입각하여 유사시에 대비하여 원조의무가 따르는 방위조약을 체결하는 것은 이해될 수 있는 일이다.[219] 위에서 든 조문이 헌장 제51조와 완전히 부합한 것은 아니나[220] 후자에 입각한 것에 틀림없는데, 문제가 되는 점은 처음 이 조약이 체결되었을 때 비회원국인 포르투갈과 비회원국이며 전적국(前敵國)인 이탈리아가 가입하였다는 것이다. 비회원국에 관하여서는, 이미 언급된 바와 같이[221] 제51조에 의한 개별적 및 집단적 자위의 조직을 위한 조약에 비회원국이 가입하는 것에 관한 헌장위반 문제는 제기되지 않는다.

다음 비회원국인 전적국 이탈리아를 이 조약에 참가시킨 것은 헌장에 배치되지 않느냐 하는 것이다. 이에 관하여서는 조문의 문구로 보아 두 가지 해석이 가능하다.[222] 제51조에 "이 헌장의 어떠한 규정도… 자위의 고

219) 조문상으로 보면 집단적 자위기구로서의 북대서양조약기구는 지방분권적이다. 첫째, 어떤 체약국에 대한 무력공격이 있느냐 없느냐는 각 체약국의 판단에 맡겨져 있다. 둘째, 위에서의 무력공격이 있다고 판단되는 경우에도 필요한 원조수단은 각 체약국이 정한다. 이러한 점에 있어 이 기구는 미주상호원조조약에 의한 기구와는 상이하다(동 조약 제3조, 제6조, 제8조, 제20조). 그러나 북대서양조약기구가 체약국들의 진지한 협력 및 그 운영에 의하여 중앙집권적인 것에 못지 않게 될 수 있다. 첫째, 위에서의 무력공격의 유무의 결정 및 무력공격의 경우에 원조함에 있어 체약국이 신의성실의 원칙에 따라 그 조약의 목적에 부합하도록 행동할 것이 기대될 수 있다. 둘째, 동 조약기구의 기관은 강화되어 왔다(Dahm, II, S. 280ff.).

220) 예로서 체약국의 "하나 또는 둘 이상에 대한 무력공격은 그들 전체에 대한 공격으로 간주될 것"이라는 것은 헌장 제51조에는 없으며 Kelsen이 지적한 바와 같이 하나의 법적 의제이다(Kelsen, UN, p. 916).

221) d 참조.

유한 권리를 침해하는 것이 아니다"라고 규정되었으므로, 제107조의 전적국에 대한 조치의 자유도 제51조에 의하여 제한을 받으며, 따라서 전적국에 대한 조치라도 그것이 무력공격일 경우에는 회원국이 이를 긴급원조할 수 있으며, 또 이러한 긴급원조를 위하여 회원국은 비회원국인 전적국과 조약을 체결할 수도 있다. 그러나 제107조에도 "이 헌장의 어떠한 규정도… 적이었던 국가에 관한 조치로서… 취하였거나 또는 허가한 것을 무효로 하거나 배제하지 아니 한다"라고 규정되어 있으므로, 제51조가 제107조에 의하여 제한되며, 따라서 이 조문에 의한 전적국에 대한 행동이 무력공격인 경우에 있어서도 집단적 자위권은 있을 수 없으며, 전적국과 집단적 자위를 위하여 미리 조약을 체결하는 것도 허용되지 않는다고 생각될 수 있다. 그러나 우리의 입장에서 본다면 제107조의 규정은 본래의 입법목적에 따라 일시적인 것, 과도적인 것이며 전쟁종결 및 이에 따른 전패국에 부과된 조건의 범위 밖에서는 그 의의를 상실할 것이므로,[223] 이미 강화조약을 체결한 이탈리아가 북대서양조약에 참가한 것은 헌장에 위반한 것으로 생각될 수 없다.

(4) 북대서양조약이 주로 헌장 제51조의 자위를 조직하려는 목적에서 체결된 것이라는 점에 있어서는 이의가 없는 것 같다. 그런데 이 조약이 동시에 헌장 제52조의 지역적 약정[224]이냐 하는 점이 학설상 논의되고 있다. 헌장 제52조 1항은 다음과 같다.

"이 헌장의 어떠한 규정도 국제평화 및 안전의 유지에 관한 사항으로서

---

222) Kelsen, UN, pp. 917~918. Cf. Stone, p. 246, note 20.

223) I, b 참조.

224) 원문에는 "regional arrangements(according regionaux)"라고 되어 있는데 이 원문의 "arrangements"라는 말은 반드시 "agreement"와 같은 의미를 갖는 것은 아니지만 이 경우에는 그렇다고 보는 것이 적당한 것 같다. 또 불어본에서는 영문으로 "agreement"로 되어 있는데도 "accord"라는 말이 사용되고 있다(제43조, 제75조) (Cf. Kelsen, UN, p. 919). Cf. Denys P. Meyers, The Names and Scope of Treaties, AJ, 1957, pp. 589~590.

지역적 조치에 적합한 사항을 처리하기 위한 지역적 약정 또는 지역적 기관이 존재하는 것을 배제하지 아니 한다. 다만, 약정 또는 기관 및 그 활동이 국제연합의 목적과 원칙에 일치하는 것을 조건으로 한다."

이 조문에는 지역적 약정의 명확한 규정이 없는데, Kelsen에 의하면 그것은 다음과 같은 특징을 포함하는 것으로 해석될 수 있다는 것이다.[225)]

첫째, 이 약정은 국제평화 및 안전의 유지에 관한 사항을 처리한다.

둘째, 약정이 "지역적"이란 것은 모든 회원국을 포함하는 것이 아니고 그 중 약간을 체약국으로 한다는 것이다.

셋째, 약정에 의하여 구성된 조직체의 활동은 그 약정에 의하여 확정된 지역에 국한되어야 하는데, 그 약정의 체약국은 지리적으로 인접국임을 요하지 않으며, 그들이 국제평화 및 안전에 관하여 어떤 확정된 지역에 국한된 활동에 공동이해관계를 가지면 족하다는 것이다.

Kelsen에 의하면 북대서양조약은 이러한 특징을 충족시키고 있으므로, 즉 그 조약은 일부 회원국만을 포섭하고, 그 가장 중요한 기능인 집단적 자위의 행사는 동 조약 제6조[226)]에 규정된 확정된 구역에 국한되었고, 헌장 제7장에 의하여 세워진 집단적 안전보장체계가 작용하지 않았던 데 비추어 집단적 자위는 헌장에 규정된 국제평화 및 안전의 유지를 위한 유일한 수단[227)]이며, 따라서 집단적 자위를 조직하기 위한 이 조약은 국제평화 및 안전에 관한 사항을 취급하므로 지역적 약정으로 생각될 수 있다는

225) Kelsen, UN, pp. 919~920, 319ff.; Hans Kelsen, Is the North Atlantic Treaty a Regional Arrangement?, AJ, 1951, pp. 162~163.

226) "제5조의 목적을 위하여 하나 또는 둘 이상의 체약국에 대한 무력공격이란 구주 또는 북아메리카에 있어서의 어떤 체약국의 영토… 북대서양지역에 있어서의… 도서… 대한 무력공격을 포함하는 것으로 간주된다." 또 이 조문에 나타난 북대서양지역이란 말은 전문, 제5조, 제10조 및 제12조에 언급되고 있다.

227) 여기서 Kelsen의 의견은 과장된 것이나 이 과장은 제기된 문제의 해답에 중대한 관계에 있는 것은 아니다.

것이다.[228)]

이와 같은 Kelsen설과는 반대로 북대서양조약은 지역적 약정으로 생각될 수 없다는 Beckett는 그의 주된 논거로서 다음과 같은 점을 들고 있다.[229)]

> "첫째, 북대서양조약의 주된 목적인 집단적 자위의 조직은 지역적 약정을 규정하는 헌장 제8장에는 언급되어 있지 않으며, 따라서 지역적 약정에 의하여 규율될 사항이 아니다.
>
> 둘째, 지역적 약정하에서 가능한 강제조치는 집단적 자위권의 행사로서의 무력행사와 본질적으로 상이한 것이다. 즉 전자는 "안전보장이사회에 의하여 결정 또는 승인된" 행동, 다시 말하면 그 용어(강제조치)의 특수한 의미에 있어서의 강제조치를 의미하며, 후자는 이러한 특수한 의미에 있어서의 어떤 강제조치에 앞선 행동을 의미한다.
>
> 셋째, 지역적 연합을 구성하는 지역적 약정의 본질적 표지는 "그 연합의 구성국의 2 이상 사이의 충돌의 경우에 강제조치가 취하여진다"는 규정인데, "북대서양조약의 한 체약국이 평화를 침범하면 다른 체약국이 그에 대한 강제조치를 취하는 수단이어야 한다는 것"을 그 조약은 생각하지 않기 때문에 그 조약은 지역적 약정이 아니다."

이와 같은 논거에 대하여 Kelsen의 논박은 다음과 같다. 먼저 Beckett의 두 번째의 논거는 용어에 관련된 것인데, 제53조 1항의 둘째 문장의 첫 부분[230)]에 나오는 강제조치란 말은 헌장 제2조 5항과 7항 및 제50조에 나

228) Kelsen, UN, pp. 920~921; Guggenheim, II, p. 245~246. Kelsen은 계속하여 이 조약의 기원인 미국 상원(제80차국회 제2회기)에서 채택된 결의에 "…개별적 및 집단적 자위를 위한 지역적 및 그 밖의 집단적 협정…"이라는 것이 표현되었다는 것을 들고 있다.

229) W. Eric Beckett, The North Atlantic Treaty, the Brussel Treaty and the Charter of the UN, 1950(Kelsen, The North Atlantic Treaty, *op. cit.*, pp. 162ff.에서 재인용); Kelsen, UN, pp. 921ff.).

230) 조문, I, a 참조.

오는 강제조치와 같이 안전보장이사회에 의한 무력행사를 명명하기 위하여 사용되는 것은 틀림없으나, 동항 둘째 문장의 단서에서의 전적국에 대하여 제107조에 따라 또는 그의 침략정책의 재현에 대비하여 지역적 약정에 있어서 규정된 조치도 역시 강제조치이며 이는 안전보장이사회의 결정이나 허가에 의한 조치는 아닌 것이다. 이러한 의미에서의 강제조치에는 제51조에 의한 자위로써의 무력행사도 포함되며, 이러한 무력행사는 지역적 약정에 의하여 가능한 강제조치이므로 Beckett의 두 번째 논거는 확고한 것이 되지 못한다.[231] 다음에 Beckett의 첫 번째 논거에서 주장된 것과 같이 제8장의 지역적 약정에는 자위권의 행사에 대하여는 아무런 언급이 없으나, 헌장의 기초자는 안전보장이사회의 허가 없이 지역적 약정에 의하여 강제조치가 취하여질 수 없다는 규칙에 대한 예외로서 자위권에 명시적으로 언급하는 것을 중복으로 생각하였을는지도 모른다는 것이다.

왜냐하면 제51조에는 "이 헌장의 어떠한 규정도… 자위의 고유한 권리를 침해하지 아니 한다"라고 규정되고 있으므로, 제53조의 규정, 즉 "안전보장이사회의 허가 없이는 어떠한 강제조치도… 취하여져서는 아니 된다"는 것에 제한되지 않고 지역적 약정에 의하여 집단적 자위권이 조직, 행사될 수 있다고 해석된다는 것이다.[232] 다음 Beckett의 세 번째의 논거에 관해서는 Kelsen은 헌장 및 북대서양조약에 의하여 그 논거가 지지되지 않는다는 것이다.[233] 즉 헌장 제52조 및 제53조의 문구에 의하면 지역적 약정의 당사국이 아닌 국가에 대한 강제조치는 배제되지 않을 뿐 아니라 제53조는 전적국이 지역적 조직체의 구성국이든 아니든 그에 대한 강제조치를 명시하고 있으며, 제51조의 집단적 자위권의 행사에 의한 강제조치가 집단적 자위를 조직하는 조약의 어떤 체약국인 침략자에 대한 것

231) Kelsen, North Atlantic Treaty, *op. cit.*, pp. 163~164; Kelsen, UN, pp. 921~922.
232) Kelsen, North Atlantic Treaty, *op. cit.*, p. 164; Kelsen, UN, p. 922.
233) Kelsen, North Atlantic Treaty, *op. cit.*, p. 165; Kelsen, UN, p. 923.

이 되어서는 아니 된다는 것은 동조의 규정에는 나타나 있지 않으며, 또 북대서양조약은 체약국이 아닌 가상침략국에 대한 방위를 주로 한 것은 사실이나 조약의 문구에는 그러한 의도는 표명되지 않았을 뿐 아니라, 제10조에 의하면 그 가상침략국의 가입도 가능하며, 또 제5조의 문구[234]에 의하면 체약국인 침략자에 대한 그 적용은 배제되지 않는다.

Kelsen의 논거에 따라 북대서양조약을 구태여 지역적 약정으로 볼 수 있다는 것은 긍정될 수 있는데, 다시 Stone은 Kelsen에 반대하여 북대서양조약(그 밖에 1948년의 서구 5개국조약 등)을 지역적 약정으로 보는 데는 무리가 있다는 것을 지적하고 있다. Stone의 이 문제에 대한 기본적 입장은 Beckett의 제3논거와 상통한 것이다. 그에 의하면[235] 지역적 약정 및 기관에 관한 조문 제52조~제54조는 집단적 국제목적에의 이러한 협정 및 기관의 적극적인 충당이며(이에 대하여 제51조에 입각한 군사적 조약은 헌장에 기도된 국제질서의 실패를 표시한다는 것이다), 조문의 근본적 개념은 '단순히 지역의' 평화 및 안전이 아니고 지역 내에서의 그것, 다시 말하면 지역 자체 내에 있는 국가들 사이의 평화 및 안전의 유지를 위한 공동행동의 개념인데, 북대서양조약 등은 일정한 지역에 의하여 그 범위가 제한되는 공동문제를 처리하려는 것이 아니고 타지역으로부터의 공격에 대한 그 지역의 방위를 위한 것이다. 그리고 그는 지역적 약정 및 기관이 위에서와 같이 그 지역 내의 국가들 사이의 평화 및 안전을 위한 공동행동을 목적으로 한 것이라는 점을 다음과 같은 이유를 들어 주장하고 있다.[236]

> "첫째, 헌장 제52조 1항의 "지역적 조치에 적합한" 것이라는 말의 자연스러운 의미는 위에서와 같이 해석된다.
>
> 둘째, 어떤 타지역으로부터의 공격 같은 것에 대비한 어떤 지역의 공동

---

234) 3 참조.

235) Stone, pp. 247~249.

236) *Ibid.*, p. 248.

행동의 협정 또는 기관이 이 헌장 제8장의 지역적 약정 또는 기관이라면, 제53조 1항의 첫 문장의 규정, 즉 "안전보장이사회는 그 권한하에 취하여지는 강제조치를 위하여… 지역적 약정을 이용한다"는 것은 이사회가 어떤 타지역에 대하여 한 지역의 동맹의 군사원조를 원용한 것이 될 것이다. 이것은 제52조 1항에 요구된 국제연합의 목적 및 원칙과 확실히 일치되지 않는다.

셋째, 제52조 2항 및 3항에 의하면 지역적 약정 또는 지역적 기관에 의하여 우선 해결되어야 하며 또 안전보장이사회도 그렇게 해결하도록 장려할 분쟁은 지역적 분쟁(local disputes)에 국한되고 있다. 따라서 지역적 약정 또는 기관의 분쟁해결의 기능은 지역 내의 분쟁에 국한하고 강제행동의 기능에 대하여서는 이러한 제한을 가하지 않는 것은 이상하다는 것이다.

넷째, 북대서양조약과 같은 방위를 위한 동맹이 지역적 약정이라면, 그 강제조치는 미리 안전보장이사회의 허가를 받아야 하며(제53조 1항), 또 그가 개시한 활동뿐 아니라 계획하고 있는 활동도 이사회에 충분히 알려야 한다는(제54조) 불합리한 사태가 피하여질 수 없다는 것이다."

Stone의 이와 같은 주장에 대하여서는 다음과 같은 점이 지적될 수 있다.

첫째와 셋째의 이유에 관하여서는, 지역적 약정은 관계지역 내에서의 국가들의 국제평화 및 안전을 위한 공동행동을 규율하기 위한 것으로 보는 것이 자연스러우며, 특히 지역적 약정에 의한 분쟁의 해결에 관하여는 "지역적"이라는 것이 명시되어 있으므로 지역적 약정에 의한 강제조치도 지역적인 것에 국한되어야 할 것이라는 것인데, 어떤 조문의 자연스러운 의미가 반드시 그 조문의 전체의 의미를 표현한다고는 생각할 수 없으며, 또 여기서 Stone의 자연스러운 의미라는 것은 제53조의 규정도 고려에 넣을 때 명백한 의미[237]도 아니다. 제52조에 의하면 분쟁의 해결에 관하여서는 "지역적"이라는 것이 명시되어 있으나, 제53조 1항 둘째 문장에 의

237) Cf. Verdoss, S. 114~115.

하면 지역적 약정에 의한 강제조치는 지역적이 아닌 것, 즉 관계지역 밖에 있는 국가에 대한 것도 포함한다는 것이 "…어떠한 적국에 대한 조치이든지 제107조에 따라 규정된 것 또는 그 적국에 의한 침략정책의 재현에 대비한 지역적 약정에 규정된 것"에 표현되어 있다. 또 덤바턴오크스제안은 해당 규정을 갖지 않았던 제51조의 기원이, 샌프란시스코회의에서 헌장과 기존 지역적 약정(특히 미주국가들 사이의 1945년 3월 3일의 결정서(The Act of Chapultepec))의 조화문제를 취급함에 있어 관계위원회(Committee III/4, Sub-Committee III/4A)에서, 지역적 약정에 의한 자위로써 행동의 일정한 자유를 보존하자는 데 있었다는 것[238]도 상기되어야 할 것이다. 또 북대서양조약 등은, 그것이 그의 주된 목적이기는 하지만, 집단적 자위의 조직을 유일한 목적으로 하지 않고 분쟁의 평화적 해결,[239] 경제적 · 문화적 협력[240]도 규율하고 있는 데 비추어 북대서양조약 등을 헌장 제51조에만 입각시키려는 데는 무리가 있는 것 같다.

다음 Stone의 두 번째의 주장인데, 외부로부터의 공격에 대비한 지역적 약정을 인정한다면 안전보장이사회가 그의 강제조치를 위하여 한 지역적 기관을 타 지역적 기관에 대하여 사용할 수 있게 되며 이것은 헌장의 목적과 원칙에 반한다는 것은 적당한 논거가 되지 못한다. 예를 들면, 북대서양조약기구와 소련진영의 바르샤바조약기구가 지역적 기관으로 생각된다면, 안전보장이사회는 헌장 제53조 1항에 따라 1기구에 대한 그의 강제조치에 있어 타 기구를 이용할 수 있는데, 이는 양 기구의 대립을 조장시키는 것이며, 국제평화 및 안전의 유지, 헌장의 목적과 원칙에 반한다는 것이 Stone의 의미한 바인 것 같다. 그렇다면 제43조의 특별규정에 의하

---

238) Goodrich and Hambro, pp. 297~299; Bowet, pp. 182~184.

239) 예: 북대서양조약 제1조와 1956년 12월 14일의 동 조약기구 이사회의 결의(Dahm, II, S. 281).

240) 예: 서구국가 사이의 브뤼셀조약(3, 주 218) 제1조~제3조.

여 이사회가 개별적인 회원국이 제공하는 병력으로써 제42조에 의한 무력제재를 가하는 것도, 일방의 국가의 병력으로 타방의 국가에 공격을 가하는 것이 되므로, 국가간의 대립을 조장하는 결과가 되며 헌장의 목적과 원칙에 반한다고 주장될 것이 아닌가? 그러나 제42조에 의한 이사회의 제재를 헌장의 목적과 원칙에 반한다고는 생각될 수는 없다.

다음 Stone의 네 번째의 논거에서 북대서양조약이 지역적 약정이라면 안전보장이사회의 허가 없이는 강제조치는 취해질 수 없으며 그 조약의 모든 장래계획도 미리 이사회에 전부 알려져야 한다는 것이다. 그러나 강제조치에 있어서의 이사회의 허가문제에 관하여서는, 이미 언급된 바와 같이 제51조의 문구에 비추어 제53조의 규정에 중복하여 규정될 필요도 없이 집단적 자위권은 지역적 약정 또는 기관에 의하여 이사회의 허가 전에 당연히 취하여질 수 있다고 해석될 수 있는 것이다. 또 자위권의 행사가 어떠한 강제조치도 "안전보장이사회의 허가 없이는… 취하여져서는 아니 된다"는 규칙의 당연한 예외라면, 이러한 예외에 대비한 조치도 이사회에의 지역적 약정의 정상적인 보고의무에서 제외된다고 해석될 수 있지 않은가?[241]

이와 같이 하여 우리의 입장에서 본다면 북대서양조약을 지역적 약정으로 볼 수 없다는 견해는 이상과 같이 반박될 수 있는데, 북대서양조약이 지역적 약정이라면 이 조약의 규정으로서 헌장 제52조~제54조에 배치된 점이 없느냐 하는 문제가 일어난다. 그 중 중요한 점이 이 조약 제5조와 헌장 제53조와의 관계, 헌장 제54조에 부합하는 안전보장이사회의 보고의무(이 조약에는 해당 규정이 없다)인데 이에 관하여서는 이미 언급되었다. 그 밖에 검토하면 문제되는 점이 없지 않으나,[242] 북대서양조약 제7조에 따라 이 조약의 규정은 헌장의 규정에 부합하도록 해석되어야 할 것이다.

---

241) Cf. Bowet, pp. 222~223.

242) Kelsen, UN, pp. 924~925.

어쨌든 북대서양조약은 지역적 약정이 아니라고 단정될 수 없을 뿐 아니라, 지역적 약정으로 해석하는 것이 자연스러운데, 이 조약의 주된 기능은 집단적 자위라는 것은 부정될 수 없다.[243)]

f. 우리의 견해에 의하면 오늘날에 있어 헌장에 의한 개별적인 회원국의 무력사용의 금지에 대한 유일한 예외는 제51조에서 찾을 수 있다. 오늘날 강대국의 대립으로 후술될 바와 같이[244)] 국제연합이 집단적 안전보장에 관하여 헌장에 규정된 바와 같이 그 본래의 임무를 충분히 수행하지 못하므로, 개별적인 국가의 안전에 관하여 개별적이며 일시적인 것으로 생각되었던 자위권의 행사는 그 의의가 중대한 것 같이 보이며, 집단적 자위를 위한 조직과 더불어 국제평화 및 안전의 보장의 중심은 국제연합에 의한 집단적 안전보장에서 집단적인 자위의 조직으로 이전된 것 같이 생각된다. 그러나 집단적 자위의 조직도 헌장의 테두리 안에서의 제도라는 것이 망각되어서는 아니 됨과 동시에 이 조직과 헌장에 의한 집단적 안전보장기구와는 구분되어야 한다.

Kelsen은 양자를 다음과 같은 점에서 구별하고 있다.[245)] 첫째, 집단적 안전보장은 국제연합의 행동인 데 대하여 집단적 자위는 개별적인 회원국의 행동이다. 둘째, 따라서 전자에 있어 침략행위가 있느냐 없느냐는 국제연합의 기관에 의하여 규정되어야 하는데 후자에 있어서는 적어도 처음에 일시적으로는 자위를 하는 회원국에 의하여 결정된다. 셋째, 집단적 안전보장조치는 침략행위에 대한 정상적이며 헌장에 의하여 의도된 반동인 데 대하여, 집단적 자위는 "안전보장이사회가 국제평화…의 유지에 필요한 조치를 취할 때까지의" 임시적 조치인 것이다.[246)] 그러므로 Stone이 무력

243) Cf. Oppenheim-Lauterpacht, II, p. 157.

244) 제2절 1. A.

245) Kelsen, UN, p. 800.

246) 그러나 이와 같은 구별은 헌장을 중심으로 한 설명인 것이며, 북대서양조약을 집단적 안전보장기구로 보는 견해도 가능하다. 1949년의 서구의 기본법 제24조 2항에 의하면 서독은

공격에 대한 오로지 군사적 조약의 사용은 헌장 속에 계획된 국제질서의 실현이 아니고 그 실패를 표시하고 있다고 말한 데[247]는 수긍될 면이 없지 않으나, 이것이 결코 전쟁의 자유가 인정된 일반국제법하에서의 자유로운 동맹조약에의 복구라고 생각되어서는 아니 된다.[248] 북대서양조약 등은 집단적 자위권행사의 조건, 제한, 부수적 의무에 관하여는 헌장 제51조에 배치되지 않도록 세심한 주의를 기울이고 있다.[249]

2. 헌장과 전쟁개념

A. 헌장에는 전문 몇 조문에서 과거의 것에서만 전쟁이란 용어가 사용되고 있으며,[250] 국제평과 및 안전을 위하여 회원국에 부과된 의무에 있어서나, 파괴된 또는 파괴될 위험에 있는 국제평화의 회복 또는 유지를 위한 국제연합의 집단적 강제조치에 있어서나 전쟁이란 말은 발견되지 않는다. 후자, 즉 국제연합의 집단적 강제조치와 전쟁개념에 관하여서는 다시 설명될 것이며,[251] 여기에서는 주로 전자의 경우에 관하여 전쟁개념이 취급될 것이다. 헌장에는 "전쟁"이란 말 대신에 "무력의 위협", "무력행사", "평화에 대한 위협", "평화의 파괴", "침략행위"란 말이 사용되고 있다. 이것은 종래 논의가 많았던 전쟁이란 용어를 피하려는 점에 있어,[252] 또

집단적 상호안전보장기구에만 가입할 수 있는데, 오늘날 서구조약 및 북대서양조약에 가입하고 있으므로, 이것이 위헌이 아니라면 양 조약은 집단적 안전보장기구를 세운 것이라고 해석되어야 한다(Guggenheim, II, p. 245, note 3).

247) Stone, p. 246.

248) e. 1 참조.

249) Cf. Oppenheim-Lauterpacht. II, pp. 158~159.

250) A, I, 주 2 참조.

251) 제2절 1. A. III; 동 B(1), II. c; 동 B(2), II. d; 동 2. C 참조.

252) Grob는 전쟁이란 용어가 피하여진 것은 1933년의 Eagleton의 저서에 귀착시킬 수 있다고

그것보다도 중요한 것은 정식전쟁뿐 아니라 모든 국제적인 무력행사도 명문으로써 원칙적으로 금하고 또 나아가서는 무력의 위협과 이에 이르지 않는 평화를 해칠 태도도 금지하는 데 있어, 종래의 국제법에 비하여 일단의 발전을 보이고 있다.

그런데 헌장에 전쟁이란 용어가 없다고 하여 헌장에 의하여 곧 전쟁이란 개념이 배제된다고는[253] 생각될 수 없는 것이다. Grob에 의하면[254] 국제연합은 하나의 반전(反戰)기관(anti-war agency)이며 헌장의 강조는 전쟁에 있지 않고 평화에 있으며 "평화 및 안전"이란 말이 무수히 되풀이되고 있으나, 평화의 존재를 증명하는 가장 용이한 길은 전쟁 부존재의 증명이며 반대로 평화의 부존재를 증명하는 가장 용이한 길은 전쟁 존재의 증명이라고 말할 수 있는 것이다. 즉 "평화의 파괴 또는 침략행위"는 "전쟁에의 호소"를 다른 말로 표현한 것이며, "평화에의 위협"은 전쟁의 위협을 다른 말로 표현한 것이라고 생각될 수 있다는 것인데, 여기에는 긍정될 바가 있다.[255]

전쟁(정식전쟁 및 실질전쟁)이란 일반국제법상의 개념은 주권국가의 병존이란 국제기구의 기본구조이며 일반국제법의 기반인 것 위에 서 있는 것이다. 그런데 헌장도 이런 기본구조의 확인(특히 헌장 제2조 2항에 의하면 국제연합은 모든 회원국의 주권평등의 원칙에 기초를 두고 있다) 위에 일반국제법의 테두리 안에서 체결된 하나의 조약이다. 따라서 헌장의 해석에 있어서

말하고 있다(Grob, pp. 325~326. Cf. Eagleton, p. 286; Kotzsch, pp. 274~275).

253) Pompe, Aggressive War, *op. cit.*, pp. 18, 35(Kotzsch, p. 270, note 5, p. 275, note 21에서 재인용).

254) Grob, pp. 325~326.

255) 또 Grob는 자신의 입장에서 헌장의 "평화적 파괴"가 곧 "전쟁에의 호소"와 동의어라고 말할 수 있느냐는 대단히 의문시된다. 예를 들면 터키에서의 그리스독립전쟁을 위하여 영국, 프랑스, 러시아 3개국이 개입한 결과 일어난 1827년 11월 20일의 나바리노(Navarino)전투는 그의 견해에 의하면 전쟁이 아니며(*Ibid.*, pp. 82~93) 따라서 헌장의 "평화의 파괴 또는 침략행위"가 될 수 없는데, 이러한 사태는 헌장하에서 "평화의 파괴"를 이룬다고 보아야 할 것이다.

도 전쟁이란 개념이 명백히 헌장에 의하여 배제되지 않는 한, 그 개념은 살아 있는 것이다. 그뿐 아니라 헌장의 해석에 있어 전쟁의 개념을 인정할 적극적인 이유가 있다. 헌장은 "무력의 사용" 또는 "평화의 파괴"를 금지하고 있으나 실제에 이러한 금지에 반한 사태가 일어났을 때, 헌장에 위반한 국가가 다시 무력사용에 있어 아무런 제약을 받지 않고 그 목적달성을 위하여서는 어떠한 행동이나 취할 수 있는 것이 아니고 인도의 원칙에 입각한 전시법규를 준수하여야 할 것은 당연하며, 또 헌장 제51조에 의하여 허용된 자위권의 행사로서의 무력행사를 하는 국가도 "불법에서 법이 생기지 않는다"(*ex injuria jus non oritur*)는 원칙을 내세워 전시법규의 준수를 거부하는 것은 허용되지 않는다. 이러한 거부가 허용된다면, 불법의 무력행사를 계획 및 수행한 정부의 음모에는 참여하지 않고 전선에 선 개개의 병사나 전화에 휩쓸린 사인(私人)들에게 불법무력행사의 책임을 지우는 결과가 되는 것이다.[256] 이것은 헌장 전문에 규정된 "우리들 연합국의 국민들은… 기본적 인권, 인간의 존엄 및 가치…에 대한 신념을 재확인하며 …을 결의하였다"는 것에도 배치되는 것이다. 또 헌장이 채택된 후 많은 무력행사가 일어났으며, 이러한 무력행사에서 국가들은 전시법규를 원용하였다.[257] 이와 같이 헌장에 의하여 금지된 또는 허용된 무력행사에 있어서도 전시법규는 적용되어야 한다.[258] 전시법규가 적용된다는 것은 전쟁이 있다는 것을 의미하며 따라서 이 일반국제법상의 전쟁개념은 헌장 속에도 살아 있는 것이다.

Grob는, 헌장 제39조에 "평화의 파괴 및 침략행위"로 표현된 전쟁의

---

256) Cf. Castrén, pp. 9~10. 제1장 제2절 1. B. II, 주 27 참조.

257) Josef L. Kunz, The Chaotic Status of Laws of War and the Urgent Necessity for Their Revission, AJ, 1951, p. 55. 또 1948년 8월에 체결된 4개의 이른바 전쟁희생자의 보호를 위한 제네바협정도 헌장하에 있어 전시법규의 존재의 필요성을 증명하고 있다(Cf. Bernd Hartung, Der Israelisch-ägyptische Streit um den Golf von Akaba, Archiv, 1961, S. 38).

258) 제1장 제1절 2. A; 동 C. V 참조.

개념에는 첫째, 무력행사뿐만 아니라 제5열의 활동과 같은 것도 포함되어야 한다는 것이며, 둘째, 국가 사이에서 일어나는 것만 포함된다는 것이다.[259] 첫째의 견해는 전쟁이란 개념을 더 오리무중으로 끌고가는 결과가 될 뿐 아니라 그 논거로써 제2조 4항에 "힘에 의한 위협 또는 힘의 행사"라고 표현된 것이 원용되고 있으나, 이 조문에서의 "힘"은 무력으로 해석되어야 할 것이다.[260] 그리고 제5열의 활동 같은 것이 원칙적으로 이 헌장의 목적과 배치되는 것은 사실이지만 이것은 반드시 전쟁의 개념에도 포함시켜야 되는 것은 아니다. 그러한 활동이 전쟁과 관련되는 경우에는 전쟁 자체가 아니고 전쟁의 위협이 될 것이다. 둘째의 문제에 관하여서는 전쟁을 명백히 국가간의 관계에다 국한시킨 것은 편협한 제한이라고 생각된다.[261]

B. 위에서의 헌장 제2조 4항, 제39조 및 제51조 등의 검토에 의하면 자위 및 국제연합에 의한 강제조치를 제외하고는 모든 형태의 정식전쟁 및 실질적 전쟁은 금지되었고 자위의 범위도 좁혀졌을(현재의 무력공격에 대해서만) 뿐 아니라, 예를 들면 최후통첩 같은 무력의 위협과 분쟁의 평화적 해결에 관한 국제연합의 권고에 따르지 않는 평화에 대한 위협도 금지되고 있다. 그리고 헌장의 실효성을 전제로 하여 이와 같은 금지는 보편적 효력을 갖는다.

---

259) Grob, p. 329.

260) 1. A. I. a 참조. 또 그는 소론을 정당화하기 위하여 전 미국 국무장관의 증언을 인용하고 있으나(Grob, pp. 328~329), 정치적이며 부정확한 증언이 언제나 법해석의 근거가 될 수는 없다.

261) 1. A. I. d; 동 II. b, c 참조.

제 2 절

국제연합의 집단적 안전보장제도에 의한 강제조치[1)]

—전쟁금지의 실효성과 실질적 전쟁범위의 확대

1. 헌장 제7장

A. 규정의 내용과 그 보충의 필요성

Ⅰ. 규정의 내용

a. 국제연맹규약이 일정한 범위에 있어서 전쟁을 금지한 데 대하여 이미 설명된 바와 같이 국제연합헌장은 명문으로써 원칙적으로 모든 전쟁(정식 및 실질적)을 금지하고 있을 뿐 아니라 전쟁에 이를 수 있는 무력의 위협 내지 평화에 대한 위협까지도 금지하고 있으므로, 이러한 금지의 전제로서 규약에 있어서 보다 더 실효적이며 강력한 집단적 안전보장의 제도가 요청된다. 또 1920년부터 1939년까지 국제연맹규약에 의한 강제조치가 한번도 성공적으로 적용되지 못하였다는 경험에 비추어 보더라도[2)] 국제

1) 제2장 제2절, 주 1 참조. 이 절에서 설명되는 것 이외에 헌장 제94조 2항에 의한 강제조치가 있다(주 6).

평화 및 안전의 유지를 첫째의 목적으로 삼는 국제연합은 국제연맹보다 더 강력한 강제조치를 요한다고 생각되었다는 것은 당연한 일이다.[3] 이러한 요청과 고려에서 나오게 된 것이 헌장 제7장(평화에 대한 위협, 평화의 파괴 및 침략행위에 관한 조치)의 조문의 규정이다(제39조~제51조). 안전보장이사회는 평화에 대한 위협, 평화의 파괴 또는 침략행위가 있느냐 없느냐를 결정하고[4] 이러한 것이 있다고 결정되었을 때에는 이사회는 다시 국제평화 및 안전의 유지 또는 회복을 위하여 당사국 또는 기타의 국가에 권고를 하거나 또는 다음에 설명할 제41조 또는 제42조에 규정된 어떠한 조치를 취할 것인가를 결정한다(제39조). 또 이사회는 이러한 권고를 하거나 또는 조치를 결정하기 전에 사태의 악화를 방지하기 위하여 잠정조치를 관계당사국에 요청할 수 있다(제40조).

이사회가 취할 수 있는 조치에는 두 가지가 있는데, 그 하나는 무력행사를 포함하지 않는 것이며 제41조에 의하면 이러한 조치는 경제관계 및 철도, 항해, 항공, 우편, 전신, 무선통신 및 다른 통신수단의 전부 또는 일부의 중단과 외교관계의 단절을 포함할 수 있다.[5] 또 하나는 회원국의 육군, 해군 또는 공군에 의한 시위, 봉쇄 및 기타의 군사행동을 포함한 육군, 해군 또는 공군에 의한 조치이며, 위에서의 제41조의 조치가 처음부터 부적당하다고 생각되거나 또는 실제로 적용의 결과가 부적당할 경우 이사회

2) 제2장 제2절 1, 2 참조.

3) Cf. Goodrich and Simons, pp. 343~344.

4) 헌장에 명문이 없으나 사무총장(제99조), 총회(제11조 3항) 및 이사국의 대표가 평화에 대한 위협 등에 대해 이사회의 주의를 환기시킬 수 있으며, 평화에의 위협을 이룰 사항이 이사회의 분쟁의 평화적 해결의 절차에서 이미 그 의사일정에 올라 있을 수 있는 것이다(Stone, pp. 193~194).

5) 여기에 열거된 것은 이사회가 취할 수 있는 전부가 아니고 예시적인 것이다(Guggenheim, II, p. 271; Oppenheim-Lauterpacht, II, p. 168). 그런데 Kelsen은 이러한 조치가 복구의 기술적 성격을 띤다고 말하고 있으나(Kelsen, p. 46; Kelsen, UN, p. 735) 그러한 단정은 적당하지 않다. 이러한 조치 등은 소위 보복으로도 취하여질 수 있는 것이다(Cf. Oppenheim-Lauterpacht, II, p. 163, note 1).

가 그의 결정에 의하여 취하는 것이다(제42조).[6] 이러한 무력행사에 관련하여 당연히 예상되는 긴급한 군사조치를 위하여 회원국은 합동의 국제강제행동을 위한 국내공군부대를 보유하여야 하며, 이 할당부대의 수량과 출동준비정도와 그 합동행동의 계획은 제43조에 의한 특별협정 중에 규정된 범위 내에서 군사참모위원회의 원조를 얻어 이사회가 결정한다(제45조). 이사회의 결정에 의한 무력행사(공군에 의한 긴급한 군사조치를 포함)에 필요한 병력 등의 문제에 관하여서는 제45조에서 언급된 바와 같이 제43조에 규정되어 있다. 즉 이사회와 회원국 사이에 미리 특별협정이 체결되며 이 협정에서는 이사회가 무력행사를 결정한 경우 이용할 수 있는 병력의 수 및 종류, 출동준비정도 및 일반적 배치와 원조 및 편의(통과권을 포함)가 규정될 것이며, 필요한 경우 이사회의 요청이 있으면 회원국은 특별협정에 따라 병력, 원조 및 편의를 제공하여야 한다.[7]

이사회가 제39조에 따라 평화에 대한 위협, 평화의 파괴 또는 침략행위가 있다는 것을 결정하면, 이는 모든 회원국에 대하여 법적 구속력을 가지며, 또 이사회가 군사적 또는 비군사적 조치를 취할 것을 결정하였을 경우도 그러하다. 헌장 제25조에 의하면 회원국은 헌장에 따라서 이사회의 결정을 수락하고 또 이행하여야 하며, 제48조 1항에 의하면 이사회는 군사적 또는 비군사적 조치를 결정함에 있어 어떤 회원국이 이러한 조치에 참가할 것인가를 정할 것이며 거기에 포함된 회원국은 그 조치를 취할 의

6) 헌장 제94조 2항에 의하면 국제사법법원판결의 불이행의 경우에 이사회는 부탁을 받으면 "…판결을 집행하기 위하여 권고를 하거나 취하여질 조치를 결정할 수 있다"는 것이다. 이 조문에 있어 이사회가 결정하는 강제조치(강제조치가 아닌 것도 있을 수 있다. Kelsen, UN, p. 541)는 제39조에 의한 평화에 대한 위협 등의 존재의 결정없이 취하여질 수 있다고 해석되나(*Ibid.*, pp. 541~543; Goodrich and Hambro, p. 487), 그 강제조치는 제41조 및 제42조에 의한 것이라고 생각된다(Kelsen, UN, p. 541. 이견: Dahm, II, S. 566ff.).

7) Kelsen이 지적한 바와 같이(Kelsen, p. 48) 회원국이 그 병력 등을 이사회에 이용하게 할 의무는 제43조의 특별협정에 의하여 정하여지는 것이 아니고 제43조 1항에 의한 것이며 특별협정은 그 의무가 이행될 양식만을 규정한 것이다. 그러나 이 경우에 의무가 이행될 양식이 정하여지지 않으면 그 의무는 실현될 수 없다.

무를 진다. 그리고 회원국들은 그 조치를 이행함에 있어 서로 원조하여야 한다(제49조).

또 이러한 조치에 직접 참가하지 않는 회원국도 이러한 조치에 협조할 의무를 진다. 제2조 5항에 의하면 모든 회원국은 국제연합이 헌장에 따라 취하는 어떠한 행동에 대하여서도 국제연합에 모든 원조를 주어야 하며 국제연합의 강제조치의 대상이 되는 국가에 대하여서는 원조를 하여서는 아니 된다. 이사회는 무력에 의한 강제조치를 취함에 있어 그 보조기관인 군사참모위원회(The Military Staff Committee)의 도움을 얻는다.

제46조에 의하면 무력사용의 계획은 군사참모위원회의 도움을 얻어 이사회가 결정한다. 또 국제평화 및 안전의 유지를 위한 이사회의 군사적 요구,[8] 이사회의 자유에 맡겨진 병력의 사용 및 지휘, 그리고 군비규제 및 가능한 군비축소에 관한 모든 문제에 대하여 이사회에 조언하고 도움을 주기 위하여 군사참모위원회가 설치된다는 것이다(제47조 1항).[9] 이 위원회는 이사국의 상임이사국의 참모총장 또는 그의 대표로써 구성된다(동조 2항). 제41조의 강제조치에 관하여서는 군사참모위원회와 대등한 특별한 보조기관의 설치가 규정되지 않고 있으나, 헌장기초자의 의도에 의하면, 이 강제조치에 있어서는 경제사회이사회가 그 보조의 구실을 할 것으로 예견되었을 것이다.[10] 그리고 전문기관도 이 보조의 구실을 할 것으로 생각된다.[11]

---

8) 이는 실제에는 제43조에 언급된 특별협정 체결의 교섭에 관련한 것이다(Goodrich and Hambro, p. 290).

9) 따라서 군사참모위원회의 임무는 세 가지로 대별되는데 동조 제3항(이사회에 위임된 병력의 전략적 지도)의 규정은 위에서 둘째의 임무를 부연한 것이다(*Ibid.*, p. 292). 그리고 이 위원회는 제2차대전시 미·영 군사지휘자들 사이의 협의체(Combined Chiefs and Staff)를 모방한 것이 많다는 것이다(*Ibid.*, p. 291).

10) Goodrich and Simons, p. 396. 헌장 제65조에 의하면 경제사회이사회는 안전보장이사회에 정보를 제공할 수 있고 또한 후자의 요청이 있을 때에는 이를 원조하여야 한다.

11) 헌장 제48조 2항 참조. 그리고 국제연합과 전문기관 사이의 협정(헌장 제63조 1항)에 의하면 헌장 제65조(주 10 참조)의 정보 및 원조를 제공함에 있어 전문기관이 경제사회이사회와

b. 이상 헌장 제7장의 대강이 설명되었는데 이로써 헌장에 의한 집단적 안전보장제도와 국제연맹규약에 의한 그것 사이에 다음과 같은 주된 상이점이 명백해진다.[12]

첫째, 헌장하에서는 강제조치를 취할 요건이 구체적인 경우에 성립하느냐 않느냐의 결정은 안전보장이사회의 권한에 속한다. 규약에는 이사회 같은 국제연맹의 기관에 이러한 회원국에 대한 구속력이 있는 결정, 즉 규약 제10조에 있어서 침략이 있다는 결정과 제16조에 있어서 제12조, 제13조 또는 제15조에 위반한 전쟁이 있다는 것의 결정의 권한은 명문으로는 부여되지 않았으며, 또 규약의 적용에 있어서도 이러한 권한부여에 접근하는 방향은 취하여지지 않았다.[13] 규약에 의하면 강제조치의 요건의 존부의 결정은 각 회원국의 권한에 속한다.

둘째, 헌장하에서는 이사회가 취하여질 강제조치를 결정하며 이 결정은 회원국에 대하여 구속력을 가지며 따라서 원칙적으로 모든 회원국은 이 결정에 따라 행동하여야 한다. 규약하에 있어서는 조문상으로나 또 실제에 있어서나 각 회원국이 개별적으로 강제조치를 결정한다.

셋째, 적어도 헌장의 규정에 의하면 강제조치의 결정이 이사회의 자유에 맡겨지며 그 지휘하에 들어갈 병력이 확정될 것으로 되어 있다. 규약에는 이러한 규정이 없었다.

이리하여 규약에 의한 집단적 안전보장제도는 불법전쟁의 대상이 되는 국가에 대한 원조 여부를 개별적인 회원국에 일임하는 말하자면 지방분권적이며, Kelsen이 지적한 바와 같이, 헌장 제51조에 의한 집단적 자위에 유사한 데 대하여,[14] 헌장에 의한 집단적 안전보장제도는 말하자면 중

협력할 것이 규정되고 있다(E.g. Article VI of the Agreement between the United Nations and the Food and Agriculture Organization, UN Doc. A/78, Sept. 30, 1946(Goodrich and Simons, p. 420에서 재인용). Cf. Guggenheim, II, p. 271).

12) Cf. Kelsen, pp. 53~56; Oppenheim-Lauterpacht, pp. 162~163.

13) 제2장 제2절 1, 2 참조.

앙집권적이며 국제평화 또는 안전의 유지 및 회복을 위한, 특히 무력사용에 의한, 조치를 원칙적으로 국제연합의 기관인 안전보장이사회에 집중시키려고 하고 있다. 이와 같은 집단적 안전보장제도의 강화는 전쟁금지의 범위의 확대에 따르는 필연적인 결과일 것이며 또 그 제도의 현저한 발전인 것이다.

그러나 헌장에 규정된 집단안전보장 제도는 그 중요한 점에 있어 실현되지 못하고 있다. 이러한 현실에 비추어 헌장에 규정된 집단적 안전보장제도 자체에 대한 비판이 나올 만도 하다고 생각된다. Stone은 다음과 같은 점을 지적하고 있다.

첫째, 헌장을 기초함에 있어 규약하의 이완된 협력의 체계, 즉 제도의 부과를 요구하는 평화파괴 등을 결정하기 위한 제도상의 수단을 규정하지 않는 체계가, 헌장에 규정된 것 같은 이사회에 의한 평화파괴 등의 확고한 결정 및 제재의 중앙집권적 지휘를 위한 야심적인 지상계획과 대비되며, 진지하게 양자택일의 문제로서 고려되지 않았다는 것이다. 따라서 헌장의 기초자나 그의 일을 믿은 사람들은 국제안전보장 분야에 있어 인간경험의 계속과 절연하려고 하였다는 것이다.[15)]

둘째, 헌장에 의한 강제조치가 규약에 의한 그것보다 강력한 것 같으나 규약 제16조의 "작용하는 실질"은 어떤 점에 있어서는 헌장 제7장의 작용하는 실질보다 더 희망적인 것이었다는 것이다. 즉 헌장에 의한 강제조치의 적용에는 안전보장이사회의 상임이사국의 소위 거부권(헌장 제27조 3항)이 인정되며 따라서 어떤 상임이사국 또는 그의 보호를 받는 국가에 관한 사태에 있어서는 거부권의 행사로 강제조치가 적용될 수 없으나, 규약 제16조의 강제조치에 관한 결정은 이사회의 결정이 아니고 각 회원국

14) Hans Kelsen, Collective Security and Collective Self-defense under the Charter of the United Nations, AJ, 1948, p. 793.

15) Stone, p. 278. Cf. *Ibid.*, pp. 183~184.

의 결정이므로 거부권 같은 것이 작용할 여지가 없으며, 1935년 당시 이사회의 강대국 이사국이었던 이탈리아는 자국에 대한 강제조치를 방지하지 못하였다는 것이다.[16]

셋째, 규약에 의한 집단적 안전보장제도에는 거부권이 적용될 수 없다는 소극적인 장점과 아울러 다음과 같은 적극적인 장점이 있다는 것이다. 즉 법적 구속력을 가진 법적 장치의 결여로 인하여 실효적인 자발적 협력의 비공식적인 기술 및 장치가 경험에 의하여 만들어질 여지가 남겨졌다는 것이다.[17] 그리고 이 점에 있어 Stone이 염두에 두고 있었던 것은 틀림없이 국제연맹의 1935~1936년 이탈리아에 대한 경제적 · 재정적 조치에 있어서의 경험인 것이다.[18]

이러한 Stone의 견해에 대하여 다음과 같은 점이 지적될 수 있을 것이다.

첫째, 이탈리아에 대한 경제적 및 재정적 조치의 기도는, 불법의 전쟁은 규탄되어야 하며 제재를 받아야 한다는 다수국가의 태도를 표명한 것으로는 그 의의가 컸으나,[19] 제재 자체로서는 완전히 실패하였다. 그러나 그 실패에도 불구하고 그 강제조치의 합의, 계획, 조정, 감독 및 실시에 도달한 기술은 국제적 면에 있어서나 국내적 면에 있어서나 선구자적인 성공을 기록하였으며 그 후의 국제조직체는 이러한 기술을 무시할 수 없다는 것이다.[20] 그러나 설사 이러한 기술의 경험이 없이 오늘날 1935년 이탈리아-에티오피아충돌에 있어서와 똑같은 사태에 직면한다 하더라도 강제조치가 그 적용의 기술의 결여에 의하여 실패할 것이라고는 생각되지 않

16) *Ibid.*, pp. 179~180, 192~193.
17) *Ibid.*, p. 278.
18) *Ibid.*, pp. 176ff.
19) 제2장 제2절 2. B 참조.
20) Stone, p. 183. 그러나 다른 학자의 입장에서 보면 즉흥적인 조절의 기구가 민첩하게 행동한 것이 못된다(Goodrich and Simons, p. 394).

는다. 근 30년 전에 필요에 직면하여 고안될 수 있었던 것이 오늘날 경험이 없기 때문에 고안되지 않으리라고는 생각되지 않는다. Stone 자신이 잘 지적하고 있는[21] 주지의 사실은 이탈리아에 대한 강제조치의 실패를 가져온 것은 국가들 사이의 정치적 및 경제적 이해관계의 충돌이었다. 이러한 충돌이 미리 법적으로 규율되어 있거나 구체적인 경우에 잘 타협이 된다면, 위에서와 같은 강제조치의 기술문제는 구체적인 사태에 따라 곧 고안될 수 있는 것이다. 따라서 이탈리아에 대한 강제조치에서 얻은 기술의 경험이 그 후의 국제조직체의 강제조치의 성패에 있어 어떤 관건을 쥐고 있는 것으로 생각될 수는 없다. 또 1935년~1936년의 경험은 경제적·재정적 조치에 관한 것에 한하여 무력조치에는 직접 관계되지 않는다는 것도 지적되어야 할 것이다.

둘째, 규약 제16조에 의한 강제조치에는 헌장에 있어서와 같이 거부권이 적용되지 않으므로, 이 조치는 헌장 제7장에 의한 강제조치보다도 더 잘 작용할 수 있다는 것이나, 이미 되풀이된 바와 같이 규약에 의한 강제조치가 성공적으로 작용한 예는 없다는 것은 논외로 하고, 설사 헌장이 규약과 같은 강제조치제도를 취하였다 하더라도 이것이 현 헌장하에 있어서보다 더 잘 작용할 것이라고는 생각되지 않는다. 왜냐하면 먼저, 현 헌장하에서 강대국의 거부권 때문에 강제조치가 적용될 수 없는 경우에는 여기에 강대국간의 이해관계의 충돌이 있는 것이다. 이러한 사정하에서 규약의 강제조치제도가 실효적으로 적용되리라고는 대부분의 경우에 있어서는 생각되지 않으며, 현 헌장의 규정하에서도 규약에 의한 강제조치 같은 것이 배제된다고는 볼 수 없기 때문이다. 이 후자인 점에 있어 앞에서 이미 언급된 바와 같이 헌장 제51조의 집단적 자위는 규약 제16조에 의한 조치와 유사한 것이며, 다음에 헌장하에서도 필요에 직면하여 강대

21) Stone, p. 183.

국의 거부권이 없는 강제조치가 취하여질 수 있다는 것이 평화를 위한 단결 결의[22]에서 표명되었다.

셋째, Stone은 헌장의 강제조치제도가 인간경험의 계속성과 절연하려는 것이라고 말하고 있으며, 만약 이것이 무조건 긍정된다면 헌장의 강제조치제도는 하나의 법제도로서 그 존재가 처음부터 의문시될 것이다.[23] 그러나 제1차대전후 점차 모든 국가간의 무력행사가 금지되게 되었고 이에 따라 집단적 안전보장의 강화 발전이 시도된 데 비추어, Stone의 위에서의 단정은 지나친 것이다. 또 이미 언급된 바와 같이 Stone이 생각하는 바와 같은 더 잘 작용할 수 있는 강제조치(헌장 제39조, 제41조, 제42조 등에 의한 것보다)의 가능성은 헌장에서 배제되지 않고 있다. 또 법은 과거의 경험으로 완전히 확실한 것만을 규정하여야 한다면 규약 제16조의 규정도 역사적 의식의 결여에서 온 것이 아닌가?

II. 규정보충의 필요성

a. 헌장 제39조에 규정된 평화에 대한 위협, 평화의 파괴 및 침략행위의 존재에 대하여서는 헌장의 명문의 규정에 의하면 안전보장이사회만이 다룰 수 있게 되었으나, 다음에 설명될 바와 같이[24] 총회도 이러한 사태를 취급한 예는 국제연합의 초기부터 있었던 것이며 또 그렇게 취급할 수 있는 권한이 1950년 11월 3일의 평화를 위한 단결 결의에서 명시되었다. 그러나 물론 총회의 이러한 권한은 헌장 제39조~제50조에 입각한 것은 아니며 총회의 이 권한에 대하여는 여기서 원칙적으로 언급하지 않는다.

제39조를 적용하여 이사회가 평화에 대한 위협, 평화의 파괴 또는 침략행위가 있다는 단정을 내리는 것은 제41조 및 제42조의 강제조치의 전

22) 2 참조.

23) Cf. Helmut Coing, Grundzüge der Rechtsphilosophie, 1950, S. 24~27.

24) 2. A. II. a. (5), (6) 참조.

제가 되므로 본래 중대한 의의를 가진 것이다. 그러나 실제에 있어서는 제43조의 특별협정이 미리 체결되어 있지 않다는 것과 이사회 및 총회의 권한이 실제에 있어서 해석 · 적용되는 탄력성 때문에 평화에 대한 위협 등의 단정의 의의는 감소되었고, 또 이러한 단정에 따를 수 있는 것은 주로 권고이므로 제39조 이하 제7장에 의한 이사회의 권한의 제6장(국제분쟁의 평화적 해결)에 의한 그것과의 차이는 감소되었다. 그럼에도 불구하고 위에서의 단정은 상당히 중요한 의의를 갖는 것으로 생각되고 따라서 제39조의 적용에 신중을 기하고 명시적인 그 원용을 피하려는 경향이 있다.[25] 팔레스타인사태에 있어 이사회는 1948년 3월부터 정전요청 등의 내용을 가진 결의를 되풀이하면서도,[26] "제39조의 의미에 있어서의 평화에 대한 위협"을 이루는 사태가 있다고 비로소 결정한 것은 양편(이스라엘군과 아랍군측)의 완강한 정전불응에 비추어 동년 7월 15일의 결의에서이다.[27] 또 인도네시아 문제에 있어 오스트레일리아 대표는 네덜란드군과 인도네시아공화국군 사이에 계속되는 적대행위에 비추어 이러한 적대행위는 "국제연합헌장 제39조에 의한 평화의 파괴"라는 결정을 포함한 결의안을 제출하였으나, 미국 대표의 수정안에 따라 이사회는 결국 이러한 평화의 파괴라는 결정을 보류하고 단순히 양 병력 사이의 진행중의 적대행위를 관심을 가지고 주목하면서 양 당사자에게 곧 적대행위를 정지할 것 등을 요청한다는 결의[28]를 1947년 8월 1일에 채택하였다.

이와 같이 이사회의 결의의 문구상으로는 제39조가 적용된 것인지 아닌지 명확하지 않은 경우가 있는데, 이 조문적용이 논의되었거나 결의안에 나타난 것은 이미 언급된[29] 프랑코정권하의 스페인문제, 그리스의 반

25) Goodrich and Simons, p. 346; Oppenheim-Lauterpacht, II, p. 164.
26) Goodrich and Simons, pp. 374~375, 384~385.
27) 제1절 1. A. I. d, 주 39.
28) SCOR, Second Year, No. 72, p. 1839(Sohn, pp. 432~433에서 재인용).
29) 제1절 1. A. II. b, 주 57, 61, 62; 동 c, 주 66; 동 d, 주 77.

도에 대한 인접국 등의 원조문제, 팔레스타인 문제, 인도네시아 문제[30]와 최근에 있어서는 콩고 문제[31] 등에서였고, 명시적으로 제39조에 의한 평화의 위협, 평화의 파괴 또는 침략행위의 단정이 내려진 예로서는 1948년 7월 15일 팔레스타인사태에 관한 이사회의 결의와 1950년 6월 25일 한국전쟁에 관한 이사회의 결의[32]가 있고, 1951년 2월 1일 동 전쟁에 관련된 중공에 대한 결의[33]에서 총회는 침략이 있다고 단정하였다.

이사회는 제39조에 의한 평화에 대한 위협 등의 존부의 결정에 있어 신중을 기한다는 것이 위에서 언급되었는데 이사회의 잠정조치의 결정에 있어서도 그러한 경향이 있다. Kelsen이 지적한 바와 같이[34] 조문의 순서로 보아 제39조에 의한 평화에 대한 위협 등의 존립의 결정이 있은 다음 이사회는 제40조에 의한 잠정조치를 결정하여야 할 것같이 보이나, 이사회는 흔히 제39조의 결정을 거치지 않고 잠정조치를 결의하고 있다. 예를 들면 팔레스타인사태에 관한 1948년 5월 29일의 결의[35]에서 이사회는 제39조나 거기에 규정된 평화에 대한 위협, 평화의 파괴, 침략행위에 대한 언급이 없이 이사회는 모든 관계정부 및 당국에 대하여 "4주간 무력의 모든 행위의 정지를 명령할 것" 및 적대행위를 조장시킬 행동을 삼갈 것 등을 요청하였다. 또 위에서 언급된 1947년 8월 1일 인도네시아 문제에 관한 이사회의 결의는 적대행위의 정지를 요청한 잠정조치도 포함하고 있는데, 적어도 명문으로는 제39조에 평화에 대한 위협 등의 존재의 결정이 결

30) 그 밖에 1948년 베를린과 서독 사이의 소련에 의한 교통 운송의 제한조치에 대한 미국의 견해(SCOR, Third Year, No. 115, 363rd Meeting, Oct. 6, 1948, p. 4(Goodrich and Simons, p. 356에서 재인용)).

31) UN Doc. S/PV. 873, pp. 34, 52, 98(E.M. Miller, Legal Aspects of the United Naitons Action in Congo, AJ, 1961, p. 3에서 재인용).

32) 제1절 1. A. II. c, 주 68.

33) 제1절 1. A. II. d, 주 77.

34) Kelsen, UN, p. 739. Cf. Goodrich and Simons, p. 369.

35) Doc. S/801, SCOR, Third Year, Supp., May 1948, pp. 103~104(Sohn, pp. 503~504에서 재인용).

여되고 있는 것이다.[36] 1960년 7월 14일 및 22일의 이사회의 결의[37]에서도 콩고로부터 벨기에군 철수를 벨기에정부에 요청한 것과 모든 국가에 대하여 평화 및 질서의 회복을 저해할 행동을 삼갈 것을 요청한 것은 잠정조치로 해석될 수 있는데, 역시 제39조에 의한 평화에 대한 위협 등의 존재의 결정은 결여되고 있다.

평화에 대한 위협 등의 존재의 명백한 결정 없이 잠정조치가 취하여지는 경우에는 제40조도 원용되지 않는 것이 보통인 것 같다. 위에서의 예가 모두 그러하다. 그리하여 이사회가 결정한 잠정조치의 법적 근거는 제40조가 아니고 제6장 또는 제24조 1항이라고 해석될 수 있는 경우도 있다.[38] 예를 들면 위에서 언급된 팔레스타인사태에 관한 1948년 5월 29일의 마지막 부분에 있어 이 결의가 거부되거나 수락된 다음 위반되거나 폐기되는 경우는 제7장에 의한 조치가 고려될 것이라고 결정된 것은, 이 결의 이전에 동년 3월부터 잠정조치를 요구한 결의들[39]은 제6장에 입각한 것이거나 또는 제24조에 입각한 것이라고 해석될 가능성을 주고 있는 것이다. 이와 같이 이사회는 잠정조치를 결정함에 있어 상당히 자유로운 태도를 취하고 있다.[40]

그리고 제40조가 명시된 예로서는 다음과 같은 것이 있다. 위에서의 팔레스타인사태에 관한 1948년 7월 15일의 결의에서 이사회는 제39조와 아울러 제40조를 원용하여 관계정부 및 당국에 더 이상 군사행동을 하지 않을 것과 그들의 군대에 정전명령을 내릴 것을 명령하고 있으며, 동년 11

---

36) 1948년 12월 18일에 적대행위가 다시 일어났으므로 채택된 이사회의 결의(Docs. S/1150, Dec. 24, 1948 and S/1234, Jan. 28, 1949(Sohn, pp. 438ff.에서 재인용))에서도 역시 제39조에 의한 평화에 대한 위협 등의 명백한 단정은 없다.

37) Docs. S/4387 and S/4405(Miller, *op. cit.*, pp. 1ff에서 재인용).

38) Goodrich and Simons, p. 387; Goodrich and Hambro, pp. 204~208.

39) Cf. Goodrich and Simons, pp. 374~375.

40) *Ibid.*, p. 369.

월 16일 역시 팔레스타인사태에 관한 이사회의 결의[41]에서 이사회는 동조를 원용하고 곧 휴전협정을 체결할 것을 요청하고 있는 것이다. 한국전쟁에 관한 1950년 6월 25일의 결의에 있어서 이사회는 위에서 언급된 바와 같이 평화의 파괴의 단정을 내린 후 적대행위의 중지를 요구하고 북한군의 38선까지의 철수를 요청한 데 비추어 명백히 제40조가 원용된 것이라고 생각된다.

잠정조치는 이와 같이 제40조에 명백히 의거한 경우와 그렇지 않은 경우가 있고, 이사회는 자유로이 잠정조치를 취하며 따라서 그 내용은 구체적 사태에 비추어 다종다양할 수 있다. 일반적으로 실제에 적대행위가 행하여지는 데 이르지 않았거나 또는 양 당사자가 직접 교섭에 의하여 타협을 기도할 용의를 보이는 경우에는 1948년 1월 17일 인도 및 파키스탄 사이의 분쟁에 관한 이사회의 결의[42]에 있어서와 같이 "사태를 호전시킬…모든 조치를 취할 것"과 "…사태를 악화시킬 어떤 행위를 하는 것…을 삼갈 것"을 관계국가에 요청하는 것 같은 것이 가장 적당한 것 같다.[43] 그리고 이미 적대행위가 일어났을 때에는[44] 적대행위의 중지의 요청,[45] 철군의 요청,[46] 적대행위가 일어난 지역에의 무장단의 도입, 무기 및 전쟁물자의 반입 등의 금지의 요청,[47] 곧 휴전협정을 체결할 것의 요청,[48] 휴전선

41) SCOR, Third Year, Supp., Nov. 1948, pp. 13~14(*Ibid.*, p. 371에서 재인용).

42) Doc. S/651(*Ibid.*, p. 373에서 재인용).

43) *Ibid.*, pp. 373~374.

44) 이하 잠정조치의 예시는 주로 다음에서 인용되었다. *Ibid.*, pp. 374~377.

45) 예: 1948년 5월 22일 팔레스타인사태에 관한 이사회의 결의(SCOR, Third Year, Supp., May 1948, p. 97(*Ibid.*, p. 374에서 재인용)), 한국전쟁에 관한 이사회의 1950년 6월 25일의 결의(주 32).

46) 예: 한국전쟁에 관한 1950년 6월 25일의 결의, 1948년 11월 4일 팔레스타인에 관한 이사회의 결의(SCOR, Third Year, Supp., Nov. 1948, p. 7(Goodrich and Simons, p. 375에서 재인용)).

47) 예: 팔레스타인사태에 관한 이사회의 1948년 4월 17일의 결의(SCOR, Third Year, Supp., April 1948, pp. 7~8(*Ibid.*, p. 374에서 재인용)).

48) 예: 1948년 11월 16일의 팔레스타인사태에 관한 이사회의 결의(주 41).

및 비무장지대의 설치의 요청,[49] 내란의 경우에 외국에 의한 반도 원조 중지의 요청,[50] 정전의 준수를 보고 · 감시하기 위한 보조기관의 설치[51] 같은 것을 이사회의 결의에서 우리는 볼 수 있다.

이와 같이 구체적인 사태에 비추어 잠정조치가 취하여지는데, 제40조에 의하면 이 조치는 관계당사자의 권리, 청구권 또는 지위를 침해하는 것이 아니다. 해석에 따라서는 당사자에게 불리한 모든 조치가 취하여질 수 없다고도 생각된다. 그러나 이러한 해석을 취한다면 이 조문은 아무런 의미도 없는 것이 될 것이며,[52] 이 규정은 이사회가 잠정조치를 취한 데 있어서의 제한을 의도한 것이 아니고, 그 잠정조치가 당사자의 실질적 권리에 불리한 영향을 미치는 것을 막기 위한 것으로 생각된다.[53] 그리고 이 조문에 의한 잠정조치는 사태의 악화를 방지하기 위하여 필요하거나 희망된다고 생각되는 것에 국한되어야 한다.

헌장 제41조 및 제42조가 발동되지 않으므로 평화에 대한 위협, 평화의 파괴 또는 침략행위가 일어났을 때 이에 대하여 이사회는 잠정조치를 많이 취하였다. 그러면 그 잠정조치는 법적으로 어떠한 힘을 갖느냐 하는 문제가 일어난다.

위에서 언급된 바와 같이 잠정조치가 제6장에 의거하여 취해지는 경우에는 이는 법적 구속력을 갖지 못한다. 제40조에는 잠정조치에 따르도록 요청(call upon, inviter)할 수 있다는 것이며, 이 용어는 제33조 2항 및 제

---

49) 예: 1948년 11월 4일 팔레스타인사태에 관한 이사회의 결의(주 46).

50) 예: 1947년 8월 12일 그리스사태에 관하여 미국이 제안한 결의안(Doc. S/486(Goodrich and Simons, p. 376에서 재인용)).

51) 이러한 목적을 위하여 새로운 기관이 설치되는 경우도 있다. 인도네시아 문제에 관하여 영사위원회가 설치되었다. 또 기존의 기관에 새로운 임무가 맡겨지던 경우도 있다. 팔레스타인사태에 관한 위에서 언급된 1948년 5월 29일 및 7월 15일의 결의(주 35, 27)에 의하여 이미 설치된 기관(UN Mediator)에 정전 등의 감시가 명령되었다(Goodrich and Simons, pp. 389~392).

52) Kelsen, UN, p. 743.

53) Goodrich and Hambro, p. 276.

41조에도 나오는데 제41조에 의한 이사회의 회원국에 대한 강제조치적용 요청은 제25조의 의미에 있어 법적 구속력을 갖는 데 대하여 제33조 2항에 의한 분쟁의 평화적 해결의 요청은 구속력을 갖지 못한다고 해석된다.

제40조에 의한 잠정조치의 요청도 그것만으로는 법적 구속력을 갖지 못한다고 생각된다.[54)]

그러나 동 조문의 마지막 부분에 의하면 이사회는 관계당사자가 이 잠정조치에 따르지 않는 경우에는 이에 타당한 고려를 하여야 한다고 규정되었으며, 잠정조치의 요청은 그 불응의 경우에 제41조 및 제42조의 강제조치적용의 의도로써 제25조의 의미에 있어서의 법적 구속력을 가진 경우가 배제되지 않는다. 따라서 구체적인 잠정조치가 법적 구속력을 갖느냐 않느냐의 판단은 그 조치에 관한 결의 내용에 의하여 결정되어야 할 것이다.[55)] 그러나 물론 이사회의 구체적인 결의에 관한 이러한 판단은 설명된 바와 같이 판단하기 어려운 경우가 있다는 것이 추가된다.

팔레스타인사태에 관하여 1948년 이사회에 의한 되풀이된 정전 등의 요청의 실패에 비추어 위에서 언급된 동년 7월 15일의 결의에 있어서는 관계정부 및 당국에 제40조에 따라 군사행동 중지와 그들의 군대에 대한 정전명령을 내릴 것이 명령되고, 이에 따르지 않을 경우에는 평화의 파괴가 있게 될 것이고 이사회는 제7장에 의한 행동의 적용을 생각할 것이라는 것이 선언됨으로써, 이사회는 이 결의에 법적 구속력을 주려고 한 것은 명백하다. 이 결의에서는 명령이라는 말이 쓰여지고 있는 데 대하여, 한국전쟁에 관한 1950년 6월 25일의 결의에서는 이사회는 적대행위의 즉시 중지의 "요청"(call for) 및 북한당국에 대한 그 병력의 38선에의 즉시 철수의

54) Verdross, VR, S. 549; Charter of the United Nations, Report to the President on the Results of the San Francisco Conference..., Department of State, Pub. 2349, Conference Series 71, p. 92(Goodrich and Hambro, p. 275에서 재인용).

55) Kelsen, UN, p. 740; Guggenheim, II, p. 269. Cf. Goodrich and Hambro, p. 275; Oppenheim-Lauterpacht, II, pp. 166~167.

"요청"을 하고 있으나, 전후사정으로 미루어 보아 이 결의도 법적 구속력을 가졌던 것으로 해석되어야 할 것이 아닌가 생각된다.[56] 인도네시아 문제에 관한 위에서 언급된 1947년 8월 1일의 결의와 동년 11월 1일의 결의[57]에서는 양 당사국에 대하여 적대행위의 중지와 그러한 목적으로 교섭할 것 등이 요청되고 있는데, 그 후 미국의 대표는 이러한 결의가 제40조에 의하여 채택되었다는 것이며, 네덜란드정부는 그 결의의 규정에 따를 의무가 있다고 주장하였으나 이러한 의견은 회원국들 사이에서 일치된 것은 아니었다.[58] 또 위에서 언급된 콩고사태에 관한 1960년 7월 14일 및 22일의 결의에서는 벨기에정부에 대한 벨기에군의 철수의 요청 등이 법적 구속력을 가진 것인지 여부가 명백하지 않으나, 동년 8월 9일의 결의[59]에서 헌장 제25조 및 제49조가 원용된 데 비추어 그 요청은 법적 구속력을 가진 것으로 해석할 수 있다.[60] 실제에 잠정조치의 요청이나 명령이 실시되느냐는 관련결의가 회원국들 특히 강대국의 강력한 지지를 받느냐 않느냐에 의하여 많이 좌우됨은 물론이다.[61]

b. 이사회에 의한 잠정조치가 평화에 대한 위협, 평화의 파괴 또는 침략행위의 사태에 있어 많이 적용되었으며 또 이러한 사태의 방지 또는 제거 또는 진압에 상당한 공헌을 하여 온 것이다. 또 다음에 설명될 바와 같이[62] 총회도 이러한 잠정조치에 호소하고 있다. 그러나 이사회에 의한 잠정조치는 제41조 및 제42조에 의한 강제조치의 뒷받침을 받은 때 비로소 법적으로 강력할 수 있는 것이다. 또 헌장하의 집단적 안전보장제도의 특

---

56) Goodrich and Hambro, p. 386.
57) SCOR, Second Year, No. 103, p. 2723(Sohn, p. 435에서 재인용).
58) Goodrich and Simons, pp. 385~386.
59) Doc. S/4426(Miller, *op. cit.*, p. 15에서 재인용).
60) *Ibid.*, p. 7; B(2). I. b 참조.
61) Goodrich and Simons, pp. 383, 388.
62) 2. A. II. a. (6); 동 B. I. b 참조.

색은 위에서 언급된 바와 같이[63] 제41조 및 제42조에 의한 강제조치에 있는 것이다. 그런데 이러한 조치가 오늘까지 강대국 사이의 이해관계의 충돌로 실효적으로 적용될 단계에 도달하지 못하고 있다.

그 조치가 적용되려면 우선 그 준비가 필요하다는 것이 국제연맹 때의 경험에 비추어 명백하다. 그럼에도 불구하고 그러한 준비는 되어 있지 않다. 무력행사를 포함하지 않는 제41조에 의한 조치에 관하여서는 헌장에 별다른 규정이 없으나 국내적[64]으로나 국제적으로 미리 준비를 한다는 것이 중요한 일임에 틀림없다. 그러나 이보다도 훨씬 중요한 것은 무력행사에 의한 강제조치의 준비문제다. 제43조에 무력조치를 취한 특별협정체결이 예상되고 있으나 아직까지 그러한 협정이 체결된 일이 없다.

그 이유를 설명하기에 앞서 우선 그러한 협정이 없다면 이사회는 제42조에 의한 회원국에 대하여 의무를 지우는 강제조치를 취할 수 없느냐 하는 문제가 검토될 것이다.[65]

첫째, 회원국들이 제공하는 편대로써 이루어지는 병력이 아니고 국제연합이 모병, 훈련 및 조직하고 장비시킨 병력을 가지고 이사회는 유사시에 강제조치를 취할 수 있느냐 하는 문제다. 헌장 제39조 및 제42조에 의하면 그러한 국제연합군이 배제되지 않는 것 같다.[66] 그러나 제42조에도 회원국의 공군, 해군 또는 육군이란 말은 있으나 명문으로써 국가들의 편대로써 구성되지 않는 독립한 국제연합군이라는 것은 표명되지 않았으며, 기타의 조문(예: 제48조 및 제106조)에 의하면[67] 헌장기초자의 의도는 회원

---

63) I 참조.

64) E.g. The United Nations Participation Act 1945(Goodrich and Simons, pp. 397~398에서 재인용); The United Nations Act of 1946 of the United Kingdom(Oppenheim-Lauterpacht, II, p. 168에서 재인용).

65) 제42조에 의한 것이 아닌 강제조치의 가능성에 대하여서는 다음(B(1))에 구명될 것이다.

66) 이러한 국제연합군을 긍정하는 입장: Guggenheim, II, p. 272; Louis B. Sohn, The Authority of the United Nations to Establish and Maintain a Permanent Force, AJ, 1958, p. 230.

국이 제공하는 편대에 의한 무력조치만을 생각하였던 것 같다.[68] 국가들의 편대로써 구성되지 않는 국제연합군을 갖는다는 것은 국가들의 주권에 대한 너무나 큰 침범으로 생각되었으며,[69] 또 행정적 · 재정적 및 군사적 곤란 때문에 헌장기초자의 고려 밖에 있었을 것이다. 따라서 조문의 해석 가능성은 어쨌든 국가들의 편대로 구성되지 않는 독립한 국제연합군 창설은 헌장기초시 생각되지 않았을 것이며 그 후 그 창설에 유리한 어떤 현저한 국제관계의 변동도 없다.

둘째, 제42조에 의한 강제조치는 회원국들이 제공하는 국가편대로 구성되는 국제연합군[70]에 의하여서만 취하여질 수 있다면, 회원국이 제43조에 규정된 특별협정의 테두리 안에서만 병력 등을 제공할 의무를 지느냐 또는 그 협정없이 또는 협정에 규정된 범위 밖에 있어서도 이사회의 요구가 있으면 병력을 제공하여야 되느냐 하는 문제가 일어난다. Kelsen이 지적한 바와 같이[71] 헌장의 일부 조문(제39조, 제42조, 제47조 및 제48조)의 문구에 의하면 이사회의 요구에 따라 병력 등을 제공할 의무는 반드시 특별협정에 의함을 요하지 않는 것 같이 보이나, 병력 및 병력의 출동에 따르

---

67) 제48조 1항에 의하면 이사회의 결정을 이행하기 위하여 요구된 행동은 이사회의 결정한 바에 따라 회원국 전부 또는 일부에 의하여 취하여진다는 것이며, 제106조에 의하면 제42조에 의한 이사회의 책임수행을 개시할 수 있게 하여주는 것으로 인정되는 특별협정이 효력을 발생할 때까지는 미국, 영국, 프랑스, 중국 및 소련 5개국이 상의한다는 것이다. Cf. Kelsen, UN, p. 756.

68) Cf. Goodrich and Simons, p. 452.

69) Goodrich and Hambro, pp. 281~282.

70) 강제조치의 임무를 띤 여기서의 국제연합군은 그러한 임무를 갖지 않고 1956년말 중동문제에 있어 적대행위의 정지를 확보하고 감시하기 위한 국제연합긴급군(2. B. I. b. (1) 참조), 그리고 300명으로 구성되어 기술적인 일을 제공하거나 국제연합사절단의 안전을 확보할 부대(The United Nations Field Service) 및 휴전집행, 인민투표 등에 관련하여 의뢰될 부대(The United Nations Panel of Field Observers, UN Doc. A/PV. 252(IO, 1950, p. 78에서 재인용))와 구별되어야 한다(Oppenheim-Lauterpacht, II, p. 171, note 1. Cf. Stone, Aggression, pp. 188~189).

71) Kelsen, UN, p. 756.

는 필요한 원조 및 편의의 제공에 관하여서는 특별협정의 한도 내에서 회원국이 의무를 진다는 것이 제43조(제45조에도)에 명시되었고, 동 조문에 협정의 내용, 체결절차의 대강이 규정되어 있는 것에 비추어, 회원국은 이사회와 이 특별협정을 체결하였을 때만 또 그 협정의 한도 내에서만 이사회의 요구에 따라 병력 등을 제공할 의무를 진다고 생각된다.[72] 따라서 제43조의 특별협정이 체결되지 않는 한 이사회는 제42조의 적용에 사용할 병력을 갖지 못하게 되는 것이다.

이미 언급된 바와 같이 제43조에 규정된 특별협정체결에 관한 문제에 있어 안전보장이사회는 군사참모위원회의 보조를 받는다. 그래서 1946년 2월 16일 이사회는 이 위원회에 대하여 첫째 임무로서 제43조의 규정을 군사적 입장에서 심의할 것을 명하였다.[73] 위원회는 우선 동 조문에 의하여 이사회에 의하여 사용될 수 있는 병력의 조직을 규율할 기본적 원칙에 관하여 이사회에 대한 권고를 만들 것을 결정하였다. 그리고 1947년 2월 13일 이사회는 위원회에 대하여 동년 4월 30일까지 그 권고를 제출할 것을 요청하였으며, 그 요청대로 위원회는 권고를 포함한 보고[74]를 이사회에 제출하였다. 이 권고 중에는 5개 상임이사국의 대표가 합의를 본 점과 그렇지 못한 점이 있는데, 전자의 대부분은 헌장의 문구 중에 명시되었거나 또는 명백히 포함되고 있는 것이고, 후자에 있어서는 특별협정이 체결되려면 해결되어야 할 대단히 중요한 문제가 포함된 것이다. 이사회는 위원회의 보고를 동년 6월 4일부터 7월 15일까지 심의하였으나, 이미 위원

72) The Report of Rapporteur on Chapter VIII, Section B of the Dumbarton Oaks Proposal at San Francisco Conference, UNCIO, Doc. 881 III/3/46, p. 7(*Ibid.*에서 재인용).

73) 이하 특별협정을 규율할 원칙문제에 있어서 안전보장이사회의 상임이사국 사이에 합의를 보지 못한 경위 및 이유에 관한 설명은 다음 곳에서 요약된 것이다. Goodrich and Simons, pp. 378~405.

74) SCOR, Second Year, Supp. No. 1, "Report of the Military Staff Committee"(*Ibid.*, p. 398에서 재인용).

회에서 나타난 일반원칙에 관한 불합의점을 해결하지 못하였다. 그리고 위원회는 이사회로부터 일반원칙에 관한 지시를 받기 전에는 병력의 수준을 세우는 데 아무런 진전을 보일 수 없다는 것을 동년 7월 2일 보고하였다. 이리하여 특별협정을 규율할 원칙문제에 관한 토의는 정지되었으며 정치적 알력에 있어 현저한 호전이 없는 한 제42조의 무기가 될 특별협정은 체결될 가능성이 없다는 것이 명백해졌다. 그런데 특별협정에 관한 이사회의 5개 상임이사국(특히 미국과 소련) 사이의 견해의 차이점의 중요한 것이 다음에 예시된다.

먼저 이사회가 이용할 수 있는 병력의 구성에 관하여 미국은, 최신의 기술의 발전을 이용하는 기동력과 타격력을 가진 병력을 가지려면(뒤에 언급될 바와 같이 미국은 비교적 기동력이 강한 그리고 다수의 병력을 주장하였다), 각 회원국은 그가 가장 잘 제공할 수 있는 부대를 내놓아야 하며, 각 상임이사국이 내놓는 병력은 적당히 균형잡히고 대강 비교될 수 있으면 족하다는 견해(따라서 최신기술의 좋은 장비를 가지고 기동력 및 타격력이 강한 부대를 내놓는 상임이사국은 비교적 소수의 병력을, 그렇지 못한 이사국은 비교적 다수의 병력을 내놓게 된다)를 취하였다.[75] 영국, 프랑스 및 중국도 이 견해를 수락하였다. 그러나 소련은 상임이사국이 내놓는 병력은 전체의 수 및 구성에 있어 동등하여야 한다는 주장을 내세웠다. 소련의 이 주장의 근거의 하나는, 미국의 주장과 같이 대개 비교될 수 있는 병력을 낸다는 원칙을 취한다면, 일부 회원국이 타 회원국에 비하여 우세한 지위를 갖는 사태로 이끌 수 있다는 것과 병력이 개별적인 강력한 국가의 이익을 위하여 타국의 합법적 이익을 손상하도록 사용될 수 있다는 것이다.[76]

---

75) SCOR, Second Year, No. 43, 138th Meeting, June 4, 1947, p. 956(*Ibid.*, p. 400에서 재인용).

76) SCOR, Second Year, No. 44, 138th Meeting, June 6, 1947, p. 968(*Ibid.*, p. 401에서 재인용).

다음에 소련은 제43조의 "원조 및 통과권을 포함한 편의"란 말 중에 기지의 설치는 배제된 것으로 본 데 대하여 기타의 상임이사국은 반대의 견해를 취하였다.[77)]

그리고 영국, 프랑스 및 중국 3개국의 견해가 소련측의 견해에 가까운 것 같이 보이는 문제로서 미국과 소련간의 현저한 대립을 일으킨 것은 이사회가 사용할 병력의 수 및 성질에 관한 것이었다. 미국의 입장은 다음과 같다. 국제연합이 직면한 문제는 "세계 모든 부분에 있어" 평화를 강제하는 것이기 때문에 "…국제연합은 장거리에서 빨리 타격을 가할 수 있으며, 분규가 일어날 세계의 어떤 곳에서나 최단시간 내에 최대병력을 가져갈 수 있는 기동력을 무엇보다도 필요로 한다."[78)] 또 미국은 상임이사국에 대하여서는 이사회가 이용할 병력이 사용될 수 없을 것이라는 것을 인정하지 않으려는 것 같았으며,[79)] 미국은 양적으로는 소련보다 훨씬 많은 병력을 요한다는 입장을 취하였다.[80)] 이에 대하여 소련은 이사회는 비교적 소수의 병력을 충분하다는 견해[81)]를 취하였다. 기타 3개국은 아마 주로 그들이 많은 병력을 제공할 수 없기 때문에 소수의 병력을 낼 것에 기울어졌으며, 기타의 점에 있어서도 미국, 영국, 프랑스 및 중국 4개국 사이에 입장의 차이가 있었으나,[82)] 이것은 4개국과 소련 사이의 대립과 같이 특별협정에 관한 합의를 저지할 정도는 아니었다고 생각된다.

이리하여 주로 강대국간의 이해관계의 대립으로 헌장에 예견된 국제연합군,[83)] 즉 회원국이 이사회와 체결한 특별협정에 따라 유사시에 이사

77) *Ibid.*, pp. 402~403.
78) SCOR, Second Year, No. 43, 138th Meeting, June 4, 1947, p. 956(*Ibid.*, p. 399에서 재인용).
79) SCOR, Second Year, No. 47, 142nd Meeting, June 18, 1947, p. 1026(*Ibid.*에서 재인용).
80) Doc. S/394, June 30, 1947; UNYB, 1947~1948, p. 495(*Ibid.*에서 재인용).
81) SCOR, Second Year, No. 44, 139th Meeting, June 6, 1947, p. 968(*Ibid.*, p. 400에서 재인용).
82) *Ibid.*, p. 404.

회의 결정에 따라 제공되며 이사회의 지휘하에 들어가는 병력은 적어도 오늘날까지는 구성되지 않았으며, 따라서 헌장에 본래 구상된 이사회에 의한 무력제재는 지상계획으로 남아 있다.[84]

그런데 헌장은 제42조를 적용할 수 있는 특별협정이 체결될 때까지의 과도기에 대비하여 제106조를 삽입하고 있다. 동 조문에 의하면, 안전보장이사회의 생각으로 제42조에 의한 그의 책임이행을 개시할 수 있을 특별협정이 효력을 발생할 때까지, 미국, 영국, 프랑스, 중국 및 소련 5개국은 국제연합을 대신하여 국제평화 및 안전의 유지를 위하여 필요한 공동조치를 하기 위하여 서로 협의하며, 필요에 따라서는 기타의 국제연합 회원국과 협의하여야 한다는 것이다. 이와 같은 과도기적인 조치[85]는 위에서의 5개국의 합의에 의하여서만 취하여질 수 있다고 해석하는 것이 합리적이며,[86] 이러한 조치는 "국제연합기구를 대신하여" 5개국에 의하여 취하여지는 것이므로 국제연합의 강제조치로 해석되며, 따라서 모든 회원국은 제2조 5항에 따라 그 조치를 원조할 것이며 그러한 조치의 대상이 되는 국가에 대하여서는 어떠한 원용도 하여서는 아니 된다.[87] 그러나 언급된 바와 같이 제43조에 의한 특별협정이 안전보장이사회의 5개 상임이사국의 정치적 대립으로 체결되지 않는 데 비추어 제106조의 과도기적 조치가 오늘날 적절하게 적용되리라는 것은 기대되지 않는다.

Ⅲ. 헌장 제42조에 의한 무력조치의 성격—실질적 전쟁

오늘날에 있어서는 헌장 제42조는 발동될 수 없으나 장래 발동하게

---

83) 헌장 제7장에 의한 국제연합군의 성격의 검토. Kelsen, UN, pp. 762~768.

84) 또 제43조에 의한 특별협정을 체결하여야 될 의무는 회원국에 과하여지지 않고 있다 (Kelsen, p. 48; Guggenheim, II, pp. 273~274).

85) 입안자의 의도는 제106조에 의하여 군사행동만을 생각하였을 것이다(Kelsen, UN, p. 760).

86) *Ibid.*, p. 759.

87) *Ibid.*, p. 761; Guggenheim, II, p. 272, note 2.

된다면 그 조문에 입각한 군사조치는 실질적으로 국가간의 군사행동과 다를 바 없으며, 또 그 조치에 있어서도 특히 인도적 성격을 가진 전시법규는 적용되어야 하며[88] 이 조치는 전쟁개념[89]에 포함될 수 있는 것이다. 다음에 설명될 한국전선에 출동한 국제연합군은 제42조에 입각한 것은 아니나 국제연합에 의한 군사조치로 생각될 수 있는데, 여기서도 전시법규는 준수되었던 것이며 또 그렇게 적용된 것은 당연한 것이었다.[90]

B(1). 국제연합에 의한 강제조치의 실례—한국전쟁에의 국제연합군의 출동

Ⅰ. 국제연합군 출동의 경위와 관계 결의

헌장에 본래 구상된 군사적 강제조치가 적용될 수 없는 상태에 있었던 1950년 6월 25일 새벽에 북한군에 의한 남한[91]에 대한 전면적 무력공격이 개시되었다. 이 급보는 주한미국대사에 의하여 미 국무성에 전하여졌으며, 또 안전보장이사회의 미국 대표에 의하여 사무총장에게 전달되었

---

88) 제1장 제1절 2. A, B, C, V 참조.

89) Dahm은 서슴지 않고 제42조의 군사적 강제조치를 전쟁이라고 부르려고 한다(Dahm, II, S. 399~400).

90) B(1). II. c.

91) 제2차대전중 1943년 12월 1일 카이로선언(미, 영, 중)에서 한국을 독립시키겠다는 것이 성명되었다. 소련이 1945년 8월 8일 대일전쟁에 참가하였을 때 그는 포츠담선언(미, 영, 중)에도 가입한 것이며, 이 선언에서는 일본의 항복조건이 규정되었으며 거기에는 카이로선언의 재확인도 포함되고 있다(Goodrich, Korea, pp. 9~10). 한국에서 일본군의 항복을 받기 위하여 미국이 생각해 낸 북위 38도선(소련 동의)은 미소간의 냉전으로 시일이 경과함에 따라 굳어졌던 것이다(*Ibid.*, pp. 12~16). 1945년 12월 모스크바협정(미, 영, 중, 소)에는 "독립국가로서의 한국의 재건"과 민주적 발전을 위한 조건의 창조를 위하여 "임시한국민주주의정부"의 수립이 규정되었다. 그리고 이 임시정부의 수립 등을 돕기 위하여 소위 미소공동위원회가 설치되게 되었다. 이 위원회는 1946년 3월~1947년 8월 9일 임시정부수립에 관하여 성과를 거둘 합의를 보지 못하였으며(*Ibid.*, pp. 18~25), 1947년 11월 14일의 총회의 결의에 입각하여(주 92 참조) 남한에는 대한민국이 수립되었으며 이에 대항하여 북한에는 조선민주주의인민공화국이 수립되었다.

다. 미국 대표는 사무총장에게 그 급보에 대하여 곧 이사회의 의장의 주의를 환기시키도록 부탁하였다. 동시에 국제연합한국위원단[92]도 급보를 사무총장에게 전하고 그가 이 사태에 대한 안전보장이사회의 주의를 환기시킬 가능성을 심의할 것을 시사하였다.[93] 6월 25일 안전보장이사회의 회의에서 미국이 제출한 결의안은 약간의 수정을 거쳐 채택되었으며,[94] 이것이 한국전쟁에 관한 국제연합기관의 결의의 최초의 것이며 또 가장 기본적인 것의 하나이다. 이 결의에서 이사회는 "북한으로부터의 병력에 의한 대한민국에 대한 무력공격을 중대한 관심으로써 주목하면서" "이 행동은 평화의 파괴를 이룬다는 것을 결정한다"고 하였다. 계속하여 이사회는 "적대행위의 즉시 정지를 요구하고" "북한당국(The Authorities of North Korea)에게 그들의 병력을 38선까지 즉시 철수할 것을 요청한다"고 하였다. 그리고 이 결의의 마지막에 있어 이사회는 "모든 이사회에 이 결의의 집행에 있어 국제연합에 모든 원조를 줄 것과 북한당국에는 원조를 주지 말 것을 요청"하고 있다.

그러나 이 결의에 따라 북한군이 적대행위를 중지하지도 않고 또 38

92) 미국은 국제연합총회 제2차 정기회의에 한국독립문제를 상정시켰으며, 총회는 1947년 11월 14일의 결의에서 한국독립을 위한 단계로서 국민정부를 세울 국민의회를 구성할 의원의 총선거를 권고하고 이 선거를 감시하고 한국독립을 도와줄 국제연합한국임시위원단을 세웠다(Resol. 112(II)(Sohn, pp. 510~512에서 재인용)). 이 위원회의 북한에의 입경(入境)거부로 남한에서만 이 위원단의 감시하에 1948년 5월 10일 총선거가 행하여지고 정부가 세워졌으며 대한민국은 1948년 8월 15일에 독립하였다. 이북에서도 동년 9월에 조선민주주의인민공화국이란 간판을 내세운 정권이 세워졌다. 1948년 12월 12일 총회는 대한민국정부가 선거권자의 자유의사의 표현이며 임시위원단에 의하여 감시된 선거에 입각한 유일한 합법정부라는 것을 선언한 것과 한국통일을 가져오도록 주선할 것 및 한국분할로 인한 평화적 교통에 대한 장해의 제거를 돕도록 할 것 등을 임무로 한 임시위원단에 대치될 한국위원단을 새로 수립하는 것 등을 포함한 결의를 통과시켰다(Resol. 195(III)(*Ibid.*, pp. 512~514에서 재인용)). 1949년 10월 21일 총회는 한국위원단이 군사충돌에 이를 사태를 감시, 보고할 권한과 아울러 같은 임무를 한국에서 계속할 것을 결의하였다(Resol. 293(IV)(IO, 1950, pp. 79~80에서 재인용)).

93) UN, Doc. S/1496(Kelsen, UN, p. 927에서 재인용).

94) A. II. a, 주 32.

선까지 철수하려고도 하지 않았으며 따라서 북한군에 의한 평화의 파괴를 정지하기 위하여서는 긴급한 군사적 조치가 요구되었던 것인데, 이러한 사실은 현지의 국제연합한국위원단에 의하여 6월 25일의 결의에 따라 안전보장이사회에 보고되었다. 또 대한민국으로부터 긴급한 조치의 호소도 있었었다.[95] 이러한 보고, 호소 및 전 결의에서 결정된 바에 비추어 이사회는 6월 27일 한국전쟁에 관한 제2의 결의이며 중요한 의의를 가진 결의를 채택하였다.[96] 이 결의에서 이사회는 "국제연합 회원국에 무력공격을 격퇴하고 이 지역에 있어 국제평화 및 안전을 회복하는 데 필요할 대한민국에 대한 원조를 제공할 것을 권고"하고 있다. 그런데 이사회에 의하여 이 결의가 채택되기 전에 동일 이미 미국 대통령은 "미국 공군 및 해군에 대하여 대한민국정부군대에 엄호 및 지지를 줄 것을 명령"하였다.[97]

6월 27일의 결의에 따라 한국에 원조를 주는 여러 회원국들의 행동을 통일하기 위하여 이사회는 7월 7일에 또 하나의 결의[98]를 채택하였다. 이 결의에서 이사회는 "무력공격에 대하여 자기방위를 하고 있는 대한민국을 원조하며 이리하여 그 지역에 있어서의 국제평화 및 안전을 회복하기 위하여 1950년 6월 25일 및 27일의 그의 결의에 대하여 국제연합의 정부 및 국민이 준 신속하며 강력한 지지를 환영하며" "국제연합의 회원국이 대한민국을 위한 원조의 신청을 국제연합에 전달하였다는 것을 주목"한 다음, "위에서의 안전보장이사회의 결의에 따라 군사력 및 기타의 원조를 제공하는 모든 회원국은 이러한 군사력 및 원조를 미국하의 통일권 지휘(Unified Command)하에 놓도록 할 것을 권고"하고, "미국이 이러한 군사력

95) The Records on Korean Unification 1943~1960, Department of State Publication 7084, pp. 93~94; Norman J. Padelford, The United Nations and Korea, IO, 1951, p. 689.

96) Doc. S/1511(Sohn, p. 515에서 재인용).

97) Statement by the President, June 27, 1950, United States Policy in the Korean Crisis, p. 18(Kelsen, UN, p. 931에서 재인용).

98) Doc. S/1508(Sohn, pp. 515~516에서 재인용).

의 사령관을 임명할 것을 요청"하고,[99] "북한에 대한 작전행동에 참여하는 여러 국가의 국기와 같이 국제연합기[100]를 그의 자유재량으로 사용할 권한을 통일사령권에 주고," "통일사령권하에서 취하여진 조치의 경과에 관한 적당한 보고를 안전보장이사회에 제출할 것을 미국에 요청"하였다.

위에서의 안전보장이사회의 세 가지 결의는 한국전쟁에 국제연합의 기치하에서 출동할 회원국들의 군사적 및 기타의 원조의 근거가 되는 것이다.[101] 그러나 이러한 결의가 성립할 수 있었던 것은 소련대표가 이사회에 중공의 대표를 앉히지 못한 데 대한 항의로써 1950년 1월부터 이사회에 참석하기 않았기 때문이다. 동년 8월[102]에 소련대표가 의장으로서 이사회에 출석하게 되자 한국전쟁에 관한 이사회의 기능은 정지상태에 이르렀다.[103] 그러나 6월 25일 및 27일의 결의는 회원국들로부터 일반적으로 좋은 반응을 받았으며,[104] 미국을 포함한 16개 회원국들이 병력을 한국에 파견하였으며 또 기타의 원조를 제공한 회원국들도 있다.[105]

---

99) 트루먼대통령은 7월 8일 맥아더(Douglas MacArthur)장군을 한국전쟁에 참여하는 회원국들을 통솔할 총사령관으로 임명함으로써 국제연합사령부가 세워졌다(Goodrich and Simons, p. 456).

100) Cf. Kelsen, UN, pp. 938~939.

101) Padelford, *op. cit.*, p. 689.

102) 7월 31일에 한국에 관한 네 번째의 결의(Doc. S/1657(IO, 1950, p. 709에서 재인용))는 전쟁으로 인한 한국 민간인의 구호문제에 관한 것이다.

103) 예를 들면 7월 31일에 제출되었고 9월에 들어가 비로소 토의되었으며 북한당국의 국제연합에 대한 계속적인 도전을 불법시하고 모든 국가에 대하여 북한당국의 이러한 도전을 중지하도록 할 것을 요청한 미국의 결의안(Doc. S/1653(IO, 1950, p. 633에서 재인용))은 소련의 거부권행사로 부결되었다(Doc. S/PV. 496(*Ibid.*, p. 634에서 재인용)).

104) 이사회의 결의는 53개 회원국의 지지를 받았다는 것이다(U.S. Department of States, United States Participation in the United Nations, Report by the President to the Congress, 1950, Publication 4198, p. 35(Goodrich and Simons, pp. 446~447에서 재인용)).

105) 1950년말까지 40개 회원국, 1개 비회원국 및 9개의 조직체로부터 군인, 수송, 화물, 공급, 기금, 편의 및 기타의 항목의 형식으로 원조가 신청되었다. 16개국(오스트레일리아, 벨기에, 캐나다, 콜롬비아, 에티오피아, 프랑스, 그리스, 룩셈부르크, 네덜란드, 뉴질랜드, 필리핀, 태국, 터키, 남아공, 영국 및 미국)이 병력을 파견하였다. 병력이 제공되는 경우에 그 수

이와 같이 여러 국가에서 파견된 병력은 미국의 통일사령권하에서 그리고 국제연합의 기치하에서 행동하게 되었으나, 이 행동에 관하여 안전보장이사회는 아무런 실질적인 결의를 할 수 없게 되었으므로 총회가 직접 또는 간접으로 이사회의 역할을 맡게 되었다.

1950년 9월 인천상륙작전 후 전세는 완전히 역전되어 국제연합군은 혼란을 일으키고 패배하는 북한군을 추격하여 38선에 이르게 되었다. 한국군은 동년 10월 1일 패전군을 추격하여 38선을 넘었다.[106] 미국을 비롯하여 많은 회원국은 6월 27일 이사회의 결의에 의하여 국제연합군도 38선을 넘을 수 있다고 생각하였으나,[107] 10월 7일의 총회의 결의[108]에 의하여 38선 이북에서 북한군에 대한 타격의 그의 권한이 묵시적으로 확인된 다음 국제연합총사령관에 의한 추격의 명령이 내려졌던 것이다.[109]

이 결의에 의하여 총회는 1947년 11월 14일, 1948년 12월 12일, 1949년 10월 21일 결의[110]의 본질적 목적이 한국의 통일된 독립한 민주주의적 정부의 수립이었다는 것을 상기하고 다음과 같은 것을 권고하고 있다.

> "a. 한국 전체의 안정의 조건을 확보하기 위하여 모든 적절한 조치가 취하여질 것; b. 국제연합의 주관하에서 선거를 시행하는 것을 포함하여, 주권

가 너무나 적다거나 또는 기타의 이유로 통일사령권을 가진 미국에 의하여 거부되는 일이 있었다(Goodrich and Simons, p. 448; Edwin C. Hoyt, The United States Reaction to the Korean Attack, AJ, 1961, p. 57). 또 미국을 제외한 15개국이 파견한 병력은 소수였고 그 파견도 지지하여, 1950년 6월 27일부터 9월 중순 인천상륙작전시까지의 중대한 시기에는 한 · 미 양군이 거의 전적으로 싸웠다(Goodrich and Simons, pp. 447~448). 1951년 말에 한국전선에 있어 한국군은 육군, 해군 및 공군에 있어 각각 40.10%, 7.45% 및 5.65%를 차지하고 미국군은 각각 50.32%, 85.89%, 93.38%를 차지하였다(*Ibid.*, p. 460).

106) Padelford, *op. cit.*, p. 694. 1950년 7월 15일 이승만 대통령은 맥아더 장군에게 통첩을 보내어 현 적대행위의 상태가 계속되는 동안 대한민국의 전 육군, 해군 및 공군에 대한 사령권을 그에게 맡겼으며 따라서 한국군도 이때부터 국제연합군 사령관 지휘하에 들어갔다.

107) Goodrich and Simons, pp. 469, 496.

108) Resol. 376(V)(Sohn, pp. 522~523에서 재인용).

109) Goodrich and Simons, p. 469.

110) 주 92 참조.

을 가진 한국 내에서 통일된 독립한 그리고 민주주의적인 정부의 수립을 위하여 모든 헌법적 행위가 취하여질 것; c. …; d. 위의 a 및 b항에서 기술된 목표를 달성하는 데 필요하지 않는 한에 있어서는 국제연합군은 한국에 남아 있지 않을 것; e. ….”[111]

이 권고에는 위에서 언급된 바와 같이 국제연합군이 통일된 민주주의적인 한국을 이룩한다는 목표달성에 필요한 한 38선을 넘어서 이러한 목표달성을 저지할 북한군에 대한 작전을 계속할 수 있다는 것이 내포되고 있다.[112]

그리고 한국전쟁에 관하여 안전보장이사회의 기능이 마비된 데 대비할 뿐만 아니라, 장래에 한국에 있어서와 같은 사태가 일어났을 때 국제연합으로서의 긴급한 조치의 필요에 비추어 총회는 11월 3일에 “평화를 위한 단결”이란 결의[113]를 통과시켰다. 이 결의에 관하여서는 다음에 상세히 설명 검토될 기회가 있는데, 이 결의의 중추가 되는 내용은 평화에 대한 위협, 평화의 파괴 또는 침략행위 등의 사태에 있어 안전보장이사회가 상임이사국의 의견의 불일치로 그 책무를 이행하지 못할 때는 총회가 이러한 사태를 심의하고 무력행사를 포함한 집단조치를 회원국에 권고할 수 있다는 것이다.

그런데 이 결의의 통과후 얼마 되지 않아 중공군이 북한군을 원조하기 위하여 한국전선에 투입되었다는 것이 명백해졌으며,[114] 북진의 결과 전선이 확대되고, 병력의 집중이 약한 국제연합군에 대한 중공군의 11월말경

---

111) 또 이 결의에 의하여 국제연합한국통일부흥위원단이 새로 설치되었다.

112) 소련진영과 인도를 비롯하여 일부 회원국은 이 결의에 반대하였다(Padelford, *op. cit.*, p. 693).

113) Resol. 377(V)(Goodrich and Simons, Appendix F, pp. 669ff.에서 재인용).

114) 한국군이 10월 1일 38선을 넘을 때 이미 중공정부의 경고가 있었고 11월 6일 맥아더 장군은 전선에서 중공군을 만났다는 것을 보고하였다(Padelford, op, cit., p. 694).

의 반격에 따라 전자의 후퇴가 시작되었다. 이러한 사태에 비추어 총회에서는 국제연합군의 군사적 행동에 의하여 통일한국의 목적을 달성한다는 문제는 후퇴하고, 어떻게 하여 전쟁을 확대시키지 않고 우선 전투를 중지시키느냐 하는 점이 주된 관심사가 되었다. 12월 14일의 총회 결의[115]에 의하여 3인으로 구성된 정전단이 성립되고 그 임무는 한국에서의 만족할 만한 정전을 가져올 기초를 결정하고 총회에 권고하는 것이었다. 그러나 당시 군사적으로 유리하고 이것을 정치적으로 이용하려는 중공측의 완강한 태도에 의하여 이 정전단은 정전을 가져오는 데 성과를 거두지 못하였다.[116] 이러한 중공의 태도에 비추어 국제연합군의 통일사령권을 가지고 있는 미국의 제안에 의하여,[117] 1951년 2월 1일 총회는, "평화를 위한 단결" 결의를 처음으로 적용하여, 중화인민공화국의 중앙인민정부가 한국에서 침략을 행하였다는 것, 1위원회(부가조치위원회)에 이 침략에 대하여 취하여질 부가적 조치를 긴급히 심의하여 권고할 것 등을 포함한 결의[118]를 채택하였다. 그러나 동 결의에는 "한국에서 적대행위의 정지를 가져오고 평화적 수단에 의하여 한국에서의 국제연합의 목적의 달성을 가져오는 것이 계속하여 국제연합의 정책이라는 것이 확인" 되고 이러한 목적을 위하여 주선위원회가 설치될 것이 규정되어 있는 데 비추어, 위에서의 1950년 10월 7일 및 11월 3일의 총회의 결의의 한국전쟁에서의 적극적인 의의는 상실된 것이다.

1951년 5월 18일의 결의[119]에서 총회는, 부가조치위원회의 보고에 비추어, 중공정부 및 북한당국의 통제하에 있는 지역에의 무기, 탄약, 전쟁용구, 원자력재료, 석유, 전략적 가치가 있는 수송재료와 무기, 탄약 및 전

---

115) Resol. 384(V)(Goodrich and Simons, p. 498에서 재인용).
116) *Ibid.*, pp. 499~502.
117) IO, 1951. pp. 313ff.
118) Resol. 498(V)(Sohn, p. 525에서 재인용).
119) Resol. 500(V)(*Ibid*, pp. 526~527에서 재인용).

쟁도구의 생산에 유용한 것의 수송을 금지할 것을 각 국가에 권고하며, 부가조치위원회에게는 수송금지의 일반적 실효성, 그 금지의 계속, 확장 또는 완화의 요망성에 관하여 적절한 권고와 함께 보고할 것과 부가조치의 심의를 계속할 것 등을 요청하였다. 그러나 이 결의에서도 2월 1일의 결의에서와 같이 한국에서의 적대행위의 종료 및 평화적 수단에 의한 그의 목적달성이 국제연합의 정책이라는 것이 표명되었다.

국제연합군의 전세의 회복과 전선의 비교적 안정화(1월 중순경부터) 등이 1951년 6월 23일 국제연합의 소련대표로 하여금 정전 및 휴전교섭을 시사하게 하였으며,[120] 국제연합군의 대표와 북한군 및 중공군의 대표가 휴전교섭을 시작한 것은 동년 7월 10일이었고 교섭을 위한 회의사항은 7월 26일에 합의를 보았으나 휴전협정이 국제연합군총사령관과 조선인민군최고사령관 및 중국인민의용군사령관에 의하여 서명된 것은 2년 후인 1953년 7월 27일이다.[121] 이 휴전교섭에 있어서도 안전보장이사회는 국제연합사령부로부터 보고를 받았을 뿐 아무런 역할을 하지 않았다. 국제연합총회는 1950년말 및 1951년 1월에 그리고 동년 2월 1일 결의의 채택후 정전의 가능성을 모색하고, 그리함으로써 국제연합의 목적 및 원칙에 의하여 부과된 최소한도의 요구를 충족시킬 휴전협정의 안을 세우는 데 이바지하였으나, 휴전교섭에 직접 개입은 하지 않았다.[122]

휴전협정에는 한국문제의 정책적 해결에 관하여서는 아무런 규정이 없고, 다만 제4조 6항에 쌍방의 군사령관은 쌍방의 관계국가의 정부에 대하여 한국으로부터의 외국군 철수 및 한국문제의 평화적 해결 등을 위한

120) Goodrich and Simons, pp. 502~503.

121) Doc. S/3079, August 7, 1953, Agreement between the Commander-in-Chief, United Nations Command, and the Supreme Commander of the Korean People's Army and the Commander of the Chines people's Volunteers, Concerning a Military Armistice in Korea(IO, 1953, pp. 612ff.에서 재인용).

122) Cf. Goodrich and Simons, pp. 508~509.

정치회담을 개최하도록 권고할 것이 규정되었다. 그런데 휴전교섭에 있어 국제연합사령부는 정치회담의 권고는 관계정부와 아울러 국제연합에 대하여 행하여질 것이라고 하였다.[123] 1953년 7월 26일(한국시간으로는 7월 27일) 미국정부가 사무총장에게 휴전협정의 서명을 통고하자 총회의장은 회원국에 한국문제를 심의하기 위하여 8월 17일에 제7차회의가 재개될 것을 통고하였다.[124] 이렇게 총회는, 그가 1947년 9월 이래 하여 온 것과 같이, 한국에 있어 정치적 해결을 달성하기 위한 노력에서 일역을 담당하여야 한다는 회원국들 사이의 합의가 있었던 것이다. 그런데 총회가 재개된 후 정치회의 문제에 관한 여러 가지 제안 중 결국 채택된 것[125](국제연합군으로서 병력을 낸 16개국의 지지를 받은 것)에 의하면 총회는 정치회의의 구성 등에 있어 아무런 적극적 역할도 맡을 것이 아니었다.[126]

II. 국제연합군의 법적 성격—국제연합의 집단적 안전보장조치이며 실질적 전쟁

a. 이미 설명된 바와 같이 헌장 제42조에 규정된 무력조치가 발동될 수 없는 상태에 있을 때 한국전쟁은 일어났고, 안전보장이사회는 1950년 6월 25일의 결의에서 평화의 파괴가 있다는 단정을 내리고, 동년 6월 27일의 결의에서는 회원국에 한국을 원조할 것을 권고하고, 동년 7월 7일의 결의에서는 한국원조의 여러 회원국의 군사력 및 기타 원조를 미국의 통일사령권에 놓을 것을 권고하고 이 통일사령권에 국제연합기를 사용할 권

123) 이하 정치회담에 관련된 부분은 다음 곳에서 요약된 것이다. *Ibid.*, pp. 511~514.

124) 이것은 1952년 2월 5일(Resol. 507(VI)(*Ibid.*, p. 509에서 재인용)) 및 1953년 4월 18일(Resol. 705(VII)(*Ibid.*에서 재인용))의 결의에 의거한 것이다.

125) Resol. 711(VII), Aug. 28, 1953(*Ibid.*, p. 513, 주 122에서 재인용) 참조.

126) 한국문제를 토의하기 위하여 회의가 열린 것은 1954년 1월 15일~2월 18일 베를린에서의 프랑스, 소련, 영국 및 미국 4개국외상회의의 결과이며, 이 회의는 동년 8월 26일부터 제네바에서 개최되었으나 아무런 성과를 거두지 못하였다(Goodrich and Simons, pp. 513~514).

한을 주었다. 이리하여 국제연합의 기치하에서의 최초의 무력조치가 행하여졌다. 그런데 이 무력조치는 헌장 제42조에 입각한 것이 아닌 만큼, 그것이 헌장에 의한 국제연합의 행동, 즉 집단적 안전보장조치라고 보아야 할 것이냐 그렇지 않다면 헌장에 의하여 허용된 개별적 회원국들의 집단행동에 불과하느냐 또는 헌장에 위반되는 불법한 행동이냐 하는 문제가 제기되고, 또 이것이 논의되어 왔다. 이 문제에 대한 검토는 위에서 말한 이사회의 세 결의, 특히 1950년 6월 27일 결의를 검토하면 대개 족하다고 생각된다. 왜냐하면 이 결의들은 한국에의 국제연합군 출동의 기초를 이루고 있기 때문이다.

국제연합군의 법적 성격의 문제에 들어가기 전에 국제연합군 출동의 전제가 된 사태, 즉 북한군의 남침에서 일어난 무력충돌의 성격이 밝혀져야 한다. 이 무력충돌의 성격은 위에서 말한 국제연합군 출동의 성격과 직접 관련되고 있다. 이러한 관련은 1950년 6월 29일 미국에 대한 소련의 통첩[127]에서 후자는 한국의 대내문제에의 외국의 개입불가의 원칙을 고수한다는 데 표명되고 있다. 또 북한군과 남한군의 충돌 및 북한정권과 대한민국의 적대의 성격문제는, 국제연합군의 출동에 의하여 특히 한국군에 대한 사령권도 국제연합총사령관에게 맡겨짐으로써,[128] 국제연합군 출동의 성격문제에 가리워진 느낌이 있으나, 그렇다고 그 문제가 해소된 것은 아니다. 소련의 주장[129]과 같이 한국사태는 대내문제, 즉 내란이며 따라서 외국이 개입한 것(이사회의 권고에 따라 회원국이 출병한 것)은 불법이라고 생각되어야 할 것인가?

북한군의 남침에서 일어난 사태를 내란으로 보는 견해는 유력하

127) IO, 1950, pp. 552~553. 제1절 1. A. II. b, 주 61 참조.

128) I, 주 106 참조.

129) Cf. Quincy Wright, The Prevention of Aggression, AJ, 1956, p. 524; Fraenkel, S. 24~25; Kotzsch, p. 280, note 40.

다.[130] 그런데 이와 같은 견해는 Kelsen이 지적한 바와 같이[131] 이사회의 1950년 6월 25일 결의 등에 표명되고 있다. 이 결의에 있어 "대한민국", "대한민국정부"란 말에 대하여 조선민주주의인민공화국이라든가 그 정부라든가 하는 말은 쓰여지지 않고 "북한", "북한당국"이란 말이 쓰여진 데 비추어, 이사회가 북한을 하나의 국가로 또 북한정권을 한 국가의 정부로 보지 않으려는 것이 표명되고 있다고 생각될 수 있다. 또 6월 25일의 결의에서 대한민국정부는 한국 내에서 유일한 합법적으로 수립된 정부라는 것을 표명한 1949년 10월 21일의 총회의 결의[132]가 상기된 데 비추어서도 소위 북한 및 북한당국은 국가 및 국가의 정부로 생각되지 않았다고 주장될 수 있다.[133]

이와 같이 한국의 사태가 내란으로 생각된다 하여도 소련이 주장한 바와 같이 외국군의 개입이 곧 불법이라는 해석은 나오지 않는다. 헌장에서 국내문제불간섭의 원칙은 제2장 7항에 규정되고 있는데, 이 조문에는 이 원칙이 제7장에 의한 강제조치의 적용을 해하지 않는다는 단서가 붙어 있다. 따라서 내란이라도 그것이 헌장 제39조에 규정된 평화에 대한 위협 등을 가져올 경우[134]에는 회원국의 병력으로써 이사회가 개입할 수 있는 것이다. 이미 언급된 바와 같이 한국사태에 있어서는 헌장 제42조에 의한 무력조치가 취하여진 것이 아니고 이사회의 권고에 따라 회원국들이 자발적으로 파견한 병력이 국제연합의 기치를 내걸고 이 사태에 개입한 것이나, 이 개입이 헌장 제7장에 의한 강제조치인 것이라는 해석이 성립한다면 내란이라는 이유로 회원국들의 한국원조의 불법성이 주장될 수 없다.

---

130) Kelsen, UN, p. 934; Wright, *op. cit.*, p. 525; Goodrich and Simons, p. 440; Stone, p. 230.

131) Kelsen, UN, pp. 928~929, 930.

132) I, 주 92 참조.

133) Kelsen, UN, pp. 928~929.

134) 제1절 1. A. II. b, c 참조.

또 한국의 사태를 내란이 아니라고 보는 입장도 있다.[135] 1950년 6월 25일의 이사회의 결의에서 원용된 1949년 10월 21일의 총회의 결의에 있어서나 또 1948년 12월 12일의 총회의 결의[136]에 있어서나 대한민국정부가 한국에서 유일한 합법적 정부, 즉 국제연합임시위원단이 거기서 감시하고 상의할 수 있었고, 또 거기에 한국민의 대다수가 살고 있는 한국의 부분에 대한 실효적인 통제 및 관할권을 가진 정부이며, 한국의 그 부분의 선거권자의 자유의사의 유효한 표현이었으며 임시위원단에 의하여 감시된 선거에 입각한 정부라는 것이 표명되고 있는데, 이것은 대한민국정부 수립과정이 1947년 11월 14일의 총회의 결의[137]에 어긋나지 않았으며 소위 조선민주주의인민공화국정부의 수립[138]은 이 결의에 배치되었다는 것을 표시한 것이며, 국가로서의 이 공화국 및 한 국가의 정부로서의 그 정권을 부인한 것은 아니라는 해석이 가능한 것이다.

즉 1950년 6월 25일 및 6월 27일의 결의에서 이사회가 국가나 정부라는 말을 쓰지 않고 북한 또는 북한당국이라고 한 것도 총회의 결의에 순응하지 않는 북한정권의 태도의 부당성을 국제연합기관으로서 표명한 데 불과한 것이라는 해석은 배제되지 않는다. 6월 25일의 결의에서 이사회가 보통 국가 사이의 사태에서 사용되는 "평화의 파괴"가 있다고 단정을 내

---

135) 어떤 학자는 다음과 같이 말하고 있다. "남한 및 북한은 모든 세계의 눈으로 볼 때 합법적 국가는 아니었을지라도, 그 두 국가는 그들의 영역, 인구 및 권위를 가진 사실상의 국가였다" (Marc Frankenstein, L' Organisation des Nations Unies devant le Conflit Coréen, 1952, p. 43(Kotzsch, p. 280, note 40에서 재인용)). 또 어떤 논자는 다음과 같이 보고 있다. 한국사태에 관하여 남한정권이나 북한정권의 주관적 법견해에서 떠나서 우리가 볼 때에는, "한국충돌에 있어서는… 하나의 한국정부 또는 또 하나의 한국정부의 합법성의 관철이 문제된 것이 아니고 도리어 평화파괴에 대한 방위조치 및 헌장 제39조의 의미에 있어 국가간의 침략행위가 문제된 것이다" (Fraenkel, S. 25). 또 Leo Gross는 Goodrich의 저서 『한국』의 서평에 있어 북한국(The North Korean State)은 대한민국과 같은 기간 동안 유효하게 존재하였다는 것을 지적하고 있다(AJ, 1958, p. 165).

136) I, 주 92 참조.

137) I, 주 92 참조.

138) I, 주 92 참조.

린 것은 이 해석을 지지하는 것이라고 생각될 수 있다.[139] 또 이사회가 그 결의에서 북한 및 북한당국의 국가 또는 정부로서의 존재를 부인하려는 것이 명백하였다 하더라도, 이사회의 이러한 의도가 국제법상 확립된 사실[140]을 부인할 수는 없다고 생각된다. 또 북한을 국가로 보지 않는 경우에는 대한민국의 헌법의 규정이나 주장에 불구하고 북한에 대한 대한민국의 영역주권이 행사된 일이 없으므로[141] 한국사태를 내란으로 보는 데는 무리가 있으며, 국가 아닌 도당의 공격으로써 일어난 이 도당과 국가 사이의 충돌이라고 보는 것이 더 적당할 것이다.

한국의 사태를 그 어떤 것으로 보든 그것만으로는 이에 대한 헌장 제39조의 적용은 배제되지 않는다.[142]

b. (1) 소련측이 대한민국을 원조하기 위한 회원국들의 원조 특히 출병을 불법이라고 보는 논거로서 위에서의 내란에의 불법개입이라는 것 외에도 몇 가지를 들고 있다.

첫째, 대한민국이 북한에 대하여 먼저 공격하였으며 따라서 전자가 침략자라는 것이다. 이러한 사실에 관한 주장은 위에서 언급된 1950년 6월 29일 미국에 대한 소련의 통첩[143]에도 표명되었고 그 후 국제연합기관

---

139) Kelsen은 1950년 6월 25일의 결의에서 평화의 파괴라고 단정한 것은 적당하지 않다는 것이며(Kelsen, UN, pp. 929~930), Stone은 평화의 파괴라는 단정에 의하여 북한의 교전단체로서의 승인의 의미가 포함될 수 있다는 것이다(Stone, p. 230).

140) 주권국가로서의 하나의 요건인 완전한 자치(Verdross, VR, S. 131)를 위성국가들이 실질적으로 갖는다고 믿어지지는 않지만 적어도 표면에 나타난 것으로는 소련과 위성국가는 대등한 입장에서 국제법상의 관계를 맺고 있다는 것이 표명되었으며, 또 국가의 실질적인 관계를 상세히 검색하여 개개의 국가의 주권보유 여부를 결정내리는 것은 어려우므로, 국가들의 일반적인 태도에 따라 위성국가들도 주권국가로 보아야 할 것으로 생각된다(반대 견해: Georg Erler, Staatssouveränität und Internationale Wirtschaftsverflechtung, Berichte der Deutschen Gesellschaft für Völkerrecht, Heft 1, S. 51).

141) Cf. Fraenkel, S. 21.

142) 북한정권을 국가 아닌 도당으로 본다 하더라도 한국사태는 적어도 평화에 대한 위협으로 규정될 수 있다.

143) a, 주 126 참조.

에서의 소련측의 발언에서도 나타나는데,[144] 이 주장에는 침략자인 대한민국을 원조한다는 것도 침략행위라는 것이 포함되고 있다. 그러나 사실과 정반대인 이러한 터무니없는 주장을 다시 우리가 취급할 필요는 없다.[145]

둘째, 소련에 의하면 안전보장이사회의 중국의 자리를 중국을 정당히 대표할 중공정부로부터 신임장을 받은 자가 아니고, 국민당을 대표한데 불과한 자가 차지하므로 이사회의 구성은 헌장의 규정에 위반하며, 따라서 그러한 이사회에서 채택된 결의[146]들은 무효라는 것이다.[147] 이러한 소련의 주장은 다음과 같은 근거에서다. 즉 소위 국민정부는 1949년 말까지 중국본토에 대한 고권행사를 완전히 상실하였으므로 중국을 대표할 자격을 상실하였으며 국민정부 대신 중공정권만이 중국을 대표할 수 있다는 것이다. 이 점에 대하여서는 다음과 같은 점이 지적될 수 있다.

먼저 헌장에는 혁명이 일어났을 때의 문제를 포함하여 회원국의 대표권에 관하여서는 아무런 규정이 없고, 또 이사회 절차규칙 제3장의 대표 및 신임장에 관한 부분에 있어서도 어떤 이사국 내의 혁명으로 인하여 두 정권이 다같이 이사회에 대표를 낸다고 주장하는 경우에 그 해결에 관한 규칙은 생각되지 않은 것 같다.[148] 그러나 절차규칙 제17조에 의하면 "그

---

144) 예: 1950년 총회의 정기회의에서의 소련측의 의견(IO, 1951, pp. 66~67).

145) 북한정권이 그들의 전면공격계획을 은폐하기 위한 1950년 6월 25일 직전에 여러 가지 평화적 해결안을 제기한 것과, 그들의 공격에 대하여 거의 대항력이 없었던 한국의 경비상태는 소련 및 북한정권의 허위선전을 설명하고 있다(Cf. Fraenkel, S. 20~21, 24).

146) I, 주 94, 96 및 98 참조.

147) 1950년 6월 29일부 사무총장에 대한 전보에서 소련 외무차관은, 6월 27일 이사회의 결의에 관하여, 그 결의는 두 상임이사국, 즉 소련 및 중국의 대표의 결석중에 채택된 때문에 법적인 힘이 없다고 말하였다(Doc. S/1517(Kelsen, UN, p. 941에서 재인용)). 또 이사회의 제480차 회의에서 소련 대표는 이사회의장의 자격으로서 안전보장이사회에 자리를 차지한 국민당의 대표는 중국을 대표하지 않으며 때문에 이사회의 회의에 참가할 수 없다고 하였으나, 이 주장은 이사회에 의하여 거부되었다(Doc. S/PV. 480, Rev. 1, pp. 36~40, 42~47(*Ibid.*, p. 942에서 재인용)).

의 신임장에 대한 반대가 안전보장이사회 내에서 행하여진 안전보장이사회의 어떤 대표도 안전보장이사회가 그 사항을 결정할 때까지 다른 대표와 같은 권리를 가지고 계속 그 자리를 차지할 것이다"라고 규정된 데 비추어,[149] 국민정부로부터의 신임장은 중국을 대표할 정부로부터의 신임장이 되지 못한다는 것이 이사회에 의하여 결정될 때까지는 국민정부의 대표는 이사회에서 중국의 자리를 차지할 수 있다고 해석될 수 있는 것이다.[150] 다음에 이사회에 중국의 대표로서 국민정부로부터 신임장을 받은 자를 앉힌다는 것은 일반국제법에 위반한 것이라고 단정될 수 없다. 국민정부가 아직도 중국의 일부에서[151] 혁명정부와 대치하고 있는 한 전자를 계속하여 중국을 대표하는 정부로 보는 것이 적당할 것이다.[152] 그리고 이사회의 중국의 자리에 중공정부의 대표를 앉힌다는 것은 중공정권의 승인을 의미하는 것도 되는데,[153] 정부의 승인에 있어서는 승인하는 편의 자유재량이 작용할 여지가 넓다는 것이다.[154]

셋째, 여기서 문제되는 한국에 관한 세 결의는 소련의 결석 중에 행하여졌으므로 무효라는 것이다.[155] 이는 이사회 투표규칙, 즉 제27조에 관련

148) *Ibid.*, pp. 944~945.

149) 동 규칙 제16조(*Ibid.*, p. 945) 참조.

150) Stone, pp. 238~239; Fraenkel, S. 26. 국민정부의 대표문제는 이미 한국문제에 관련되기 전에 토론되어 온 것이며, 한국사태에 관한 결의 채택시 소련이 결석하였는데 이 결석은 동년 1월 13일 국민정부의 대표를 제외하자는 소련의 결의안(Doc. S/1443(Stone, p. 238, note 1에서 재인용))이 이사회에서 부결된 때부터 시작된 것이다.

151) 대만이 중국의 영역에 속하느냐 않느냐에 관하여서는 대만이 중국 영역이 아니라고 보는 견해에 대한 검토는 줄고, "대만의 지위와 중공승인문제", 『고대신보』, 제118호 참조.

152) Cf. Verdross, VR, S. 253. 반대의견: E.g. Nagendra Singh, Termination of Membership of International Organization, 1958, pp. 146ff.

153) 사무총장의 반대견해(UN Doc. S/1466)와 이에 대한 비판(Kelsen, UN, p. 946, note 4; Stone, pp. 239~240).

154) 소련정권이 선 다음 이미 소멸한 임시정권을 계속 러시아의 대표로 보려던 미국의 태도는 극단적으로 부당한 예라고 생각된다(Jean Spiropoulos, Théorie Générale du Droit International, 1930, p. 146 et s.).

155) 주 147 참조.

되는 문제이다. 이 조문 2항에 의하면 절차사항은 7개 이사국의 찬성투표로 가결될 수 있는데 3항에 의하면 비절차사항(실질사항)에 관한 결정은 상임이사국의 동의투표(the concurring votes of the permanent members)를 포함한 7개 이사국의 찬성투표로써 가결될 수 있다는 것이다(참고: 헌장을 개정하는 총회 결의 1991(XVIII)(1963. 12. 17)과 회원국들의 비준으로 헌장 제27조 2항의 찬성국 수는 '7' 개국에서 '9' 개국으로 증가되었다). 이 규정에 있어 상임이사국이란 5개 상임이사국 전부를 말한 것이냐 또는 그 중 출석하여 투표하는 이사국만을 의미하느냐의 해석문제가 일어나는데, 만약 전자인 해석에 따른다면 소련의 주장은 정당한 것이다.

즉 실질사항에 관하여서는 원칙적으로[156] 한 상임이사국의 결석 또는 기권이 이사국의 결정을 불가능하게 만드는 것이다(즉 결석 또는 기권도 적극적인 반대투표의 경우와 같이 소위 거부권을 행사하는 것이 된다). 이미 언급된 바와 같이 제27조 3항의 영어본문에 의하면 다만 "상임이사국의 동의투표"라고 되어 있으며 제108조 및 제109조에 있어서와 같이 "모든 상임이사국"(all the permanent members)[157]이라는 것이 명시되어 있지 않으므로, 출석하여 투표하는 상임이사국의 투표라는 의미로 제27조 3항의 관련문구를 해석하는 것은 배제되지 않는다.[158]

그러나 이 해석에는 난점이 있다. 국제연합의 각 기관의 결정에 있어 출석하여 투표하는 그 기관구성의 회원국만의 다수결을 요하는 경우에는 이것이 명시되어 있는데(제18조, 제67조 및 제89조), 제27조에는 이것이 명시되지 않았으며, 이와 같이 "출석하여 투표하는"이라는 제한이 명시되지 않는 경우에는 그 제한은 없는 것으로 해석하는 것이 적당하다.[159] 또 영

156) 제27조 3항의 뒷부분의 규정에 의하면 제6장 및 제52조 3항에 의한 결정에 있어서는 분쟁당사국은 투표를 기권한다.

157) 동조에 의하여 총회 또는 회원국의 전체회의에서 통과된 헌장 개정안이 효력을 발생하려면 "안전보장이사회의 모든 상임이사국을 포함하여" 회원국의 2/3에 의해 비준되어야 한다.

158) Kelsen, UN, p. 241.

문 이외의 본문에 있어서는 모든 상임이사국이라는 것이 제27조 3항에 명시되어 있다.[160] 또 샌프란시스코회의에서의 4개 주최국의 안전보장이사회에서의 투표절차에 관한 성명서에서나[161] 또 주최국의 하나인 미국의 상원외교관계위원회에서의 국제연합헌장에 관한 국무성의 보고청취[162]에서도 실질사항의 결정에는 5개 상임이사국의 동의투표를 포함한 7개 찬성투표를 요한다는 견해였다. 따라서 제27조 3항의 문구와 그 문구에 표명된 회원국 특히 소위 거부권을 헌장에 삽입한 주도적 역할을 한 회원국의 의도에 의하면, 이사회의 실질사항의 결정에는 모든 상임이사국의 적극적인 찬성이 있어야 된다는 것이 명백하다. 그런데 이사회의 한국문제에 관한 위에서의 결의는 소련이 주장한 대로 무효라고 보아야 할 것이냐 하는 문제의 결정에 있어서는 위에서 설명된 것과 아울러 그 조문채택 후의 그 적용에 관한 관행이 고려되어야 한다.

이사회가 그 활동을 개시한 후 1949년 말까지[163] 이사회에서의 실질사항에 관한 대다수의 결의가 일부 상임이사국의 기권에도 불구하고 채택되었다.[164] 소련이 기권한 경우에 이사회의 결의가 채택된 수도 상당수에

159) 헌장 제108조에 의하면 헌장 개정안이 총회에서 채택될 때에는 총회의 구성국의 2/3의 다수투표를 요하는데, 여기서 구성국이라는 것은 전 구성국을 의미한다(Goodrich and Hambro, p. 537).

160) 불문에서는 "모든 상임이사국의 투표(les voix de tous les membres permanents)…"라고 규정되었으며, 중, 러 및 서문의 본문에서도 그러하다(Kelsen, UN, p. 941, note 1; Stone p. 203, note 9).

161) UNCIO Doc. 852, III/1/37(1)(Kelsen, UN, p. 249, note 1에서 재인용).

162) Hearings before the Committee on Foreign Relations, United States Senate, on the Charter of the United Nations, United States Government Printing Office, 1945, p. 265 (*Ibid.*, p. 241, note 9, p. 941, note 1에서 재인용).

163) 이미 언급된 바와 같이(주 150) 소련은 1950년 1월 중순부터 이사회에 출석하지 않았다.

164) Yien-Li Lang의 통계에 의하면 1946년 1월부터 1949년 12월까지 이사회는 199개의 결정을 하였는데, 그 중 약 50개가 실질사항에 관한 것이고 그 4/5가 하나 또는 둘 이상의 상임이사국의 기권에도 불구하고 행하여졌다는 것이다(Lang, Notes on Legal Questions Concerning the United Nations, AJ, 1950, p. 696). Stone은 이러한 결정은 적어도 29개라

달한다.[165] 이와 같은 되풀이된 관행에 비추어 상임이사국의 기권은 거부권행사로 볼 수 없다는 관습(제27조 3항의 규정의 본래의 의미를 변경하는 관습)이 성립한 것으로 보는 것은 적당할 것 같다.[166] 그러나 이와 같은 해석에 대하여 반대가 없지 않다. Stone에 의하면 이러한 관행(상임이사국이 기권하는 경우에 이사회에 의한 실질적 사항에 관한 결정이 성립하는 것)은 헌장 제27조 3항의 문구에 나타난 것을 개정할 수 없다는 것이다. 그 논거로써 각 상임이사국이 기권의 경우에 그 기권에도 불구하고 채택된 이사회의 결의의 합법성을 인정하였다는 것과 또 기권이 거부권 포기가 된다는 데 대하여 유보가 행하여진 경우가 있다는 것을 들고 있다.[167]

그러나 어떤 상임이사국의 기권에도 불구하고 이사회의 유효한 결의의 성립이 개별적인 경우에 당해 상임이사국의 인정에 의존한 것이라는 해석은 기권이 드물게 행하여지고 또 기권에도 불구하고 이사회의 결의는 유효하다는 인정이 언제나 명시적으로 행하여졌다고 고집될 수 있으나, 기권이 4년간 수십 차례 행하여졌고 그 기권에 불구하고, 또 기권하는 상임이사국이 이사회의 결의를 인정한다는 것을 반드시 명시한 것도 아닌데도 불구하고 기권은 이사회의 결의의 성립을 해하지 않았다는 데 비추어 위에서의 Stone의 해석은 적당하다고 생각되지 않는다. 또 Stone이 말한 바와 같이 기권이 거부권행사가 된다는데 대하여 유보가 행하여진 경우가 있다는 것도 사실이지만,[168] 이러한 유보가 그 후 상임이사국의 기권이 따른 결의의 성립을 해한 일은 없는 것이다.

는 것인데 이는 Leo Gross 등의 통계에서 온 것이다(Stone, p. 204, note 15). Cf. Kelsen, UN, p. 241, note 1.

165) Fraenkel, S. 29; Stone, p. 204, note 15.

166) Verdross, VR, S. 442; Fraenkel, S. 29; Goodrich and Hambro, p. 223; Kelsen, UN, p. 241.

167) Stone, pp. 204~206. Cf. Kelsen, UN, p. 241, note 1.

168) 이러한 유보는 상임이사국 또는 비상임이사국 또는 총회의 구성국에 의하여 행하여졌다(Stone, pp. 205~206).

위에서 설명된 바에 비추어, 제27조 3항의 문구와 거기에 나타난 회원국의 본래의 의도가 어쨌든, 이사회의 어떤 결정에 있어 어떤 상임이사국이 반대투표를 할 수 있는 데도 불구하고 기권하는 것은 그 상임이사국이 그 결정에 적극적으로 찬성하는 것은 아니나, 그렇다고 다수의 의견에 반대하여 그 결정을 좌절시키는 것은 아니라고 보는 것이 적당하다는 법적 확신이 이사회의 관행을 통하여 확립되었다고 생각하는 것이, Stone의 해석[169]에 비하여, 자연스러운 것이다. 또 Stone은 설사 상임이사국들의 기권은 그들에 관한 한 명백한 거부권의 포기를 이룬다 하더라도 이러한 포기가 이사회의 유효한 결정에 의하여 중대한 의무를 질 타 회원국에 구속력을 가질 수 없다는 것이다.[170] 이와 같은 Stone의 주장은 적당하다고 생각되지 않는다. 이사회에서 상임이사국이 가지는 거부권행사는 헌장에 의하여 5개국에 주어진 특수한 권리이며, 이 권리가 헌장의 규정에 따라 각 회원국에 개별적으로 유리하게 또는 불리하게 행사되거나 또는 행사되지 않거나 그 권리를 가진 상임이사국에 일임되고 있으며, 따라서 그가 이 권리를 포기하는 것(일시적인 것이든 또는 항구적인 것이든)도 그의 임의로 행하여질 수 있으며 그 포기의 효과는 타 회원국에 구속력을 갖게 된다.

그런데 위에서의 이사회의 관행은 이사회의 상임이사국의 기권에 관한 것인데, 그의 결석문제가 한국에 관한 결의에 있어서는 문제된다. 결석은 기권과 같은 것으로 생각되며[171] 따라서 기권에 있어서와 같이 이사국의 상임이사국의 결석은 거부권행사의 포기로 보아야 할 것이다. 그러나 이에 대하여도 Stone은 반대하고 있다. 그 이유[172]의 하나는 당시 헌장 규

169) Cf. *Ibid*, p. 207.

170) *Ibid.*, p. 206.

171) Kelsen, pp. 245, 941; Fraenkel, S. 29, 30. Cf. Guggenheim, I, p. 543. 그러나 상임이사국의 결석에 관하여서는 기권에서와 같은 관습이 성립되었다고는 생각되지 않는다. 1946년 이란사건에 있어 소련의 결석중에 결의가 채택된 일이 있으나(UN, Security Council Journal, ... No. 24(Goodrich and Hambro, p. 223에서 재인용); Kelsen. UN, p. 242), 이 결의에서는 절차사항이 취급되었다고 보는 것이 적당하다(Stone, p. 208, note 32).

정에 의거할 때, 이사회는 중국, 프랑스, 소련, 영국 및 미국 5개국을 포함하여 11개 회원국으로 구성된다는 제23조 1항의 규정(참고: 이 책이 출판될 당시에는 비상임이사국 수가 6개국이었으나 헌장개정으로 1965년 8월 31일부로 4개국이 추가되었다)은 기권문제에는 관계되지 않지만 상임이사국을 포함하여 11개 회원국의 출석을 요구한 것같이 보인다는 것이다. 이러한 엄격한 해석이 관철되는 데 곤란이 있다 하더라도 실질사항의 투표에는 5개 상임이사국과 2개 비상임이사국의 출석(이사회의 투표규칙이 실제에 정족수를 정한 것으로 생각된다)이 있어야 한다는 것이 이 조항에 의하여 요구된다는 것이다. 또 하나의 이유로서 위에서의 이유가 부정된다 하더라도, 위에서 설명된 바와 같이 어떤 상임이사국의 기권의 경우에 실질사항의 결정의 유효성은 그 기권이 그 결정에 따르는 행동에의 기권자의 동의를 암시한다는 것으로 합리화될 수 있는데, 어떤 상임이사국이 이사회 회의에 결석하고 있을 때에는 그 결석중의 결정하에서 취하여진 행동에의 그 상임이사국의 합의라는 것은 언제나 추론될 수 없다는 것이다. 우선 이 둘째 이유에 관하여서는 어떤 상임이사국의 기권과 결석의 이사회의 결정에 대한 효과의 차이를 그 상임이사국의 당해 결정에 따르는 행동에 대한 동의의 유무에 찾는다는 것은 적당하지 않다.

왜냐하면, 이사회에서의 상임이사국의 초기의 기권의 경우에는 당해 이사국의 결정에의 동의라는 것이 그 결정성립의 중요한 요인이었을는지 모르나, 이미 언급된 바와 같이 수년간 수십 차의 예가 쌓여져서 이미 기권은 거부권행사가 아니라는 관습이 성립한 때에는 그 관습은 이미 개개의 상임이사국의 특수한 경우의 개별적 의사에 좌우될 수 없는 것이다. 1950년 한국전쟁에 관한 결의가 채택되었을 때에는 이러한 관습이 성립되었다. 그리고 각 이사국은 언제나 국제연합 소재지에 대표를 두고 있어야

172) *Ibid*, pp. 207~208, 211.

하며(헌장 제28조 1항), 따라서 정상적으로는 이사회의 회의에 어느 때나 참석할 수 있는 데도 불구하고 참석하지 않았다는 것은 기권과 같은 것이라고 생각될 수 있다.[173] 또 나아가서는 어떤 상임이사국의 불의의 일로 일시 결석한 것이 아니고 고의로 장기간 이사회에 참석하지 않을 때에는 그의 의무위반을 그의 권리행사의 무기로써 행사할 수 없다는 주장도 있을 수 있다.[174]

Stone의 첫째 이유에 관하여서는 제23조 1항이 이사회의 구성에 관한 규정이며 또 정족수에 관한 규정의 의미도 가지고 있다는 것은 의문시하지 않을 수 없다. 헌장에나 또 이사회의 절차규칙에나 정족수에 관한 규정은 없으며,[175] 이와 같이 협동적 집합체(collegiate body)의 기본법이 정족수에 관한 규정을 포함하고 있지 않으면 유효한 결정을 채택하기 위하여서는 그 집합체의 모든 구성원이 참석하지 않으면 안된다고 생각될 수 있으나, 제27조의 규정에 의하면 이러한 해석만이 가능한 것은 아니다.[176] 이러한 해석이 실제에 비추어서 무리가 있으므로 제27조의 투표규칙이 동시에 정족수를 규정하는 것으로 해석하는 경우에 있어,[177] 실질사항의 투표에는 5개 상임이사국과 2개 비상임이사국의 출석을 요한다고 Stone이 주장하는 것은[178] 이미 하나의 선입견에 의하여 지배되고 있는 것이다. 즉 이사회에서의 다년간의 관행에도 불구하고 실질적 사항의 결정에 있어 5개 상임이사국의 적극적인 일치의 원칙은 변함이 없다는 것이다.

우리의 견해에 의하면 이사회의 투표규칙에 관하여 상임이사국의 기

173) Verdross, VR, S. 442.

174) Fraenkel, S. 30.

175) 이에 반해서 총회의 절차규칙 제68조에는 총회 구성국의 과반수가 정족수를 이룬다는 규정이 있다.

176) Kelsen, UN, pp. 940~941.

177) *Ibid.*, p. 941.

178) Stone, p. 208.

권과 결석을 상이한 것으로 볼 결정적 이유는 없으며, 상임이사국의 결석은 곧 거부권 포기를 의미하며, 소련의 결석중에 행하여진 한국에 관한 세 가지 결의는 유효한 이사회의 결의이다.

(2) 이상 한국에의 국제연합군 출동은 불법이라는 소련측 주장의 논거는 모두 논박될 수 있는 것인데, 그렇다면 이 출동은 국제연합 자체의 강제조치라고 생각되어야 할 것이 아닌가? 그렇게 볼 수 없다는 견해가 있다. Stone에 의하면 한국원조의 군사행동의 성질에 관하여 네 가지를 생각할 수 있다는 것이다.[179] 첫째, 제7장에 의한 안전보장이사회의 조치, 둘째, 개별적 회원국의 협조적인 행동이며 동시에 국제연합의 기관으로서의 회원국의 행동, 셋째, 개별적 회원국의 협조적인 행동이며 헌장에 의하여 허용된 데 불과한 것 또는 넷째, 회원국의 협조적 행동이며 헌장에 위반한 것이다. 이와 같은 네 가지 해석 가능성 중 첫째와 둘째는 같은 법적 논점, 즉 문제된 한국에 관한 결의들이 회원국들에 행동할 의무를 지운다고 볼 수 있느냐 하는 점에 귀착하는데, 그렇지 못하기 때문에 이 두 가지 가능성은 배제된다는 것이다.[180] 넷째에 관하여서는 한국에서 회원국들의 행동은 북한의 영토보전 또는 정치적 독립에 반한 것이 아니고, 도리어 대한민국의 보전 및 독립에 대한 북한의 무력행사에 대한 것이기 때문에 불법은 아니라는 것이다.[181] 남은 것은 결국 셋째인데, 이 경우에 한국에서 회원국들의 원조행동을 헌장 제51조에 의한 집단적 방위로 보거나 헌장에 의하여서도 허용되는 국제관습법하에서의 전쟁의 자유에 의한 행동으로 보거나 할 수 있는데 후자가 더 적절하다는 것이다.[182]

이와 같은 견해에 도달하는데 기본이 되는 몇 가지 전제를 Stone의

179) *Ibid.*, p. 231
180) *Ibid.*, p, 232.
181) *Ibid.*, pp. 234, 235.
182) *Ibid.*, pp. 232, 234.

소론에서 우리는 볼 수 있다. 먼저 Stone은 헌장 제2조 4항 등에 의한 무력행사의 금지를 될 수 있는 한 제한하여 해석하고, 일반국제관습법에 의한 전쟁의 자유를 적어도 국제법규의 해석이 가능한 한도까지 널리 인정하여야 된다는 입장을 취하였는데 이러한 입장의 무리한 점까지 이르고 있다는 것은 이미 지적되었다.[183] 다음에 Stone에 의하면 여기서 문제된 한국전쟁에 관한 결의는 소련의 결석중에 행하여졌으므로 이사회의 결의로서는 효력이 없는 것이며, 그 결의는 실은 회원국들의 개별적 또는 협조적 행동을 지지하는 공동의견의 표현이라는 것이다.[184] 그러나 한국에 관한 결의가 이사회의 결의로서는 무효라는 견해에 대하여서는 위에서 이미 검토, 반박되었으며 따라서 그 결의가 실은 국제연합이란 무대만을 빌려서 행하여진 회원국의 공동의견의 표현이라는 해석을 구태에 취할 이유는 없을 것이다.

끝으로 Stone에 의하면 헌장 제39조의 규정에 "…국제평화와 안전을 유지하거나 이를 회복하기 위하여 권고"한다는 것은 평화적 수단을 권고하는 것을 의미하며 강제수단의 권고를 포함하지 않으며, 따라서 1950년 6월 27일의 결의에서 이사회가 회원국에 한국에 대한 군사원조 등을 권고한 것은 헌장에 입각한 것은 아니라는 것이다.[185] 물론 제39조에 본래 의도된 것은 Stone이 해석한 바와 같다고 보는 것이 합리적일 것이나,[186] 문구상으로 보아 강제조치를 회원국의 자발적 협력에 호소하여 권고하는 것이 배제된 것은 아니다.[187] 또 한국에 있어서와 같이 명백히 침략행위가 행하여지고 있으며 이것을 저지, 격퇴하는 것이 국제연합의 가장 긴급한

---

183) 제1절 1. A. I. b, c 참조.

184) Stone, pp. 232~233, 235.

185) *Ibid.*, p. 230.

186) Kelsen, UN, p. 932; Oppenheim-Lauterpacht, II, p. 164; Guggenheim, II, p. 270, note 4; Dahm, II, S. 394.

187) Kelsen, UN, p. 933.

임무인 것이 명백한데, 이 임무를 수행하는 데 필요한 절차가 밝아지지 않을 때(즉 제43조에 의한 특별협정이 체결되어 있지 않을 때) 침략에 대항하기 위한 회원국들의 자발적인 협조를 권고하는 것은 제39조에 의하여 허용되지 않는다고 보는 것은 적당하지 않다.

우리의 입장에서 본다면 여기서 문제된 한국에 관한 이사회의 결의와 그 결의에 따른 회원국들의 행동은 헌장의 규정 자체에 의한 것이다. 다음 남은 문제는 이 행동이 회원국들의 협조적 행동이냐(위 Stone의 입장과 상이한 점은 그는 회원국의 협조적 행동이 헌장규정에 의하지 않는 것으로 본다) 또는 국제연합 자체의 행동으로 볼 것이냐 하는 점이다. 1950년 7월 7일 안전보장이사회 회의에서 의장은 이사회의 권고에 의한 한국에서의 원조행동을 "국제연합의 조치"라고 말하였다.[188] 또 이미 설명된 바와 같이 같은 날 이사회 결의에 의하여 한국을 원조하기 위한 회원들의 군사력 등은 통일사령권하에 서게 되었고 이 사령권은 국제연합의 기치를 그의 북한군에 대한 싸움에서 내세울 수 있게 되었으며 또 실제에 있어 국제연합의 깃발과 기타의 상징이 사용되었다.[189] 동년 6월 25일 및 27일 이사회의 결의에 대하여 표명된 압도적인 다수의 회원국의 지지[190]와 이러한 지지의 적극적 표현인 군사력 등에 의한 원조가 국제연합의 기치하에서 출동되었다는 현상에 부합하도록, 한국에서 회원국들의 행동을 해석하는 것이 자연스러운 것으로 생각된다.

즉 그 행동은 국제연합 자체의 것으로 보는 것이 회원국들의 일반적 태도에 적합하다고 볼 것이다. 물론 이렇게 보는 데 이론상의 문제가 있다는 것은 위에서 Stone의 설을 검토함에 있어 이미 나타나고 있다. Kelsen에 의하면 헌장에 따라 국제연합의 기관이 그의 결정에 의하여 직접 행동

188) Doc. S/PV. 476, pp. 3~5(Kelsen, UN, p. 936에서 재인용).
189) Goodrich and Simons, pp. 465~467.
190) I, 주 104 및 105 참조.

하거나 또는 그 결정에 의하여 의무를 지는 회원국의 행동에 의하여 그 결정이 실시될 때에만 국제연합의 행동이 있다고 말할 수 있으며,[191] 국제연합기관의 권고에 따라 회원국이 자발적으로 행동할 것은 국제연합의 행동이라고 볼 수 없다고 말할 수 있다.[192] 그러나 이러한 해석을 취해야 된다는 것이 헌장에 명확히 되어 있는 것이 아니며, 따라서 이사회의 제39조에 의한 무력원조 등 권고에 따르는 회원국들의 협조, 통일적인 행동을 국제연합의 조치로 보는 것은 배제되지 않는다고 Kelsen은 보고 있다.[193] 이는 타당한 견해라고 생각된다. 이리하여 한국에의 국제연합군 출동은 국제연합의 조치이며, 따라서 헌장에 본래 적어도 명백히 의도되었던 것은 아니나 집단적 안전보장[194]조치라고 생각된다.

그런데 여기에 한 가지 부언될 것은, 1950년 6월 25일 및 27일 이사회의 결의에 나타난 "대한민국에 대한 무력공격"(the armed attack)이란 문구에 비추어, 27일의 결의에 한국원조결의는 제51조에 의한 집단적 자위의 권고(무력공격이란 말은 헌장 중에서 제51조에서만 사용되고 있다)가 아닌가 하는 문제가 생긴다.[195] 공격받은 한국을 원조한다는 행동의 내용을 본다면 이러한 해석도 가능할 것 같으나, 조문상 그 해석은 허용되지 않는다. 왜냐하면 회원국들의 자위권의 행사는 제51조에 의하면 안전보장이사회가 "국제평화와 안전의 유지에 필요한 조치"를 취할 때까지만 허용되는데, 한국에 관한 1950년 6월 27일 이사회의 결의 등에 회원국들이 따른다는 것은 위에서의 "국제평화…의 유지에 필요한 조치"의 실시를 의미하며 따라서 자위권행사의 여지는 없기 때문이다.[196]

---

191) 위에서 언급된 바와 같이 Stone이 한국에서의 회원국의 원조행동을 그의 첫째 및 둘째의 해석 가능성에서 배제한 것은 이러한 입장에 선 것이 명백하다.

192) Kelsen, UN, pp. 936~937.

193) *Ibid.*, pp. 937~938. Cf. Oppenheim-Luaterpacht, II, p. 170; Guggenheim, II, p. 272.

194) A. I. b 참조

195) Guggenheim, II, p. 270, note 4.

(3) 한국전선에의 국제연합군 출동은 국제연합의 행동이며 집단적 안전보장조치이나, 이것이 미리 준비되었던 계획과 장치에 의하여 발동된 것이 아니고 말하자면 즉흥적으로 미리 미국의 주도하에 행하여졌기 때문에, 다음에 곧 설명될 바와 같이 집단적 행동으로서 결함이 있음을 면하지 못하였다. 한국전선에 국제연합군이 출동할 수 있었던 것은 실은 일련의 사실의 우연한 일치의 결과였다고 생각된다. 그 사실이란 첫째, 미군이 한국을 침략으로부터 구하려는 적극적 태도를 가졌다는 것, 둘째, 미국의 이러한 태도를 실천에 옮기게 할 수 있는 상당한 병력이 당시 일본, 오키나와 및 태평양지역에 있었다는 것, 셋째, 다수의 회원국(특히 북대서양조약 체결국)이 극히 제한된 한도 내에서였지만 미국의 선도에 호응한 것, 넷째, 북한정권의 침략행위를 현지에서 목도할 수 있는 국제연합한국위원단[197]이 현지에 있었다는 것과, 다섯째, 국제연합군 출동의 기본이 되는 결의가 안전보장이사회에서 소련의 결석 때문에 거부권의 희생이 되지 않았다는 것 등이다.[198]

미국은 한국원조에 선도적 역할을 하였을 뿐 아니라 국제연합군 구성에 있어서도 미국군은 압도적 부분을 차지하였다. 1950년 6월 25일 북한군의 침략이 시작된 후 9월 중순경 인천상륙작전까지의 위기에 있어서는 오로지 미국군만이 한국군과 나란히 싸웠을 뿐이었으며, 한국작전이 비교적 안정된 1951년 말에는 한국전선에 출동된 총병력 중 미국군은 육군에 있어 50.32%(한국군 40.10%), 해군에 있어 85.89%(한국군 7.45%), 공군에 있어 93.38%(한국군 5.65%)를 차지하였다.[199] 이와 같은 처음부터서의 한국사태에 비추어 이미 설명된 바와 같이 1950년 7월 7일의 결의에서 안전보장

196) Kelsen, UN, pp. 927~929, 931, 936.

197) I, 주 92 참조

198) Cf. Goodrich and Simons, p. 441.

199) I, 주 105 참조

이사회는 한국에 제공된 회원국들의 군사력 등의 원조를 미국의 통일된 지휘하에 둘 것을 권고하였으며 미국에 그러한 병력의 사령관임명을 요청하였던 것이다. 이리하여 미국에 의하여 임명된 국제연합군총사령관은 동시에 미국극동군총사령관이었으며, 한국작전을 위한 국제연합사령부는 실제에 있어 미국극동군사령부였다. 따라서 국제연합군의 지휘계통은 총사령관으로부터 위로는 미국군의 그것과 같았으며, 또 원조하는 모든 회원국과 한국의 육군은 미국 제8군에 포섭되었고, 또 관계 회원국과 한국의 해군 및 공군은 각각 미군 제7함대 및 극동공군에 편입되었다. 이 육·해·공군은 모두 미군사령관하에 있었다.[200]

위에서와 같은 사정이었으므로 한국전선에의 군사원조가 신청되면 결국은 미국이 관계 신청국가와 교섭하여 신청수락에 관한 구체적 내용이 결정되었다.[201] 또 국제연합군의 집단적 군사행동의 광범위한 목표는 처음에는 안전보장이사회가 그리고 그 다음에는 총회가 세웠으나,[202] 이 두 기관은 한국작전의 복잡한 사정하에서 불가피하게 일어나는 문제에 관하여 계속적인 지도를 하지 못하였으며, 또 한국에 출병한 타 회원국과의 군사작전에 관한 사전협의가 미군에 의하여 원만히 이루어졌다고도 생각될 수 없었다.[203]

이미 언급된 바와 같이 이사회는 소련 대표의 출석후 한국전쟁에 관하여 그 기능을 발휘하지 못하게 되었고, 또 총회는 그 규모로 보아 이사회의 이 기능을 대신할 수 없었으며 또 이 기능을 위한 총회의 보조기관 설치도 진지하게 검토되지 않았으므로, 결국 한국에서의 집단행동의 면목

---

200) Goodrich and Simons, pp. 463~464.

201) Cf. *Ibid.*, p. 458.

202) 특히 이사회의 1950년 6월 27일의 결의(I, 주 96)와 총회의 동년 10월 7일의 결의(I, 주 108 참조).

203) 국제연합군의 군사작전에 대한 협의문제에 관하여서도 주로 다음 곳이 참조되었다. Goodrich and Simons, pp. 472~480.

이 잘 유지되려면 집단행동의 결의에 따라 출병한 미국 외의 회원국들도 참여할 수 있도로 협의의 절차를 세우는 것이 요구되었다. 그런데 이 협의는 북한군을 38선까지 격퇴시킬 때까지는 그다지 필요하다고 미국 이외의 회원국들에 의하여 느껴지지 않았을 것으로 생각된다. 왜냐하면 이 때까지는 한국에서 국제연합군의 군사작전의 우선 목표가 북한군의 격퇴였으며, 또 이 목표달성에 수반되는 전쟁확대의 위험도 없었으며 한국에서의 작전을 미국에 일임하여도 무방하였기 때문이다.

이와 같이 미국에 일임하는 태도는 국제연합군의 38선 월경과 중공군 개입의 위험성이 커짐에 따라 변경되었다. 더욱이 당시 국제연합군총사령관인 맥아더장군의 미국합동참모부의 지령에 부합하지 않은 작전과 이에 따른 전쟁확대의 위험은 참전한 타 회원국들의 한국작전에 대한 보다 큰 관심과 미국 단독작전계획에 대한 그들의 의사반영의 요망을 일으키게 하였다. 이리하여 중공의 참전이 명백히 드러난 1950년 11월 말경에는 미국은 한국에서의 작전에 관하여 종래의 정상적인 외교계통을 통한 불규칙적인 상의 대신 매주 워싱턴에서 한국에 출병한 16개국 대표들이 회의를 열게 되었다. 이 16개국위원회(The Committee of Sixteen)에서는 미국이 현 군사작전에 관하여 간략한 설명을 하고 제안된 군사작전의 정치적 결과에 관하여 미국이 제시한 문제가 토의되고 때로는 임박한 군사작전의 보고가 행하여졌으며, 또 이 위원회에서의 정보에 의하여 미국 이외의 회원국들은 외교계통을 통하여 통일사령권을 가진 미국의 결정에 영향을 미치는데 아마 전보다 더 유리한 입장에 서게 되었을 것이다. 그러나 이 위원회는 정책결정의 기관은 물론 아니었다. 또 위원회가 설치된 후에도 제안된 군사계획을 타 회원국에 알리는 데 있어 또 그 계획의 가능한 정치적 결과가 안전보장의 위험을 무릅쓴 것을 정당화하느냐의 결정에 있어서의 발의권은 미국이 장악하고 있었으며, 휴전교섭중이었으며 중대한 정치적 결과를 초래할 위험성이 있었던 1952년 6월 압록강발전소의 폭격도 영국, 프랑스를 비롯한 타 회원국과의 상의와 양해 없이 행하여졌다.

또 한국에서의 집단적 군사조치의 종결을 위한 조건의 결정에 있어서도 미국은 주도적 역할을 하였는데,[204] 미국은 출병한 타 회원국과의 상의와 합의에 관하여 후자에 일반적으로 만족을 주지 못하였다.[205]

1951년 5월 18일의 결의[206]에 의하여 총회는 중공 및 북한에 대하여 무기 등의 수출금지를 회원국에 권고하였는데, 이 경우에 있어 적용되는 조치의 실효성 조사, 적용되는 조치의 강화의 시사, 부가적 조치의 제안 등을 위한 주된 책임은 미국이 맡았던 것 같다.[207] 또 한국에서 군사작전에 따르는 재화에서 일어나는 일반민의 구호, 부흥문제 등의 처리에 있어서도, 1950년 10월 7일의 총회 결의에 의하여 국제연합한국통일부흥위원단[208]이 설치되고 또 동년 12월 1일 결의[209]에 의하여 국제연합한국재건기관(The United Nations Korean Reconstruction Agency)이 설치되었으나, 이러한 기관의 설치 전에 있어서는 말할 것도 없고 그 설치 후에도 군사작전이 계속하는 동안 전면적으로 국제연합사령부, 즉 미국이 책임을 졌던 것이다.[210]

이와 같이 한국에의 국제연합군 출동에 있어서 군사적 작전에 있어서나 비군사적 조치에 있어서나 또는 일반민의 구호 및 부흥에 있어서나 국제연합의 기관이 계속적인 지도의 책무를 하지 못하였을 뿐 아니라, 이 집단적 행동에 참가하는 회원국들 사이의 협의와 합의를 확보하려는 태도에 있어 미국은 가능한 노력을 다하지 않았다는 인상을 주고 있다. 이와 같은

---

204) 휴전교섭에 있어 이사회나 총회는 직접 개입하지 않았다(I, 주 122 참조).

205) Goodrich and Simons, pp. 507~508.

206) I, 주 119.

207) 이 결의에 의하여 부가조치위원회가 이러한 임무를 맡은 것이었으나 휴전교섭이 시작되자 그 임무를 중단하였다(Goodrich and Simons, pp. 481~482).

208) I, 주 108 참조.

209) Resol. 410(V)(Goodrich and Simons, p. 486에서 재인용).

210) 이 구제부흥 문제는 다음 곳이 주로 참조되었다. *Ibid.*, pp. 484~489.

것은 물론 한국에서 집단적 조치에 있어 미국의 압도적인 공헌에서 오는 어느 정도 불가피한 결과인 것도 부정될 수 없고, 또 중공에 대한 무기 등의 수출금지에 있어서와 같이 미국이 아니면 타 회원국의 그 조치에의 참가를 확보할 수 없다는 것[211]도 부정될 수 없으나, 이러한 조건하에서도 집단적 조치의 성격을 더 명확히 할 수 있도록 정책을 결정할 국제연합 기관의 계속적인 직접적 개입 또는 적어도 그 조치에 적극적으로 참여한 회원국들 사이의 더 긴밀한 협의의 여지가 있다는 것은 되풀이됨을 요하지 않을 것이다. 관계국가의 협의에 관하여 이제 언급된 바는 침략의 직접대상인 한국에 대한 관계에서도 해당한다. 예를 들면 소위 16개국위원회에는 한국대표는 참석하지 않았으며, 또 일반민의 구제 및 부흥에 있어서도 국제연합군사령부는 한국당국과 협조하면서도 어디까지나 후자에 대한 우위를 유지하였고,[212] 더욱이 휴전교섭의 국제연합사령부편에 한국대표가 참석하기는 하였으나 그 교섭에서 실천될 지령의 준비 또는 결정을 하는 데는 한국이 어떤 역할을 한 것 같지는 않다.[213] 구원을 받는 편이기는 하지만 가장 많은 인적 및 물적 희생을 바친 바로 그 당사국에 그 희생에 적합한 발언권을 집단적 조치에 관하여서도 주는 것이, 그 조치가 어느 일부 국가의 국가적 이익에 의하여 좌우되는 것이 아니고 피침략국을 구하며 따라서 국제평화 및 안전을 유지, 회복하려는 목적을 위한 것이라는 점을 명백히 하는 것이 될 것이다.

요컨대 국제평화 및 안전의 유지, 회복이란 목적에 기여할 구체적인 집단적 안전보장조치에 있어서는, 먼저 그 조치의 목표가 확립되고, 이에 따라 군사적 및 기타의 집단적 행동을 계속하여 직접적으로 강력하게 시

---

211) 이것은 미국의 각 회원국에 대한 군사적 · 경제적 및 재정적 원조에 따르는 힘에서 온 것이다(*Ibid.*, pp. 482~483).

212) *Ibid.*, p. 486.

213) 휴전교섭에서 한국대표가 철수하고 1953년 6월 18일에 한국이 북한포로 27,000명을 석방(양편의 사령부의 합의에 반하여)하였다(IO, 1953, p. 514; Goodrich and Simons, p. 510).

종일관 지도할 기관이 있어야 하며,[214] 이 기관은 국제연합의 집단적 안전보장조치의 경우에는 국제연합의 고유한 기관이어야 하나, 한국전쟁에서와 같이 국제연합의 고유한 기관이 아닌 경우에도 그 기관은 적어도 집단적 조치에 적극적으로 참여한 국가들이 거기에 대표되며 또 거기서 이러한 국가들의 충분한 협의와 합의가 확보되는 기관이어야 할 것이다.

이미 설명된 바에서[215] 알 수 있는 것과 같이 국제연합군의 한국작전에 있어 그 목표가 두 번 변경되었다고 생각되는데 이것이 물론 전세의 사실상의 변경에 기인한 것은 사실이나, 그러한 전세 변경의 예견에 소홀함이 컸던 것은 국제연합의 집단적 행동에 상응할 만한 정치적 지도기관의 결여의 탓이라고 생각된다. 1950년 6월 27일에 안전보장이사회의 결의에서는 "…무력공격을 격퇴하고 이 지역에 있어 국제평화 및 안전을 회복하는 데 필요할 대한민국에 대한 원조를 제공할 것"이 회원국들에 권고되었는데, 이미 언급된 바와 같이,[216] 이 권고에 의하여 국제연합군이 38선을 넘을 수 있는 것으로 뒤에 해석되었으나, 이 결의가 채택되었을 때 이렇게 해석된 것이냐 하는데는 의문이 있다. 위에서의 결의가 채택된 2일후 미국무장관은 "대한민국을 북으로부터의 침입 이전의 그의 상태로 복구하고 이 침입에 의하여 파괴된 평화를 재건할 목적만"으로 집단적 행동이 취하여진다는 성명을 하였다.[217] 이 성명은 집단적 행동을 지지하는 타 회원국들의 견해도 표명한 것 같다.[218] 그러나 1950년 9월 국제연합군의 인천상륙작전후 북한군이 패주하자 집단적 행동의 목표에 관한 견해는 결정적인

214) Cf. *Ibid.*, pp. 479~480.

215) I 참조.

216) I, 주 107.

217) U.S. Department of State Bulletin, Vol. 23(July 10, 1950), p. 46(Goodrich and Simons, p. 494에서 재인용). 국제연합군 행동의 목표의 변경에 관하여서는 다음 곳이 주로 참조되었다. *Ibid.*, pp. 494~497.

218) Cf. Osgood, p. 171.

군사적 승리의 가능성과 함께 변하여졌던 것이다. 동년 9월 20일 총회에서 미국 국무장관은 "국제연합의 권위에 대한 이 도발 및 반항은 분쇄하는 것이 당연하며 차후 이 작고 용감한 국가는 그가 속하는 곳, 즉 국제연합의 지도하에서 그 자체의 인민의 주관으로 돌아갈 수 있다"는 그의 '신념과 모든 신뢰'[219]를 토로하였다. 집단적 행동의 목표를 북한군에 대한 결정적 타격과 통일한국을 이룩하는 조건의 확보로 이전시킨 미국의 입장은 많은 회원국의 찬동을 받았으며[220] 이는 동년 10월 7일의 총회의 결의에 표명되고 있다. 그러나 국제연합군이 38선을 넘은 후 오래지 않아 중공군의 개입으로 전세가 불리하게 되자 전쟁확대의 위기에서 이 군사적 집단행동으로써 한국을 통일시킬 상태를 세워야 한다는 생각은 물러가고, 헌장 및 이사회의 결의의 최소한의 요구와 일치하는 조건으로 전투를 종료시키는 데로 모든 노력이 기울여져야 한다는 것이 총회에서의 일반적인 분위기였다. 따라서 한국에서의 군사적 · 집단적 행동의 목표는 다시 동년 6월 27일의 이사회의 결의가 채택되었을 때 생각되었던 것과 대개 같은 것에로 다시 귀착하였다.

이와 같이 한국에서의 집단적인 군사조치가 국제연합의 조치로써 의심될 정도로 그 조치에 있어 미국 1개국의 우위가 현저하였고, 또 그 집단조치의 목표를 확립하고 이에 따라 그 조치를 지도할 국제연합의 기관 또는 그 조치에 적극 참여하는 모든 국가를 대표하는 기관의 직접적 개입도 없었고, 그 목표도 어떤 주견도 없이 변동되었다는 것도 사실이나, 그 행동이 국제연합의 집단적 안전보장조치로 생각될 수 없다는 아무런 결정적인 근거도 없을 뿐 아니라 대부분의 회원국들의 태도도 그 집단적 조치의

---

219) U.S. Department of State Bulletin, Vol. 23(Oct. 2, 1950), p. 526(Goodrich and Simons, p. 495에서 재인용). 이러한 미국의 견해는 더 명백히 동년 9월 30일 총회의 제1위원회에 있어 미국 대표에 의하여 표명되었다(*Ibid.*).

220) *Ibid.*, p. 496.

성격을 긍정한 것이라고 생각된다.[221] 또 헌장 제42조의 발동의 가능성이 현재에는 없으나, 한국의 경우에서와 같이 국제연합군의 출동 가능성이 있다는 것은, 다음에 설명될 총회의 1950년 11월 3일의 평화를 위한 단결 결의에 의한 국제연합군 출동의 가능성과 아울러, 헌장의 실효성 특히 무력행사의 금지규정의 실효성에 큰 지지를 주고 있다고 생각된다.

c. (1) 한국에서 국제연합의 행동이 국제경찰행동[222]이라고 불려지는 것과 같이, 그것은 전쟁이라고 생각될 수 없다는 견해가 성립할 수 있는 것이나,[223] 정식투쟁과 아울러 실질적 전쟁의 개념을 인정하는 입장에서는 국제연합의 무력조치는 실질적 전쟁으로 생각되어야 할 것이라는 것은 이미 언급되었다.[224]

실제로 한국전선에서의 국제연합군의 행동이나 북한군 및 중공군의 행동이 실질에 있어 국가간의 전쟁과 상이한 것이 아니었음은 말할 나위도 없고 또 이 전선에서 전시법규가 적용되었다. 1950년 7월 4일 맥아더 장군은 다음과 같은 성명을 하였다.

> "한국에서의 적대행위와 관련하여 지금 나의 작전지휘하에 있는 병력에 의하여 억류되거나 그 수중에 들어오는 북한 병력의 인원 및 북한의 기타의 자는 무력충돌을 하는 문명국가에 의하여 적용되며 승인된 인도의 원칙에 따라 대우될 것이다. 나도 같은 대우를 기대한다…."[225]

---

221) 2 참조.

222) 예: 미국 대통령 트루먼의 발언. New York Times, June 30, 1950, p. 1. col. 5(Howard J. Taubenfeld, Internationa Armed Forces and Rules of War, AJ, 1951, p. 673, note 12에서 재인용).

223) 1952년 6월 11일 영국 하원에서의 외상의 답변(House of Commons Deb., Vol. 502, col. 202(H. Lauterpacht, The Limits of the Operation of the Law of War, BY, 1953, p. 222, note 1에서 재인용).

224) 제1장 제1절 2. B. II, III; 동 C. IV, V; 제2장 제2절 1; 동 2. A; A. III.

225) New York Times, July 5, 1950, p. 2, col. 7(전쟁법규의 준수에 관한 설명은 주로 다음 곳에서 인용되었다. Taubenfeld, *op. cit.*, pp. 678~679).

동월 13일 대한민국은 국제적십자와 협력하고 그가 동월 6일에 가입한 포로의 대우에 관한 제네바협정을 준수할 것이라는 정식성명을 하였고, 동일 북한방송은 그들이 포로의 대우에 관한 제네바협정의 조항을 엄격히 준수하고 있다고 말하였다.[226] 통일사령부는 전시법의 구속을 받는다는 기초 위에서 작전을 계속하였다. 국제연합군의 제3보고[227]에는 일반민의 살해를 피하기 위한 조치가 실시되고 있다는 것도 포함되었다. 또 이 보고에는 국제적십자가 남한에서 포로 및 비전투원의 대우를 감시하면서 활동하고 있다는 것도 포함되었다. 또 제5차 보고[228]에는 1949년 8월 12일 포로의 대우에 관한 제네바협정의 규정이 주의깊이 준수되고 있다는 것이 보고되었고 그 후의 보고에서도 그러하다.

또 북한정권이나 중공이 진지하게 전시법규 준수를 생각하고 실천하였는가에 대해서는 의문시되지만, 그들이 국제연합군측에서 "인간의 대량살해의 가장 비열하고 비겁한 수단, 즉 세균학적 무기"를 사용하였다고 비난한 것[229]은, 1925년 6월 17일의 제네바의정서에 규정되었으며, 전시법의 일반적 원칙[230]의 하나의 구체화라고 생각되는 세균학적 전투방법 금지의 준수가 당연히 기대된다는 것과 그들도 그 금지를 준수하고 있다는 것을 표명한 것이라고 생각된다. 또 Stone이 지적한 바와 같이,[231] 휴전교섭의 포로송환문제에 있어서는 양 당사자들이 다같이 관련 관습 및 조약의 원칙의 구속을 받는 것과 같은 태도를 취하였다.

그런데 이와 같이 한국전선에서의 전시법규 준수가 당사자들의 구체

---

226) New York Times, July 14, 1950, p. 3, col. 4.
227) UN Doc. S/1756(Sept. 4, 1950), pp. 6~7.
228) UN Doc. S/1834(Oct. 5, 1950), p. 5.
229) V.V. Evegenyev, Subjects of Law, Sovereignty and Non-Interference in International Laws, Sovetkoe Gosudarstvo i Pravo, No. 2, p. 83, March 1955(W.W. Kulski, The Soviet Interpretation of International Law, AJ, 1955, p. 526에서 재인용).
230) Verdross, VR, S. 361; Oppenheim-Lauterpacht, II, p. 227.
231) Stone, p. 316.

적인 경우에 있어서의 자발적 의사에 오로지 의존한 것으로 생각되지만, 국제연합의 집단적 조치에도 인도적 성격을 가진 전시법규는 적용되어야 한다. 특히 전투에 직접 관련된 전시법규는 군사적 목적과 인도주의의 절충으로써 성립된 것이며, 국가간의 종래의 어떤 명칭하에서의 무력행사에 있어서나 적용되어야 하며 또 적용되어 왔는데, 그 적용이 국제연합의 집단적 조치에서 배제될 이유는 없다. 도리어 헌장전문 및 제1조[232]에 표명된 국제연합의 목적에 비추어, 또 국제연합에 의한 집단적 조치가 개별적인 국가의 이해관계를 위한 것이 아니고, 국제평화 및 안전의 유지 또는 회복이란 보다 고차적인 목적을 위한 것이라는 점에 비추어, 과거에 선례는 없으나,[233] 그 집단적 조치에 당연히 인도주의에 입각한 전시법규가 적용되어야 하는 것이다.[234] 따라서 국제연합의 집단적 조치가 개별적인 국가에 의한 전쟁과는 성질이 다르다고 하며, "국제연합은 모든 전시법규에 의하여 구속된다고 생각하여서는 아니 되며, 그의 목적(예: 포로, 전시점령)에 적합하다고 생각되는 법을 선택하고, 필요한 다른 법을 부가하고 또한 그 목적과 양립되지 않는다고 생각되는 법을 거부하여야 된다"[235]는 견해는 그대로 긍정될 수 없다. 왜냐하면 위에서의 의견에 의하면 국제연합이 집단적 조치를 취함에 있어 아무런 전시법규에도 구속을 받지 않는 것 같기 때문이다.

또 국제연합은 독립한 국제법상의 인격을 가지며[236] 따라서 그 집단

---

232) 전문 2항 및 제1조 3항.

233) 제2장 제2절 1, 2 참조.

234) 제1장 제1절 2. C. V, 주 180, 182, 191.

235) 이것은 미국국제법학회가 그의 1위원회에서 1952년에 선언한 것인데(Proceedings of the American Society of International Law, 1952, pp. 216ff.(Lauterpacht, *op. cit.*, pp. 242~243에서 재인용)), 저명한 학자들의 모임에서 이러한 견해가 나왔다는 것은 놀라운 일이다.

236) 국제연합의 근무중에 받은 손상을 위한 배상에 관한 권고적 의견(1949년 4월 11일)에서의 국제사법법원의 견해(ICJ, Reports, 1949, p. 179(Taubenfeld, *op. cit.*, p. 674, note 20에서 재인용)).

적 조치에 참가하는 국가들의 편대는 그 조치에 관한 한 각국의 병력이 아니고 국제연합의 병력이며 국제연합은 전시법규에 관한 조약에 가입한 일은 없으므로, 전시법규에 관한 조약의 국제연합의 집단적 조치에 대한 직접적 구속력이 긍정될 수 없다는 것은 사실이다.[237] 그러나 중요한 조약 전시법은 전쟁법규의 기본원칙 위에 입각하고 있으며[238] 또 그 조약의 규칙은 조약을 떠나서도 대개 일반관습법으로서 존립하고 있으며,[239] 이 관습법의 국제연합에 대한 구속력은 위에서 언급된 바와 같이 긍정되어야 하며 여기에는 조약법에 있어서와 같은 법적 난관은 없다.

국제연합의 무력조치의 경우에 인도주의에 입각한 전시법규가 국제연합에 대하여 법적 구속력을 갖는 것과 동시에 그 집단조치의 당사자에게 대하여서도 그 구속력을 갖는다는 점에 있어서는 이의가 있을 수 없다.[240]

그런데 전시법규(널리는 전쟁에 관련된 법규)가 국제연합과 그 무력조치를 받는 자에게 똑같이 적용된다는 것은 생각될 수 없으며, 전시법규의 적용에 있어 양자의 지위에 당연히 차별이 있어야 할 것이나 이 점에 있어 아직 확립된 바 없다는 것은 언급된 바와 같다.[241]

(2) 국제연합에 의한 무력적 집단조치를 전쟁 또는 전쟁행위로 보는 것이 적당하지 않다는 견해[242]에는 수긍될 바가 있다. 되풀이될 필요도 없지만 종래에 소위 전쟁이란 개별적인 국가간의 충돌인 데 비하여 국제연합의 집단행동은 국제평화 및 안전의 유지, 회복이란 목적을 위한 국제조

237) *Ibid.*, pp. 674~675; Stone, p. 315.

238) 주 230 참조.

239) 뉘른베르크의 국제군사법원의 판결(AJ, 1947, p. 248) 및 그 밖의 여러 국내판결(Verdross, VR, S. 362).

240) *Ibid.*, S. 544; Oppenheim-Lauterpacht, II, p. 218; Josef L. Kunz, The Chaotic Status of the Laws of the War and the Urgent Necessity for Their Revision, AJ, 1951, p. 55.

241) 제1장 제1절 2. C. V, 주 190 참조.

242) Verdross, VR, S. 552; Oppenheim-Lauterpacht, II, p. 224.

직체의 행동이므로 전쟁이란 명칭이 적당하지 않다고도 생각될 수 있다. 그러나 국제무력행사를 그의 실질 및 적용법규에 비추어 포괄적으로 설명하기 위하여 실질적 전쟁이란 개념이 당연히 인정되어야 한다는 입장에서는 한국전선에의 국제연합군의 출동은 실질적 전쟁의 한 형태이다.

국제연합의 행동을 전쟁으로 보는 것은 국내법원의 판례에 의해서도 긍정되고 있다. 1953년 미국 텍사스주 대법원은, 보험금액에 관한 사건[243]의 재판(Western Reserve Life Insurance Co. v. Meadows, United States Supreme Court of Texas, 261 S.W. (2d) 554(1953))에서 미육군 공병단의 한 중령이 1951년 8월 23일(한국전쟁시) 알래스카(Alaska)에서 순직한 것이 전쟁중에 일어난 것이냐 하는 문제에 직면하여, 이 사건에 관한 제1심 및 제2심의 결정을 번복시키고 이 사망은 전쟁중이었다는 결정을 내렸다. 그 이유는 먼저 한국전쟁에 있어 미국 의회가 헌법 제1조 8항에 따라 북한이나 중공에 대하여 정식선전포고를 한 것은 아니지만 한국전선에의 출병을 인적 및 물적으로 지지하는 여러 가지 법률을 정함으로써 선전포고를 한 것과 같다는 것이다. 다음에 우리에게 보다 중요한 논의는, 즉 많은 전쟁정의 및 판결에 의하면 전쟁이란 것이 사실에 있어서의 전쟁(war in fact, 소위 여기서의 실질전쟁)으로 보통 생각되고 있는데, 이러한 의미에서 한국에의 출병도 전쟁으로 생각되어야 한다는 것이다.[244]

---

243) 이 사건과 다음에 예시되는 많은 사건(주 244, 245)에서 문제된 점은, 피보험자가 불의의 사고로 사망할 때는 보험금이 증가지불될 것이나 피보험자가 전쟁중에 군에 복무하다가 사망한 경우는 증가지불이 배제된다는 것이 보험계약에 규정되어 있는데, 한국전선에의 출병은 이 보험계약에서의 전쟁이라고 생각되어야 하느냐 하는 것이다.

244) Orfield and Re, pp. 625~629; ILR, 1953, pp. 578~586. 한국전쟁에 관하여 같은 견해를 표명한 판결들이 있다. 다음에 예시된다. 1. 스탠베리사건에 관한 뉴저지주의 대법원 판결(Stanberry v. Aetna Life Insurance Company, 26 N.J. Super. 498, 98 A, 2d, 134, 137 (Orfield and Re, p. 629에서 재인용)). 2. 웨이스맨사건에 있어 캘리포니아주의 남부지방의 지방법원의 1953년 5월 20일의 판결(Weissman v. Metropolitan Life Insurance Company, the United States Court of District of the Southern District of California, 112 F. Supp. 420, 421(*Ibid.*; Kotzsch, p. 80에서 재인용)). 3. 랭글라스사건에 있어 아이오와

그런데 위에서와 비슷한 사건에 있어 한국전에의 출병을 전쟁으로 보지 않는 법원의 결정도 있는데[245] 이러한 결정에 있어서는 전통적인 협소한 전쟁개념이 고집되고 있다. 이러한 고집은 여기서 예시된 사건의 결정에 관련하여서도 부당한 것이다. 왜냐하면 생명보험계약에 전시에 관련하여 어떤 예외가 규정되는 것은[246] 전쟁이 일어나면 보통은 불가피하게 많은 인명의 상실을 가져오므로 전시에 어떤 보험업자에게도 기대될 수 없는 거대한 부담을 경감시키자는 것인데, 인명이 상실된다는 실질적 내용은 도외시하고 무력행사가 일정한 형식을 밟아 행하여졌느냐 아니냐 또는 어떤 명칭으로 행하여졌느냐에 의하여 전쟁이냐 아니냐를 판단한다는 것

주 대법원의 판결(Langlas ET AL. v. Iowa Life Insurance Co., United States Supreme Court of Iowa, April 7, 1954). 4. 개그리오메라 사건에 있어서의 매사추세츠주법원의 판결(Gagliormella v. Metropolitan Life Insurance Co., 122 F. Supp. 246(D. Mass., June 25, 1954)(AJ, 1955, p. 103에서 재인용)). 5. 번스사건에 관련하여 오스트레일리아 외무부는 자국은 북한과의 관계에 있어 사실상의 전쟁을 하고 있다고 표명하였다. 고등법원도 이 견해에 따랐다(Burns v. The King, Australia, New South Wales, Quarter Sessions, Appeal Court, April 6, 1951(ILR, 1953, pp. 596~598에서 재인용)). 6. 뱅크로프트사건(U.S. v. Bankroft, U.S. Ct. Mil. App. 3, 11 C.M.R. 3, July 3, 1953(ILR, 1953, pp. 586~590에서 재인용); Kotzsch, p. 79, note 139). 7. 에이어스사건(United States v. Ayers, United States Court of Military Appeals, May 5, 1954(ILR, 1954, pp. 428~430에서 재인용).

245) 다음에 예시된다. 1. 위에서 언급된 바와 같이 메도우스사건에 있어 제1심(Orfield and Re, p. 625)과 제2심의 판결(256 S.W.(2d) 674, Texas Court of Civil Appeals, Ft. Worth, March 6, 1953, Boyd, J.(AJ, 1953, pp. 719~720에서 재인용)). 2. 베리사건에 있어서의 펜실베이니아주 대법원의 판결(Beley, v. Pennsylvania Mutual Life Insurance Company (1953), 373 Pa. 231, 95 A. 2d 202(Orfield and Re, p. 628에서 재인용)). 3. 하딩사건에 있어서의 펜실베이니아주 대법원의 판결(Harding v. Pennsylvania Mutual Life Insurance Company(1953), Pa. 270, 95 A. 2d 221(Kotzsch, p. 80에서 재인용)). 4. 오스트레일리아 공산당사건에 있어 대법원의 판결(The Australian Communist Party v. The Commonwealth, Australia, High Court., March 9, 1951(ILR, 1953, pp. 592~594에서 재인용)). 이 점에 있어서 일치한 마커스클라크회사사건에 관한 대법원의 판결(Marcus Clark & Co., LTD v. The Commonwealth, Australia, High Court, September 12, 1952(*Ibid.*, pp. 594~596에서 재인용)). 5. 자기훼손사건에 있어 프랑스의 고등법원의 판결(War in Korea, Self-Mutilation Case, France, Court of Appeal of Paris, December 10, 1953(*Ibid.*, pp. 591~592에서 재인용)).

246) 주 243 참조.

은 본말을 전도한 것이다.[247]

또 일반적으로 한국에 있어 전쟁이 있었느냐 없었느냐 하는 문제에 관한 결정에 있어 각 국내법원은 그가 취급하고 있는 사건에 관련된 법령 및 계약의 관계조항의 목적과 아울러 그 소속국가의 당시의 출병 및 그 출병의 국내적 영향의 정도를 고려에 넣고 있는 것 같다. 따라서 미국에 비하여 소수의 병력을 파견한 데 불과한 프랑스의 고등법원에 있어서는 한국전선에서 자기 팔을 쏜 사건에 있어 북한군과 중공군을 적으로 보지 않는다는 견해가 표명되었다.[248] 오스트레일리아의 대법원은 공산당해산법의 위헌문제에 관련하여 1951년 3월 9일 당시 그 나라는 전쟁을 하고 있지 않다는 견해를 표명하였는데,[249] 이는 역시 그 나라 공산당지 기사에 관련한 사건에 있어 고등법원의 조회에 응하여 표명된 외무부의 견해 및 이를 따른 동 법원의 동년 4월 6일의 판결에 나타난 견해와[250] 상반된 것이다. 프랑스 및 오스트레일리아와의 관계에 있어 한국에서의 전쟁을 부인한 이 두 가지 판결의 예에 관하여 지적되어야 할 것은, 바로 국내법원들의 판례에 나타난 국가관행에 의하면 실질적인 전쟁개념이 인정되어야 하며 이것이 한국에서 최초로 적용된 국제기구에 의한 강제조치라는 새로운 법적 근거의 무력행사에서 다시 확인되었는데, 오랜 전통을 가진 제한된 전쟁개념(정식전쟁)이 아직도 서로 계통적인 관계에 서 있지 않는 국내법원을 지배하고 있다는 것이다. 프랑스 및 오스트레일리아가 아무리 소수의 병력을 한국전선에 보냈다 하더라도 계속적으로 또 조직적으로 북한

247) 랭글라스사건(주 244)에 있어 법원의 견해(ILR, 1954, p. 417). 또 이 법원은 이 사건에서와 같은 문제가 한국에서의 전투의 발발후 여러 법원에 의하여 심의되었는데 그 중 최종심의 2법정만이(베리사건, 하딩사건, 주 245) 반대의 입장을 취하였다는 것이며 이는 적당하지 않다는 것이다(ILR, 1954, p. 421).

248) 주 245, 예 5.

249) 주 245, 예 4.

250) 주 244, 예 5.

군 및 중공군과 대치하였으므로 양국에 관련하여 한국에서 실질적 전쟁이 있었다고 해석되어야 할 것이다.[251]

위에서의 한국전쟁에 관련된 국내판례의 내용 또는 그 비판을 통하여 명백하게 된 것은, 국제연합의 집단적 조치에 회원국의 병력이 참여하는 것은 그 회원국의 입장에서 볼 때 전통적 의미에서의 전쟁, 즉 정식전쟁이라고 규정되기는 어렵다. 그러나 그 집단적 조치의 실질에 비추어 전쟁이라고 명명되는 것이 불가피하며 이것은 곧 우리의 소위 실질적 전쟁개념의 필요성을 긍정한다는 것이다.

이리하여 국제연맹규약에 있어 실현 가능성에 그쳤던 국제조직체에 의한 무력적 · 집단적 조치는 국제연합헌장에 입각하여 한국전선에서 최초로 실시되었고, 이것은 동시에 소위 실질적 전쟁의 새로운 하나의 형태의 출발이 된 것이다.

B(2). 콩고에서의 국제연합군

Ⅰ. 국제연합군 출동의 경위와 근거

a. 1960년 6월 30일 벨기에의 통치에서 벗어난 콩고공화국의 독립이 선포된 직후부터 이 신생국가를 위한 사전의 배려 및 준비의 결여 때문에 국가질서는 무너지기 시작하고(특히 7월 7~8일 콩고군의 모반 때문),[252] 또 백인종의 보호를 위하여 벨기에군이 투입되었으므로, 콩고공화국정부로부터 국제연합 사무총장에게 행정분야에 있어서의 기술원조와 군사원조가

251) 그렇다고 판결의 결론이 반드시 다르게 될 것은 아니다. 여기서 예시된 오스트레일리아 공산당에 관한 사건에 있어서는 실질적 전쟁이 있다는 것을 인정하여도 같은 결론에 도달할 수 있다.

252) John A. Marcum, Unilateral Intervention in the Congo and It's Political Consequences, Proceedings of the American Society of International Law, 1961, p. 27; Alan Karabus, United Nations Activities in the Congo, *ibid.*, p. 31.

요청되었다. 이 후자, 즉 군사원조의 요청[253]을 심의하도록 사무총장의 요청에 의하여 안전보장이사회의 회의가 소집되었다.[254] 그리고 7월 14일 콩고공화국에 관한 최초의 결의[255]가 채택되었다.

이 결의에서 이사회는 벨기에정부에게 그 군대를 콩고영역으로부터 철수할 것을 요청하고, "국제연합의 기술적 원조를 얻어 콩고정부의 노력에 의하여 그 국가의 안전보장병력이, 그 정부의 의견에 의하면, 그들의 임무를 충분히 수행할 수 있을 때까지, 콩고공화국의 정부와 상의하여 필요한 군사적 원조를 그 정부에 제공하도록 필요한 조치를 취할 권한을 사무총장에게 줄 것을 결정"하였다. 이 결의의 둘째 부분에 입각하여 곧 설명될 바와 같이 콩고에서의 국제연합군이 구성되었고, 또 그 후 국제연합은 콩고에서 군사적 임무뿐만 아니라 행정기술부분에 있어 광범위한 임무를 맡게 되었고,[256] 뒤에서 설명될 바와 같이 드디어 정치적 임무까지도 맡게 된 것이다.

이러한 방대한 콩고에서의 국제연합의 역할에 관한 종합적인 평가는 좀더 시일을 요할 것이며, 또 지금까지의 국제연합의 활동에 관한 검토도 많은 필요한 자료의 수집을 전제로 하는 것은 말할 나위도 없다. 여기서는 안전보장이사회 및 총회의 토의, 결의 및 그 실시의 주된 내용에 비추어 콩고에서의 국제연합군에 관한 설명만 행하여질 것이며, 이 설명에 관련된 한에 있어 콩고에서의 국제연합의 기타 임무의 설명이 부가될 것이다.

이사회의 7월 14일의 결의에는 국제연합군이란 말은 사용되지 않았지만 이 결의에 입각하여 사무총장은 회원국들과 병력의 파견을 교섭하였

253) UN Doc. S/4382(IO, 1960, pp. 579~580에서 재인용); Miller, *op. cit.*, p. 2.

254) 사무총장에 의하면 그의 요청은 헌장 제99조에 입각한다는 것이다(S/PV. 873, p. 7(*Ibid.*에서 재인용)).

255) Doc. S/4387(*Ibid.*에서 재인용), p. 3; IO, 1960, pp. 580~581.

256) Karabus, *op. cit.*, p. 31. 또 이러한 책무를 수행하기 위하여 사무총장의 감독하에 하나의 기구가 설치되었다(Organisation des Nations Unies Congo, ONUC).

고, 교섭의 결과 합의를 보아 파견된 회원국들의 국가병력으로 구성된 것이 국제연합군257)인데, 이 명칭은 위에서의 결의채택에 앞서서 이사회에서의 사무총장의 진술에 표명되고 있다. 즉 그는 위에서 인용된 결의의 후반과 거의 같은 권고를 이사회에 한 다음, 그의 권고가 채택된다면 그는 국제연합긴급군의 경험에 관한 그의 보고 속에 명시된 원칙에 입각한 국제연합군을 창설할 것이라고 말하였던 것이다.258)

b. 콩고에서의 국제연합군의 직접적인 근거는 되풀이할 것도 없이 위에서 설명된 바와 같이 콩고공화국의 요청과 이사회의 결의인데, 다음 문제가 되는 것은 이 결의의 관련부분은 헌장의 어느 조문에 입각하고 있느냐 하는 것이다. 이 문제의 해결에 있어 먼저 해명되어야 할 점은 콩고에서의 국제연합군의 임무이다. 이것은 뒤에 보다 상세히 설명될 것이나 여기서 필요한 한도에서 지적한다면 이 국제연합군도 국제평화 및 안전의 유지를 위하여 창설된 것이다. 부연하여 설명하자면, 국제연합이 어떤 영역에서 시정의 책임을 지는 경우(헌장 제81조에 의한 신탁통치를 한다든가 서부뉴기니에서 1962년 10월부터 1063년 5월초까지 국제연합이 직접 시정의 책임을 맡은 것과 같은 경우259))에 그 시정의 필요상 그의 통제하에 두는 병력을 제외하고는 적어도 국제평화 및 안전에 대한 위협 없이는 이 국제연합군과 같은 군의 출동은 헌장에 근거가 없으므로, 이 국제연합군도 헌장 제7장에 의거한 것이다.260) 그리고 이 군의 구성은 회원국들의 자발적 협력에 의한 것이며 따라서 위에서의 결의의 관계부분은 헌장 제39조에 입각한 것으로

257) 이사회 제901차 회의에서 사무총장의 발표에 의하면 당시 국제연합군은 약 18,000명이었다(IO, 1960, p. 587).

258) Doc. S/PV. 873, pp. 11~12(Miller, *op. cit.*, p. 10에서 재인용).

259) 이 시정은 동년 8월 15일 네덜란드와 인도네시아 사이의 협정에 입각한 것이다(Johannes Leyser, Dispute and Agreement on West New Guinea, Archiv, 1963, S. 270).

260) 8월 9일 이사회에서의 사무총장의 의견(Doc. S/PV. 884, pp. 9, 10(Miller, *op. cit.*, p. 4에서 재인용); Cf. Leo Gross, Expenses of the United Nations for Peace-keeping Operations: The Advisory Opinion of the International Court of Justice, IO, 1963, p. 32).

생각된다.[261] 동조에 의하면 "안전보장이사회는 평화에 대한 위협 등의 존재를 결정하고 국제평화 및 안전을 유지하거나 이를 회복하기 위하여 권고하거나 또는 제41조 및 제42조에 따라 어떠한 조치를 취할 것인지를 결정한다"는 것인데, 한국전쟁에 있어서는 이사회가 직접 회원국에 이 조문에 의한 권고를 하여 국제연합군이 구성되었고, 이 경우에는 이사회가 그렇게 권고할 권한을 사무총장에게 줌으로써 국제연합군을 구성하게 한 것이다. 이에 관련하여 문제되는 것은 8월 9일의 이사회의 결의[262]에서 헌장 제25조 및 제49조에의 언급이다. 동 결의에서 이사회는 다시 벨기에정부에 사무총장에 의하여 결정되는 신속한 양식하에서 카탕가(Katanga)주로부터 그 군대를 곧 철수할 것을 요청하였고, 또 모든 회원국에 대하여 헌장 제25조 및 제49조에 따라 이사회의 모든 결의를 수락하여 이행할 것과 이사회에 의하여 결정된 조치를 이행하는 데 상호원조할 것을 요청하였다. 또 이 결의가 채택되기 전에 사무총장은, 이사회의 위 7월 14일의 결의와 곧 언급될 7월 22일의 결의의 실천에 관한 이사회에의 그의 보고에, 제25조 및 제49조에 대하여 주의를 환기시킨 카탕가주 당국에 대한 그의 통신을 포함시키고 있다.[263]

이에 비추어 Miller는 위에서 언급된 세 결의는 헌장 제40조에 입각한 것이며 그 결의의 내용들은 법적 구속력을 갖는 것이라는 해석을 취하고 있다.[264] 벨기에에의 철군의 요청(이 요청은 7월 22일의 결의에서도 반복되고 있다)과 이 결의[265]에 표명된 것, 즉 모든 국가들에게 법과 질서의 회복과 콩

261) Hoffman은 국제연합의 간섭의 정확한 법적 근거는 명확히 되지 않고 의문시된다는 것인데(Stanley Hoffman, In Search of a Thread: The UN in the Congo Labyrinth, IO, 1962, p. 333), 이는 위에서의 임무의 새로운 면과 복잡한 면을 표명한 것이다.

262) Doc. S/4426(IO, 1960, pp. 583~584); Miller, *op. cit.*, p. 4.

263) Doc. S/4417, p. 5(*Ibid.*에서 재인용).

264) *Ibid.*, pp. 4~7.

265) Doc. S/4405(IO, 1960, pp. 581~582에서 재인용); Miller, *op. cit.*, p. 3.

고정부에 의한 그 권위의 행사를 저해할 어떠한 행동도 삼가며 콩고공화국의 영토보전과 정치적 독립을 해할 어떠한 행동도 삼갈 것을 요청한 것에 관하여서는 Miller의 견해는 적당하다고 생각된다. 즉 첫째로 되풀이된 벨기에에 대한 철군의 요청은 벨기에에 대하여 법적 구속력을 갖는다고 해석될 수 있으며, 둘째로 콩고에서 법과 질서를 저해하거나 콩고공화국의 영토보전과 정치적 독립을 해할 어떠한 행동도 하여서는 아니 되며, 이 의무는 모든 국가에 지워졌다고 해석된다.[266] Miller는 여기서 한 걸음 더 나아가서 8월 9일 결의에서 언급된 제49조는 "상호원조를 주는 데 가담할 것이 기대될" 타 회원국에 적용될 것이라는 것이며, 이 상호원조는 벨기에군의 철수를 돕기 위하여 파견된 국제연합군을 위한 인원, 수송 및 공급의 제공을 포함할 것이라는 것이다.[267] 따라서 그는 회원국들이 적극적으로 국제연합군을 구성할 병력 등을 제공할 의무까지 지게 된 것으로 해석하고 있는 것 같은데, 이와 같은 해석은 적당하다고 생각되지 않는다.

이미 설명된 바와 같이 회원국들이 이사회의 결의에 따라 병력 등을 제공할 의무를 지는 것은 헌장 제43조에 의한 특별협정이 체결되었을 경우에 한하며 또 협정에서 합의된 한도 내에서이다. 이와 관련하여 유의될 점은 Miller가 인용한 바와 같이 콩고에서의 국제연합군을 위하여 병력 등을 제공한 정부에 대한 사무총장의 성명 및 이에 상응하는 관계정부의 성명에서 제49조가 언급되었다는 것인데,[268] 여기에서는 병력 등을 제공할 회원국의 의무가 표명된 것이 아니고 회원국들의 자발적인 제공에 의한 병력 등[269]의 운용에 있어 이사회의 결의에 부합하도록 회원국들이 상호

266) 제1절 1. A. I. e 참조.

267) Miller, *op. cit.*, p. 7.

268) UN Docs. S/4417, p. 5; S/4417, Add. 3, p. 1; S/4417, Add. 8, Annex II, p. 1; S/4445, Annex I, pp. 1~2(*Ibid.*에서 재인용).

269) 국제연합군에 직접 관계되는 인원 및 물자뿐 아니라 기술적 원조에 관한 인원과 물자도 여기에 포함된다고 생각된다(*Ibid.*).

원조하여야 한다는 것이 표명된 것이다.[270]

II. 국제연합군의 임무와 법적 성격

a. 위에서 인용된 바와 같이 7월 14일의 결의에 의하면[271] 콩고에서의 국제연합군은 콩고의 국가안전보장군이 그 임무를 수행할 수 있을 때까지 이 후자의 임무를 담당할 것이었다. 즉 콩고에서의 평화 및 질서를 유지할 것이 그 군의 임무인 것이다. 그렇다고 그 군이 콩고의 국내적 임무만을 갖는다고 해석될 수는 없는 것이다. 첫째, 이미 언급된 바와 같이 콩고공화국정권의 요청[272]에서 출발하여 그 군이 파견되었는데, 그 요청은 국제연합에 의한 군사원조의 주된 이유를 콩고 국내질서의 교란에서 찾지 않고 국제평화에 대한 위협인 벨기에군의 투입에 대한 콩고국 영역의 보호에서 찾았던 것이다. 둘째, 그것보다도 중요한 것은 그 군의 임무가 주로 콩고국 내의 평화 및 질서를 유지한데 있다 하더라도, 위에서 언급된 바와 같이 국제연합이 어떤 영역의 시정을 직접 담당하는 경우 이외에는 국내의 치안유지 또는 그 복구의 목적으로 국제연합군이 파견될 근거는 헌장에는 없다. 헌장 제39조에 의하여 적어도 국제평화[273]에 대한 위협이 있을 경우에만 이러한 국제연합군 같은 것이 세워질 수 있다.

이와 같은 것은 총회의 권한에 관하여서도 타당하다. 실제로 콩고에서 국제연합군의 임무에 관련한 어려운 문제의 타개가 상임이사국의 의견불일치로 이루어지지 않으므로[274] 1960년 9월 16일 안전보장이사회의 결의[275]에 의하여 총회 제4차 긴급회의가 소집되었고, 이 회의에서는 국제

---

270) 이 경우에 회원국이 지는 의무는 헌장 및 이에 근거를 둔 이사회의 결의에 직접 입각한 것이 아니고 관계 회원국과 국제연합의 합의에 입각하는 것이다.

271) I. a. 주 255.

272) I. a, 주 253.

273) 제1절 1. A. II. a 참조.

274) Cf. IO, 1960, pp. 590~591.

연합군의 활동에 관한 의견의 대립이 있었으나 아시아 및 아프리카의 17개국이 제출한 결의안[276]이 9월 20일 압도적 다수로써 통과되었다. 이 결의[277]에서는 사무총장에게 이사회의 결의를 성취시키기 위하여 계속 조치를 취할 것이 요청되고, 모든 콩고인들에게 콩고권고위원회(사무총장이 설치한 것)에 의하여 임명된 아시아 및 아프리카 대표의 원조를 얻어 그들의 국내충돌을 평화적으로 해결하도록 호소되었고, 모든 회원국들에 국제연합의 통제하에서 그리고 콩고중앙정부와 상의하여 사용될 국제연합기금에 긴급한 자발적 기부를 할 것이 호소되었고, 모든 국가들에 법과 질서의 복구와 콩고정부에 의한 그 권위의 행사를 방해할 행동을 삼갈 것이 요청되었고, 모든 국가들에 국제연합에 의한 군사원조의 임시기간 동안 사무총장의 요청에 의한 것을 제외하고는 콩고에서의 군사적 목적을 위한 직접 또는 간접적 원조를 주는 것을 삼갈 것이 요청되었다.

이 긴급회의가 "평화를 위한 단결 결의"에 입각하여 소집되었을 뿐 아니라 거기서 채택된 이 결의도 이 "평화를 위한 단결 결의"에 입각하여 채택되었다고 생각되어야 한다.[278] 그런데 이 결의에 의하면 헌장 제39조에 규정된 바와 같은 국제평화에 대한 위협 또는 평화의 파괴 또는 침략행위가 있을 때에 비로소 총회의 긴급회의가 소집될 수 있으며 그 회의에서는 국제평화에 대한 위협 등의 경우에 이에 대한 집단적 조치가 심의되고 권고된다는 것이다. 위에서 언급된 총회의 제4차 긴급회의에서 채택된 결의의 일부 내용에 의하면 국내문제에 대한 국제연합의 개입이 위주인 것 같으나, 그 경우에 있어서도 그 국내문제가 적어도 국제평화에의 위협과 연결되고 있으며, 이 연결 때문에 비로소 이에 관한 총회의 결의가 가능하

275) 미국이 제출한 안(Doc. S/4525)이 채택되었다(Miller, *op. cit.*, p. 21; IO, 1960, p. 591).
276) Doc. A/L. 292(*Ibid.*, p. 564에서 재인용).
277) Resol. 1474(ES-IV)(UNYB, 1960, pp. 65~66에서 재인용).
278) 2. A. I; 동 B. I. a, b, c 참조.

였다고 해석되어야 할 것이다.

위에서 설명된 바에 비추어 Miller가 콩고에서의 국제연합군의 군사 행동은 본질적으로 경찰 또는 "형법"적인 것이었다고 말한 것은[279] 적어도 법적으로 적당한 견해라고 생각되지 않는다. 그러나 그는, 7월 22일의 결의[280]에 나타난 각 국가의 콩고에의 개별적 개입의 금지의 요청 및 "콩고에서의 법 또는 질서의 완전한 회복은 국제평화 및 안전의 유지에 실질적으로 공헌할 것"이라는 표명에 관련하여, "그러함으로써 이사회는 그 결정을 위한 첫째의 그리고 압도적인 근거가 콩고국 내의 사태에서 일어날 수 있는 국제평화 및 안전에 대한 위협을 제거할 필요에서였다는 것을 명백히 하였다"고 말하고 있다.[281] 우리의 견해에 의하면 7월 14일의 결의가 이미 국제평화에 대한 위협이 있다는 것(이러한 위협이 장래 일어날 수 있다는 것이 아니고)을 전제로 하고 있는 것이다.[282]

콩고에서의 국제연합군의 임무는 국제평화의 유지를 떠나서는 생각될 수 없으나, 그의 콩고국 내에서의 조치는 국제연합의 행정적 · 기술적 원조활동과 더불어 광범위에 뻗혔고, 또 이에 따른 다음에 설명될 국내문제간섭에 관련한 혼란이 일어났으며, 따라서 국제연합의 이 활동이 그의 가능한 임무에서 일탈하는 인상을 주는 것은 부인될 수 없다.[283]

국제연합군이 콩고 내에서 법과 질서를 유지하는 데 있어 직면한 최대문제는, 콩고국 내에서의 정치적 대립에서 오는 법과 질서의 혼란 내지 파괴에 대하여 그 군이 어떠한 입장을 취할 것이냐 하는 것이다. 특히 카

279) Miller, *op. cit.*, p. 8. 법적 설명을 떠나서 초기의 국제연합군의 임무를 경찰임무로 보는 것은 무방하다고 생각된다(Hoffmann, *op. cit.*, p. 336).

280) I. b. 주 265 참조.

281) Miller, *op. cit.*, p. 14. Cf. John W. Halderman, Legal Basis for United Nations Armed Forces, AJ, 1962, pp. 987~991.

282) Cf. Herbert Nicholas, UN Force and the Changing Globe: The Lesson of Suez and Congo, IO, 1963, p. 329.

283) 이사회의 제941차 회의에서 파키스탄 대표의 발언(*Ibid.*, 1961, pp. 276~277) 참조.

탕가주는 1960년 7월 11일에 분리독립할 것을 선언하고[284] 정치적 · 무력적으로 중앙정부의 권위에 도전하여 대치하게 되었다. 콩고에서의 국제연합의 임무에 관하여 주된 책무를 맡게 된 사무총장은 국제연합군의 창설을 요청하는 이사회에서의 처음 진술에서, "그 군은 그 국내에서의 국내충돌의 어느 편에 가담하게 될 어떠한 행동을 취할" 권한을 갖지 않을 것이라고 선언하였다.[285] 이러한 사무총장의 입장은 이사회에 대한 제1차 보고서에도 표명되었고[286] 또 동년 8월 9일의 결의에서 이사회에 의하여서도 지지되었다.[287]

그러나 이 입장은 첫째로 콩고공화국 수상의 반대를 받았다. 그에 의하면 국제연합은 중립의 조직체로서 활동할 것이 아니고 이사회는 그 자원을 중앙정부의 처분에 맡긴 것이며, 특히 "필요한 군사적 원조를 그 정부에 제공하도록"[288] 사무총장에게 요청하였다는 것이다.[289] 둘째로 이사회에서 소련 및 폴란드가 사무총장의 입장을 공격하였다. 위 콩고공화국 수상의 입장에 비추어 사무총장은 그 문제를 이사회에서 해결하였는데, 여기서 소련과 폴란드 대표는 국내분쟁 불간섭원칙은 수락하였으나, 그들에 의하면 콩고중앙정부와 카탕가주 당국 사이와의 충돌은 국내충돌이 아니고 벨기에 간섭의 결과이며 그리고 그 간섭에 의하여 계속 지지되고 있다는 이유로 국내분쟁 불간섭의 원칙은 여기에 적용되지 않으며, 국제연합군은 중앙정부를 도와야 한다는 것이었다.[290] 이러한 반대입장에 직면

284) Marcum, *op. cit.*, p. 27.

285) Doc. S/PV. 873, pp. 11~12(Miller, *op. cit.*, p. 15에서 재인용).

286) Doc. S/4389, p. 3(*Ibid.*, pp. 15~16에서 재인용).

287) I. b, 주 262 참조. 동 결의에는 국제연합군이 "헌법상 또는 기타의 어떠한 국내충돌의 어느 편에 가담하거나 또는 어떤 방법으로 거기에 개입하거나 또는 그 충돌의 결과에 영향을 미치도록 운용되거나 하지 않을 것이다"라는 것이 표명되었다.

288) 7월 14일 결의(I. a, 주 255).

289) UN Doc. S/4417, Add. 7, p. 14(Miller, *op. cit.*, p. 16에서 재인용).

290) UN Docs. S/PV. 888, p. 31; S/PV. 889, pp. 47~50(*Ibid.*, p. 17에서 재인용); S/PV. 901, p. 6; S/PV. 902(*Ibid.*, p. 18, note 76에서 재인용).

하여서도 이사회의 9개 이사국은 사무총장의 입장을 지지하였다.[291]

그러나 벨기에군이 동년 8월 29일에야 철수를 완료하였고[292] 또 철수한 후에도 중요한 군수물과 선발된 군사인원이 남아 카탕가군을 후원한데[293] 비추어 소련 및 폴란드의 주장에도 경청할 바가 있고, 콩고공화국 수상의 주장에도 그가 언급한 7월 14일의 결의에 비추어 근거가 있는 것이다. 또 실제문제로서 콩고국 내에서 법과 질서를 유지할 국제연합군이 그 국내에서의 내란에 불개입의 원칙을 고수한다는 것이 과연 가능한 것인가? 그 군이 눈앞에 전쟁참화를 보고도 자위의 경우[294] 이외에는 수수방관하면서도, 거기서 법과 질서를 유지하고 있다고 주장할 수 있을까? 물론 내란이 곧 종식한다거나 또는 국제연합군의 어떤 권위로써 그가 직접 내란에 개입하지 않고도 그것을 진압시킬 수 있을 경우에는 위에서의 주장은 정당히 성립할 수 있다. 그러나 내란이 제3국의 개입까지 포함하여 쉽사리 종식될 수 없고 국제연합의 위압이나 또는 상징의 권위로써 진압되지 않을 때, 국내충돌의 불개입의 원칙을 내세운다는 것은 법과 질서를 유지할 국제연합군의 임무의 포기를 의미한다.

그러나 국내정치적 대립에 국제연합이 휩쓸려들어가지 않으려는 의도를 표명한 점에 있어서는, 위에서의 사무총장의 입장이며 동시에 당시 이사회의 다수 이사국의 입장인 것은 수긍될 수 있다. 9월 초에 콩고공화국 중앙정부의 대통령이 수상 및 몇몇 각료를 파면하고[295] 이 행위가 수상 및 의회에 의하여 도전되었을 때,[296] 사무총장은 콩고에 있는 그의 대표자

291) UN Docs. S/PV. 888, pp. 67, 73; S/PV. 889, pp. 3~5, 23~25, 27, 36, 56, 66, 75(*Ibid.*, p. 17에서 재인용); S/PV. 901, pp. 53~55(*Ibid.*, p. 18, note 76에서 재인용).

292) IO, 1960, p. 566.

293) Marcum, *op. cit.*, pp. 27~28. 주 306 참조.

294) SCOR, 873rd Meeting, July 13, 1961, p. 5(Nicholas, *op. cit.*, pp. 329~330에서 재인용); Miller, *op. cit.*, p. 20.

295) UN Docs. S/4500 and S/4500, Add. 1(*Ibid.*, p. 18에서 재인용).

296) UN Doc. S/4498(*Ibid.*, p. 19에서 재인용).

들에게 "직접 또는 간접으로 공공연하게 또는 암암리에 그들이 콩고 내에서의 어떤 당파에 의해서 취하여진 입장에 판단을 내릴 어떤 행동도 피하도록"[297] 훈령을 낸 것은 이러한 의미에서 수긍될 수 있다. 그런데 이 콩고 중앙정부 내에서의 대립에 관련하여 콩고에 있는 국제연합 대표자들은 긴장된 분위기와 만연된 폭행을 걱정하여 수일간 방송국과 공항을 폐쇄하였는데,[298] 이것이 이미 국제연합군의 콩고내란에의 불개입 원칙이 고수될 수 없다는 것을 전조 내지 증명하는 것이다.[299] 그리고 정치적 색채가 없는 것은 아니나 부족들의 싸움이나 군률에서의 이탈병들의 행동에 대하여서는 사무총장은 국제연합이 개입하여야 된다는 견해를 취하였으며,[300] 이 견해는 이사회의 일부 이사국들에 의하여 지지되었다.[301] 또 총회의 제4차 긴급회의에서 채택된 결의[302]에 표명된 것, 즉 사무총장에게 이사회의 결의를 성취시키기 위하여 계속 행동을 취할 것의 요청은 그 결의의 제안자의 견해에 의하면, 시민생활을 보호하기 위한 조치는 필요한 경우에는 국제연합에 의하여 취해질 수 있다는 것을 명백히 하기 위한 것이라는 것이다.[303] 또 이미 언급된 바와 같이 총회의 이 결의에 있어서는 콩고국내에서 정치적 대립에 대한 국제연합에 의한 조정도 제기되고 있으며[304]

---

297) UN Docs. S/PV. 896, pp. 54~55(*Ibid.*에서 재인용).

298) 이 조치는 사무총장에 의하여 인정되었고 또 이사회의 다수 이사국에 의하여서도 지지되었다(UN Docs. S/PV. 896, pp. 54~55; S/PV. 901, p. 56; S/PV. 902, pp. 12~13(*Ibid.*에서 재인용)).

299) 이 조치는 당시 수상(Lumumba)보다는 대통령(Kasavubu)에게 유리한 조치였다(Nicholas, *op. cit.*, p. 332).

300) UN Docs. S/PV. 896, p. 58; S/4482, p. 5; S/PV. 901, p. 40(Miller, *op. cit.*, p. 18에서 재인용).

301) UN Docs. S/PV. 902, p. 22; S/PV. 903, pp. 4, 18(*Ibid.*에서 재인용).

302) 주 277 참조.

303) UN Docs. A/PV. 859, pp. 12~15; A/PV. 860, pp. 6, 62(Miller, *op. cit.*, pp. 19~20에서 재인용).

304) 국제연합의 콩고국 내의 정치적 대립의 완화에 대한 기도가 헌장 제2조 7항에 위반되지 않느냐 하는 데 대하여, Miller는 총회는 결의에서 콩고인들에게 호소한 데 불과하며 그들에

이것은 다시 설명될 필요도 없이 정치적 대립이 단순히 의견의 대립에서 그치지 않고 폭력의 대립을 가져올 수 있기 때문이다. 총회에서 이 결의가 채택되기 전에 사무총장 등은 국제연합 원조의 실효적인 이용과 콩고국 내에서의 정치적 충돌의 해결 사이에 밀접한 관계가 있다는 것을 강조하였던 것이다.[305]

드디어 1961년 2월 21일에 안전보장이사회에서 채택된 결의[306]는 다음과 같은 규정을 포함하게 되었다. 즉 "국제연합은 정전의 수배(手配), 군사작전의 정지, 충돌의 방지와 필요하면 마지막으로 무력의 행사를 포함하여, 콩고에서의 내란이 일어나는 것을 방지하기 위하여 즉시 모든 조치를 취할 것이 촉구"되었다. 또 이 결의에서는 국제연합의 지휘하에 있지 않는 모든 벨기에 및 기타 외국군사인원 등의 콩고로부터의 즉각적인 철수를 위하여 조치가 취하여질 것이 촉구되었고, 모든 국가에 이러한 인원들이 콩고로 가는 것을 막도록 곧 조치를 취할 것이 요청되었다. 이것으로써 국제연합군이 콩고의 내란에 개입하지 않을 수 없다는 것이 명백히 되었다. 그 후 국제연합군은 카탕가주의 외국인장교(용병)를 체포한 일도 있고[307] 또 카탕가주 군과 충돌한 일도 있다.[308] 함마숄드 사무총장이 1961년 9월 17일에 비행기사고로 순직을 한 것[309]도 양국간에 휴전을 성립시키기 위한 사명을 수행하는 중에 일어났다. 양국간 휴전은 다음 달 중순에 성립되었으나,[310] 국제연합군은 콩고국 내에서 내란의 재발을 막기 위해

게 평화적 해결의 의무를 지운 것이 아닌 때문에 그 결의의 그 규정은 합헌적이라는 것이다(*Ibid.*, p. 23). 그러나 이러한 해석은 제2조 7항의 간섭에 대한 오해로 인한 것이다(Cf. Goodrich and Hambro, p. 120). 당해 결의에 의한 간섭은 콩고공화국의 이미 동의한 바에 의하여 허용될 수 있는 것이다.

305) UN Docs. S/4482, p. 5; S/4531, pp. 6~13(Miller, *op. cit.*, p. 23에서 재인용).

306) Doc. S/4741(UNYB, 1960, pp. 104~105에서 재인용).

307) Cf. UN Doc. S/5240, Feb. 4, 1963(ILM, 1963, p. 312에서 재인용); 조선일보, 1961. 8. 29.

308) 조선일보, 1961. 9. 15; Cf. Hoffmann, *op. cit.*, p. 347.

309) AJ, 1962, p. 1.

계속해서 개입하여야 했다.[311] 한편 같은 해 11월 24일의 안전보장이사회 결의[312]에서는 사무총장에게 내란에 대해서뿐만 아니라 특히 국제연합의 지휘하에 있지 않는 외국군사인원 및 준군사인원, 정치고문과 용병 등을 체포, 억류 또는 추방하기 위하여 필요하면 무력을 행사할 권한이 주어졌고 또 콩고 중앙정부의 지지가 표명되고 있다.[313]

b. 이상 콩고에서의 국제연합군의 임무에 비추어 한국에서의 국제연합군 및 중동에 출동된 국제연합긴급군 간의 유사점과 차이점을 판별해 볼 수 있다.

첫째, 한국에서의 국제연합군 및 중동에서의 국제연합긴급군과 마찬가지로 콩고에서의 국제연합군도, 헌장규정에 입각한 국제연합기관(국제연합긴급군은 총회, 기타는 안전보장이사회)의 결정에 의해 출동되었으므로, 그 구성군의 출동이 회원국에 대하여 의무적인 것은 아니었고 회원국의 자발적인 것이었다 하더라도, 국제연합군이라 칭하여지는 것은 타당하다. 그리고 다음에 설명될 바와 같이 한국에서의 국제연합군보다 국제연합긴급군과 같이 국제연합군으로서의 그 성격이 더 뚜렷하다 할 것이다.

둘째, 콩고에서의 국제연합군은 위에서 언급된 타 국제연합군과 같이

---

310) 9월 20일에 국제연합과 카탕가당국 사이에 임시휴전협정(휴전, 휴전의 조항을 실시하고 양군의 관계를 해결하기 위한 혼합위원회 설치, 군력의 증가의 금지, 포로의 교환 등)이 체결되었고(New York Times, Sept. 21, 1961, p. 6), 10월 13일 양자 사이에 휴전협정이 체결되었다(*Ibid.*, Oct. 25, 1961, p. 12).

311) 예를 들면 1962년 1월 13일 우탄트 사무총장서리는 스탠리빌에서 법과 질서를 유지하고 내란을 방지하기 위하여 국제연합군에게 개입하라는 명령을 내렸다고 보도되고 있다(동아일보, 1962. 1. 14).

312) Doc. S/5002(UNYB, 1961, pp. 80~81에서 재인용).

313) 1962년 12월 28일에 시작된 국제연합군의 카탕가주군에 대한 작전은 1963년 1월 21일 전자의 Kolwezi에의 평화적 진주로써 성공리에 끝났으며, 국제연합 관계인구의 카탕가에서의 이동은 완전한 자유가 확립되었다(UN Doc. S/5240, Feb. 4. 1963(ILM, 1963, p. 305에서 재인용)). 또 Tshombe 및 그 각료들도 분리의 기도를 포기할 것을 표명하였다(*Ibid.*, p. 306). 이리하여 콩고에서의 내란의 가장 강한 요소는 일단 제거되었다고 생각된다(*Ibid.*, pp. 306, 311).

회원국들이 자의로 출동시킨 국가들의 군대로 구성되었다. 그러나 실제의 구성에 있어서는 삼자간에 차이가 있었다. 먼저 한국에서의 국제연합군에 있어서는 미국군이 압도적으로 다수를 차지하고 있었다. 국제연합군의 지휘도 미국에 일임되었으며 그 비용도 거의 전부가 미국에 부담되었던 것에 비해 콩고의 국제연합군의 구성은 일국에 편중되지도 않았고 그 비용도 국제연합이 부담하였다.[314] 이러한 차이는 국제연합군의 규율에 직접적으로 관계되며, 한국의 국제연합군은 국제연합에 의한 규율에 직접 복종하지 않았으나 국제연합긴급군과 같이 콩고에서의 국제연합군은 사무총장에 의해 대표되는 국제연합의 직접적인 규율하에 있었다.[315] 다음에 콩고국제연합군은 국제연합긴급군과 마찬가지로 안전보장이사회 상임이사국을 제외한 회원국에서 출동되었으나, 후자에 있어서는 출동목적지에 근접한 회원국 또는 관련사태에 특별한 이해관계를 갖는다고 생각되는 회원국에서의 파병이 배제된 데 대하여, 전자에 있어서는 아프리카 여러 국가로부터의 파병이 우선적으로 고려되었다.[316]

셋째, 세 개의 국제연합군이 다 같이 국제평화 및 안전을 위하여 출동되었다는 점에 있어서는 공통된다. 그러나 각각의 경우에 각 국제연합군이 국제평화와 안전의 유지 또는 복구를 위해 담당한 역할은 동일하지 않았다. 한국에서의 국제연합군은 침략군을 격퇴하여 평화의 파괴를 막고

---

314) 2. B. I. b. (1) ii, 특히 주 444 참조. 콩고에 있어서의 국제연합의 비용의 조달에 관한 회원국의 대립 등으로 논란이 있다. 소련을 위시한 일부 국가는 콩고에서의 국제연합의 활동에 관한 비용의 부담을 거부하고 있다. 총회의 제16차 정기회의에서, 제5위원회의 보고에 따라(Doc. A/5062), 콩고에서의 국제연합의 활동 및 국제연합긴급군에 관하여 총회에 있어 허가된 비용은 헌장 제17조 2항의 의미에 있어 이 국제연합의 경비(총회의 할당에 따라 회원국이 부담할)를 구성하느냐는 데 대한 국제사법법원의 권고적 의견을 물을 것이 결의되었다. 이에 대한 법원의 권고적 의견은 1962년 7월 20일에 내려졌으며(ICJ, Reports, 1962, p. 151(AJ, 1962, pp. 1053~1083에서 재인용)), 질문에 대하여 긍정적 답이었는데 그 후로 소련 등 일부 국가는 관계비용의 부담을 계속 거부하고 있다.

315) Miller, pp. 10~11, 2. B. I. b. (1) ii 참조.

316) UN Doc. S/PV. 873, pp. 11~12(Miller, *op. cit.*, p. 12에서 재인용).

또 파괴된 평화를 복구할 임무를 졌으며, 국제연합긴급군은 충돌하던 국가들 사이에 성립된 휴전과 철군을 확보, 감시하는 것을 주된 임무로 하였으며, 콩고에서의 국제연합군은 신생국가의 국내에서 법질서와 평화를 유지할 사명을 지고, 이를 위해 필요한 경우 내란에도 개입하여야 하며 외국의 불법적 개입을 방지해야 했다.

c. 이상에서 살펴본 바에 의하면 임무의 견지에서 볼 때 콩고에서의 국제연합군은 새로운 모델을 제시했다고 볼 수 있다. 콩고에 파견된 국제연합군의 임무수행에 있어 특히 문제가 되는 것은 영역국인 콩고의 의사와의 조화 여부이다. 콩고에서의 국제연합군의 창설은 콩고공화국 정부의 요청에 연유한 것이며, 또 1960년 7월 14일의 안전보장이사회 결의에 의하면 콩고공화국정부와 상의하여 군사적 원조가 제공되게 되었는데, 중앙정부와 특히 카탕가주 정부와의 무력충돌에 있어서도 처음에는 국제연합군은 중앙정부의 수상의 견해에 반대하여 불개입의 태도를 취하였고, 다음에 이러한 태도가 그의 사명과 양립하지 않음이 더 명백하게 되자 내란에 개입하게 되었으나,[317] 그 개입에 있어서도 콩고중앙정부의 의사에 따른다든가 적어도 그 의사를 존중하는 것보다는 국제연합의 자주적인 입장을 취하였다. 이와 같은 국제연합군의 행동은 어떻게 해석되어야 할 것인가? 여기에 대하여 몇 가지 견해가 성립할 수 있다.

첫째, 국제연합군은 콩고 중앙정부의 의사에 따라 행동하여야 하며,[318] 그렇지 않을 경우에는 철군하여야 한다.[319]

둘째, 국제연합군은 콩고정부의 요청이 있으면 물론 철군하여야 한다. 그러나 이것은 콩고에서 정부로서의 정상적 기능을 수행하는 기관이

---

317) a 참조.

318) 예: 안전보장이사회 제905차 회의에서의 인도네시아 대표의 견해(IO, 1960, p. 590).

319) 이사회 제899차 회의에서 소련 대표의 발언(IO, 1960, p. 587). 제903차 회의에서 제출된 소련의 결의안(Doc. S/4519(*Ibid.*, 589에서 재인용)). a, 주 290 참조.

있다는 것을 전제로 하는데, 이러한 전제가 충족되지 않는 한 국제연합군의 철수를 요청할 권리를 갖는 정부가 콩고에 없는 것이다.[320]

셋째, 콩고의 국제연합군의 파견은 콩고정부의 요청에 따른 것이며 국제연합군의 주둔 및 임무에 관하여 콩고공화국과 사무총장에 의하여 대표되는 국제연합 사이의 협정[321]이 체결되었는데, 이 협정에 의하면 콩고공화국은 그가 국제연합으로부터 군사적 원조를 요청하였다는 사실과 1960년 7월 14일 및 22일부로 안전보장이사회 결의를 수락했다는 사실에 의하여 신의성실하게 인도될 것이라는 것이며, 또 한편에 있어 국제연합은 콩고에서의 국제연합군이 그의 임무를 완전히 수행하였다고 생각되는 때까지 그 군을 유지할 용의가 있다는 것을(그것이 콩고공화국 정부의 바람에 합치한다는 것을 고려하여) 재확인한다는 것이다. 이러한 협정은 말할 것도 없이 그 규정에 의하지 않고 당사자 일방에 의해 폐기될 수 없다. 따라서 이 협정의 해석, 특히 국제연합군의 임무에 관하여 콩고 중앙정부와 국제연합 사이에 견해의 차이가 있을 때에는, 그것이 합의를 통하여 해결될 때까지는 각자 그의 견해에 따라 행동할 수 있는 것이다. 또 콩고의 소위 중앙정부와 주정부간의 대립이 콩고에서의 평화의 위협의 하나의 중대한 요소를 이루고 있으며, 이러한 위협을 방지, 제거하려는 것이 국제연합의 콩고에서의 임무라는 것이 고려될 때, 국제연합의 자주성은 긍정되지 않을 수 없다.

d. 콩고에서의 국제연합군은 이미 언급된 바와 같이 국내의 법과 질서를 유지하기 위하여 내란이 일어나지 않도록 무력행사로써 개입하여야 하며, 또 개입하였다. 이러한 의미에서 국제연합군의 행동은 강제조치다.[322] 또 이런 경우에 국제연합군의 무력충돌의 상대편이 특히 어떤 정치

320) 안전보장이사회 제902차 회의에서의 아르헨티나 대표의 견해와 제903차 회의에서의 영국 대표의 견해(IO, 1960, pp. 588~589).

321) UN Doc. S/4389, Add. 5(Miller, *op. cit.*, pp. 14~15에서 재인용).

적 조직체(예를 들면 카탕가주)인 경우에는, 이 충돌에는 전시법규가 적용되어야 할 것이며,[323] 따라서 여기에 실질적 의미에서의 전쟁이 있다고 생각되는 것이다.[324]

2. 평화를 위한 단결 결의

A. 평화를 위한 단결 결의의 주된 내용과 근거

I. 이미 언급된 바와 같이 1950년 11월 3일 한국전쟁시에 총회에서 "평화를 위한 단결" 결의가 채택되었다.[325] 이 결의는 A 및 그 부속서, B와 C로 이루어지고 있는데, 총회의 강제조치권고의 권한을 명백히 인정하고 이에 따를 예비적 및 부수적 조치를 규정한 것은 A에서 볼 수 있다. 그 중요한 규정은 다음과 같다.

> A.
>
> 전문 ……
>
> A. 1. (총회는) 다음과 같이 결의한다. 만약 안전보장이사회가, 상임이사국의 전원일치의 결여 때문에 평화에 대한 위협, 평화의 파괴 또는 침략행위가 있는 것 같은 어떤 경우에, 국제평화 및 안전의 유지에 관한 그의 제1차

---

322) Cf. Halderman, *op. cit.*, pp. 984, 990. 국제사법법원이 국제연합긴급군과 마찬가지로 콩고에서의 국제연합 활동은 헌장 제7장의 범위에서의 강제행동(enforcement action)이 아니었다고 본 것은(ICJ, Reports, 1962, p. 151(AJ, 1962, p. 1064에서 재인용)) 적당하지 않다.

323) 이미 언급된 바와 같이 카탕가와 국제연합 사이에 휴전협정이 체결되었으며(a, 주 310), 이것은 국제연합군의 행동이 단순히 국내경찰행위로는 생각될 수 없고, 카탕가에서 제한된 범위에서이지만 국제법상의 인격이 설정되었다는 것을 말한다. 이러한 의미에서 카탕가는 교전단체(제1장 제1절 2. C. IV)로 생각될 수 있다. 이러한 카탕가와 국제연합 사이의 무력충돌에서 임시법규가 적용되어야 할 것은 재언의 필요가 없다.

324) A. III. B(1). II. c; 2. C.

325) 1. B(1). I, 주 113.

적인 책무를 행사하지 못하면, 총회는 국제평화 및 안전을 유지 또는 회복하기 위한 집단적 조치를 위하여 회원국에 적당한 권고를 할 목적으로 그 사항을 곧 심의할 것이며, 이 집단적 조치는 평화의 파괴 또는 침략행위의 경우에 필요하면 무력행사를 포함한다. 그 때에 회기가 아니면 총회는 긴급특별회기에 대한 요청의 24시간 내에 이 회기에 회의할 수 있다. 이 긴급특별회기는 7개 이사국의 투표로 안전보장이사회나 국제연합 회원국의 과반수에 의하여 요청되었을 때 소집된다.

2. ……

B. 3. (총회는) 평화관찰위원회를 설치한다. 이 위원회는 1951 및 1952 역년에는 14개 회원국 즉 ……으로 구성될 것이며, 이 위원회는 그 계속이 국제평화 및 안전을 위태롭게 할 우려가 있는 국제긴장이 있는 어떤 지역에서나 그 사태를 관찰하고 그에 관하여 보고할 수 있을 것이다. 만약 안전보장이사회가 문제의 사항에 관하여 헌장에 의하여 그에 부과된 기능을 행사하지 않으면, 이 위원회가 갈 영역소속국의 초대로 또는 그 동의를 얻어, 총회 또는 총회가 회기가 아닌 때에는 소총회가 이 위원회를 이용할 수 있다. 이 위원회를 이용하기 위한 결정은 출석하여 투표하는 구성국의 3분의 2의 찬성투표에 의하여 행하여진다. 안전보장이사회도 또한 이 헌장하의 그의 권한에 따라 이 위원회를 이용할 수 있다.

4. …… 5. …… 6. ……

C. 7. (총회는) 국제연합 각 회원국에 국제평화 및 안전의 회복을 위한 안전보장이사회 또는 총회의 어떤 권고나 지지하여 그가 줄 수 있는 원조의 성질 및 범위를 결정하기 위하여 그 자원을 측정하도록 권유한다.

8. (총회는) 국제연합 회원국에 다음과 같이 권고한다. 각 회원국은, 안전보장이사회 또는 총회에 의한 권고로 국제연합군의 부대로서 봉사하기 위하여 그 회원국의 헌법절차에 따라 신속히 이용될 수 있도록 훈련, 조직 및 장비된 편대를 그 국군 내에 유지한다. 단, 이것은 헌장 제51조에 인정된 개별적 또는 집단적 자위권행사에 있어 이러한 편대의 사용은 해하지 않는다.

9. ……

10. (총회는) 사무총장에게 제11조에 규정된 위원회의 승인을 얻어

일단의 군사전문가를 임명할 것을 요청한다. 이 일단의 군사전문가는, 제8항에 언급된 편대의 국제연합군부대로서의 신속한 봉사를 위한 조직, 훈련 및 장비에 관한 전문적 조언을 얻으려는 회원국의 요청에 의해 이용될 수 있다.

D. 11. (총회는) 14개 회원국, 즉 ……로 구성되는 집단조치위원회를 설치하며 이 위원회에 다음과 같이 명령한다. 위원회는, 사무총장과 위원회가 적당하다고 생각하는 회원국과 상의하여 집단적 자위권 및 지역적 협정(헌장 제51조 및 제52조)을 고려하면서, 헌장의 목적 및 원칙에 따라 국제평화 및 안전을 유지 및 강화하는 데 사용될 방법(이 결의의 C에 있는 것을 포함하여)에 관하여 연구하고 늦어도 1951년 9월 1일까지 안전보장이사회와 총회에 보고한다.

12. …… 13. ……

E. ……

ANNEX ……

II. a. 말할 것도 없이 평화를 위한 단결 결의의 핵심이 되는 것은 A, A 제1항에 의하여 총회가 평화의 위협, 평화의 파괴 또는 침략의 경우에 무력행사를 포함한 집단적 조치를 권고할 수 있다는 부분이다. 이 조항이 헌장에 비추어 합법적이라고 볼 수 있느냐 하는 문제는 많이 논의되어 온 것이다. 다음에 이 합헌성 문제의 논의점이 검토될 것이다.

(1) 헌장 제10조에 의하면 총회는 헌장의 범위 내에 있거나 헌장에 규정된 기관들의 권한 및 기능에 관한 어떠한 문제 또는 사항도 토의 및 권고(회원국 및 안전보장이사회에 대하여)할 수 있으며, 또 제11조 2항 전반부의 규정에 의하면 총회는 그가 부탁받은 국제평화 및 안전의 유지에 관한 어떠한 문제도 토의 및 권고(관계국가 및 안전보장이사회에 대하여)할 수 있다. 양 조문에 있어 총회가 권고를 하는 데 있어서는 제12조 1항에 의한 제한, 즉 안전보장이사회가 어떠한 분쟁 또는 사태에 관하여 그 기능을 수행하고 있을 때에는 당해 분쟁 또는 사태에 관하여 총회가 권고를 하여서는 안

된다는 제한을 받으나, 이 제한 밖에서는 총회는 평화를 위한 단결 결의에 규정된 바와 같이 평화에 대한 위협, 평화의 파괴 또는 침략의 사태를 심의하고 또 집단적 조치를 권고하는 권한을 양 조문에 의해 갖는 것 같이 보인다. 그러나 제11조 2항 후반부에 의하면 총회에 부탁된 국제평화 및 안전에 관한 문제로서 조치가 필요한 것은 총회에 의하여 토의 전후에 안전보장이사회에 부탁되어야 한다는 것이다.

이 규정에 있어 "조치"라는 것이 무엇을 의미하느냐 하는 것은 총회의 권한범위와 관련하여 중요한 의미를 갖는다. 이 조치를 다른 의미로 해석할 가능성[326]도 완전히 배제되는 것은 아니나, 강제조치 일반으로 해석하는 것이 적당하다.[327] 그렇다면 총회가 평화를 위한 단결 결의에 의하여 무력행사 같은 집단적 조치를 권고하는 것은 헌장 제11조 2항 후반의 규정에 의하여 배제된다고 보아야 할 것이다. 그러나 이 규정과 같은 제한은 제10조에서는 없으므로 이 조문에 의하여 총회는 무력행사 같은 강제조치도 권고할 수 있는 것 같이 생각된다. 따라서 이 점에 있어 총회의 권한에 관한 헌장 제10조와 제11조 2항 사이에 상충관계가 생기며 어느 규정이 우선하느냐 하는 문제가 일어난다. 제10조는 총회의 권한에 관한 일반적인 규정이며 제11조 2항은 국제평화 및 안전에 관한 특수규정이므로 후자가 우선한다고 생각된다.[328] 그 경우에 제11조 4항의 규정, 즉 이 조문에

326) 첫째, "조치"라는 말을 널리 해석하여 강제조치뿐 아니라 국제분쟁 또는 사태의 평화적 해결 또는 조정을 위한 권고 같은 것도 포함시킨다면(Cf. Goodrich and Hambro, pp. 169~170), 그 결과는 총회의 중요한 기능에 관한 헌장의 조문을 공문화하는 것이 될 것이다(Kelsen, UN, pp. 204, 962; Turaj Andrassy, Uniting for Peace, AJ, 1961, pp. 566~567). 둘째, "조치"가 헌장 제7장(제39조, 제41조, 제42조)에 입각한 안전보장이사회에 의하여 취하여지는 강제조치만을 의미한다면, 헌장 제11조 2항과 평화를 위한 단결 결의의 여기서 문제되는 주된 내용 사이에 상충은 생기지 않지만(Kelsen, UN, p. 963; Stone, p. 269), 그러한 의미로 "조치"가 해석된다는 것은 부자연스러운 해석으로 당해 조문을 무의미하게 만든다(Kelsen, UN, p. 964).

327) Dahm, II, S. 382; Kelsen, UN, pp. 204~205, 962~963; Andrassy, *op. cit.*, p. 567.

328) 물론 이와 반대되는 해석의 가능성, 즉 제10조가 우선하며 따라서 총회는 이 조문에 입각하

규정된 총회의 권한은 제10조의 일반적 범위를 제한하지 않는다는 것이 공문화되지 않느냐 하는 의문이 일어나는데,[329] 총회는 어떤 문제나, 따라서 국제평화 및 안전에 관한 문제에 있어서도 제11조 2항 후반의 제한에 관계없이 토의 및 심의만은 할 수 있다는 의미로 해석된다.[330] 어쨌든 헌장 제10조와 제11조 2항 및 4항에 대한 위에서의 해석에 비추어, 총회가 회원국에 강제조치를 권고할 수 있는 권한은 헌장에 의하여 규정되지 않는 것 같이 보인다.

(2) 헌장에 의하면 예외적인 경우에 있어서의 개별적인 회원국의 무력행사(제51조, 제107조 및 제53조)와 평화에의 위협, 평화의 파괴 또는 침략행위의 방지, 제거 또는 진압을 위한 국제연합의 유효한 집단적 조치로써의 무력행사만이 허용되며 기타의 무력행사는 금지되고 있다.[331] 그런데 제1조 1항의 소위 "유효한 집단적 조치"라는 것이 헌장 제7장 제41조 및 제42조[332]에 입각한 안전보장이사회에 의한 조치만을 의미하는 것이라면, 총회가 회원국에 무력행사를 권고한다는 것은 무력행사를 금지하는 헌장의 관계조문 제2조 4항 등에 저촉되는 것이다. 그러나 유효한 집단적 조

여 제11조 2항의 후반규정의 제한을 받지 않고 강제조치를 권고할 수 있다는 것도 배제되지 않는다(Kelsen, UN, pp. 966~967, 970). 이러한 해석은 제11조 2항 후반규정을 공문화할 것이다. 그리고 헌장의 제출 및 채택에 있어서 가장 중요한 역할을 한 미국의 견해(Report to the President on the Results of the San Fransisco Conference by the Secretary of State, Department of State Publication 2349, Conferenrence Series 71, 1945, pp. 14, 62, 65; Hearings before the Committee on Foreign Relations, United States Senate, on the Charter of the United Nations, United States Government Printing Office, 1945, pp. 243, 246, 252(Kelsen, UN, pp. 968~ 969에서 재인용))에 의하더라도 제11조 2항의 후반규정이 제10조에 우선한다.

329) *Ibid.*, pp. 965, 966.

330) Stone, p. 270. Cf. UNCIO Doc. 1151, II/17, Documents, Vol. VIII, p. 208(Kelsen, UN, p. 969에서 재인용).

331) 제1절 1 참조.

332) 제94조 2항에 의하여 제39조에 의한 강제조치가 취하여질 수 있는 것은 이미 언급되었다(1. A. I. a, 주 6).

치를 헌장 제41조 및 제42조에 입각한 조치에만 국한시켜야 한다는 해석만이 성립된 것은 아니다. 이미 설명된 바와 같이[333] 한국전쟁에 있어 안전보장이사회가 헌장 제39조에 따라 무력행사를 권고한 것도 국제연합에 의한 집단적 조치의 발동이라고 생각될 수 있는 것이다. 따라서 총회가 헌장에 의하여 회원국에 대해 무력행사를 권고할 수 있다는 것이 긍정된다면, 그러한 권고의 실시를 유효한 집단적 조치로 볼 수 있다는 견해가 성립할 수 있다. 그러나 적어도 헌장규정의 문구에 따르면 총회는 무력행사를 포함한 조치를 회원국에 권고할 수 없는 것 같이 보인다.

첫째, 제14조에 의하면, 일반적 복리 또는 각국간의 우호적 관계를 훼손할 우려가 있다고 생각되는 어떤 사태(이러한 사태에는 국제연합의 목적 및 원칙을 정한 헌장의 규정의 위반에서 발생하는 것도 포함된다)에 대하여, 총회는 이를 평화적으로 조정하기 위한 조치를 권고할 수 있다는 것이다. 이 조문에서 예견된 사태는 헌장 제2조 4항 위반에서 결과하는 사태도 포함되고 또 이러한 사태에는 평화에 대한 위협, 평화의 파괴 및 침략행위에 포함된다는 해석이 취하여진다면,[334] 총회가 이러한 사태에 대하여 평화적 조정을 위한 조치를 권고할 수 있을 뿐이며 무력행사 같은 강제조치는 권고할 수 없는 것이다.

둘째, 제24조에 의하면 안전보장이사회는 국제연합의 신속하고 유효한 행동을 기하기 위하여 국제평화 및 안전의 유지를 위한 제1차적 책임을 지고 있으며 또 제39조에 의하면 평화에 대한 위협, 평화파괴 및 침략행위의 존부를 결정하는 것은 안전보장이사회이므로, 안전보장이사회만이 평화에 대한 위협의 방지 및 제거와 침략행위 또는 기타의 평화파괴의 진압을 위한 유효한 집단적 조치를 취할 수 있다고 해석될 수 있다.[335]

---

333) 1. B(1). II. b. (2) 참조. Kelsen, UN, p. 971.
334) *Ibid.*, p. 972; Stone, p. 271.
335) Kelsen, UN, 973; Stone, p. 271.

셋째, 제5조에 의하면 안전보장이사회의 방지조치 또는 강제조치의 대상이 된 회원국에 대하여서는 이사회의 권고에 입각하여 총회가 회원국으로서의 권리 및 특권의 행사를 정지시킬 수 있다. 만약 총회가 회원국의 행동에 대하여 무력행사를 포함한 강제조치를 권고할 수 있다면, 이사회에 의한 강제조치의 경우에 한하여 그 조치의 대상인 회원국에 대하여서만 정권문제가 규정된다는 것은 분명히 불합리한 것이 될 것이다.[336]

넷째, 헌장 제50조에 의하면 안전보장이사회의 어느 국가에 대한 방지 또는 강제조치에 대하여 어떤 기타의 국가가 특별한 경제문제에 직면하였을 때에는 당해 국가는 그 문제의 해결을 위하여 이사회와 협의할 권리를 갖는다는 것이다. 총회도 강제조치를 권고할 수 있다면 그 조치에 관련하여 이사회의 조치의 경우와 같이 경제문제가 생길 것인데 총회에 관하여서는 제50조에 해당하는 규정이 없다.[337]

다섯째, 제53조 1항에 의하면 안전보장이사회는 그 권한하에 있는 강제행동을 위하여 적당한 경우에는 지역적 협정 또는 기관을 이용하나 어떠한 강제행동도 이사회의 허가 없이는 원칙적으로 지역적 협정 또는 지역적 기관에 의하여 취하여질 수 없다는 것이다. 이러한 규정도 안전보장이사회만이 강제조치를 취할 수 있다는 것을 전제로 하고 있다고 해석될 수 있다.[338]

여섯째, 제99조에 의하면 사무총장은 국제평화 및 안전의 유지를 위협할 것으로 생각되는 사항에 관하여 안전보장이사회의 주의를 환기할 수 있다는 것인데, 이 조문도 안전보장이사회만이 평화에 대한 위협의 사태를 취급할 수 있다는 것을 전제로 한 것이라고 할 수 있다.[339]

---

336) Kelsen, UN, 973.

337) *Ibid.*

338) *Ibid.*, pp. 973~974.

339) *Ibid.*, p. 974.

(3) 제24조에 의하면 안전보장이사회는 국제평화 및 안전의 유지를 위한 제1차적 책임을 지고 있는 데 불과하며, 이사회가 어떤 상임이사국의 거부권의 행사로 이 책임을 수행하지 못할 때 주된 기관의 하나인 총회는 제2차적으로 관계조문(제10조, 제11조 등)에 입각하여 그 책임(소위 유효한 집단적 조치를 취하는 것을 포함)을 맡을 수 있다는 것을 주장함으로써, 평화를 위한 단결 결의문제의 규정의 합헌성을 긍정하려는 경향이 있다.[340] 그러나 이러한 주장에 대하여서는 헌장 제106조의 난관이 있다. 이 조문에 의하면 안전보장이사회가 제42조에 의한 그 책임을 수행할 수 있게 하는 특별협정(제43조)이 효력을 발생할 때까지는, 미국, 영국, 중국, 소련 및 프랑스 5개국이 국제연합을 대신하여 국제평화 및 안전의 유지를 위하여 필요한 공동조치를 하도록 상호간에 또 필요에 따라서는 타 회원국과 상의한다는 것이다. 따라서 이 조문에 의하면 헌장 제43조에 의한 특별협정이 체결되어 제42조에 의한 강제조치가 이사회에 의하여 발동될 수 있을 때까지(이러한 기간이 일시적인 것으로 본래 예정되었으나 특별협정이 지금까지 체결된 일이 없다는 것은 이미 언급된 바와 같다), 이사회에 대신하여 제2차적으로 강제조치의 책임을 지는 것은 총회가 아니고 위에서 든 5개국이다. 다시 말하면 위에서 언급된 특별협정이 체결될 때까지는 그 5개국의 공동조치가 아닌 무력행사를 포함한 강제조치를 권고할 권한을 총회는 갖지 못한다고 해석될 수 있다.[341]

이상 설명된 바에 비추어 평화를 위한 단결 결의 A, A 제1항에 규정된 것이 적어도 명백히는·헌장에 본래 의도된 바는 아닐 것이다.[342] 그러러

340) 총회의 제279차 본회의에서의 미국 국무장관의 견해와 총회 제1위원회의 제354차 회의에서의 미국 대표의 견해 및 동 위원회 제360차 회의에서의 영국의 견해(*Ibid.*, pp. 974~975; Stone, p. 271).

341) Cf. Kelsen, UN, pp. 975~976; Stone, pp. 271~272.

342) Hans Kelsen, Collective Security and Collective Self-defense under the Charter of the United Nations, 1948, p. 786.

나 헌장의 해석상 위의 결의규정의 합헌성이 반드시 배제된다고 생각될 수 없을 것이다. 다음에 이에 대한 논거가 거론될 것이다.

(4) 헌장 제106조에 의하여 총회가 국제연합의 강제조치의 제2차적 책임을 맡을 수 없다는 것은 헌장규정의 문구상으로는 가능한 해석이다. 그러나 평화를 위한 단결 결의에 나타난 바와 같이 안전보장이사회가 상임이사국의 의견의 불일치로 그 기능을 수행하지 못할 때 헌장 제106조가 작용하지 못할 것은 자명한 일이며, 이 경우에 총회가 실질적으로는 제2차적으로, 조문상으로는 제3차적으로 강제조치의 기능을 담당하는 것은 배제되지 않는다.[343]

(5) 이미 설명된 바와 같이 헌장에는 강제조치에 관한 총회의 권한을 배제하는 것 같은 조문들이 있다.

먼저 제14조의 문구에 의하면 평화의 파괴 등의 사태에 있어서도 총회는 그 평화적 조정을 위한 조치만을 권고하여야 하는 것 같이 보인다. 그러나 이 조문이 평화의 파괴 등의 구체적인 사태에 관한 것도 규율하고 있느냐를 의문시하는 견해에도 긍정될 바가 있다. 즉 국제평화 및 안전의 유지에 관계되는 총회의 권한은 제11조에 규정되었으며 정치적 분야와 경제, 사회 및 기타 분야에 있어서의 국제협력에 관한 총회의 권한은 제13조에 규정되고 그 다음에 제14조의 내용이 배치된 것이라든가, 또 제11조는 덤바턴 오크스(Dumbarton Oaks)제안 제5조 B절 1항에서 온 데 대하여 제14조의 기원이 되는 것이 그 제안에서 찾아진다면 제13조의 기원인 제5조 B절 6항이라는 점에 비추어 보더라도, 제14조는 특수한 개개의 사태가 아니고 보다 일반적인 상태에 관한 것(평화적 변경)을 취급한다고 생각될 수 있다.[344] 그렇다면 이 조문은 평화를 위한 단결 결의의 관계규정에는

343) Stone, p. 273. note 32; Andrassy, *op. cit.*, p. 570.

344) *Ibid.*, p. 569; Verdross, VR, S. 438; Goodrich and Hambro, p. 178; Hearings before the Committee on Foreign Relations, United States Senate, on the Charter of the United

직접 관계가 없다고 생각될 수 있다.[345]

둘째, 헌장 제24조 및 제39조에 규정된 바에 비추어 총회는 강제조치에 관한 권한을 갖지 못한다는 점에 대하여서는 다음과 같이 답변될 수 있다. 안전보장이사회가 국제평화 및 안전의 유지를 위한 제1차적 책임을 진다는 것은 총회의 제2차적 또는 제3차적 책임을 배제하는 것은 아니며, 또 평화에 대한 위협, 평화의 파괴 또는 침략행위의 존재의 결정권이 총회에 명시적으로 부여되지 않았다 하더라도[346] 그것으로 곧 총회의 강제조치에 관한 권한의 결여는 단정되지 않고, 도리어 타 조문에 의하여 이 권한이 긍정된다면 이 권한행사의 전제로서 평화에 대한 위협 등의 존재의 결정권한도 총회가 갖는다고 생각된다.[347]

셋째, 제5조, 제50조, 제53조 및 제99조의 규정에서 안전보장이사회만이 무력행사를 포함한 강제조치를 취할 수 있다는 것이 추정된다는 점에 대하여서는, 이 조문들이 강제조치에 있어 이사회의 주된 역할을 긍정하나 총회의 권한을 적극적으로 배제하는 것은 아니라는 것이 주장될 수 있다.

(6) 평화를 위한 단결 결의 A, A 제1항의 규정의 합헌성의 긍정은 결국 제10조 및 제11조 2항의 해석에 의존한다고 생각된다. 총회가 부탁받은 국제평화 및 안전에 관한 문제에 있어 행동, 즉 강제조치가 필요한 경

Nations, United States Government Printing Office, 1945, p. 253(Kelsen, UN, p. 972, note 8에서 재인용).

345) 제14조의 실제의 적용에 비추어 보아도 여기서의 해석이 긍정된 것 같다(Goodrich and Hambro, p. 180, note 76; Goodrich and Simons, pp. 228~229, 235~242).

346) 헌장 제11조 2항 후반의 규정에 의하여 총회는 행동이 필요한 경우에는 그가 맡은 임무를 안전보장이사회에 부탁하여야 되는데, 여기서 행동이 필요한 것인가 아닌가에 관한 총회의 결정은 헌장 제39조에 의한 평화에 대한 위협 등의 존재의 결정과 유사한 것으로 생각된다(*Ibid.*, p. 350). 또 총회의 관행에 있어서는 평화에 대한 위협 등의 존재의 정식결정 가능성에 대하여 아무런 고려가 없었으나, 1948년 국경문제에 관한 결의(Resol. 193(III), Nov. 27, 1948)에서 위에서의 결정 가능성이 표명되었다고 생각될 수 있다(*Ibid.*, p. 349).

347) Cf. Kelsen, UN. pp. 978~979; Andrassy, *op. cit.*, p. 578.

우에는 이 문제는 안전보장이사회에 부탁되어야 하는데, 이와 같이 강제조치에 관하여 총회의 권한을 배제하는 것 같은 헌장 제11조 2항 후반의 규정은 금지적인 제한이 아니고 절차적인 것에 불과하다고 생각될 수 있다. 즉 조치가 필요한 문제는 총회에 의하여 이사회, 즉 국제평화 및 안전의 유지에 관한 제1차적 책임을 지고 있으며 법적 구속력이 있는 강제조치를 결정할 수 있는 기관에 일단 부탁되어야 하나, 이사회가 그 문제에 대하여 국제평화 및 안전의 유지 또는 회복에 필요한 행동을 취하지 못할 때 총회가 그 문제를 다시 취급하고, 제41조 및 제42조에 규정된 내용의 조치를 권고하는 것은 허용된다고 생각될 수 있다.[348]

이와 같은 해석에 의하여 총회가 제11조 2항 후반의 절차적 제한을 벗어나 강제조치를 권고할 수 있을 때 이 권한이 제10조에 입각할 것이냐 또는 제11조 2항에 입각할 것이냐 하는 점이 남아 있다. 제11조 2항이 분쟁 또는 사태의 평화적 해결 또는 조정만을 규정한다고 해석될 때에는[349] 총회의 강제조치에 관한 권한을 제10조에만 입각한 것이며, 제11조 2항에 의하여 총회가 국제평화 및 안전의 유지의 어떤 면이나 취급할 수 있다고 해석된다면,[350] 총회의 강제조치에 관한 권한은 양 조문에 입각한다. 이 경우에 제11조 2항에 의하면 총회는 회원국, 분쟁당사국인 비회원국 또는 안전보장이사회의 부탁을 받아야 그 권한을 발동시킬 수 있으나 제10조에는 이러한 제한이 없다.

위에서와 같이 해석하는 것이 평화를 위한 단결 결의 A, A 제1항의 합헌성을 긍정하는 데 가장 적당한 것 같다.[351] Kelsen은 이 합헌성이 헌

---

348) *Ibid.*, pp. 567~568. 이것은 다수 회원국의 견해다(Goodrich and Simons, pp. 349~350). 예: 총회 제1위원회의 제364차 회의에서의 미국 대표의 견해(그러나 이 견해에 대한 Kelsen의 비판이 있다. Kelsen, UN, pp. 964~965, note 7).

349) Cf. *Ibid.*, p. 202.

350) Cf. *Ibid.*, p. 203.

351) 이 결의를 제1조 1항에 입각시키려는 견해도 있는데(John W. Halderman, Legal Basis for

장의 해석에서 긍정될 수도 있다는 설명에서, 우선 제11조 2항의 후반의 규정에 있어 "조치"라는 것이 안전보장이사회가 제39조, 제41조 및 제42조에 입각하여 취하는 강제조치로 해석될 수 있으며,[352] 그렇다면 제11조 2항 후반의 규정에 의하여 총회 자체가 강제조치를 권고할 권한은 제한되지 않는다는 것이다.[353] 다음에 "조치"라는 말이 강제조치 일반으로 해석된다면 제10조와 제11조 2항 후반의 상충문제가 특히 제11조 4항의 규정에 비추어 생기게 되는데, 이 문제에 있어 제11조의 규정은 제10조의 범위를 제한할 수 없다고(즉 제10조가 우선한다고) 해석될 수 있으며(따라서 제11조 2항 후반은 사문화하게 되는데), 이 경우에는 총회는 평화의 파괴 등에 있어 강제조치를 권고할 수 있다는 것이다.[354]

이러한 해석에 무리가 있다는 것은 Kelsen 자신에 의하여 시사되고 있으며,[355] 더 나아가서는 이렇게 제10조는 그 규정에 명시된 제12조의 제한 이외에는 제11조 2항 후반 및 기타의 헌장 조문의 제한을 받지 않는다는 해석이 취하여진다면, 총회는 안전보장이사회가 상임이사국의 의견의 불일치 때문에 국제평화 및 안전의 유지를 위한 그의 책임을 다하지 못한 것이 아닐지라도 강제조치를 권고할 수 있으며, 또 이사회가 5개 상임이사국의 찬성투표를 포함한 결의에 의하여 평화에 대한 위협, 평화의 파괴 또는 침략행위가 없다고 단정한 경우일지라도 총회는 반대의 단정을 내리고 강제조치를 권고할 수 있다는 결론에 이를 수 있다는 것이다.[356] 평화를 위한 단결 결의 A, A 제1항의 합헌성을 긍정하기 위한 Kelsen의

United Nations Forces, AJ, 1962, pp. 991, 993~994) 적당하다고 생각되지 않는다.

352) 이러한 해석이 적당하지 않다는 것은 이미 언급되었다(1, 주 3 참조)

353) Kelsen, UN, pp. 963, 965.

354) *Ibid.*, pp. 965~967, 970.

355) *Ibid.*, pp. 964, 967, 968~970.

356) Kelsen은 이러한 해석 가능성을 제106조에 관련하여 설명하고 있으나(*Ibid.*, pp. 976~977) 이 가능성은 물론 제11조에 관련하여서도 성립한다.

해석이나 우리가 취하는 해석이나 다 같이 본래 명백히 헌장에 의도된 바에서 유리한다는 것은 사실이나, 전자인 해석보다 후자가 헌장의 구조에 충실한 것이다. 즉 Kelsen의 해석에 의하면 위에서 언급된 바와 같이 국제평화 및 안전의 유지에 있어 제1차적 책임을 지는 안전보장이사회의 지위는 무시되는 데 대하여, 우리의 해석에 의하면 그 지위가 인정되면서 다만 상임이사국의 거부권[357]의 남용으로 이사회의 제1차적 책임이 수행되지 않는 경우에 한하여 총회가 강제조치에 관한 권한을 가질 수 있게 된다는 것이다.

거듭 언급된 바와 같이 평화를 위한 단결 결의 A, A 제1항은 헌장에 적어도 명백히 의도된 것은 아니나, 이 결의가 채택되기 전에 적어도 평화에 대한 위협이 있다고 생각될 수 있는 경우에[358] 총회는 잠정조치[359]와 나아가서는 제41조의 내용에 포함되는 조치를 권고한 예가 있다. 1947년 5월 15일 팔레스타인 문제에 관하여 조사하고 보고할 특별위원회를 설치할 때 총회는 "팔레스타인에 관한 그의 특별위원회의 보고에 입각한 총회의 행동시까지 무력의 위협 또는 무력행사 또는 팔레스타인 문제의 조기해결에 유해할 분위기를 만들 어떤 그 밖의 행동도 삼갈 것을 모든 정부 및 국민, 특히 팔레스타인 주민"[360]에게 요청하였던 것이다. 그리스 국경문제에 있어 안전보장이사회가 아무런 조치를 취하지 못하게 된 다음, 총회는 1948년 11월 27일의 결의[361]에서 그리스의 북부 인접국에 대하여 "무력행사의 준비 또는 개시를 위한 기지로서의 그들의 영역의 사용을 포함하여" 어떠한 형태에서나 원조 또는 지지를 주는 것을 중지하는 것을 요청하였고, 또 "국제연합의 모든 회원국 및 기타 모든 국가에 그들의 정부

357) Cf. *Ibid.*, pp. 977~978.

358) 제1절 1. A. II. a 참조.

359) 1. A. II. a 참조.

360) Resol. 107(S-1)(Goodrich and Simons, pp. 373~374에서 재인용).

361) Resol. 193(III)(*Ibid.*, pp. 376, 430. 5, 주 346에서 재인용) 참조.

가 그리스정부에 대하여 싸우는 어떤 무장단이나, 직접적으로 또는 타 정부를 통하여 원조하도록 어떤 행동이나 삼갈 것" 을 권고하였다.

또 1949년 11월 18일의 총회의 결의[362]에서는 모든 회원국 및 기타 모든 국가들에 그리스정부에 대하여 싸우는 무장단을 돕는 것과 알바니아 및 불가리아에 직접 또는 간접으로 무기 및 기타 전쟁물자를 공급하지 말 것 등이 권고되었다. 또 스페인 문제에 있어서도 안전보장이사회가 아무런 합의를 보지 못한 다음 총회는 1946년 12월 12일 프랑코정권에 압력을 가하기 위하여 결의[363]를 채택하였는데, 여기서 권고된 조치, 즉 스페인 주재 외교사절의 철수, 전문기관에 프랑코정권의 가입 배제, 국제연합이 주최하는 회의에 그 정권의 참가 배제는 그 내용에 있어 헌장 제41조에 포함될 것이다. 이러한 예에 비추어 보더라도 평화를 위한 단결 결의가 헌장에 근거를 가질 수 없다고 생각될 수는 없다.

위의 예에서는 총회가 정치적 및 경제적 조치를 권고하였으나, 사정이 더 위급하거나 중대할 때 집단적 무력행사의 권고도 할 수 있다고 추론될 수 있는 것이며, 이러한 추론은 국제평화 및 안전의 유지를 제1의 목적으로 하는 헌장의 정신에 부합하는 것이며, 이것은 동시에 평화를 위한 단결 결의의 내용에도 해당한다.[364] 그런데 평화를 위한 단결 결의를 헌장 제51조에 입각시킬 것으로 보는 견해가 있다.[365] Stone은 이 결의의 합헌성의 설명에 있어서의 난점[366]과 이 결의가 채택된 정치적 관련을 고려하여, 동 결의는 제51조의 자위조항에 관련시킴으로써만 정치적 또는 법적 의의를 갖게 되며 이 조문에 의한 자위의 무정부주의적인 자유를 인도하고 조직하려고 한다는 것이다.[367] 그러나 이 결의가 제51조에 입각한다는

362) Resol. 288(IV)(Goodrich and Simons, p. 430에서 재인용).
363) Resol. 39(I)(*Ibid.*, pp. 428~429에서 재인용).
364) Oppenheim-Lauterpacht, II, p. 176, note 1; Andrassy, *op. cit.*, pp. 572~574.
365) 총회 제1위원회 제361차 회의에 있어서의 콜롬비아 대표의 견해(Kelsen, p. 979).
366) 1, 2, 3 참조.

것은 표명되지 않았을 뿐 아니라 A, C 제8항 및 A, D 제11항에 의하면 이 결의에 의한 조치는 자위권의 행사와는 구별될 것이다.[368]

이 결의가 총회의 정기회의에서 헌장과 총회의 절차규칙에 따라 채택되었고, 제51조에 입각하여 집단적 자위를 조직하려는 대다수의 회원국의 의도가 표명되지 않았으며, 또 안전보장이사회의 기능의 마비에 대비하여 또 하나의 집단적 안전보장제도를 명백히 하려는 이 결의에 표명된 다수의 회원국의 의도가 헌장에 비추어 합법화될 수 있는 데도 불구하고, 이 결의는 1949년 4월 4일에 세워진 북대서양조약기구와 같은 것을 총회라는 편리한 회원국 대표들의 집합소를 이용하여 세우려는 것이라고 보는 것은[369] 국제조약이나 국제기관의 결의의 의의를 국제생활의 현실에 비추어 규명하여야 된다는 그의 입장[370]을 반영하는 것이다. 이러한 입장이 국제법 더 나아가서는 법 일반의 설정 및 해석에 있어 소홀히 되어서는 아니 될 것은 부언을 요하지 않는 바이지만, 이 경우에 Stone과 같이 입법이나 법해석에 있어 현실의 권력관계(이 경우 미국과 소련 양 진영의 대립)만이 고려된다면 법이란 "일정한 권력기회에 대한 사회적 판단"에 의해 사라지는 것이다.[371]

Stone도 법학도로서의 그의 의견의 과함을 의식함인지[372] "이 결의(평화를 위한 단결 결의－필자 주)가 이 자유(제51조에 입각한 무정부주의적인 자유－필자 주)를 집단적 안전보장의 체계란 칭호를 받는 것으로 전환시킬 수 있는지 우리는 두고 보아야 할 것이다"[373]라고 말하고 있다.

367) Stone, pp. 272~274, 277.
368) Cf. *ibid.*, p. 273, note 37; Kelsen, UN, p. 979.
369) Stone, p. 275. Cf. Osgood, pp. 196~197.
370) Stone, pp. xliv, 48.
371) 서론 2. A, 주 41.
372) 서론 2. A, 주 42~44 참조.
373) Stone, p. 277.

b. 위에서 검토된 A, A 제1항의 주된 부분의 규정 이외에도 평화를 위한 단결 결의에는 그 합헌성이 논의되는 규정이 있다. 그 중 중요하다고 생각되는 것이 검토될 것이다.

(1) A, A 제1항의 뒷부분의 규정에 의하면[374] 평화에 대한 위협 등이 있고 총회가 논의하여야 할 경우에 총회가 회기가 아니면, 안전보장이사회의 단순한 7표의 다수결 또는 회원국의 과반수의 요청이 있으면 24시간 내에 긴급특별회기의 총회가 소집된다는 것이다. 그런데 이 규정에 있어 문제되는 것은 총회의 긴급특별회기(이하 긴급총회라 약칭됨) 소집의 요청을 위한 이사회 결의를 절차사항으로 규정하는 것이 총회에 허용되느냐 하는 것이다. 긴급총회의 소집도 보통 회의의 소집과 같이 절차사항으로 생각될 수 있으나,[375] 이사회에서 절차의 문제를 결정하는 것(이 경우에 있어서는 긴급총회의 소집의 요청에 어떠한 다수결을 요하느냐 하는 것)은 이사회가 오로지 할 일이며, 더욱이 이사회의 관행에 의하면 이사회에서 토의되는 사항이 절차사항이냐 아니냐의 결정은 5개 상임이사국의 거부권이 행사될 수 있는 실질사항으로 취급되어 왔던 것이다.[376] 그렇다면 긴급총회 소집의 요청을 위한 이사회 결의의 규칙을 총회가 정한다는 것은 이사회와 상임이사국들의 권한을 침범하는 위헌으로 생각되는 것이다.[377]

그러나 Kelsen이 지적한 바와 같이 다음과 같이 생각될 수도 있다.

> "…긴급특별회기는 어떤 7개 이사국의 투표에 입각한 안전보장이사회로부터의 이러한 회기의 요청을… 받은 24시간 내에 소집되어야 한다[378]는 규정은 안전보장이사회를 구속하려고 한 것이 아니고 어떤 7개 이사국의 다수결에 의하여 그 요청을 하도록 제10항에 의하여 이사회에 권고하려고 한 것

374) I 참조.

375) Kelsen, UN, p. 177.

376) Goodrich and Hambro, pp. 216~223.

377) Cf. Kelsen, UN, pp. 983~984.

378) 결의 A, 부속서 제1항.

이거나, 또는 안전보장이사회가 어떤 7개 이사국의 다수결에 의하여 그러한 요청을 하기로 결정한 한 이사회에 의하여 어떤 7개 이사국의 투표에 입각하여 요청되면 긴급회기가 소집되어야 한다는 것만을 의미하려는 것으로 해석될 수 있다. 이러한 규정은 무용한 것이라고 생각될 수는 있으나 위헌으로 생각될 수는 없다." [379]

(2) 평화를 위한 단결 결의에 의하여 평화관찰위원회(A, B 제3항)와 집단조치위원회(A, D 제11항)가 설치되었다. 이 기관들은 헌장 제22조에 입각한 총회의 보조기관이다. 또 총회는 사무총장에게 집단조치위원회의 승인을 얻어 일단의 군사전문가를 임명할 것을 요청한다는 것이다(A, C 제10항). 이 군사전문가단에 관하여서는 다음에 언급될 것이다. 평화관찰위원회[380]는 총회가 동 결의(A, A 제1항)의 규정에 따라 임무를 수행할 전제가 되는 사태, 즉 그 계속이 국제평화 및 안전을 위태롭게 할 우려가 있는 국제긴장의 사태를 관찰하여 총회에 보고하는 임무를 갖는다. Kelsen에 의하면 이 위원회가 평화에 대한 위협, 평화의 파괴 또는 침략행위의 존재를 결정한다는 것은 위헌이라는 것이나,[381] 총회가 평화에 대한 위협 등의 존재의 결정을 할 수 있다는 것이 긍정되는 한[382] 총회가 이러한 권한 내에서 그의 보조기관에 임무를 맡기는 것은 위헌이라고 생각될 수 없다.[383] 다음 집단조치위원회[384]에 관하여서는 총회가 이 결의(A, A 제1항)에 의한 권한을 가진 한 그 보조기관으로서의 이 위원회의 임무에 관한 위헌문제는 일어나지 않는다.[385]

379) Kelsen, UN, p. 984.
380) 이 위원회는 지금도 문헌상 존속하고 있다.
381) Cf. Kelsen, UN, pp. 982~983.
382) a. (5), (6) 참조
383) Cf. Stone, p. 274.
384) 이 위원회는 지금도 문헌상 존속하고 있다.

(3) 동 결의 A, C 제7항 및 제8항에 의하면, 국제평화 및 안전의 회복을 위한 이사회 또는 총회의 권고에 따라 각 회원국이 제공할 수 있는 원조의 성질 및 범위를 결정하기 위하여 각 회원국은 그의 자원을 측정토록 권유되고 있으며, 또 이사회 또는 총회의 권고에 의하여 국제연합군의 부대로서 봉사할 편대를 그 국군 내에 유지하도록 각 회원국에 권고되고 있다. 이 규정은 동결의(A, A 제1항)에 의한 무력행사를 포함한 조치의 발동준비를 위한 것이며, 총회가 이러한 조치를 권고할 권한을 갖는다고 인정되는 한 이 규정의 위헌성은 없다고 생각된다.[386] 또 위에서 언급된 각국의 편대의 국제연합군 부대로서의 신속한 봉사를 위한 조직, 훈련 및 장비에 관한 전문적 조언을 얻으려는 회원국의 요청으로 이용될 수 있는 군사전문가단이 총회의 요청으로 사무총장에 의하여 임명되게 되었다. 이러한 보조기관 설치에도 총회의 강제조치권고의 권한이 인정되는 한 문제될 점이 없다고 생각된다.[387]

B. 평화를 위한 단결 결의의 적용과 헌장의 실효성

Ⅰ. 이 결의의 적용

a. 한국전쟁

평화를 위한 단결 결의에 입각한 집단적 안전보장제도는 한국전쟁에 관련하여 1951년 2월 1일 총회의 결의[388]에 의하여 처음으로 적용되었다. 이 결의에서 먼저 안전보장이사회가 상임이사국의 의견의 불일치로 한국

385) 이 위원회의 설치의 불법성의 주장(소련 대표 등), IO, 1955, p. 68.

386) Sohn은 이 규정의 근거를 헌장 제11조 1항에서 찾고 있다(Louis B. Sohn, The Authority of the United Nations to Establish and Maintain a Permanent United Nations Force, AJ, 1958, p. 238).

387) Kelsel, UN, pp. 980~981.

388) 1. B(1). I, 주 118 참조.

에서 중공의 간섭에 관하여 그의 제1차적 책임을 행사하지 못하였다는 것이 명기된 다음, 이미 국제연합군과 싸우고 있었던 중화인민공화국의 중앙인민정부는 한국에서 침략을 범하였다는 것이 단정되고, 침략에 대하여 한국에서 그 행동을 계속할 국제연합의 결의가 확인되고, 모든 국가 및 당국에 한국에서 국제연합 행동에 계속 모든 원조를 줄 것과 침략자에게는 어떠한 원조도 주지 말 것이 요청되고 있다.

Kelsen이 지적한 바와 같이,[389] 이 결의에서 한국에서의 국제연합 행동이란 무력행사를 포함한 강제조치이며, 중공이 침략자로 단정된 다음 이 국제연합 행동이 계속될 결의가 확인되고 모든 국가에 대하여 계속 그 행동에 원조를 줄 것이 요청되었으므로, 이 결의는 북한당국에 대해서와 같이 중공에 대한 무력행사의 권고로 해석될 수 있다.[390] 또 이 결의에서 부가조치위원회에 한국에서의 침략에 대하여 취하여질 부가적인 조치를 심의하여 총회에 보고할 것이 긴급한 사항으로써 요청되었다.

이 부가조치위원회의 보고를 받고 총회는 동년 5월 18일 또 하나의 결의[391]를 채택하였다. 이 결의에서는 한국에서 국제연합에 대항하는 병력의 군사력에 기여하지 않도록 고안된 조치가 이미 많은 국가들에 의하여 취하여졌으며, 더욱이 이러한 기여를 하지 않도록 고안된 어떤 경제적 조치는 한국에 있어서의 국제연합의 군사행동을 지지, 보조할 것이며 침략을 종료시킨 데 도움이 될 것이라는 부가조치위원회의 보고가 주시된 다음, 모든 국가에 중공정부 및 북한당국의 통제하에 있는 지역에의 무기, 탄약 및 기타 전략물자의 수송금지의 적용과 이러한 수송금지의 목적을 수행하기 위한 타국들과의 협력 등이 권고되었다. 다음에 부가조치위원회에 수출금지의 일반적 실효성 및 그 금지의 계속, 확장 또는 완화에 관한

389) Kelsen, UN, pp. 989~990.

390) 이 결의와 평화를 위한 단결 결의 사이의 문구상의 차이 문제(*Ibid.*).

391) 1. B(1). I, 주 119.

적절한 권고와 함께 총회에 보고할 것과 한국에서 침략에 대하여 취하여질 부가조치의 심의를 계속할 것 등이 요청되었다.

이미 언급된 바와 같이[392] 이 양 결의가 채택되기 전에 이미 국제연합군의 무력행사에 의하여 통일한국을 실현시킨다는 회원국들의 적극적인 태도는 사라지고 중공과의 휴전이 모색되고 있었고 이것은 양 결의에도 표명되었으나, 일면 이러한 정책이 취하여지면서 타면에 있어 중공이 완고히 그 침략을 계속하는 한 이에 대한 무력적 및 경제적 조치가 가하여질 것이라는 단호한 태도가 이 양 결의에 표명되었다는데 중요한 의의가 있다. 이 결의에 표명된 이러한 태도는 곧 국제연합군의 조치가 되었으며 전세는 중공의 우세에서 쌍방 일진일퇴의 비교적 안전의 단계로 들어가 휴전교섭이 시작되었던 것이다.

b. 1956년 이집트 문제 및 헝가리사태

(1) 이집트 문제

i. 1956년 10월 29일에 시작된 이스라엘의 동원과 이에 따른 시나이반도(Sinai Peninsula)의 이집트영역에의 전면적 침입과 동월 31일부터 시작된 영국과 프랑스의 이집트공격에 의한 무력개입에 직면하여, 평화를 위한 단결 결의에 규정된 총회의 긴급특별회기가 최초로 소집되었으며[393](회기 11월 1~10일), 11월 2일 미국이 제출한 결의안이 채택되었다.[394] 이 결의에서 총회는 1948년의 이스라엘—아랍휴전협정이 여러 번 양 당사국에 의하여 준수되지 않았다는 것, 이스라엘의 병력이 양국의 일반휴전협정에

392) 1. B(1). I 참조.

393) 미국의 요구로 안전보장이사회의 긴급회의가 소집되고, 이스라엘군의 철수의 요구 등을 포함한 미국의 결의안이 제출되었으나 영국과 프랑스 양국의 반대로 채택되지 못하였으며, 미국의 지지를 받은 유고슬라비아의 제안으로 긴급총회가 개최되는 데 이르렀다(Quincy Wright, Intervention, 1956, AJ, 1957, pp. 257~258).

394) Resol. 997(ES-1)(IO, 1957, pp. 74~75에서 재인용).

위반하여 이집트영역에 깊숙이 침투하였다는 것, 영국과 프랑스의 병력이 이집트영역에 대하여 군사작전을 행하고 있다는 것과 수에즈운하를 통한 교통이 차단되어 여러 국가에 중대한 해를 끼친다는 것에 주목하고, 우선 그 지역에 있어 적대행위에 휩쓸린 모든 당사국들이 즉시 정전에 합의하고, 그 지역에서의 군사력 및 병기의 이전을 정지할 것과 휴전협정의 당사국들은 그 병력을 휴전선 후방으로 신속히 철수하고, 그 선을 넘어서 인접영역에의 공격을 하지 말고, 휴전협정의 조항을 세심하게 준수할 것을 촉구하였다. 그리고 이 결의에서 모든 회원국들이 적대행위의 지역에 군수물자를 도입하는 것과 일반적으로 이 결의의 이행을 지연 또는 방지할 어떠한 행위도 삼가도록 권고되고, 정전이 유효하게 되면 수에즈운하를 다시 개통하고 항행의 확고한 자유를 복구하기 위한 조치가 취해질 것이 촉구되고, 사무총장에게 안전보장이사회 및 총회가 헌장에 따라 적당하다고 생각할 장차의 조치를 위하여 이 결의의 준수를 관찰하고 이에 관하여 양 기관에 신속히 보고할 것이 요청되었다. 이 결의는 당해 문제와 관련된 국가들을 위시하여 여러 국가 및 인민들의 감정을 쓸데없이 자극하는 것을 피하기 위하여 온건한 문구를 취하였다고 생각되나, 이스라엘 및 영국과 프랑스 3개국이 헌장 제2조 4항에 반한 행동을 취하였다는 것이 거기에 표명되고 있으며,[395] 따라서 헌장 제39조에 규정된 것, 적어도 평화의 파괴의 존립이 단정된 것이다. 그리고 총회는 이러한 상태에 직면하여 그 악화의 방지와 나아가서는 그 수습의 첫 단계로서 정전, 군사력 및 병기의 이동의 정지, 철군 등의 잠정적 조치를 촉구한 것이다. 이 총회의 결의는 이스라엘 및 영국과 프랑스의 정치적 의도와 부합하지 않았으므로[396] 곧

395) 제1절 1. A. I, 주 5 참조. 긴급총회에서 다수국가는 이스라엘, 영국 및 프랑스 3개국이 침략행위를 한 것이라는 입장을 취하였다(IO, 1957, pp. 74~75. Cf. Frye, pp. 2~5).

396) Leland M. Goodrich and Gabriella E. Rosner, The United Nations Emergency Force, IO, 1957, pp. 413~414; Frye, p. 2.

정전이 된 것은 아니고 또 철군에는 오랜 시일을 요하였으나,[397] 거듭 정전 및 철군을 촉구하고[398] 또 이 정전 및 철군을 확보, 감시하기 위한 국제연합긴급군을 창설함으로써 총회는 이 중동문제에 있어 그 악화를 방지하고, 파괴된 평화를 회복하고, 또 불법의 무력행사에서 어떤 이익도 얻을 수 없다는 원칙을 관철시켰다고 생각된다.

ii. 위에서 언급된 바와 같이 이 중동문제에 있어 국제연합긴급군이 세워졌다. 다음에 그 창설의 경위, 법적 기초 및 성격 등이 약술될 것이다.

1956년 11월 3일 캐나다의 외상 피어슨(Lester B. Pearson)은 총회에 다음과 같은 내용의 결의안[399]을 제출하였다.

> "총회는, …위 결의의 모든 조건에 따라 적대행위의 정지를 확보하고 감시하기 위한 하나의 긴급국제연합군을 관계국가의 동의를 얻어 설치할 계획을 48시간 내에 제출할 것을, 우선사항으로서 사무총장에게 요청한다."

이 안은 11월 4일 총회에 의하여 채택되었으며, 사무총장은 총회에 보고[400]하였으며 이 보고에는 국제연합휴전감시단 단장인 번즈 장군

---

397) 정전은 1956년 11월 7일에 이루어졌고(Wright, *op. cit.*, p. 259), 영국과 프랑스군이 이집트영역에서 완전히 철수한 것은 12월 22일이었고(Goodrich and Rosner, *op. cit.*, p. 420), 이스라엘군이 가자지방 등(the Gaza Strip and the Sharmel-Sheikh)에서 철수한 것은 1957년 3월 7~8일이다(*Ibid.*, p. 422; IO, 1957, p. 280).

398) 예를 들면 긴급총회에서 1956년 11월 4일에 통과된 19개국 결의안(Doc. A/3275(*Ibid.*, pp. 77~78에서 재인용)), 동월 7월 총회에서 채택된 19개국 결의안(Doc. A/3309(*Ibid.*, pp. 80~81에서 재인용)), 제11차 정기총회의 제594차 회의에서 채택된 20개국 결의안(Docs. A/3385; A/3385/Rev. 1(*Ibid.*, pp. 88~90에서 재인용)), 1957년 2월 4일 총회의 결의(Docs. A/Res/460; A/Res/461(Goodrich and Rosner, *op. cit.*, p. 422, note 21에서 재인용)).

399) Doc. A/3276(IO, 1957, p. 77에서 재인용); Goodrich and Rosner, *op. cit.*, p. 415; Frye, p. 7. 국제연합긴급군의 창안자가 바로 Pearson이다. 그러나 그가 본래 생각한 것은 영국·프랑스군을 주로 한 경찰군에게 국제연합기를 사용하게 하려는 것이었으나, 이것은 많은 회원국의 영국·프랑스의 행동에 대한 감정에 반함을 알자 새로운 구상을 한 것이며, 그 주된 동기의 하나는 궁지에 빠진 영국·프랑스를 구제하는 것이었다(*Ibid.*, pp. 1~2).

400) Doc. A/3289(IO, 1957, p. 78에서 재인용); Goodrich and Rosner, *op. cit.*, p. 415.

(E.L.M. Burns, Chief of Staff of the UN Truce Supervision Organization)을 새로 창설될 국제연합군 총사령관으로 임명할 것이 제안되고 참모 및 기타 장교 모집 계획의 윤곽이 설명되었다. 사무총장의 이 제안은 동월 5일 총회 결의[401]에서 승인되었으며, 이 결의는 동월 2일 총회 결의의 모든 조건에 따라 "적대행위의 정지를 확보하고 감시하기 위한 하나의 긴급국제군을 위한 국제연합사령부(a United Nations Command for an emergency international force …)"를 세웠다. 동월 6일에 이스라엘, 영국, 프랑스 및 이집트 4개국은 정전을 무조건 수락하였고,[402] 사무총장은 새로 창설되는 국제연합군의 기능, 규모, 조직 및 모집을 규율할 기본적 원칙에 관한 제2보고서[403]를 총회에 제출하였다.

익일에 총회는 또 하나의 결의[404]를 채택하였으며, 여기서는 위에서 사무총장이 제출한 원칙이 승인되었고, 사무총장에게 국제연합군에의 참여의 신청에 관하여 회원국의 정부와 토의를 계속할 것이 권유되었고, 총사령관에게는 사무총장과 상의하여 곧 국제연합군의 완전한 조직을 진행시킬 것이 요청되었고, 국제연합군의 재정에 관하여 사무총장이 제안한 기본적 규칙(즉 부대를 제공하는 국가는 장비 및 봉급을 위한 모든 비용에 대하여 책임을 지고 그 밖의 모든 비용은 국제연합의 정상적 예산 밖에서 총회의 일반적 권한부여에 입각하여 지급된다는 것)이 승인되었고, 사무총장을 위원장으로 하고 7개국에서 각각 한 대표로 구성된 자문위원회가 설치되었으며(그 임무는 총회에서 이미 취급된 것도 아니고 또 총사령관의 직접 책임의 범위에도 들어가지 않는 국제연합군 및 그 운용을 위한 계획의 새로운 면의 발전을 기도하는 것이다), 자문위

---

401) Resol. 1000(ES-1)(Goodrich and Rosner, *op. cit.*, p. 415에서 재인용); IO, 1957, p. 78~79.

402) i, 주 397 참조.

403) Doc. A/3302 and Adds.(Goodrich and Rosner, *op. cit.*, p. 416에서 재인용); IO, 1957, p. 79.

404) Resol. 1001(ES-1)(Goodrich and Rosner, *op. cit.*, 416에서 재인용); IO, 1957, pp. 79~81.

원회와 상의하여 국제연합군의 유효한 기능에 긴요한 규칙 및 훈령을 발포하고 기타 모든 필요한 행정 및 집행행동을 취할 권한이 사무총장에게 주어졌고, 모든 회원국에 대하여 관계지역에의 또 거기로부터의 통과를 위한 조치를 포함하여 국제연합사령부의 기능수행에 있어 그에 필요한 원조를 줄 것이 요청되었다.

위에서 언급된 총회의 결의들과 이에 의하여 총회로부터 권한이 주어진 사무총장 및 회원국들과 절충, 합의에 입각하여 국제연합긴급군이 구성된 것이다. 실제에 있어서는 국제연합사령부가 설치되기 전에 사무총장은 국제연합긴급군의 집합에 착수하였으며, 위에서 언급된 총회의 11월 7일의 결의가 통과된 직후에 사무총장은 이집트에 대하여 국제연합긴급군이 대기하고 있다는 것을 통고하였으며, 이집트가 입국에 대한 동의를 주저하고 있는 동안에도 이집트에 가까운 이탈리아에 그 군의 수송이 진행되었고, 동월 14일 이집트의 입국에 대한 동의가 있은 다음날 국제연합긴급군의 선두부대가 이집트에 진주하게 되었다. 이와 같이 경이적인 속도로 국제연합긴급군이 구성되었는데, 이 군에 참여를 신청한 국가는 24개국이었고, 그 중 10개국만의 신청이 수락되었으며[405] 그 총수는 약 5,200명이었다.[406]

국제연합긴급군의 임무에 관하여서는 1956년 11월 4일 및 5일에 총회에서 통과된 결의에서 11월 2일의 결의에 따라 "적대행위의 정지를 확보하고 감시하는 것"이라고 간단히 규정되었는데, 이러한 결의에 표명된 바를 해석한 것이 동월 6일의 사무총장의 총회에의 보고[407]에 포함되었으며, 이미 언급된 바와 같이 이 보고에 포함된 견해는 총회에 의하여 시인

---

405) 브라질, 캐나다, 콜롬비아, 덴마크, 핀란드, 인도, 인도네시아, 노르웨이, 스웨덴 및 유고슬라비아(Goodrich and Rosner, *op. cit.*, p. 423에서 재인용).

406) *Ibid.*

407) 주 403 참조.

되었다. 이 보고 등에 포함된 그 군의 임무의 중요하다고 생각되는 점은 다음과 같다.

첫째, 이 군은 "회원국에 대하여 강제조치"를 취하는 것이 아니며 따라서 어떤 적에게 대하여 공격을 가한다든가, 공격하는 적에게 대하여 방어를 임무로 하는 의미에서의 군사력은 아니다.[408]

둘째, 이 군은 "정전이 되면 비이집트군의 철수중 또 그 후에 평온을 유지하는 것을 돕기 위하여… 이집트정부의 동의를 얻어 이집트영역에 들어간다"는 것이다. 따라서 이 군의 임무는 이집트 내의 외국군의 자발적인 철수를 전제로 하며 그 "철수를 강제"하는 것은 아니고, 또 정전에 있어서도 이 군은 강제하지 못한다.[409] 이 점은 다음과 같은 사무총장의 견해에서도 표명되고 있다.

> "…충돌의 당사국들이 총회의 권고를 준수하기 위한 모든 조치를 취한다는 가정 위에서 평화적 상태를 확보하는 데 필요한 것을 넘는 군사적 임무를 이 군은 가져서는 아니 된다."[410]

셋째, 이 군은 완충의 역할을 한다고 생각될 수 있다.[411] 관계국가들이 총회의 정전 촉구에 응한 다음 이집트군과 이스라엘군 사이와 이집트군과 영국 · 프랑스군 사이의 완충지대에 국제연합긴급군은 자리를 잡고 질서를 유지하며 일시 행정임무도 담당함과 동시에 쌍방의 전투원을 격리시키는 구실을 하였으며, 이스라엘군이 휴전선 후방으로 철수[412]한 다음에는 국제연합긴급군은 그 이스라엘군이 철수된 지역으로 진주하여 경계선을 순회정찰하며 또 위에서와 같은 임무를 담당하였다.[413]

---

408) Stone, Aggression, pp. 197~198.
409) *Ibid.*, p. 198; Goodrich and Rosner, *op. cit.*, p. 419.
410) *Ibid.*
411) Frye, p. 12.
412) i, 주 397 참조.

이 군의 위에서와 같은 완충의 구실에 있어서도 그의 강제하는 힘은 극히 제한되었다. 그 군에게는 경계선을 침범하는 자에게 대하여 발포할 권한도 부여되지 않았으며 다만 자위로써의 무력행사가 허용되었을 뿐이다.[414] 따라서 그 군의 완충의 구실의 힘은 실질적인 것이 아니고 상징적인 것이라고 생각될 수 있다.[415] 이 군이 "성질상 준군사적(paramilitary)"이며 "관찰단 이상"(more than an observer corps)의 것이라는 것이나, 어떤 점에 있어서나 "군사적 목적을 가진 전투력"은 아니다. 그런데 사무총장의 견해에 의하면 "안전보장이사회가 국제연합헌장 제7장에 규정된 넓은 한계 내에서 이러한 군을 행사할 수 있는 가능성"은 배제되지 않는다는 것인데, 국제연합긴급군이 위에서 설명된 바와 같은 임무를 맡는다는 양해하에서 회원국으로부터 제공된 편대로 그 군이 구성되었고 또 그러한 양해하에서 이집트의 영역에 진주하게 된 것이므로, 헌장 제7장에 의한 강제조치에 그 군이 행사될 수는 없는 것이며,[416] 그러한 새로운 임무를 맡으려면 이사회의 새로운 결의와 관계회원국과 이사회의 합의를 요하게 될 것이며, 이 경우에는 법적으로는 국제연합긴급군과는 상이한 성격의 국제연합군이 성립하게 될 것이다.

넷째, 위에서 인용된 바와 같이 이 군은 "비이집트군의 철수중 또는 그 후에 평온을 유지하는 것을 돕기 위하여 또 1956년 11월 2일의 결의에서 세워진 타조건의 준수를 확보하기 위하여… 이집트영역에 들어간다"는 것이다. 11월 2일의 결의에는[417] 정전 및 철군에 관한 것 외에 휴전선 너머의 인접영역에 습격을 하지 말 것과 휴전협정을 세심하게 준수할 것이

413) Goodrich and Rosner, *op. cit.*, pp. 420~422.

414) Frye, p. 15.

415) Cf. Stone, Aggression, p. 200.

416) *Ibid.*, pp. 192, 197, note 48; Goodrich and Rosner, *op. cit.*, p. 418.

417) i, 주 394 참조.

휴전협정 당사국에 촉구된 것, 적대행위지역에 군수물자의 반입과 일반적으로 이 결의의 이행을 지연 또는 방지할 어떠한 행위도 하지 말 것이 모든 회원국들에 권고된 것, 정전이 유효하게 되면 수에즈운하를 다시 개통하고 항행의 확고한 자유를 복구하기 위한 조치가 취하여질 것이 촉구된 것 등의 조건이 포함되고 있다. 그러나 국제연합긴급군은 수에즈운하의 개통 및 자유항행의 확보와 관련하여 아무런 직접적인 구실을 갖지 않았고, 또 이스라엘과 이집트 이외의 아랍국가 사이의 휴전협정 준수의 확보에 개입하지 않았고, 또 적대행위지역에 군수물자를 막기 위한 뚜렷한 임무도 갖지 못한 것이다.[418]

다섯째, 이 군은 "일시적 성질의 것이며 그 임무의 기간은 현 충돌에서 생기는 필요에 의하여 정하여진다"는 것이다. 이 군은 오늘까지도 유지되고 있으며 또 이 군의 임무의 계속 여부 따라서 그 해체 여부는 국제연합이 결정할 문제라는 견해에는 긍정될 바 있으나,[419] 이 군이 회원국들의 자발적인 제공에 의한 편대로 구성되고 또 이집트의 동의에 입각하여 그 영역 내에서 임무를 수행하므로, 국제연합의 일방적인 의사만에 의하여 이 군의 지속이 좌우될 수는 없는 것이다(참고: UNEFI으로 불리는 국제연합긴급군은 1967년 5월 이집트의 요구에 따라 철수하였다).[420]

다음으로 국제연합긴급군의 법적 근거에 관하여서는 위의 설명에서 명백한 바와 같이, 이 군은 총회 결의에 입각하여 사무총장과 회원국들과의 절충합의의 결과 구성되고 기능을 하게 되었으므로 먼저 총회의 이러한 권한의 근거가 명백히 되어야 할 것이다. 관련결의가 "평화를 위한 단결 결의"에 입각한 긴급총회에서 채택된 것은 되풀이됨을 요하지 않는다.

---

418) Frye, pp. 14~15.

419) 총회의 제11차 정기회의에서의 뉴질랜드 대표의 견해(Doc. A/PV. 639, Janurary 17, 1957 (Goodrich and Rosner, *op. cit.*, p. 428, note 56에서 재인용)).

420) Cf. *ibid.*, pp. 428~429; Stone, Aggression, p. 199.

그런데 이 긴급총회에서 채택된 결의에 입각하여 성립된 국제연합긴급군은 평화를 위한 단결 결의 A, A 제1항에 규정된 "평화의 파괴 또는 침략행위의 경우에… 무력행사"를 그 임무로 하는 것은 아니나, 동 조항의 "평화에 대한 위협, 평화의 파괴 또는 침략행위가 있는 것 같은 어떤 경우에… 국제평화 및 안전을 유지 또는 회복하기 위한 집단적 조치"의 (총회의) 권고의 산물이라고 생각될 수 있다.[421] 따라서 이 군의 설치에 관련하여 총회가 행사한 권한은 헌장에서 직접 유도된 것이라는 견해[422]는 반드시 적절하다고 생각될 수 없는데, 평화를 위한 단결 결의에 의한 총회의 권한도 그 결의의 근거인 헌장에 입각한다는 것은 부언을 요하지 않는다. 이에 관련하여 이 군은 헌장 제22조(또는 제7조)에 입각한 총회의 보조기관이라고 생각되는데,[423] 이 견해는 사무총장의 표명한 바[424]에 의하여서도 지지되며 수긍될 것이라고 생각된다. 그러나 물론 이 견해와 위에서의 견해(이 군이 평화를 위한 단결 결의에 입각한다는 것)는 서로 상충하는 것이 아니다. 즉 헌장에 포함된 긴급한 경우에 국제평화 및 안전의 유지 및 회복을 위한 총회의 권한을 더 명백히 하고 그 권한의 행사를 위한 부수적 조치 등을 규정한 평화를 위한 단결 결의에 입각하여, 총회가 중동문제에 관한 결의를 채택하고 그 결의에 포함된 집단적 조치를 위하여 "기능의 수행에 필요하다고 그가 생각되는 보조기관"(즉 국제연합긴급군)을 설치한 것이라고 해석될 수 있다.[425]

---

421) 이 점에 있어 Sohn의 견해는 정당하다(Sohn, *op. cit.*, pp. 233~234).

422) Goodrich and Rosner, *op. cit.*, p. 417. Cf. Dahm, II, S. 405.

423) Goodrich and Rosner, *op. cit.*, pp. 417~418; Stone, Aggression, pp. 196~200.

424) 1957년 2월 20일 사무총장이 정한 이 군의 규칙(Doc. ST/SGB/UNEF/1)에서는 그 군이 국제연합의 한 보조기관이라고 생각되었고, 또 다음날 그의 각서에서(Doc. A/3552) 또 동년 2월 8일부 사무총장과 이집트 외상 사이의 서한교환(Doc. A/3526)에서는 그 군은 총회의 하나의 보조기관으로 생각되었다(Stone, Aggression, p. 196).

425) 국제연합긴급군을 단순히 헌장 제7조, 제22조(또는 제101조 2항)에만 입각시키려는 견해(*Ibid.*, pp. 196~200)는 거부되어야 할 것이다.

다음에 국제평화와 안전의 유지 및 회복에 관한 임무에 있어 총회는 회원국에 대하여 구속력이 있는 결정은 할 수 없다.[426] 따라서 이 군의 창설 및 임무의 수행에 있어서도 관계 회원국의 동의를 요함은 물론이며 이는 위에서도 언급되었는데, 사무총장의 총회에의 제2보고[427]에 의하면 "총회는 일방에 있어 그 군에 부대를 제공한 당사국의 동의로써 그 군을 창설할 수 있으며, 총회는 어떤 국가의 정부의 동의 없이는 그 국가의 영역에서 그 군이 주둔 또는 활동할 것을 요청할 수 없다"는 것이다. 이 군은 거기에 참가하는 부대를 제공하는 국가와 국제연합의 합의에 의하여서만 구성될 수 있었던 것이며, 또 이 군이 임무를 수행할 이집트의 동의에 의하여 비로소 그 영역에 진주하여 활동할 수 있었던 것이다. 이집트정부와 사무총장 사이에 이 군의 임무 등에 관한 토의의 결과 양자간의 양해가 이루어졌으며, 이것은 1956년 11월 24일 총회에 의하여 시인된 사무총장의 보고[428]에 요약되었다. 이집트정부는 이 군의 도착에 합의하였고[429] 장래 그 주권적 권리의 행사에 있어 총회의 11월 5일의 결의의 수락에 의하여 "성실하에 인도될 것이라는 것"을 선언하였다.

국제연합긴급군의 법적 성격에 관하여서는 이 군이 국제연합의 권한 있는 기관의 권고에 응하여 회원국이 제공한 부대에 의하여 구성되었다는 점에 있어서는 한국에서의 국제연합군과 상이한 바 없으며(다만 전자는 총회의 권고, 후자는 안전보장이사회의 권고에 입각한 것이라는 점의 차이가 있을 뿐), 또 양군의 목적은 다 같이 국제평화 및 안전의 유지, 회복에 있다. 양군의 주된 차이점은 그들의 임무에 있다. 말할 것도 없이 한국에서 국제연합군

426) 헌장 제4장 참조.

427) 주 403. Stone, Aggression, p. 192, note 32.

428) Report of the Secretary General on basic Points for the Presence and Functioning in Egypt of the United Nations Emergency Force, Doc. A/3375, November 20, 1956; Doc. A/Res/411, November 26, 1956(Goodrich and Rosner, *op. cit.*, p. 418에서 재인용).

429) 이미 위에서 언급된 바와 같이 이 군의 선두부대도 이집트 동의를 받고 비로소 입국하였다.

은 외부로부터의 침략군에 대하여 싸웠는데, 국제연합긴급군은 무력충돌을 하던 쌍방의 병력을 갈라놓은 완충지대에 자리잡고 그들을 격리시킬 따름이었으며 싸우는 임무는 갖지 않았다.

위에서 설명된 이 군의 구체적인 임무에 비추어 이 군이 휴전협정의 집행을 감시하기 위한 관찰단과 실질적으로 상이하느냐 하는 질문이 던져지는 것도[430] 이해될 수 있으나, 보통 이러한 관찰단으로 생각되지 않는 많은 수로 이 군이 구성되어 비록 상징적인 힘에 의하여서일지라도 충돌하던 병력 사이에서 완충의 역할을 한다는 점에 있어 “준군사적인 것”, “관찰단 이상의 것”으로서 액면대로 받아들여져도 무방할 것이다. 이러한 의미에서 새로운 형태의 국제연합군이다.[431] 이 군이 싸우는 국제연합군과 같이 세계의 이목을 끄는 활약은 가질 수 없을지도 모르며 이 군의 존립으로써 이스라엘과 이집트 사이의 숙원과 정치적 대립이 풀리는 것도 아니지만, 위급한 상태를 진정시키는 데 도움이 되었고, 또 그 후에도 관계지역에서 계속하여 평화로운 상태를 유지시키고 있는 이 군의 의의는 무시될 수 없을 것이다.[432] 또 이 군의 창설이 종래 모색되어 왔던 국제연합의 상설군 설치의 가능성 검토에 박차를 가한 것도 사실이다.[433] 또 콩고에서의 국제연합군 창설에 있어서도 이 군에서의 경험에 의거한 바 크다.[434] 그리고 이 군은 국제연합으로서의 그의 성격을 한국에서의 국제연합군보다 더 뚜렷하게 하였다.

---

430) Stone, Aggression, pp. 199~200.

431) 1. A. II. b, 주 70 참조. 또 국제연맹 때 국제경찰군이라고 칭하여질 수 있는 것이 1933년 페루와 콜롬비아 사이의 레티카(Letica)분쟁에 관련하여 또 1935년 살(Saar)지방의 인민투표에 관련하여 사용되었다(Goodrich and Rosner, *op. cit.*, p. 416. Cf. Frye, pp. 46ff.).

432) 물론 정치적으로 중동에 진주할 기회를 노리는 국가군(소련 진영)에 대하여서는 이 군은 환영될 존재는 아니며 그 창설의 불법이 주장된다(IO, 1959, p. 84).

433) Cf. Goodrich and Rosner, *op. cit.*, pp. 429~430; Sohn, *op. cit.*, pp. 229ff.; Frye, pp. 66ff.; Halderman, *op. cit.*, pp. 971ff.).

434) 1. B(2). I. a, 주 258.

첫째, 이 군도 한국에 있어서와 같이 국가들이 제공하는 병력에 의하여 구성되었지만, 한국에 있어서와 같이 1개국의 병력이 압도적으로 다수를 차지한 것은 아니다.

둘째, 이 군의 총사령관은 한국에서의 국제연합군 총사령관과는 달리 국제연합에 의하여 임명되었으며,[435] 총사령관은 국제연합에 대하여 직접 책임을 지고 또 그의 권한은 어떠한 국가의 정책에서 완전히 그를 독립하게 하도록 한계지워져야 할 것이었다.[436] 또 이 군은 사무총장의 정치적 및 행정적 통제하에 있었다.[437] 사무총장에게는 이 군창설의 계획을 작성하였을 뿐 아니라 또 이 군에 참여할 국가부대에 관하여 관계국가와 교섭하고, 이 군의 조직에 관하여 총사령관에게 권고하고, 자문위원회와 상의하여 이 군의 유효한 기능을 위한 규칙 및 훈령[438]을 정할 권한이 부여되었다.[439] 또한 적대행위의 당사국과 정전 및 철군에 관하여, 또 이 군의 임무수행에 관하여 합의할 것이 그에게 기대되었다.[440]

셋째, 이 군의 재정에 관하여서는 한국에서의 국제연합군의 경우와 같이 그 군비를 1개국이 주로 부담하지 않고 국제연합이 그 책임을 졌다. 이미 언급된 바와 같이[441] 부대를 제공하는 국가는 장비 및 봉급을 부담하고 기타 모든 비용은 국제연합이 지급한다는 것인데, 이것의 좀더 상세한 내용에 의하면 부대를 제공하는 국가는 그 부대의 유지에 어떤 경우에 있어서나 드는 모든 비용(식비를 제외하고 기본적 장비, 의복, 봉급 등)을 부담하고, 그 부대들이 해외에 출동되는 데 직접 관련되는 비용(수송, 특별장비, 해

---

435) 주 400, 401 참조.

436) 주 403, 404. Goodrich and Rosner, *op. cit.*, p. 423.

437) Cf. Frye, p. 12.

438) 1957년 2월 20일 사무총장이 정한 규칙, 주 424 참조.

439) 주 404.

440) Goodrich and Rosner, *op. cit.*, p. 416.

441) 주 404.

외근무를 위한 특별수당 등)은 국제연합이 부담한다는 것이다.[442] 또 1956년 12월 21일 총회의 결의[443]에 의하면 "회원국의 정부에 의하여 무상으로 제공되는 봉급, 장비, 보급 및 봉사를 위한 것 이외의 국제연합긴급군의 비용은 국제연합이 부담한다"는 것이다. 이것이 국제연합에 대한 적지 않은 재정적 부담[444]이 되고 있음은 언급을 요하지 않는다.

넷째, 이 군의 이집트영역에서의 법적 지위에 관하여서는 1957년 2월 8일 사무총장과 이집트정부 사이에 협정[445]이 체결되었으며, 그 제23조에 의하면 국제연합긴급군은 국제연합의 하나의 보조기관으로서 헌장 제105조에 의하여 회원국들의 영역 안에서 그 목적을 달성하는 데 필요한 특권과 면제를 갖는다는 것이다.[446] 이러한 점에 비추어 사무총장이 이 군을 "최초의… 진정한 국제군"[447]이라고 한 것도 과장은 아니다.

(2) 헝가리사태

중동문제가 일어나기 직전 1956년 10월 23일에 헝가리에 혁명이 일어났으며, 다음날인 24일에 헝가리정부의 일부 각료가 1955년 5월 14일의 바르샤바조약에 입각하여 헝가리에 주둔하고 있던 소련군으로부터의 원조를 요청하였으나, 당시 헝가리 수상 나지(Imre Nagy)는 이와 같은 요청

---

442) Frye, p. 19.

443) Doc. A/Res/448(Goodrich and Rosner, *op. cit.*, p. 427, note 52에서 재인용).

444) 콩고에서의 국제연합군의 경우에서와 같이 일부 국가는 국제연합긴급군의 비용을 부담하려고 하지 않는다. 이에 관한 국제사법법원의 총회에 대한 권고적 의견(ICJ, Reports, 1962, p. 151), 1. B(2). II. b, 주 314 참조.

445) Report of the Secretary General on arrangements concerning the status of the United Nations Emergency Force in Egypt, Doc. A/3526(Goodrich and Rosner, *op. cit.*, p. 425에서 재인용)(주 424 참조).

446) 한국에서 국제연합군의 법적 지위에 관하여서는 이와 같은 협정이 없고, 1950년 7월 12일부 재한 미국 군대의 관할권에 관한 한미협정이 국제연합군의 법적 지위에 관한 주된 명시적 합의를 이루고 있다.

447) New York Times, April 11, 1957, p. 13(Stone, Aggression, p. 188에서 재인용).

에 서명한 일이 없다는 것을 동월 30일에 성명하였다. 도리어 11월 1일 나지는 소련대사에게 새로 도착한 소련군의 즉시철수를 요청하고 바르샤바 조약에서의 탈퇴를 통고하였으며, 헝가리의 중립을 선언하고 국제연합사무총장에게 중립문제를 총회의 의사일정에 올릴 것을 요청하였다. 소련정부도 이미 10월 30일에 부다페스트로부터의 소련군의 철수가 헝가리정부에 의하여 필요하다고 승인되면 곧 철수할 것을 그의 군사령부에 훈령하였다는 것을 선언하고, 이 선언후 양 정부의 교섭의 결과 동월 31일에 소련군이 철수할 것이 합의된 것으로 추정되었다. 그랬던 것이 11월 4일 아침에 소련군이 전면적으로 침입하여 부다페스트시를 점령하고, 그날 저녁 때에는 나지정부가 붕괴되고 그 정부의 각료의 한 사람이었던 카달(Janos Kadar)정부가 세워졌다는 것이 공포되고, 이 새 정부는 질서를 유지하기 위하여 소련 군대의 원조를 요청하였던 것이다.[448)]

이러한 상태에 직면하여 소련의 간섭중지와 소련군의 철수를 촉구하는 미국의 결의안[449)]이 안전보장이사회에 제출되었으며 소련의 거부권행사로 이 안이 부결되자, 평화를 위한 단결 결의에 입각한 총회의 긴급회기를 소집하자는 미국 제안[450)]이 가결되었다. 이 긴급총회[451)] 및 1956년 11월 12일부터 시작된 총회의 제11차 정기회의에서 헝가리사태에 관한 많은 결의[452)]가 채택되었는데, 여기에는 모든 회원국들에 헝가리 문제에 수반하여 필요한 구호의 요청, 소련 및 헝가리에 대하여 헝가리 인민의 강제이송금지의 촉구, 그 양국에 대하여 헝가리에의 관찰자의 입국허가의 요

---

448) 이상 사실의 약술, Wright, *op. cit.*, pp. 259~260.

449) Docs. S/3730; S/3730/Rev. 1(IO, 1957, pp. 117~119에서 재인용).

450) Doc. S/3733(*Ibid.*, p. 120에서 재인용).

451) 이집트 문제에 관한 긴급총회가 제1차의 것이고, 헝가리 문제를 위한 긴급총회가 제2차의 것이며 그 일자는 1956년 11월 4, 8~9 및 10일이다(*Ibid.*, p. 82).

452) 1956년 12월 12일까지의 채택된 결의의 요약, International Commission of Jurists, The Hungarian Situation and the Rule of Law, 1957, pp. 48~55. 이 책에서는 헝가리 문제에 관련한 인권 및 기본적 자유의 유린에 관한 많은 자료가 수집되었다.

청 등과 특히 소련에 대하여 헝가리 국내사항에의 간섭중지 및 소련군의 철수의 요청이 포함되었다.

긴급총회의 최초의 결의[453]에서 헝가리 인민에 대한 무력공격의 중지와 소련군의 헝가리 영역으로부터의 즉시철수가 소련에 요청되었다. 이와 같은 요청이 되풀이된 데에도 불구하고 소련은 이에 응하지 않았으며, 총회는 12월 12일 결의[454]에서 "헝가리 국민에 대하여 무력을 행사함으로써 소련 정부는 헝가리의 정치적 독립을 침범하고 있다는 것을 선언하고," "헝가리의 자유 및 독립을 박탈하고 헝가리 인민의 기본권행사를 박탈함에 있어 소련 정부에 의한 헌장 위반을 불법시하고," 또 헝가리의 국내사항에 간섭하지 말 것을 그 정부에 거듭 요청하고, "국제연합의 감시하에 헝가리로부터의 그의 병력의 철수를 위한 즉각적인 조치를 하고 헝가리의 정치적 독립의 재건을 허용할 것을 소련정부에 요청"하였다. 이 결의에서 표명된 바에 의하면 소련은 헝가리의 혁명에 무력으로 개입함으로써 헌장 제2조 4항에 위반한 행동을 취한 것이며,[455] 따라서 평화에 대한 위협, 평화의 파괴 또는 침략행위의 존재가 결정된 것이다.

위에서의 총회의 결의 등에 표명된 대다수의 회원국의 태도에 대한 소련의 반발의 구실이 검토되어야 할 것이다.

첫째, 소련 대표는 헝가리 문제를 의사일정에 올린다는 것이 헌장 제2조 7항에 비추어 위헌이라는 것을 안전보장이사회[456] 및 총회[457]에서 주장하였다. 그러나 헝가리에 대하여서는 명백히 외국군인 자국군이 개입하

---

453) Resol. 1004(ES-II), November 4, 1956(*Ibid.*, p. 48에서 재인용); IO, 1957, p. 83.

454) A/Res/424(The Hungarian Situation, *op. cit.*, pp. 54~55에서 재인용); IO, 1957, pp. 97~99.

455) 이 견해는 이미 안전보장이사회에서의 토의에 있어서도(쿠바 대표의 의견, *Ibid.*, p. 116) 또 총회에 있어서도(긴급총회에서의 남아연방 대표의 견해, *Ibid.*, pp. 82~83) 표명되었다. 제1절 1. A. I, 주 5 참조.

456) 1956년 10월 28일 소련 대표의 견해, IO, 1957, p. 115

457) 1956년 11월 4일 긴급총회에서 소련 대표와 정기총회에 있어서의 동월 13일 소련, 헝가리

고 있는 상태를 국제연합의 관계기관에 의한 검토, 조사 전에 이미 국내문제라고 단정하려는 것은 긍정될 수 없다. 도리어 소련의 개입이 총회나 이사회에서 심의, 조사의 결과 합법적이라는 것이 결국 판명되는 경우라 할지라도 그 심의, 조사 전에는 그 개입이 일단 위헌으로 생각되는 것이 정상적일 것이다.[458]

둘째, 소련 대표는 당시 헝가리에 소련군이 주둔한 것은 바르샤바조약에 의하여 합법적인 것이라고 주장하였다.[459] 혁명이 일어난 당초 헝가리의 영역에 소련군이 주둔하고 있었던 것은 바르샤바조약과 이 조약에 규정된 목적을 위한 소련 및 헝가리의 합의에 입각한 것이라고 생각될 수 있으나, 혁명이 일어난 후 새로운 소련군이 헝가리에 파견되고 더욱이 소련군이 바르샤바조약에 위반하여 혁명 개입에 사용되었다는 것은 바르샤바조약에 의해 합법화될 수 없는 것은 명백한 일이다. 바르샤바조약 제5조에 의하면 체약국이 병력을 포함한 필요한 수단으로써 서로 원조해야 하는 것은 어떤 체약국이 타국으로부터 무력공격을 받았을 경우이며, 전문과 제8조에는 체약국들이 서로 국가의 독립 및 주권 존중과 국내문제 불간섭의 원칙을 준수할 것이 명백히 규정되고 있다.

셋째, 총회의 긴급회기에서 1956년 11월 4일 소련 대표는 헝가리의 합법적인 정부의 합법적인 요구, 즉 반혁명인 요구를 억압함에 있어 그를 원조하여 달라는 것에 소련이 응한 것이라고 말하였다.[460] 여기서 합법적인 요구라는 것은, 종래에 정당한 불평을 가지고 있던 헝가리의 노동자가

및 체코슬로바키아 대표의 견해(*Ibid.*, pp. 82, 92).

458) 헝가리 문제를 의사일정에 올리는 것에 대한 소련의 반대에 대하여, 오스트레일리아 대표는 1956년 11월 4일 긴급총회에서 헝가리 내에 소련 군대가 있다는 것은 헌장 위반이며 그 사태를 국내관할권의 범위에서 배제하는 것이라고 말하였다(*Ibid.*, p. 82).

459) 긴급총회에서 1956년 11월 4일 소련 대표의 견해(*Ibid.*, p. 83)와 정기회의에서의 소련 및 기타 그 진영 대표들의 일관된 견해(*Ibid.*, p. 92).

460) *Ibid.*, p. 83

그 불평의 해소를 위하여 교섭하고 있을 때 반동분자(일부는 외부로부터 온)에 의하여 파쇼적 봉기를 하도록 이용되었다는 소련 대표의 주장[461]에 관련된 것 같다. 이것은 사실에 어긋난 주장이며 헝가리 인민의 봉기가 오랫동안 축적되어 온 불평의 자연발생적인 폭발이었다고 보는 것이 정당하다는 것[462]은 고사하고, 설사 외부적인 사주와 원조가 있었다 하더라도 그것만으로는 소련이 무력으로써 개입할 근거는 되지 않는다. 그러나 소련 대표의 주장과 같이 헝가리의 합법정부의 요청이 있었다면 소련군의 무력적 개입도 정당화될 수 있다.[463] 그러나 이 점에 있어서도 소련의 주장은 적어도 헝가리 문제의 중요한 시기에 있어 사실과 상반한 것이라고 생각된다. 위에서 언급된 바와 같이 1956년 10월 24일부터 소련군이 전면적으로 부다페스트에 침입한 11월 4일 아침까지 나지정부가 헝가리의 유일한 정부이며 따라서 합법적 정부였다고 생각되는데, 이 정부가 바로 소련의 철수를 요구한 것이다.

물론 외부에서 볼 때 혼선이 없는 것은 아니며, 11월 4일 소련의 괴뢰라고 생각되는 카달정권이 수립된 후의 헝가리정부의 태도는 여기서 문제가 되지 않지만, 나지정권이 수립된 후 10월 28일에 안전보장이사회의 의사일정에 헝가리의 국내사항에 관한 문제를 올리는 것에 대하여 그 정부는 항의하였던 것이다.[464] 그러나 소련 대표의 주장이 정당하였다면 소련이나 카달정권하의 헝가리는 총회에 거듭된 요청[465]에도 불구하고 국제연

461) *Ibid.*, p. 83.

462) 총회의 제11차 정기회의에서 1957년 1월 10일 채택된 결의(Resol. 1132(XI))에 의하여 특별위원회(이 위원회는 직접 관찰, 증언의 청취 및 증거 수집 등에 의하여 헝가리사태를 조사하고 총회에 보고할 임무를 가졌다. *Ibid.*, p. 282)가 설치되었고, 이 위원회는 동년 6월 7일 총회 보고에서 헝가리의 봉기가 자연발생적인 국민운동이었다는 것을 믿는다고 표명하였다(GAOR, Eleventh Session, Supp. 18(*Ibid.*, p. 649에서 재인용)). 이 보고 내용을 시인하는 결의안(Doc. A/3658 and Add. 1)이 총회에서 통과되었다(*Ibid.*, 1958, p. 59).

463) 이미 언급된 바와 같이 이에 반대설이 있다. 제1장 제1절 1. A. I, 주 23.

464) UN Doc. S/3691(IO, 1957. p. 116에서 재인용).

합으로부터 관찰자의 입국을 왜 거부하였던가? 제3자에게 진상을 보이는 것을 완강히 거부하였다는 것이 헝가리에서의 자연발생적인 인민의 봉기, 인민의 의사를 정당히 대표한 나지정권, 무력으로써 인민의 봉기의 억압과 나지정권의 타도, 괴뢰정부인 카달정부의 수립이라는 일련의 사실을 증명하고 있다고 보는 데 대한 소련의 논박은 정당하게 성립하지 않을 것 같다.

소련은 헝가리 문제에 무력으로 개입함으로써 그가 제의하여 온 침략행위를 범한 것이다.[466] 침략정의 문제의 심의를 위하여 총회에 의하여 세워진 특별위원회에 1953년 및 1956년에 제출된 소련의 침략정의안[467] 제1조 d의 규정은 다음과 같다.

> "타국 정부의 허가 없이 그 국가 경계 내에 그의(침략국이 되는 국가—필자 주) 육군, 해군 또는 공군을 착륙시키거나 인도하는 것, 또는 그러한 허가 특히 그 군의 체류기간 또는 체류구역의 범위에 관한 조건을 위반하는 것"

동 제6조에 의하면 동조에 열기된 침략행위는 정치적 · 전략적 또 경제적 성질의 어떠한 논의에 의하여서도 정당화될 수 없으며, 또 동조에는 특히 침략행위의 정당화로써 사용될 수 없는 것으로서 나열된 것 중에 다음과 같은 것이 있다.

> "A. 어떤 국가의 국내사정, 예를 들면,
>
> ....
>
> b. 어떤 혁명 또는 반혁명운동, 내란, 무질서 또는 동맹파업,
>
> c. 어떤 국가 내에 어떤 정치적 · 경제적 또 사회적 제도의 수립 또는 유지"

465) E.g. Resols. 1004(ES-II); A/Res/407; A/Res/408; A/Res/493, 주 452 참조.

466) Cf. Wright, *op. cit.*, pp. 275~276; The Hungarian Situation, *op. cit.*, p. 11.

467) 제1절 1. A. III. c, 주 139, 140 참조.

헝가리 문제에 있어서는, 중동문제에 있어서와 같이 평화에 대한 위협 내지 침략행위를 방지, 제거 내지 진압하는 데 있어 국제연합은 직접적인 역할을 하였다고 생각되지 않는다. 그러나 안전보장이사회에서 소련의 거부권 때문에 헝가리 문제에 관한 아무런 실질적인 결의도 채택되지 않을 것이 확실하자 평화를 위한 단결 결의에 입각하여 신속하게 긴급총회가 소집되고, 이 총회에서 소련의 평화에 대한 위협 내지 침략행위의 저지를 위하여 진지한 노력이 행하여졌고 또 헝가리 상태에 수반하는 필요한 구제를 위하여 적절한 조치가 취하여졌다.[468] 헝가리 문제에 있어 우리가 총회의 위에서와 같은 진지하게 계속된 노력[469]에서만 만족할 수 있는 것은 아니나, 또 하나의 대전의 위험을 피하여야 하는 한 국제연합에 그 이상의 것을 기대할 수는 없다.

c. 1958년 레바논 문제

(1) 1958년 8월 7일 안전보장이사회에서 미국이 제출하고 수정된 안[470]이 채택되어 제3차 긴급총회가 소집되어 다음날인 8일부터 21일까지 중동문제, 주로 레바논과 요르단에 관계되는 문제가 토의되었다. 위에서의 이사회에서 채택된 긴급총회 개최에 관한 최종결의안에서는 그 개최의 특수한 이유는 표시되지 않았지만, 그 전의 미국 제안[471]에는 레바논의

468) 헝가리 문제에 수반하는 구호문제는 위에서도 언급되었는데 이에 관한 총회의 결의는 주 452 참조.

469) 헝가리 문제는 총회 제12차 정기회의에서도(IO, 1958, pp. 84~85), 제13차(*Ibid.*, 1959, pp. 88~89), 제14차(*Ibid.*, 1960, pp. 131~132), 제15차(UNYB, 1960, pp. 179~ 181) 및 제16차(IO, 1962, pp. 102~103) 정기회의에서도 토의되었거나 또는 적어도 의사일정에 올랐는데, 제13차 회의에서 영국 대표가 지적한 바와 같이 헝가리의 비극적 상태는 헝가리라는 주권국가의 사항에 외국의 무력적 간섭과 또 더 간섭할 계속적 위협의 직접적인 결과인 것이다. 그리고 제17차 정기회의에서의 토의와 결의로써 이 헝가리 문제의 취급은 일단락지어졌다고 생각된다(*Ibid.*, 1963, pp. 108~ 110).

470) Docs. S/4056/Rev. 1; S/4083(*Ibid.*, 1958, pp. 486, 509~519에서 재인용).

471) Doc. S/4056(*Ibid.*, p. 507에서 재인용).

불평에 관한 권고를 하기 위하여 긴급총회의 소집을 요청한다는 것이 표명되고, 또 한편 소련도 긴급총회의 소집을 요청하는 제안[472]을 하였는데 여기서는 레바논 및 요르단에서의 미국 및 영국의 개입문제를 취급하기 위한 것이라는 점이 명시되었다.

여기에 표명된 바와 같이 제3차 긴급총회가 소집되기 전에 이미 이사회에서 중동문제에 관한 대립되는 입장이 계속되어 왔던 것이다. 1958년 5월 말경에 아랍연합공화국의 간섭에 대한 레바논의 불평을 토의하기 위하여 이사회가 소집되었는데, 레바논은 아랍연합공화국의 레바논의 반도에 대한 인적 및 물적인 원조와 보도수단을 통한 반란의 선동을 규탄하였으며,[473] 이에 대하여 아랍연합공화국은 레바논의 문제는 국내문제이며 대통령 샤문이 위헌으로 동년 9월의 다음 선거에서 다시 대통령으로 출마하려는 데 기인한 것이고, 레바논측의 진술은 이사회로서 평가하기 곤란한 단편적인 사실 및 개별적인 진술에 입각한 것이라고 반박하였다.[474] 이와 같은 직접당사국들의 대립에 다시 부수되는 국가들의 대립(예: 소련은 아랍연합공화국에 동조적이었고 영국은 레바논의 진술을 긍정한 것[475])이 있었다. 결국 레바논의 국경을 넘어서의 사람, 무기의 공급 또는 기타 물자의 불법침투가 있느냐 없느냐를 확인하기 위한 감시단을 파견하고 그 목적을 위하여 사무총장에게 필요한 조치를 취할 권한을 주는 것 등을 내용으로 한 스웨덴의 결의안[476]이 동년 6월 11일에 채택되었다.

그런데 동년 7월 14일에 이라크에서 혁명이 일어나 국왕 및 수상이 살해되었다. 다음날인 15일 미국 대통령은 국회에서의 교서[477]에서 최근

---

472) Doc. S/4057(*Ibid.*, p. 508에서 재인용).

473) 이사회의 소집을 요청한 레바논의 서한(Doc. S/4007)과 동년 6월 6일 레바논 대표의 표명 (IO, 1958, pp. 341~342).

474) *Ibid.*, p. 342.

475) *Ibid.*, p. 342

476) Doc. S/4022(*Ibid.*, pp. 344, 346, 504에서 재인용).

레바논에서의 반란이 시리아로부터 반입된 상당한 인적 · 물적 원조를 받았다는 것 등을 말하고, 또 이라크에서의 위에서와 같은 폭동 후의 급격한 변화 등을 지적하고, 레바논 대통령의 긴급한 간청으로 미국군을 레바논에 파견하였는데, 이는 미국인의 생명을 보호하고 또 그 군대의 주둔으로써 레바논정부가 그 영토보전 및 정치적 독립을 보존하는 것을 원조하기 위한 것이라고 말하였다. 또 이러한 행동은 집단적 자위의 고유한 권리에 의하여 정당화되며 안전보장이사회가 평화 및 안전의 상태를 회복하면 종지될 것이라고 그는 말하였다. 또 요르단에는 후세인(Hussein)왕 정부의 요청으로 미국과 거의 때를 같이하여 영국이 파병하였다. 7월 15일부터 이사회는 다시 아랍연합공화국의 레바논 국내문제에의 간섭에 관한 레바논의 불평을 심의하게 되었으며, 역시 아랍연합공화국에 의한 그 국내문제에의 간섭에 대한 요르단의 불평[478]도 같이 이사회의 의사일정에 오르게 되었다. 미 · 영 양국의 파병이란 새로운 사실을 둘러싸고 이사회에서 위에서 언급된 대립이 계속 예리하여졌다. 미국은 외부로부터의 위협에 직면한 레바논정부를 원조하려는 것이 레바논에서의 미군 주둔의 유일한 목적이며 그 파병은 레바논 대통령의 요청에 의한 것이라고 말하였으며,[479] 영국도 요르단정부의 요청에 의하여 파병하였다는 것을 표명하였다.[480] 이에 대하여 소련은 레바논의 사태는 샤문정부의 반동적 · 반인민적 정부에 대한 반란이며 레바논은 아랍연합공화국측의 간섭에 의하여서가 아니라 미국의 병력간섭에 의하여 위협된다는 견해를 표명하고, 또 미국과 영국 양국의 아랍국가의 국내문제에 무력간섭의 중지와 레바논 및 요르단 양국으로부터 그들 군대의 철수를 요청하는 결의안[481]을 제출하였다.

---

477) Dept. of State Bulletin 182(1958)(Quincy Wright, Intervention in Lebanon, AJ, 1959, pp. 112~113에서 재인용).

478) 7월 17일부의 서한(Doc. S/4053(IO, 1958, p. 506에서 재인용)).

479) *Ibid.*, p. 504.

480) *Ibid.*, p. 506.

레바논은, 국제연합감시단[482]의 보고[483]가 아랍연합공화국의 간섭에 대한 그의 불평을 그대로 긍정하지 않는데 대하여, 그의 불평이 정당함을 극구 주장하였으며,[484] 요르단은 자국에서 쿠데타의 기도가 있었고 자국 국경에서의 아랍연합공화국군의 이동이 원병을 요청하게 한 위협이었다는 것을 주장하였다.[485] 이에 대하여 아랍연합공화국은, 레바논 문제는 국제연합감시단에 의하여 보고된 바와 같이 국내문제이기 때문에, 미군이 파견될 이유는 없으며, 미국의 레바논 국내문제에의 개입은 최근의 이라크혁명의 결과로 생각되며, 또 요르단에의 영국군 파견에 관한 문제의 핵심은 이라크혁명이었다는 것을 증명하는 것이라고 주장하였다.[486] 이러한 대립 속에서 소련의 결의안[487]이나 또는 미국의 결의안[488]으로서 실질적 사항에 관한 것이 채택될 수 없는 것은 언급될 필요도 없고, 또 이사회의 책무의 수행을 살리기 위한 일본의 제안[489](감시단의 강화를 위한 것)도 미국의 결의안과 마찬가지로 소련의 거부권행사[490]로 채택되지 못하였다. 이리하여 위에서 언급된 바와 같이 8월 7일의 이사회에서의 결의에 입각하여 제3차 긴급총회가 소집되었다.

중동문제 특히 미 · 영의 파병문제를 둘러싼 이사회에서의 대립은 무대만을 바꾸어 긴급총회에서 그대로 계속되었다. 우선 긴급총회가 개최된

481) Docs. S/4047; S/4047/Rev. 1(*Ibid.*, pp. 505, 506에서 재인용).
482) 주 476 참조.
483) 제1보고, Doc. S/4040(IO, 1958, p. 504에서 재인용); 제2보고, Doc. S/4052(*Ibid.*, p. 506에서 재인용).
484) *Ibid.*, p. 504, 506~507.
485) *Ibid.*, p. 506.
486) *Ibid.*, pp. 505, 506.
487) 주 481.
488) 감시단의 강화 등을 목적으로 한 것, Docs. S/4050; S/4050/Rev. 1(IO, 1958, pp. 505, 506에서 재인용).
489) Docs. 4055; S/4055/Rev. 1(*Ibid.*, pp. 507~508에서 재인용).
490) *Ibid.*, pp. 507~509.

구체적인 목적에 있어 처음부터 대립된 주장이 나오게 되었다. 소련은 미·영군의 각각 레바논 및 요르단에서의 주둔은 인민들의 평화 및 안전에 대한 항구적인 위협을 이루고 또 국제연합헌장의 위반이기 때문에 양군의 즉시철수를 확보할 조치를 총회가 취할 것을 촉구하고, 또 양군의 즉시철수의 권고 및 사무총장에게 레바논에서의 감시단의 강화와 요르단에의 새로운 감시단의 파견을 훈령하는 것 등을 내용으로 하는 결의안[491)]을 제출하였다. 이에 대하여 미국은 자국이 이사회에서 긴급총회개최안[492)]을 제출한 것은 중동에 있어서의 건설적인 행동을 위한 기회를 촉진하려는 것이 그 목적이었다고 반박하고,[493)] 영국은 미·영군의 중동에서의 주둔을 심의하기 위한 것이 아니고 요르단 및 레바논의 국내사항에의 외부로부터의 개입의 불평을 심의하기 위하여 긴급총회가 열린 것이라고 역시 반박하였다.[494)] 요르단은 자국에 대한 간접침략의 주된 사건인 폭력행위 및 방송에 의한 선동을 설명하고, 또 이라크의 구정권의 붕괴시 자국의 이라크와의 연합은 이라크의 새로운 지배자에 의하여 파기되었는데 이러한 위기에 아랍연합공화국 국경으부터의 자국에 대한 대규모의 공격이 7월 17일부터 시작될 것이라는 확실한 정보를 입수하였으므로, 미국 및 영국에 원병이 자국국회의 전원일치의 결의와 정부 및 왕의 시인으로써 요청된 것이라고 말하였다.[495)] 이에 대하여 아랍연합공화국은 요르단에의 외부로부터 무기 등의 침투를 부인하고, 방송에 의한 선동에 관하여서는 자국정부를 공격하는 아만의 비밀방송국을 지적하였다.[496)]

이와 같은 대립에 직면하여 타 회원국들도 일치한 태도를 취하지 못

491) Doc. A/3870(*Ibid.*, pp. 486~487에서 재인용).

492) 주 470 참조.

493) IO, 1958, p. 486.

494) *Ibid.*, p. 487.

495) *Ibid.*, p. 488.

496) *Ibid.*, p. 489.

하였음은 물론이다. 특히 미 · 영의 파병문제가 논쟁의 중심점이 되었다는 것은 누구나 쉽사리 짐작할 수 있는 것인데, 예를 들면 불가리아는 소련의 주장과 그의 결의안을 지지하는 데 대하여,[497] 뉴질랜드는 미 · 영의 행동을 지지하였으며,[498] 또 캐나다 외 6개국에 의하여 제출된 결의안[499]도 미 · 영군의 철수에 관한 아무런 언급이 없는 것 등에 비추어 미 · 영의 입장을 지지한 것이다. 그런데 비교적 중립의 입장을 취한다고 생각되는 국가들의 태도는 미 · 영의 파병을 긍정하지 않거나 적어도 그 조속한 철수를 주장하였다.[500] 세이론 대표는 미 · 영의 파병문제에 관하여 양국의 파병동기의 진지성은 의심되지 않지만, 그 행동은 헌장 제51조에 의하여 정당화되지 않으며 1949년 및 1950년의 국제연합 결의 등에 의하여 정당화될 수 있느냐는 논의의 여지가 있는 것이며, 또 그 간섭은 레바논에 대한 파괴적 활동 때문이라는 것보다 이라크에서의 급작스러운 사건과 그 사건의 결과로서 레바논 및 요르단에 있어서의 반응의 두려움 때문이었다고 말하였다.[501]

이미 언급된 바와 같이 미국 대통령은 레바논에 파병할 때의 국회에서의 교서[502]에서도 안전보장이사회가 평화 및 안전의 상태를 복구하면 철군할 것을 언명하였고 또 이사회에서도 미국은 이와 같은 태도를 표명하였는데,[503] 긴급총회에서 미 대통령은 레바논의 정당히 구성된 정부에

497) *Ibid.*, p. 490.

498) *Ibid.*

499) Doc. A/3878(*Ibid.*, pp. 491~492에서 재인용).

500) 인도 대표는 그 지역에 군대를 파견하는 것을 승인하는 것은 헌장에는 아무것도 없다고 말하였으며(*Ibid.*, p. 491), 버마 대표는 중동에의 외군의 진주는 그것으로써 해결할 수 있는 문제보다 더 많은 문제를 야기시킬 뿐이며, 그 주둔이 지연되면 될수록 문제는 더 복잡해지고 어려워진다는 점에 있어 총회에서 일반적인 의견의 일치가 있는 것 같다고 말하였다(*Ibid.*, p. 492).

501) *Ibid.*, pp. 492~493.

502) 주 477.

503) 주 488.

의하여 요청되거나 국제연합의 행동 또는 기타의 방법으로 레바논이 이미 시초의 위험에 폭로되지 않게 될 때에는 어느 때나 미군이 전부 철수할 것이라고 통고하였다.[504] 또 그 뒤에 미 · 영 양국은 이와 같이 철군의 용의가 있다는 내용의 서한을 같이 총회에 제출하였다.[505]

긴급총회에서는 결국 그 최종회의에서 10개 아랍국가들이 제출한 결의안[506]이 전원일치로 채택되었다. 이 결의에서는 국가들이 관용을 실행하고 서로 선린자로 평화적으로 공존하여야 된다는 헌장목적에 주의가 환기되고, 각 구성국은 타 구성국들에서 세워진 정부제도를 존중하고 그 제도를 그 국가들의 배타적인 관심사로 생각해야 된다는 아랍동맹조약의 규정을 준수한다는 아랍국가들의 새로운 확약에 대하여 환영의 뜻이 표명되고 모든 회원국들에 상호 영토보전 및 독립의 존중, 불침략, 상호 국내사항에의 엄격한 불간섭 및 평등한 그리고 상호적 이익의 규칙에 따라 엄격히 행동하고 그들의 행동이 언행과 같이 이러한 원칙에 부합되도록 확보할 것이 요청되었다. 그 다음에 이 결의는 사무총장에게 관련정부와 상의하고 헌장에 따라 현 환경에 있어서의 레바논 및 요르단에 관하여 헌장의 목적 및 원칙을 지지하는 데 적절하게 도움이 될 실제적인 조치를 곧 취하고, 양국으로부터 외군의 조속한 철수에 편의를 주도록 요청하였다. 또 이 결의의 일부분은 중동에서의 경제적 발전을 취급하고 있다.

(2) 위에서 레바논과 요르단 문제에 관한 안전보장이사회와 긴급총회에서의 결의 및 토의가 설명되었는데, 이 문제에 있어서는 평화를 위한 단결 결의에 입각한 긴급총회가 개최된 이유가, 예를 들면 1956년 이집트 문제에 있어서와 같이, 뚜렷하지 못하기 때문에 국가들의 중요한 논쟁점에 언급되지 않을 수 없었다. "평화를 위한 단결 결의"의 주된 목적은 평화에

---

504) IO, 1958, p. 486.

505) 제740차 회의에서 제출된 서한, Docs. A/3876; A/3877(*Ibid.*, p. 491에서 재인용).

506) Doc. A/3893(*Ibid.*, pp. 494~495에서 재인용).

대한 위협, 평화의 파괴 또는 침략행위가 있을 경우에 이사회가 거부권행사로 기능이 마비되면 총회가 이 위험한 상태를 수습하기 위하여 신속히 개최된다는 데 있다. 그런데 레바논이나 요르단에 대한 외부(아랍연합공화국)로부터의 간섭에 의한 양국의 독립의 위기 때문에 양국의 요청에 의하여 미군 및 영군이 파견되었다고 하지만, 그 외부로부터의 간섭이라는 것이 위에서 언급된 바에 비추어[507] 외국에 파병 또는 국제연합에 의한 군사적 조치를 요할 것은 아니었다고 생각된다. 이라크에서의 혁명이 두 파병의 직접적 동기였다고 보는 것이 자연스럽다. 또 미군과 영군이 레바논과 요르단에 주둔함으로써 제3국이 곧 여기에 휩쓸려들어갈 평화에 대한 위협 등이 현저하게 생겼다고는 생각되지 않는다. 미 · 영의 파병 동기나 의도에 있어 레바논 및 요르단의 현정부의 유지란 목적이 뚜렷하다. 양국의 파병후 20여일간이나 이 문제가 이사회에서 토의되었고, 또, 긴급총회에서 2주일간이나 이 문제를 둘러싸고 갑론을박이 계속되었다.

그러나 이 중동문제에 있어 일부 아랍국가 상호간의 대립 및 양대 진영의 대립이 미 · 영의 출병을 계기로 격화되었으며, 이사회에서는 이 구체화된 대립을 해소 또는 적어도 절충시킬 아무런 결의도 채택될 수 없었는데 긴급총회가 소집되어 모든 회원국에 토의참여가 주어졌으며, 관계국가의 대립을 완화하는 결의안[508]을 아랍국가들로 하여금 제출하게 함으로써 문제에 일단 해결을 가져오게 한 데에 평화를 위한 단결 결의의 공적이 있다.

끝으로 레바논 및 요르단에의 미군 및 영군의 파병의 합법성 여부가 검토되어야 할 것이다. 명시는 피하였지만 긴급총회가 소집된 주된 원인은 이 파병문제라고 생각될 수 있는데, 긴급총회에서 채택된 결의[509]에서

---

507) 1, 주 168, 186 참조. 국제연합감시단의 제3보고에 있어서도 레바논에 대한 외부로부터의 간섭은 없다는 것이다(Cf. *Ibid.*, pp. 493~494).

508) 1, 주 191.

는 파병의 합법성 여부에 언급이 없을 뿐 아니라 그 합법성을 전제로 하는 것과 같은 입장이 표명되었으나, 이러한 입장이 단순한 정치적 편의에서 나온 것인지 또는 법적 근거가 있는지는 파병국의 구실 및 이에 대한 타국의 이사회 및 총회에서의 논박에 비추어 검토를 요한다고 생각된다. 미국 대통령은 의회에 보낸 파병에 관한 교서[510]에서 집단적 자위권(헌장 제51조) 및 미국인의 생명의 보호와 샤문 대통령의 긴급한 간청을 원용하였고, 또 교서를 보낸 같은 날 방송에서 1948년 및 1950년의 총회의 결의를 원용하였다.[511]

첫째, 헌장 제51조에 입각한 집단적 자위권은 미국의 파병에 원용되기 어렵다. 당시 레바논에 대한 공공연한 타국으로부터의 무력공격이 없었을 뿐만 아니라, 레바논 반도에 대한 아랍연합공화국으로부터의 인적·물적 원조도 그다지 현저한 것이 되지 못하였다. 그것은 국제감시단의 보고[512]에 의하여 명백히 되었다. 요르단에의 파병도 사실에 비추어 제51조에 의하여 정당화되지 못한다고 생각된다.

둘째, 미국이 그 파병에 관하여 총회의 1949년 및 1950년의 결의를 원용하였다. 1949년의 결의라는 것은 동년 12월 1일 총회에서 채택된 것이며 미국 및 영국이 제안[513]한 "평화에 필수적인" (Essentials of Peace) 결의로서, 그 내용에는 모든 국가에 "헌장에 반한 무력의 위협 또는 행사를 삼갈 것"과 어떤 국가의 자유, 독립 또는 보전을 노리거나 어떤 국가 내에서 내란의 양성과 국민의 의사의 파괴를 노리는 직접 또는 간접적인 어떤 위협 또는 행위도 삼갈 것"이 요청된다는 것이 포함되어 있다. 또 미국에 의

509) *Ibid.*
510) 1, 주 162.
511) Wright, Intervention in Lebanon, *op. cit.*, p. 113.
512) 주 507 참조.
513) Doc. A/C. 1/549(IO, 1950, pp. 71~72에서 재인용); Wright, Intervention in Lebanon, *op. cit.*, p. 123.

하여 원용된 1950년 결의라는 것은 동년 11월 17일 총회에서 채택된 것이며 처음 프랑스, 레바논, 멕시코, 네덜란드, 영국 및 미국 6개국에 의하여 제안[514]된 "행동에 의한 평화"(Peace through Deeds) 결의로서, 이 결의에서는 "…어떤 무기가 사용되든 어떤 침략이나, 공공연하게 행하여지든 어떤 외국의 이익을 위한 내란의 양성에 의하든 또는 그 밖의 방법에 의하든, 전세계에 있어 평화 및 안전에 대한 모든 범죄 중 가장 중대한 것"이라는 점이 재확인되고 있다. 이러한 결의의 내용에 의하여 위에서 언급된 헌장 제51조에 의한 집단적 자위권행사의 범위 또는 헌장 제2조 4항에 의한 무력행사의 금지의 예외가 확장될 수는 없다. 어떤 국가의 독립을 간접적으로 위협한다든가 또는 그 국내에서의 내란을 양성하는 행위를 어떤 국가나 삼가야 하지만 그러한 행위가 제51조의 무력공격[515]이 아닌 한, 그 행위에 대한 무력에 의한 집단적 자위권의 행사는 있을 수 없다.

셋째, 또 미국민의 생명을 보호하기 위하여 파병한다는 미국의 주장에 대해서도 찬동을 표시하기가 어렵다. 실제문제로서 병력의 파견을 요할 만큼 당시 미국인의 생명이 위협 받았다는 것은 구체적으로 증명되지 않았다.[516]

넷째, 미·영 양국의 파병이 각각 샤문 대통령 및 후세인왕 정부의 요청에 의하였다는 것은 관계 4개국이 표명한 바에 비추어 확실한 사실이다. 또 이 양 정부가 당시 레바논 및 요르단의 합법정부였다는 것도 단정될 수 있다고 생각된다. 종래의 일반국제법에 의하면 한 국가의 합법정부의 요청으로 다른 국가가 한 국가의 영역상에 병력을 파견하는 것은 합법적이며[517] 또 헌장 제2조 4항의 금지의 범위에도 들지 않는다.[518] 이러한

514) Doc. A/C. 1/597(IO, 1951, pp. 73~74에서 재인용); Wright, Intervention in Lebanon, *op. cit.*, p. 123.

515) 제1절 1. B. II(특히 b) 참조.

516) Cf. Wright, Intervention in Lebanon, *op. cit.*, p. 117.

517) 제1장 제1절. 1. A. I, 주 23.

것은 국가들 사이의 상호안전보장을 위하여 오늘날 많이 있는 일이며, 또 이것이 제3국에 대한 무력의 위협이 되지 않는 한 합법적일 뿐 아니라 금지될 결정적인 이유도 없다고 생각된다. 그런데 어떤 국가의 합법적인 정부의 요청이 있다 하더라도 그 국가에서의 내란에 있어 그 결과가 합법정부의 승리로 돌아갈 것인가 반도의 승리로 돌아갈 것인가가 불확실한 때에는 제3국은 합법정부를 원조하여서는 아니 되며, 이는 이런 경우에는 합법정부나 반도나 다 같이 국가를 대표할 권한이 없기 때문이라는 주장을 하는 학설[519]이 있다.

이 학설은 일견 상당한 근거를 가지고 있는 것 같지만, 적어도 현행국제법에 부합한다고 생각되지는 않으며,[520] 또 이 설에 의하면 제3국이 합법정부의 요청으로 무력원조를 할 수 있느냐 없느냐의 분기점은 반도가 교전단체로 아직 승인되지 않았느냐 이미 승인되었느냐가 아니고 내란의 결과의 불확실성 여부라는[521] 애매한 것이다. 어떤 국가의 내란 또는 폭동의 경우에 반도가 교전단체로 합법정부 또는 어떤 제3국에 의하여 승인되지 않는 한, 또 국제연합에서 합법정부의 원조를 금지하는 결의가 채택되지 않는 한, 그 제3국은 합법정부의 요청으로 무력원조를 할 수 있으며 이 점에서 미 · 영 양국의 파병은 합법화될 수 있다. 헝가리 문제에 있어서는 당시 합법정부의 의견에 반하여 소련군이 무력침입을 하였다는 점에 있어 여기서 미 · 영의 파병과는 대조적이다.

d. 콩고 문제

이미 설명된 것이기에[522] 여기서 첨부될 점이 없다.

---

518) 제1절 1. A. I. b, 주 22.

519) Wright, Intervention in Lebanon, *op. cit.*, pp. 121~122.

520) Dahm, II, S. 357~358, Anm. 8.

521) Wright, Intervention in Lebanon, *op. cit.*, p. 122.

II. 헌장의 실효성

헌장의 제1목적은 국제평화 및 안전의 유지이며 이러한 목적달성의 한 조건으로써 집단적 안전보장제도가 확립되어야 한다. 헌장 제7장은 바로 이러한 안전보장제도를 확립하기 위한 획기적인 규정(제39조, 제41조, 제42조 등)을 포함하고 있다.

그러나 이러한 획기적인 제도는 적어도 오늘날까지는 중요한 부분에 있어 공문화(空文化)의 상태에 빠지고 있으며, 이는 국제연합의 중추적 역할과 관련하여 헌장의 규정 특히 무력행사 등을 금지하는 조항(제2조 4항, 제39조)에 중대한 영향을 미칠 것 같이 보였다. 그러나 한국전쟁이 일어났을 때 헌장 제39조의 가능한 해석에 입각하고 또 헌장의 정신에 부합한 조치가 파괴된 평화를 복구하는 데 성공함으로써, 또 헌장 제10조 및 제11조 2항 등의 가능한 해석에 입각하고 헌장의 정신에 부합한 평화를 위한 단결 결의가 총회에 의하여 채택되고, 이 결의가 긴급한 사태에 직면하여 현 국제정세에 비추어 가능한 한도까지 적용되어 그 효과를 나타냄으로써 국제연합의 집단적 안전보장제도의 붕괴는 구제된 것이다.

C. 평화를 위한 단결 결의에 입각한 무력조치의 법적 성격

이미 설명된 바와 같이 평화를 위한 단결 결의에만 입각하여 무력에 의한 강제조치가 취하여진 일은 없으나, 한국전쟁에 관한 1951년 2월 1일의 총회의 결의는 새로 가담한 침략자 중공에 대한 무력행사의 권고로 해석[523]되고, 따라서 이 결의에 입각하여 비로소 중공에 대한 국제연합군이

---

522) 1. B(2).

523) B. I. a, 주 388~390 참조.

법적으로 세워진 것으로 해석될 수 있다. 한국전선에서 북한군에 대하여서와 마찬가지로 중공군에 대하여서도 전시법규가 적용되었고, 한국에의 출병이 국내법원에서 전쟁이라고 간주된 데 있어 북한군에 대한 관계와 대 중공군 관계 사이에 차별이 있을리 없음은 다시 언급을 요하지 않는다.[524] 또 장래 평화를 위한 단결 결의에 의한 총회의 권고에 따라 회원국이 제공하는 무력에 의한 강제조치가 취하여질 때, 첫째, 이것이 국제연합 자체의 강제조치로 생각될 수 있으냐 하는 점과 둘째, 첫째 점이 부정되지 않는다면 그 조치는 전쟁이라고 생각될 수 있느냐 하는 점에 관하여서는 한국 및 콩고에서의 국제연합군에 관련하여 이미 설명된 바에 비추어[525] 자명하게 긍정적으로 답변되는 것이다.

524) 1. B(1). II. c 참조.
525) 1. B(1). II. b. (2); 동 c; 동 B(2). II. b; 동 d.

<부 록>

1949년의 제네바협약들에 대한 1977년의 제2부가의정서: 내란에 적용될 전시법규의 새로운 발전 *

1. 서 론

1974년 2월 20일부터 제네바에서 개최되었던, 무력충돌에 적용될 국제인도법의 재확인 및 발전에 관한 외교회의는 매년 회기를 갖고 1977년 6월 8일에 이르러 1949년 8월 12일의 전쟁희생자의 보호에 관한 네 개의 협약에 대한 두 개의 부가의정서, 즉 국제적 무력충돌의 희생자의 보호에 관한 제1부가의정서와 비국제적 무력충돌의 희생자의 보호에 관한 제2부가의정서를 채택하고, 동월 10일에는 이 의정서를 부속서로 하는 최종 결정서가 102개국에 의하여 서명되었다.[1] 두 의정서는 같은 내용의 규정(각

---

* 출처: 「법학행정논집」, Vol. 18(1980), 고려대학교 법학연구원 발행, pp. 1~58.

1) The texts of Protocol Additional to the Geneva Conventions of 12 August 1949, and relating to the protection of victims of international armed conflicts(Protocol I) and Protocol Additional to the Geneva Conventions of 12 August 1949, and relating to the protection of victims of non-international armed conflicts(Protocol II), reproduced from U.N. Document A/32/144 of August 15, 1977, Annexes I and II, International Legal

각 제92조와 제20조)에 따라 최종결정서 서명 6개월 후에 1년간 제네바협약의 당사국들에 의하여 서명될 것이며, 실제에 있어 1977년 12월 12일 베른(Bern)에서 거행되었던 식(式)에서 46개국에 의하여 서명되었다.[2] 두 의정서가 다같이 효력을 발생하려면 2개국의 비준 또는 가입 후 6개월의 경과를 요한다(각각 제95조 1항과 제23조 1항). 이 규정에 따라 두 의정서는 1978년 1월에 효력을 발생하였다.[3]

Materials, November 1977, pp. 1391~1449. 두 의정서안은 처음에 국제적십자위원회가, 1968년 인권에 관한 테헤란(Teheran)회의와 1969년 이스탄불(Istanbul)에서의 적십자회의에서 무력충돌에 있어서의 인도법을 재심하려는 움직임에 따르고 또 국제연합 총회에서의 이 인도법에 관한 토의와 결의(Resolution 2444(XXIII) of December 19, 1968, Yearbook of the United Nations, 1968, pp. 538ff. and 594, and subsequent resolutions)에 고무되어, 2차의 정부전문가회의(1971년과 1972년)와 개별적인 전문가들과의 회합을 거쳐 작성한 법이다(ICRC, Draft Additional Protocols to the Geneva Conventions of August 12, 1949 (June 1973), and Draft Additional Protocols to the Geneva Conventions of August 12, 1949, Commentary(October 1973). 이 안은 외교회의에서 많은 변모를 하였다(Cf. Michel Bothe, Knut Ipsen, Karl Josef Partsch, Die Genfer Konferenz über humanitäres Völkerrecht, Zeitschrift für ausländisches öffentliches Recht und Völkerrecht, 1978, 38/1~2, S. 2~5; Michael Bothé, Conflits armés internes et droit international humanitaire, Revue général de droit international public(ci-après RGDIP), Tome 82/1978/1, pp. 85~86; David p. Forsythe, The 1974 Diplomatic Conference on Humanitarian Law: Some Observations, American Journal of International Law(hereinafter AJ), January 1975, pp. 77~78; Forsythe, Legal Management of Internal War: The 1977 Protocol on Non-international Armed Conflicts, AJ, April 1978, p. 272; Justice Mushtag Hussain, New Development in International Humanitarian Law: The Protocols of 1977, Humanitarian Law and Its New Developments, The Republic of Korea Natonal Red Cross Humanitarian Law Institute, March 1979, pp. 49~60). 한국도 예비회의와 외교회의에 참가하였고, 국내에서도 인도법에 관한 광범위한 검토와 연구가 있었다(최은범, "제네바 제 협약에 추가된 1977년 의정서의 고찰", 『국제법학회논총』, 1978년 12월, 261~271면).

2) Bothe, Ipsen und Partsch, a.a.O., S. 4. 그런데 1969년 5월 23일 조약법에 관한 비엔나협약 제10조 (b)에 의하면 조약문의 서명과 조약문을 포함한 최종결정서의 서명은 조약문의 인증으로서 같은 법적 효과를 갖는데, 후자인 서명 뒤에 다시 전자인 서명이 요구된 것은 이 의정서의 구속을 받는 방향의 절차에 있어 신중을 기한 것이다.

3) 참고: 이 논문이 발행된 1981년 1월 말경까지 비준한 국가는 제1의정서 16개국, 제2의정서 15개국이었으나, 2009년에는 제1의정서 168개국, 제2의정서 164개국이다. 대한민국은 1982년에 모두 가입하였다.

이리하여 전쟁희생자의 보호를 위한 새로운 법 정립의 시도가 1949년의 제네바협약후 28년만에 성과를 거두었다. 이미 말한 바와 같이 제1의정서는 국제적 무력충돌(international armed conflicts)에 관한 것이고, 제2의정서는 비국제적 무력충돌(non-international armed conflicts)에 관한 것이다. 후자인 무력충돌은 1949년의 제네바협약에 공통된 제3조에서는 비국제적 성격의 무력충돌(armed conflict not of international character)이라고 한다. 이와 같이 전통적인 용어인 전쟁(war)과 내란(civil war)이 쓰이지 않고 국제적 무력충돌과 비국제적 무력충돌이란 용어가 쓰이고 있다. Siotis는 이와 같이 용어를 바꾼 것은 국제법의 최근의 발전에 기인하며,[4] 전쟁의 개념에 관한 일치된 견해가 없기[5] 때문에 "전쟁"이란 부정확한 표현이라고 생각되었다.[6] 또 불법전쟁을 함에 있어 이 부정확성을 이용하여 "전쟁"이란 말을 피하는 경향도 있었기 때문에 국제연합헌장에서는 장래에 관하여서는 전쟁이란 말은 배제되고 무력행사, 평화의 파괴, 침략행위, 무력공격이란 말이 쓰이고, 1977년의 제1부가의정서에서는, 이미 말한 바와 같이 국제적 무력충돌이란 말이 쓰이고 있다. 이러한 경향에 맞추고, 또 폭동(riot, uprising, rebellion) 및 반란(insurrection, revolution)과 내란을 구별할 실정법상의 의의가 없다는 견해도 있어,[7] 내란이란 말이 배제되고 위에서와 같이

---

4) Jean Siotis, Le droit de la guerre et les conflicts armès d' un caractère non-international, 1958, p. 17. "고전적" 전쟁은 그 표명이 국제질서에 의하며 인정된 전쟁의사의 존재를 전제하며 따라서 국제전쟁의 특징적 요소, 고전적 학설에 있어 전쟁을 모든 다른 형태의 무력충돌과 구별하였던 요소, 즉 전쟁상태를 생기게 하였던 전쟁을 할 권리와 의도는 국제충돌을 정의하기 위하여 이미 원용될 수 없으며, 2개 이상의 국제적 법적 실체를 싸우게 하는 충돌을 명명하기 위하여 국제적 성격의 무력충돌이란 말을 쓰는 것이 국제법의 최근의 발전에 보다 부합한다는 것이다(*Ibid.*, p. 20).

5) 졸저, 『전쟁과 국제법』, 1969, 38면 이하 참조.

6) Josef L. Kunz, Kriegsbegriff, Wörterbuch des Völkerrechts, begründet von Karl Strupp und herausgegeben von Hansjürgen Schlohauer, II. Band, 1961, S. 331.

7) Siotis, *op. cit.*, p. 22. 또 Kotzsch는 "내란"이란 국제법에 대한 이율배반 이외의 의의를 갖지 않는다는 것이다(Lothar Kotzsch, The Concept of War in Contemporary History and International Law, 1956, p. 231).

비국제적 성격의 무력충돌 또는 비국제적 무력충돌이란 말이 쓰이고 있다. 그렇다고 "전쟁"이란 용어가 현국제법상 의의를 상실한 것은 아니며,[8] "내란"이란 용어도 그러하다.[9] 다음에 위의 부가의정서에 관한 경우에는 국제적 무력충돌과 비국제적 무력충돌이란 말이 쓰일 것이나, 보다 일반적으로는 전쟁과 내란이란 말이 쓰일 것이다. 전쟁이나 내란의 개념 규정을 여기서 논한다는 것은 허용되지 않고, 다만 전쟁에는 정식전쟁(formal war) 및 실질적 전쟁(material war)이 다같이 포함되며, 전자는 국가간의 무력적대(武力敵對) 상태이고 후자는 정부에 책임을 지우는 연속적 무력충돌이라는 것[10]과 내란이란 한 국가 내에서 정치적 목적으로 국민의 일부분이 합법정부에 반대하여 무력에 호소하거나 두 개 이상의 집단이 정권을 장악하기 위하여 무력으로써 싸우는 상태를 말한다는 것[11]만 지적된다.

또 여기서 밝혀두어야 할 것은 전시법과 국제인도법의 개념이다. 제네바 부가의정서는 그를 채택한 회의의 명칭이 말하여 주는 것과 같이 무력충돌에 적용될 국제인도법(international humanitarian law)에 속한다. 이 법은 전후 연관에 따라 단순히 인도법이라고도 불리나, 무력충돌시 또는 전시에 적용되는 인도적인 법으로서 전시 국제법의 일부를 이룬다. 전시국제법 또는 전시법(*jus in bello*, laws of war)이란 전쟁이 일어나면 전쟁 당사

---

8) *Ibid.*, pp. 274~275.

9) 2. A. 가. ③ 참조. Cf. e.g. the opinion of A.J. Thomas Jr., Panel: International Law and Civil War, Proceedings of the American Society of International Law, 1969, p. 23. 국제법에 관한 최근의 개설서에서 전쟁 및 내란이란 말이 쓰이고 있고 또 개념이 규정되고 있다(E.g. L. Oppenheim, International Law, Vol. II, 7th edition, edited by H. Lauterpacht, 1952, pp. 202~209; Nguyen Quoc Dinh, Droit international public, 1975, pp. 731~734).

10) 졸저, 앞의 책, 54~76면, 특히 60~70면.

11) Cf. Beschluß III: Le principe de non-interrention dans les guerres civiles, angenommen auf der Tagung zu Wiesbaden im August 1975, L' Institut de Droit International, Archiv des Völkerrechts, 19, Band. 1. Heft, 1976, S. 133; Oppenheim, *op. cit.*, Vol. II, p. 209; Jürg H. Schmid, Bürgerkrieg und Völkerrecht, Wörterbuch des Völkerrechts, a.a.O., I. Band, S. 261~262.

자인 국제법주체가 지켜야 할 규범군을 말한다.12) 이러한 전시법 중에서 병력, 즉 전투행위의 주체 및 객체가 될 수 있는 자들 및 적대행위(전투의 수단 및 방법, 적의 평화적 인민에 대한 병력의 관계 등)에 관한 규칙들과 구별하여,13) 전쟁희생자의 보호에 관한 규칙들을 인도법이라 칭하는 경향의 학설 및 관행이 있다.14) 또 이 인도법은 1864년 8월 22일 "전지(戰地)에 있어서 군대 부상자의 상태 개선에 관한 조약"에서 출발하여 1977년의 부가의정서에 이르기까지 제네바에서 성문화되었기 때문에 이를 제네바 전시법(Genfer Kriegsrecht)이라 칭하고, 기타의 전시법은 1899년 7월 29일과 1907년 10월 18일 각각 제1차와 제2차의 헤이그 평화회의에서 일반 조약으로서 많이 성문화되었기 때문에 이를 헤이그 전시법(Haager Kriegsrecht)이라 칭하는 경향도 있다. de La Pradelle에 의하면 인도법은 이러한 성문화 전에 오랜 전통을 가지며 그 시초는 16세기에 국제법의 스페인 학파의 신학자의 학설에서 찾을 수 있다고 한다.15) 이와 같이 인도법과 기타의 전시법 구별의 전통 및 경향이 있으나 양자는 Kunz가 말한 바와 같이, 모두 군사적 필요성과 인도의 변증법적 관계의 산물이며,16) 거의 모든 전시법의 규칙들은 그 속에 담겨 있는 인도적 가치를 가지고 있으며,17) 또한 위 양자

---

12) 전시법은 누가 어떠한 전제하에서 전쟁을 할 수 있는가(*jus ad bellum*)에 관한 규범군과 전쟁금지의 효과를 확립하고 이 금지에 의하며 손상된 자에게 법적 청구권(*jus post bellum*)을 주는 규범군과 구별된다(Friedrich August Freiherr von der Heydte, Völkerrecht, II, 1960, S. 193~194).

13) Charles Rousseau et M. Virally, Vers un nouveau droit humanitaire(L' introduction du numéro spécial de RGDIP consacré aux deux Protocoles additionnelles de l' année 1977), *ibid.*, Tome 82/1978/1, p. 5; Paul de La Pradelle, Le droit humanitaire des conflits armés, *ibid.*, pp. 11 et 13.

14) Forsythe, *op. cit.*, January 1975, p. 78; Siotis, *op. cit.*, pp. 218, 226~227; De La Pradelle, *op. cit.*, p. 11. 또 인도법은 전시에만 적용되기 때문에 인권에 관한 국제조약과 구별된다.

15) *Ibid.*

16) Josef L. Kunz, Kriegsrecht im Allgemeinen, Wörterbuch des Völkerrechts, a.a.O., II. Band., S. 355.

17) H. Lauterpacht, The Problem of the Position of the Law of War, 29 British Year Book of

의 한계는 유동적일 뿐만 아니라,[18] 제네바 부가의정서에는 종래 인도법이라고 볼 수 없었던 전시법의 규칙들이 많이 들어오게 되었으며,[19] 이러한 인도법과 기타의 전시법의 혼성 내지 융합은, 제2차대전후 전자와는 달리 후자의 성문에 의한 편찬 및 발전이 없었으므로, 현실적으로는 적어도 부득이한 것이며, 위에서의 양자의 본질에 비추어 당연하다고도 생각된다.

내란에 관하여 국제법상 특히 세 가지 중요한 문제가 있다. 내란에 이해관계를 가진 제3국의 개입, 내란에 관련하여 국제평화 및 안전의 유지 또는 회복을 위한 국제조직체의 개입과 내란에의 전시법규의 적용문제가 이것이다. 첫째 문제에 관하여서는 전통적인 국제법이 각 국가의 주권을 존중하고 그의 국민의 일부에 의한 국내법상 불법도전에 직면한 현 합법정부를 존중한다는 원칙에 입각하고 있다고 생각되어야 할 것이다. 그러나 근래의 실제에 있어서는 내란에의 외국 개입이 거의 일반적이고,[20] 그 개입의 이데올로기적 정당화에 관한 대립이 있다.[21] 둘째 문제에 관하여서는 내란이 국제평화 및 안전을 위협할 때에는 국제연합은 개입하여야

International Law, 363 and passim(1952), quoted by Forsythe, *op. cit.*, AJ, January 1975, p. 87.

18) Kunz, Kriegsrecht im Allgemeinen, a.a.O., S. 358.

19) Cf. De La Pradelle, *op. cit.* p. 22~28.

20) 어떤 학자에 의하면 순수한 내란은 나이지리아(Nigeria)에서의 비아프라(Biafra) 내란(1967~70)에서만 우리가 볼 수 있었다는 것이다(Charles Zorbide, La guerre civile, Sonderabdruck, aus dem Annales de la Faculté de Droit et des Sciences Economiques de l'Université de Clermond, Bd. 6(1969), Paris, Libraire Dalloz). 여기서 인용된 것은 위 저서의 1 서평에 의한 것이다(Österreichische Zeitschrift für öffentliches Recht und Völkerrecht(im Folgenden ÖZÖRVR), Band XXIV, Heft 3~4, Dezember 1972, S. 375).

21) 소련은 해방전쟁(Befreiungskrieg)을 내세우고(Akademic der Wissenschaften der UdSSR, Völkerrecht, Deutsche Übersetzung, 1961, S. 416~417), 아시아 및 아프리카 국가들은 식민지 해방의 정당화를 내세우고(Urich Scheuner, War and Civil Strife on the Present International Scene, Law and State, Vol. 9, 1974, pp. 10~11 and 19; Richard A. Falk, Law and the US Role in the Vietnam War, 75 Yale LJ 1966, quoted by W.G. Friedmann, O.J.

하나,[22] 내란에 있어서 한 국가 내에서 합법성과 정의란 미묘한 문제가 있으므로, 남아공화국의 인종차별, 소수자 지배 및 식민지주의에 대한 투쟁의 지지와 같이 일반적 국제기구의 명백한 규범적 합의가 있는 경우에 비로소 입법적 개입을 하고,[23] 또 외국 병력이 상당수로 전투에 참가하고 있을 때에만 국제연합이 현정부를 도와서 개입을 하는 것이 적절할 것이며,[24] 기타의 경우에 있어서는 내란 당사자들이 비폭력적 해결을 원할 때 국제연합은 오로지 제3자의 배제와 완충 또는 해결의 구실을 위하여 주선의 제공에만 힘써야 할 것이다.[25] 이러한 점과 1956년 헝가리혁명 때 소련군의 침입[26] 및 1968년 체코슬로바키아에의 소련 및 기타 바르샤바조약 당사국의 침입[27]의 사례에 비추어, 지역적 조직체에 의한, 적어도 무력적 개입의 경우에는 국제연합 안전보장이사회의 허가(헌장 제53조 1항)가 엄격히 요구된다.[28]

셋째로 내란에의 전시법의 적용에 관하여서는, 제1차 대전후 국제관계에서 전쟁 또는 무력행사는 원칙적으로 금지되고 있으나 무력행사는 그

Lissitzyn and R.C. Pugh, Cases and Materials of International Law, 1969, p. 995), 미국은 공산주의가 개입하면 필연적으로 외국간섭이 되고 이에 반대하는 간섭이 허용된다고 본다 (*Ibid.*, pp. 984~985).

22) 특히 국제연합 헌장 제39조. 졸저, 앞의 책, 181면. Cf. Morris Greenspan, The Modern Law of Land Warfare, 1959, p. 621.

23) Richard A. Falk, Introduction to the International Law of Civil War, edited by Falk 1971, p. 25. Cf. Atle Grahl-Madsen, Decolonization: The Modern Verion of a 'Just War', German Yearbook of International Law, Vol. 22, 1979, pp. 264~268.

24) 콩고에서의 국제연합군(졸저, 앞의 책, 291~306면)이 이러한 경우라고 생각될 수 있다 (Falk, Introduction, *op. cit.*, p. 25).

25) *Ibid.* 26.

26) 졸저, 앞의 책, 335~341면.

27) Edwin Brown Firmage, Summary and Interpretation, in the International Law of Civil War, *op. cit.*, pp. 419~420.

28) 현실에 있어서는 동유럽에 있어서의 소련과 미주에 있어서의 미국의 지정학적 지배권이 인정된 것 같으나(Falk, Introduction, *op. cit.*, pp. 19~20), 주권국가의 병존(併存)이라는 국제법의 토대, 이에 따른 국가들의 주권평등의 원칙이 붕괴되지 않는 한, 이와 같은 지배권은

칠 날이 없고 특히 오늘날에 있어서는 내란이 현저하게 많아졌다는 것이 먼저 지적되어야 할 것이다.[29] 따라서 무력행사의 희생자의 압도적 다수가 내란에서 생기고,[30] 또 싸우는 자들의 보다 큰 감정적 작용으로 가장 큰 범죄가 생기는 것도 내란에서이다.[31] 이러한 이유로 내란에의 전시법의 적용 및 발전은 국제법의 큰 관심사가 되지 않을 수 없다. 이리하여 1949년 네 개의 제네바협약에 공통된 제3조에 비국제적 성격의 무력충돌에 적용될 어떤 최소한의 인도적 규칙이 겨우 규정되었고, 1977년 비국제적 무력충돌에 관한 제네바 제2부가의정서가 채택되었다. 이러한 성문화 이전에 내란에의 전시법의 적용은 국제관습법에 의하여 규율되었다.

다음으로 고전적인 법이라고 할 수 있는 이 국제관습법과 제네바협약의 공통된 제3조를 개관한 다음 제네바 제2의정서를 전시인도법 내지 전시법 일반의 확인 및 발전의 견지에서 검토 및 평가할 것이다.

합법적일 수 없다.

29) Rousseau et Virally, *op. cit.*, p. 5; Falk, Introduction, *op. cit.*, p. 1.

30) 서독 대표는 제네바 부가의정서의 채택을 위한 외교회의에서 국제적십자의 조사에 의거하여 제2차대전 이래 무력행사 희생자의 80%가 내란에서 생겼다고 주장하였으며, 소련 대표는 90%라고 말하였다(CDDH/I/SR. 23, p. 10 and CDDH/I/SR. 34, p. 16, quoted by Forsythe, *op. cit.*, April 1978, p. 272, note 1)(여기에 쓰여진 부호는 뒤에 설명된다.).

31) 무엇보다도 국제전쟁에 있어서보다는 내란에 있어서 인민들의 감정이 상당히 큰 구실을 하는 것이 아닌가? 선전에 의하여 상호 체계적으로 자극되지 않은 두 인민들은 대부분의 시일 동안 증오 없이 다만 조국을 방위할 필요를 느끼거나 그들의 국가질서의 다른 이유를 원용(援用)하기 때문에 전쟁을 시작하고 수행하는 데 대하여, 단일의 같은 인민의 상이한 요소들 사이의 알력점은 많은 경우에 싸우는 양편 사이의 광신적이며 거의 이해할 수 없는 증오의 원인이다(H. Wehberg, Recueil de Cours, 1938, Vol. I. p. 8, cité par Siotis, *op. cit.*, p. 55, Cf. Falk, Introduction, *op. cit.*, p. 5).

2. 고전적 법과 1949년의 네 개의 제네바협약에 공통된 제3조

A. 고전적 법

가. 반도의 교전단체 또는 반란단체로서의 승인이 있는 경우

① 한 국가 내에서 합법정부에 반항하는 폭동이 일어났거나, 이 정부를 전복하기 위하여 또는 이 국가의 영역의 일부를 독립시키기 위하여 반란이 일어났다 하더라도, 이러한 폭동 또는 반란이 곧 끝나거나 폭동이나 반도의 행동이 무조직하고 산발적일 때에는 이러한 사태는 국내문제에 그치고 오로지 관계국가의 국내법에 의해 규율된다. 그러나 반란이 상당히 진전한 상태에 이르렀을 때, 즉 반도가 상당한 영역을 점령하고 거기서 정부조직을 갖고 통치를 하며 합법정부에 대하여 전시법규를 준수하면서 무력으로써 대항을 계속할 때, 그들은 교전단체(belligerents, Kriegf hrende oder kriegführende Partei)로서 합법정부에 의하여 승인될 수 있고, 또 제3국이 이 승인의 이유가 되는 이해관계를 가질 때에는 그에 의해서도 승인될 수 있다.[32] 이러한 승인에 의하여 그 승인의 범위 내에서 반도는 국제법상의 주체가 되고 반란은 국가들 사이의 전쟁과 같이 국제법상의 전쟁이 된다. 따라서 반도는 승인하는 합법정부 또는 제3국과의 관계에서 교전자로서 모든 권리 및 의무를 갖게 되며 전시법규의 구속을 받고, 또 관계 제3국은 중립국으로서 권리 및 의무를 갖는다. 합법정부가 반도를 승인하였다고 하여 제3국이 그렇게 할 의무는 없으며 그 반대의 경우도 그러하다.[33]

승인은 명시적 또는 묵시적일 수 있으나 전자의 경우는 드물고,[34] 후

32) 졸저, 앞의 책, 70면.

33) Siotis, *op. cit.*, p. 109; 졸저, 앞의 책, 71면, 주 158 참조.

34) 합법정부에 의한 명시적 승인은 세 번 있었다고 한다. 첫째, 미국 독립전쟁 때 영국의회 입

자의 경우가 일반적이다. 제3국이 반도에 의한 봉쇄에 따른다든가, 합법정부가 반도의 수중에 있는 항을 봉쇄한다든가, 또는 반도에게 전시금제품(戰時禁制品)을 수송하는 선박에 대하여 포획권을 행사한다든가 하는 경우에 묵시적 승인이 있다.[35]

반도의 교전단체로서의 승인은 임의적이며[36] 또 창설적이다.[37] 일찍이 의무적인 승인설과 승인은 이미 존재하는 사실 및 법의 상태를 형식적으로 인정하는 데 불과하다는 설이 있었고,[38] 또 최근에도 이러한 견해를 지지하는 학자가 있으나,[39] 이러한 견해는 소수설이고 또 국가관행에도 맞지 않는다.[40]

② 반도가 위의 요건을 구비하지 못하였다 하더라도 개별적 지역들을 점령하거나 군함을 갖고 정치적 조직을 가지며 일정한 전시법규를 준수하면서 합법정부에 무력으로써 대항할 때, 그들은 합법정부 또는 제3국에 의하여 반란단체(insurgents, Insurgengenten)로 승인될 수 있다. 이 승인의 효과는 교전단체의 승인의 효과와 같이 획일적으로 확정된 것이 아니다.

법(16 Geo. 3, c. 5, 1776, Siotis, *op. cit.*, p. 59, note 19), 둘째, 미국의 남북전쟁 때 미국의회의 결정(1861년 7월 13일, *Ibid.*, p. 80, note 74), 셋째, 남미의 독립전쟁 때 전쟁규칙화의 조약(1820년 11월, *Ibid.*, pp. 66~67)이 그것이다(*Ibid.*, p. 115).

35) *Ibid.*, pp. 114~117.

36) 이것은 19세기말의 다수설이며(*Ibid.*, pp. 109~110), 국제법학회도 1900년의 회의에서 같은 입장을 취하였고(L' Institut de Droit International, Annuaire 1900, pp. 83~88, cité par *ibid.*, p. 132), 또 이 입장은 오늘날에도 타당하다(Alfred Verdross, Völkerrecht, 1964, S. 206~207).

37) 이것은 위에서와 같이 19세기말의 다수설이며(Siotis, *op. cit.*, pp. 109~112), 국제법학회도 같은 입장을 취하였고(*Ibid*, pp. 131~132), 또 이 입장은 오늘날에도 타당하다(Verdross, a.a.O., S. 207).

38) E.g. Fiore, Nouveau droit international public, Paris, 1885, p. 285, cité par Siotis, *op. cit.*, pp. 128~131.

39) H. Lauterpacht, Recognition in International Law, 1947.

40) 위에서와 같이 국제법학회가 임의적이며 창설적 승인설을 취하였고, 또 1928년 미주국가들 사이의 내란의 경우에 국가의 권리와 의무에 관한 협약에서도 같은 것이 표명되었다(Verdross, a.a.O., S. 207).

그 효과는 각 경우에 승인하는 국가의 자유재량에 맡겨지는데, 이 자유재량은 반도를 불법도당(不法徒黨)이나 해적으로 취급하지 않으려는 것에서부터 반도를 합법정부와 거의 같이 취급하는 데까지 미친다.[41] 그러나 이 승인에 의하여 어떠한 효과가 주어지든 반도에게 교전자로서 국제법상 완전한 지위가 인정되고 이에 따라 제3국이 중립국으로서의 지위를 갖게 되는 것은 아니다. 그러나 반도의 반란단체로서의 승인에 의하여 결과적으로 제한된 전쟁상태가 된다고 Wilson이 말한 바와 같이,[42] 적어도 일부 전시법규가 적용되어야 한다. 반도는 승인하는 국가와의 관계에서, 위에서 말한 바와 같이, 해적과 같은 것으로 취급되지 않으며 싸움의 무대인 영역 및 영해 내에서만 몇 가지 교전자의 권리(예: 군사행동을 할 수 있는 것, 외국에서 합법정부로 가는 공급품이 싸움의 무대로 들어가는 것을 막는 것—그러나 외국재산의 몰수 및 파괴는 허용되지 않음, 국민의 재산에 관하여서와 같은 정도로 외국재산을 국제전쟁에 있어서와 같이 징발하는 것—그러나 완전 배상이 있어야 함)를 가지며, 또 반도는 전시법규를 준수하여야 하고, 승인하는 국가는 그의 국민의 생명 및 재산의 보호를 반도에게 요구할 수 있다.[43]

반도의 반란단체로서의 승인은 임의적이다. 이 승인은 본래 명시적으

---

41) Lauterpacht, Recognition, *op. cit.*, p. 276. 한 예만 들면 1869년 아이티(Haiti)의 내란에서는 미국의 국무장관은 합법정부에 대한 미국의 태도의 최소한의 변경을 가져오며 미국정부의 개입 없이 미국인이 통상, 정치 및 기타 관계를 완전히 자유로이 할 수 있게 하는 입장을 취하였는데, 쿠바내란의 마지막 시기에 미국이 취한 조치는 교전상태의 승인에는 이르지 않으나, 그 범위가 넓어서 미국 법원이 그 조치를 중립법규들의 적용과 같은 것으로 해석하게 하였다. 이와 같은 것은 유명한 쓰리 프렌즈(The Three Friends) 사건에서 1895년 6월 12일 미 대법원의 판결(166, U.S. 1)에서 표명되고 있다(Siotis, *op. cit.*, p. 92, note 106 et. p. 125, note 198).

42) George Grafton Wilson, International Law, 1972, p. 69.

43) Greenspan, *op. cit.*, pp. 620~621; Siotis, *op. cit.*, pp. 122~123; Von der Heydte, a.a.O., I. S. 196~197; Charls Cheney Hyde, International Law, Vol. I, 1951, pp. 203~204; Charles G. Fenwick, International Law, 1948, pp. 147~148; Marcel Sibert, Traité de droit international public, Tome I, 1951, p. 194; P.E. Corbett, The Vietnam Struggle, in The International Law of Civil War, *op. cit.*, p. 37.

로 행하여지지 않으며,[44] 제3국의 중립에 관한 어떤 법규를 적용한다든가, 또는 반도나 합법정부의 어떤 교전행위를 사실상 승인한다든가, 또는 합법정부가 적십자와 협력하려고 할 경우 등에 묵시적 승인이 있다.[45]

③ 위에서 내란의 개념이 언급되었는데 반도가 특히 그 조직과 무력충돌의 규모에 있어 교전단체로서 승인될 요건을 구비하였을 때 내란이 있고, 그들이 역시 특히 그 조직과 무력충돌의 규모에 있어 반란단체로 승인된 요건을 구비하였을 때 반란이 있다고 보아야 할 것이다. Corbett는 "…폭동, 반란 및 내란은 사실상의 상황에서의 단계들로서 그 단계들에 외국은 공적 및 사적 이익을 보호하기 위하여 고안된 조치에 의하여 법적으로 순응할 수 있었던 것이다"고 말하고 있다.[46] 이러한 의미에서의 내란 또는 반란의 경우에 교전단체로서 또는 반란단체로서 반도의 승인의 경우와 같은 위에서 법적 효과가 생기는 것이 아님은 말할 것도 없다. 이와 같은 법적 효과의 관점에서 볼 때 위에서와 같은 의미의 내란 및 반란은 법학적 용어로서 불만족한 것에 틀림없으나,[47] 이것은 국제사회의 조직의 결여, 국제법의 개인주의적 성격에 기인한다. 그리하여 국제법학회도 1975년 비스바덴(Wiesbaden)에서의 회의에서 채택된 한 결의에서 오로지 사실상의 요건에 입각하여 내란의 관념을 규정하고 있다.[48] 그뿐 아니라 오늘날에 있어서는 1949년의 네 개의 제네바협약에 공통된 제3조와 1977년의 제2부가의정서에 의하여 반란 또는 내란에 해당하는 사태가 생기면 어떤 일정한 전시법규가 자동적으로 적용된다.

44) Kotzsch, *op. cit.*, p. 232.

45) *Ibid.*

46) Corbett, *op. cit.*, p. 371.

47) Siotis는 교전상태의 승인(반도의 교전단체로서의 승인)이 있을 때에만 진정한 내란이 있다는 것인데(Siotis, *op. cit.*, p. 22), "진정한 내란"이란 모든 전시법규가 적용되는 상태, Berber가 "내란의 국제법상의 상태"라고 말한 것에 해당한다(Friedrich Berber, Lehrbuch des Völkerrechts, I. Band, 1975, S. 242).

48) 1. 주 11 참조.

그런데 반도의 교전단체로서의 승인은 오늘날 적어도 명시적으로 행하여지지 않고,[49] 교전상태(belligerence: 반도의 교전단체로서의 승인의 경우의 상태)와 반란상태(insurgency: 반도의 반란단체로서 승인이 있었을 때의 상태)의 구별은 중요하지 않다는 견해도 있고,[50] 또 현재의 실정법에 비추어 폭동, 반란 및 내란의 이정표를 세우는 것은 이미 가치없는 일이라는 견해도 있다.[51] 특히 반도의 반란단체로서의 승인에 관하여서는 이 제도 자체의 존립에 대한 다른 견해가 있고,[52] 반란상태는 순수한 사실이고 새로운 법적 관계를 생기게 하는 것이 아니라는 입장이 있다.[53]

그러나 이미 말한 바와 같이 반도의 교전단체로서의 명시적인 승인은 본래 드물고 반란단체로서의 승인은 본래 명시적으로 행하여지지 않으나 묵시적으로 이러한 승인이 있었다고 볼 수 있는 경우들이 비교적 최근에도 있다.[54] 다음으로 교전상태와 반란상태의 구별은 중요하지 않다고 하

49) 이 승인이 비교적 드물다고도 하고(Friedmann, Lissitzyn and Pugh, *op. cit.*, p. 163), 또 공식적으로는 행하여지지 않는다고도 한다(*Ibid.*, p. 899). Rousseau는 19세기 후반의 반란에 있어서, 그리고 1975년 레바논내란에 이르기까지 교전상태의 승인이 없었다고 보고(Rousseau, Droit international public, Tome III, 1977, pp. 600~604), 교전상태의 승인은 19세기의 영 · 미의 관행이고 20세기에는 미주에서도 이미 행하여지지 않는다는 것이다.

50) The opinion of Arnold Fraleigh in the answer to the question by Harmut Schumann, Panel: International Law and Civil Wars, Proceedings of the American Society of International Law, 1967, p. 22. Cf. *Ibid.*, pp. 78~79.

51) Siotis, *op. cit.*, p. 22.

52) Greenspan, *op. cit.*, p. 619; Falk, Introduction, *op. cit.*, p. 12; Ann Van Wynen Thomas and A.J. Thomas, Jr., The Civil War in Spain, in The International Law of Civil War, *op. cit.*, pp. 142~143; Corbett, *op. cit.*, p. 372; Kathryn Boals, The Internal War in Yemen, in The Internal Law of Civil War, *op. cit.*, p. 313. Rousseau는 반도의 반란단체로서의 승인은 바다만 갖고 있는 분리독립하려는 집단에 적용된 주의로서 북미에 기원을 가지며, 1868년 쿠바의 반란 직후에 미국에 의하여 시작된 것 같다고 말하고(Rousseau, *op. cit.*, Tome III, p. 605), 그 예들을 든(*Ibid.*, p. 606) 다음, 19세기 말부터 20세기 초의 타 유사사태 등에 있어 미국의 반도의 반란단체로서의 승인이 없었고 이 관행은 유럽에서는 확립하지 못하였다고 한다(*Ibid.*, pp. 606~607).

53) H.W. Briggs, The Law of Nations, Cases, Documents, and Notes, 2nd ed., 1952, pp. 99~104, Cf. Siotis, *op. cit.*, pp. 117~128.

54) 1954~1962년 알제리내란 때 반도에게 전시금제품을 수송하는 선박에 대하여 프랑스가 포

지만 이것은 반도의 교전단체로서의 또는 반란단체로서의 승인이 드문 때문이고, 이러한 승인이 있으면 싸우는 당사자들과 제3자에 대하여 적용될 규칙의 범위가 상이하므로 위에서의 구별은 중요하다.[55] 또 폭동, 반란 및 내란의 이정표를 세우는 것은 이미 가치없는 일이라는 것은 실정법에 의하면 국내충돌의 전개, 진전이 전시법규의 항시 증가하는 수의 적용을 수반하여 충돌이 국제충돌의 규모에 달하였을 때에는 거의 모든 전시법규가 적용되기 때문이라는 것이다.[56] 이러한 주장을 한 Siotis는 적어도 전시법 일반에 관하여서는 비교전상태와 교전상태 사이의 중간단계의 원칙이 실정법의 일부를 이룬 것으로서 인정되었다는 것을 확인하도록 하는 법의 최근의 진화는 없다고 말하고 있다.[57] 다음으로 반도의 반란단체로서의 승인 제도 자체의 존재 여부에 관하여서는 그 승인의 효과가 획일적으로 확정된 것은 아니나, 위에서 말한 바와 같이, 일정한 최소한의 효과는 모든 승인에 공통된다. 또 이 제도의 존재의의는 국제관계의 현실에 비추어 국제법규를 찾으려는 de Visscher를 비롯하여 많은 학자들에 의하여 지지되고 있다.[58]

내란과 반란이라는 법적 용어는 위에서 말한 이유들과 국내무력충돌

획권을 행사하였는데 Verdross는 이것을 교전상태 승인의 예로 보고 있다(Verdross, a.a.O., S. 208. Cf. Rousseau, *op. cit.*, Tome III, p. 603). 또 1936~1939년 스페인내란 때 유럽국가들 사이의 불간섭협정의 체결을 반도의 교전단체로서의 승인으로 Cavaré는 보고 있으며(Louis Cavaré, Le Droit international public positif, Tome I, 1961, p. 364), 또 de Visscher 같은 학자는 이 내란 때 반도의 반란단체로서의 승인이 있다고 보고 있다(Charles de Visscher, Théories et réalités en droit international public, 1970, p. 266).

55) Cf. The Opinion of A.J. Thomas, Jr., *op. cit.*

56) Siotis, *op. cit.*, p. 22.

57) *Ibid.*, p. 224, 여기에서 Siotis는 반도의 반란단체로서의 승인이 국제법상의 제도로서 생각될 수 없다는 것(*Ibid.*, pp. 117~128)도 되풀이하고 있으나, 이것을 포함하여 그는 본문에서 중간단계를 일반적으로 부인하고 있다.

58) De Visscher, *op. cit.*, pp. 265~266; Dinh, *op. cit.*, p. 421; Verdross, a.a.O., S. 208~209; I. Seidl-Hohenveldern, Völkerrecht, 1975, S. 150~192; Berber, a.a.O., I. Band, S. 243~244; Cavaré, *op. cit.*, Tome I, p. 365.

이 국가들의 전쟁 충동의 주된 배출구가 되어가고, 따라서 이 충돌은 외국이 개입하게 된다는 사실[59]에 의하여 그 의의가 감소되었으나 상실된 것이 아니다. 그뿐 아니라, 위에서 언급한 바와 같이 1949년 네 개의 제네바협약에 공통된 제3조와 1977년의 제2부가의정서에 의하여 이 두 용어에 새로운 의의가 추가되었다.

나. 반도의 교전단체 또는 반란단체로서의 승인이 없는 경우

반도가 위의 승인의 요건을 구비하였으나 승인이 없는 경우에 전시법규의 적용문제가 있다. 여기에서는 위에서의 제네바협약 이후의 새로운 관계법은 논외로 한다. 일찍부터 의무적 승인설과 승인이 없어도 반도에게 교전자로서의 권리가 주어진다는 일부 학자의 주장이 있다.[60] 또한 20세기초 이래 국제적십자측에서 위의 적용을 요청해 왔다.[61]

그러면 실제에 있어서는 어떠하였던가? 다음에서는 주로 Siotis의 논의에 의거하여 이 문제를 검토한다. 먼저 18세기말과 19세기의 관행(미국의 독립전쟁, 남미에서의 혁명, 1822년부터 오래 계속된 그리스의 독립전쟁, 1830~49년 포르투갈, 폴란드, 이탈리아, 오스트리아, 독일과 프랑스에서의 혁명, 남북전쟁, 파리 꼬뮨(la Commune de Paris), 칼로스전쟁(guerres carlistes), 1868~1895년 쿠바의 내란 등에서의 관행)에 의하면 미국의 독립전쟁 및 남북전쟁(이 때에는 교전상태가 성립하였다. 남미에서 혁명과 그리스의 독립전쟁 때에도 각각 영국과 미국에 의

59) 1. 주 20과 29 참조. Cf. Thomas M. Frank and Nigel S. Rodley, Legitimacy and Legal Rights of Revolutionary Movements with Special Reference to the Peoples' Revolutionary Government of South Viet Nam, in The Vietnam War and International Law, edited by Richard A. Falk, Vol. 3, 1972, p. 724.

60) A. ① 주 38~40 참조.

61) 1912년 국제적십자회의에서 어떤 결정이 있었던 것은 아니나, 내란에서의 전시법 적용문제가 전문적 국제회의에서 처음 토의되었고(Siotis, *op. cit.*, pp. 136~142), 1921년 회의에서는 내란 때에 적십자의 인도적 활동의 권리만이 아니고 의무도 인정하는 결의가 채택되었다(*Ibid.*, pp. 142~145).

한 교전단체의 승인이 있었다)에서는 모든 전시법규가 적용되었으나 기타의 내란에서는 전시법의 가장 기본적인 규칙도 지켜지지 않았다. 이러한 실제에 비추어 전시법을 준수하려는 어떤 경향이 있었다는 것은 부인될 수 없으나 이 법의 어떤 규칙들이 내란에 적용되게 되었다고는 볼 수 없다.[62]

다음으로 1917~21년 러시아의 내란에서는 혁명에 의하여 폭발한 격노에 인한 테러행위(귀족 및 부르주아지 계급에 대한 볼세비키의 정책을 특징지운 것)와 적군(赤軍)과 싸우는 백군(白軍) 역시 잔인한 행위로 전시법의 모든 적용은 완전히 결여되었다고 할 수 있으나, 여러 차례 참전한 외국군에 관하여서는 전시법규가 적용되었고 적십자사의 대표들로 내란 희생자의 구조위원회들이 구성되었으며, 그들은 무력충돌의 당사자들에 의하여 존중되지 않았으나 대체적으로 용인되었다.[63] 1921년 상부 실레지아(Upper Silesia)에서 독일에 속하고자 하는 측과 폴란드에 속하고자 하는 측의 충돌에 있어서는 이 지방의 국가권력의 보유자라고 할 수 있는 연합국위원회의 요청으로 국제적십자위원회가 충돌의 양 당사자의 전시법 적용의 합의를 받고 활동을 전개하였다.[64] 1936~39년 스페인내란은 현세계에서 국가들의 상호관계와 이데올로기적 경쟁에 비추어 내란을 한 국가 내의 사태로 격리시키는 것이 원칙적으로 불가능하다는 것의 표본이 되었다고도 하는데,[65] 국내적으로는 내란이 시작되자 합법정부측과 반도측 사이의 증오 및 폭력의 조건들은 전시법의 모든 인도적 원칙들의 명백한 위반으로 특징지워질 적대행위를 예견시켰고 실제에 있어 전시법 위반의 사례는 열거할 수가 없었으나,[66] 국제적십자위원회 및 영국을 비롯한 몇 국가들의 인도적 개입으로 적십자 휘장의 존중, 국제적십자위원회 대표의 교도소 및

62) *Ibid.*, pp. 70~99, surtout, pp. 98 et 99.
63) *Ibid.*, pp. 146~147.
64) *Ibid.*, pp. 148~149.
65) Falk, Introduction, *op. cit.*, p. 14.
66) Siotis, *op. cit.*, p. 150.

포로수용소의 방문, 포로의 교환, 포로의 가족들과의 통신 등에 있어 전시법규 적용의 조치가 취하여졌다.[67] 제2차대전중 독일 점령 때부터 계속되었던 정치적 및 군사적 혼란의 결과인 1946~49년의 그리스의 내란에 있어서는 모든 전시법규의 위반으로써 적대행위가 전개되었고, 국토는 피로 물들었으나 국제적십자위원회의 개입으로 합법정부에 의하여 억류된 포로 등을 위한 구호활동이 이 위원회에 의하여 조직되었다.[68] 1946~54년 프랑스와 월남 사이의 충돌은, 양자 사이의 1946년 3월 6일의 협정에서 프랑스정부에 의한 월남공화국의 승인이 예정되었으나, 이 합의는 후자의 독립의 한 단계에 불과하다고 보아야 하므로 내란이라고 봐야 할 것이다.[69] 충돌 당사자들은 처음에는 전시법규를 적용할 의사를 표명하였으나 그들 사이의 대립이 어떠한 타협적 해결도 배제하는 것같이 보이자 전시법규의 준수는 대단히 드문 일이 되었다. 그러나 국제적십자위원회의 개입으로 이 내란의 초기에 이 위원회의 대표 등의 포로수용소의 방문, 억류자의 해방 및 교환, 억류자의 통신 및 명부의 교환과 특히 포로의 구호를 위한 이 위원회의 중요한 활동이 있었다.[70]

위의 내란들에서 대체적으로 전시법규는 준수되지 않았으나, 이 법규가 부분적으로 당사자의 합의와 주로 국제적십자위원회의 인도적인 개입으로 적용되었으므로 반란상태의 승인이 있었다는 해석도 허용된다.[71] 이러한 해석을 배제한다면 위에서의 부분적인 전시법규의 적용은 상호성, 즉 내란의 양 당사자의 상호복구의 가능성 때문에 자기제한이었다고 보는 것[72]이 대체로 타당하다고 볼 것이다. 그러나 이러한 입장이 위에서의 전

67) *Ibid.*, pp. 151~156.

68) *Ibid.*, pp. 171~174. 공산반도와는 접촉의 곤란 때문에 반도의 지배권내에서는 이 위원회가 활동할 수 없었다.

69) *Ibid.*, pp. 172~177.

70) *Ibid.*, pp. 178~180.

71) 가. ③, 주 54 참조.

시법규의 부분적 적용의 전부라고 보아야 할 것인가? 반도가 교전단체 또는 반란단체로서 승인될 요건을 구비하여도 이 승인이 없으면 어떠한 전시법규도 적용될 수 없다는 것은 이 적용이 합법정부 또는 제3국의 주권적 결정, 즉 정치적 편의와 감정적 요인에 의한 결정에 의존한다는 것을 의미한다. 여기에서 생기는 자의성에서 벗어나려면 일정한 사실상의 조건에 입각하여 일정한 전시법규가 적용되어야 할 것이다. 위의 사례에서 교전단체 또는 반란단체로의 반도의 승인 없이 일정한 사실상의 조건과 이에 따른 일정한 전시법규의 적용이 정하여졌다는 것은 생각될 수 없으나 그러한 방향으로의 의식과 행동이 있다는 것은 말할 수 있을 것이다.[73]

B. 1949년 네 개의 제네바협약에 공통된 제3조

가. 제3조의 채택

① 이미 언급된 바와 같이 20세기 초 이래 내란 등에 전시법규의 적용이 요청되어 왔다. 1912년과 1921년의 제9차와 제10차의 국제적십자회의에 이어 1938년 제16차 국제적십자회의, 1946년의 국가적십자사들의 예비회의, 1947년 위의 적용문제의 연구 및 1929년 제네바협약들의 개정을 위한 외교회의의 준비를 위한 정부전문가회의와 1948년 제17차 국제적십자회의에서의 위의 적용문제에 관한 토의와 결의를 거쳐,[74] 1949년 외교회의에서 채택된 전쟁희생자의 보호에 관한 네 개의 협약에 공통된 제3조, 즉 국제적 성격을 갖지 않는 무력충돌에 적용될 규정이 삽입되었다.

---

72) Bothé, *op. cit.*, p. 83.

73) Cf. Siotis, *op. cit.*, pp. 22, 224, 225, 228 et 229.

74) 이 회의들에서의 토의와 결의의 요약에 관하여서도 Siotis의 설명(*Ibid.*, pp. 185~193)이 참조되었다. 정부전문가회의에서도 적십자회의에서와 같이 의안의 기초가 된 것은 국제적십자위원회의 제안이었다(*Ibid.*, p. 189). 또 1937년 정부전문가의 1위원회가 개정될 협약에 내란에서 협약의 원칙을 존중한다는 조항을 삽입할 것을 제안하였다(*Ibid.*, p. 187, note 9).

이 제3조의 설정의 모든 단계에서 토의는 동일한 주된 쟁점들에 관한 것이었고 동일한 장애가 매번 극복되어야 하였다. 첫째의 주된 쟁점은 새로운 협약들에 그들의 규정들 또는 인도적 원칙들을 국제적 성격을 갖지 않는 무력충돌에 적용할 것을 규정하는 조문 추가의 적의성(適宜性) 문제이다. 둘째는 이 새로운 조문의 적용에 선행하여야 할 조건들에 관한 문제이다. 셋째는 충돌 당사자들에게 과하여질 의무의 내용 문제이다. 넷째는 이 새로운 조문 적용의 법적 효과에 관한 문제이다.[75]

첫째 쟁점에 관하여서는 국제적 성격을 갖지 않는 무력충돌의 규율 자체에 반대하는 입장도 있었고, 또 넓은 범위에서의 이러한 충돌의 규율에 반대하는 입장도 있었으나, 인도적 견지에서 비교적 넓은 범위에서의 이러한 충돌에 어떠한 규칙을 적용하여야 된다는 입장[76]이 관철되었다.

둘째 쟁점에 관하여서는 새로운 조문의 적용을 "내란의 상태"(état de guerre civile)의 존립의 형식적 확인에 따르게 하려는 입장도 있었고, 또 이 적용을 엄격한 조건의 존립에 의존하게 하나 이 조건의 확인을 어떻게 할 것인지 명백하게 하지 않는 입장도 있었고, 또 적용 조건을 정확하게 하지 않고 무력충돌이 국제적 성격을 갖지 않는다는 것만 내세운 입장이 있었는데 이 마지막 입장이 관철되었다.[77]

셋째 쟁점은 특히 둘째 쟁점과 관련되는데, "국제적 성격을 갖지 않는 무력충돌"을 제한적으로 정의하고 협약들의 규정 전체를 적용하려는 입장과 이러한 제한을 하지 않고 적용될 규칙의 내용을 제한하려는 입장이 있었는데 이 후자가 관철되었다.[78]

넷째 쟁점에 관하여서는 이 조문의 채택의 경우에 일어날 수 있는 심

75) *Ibid.*, p. 195.

76) *Ibid.*, pp. 195~197.

77) *Ibid.*, pp. 197~204.

78) *Ibid.*, pp. 204~205.

각한 의구심을 고려하여, 이 조문의 끝에 "전기(前記)의 규정의 적용은, 충돌 당사자의 법적 지위에 영향을 미치는 것이 아니다"라고 규정하게 되었고 이 조항은 아무런 토의조차 없이 채택되었다.[79]

다시 하나 추가될 점은 이 조문의 적용의 조건에 관한 토의 때 제기된 상호성의 문제이다. 상호성이 엄격한 형태로 내세워진 일도 있으나, 이에 반대한 입장을 따라 상호성은 없게 되었다.[80]

② 이러한 논점들에 관한 토의의 결과 채택된 제3조의 전문(全文)[81]도 1977년의 제2부가의정서와의 관계를 고려하면서, 다음에 들기로 한다.

> "일 체약국의 영토 내에서 발생하는 국제적 성격을 띠지 아니한 무력충돌의 경우에 있어서 당해 충돌의 각 당사국은 적어도 다음 규정의 적용을 받아야 한다.
>
> (1) 무기를 버린 전투원 및 질병, 부상, 억류 기타의 사유로 전투력을 상실한 자를 포함하여 적대행위에 능동적으로 참가하지 아니하는 자는 모든 경우에 있어서 인종, 색, 종교 또는 신앙, 성별, 문벌이나 빈부 또는 기타의 유사한 기준에 근거한 불리한 차별 없이 인도적으로 대우하여야 한다.
>
> 이 목적을 위하여 상기의 자에 대한 다음의 행위는 때와 장소를 불문하고 이를 금지한다.
>
> (a) 생명 및 신체에 대한 폭행 특히 모든 종류의 살인, 상해, 학대 및 고문
> (b) 인질로 잡는 일
> (c) 인간의 존엄성에 대한 침해, 특히 모욕적이고 치욕적인 대우
> (d) 문명국인에 불가결하다고 인정하는 모든 법적 보장을 부여하고 정상적으로 구성된 법원이 행하는 사전의 재판에 의하지 아니하는 판결

---

79) *Ibid.*, p. 205.

80) *Ibid.*, pp. 203~204.

81) The text of Article 3(common to Article 3 of the other three Conventions for the protection of war victims) of Geneva Convention relative to the Treatment of Prisoners of War of August 12, 1949, AJ, October, 1953, supplements of official documents, pp. 119~120.

의 언도 및 형의 집행

(2) 부상자 및 병자는 수용하여 간호하여야 한다.

국제적십자위원회와 같은 공정한 인도적 단체는 그 용역을 충돌 당사국에 제공할 수 있다.

충돌 당사국은 특별한 협정에 의하여 본 협약의 다른 규정의 전부 또는 일부를 실시하도록 더욱 노력하여야 한다.

전기의 규정의 적용은 충돌 당사국의 법적 지위에 영향을 미치지 아니한다."

나. 제3조의 적용요건과 법적 구속력

① 이 조문에 있어서는, 이미 시사된 바와 같이, 관계 협약 전체의 적용을 전제로 한 반도의 교전단체로서의 승인 또는 이러한 승인의 조건의 구비의 주장은 거부되었고, 적용될 규칙의 제한을 전제로 하여 적용 조건에 관하여서는 "국제적 성격을 띠지 아니한 무력충돌"이라는 부정확한 표현이 채택되었다. 이 표현의 의미가 이 조문의 성립사(成立史), 관계 국제관행 및 조약 법규와 학설에 비추어 가능한 한 밝혀져야 할 것이다. 전통적 국제관습에 입각한 교전단체로서의 반도의 승인이 있어야 한다든가 또는 이 승인의 요건이 구비되어야 한다든가 하는 주장은 이미 되풀이된 바와 같이 거부되었고, 이러한 승인 또는 요건이 없어도 무력충돌은 있을 수 있으며, 이 충돌에는 인도적 규칙의 최소한이 적용되어야 한다는 것이 이 조문의 입법자들의 일치를 본 견해이다.

그러면 무력충돌이 운운될 때에는 반도의 반란단체로서의 승인이 있어야 하는가? 이를 긍정한 경향도 없지 않으나 부정하는 견해[82]가 보다 적

82) Picet, Commentary on the Geneva Convention relative to the Treatment of Prisoners of War 36(1960), quoted by Wade S. Hooker, JR. and David H. Savasten, The Geneva Convention of 1949: Application in the Vietnamese Conflict, Note from Virginia Journal

절하다.

또 1977년의 제2부가의정서 제1조에 의하면, 이 의정서의 적용을 위하여서는 반도가 지속적이며 통합된 군사작전을 할 수 있으며 이 의정서를 이행할 수 있도록 관계 국가의 영역의 일부를 통제할 요건도 요구되고 있고, 제3조의 "적용의 기존 요건을 수정하지 않고" 있다는 것은 이 조문의 적용 요건이 제2부가의정서의 그것보다 덜 제한되었고 따라서 그 적용 기준도 보다 낮다는 것을 말한다. 그러나 국내질서의 순수한 교란, 폭동, 소요 등의 경우[83]에는 이 조문은 적용되지 않는다고 보아야 할 것이다. 1949년 외교회의에서 이 조문의 기초를 준비한 특별위원회에서 토의 중 "무력항쟁"(lutte armée)이란 말을 취할 것이 제안되었으나 "무력충돌"이 취하여진 것도 위에서와 같은 이유에서다.[84] 특별위원회 등에서 표명된 다수의 의견에 의하면 엄격하게 지방적으로 국한되고 시간적으로 제한된 폭동에까지 이 조문이 적용되어서는 아니된다는 것이 명백히 표명되었고,[85] 인민봉기라든가 군대에 있어서의 실력 반항이 한 지방 또는 한 주둔지에 국한되어 단시일 내에 끝나지 않고 타 지방 또는 타 군대에 확대되고 장시일 계속될 때 비로소 이 조문이 적용된다.[86]

단순한 폭동 등이 비국제적 무력충돌로 전환하는 때를 정하는 것은 실제의 각 경우에 정하여질 문제인데, "국가가 그의 국내 일반법의 정상적인 적용을 통하여서는 이미 질서를 유지할 수 없고 그의 일반적인 법을 넘어서 특별법을 채택하지 않으면 안될 때"[87] 이 조문은 적용된다고 일반적

---

of International Law, in The Vietnam War and International Law, *op. cit.*, Vol. 2, 1969, p. 422.

83) Cf. Frank and Rodley, *op. cit.*, p. 724. 1. 주 11 참조.

84) Conférence Diplomatique de Genève, 1949, Actes, Vol. II, Sec. B, cité par Siotis, *op. cit.*, p. 26.

85) *Ibid.*

86) *Ibid.*, pp. 26~27.

87) Algerian Office, White Paper on the Application of the Geneva Conventions of 1949 to

으로 주장된다.

이 조문의 적용 요건을 정확하게 정한다는 것은 이 조문의 규율 대상인 사태의 다양성과 변화성에 비추어 본래 어려운 일이고, 또 설사 그렇게 정한다 하더라도 그것은 장래의 법의 발전에 의하여서만 가능하나, "비국제적 성격의 무력충돌"이란, 위에서의 설명에 비추어 대개 "반란"[88]에 해당한다고 볼 것이다.

② 제3조의 법적 구속력 문제에 관하여서는 이 조문이 합법정부에 의하여 대표되는 체약국에 대하여 구속력이 있다는 것은 말할 것도 없다. 그렇다면 반도에 대하여서는 어떠한가? 이 문제는 제2부가의정서에 관한 것이므로 이 의정서에 관한 구명[89]에서 다루어진다.

다. 제3조의 적용과 이와 관련한 평가

① 제3조의 실제의 적용이 여기에 간단하게 총괄된다. 1954년 6~7월 과테말라(Guatemala)의 충돌,[90] 6개월 후의 코스타리카(Costa-Rica)의 충돌,[91] 1958년 쿠바와 레바논의 충돌,[92] 1954~1962년 알제리의 내란,[93] 1954년 7월 20일 적대행위의 중지에 관한 프랑스군 사령관과 베트남 인민군 사령관 사이의 협정과 동월 21일 인도차이나에서의 평화의 회복 문제에 관한 제네바회의의 최종선언[94]이 서명된 후의 사태에서 일어나 1975년

---

the French-Algerian Conflict 19(1960), quoted by Hooker, JR. and Savasten, *op. cit.*, p. 422.

88) A. 가. ② 및 ③ 참조.

89) 3. C.

90) Siotis, *op. cit.*, pp. 209~210.

91) *Ibid.*, p. 210, note 79.

92) *Ibid.*, p. 212, note 82ter.

93) *Ibid.*, pp. 210~216.

94) The texts of the Agreement ... on the Cessation of Hostilities in Viet-Nam and the Final Declaration on the Geneva Conference on the Problem of Restoring Peace in Indo-China, AJ, July, 1966, pp. 629~645.

에 끝난 월남전쟁[95]에 있어서는 특히 국제적십자위원회의 개입으로 전시법규가 부분적으로 준수되었으나 전체적으로 볼 때 무수한 위반이 현저하다. 이것은 타 경우들[96]을 고려해도 변함이 없을 것이다.

---

95) Hooker, J.R. and Savasten, *op. cit.*, pp. 416~438; Lawrence C. Petrowski, Law and the Conduct of the Vietnam War, in The Vietnam War and International Law, *op. cit.*, Vol. 2, 1969, pp. 439~515; Henri Meyrowitz, The Law of War in the Vietnamese Conflict, in *ibid.*, pp. 516~571. 월남전쟁에는 남월남과 민족해방전선(소위 베트콩)의 관계, 남북월남의 관계와 미국의 참전에 있어 내란과 전쟁이 합쳐지고 또 이 전쟁의 성질에 관한 당사자의 입장과 학설에서도 대립이 있으나, 여기에서는 남월남과 민족해방전선의 관계는 국내충돌이었고, 이 관계에서의 미국의 개입은 합법정부에 대한 원조였다고 보는 것이 적당하다는 것만 지적된다.

96) 다음에 분류된 경우들(1949~1975)은 Forsythe의 이론에 의한 것인데, 그는 국제적십자위원회의 간행물과 학술상, 신문지상 및 회견에 의한 자료에 근거하여 시도한 것이다(위에서 언급된 경우들도 Forsythe의 분류에 따라 포함된다. Forsythe, *op. cit.*, AJ, April 1978, pp. 275~276).

제1부류: 처음에는 많은 관찰자가 내전이라고 하였는데 1949년의 네 개의 모든 협약의 적용이 모든 교전그룹에 의하여 합의되었다.

1. 콩고, 1960~1964.
2. 예멘, 1963~1967.
3. 나이지리아, 1967~1970.

제2부류: 제3조의 적용이 정부공무원에 의하여 명백히 수락되었다.

1. 과테말라, 1954.
2. 프랑스, 1956(반도도 수락).
3. 레바논, 1958(반도도 수락).
4. 쿠바, 1959(반도도 수락).
5. 예멘, 1962(반도도 수락).
6. 월남에서 미국, 1964.
7. 도미니카공화국, 1965.
8. 우루과이, 1972.
9. 칠레, 1973.

제3부류: 제3조의 적용 가능성의 상태가 있었고 정부가 그렇게 인정하지는 않았으나 국제적십자위원회가 억류자를 방문하였다.

1. 알제리(프랑스), 1955.
2. 키프로스(영국), 1955~58.
3. 헝가리(반도도 수락), 1956.
4. 말레이시아, 1956.
5. 케냐(영국), 1956~59.
6. 남월남, 1957~66.
7. 로디지아(영국), 1959~현재.
8. 라오스, 1961~72.
9. 인도네시아, 1966~69.
10. 아덴(영국), 1966~67.
11. 볼리비아, 1971.
12. 북아일랜드(영국), 1971~현재.
13. 기니비소(포르투갈), 1971~74.
14. 모잠비크(포르투갈), 1971~74.
15. 부룬디, 1972.
16. 필리핀, 1972~현재.
17. 앙골라(포르투갈), 1973~76.
18. 타이, 1973~75.
19. 이라크, 1974~75(반도도 수락).
20. 에티오피아, 1974~현재(반도도 수락)

② 이미 말한 바와 같이 이 조문의 적용조건이 정확하지 않기 때문에 구체적으로 그 적용이 있어야 할 것인지 아닌지 의문이 있는 경우가 많을 것이다. 또 규정의 내용의 일반성 때문에 이 조문에 의하여 구체적으로 요구되는 것이 무엇무엇인지 아주 분명하지는 않다.[97] 이러한 이유와 아울러 내란 등의 성질상[98] 이 조문의 위반의 가능성이 특히 많고 실례가 이것을 증명하고 있다. 제네바협약의 부가의정서의 채택을 위한 외교회의의 1975년 회기에서 미국 대표는 "…제3조의 비준수는… 하나의 거의 보편적 현상"이라고 말하였고,[99] 또 이라크 대표는 이 조문이 "아직도 일반적으로 수락되거나 적용되지 않았다"고 말하였다.[100] 또 어떤 학자는 다음과 같이 말하고 있다.

> "제3조에 불구하고 내전은 1949년 이후의 기간에 있어 관찰된 충돌에서 그의 야만성을 거의 상실하지 않았다."[101]

그렇다고 이 조문의 의의가 경시되어서는 아니될 것이다. Siotis는 이 규칙들의 기초에 있는 인도적 원칙은 인도주의적 · 합리주의적 또는 종교적인 모든 도덕의 기본적 요소를 이룬다고 말한다.[102] 그리고 이 조문은 내란 등에 적용될 국제법규의 일반조약에 의한 최초의 성문화로서 내란

---

21. 레바논, 1975~현재.

위에서 현재라는 것(7, 12, 16, 20, 21)은 물론 Forsythe의 집필 때를 말한다. 여기에 열거된 경우 이후에도 많은 내란 또는 반란이 있었다. 이에 관한 정확한 자료가 입수, 정리되어 있지 않을 뿐이다.

97) Farer, The Laws of War 25 Years after Nuremberg, International Conciliation, no. 538, at 31(1971), quoted by Forsythe, *op. cit.*, AJ, April 1978, p. 273.

98) 1. 주 31.

99) CDDH/III/SR. 32 at 9, quoted by Forsythe, *op. cit.*, AJ, April 1978, p. 273, note 9(여기에 쓰여진 약호(略號)는 뒤에 언급된다.).

100) CDDH/I/SR. 29 at 9, quoted by *ibid.*, p. 273, note 12.

101) Taubenfeld, The Applicability of the Laws of War in Civil War, in Law and Civil War in the Modern World(J.N. Moore ed. 1974), at 519, quoted by *ibid.*, p. 274, note 13.

102) Siotis, p. 212.

등의 국제법적 규율의 추구를 위한 하나의 기점을 마련한 것이다. 이러한 조문이 거의 보편적으로 수락되었다.[103]

이미 말한 바와 같이, 국가에게 구체적인 경우에 이 조문의 적용의 의무가 생겼다는 것을 자동적으로 알리는 정확한 조건이 세워진 것도 아니고, 또 이 적용의 시기를 권위적으로 결정할 국제기관도 생각될 수 없다. 그러나 무력행사의 참화와 그 상호성, 관계 국가의 인도적 고려, 국제여론의 영향, 또는 국제적십자위원회 같은 인도적 개입의 제의로 그 적용이 관계 국가의 책임 있는 당국에 의하여 일단 인정되면, 이 조문은 그 국가를 구속하게 될 것이며 그 규정의 위반이 있으면 국제법상의 책임을 지게 된다. 국가가 이 조문의 적용을 일단 인정하면 관계 내란 등이 계속되는 한 그 변경은 있을 수 없다. 또 국가의 책임있는 당국에 의한 이 조문의 적용의 인정이 없는 경우에도 이 적용이 당연한 것으로 객관적으로 판단되는 사태에서는 이 적용이 있어야 하고, 이 조문의 위반으로 인한 국제법상의 책임이 생긴다.

이와 같은 것은 내란 등의 당사자인 반도에게도 타당하다. 1949년 이래 많은 내란 등에서 이 조문 적용의 합의가 있었거나, 이 적용이 명시적으로 수락되었거나, 국제적십자위원회의 개입이 있었다.[104]

---

103) 1978년 초에 140개국이 이 조문에 대한 유보 없이 1949년의 제네바협약들의 당사국이 되었다(Forsythe, *op. cit.*, AJ, April 1978, p. 274, note 15)(참고: 2009년말 194개국).

104) ① 주 96 참조. Cf. Siotis, *op. cit.*, pp. 218~219; Forsythe, *op. cit.*, AJ, April 1978, pp. 274~277.

3. 1949년의 제네바협약들에 대한 제2부가의정서

A. 외교회의에서 대립된 입장과 제2의정서의 교섭의 과정

이미 말한 바와 같이 1977년 6월 10일 제네바 외교회의[105]에서 제네바협약들에 대한 두 개의 부가의정서를 부속서로 하는 최종결정서가 많은 국가들에 의하여 서명되었고, 소정의 절차에 따라 이 의정서는 효력을 발생하였다.

두 의정서는 무력충돌의 희생자의 보호에 관한 법은, 1949년의 제네바협약 체결후 무력충돌의 새로운 양상, 전술, 전투수단 및 방법 등에 관한 경험도 고려에 넣어, 현실에 보다 적합하게 하고 그 실효성을 확보하려는 노력의 결정이라고 볼 수 있다.

제1의정서에 관하여서는 처음부터 보호국의 의무적 지정, 그렇지 못하면 국제적십자위원회 같은 인도적 조직체의 대신 역무(役務) 수락, 보호될 인원의 확대(민간인, 위생인원 등, 민간방위 및 구호의 인원), 보호의 수단 및 역무의 발전과 기술적 개선(예: 위생항공기), 민간인의 군사작전으로부터의 위험에 대한 명문상의 보호, 특히 상세한 무차별공격의 금지, 비방위지역 및 비무장지대의 설정과 위험한 시설 등의 보호, 제네바협약과 의정서의 적용을 감독하고 그 위반을 억압하기 위하여 당사국의 선택으로 의무적

---

105) 외교회의의 문서의 부호(符號)는 다음과 같다. CDDH(Conférence diplomatique sur le droit humanitaire)(mit arabischer Ziffer-Plenarvorlagen; mit SR.-Berichte über Plenarsitzungen; mit römischer Ziffer-Ausschussdokumente)(Bothe, Ipsen und Partsch, a.a.O., S. 1, Asterikus), 또 이 회의에는 세 개의 주된 위원회가 있었고(그 외에 재래무기에 관한 전체의 임시위원회, 기초위원회, 신임장위원회와 일반위원회가 있었다), 각 위원회는 모든 참가국들에게 개방되었다. 제1위원회는 일반적 및 최종규정과 제2부가의정서의 보장을, 제2위원회는 부상자의 보호와 민간보호 및 인도적 구호행위를, 제3위원회는 전투행위 규정과 민간인의 보호를 맡았다(*Ibid.*, S. 3).

권한이 주어지고 사실심사 및 주선을 할 수 있는 국제사실조사위원회의 설치 등은 제네바협약의 현저한 발전이라 할 수 있다.[106] 제2의정서는 뒤에 설명될 것과 같이, 채택의 마지막 단계에서 많이 축소되었고 비판될 점들을 가지고 있으나, 제네바협약의 공통된 제3조의 단일조문을 현저하게 발전시켰다.

그러나 제네바 외교회의에서 인도적 정신, 즉 무력충돌에 있어 가능한 희생자를 적게 하고 어떤 사정하에서나 희생자를 구호하여야 된다는 목적과, 적십자의 기본원칙인 인도, 공평, 중립, 독립만이 작용한 것은 물론 아니다. 각 국가가 국제적 또는 국내적 무력충돌에 휩쓸려들어갈 가능성, 이 충돌의 양상에 관한 각 국가의 일반적 이해관계와 이에 따르는 이데올로기가 외교회의에서 대립을 가져왔고 그 타협의 산물이 이 두 의정서이다. 이 대립은 오늘날 국제관계에서의 국가군의 일반적인 그것을 반영한다. 현존 국제법을 떠나지 않고 비교적 인도적 고려에 의하여 결정하려는 서방의 입장, 반식민해방전의 국제성 주장을 관철하려고 하고 이러한 전투에 참가하는 모든 자의 보호를 주장하는 반면, 이 해방전이 아닌 국내무력충돌에 있어서는 국제법의 규율을 배제하려는 제3세계국가들의 입장과 위의 해방전에 있어서는 제3세계에 동조하고 기타의 국내무력충돌에 관하여서는 서방에 동조하는 소련 블록의 대립이 가장 큰 윤곽의 대립이었다.[107] 이러한 대립의 결과 민족해방전선의 참가 문제가 생겨 제1회기에서 결의의 결과 11개의 이러한 조직체가 참가하게 되었다.[108] 또 두 의정서를 채택함에 있어서도 타협의 산물의 결실에의 길을 막는 것을 피하기 위하여 편리한 컨센서스(consensus, Konsensus)가 이용되었다.[109] 제1

---

106) Cf. De La Pradelle, *op. cit.*, p. 20.

107) Bothé, *op. cit.*, pp. 86~87. 이 국가군 내에서도 보다 작은 대립이 있었던 것은 말할 것도 없다(Cf. Forsythe, *op. cit.*, April 1978, pp. 279~282).

108) Bothe, Ipsen und Partsch, a.a.O., S. 2 und 5.

의정서의 내용에 관하여서는 식민지지배, 외국점령 및 인종차별 제도에 반항하는 무력충돌은 국제적인 것으로 규정되고, 게릴라전의 현실을 특히 고려에 넣은 것이나 병력 구성원의 지위와 이에 따른 포로의 지위를 향유할 자의 범위가 지나칠 정도로 확대되고, 용병에는 많은 요건이 따르고 있으나 그는 위의 지위를 가질 수 없는 것으로 규정되었고, 일정한 무기 사용의 금지 등도 규정되고 있어, 이 의정서에는 소위 헤이그 전시법이 부분적으로는 많이 변형되어 혼입하였을 뿐 아니라 국제적 무력충돌을 할 수 있는 권리까지도 규정되고 있다. 제네바 전시법과 헤이그 전시법, 즉 전시국제인도법과 기타의 전시법을 구별하는 전통과 내란과 구별되는 국제전쟁의 정통적 요건에 비추어 보면 큰 이변이 일어난 것이다. de La Pradelle이 제네바협약의 체계에 영향을 미치고 두 의정서의 수락을 위태롭게 할 구조와 균형의 중대한 수정을 지적한 것[110]도 이러한 의미에서다.

외교회의에서 국가군의 대립으로 그 내용에 있어 특히 영향을 받은 것은 제2의정서이다. 먼저 이 의정서의 적용범위에 관하여서는 국제적십자위원회의 의정서안[111]에서는 제1의정서는 제네바협약들에 공통된 제2조에 규정된 사태, 즉 선언된 전쟁, 기타의 무력충돌 또는 점령으로서 국가들 사이에 일어나는 사태에 적용될 것이었다. 그런데 1974년 외교회의의 제1차 회기의 제1위원회에서 제3세계의 국가들은 사회주의 국가들의 지지를 받아, 위에 말한 바와 같이 식민지 지배 등에 반항하는 무력충돌을 위의 사태에 포함시키는 조항[112]을 첨가하는 데 성공하였고, 이 결정에는

---

109) *Ibid.*, S. 4; Forsythe, *op. cit.*, April 1978, p. 279. 컨센서스라는 것은 국제관행에서 자연발생적으로 생긴 절차이며, 회의의 어떤 시기에 이르러 토의와 공식적 교섭을 중단하고 다음에는 비공식적 회의의 결과 어떤 조약문 또는 결의안이 정하여지고, 이것이 일치된 의견을 이루는 것으로서 회의에 제출되고 투표도 또 토의도 없이 채택된다(Paul Reuter, Droit international public, 1976, p. 26).

110) De La Pradelle, *op. cit.*, p. 21. 그러나 인도법과 기타 전시법의 혼성 내지 융합은 부득이한 것 내지 당연한 것이다(1. 참조).

111) 1. 주 1 참조.

그 후 변경이 없었다.[113)]

이와 같이 제1의정서의 적용범위의 확대와 이에 맞춘 제2의정서의 적용범위의 축소 후, 이에 찬성한 국가들 중에는 비국제적 무력충돌에 관한 국제법 발전의 이유를 인정하지 않거나 그러한 법의 존립을 부인하려는 국가들이 있었다. 일찍이 인도의 한 대변인은 민족해방운동이 제1의정서 제1조에 포함된다면 제2의정서의 국내사태에의 적용은 국가의 주권적 권리 및 의무에 대한 간섭에 해당할 것이며, 비국제적 무력충돌의 정의도 막연하고 제2의정서에 대한 필요를 정당화하는 확신적인 주장이 없었으며, 그의 대표단은 이 의정서의 규정을 수락할 수 없다고 하였다.[114)] 이와 같이 비국제적 무력충돌에 관한 국제적 발전에 반대하는 국가에 대하여 "선택적 인도주의"를 취한다는 비난은 서방국가에 의하여서뿐 아니라,[115)] 제3세계의 국가에 의하여서도 행하여졌다.[116)]

외교회의에서 국가간 대립의 큰 윤곽은 이미 말하였는데, 제2의정서에 관하여 다시 네 가지 입장이 있었다는 것을 Forsythe는 4년간의 관찰에 입각하여 말하고 있다.[117)] 네 가지 입장이란 비국제적 무력충돌에 관한 국제법의 규율을 최대한으로 하려는 것, 이 규율 문제에 있어 비교적 온건한 것, 이 규율을 최소한으로 하려는 것과 이 규율을 저지하려는 것이다. 첫째의 입장을 취한 것은 노르웨이, 스웨덴, 로마 교황청, 그리고 언제나 국제적십자위원회와 때로 벨기에, 이탈리아 및 기타 국가들이었다. 둘째의 입장을 취한 것은 서방 국가군, 소련 및 그 블록의 8개국과 파키스탄 및

---

112) CDDH/I/SR. 13, March 25, 1974, quoted by Forsythe, *op. cit.*, AJ, January 1975, p. 79, note 6.

113) *Ibid.*, pp. 79~80; Bothé, *op. cit.*, p. 87.

114) CDDH/I/SR. 23, at 16, quoted by Forsythe, *op. cit.*, AJ, April 1978, p. 279, note 33.

115) 예: 노르웨이(CDDH/I/SR. 29, at 18, quoted by *ibid.*, p. 279, note 34).

116) 예: 이집트(CDDH/I/SR. 24, at 10, quoted by *ibid.*, p. 280, note 35).

117) 다음 네 가지 입장의 약술은 물론 Forsythe의 이론(*Ibid.*, pp. 280~282)을 따른 것이다.

이집트 같은 기타 국가들이었다. 첫째 및 둘째의 입장이 각각 국가주권에 대한 인도주의의 우위와 양자의 다같은 존중을 표현한 데 대하여, 셋째 입장은 법의 기초로서 인도주의를 거부하지 않으면서 국가주권의 우위를 표명한 것이다. 이 입장은 가나(Ghana) 같은 제3세계의 몇 국가들이 취하였는데, 제3세계의 많은 국가들은 토의에 있어 침묵을 지켰다. 넷째의 입장의 가장 집요한 주장자는, 위에서 시사된 바와 같이 인도였고, 이라크도 일찍이 이 입장을 표명하였다. 그런데 제3세계의 많은 국가들은, 위에서와 같이 토의중에 그들의 최종입장을 보류하였으나, 이 의정서가 컨센서스로 채택된 후 이 국가들 중에 넷째 입장의 숨은 지지자가 있었다는 것이 나타났다.[118] 이렇게 표명화한 또는 그렇지 않은 입장이 있었으므로 1977년의 회기에서는 파키스탄이 이끄는 위에서의 둘째 입장이 셋째 입장으로 옮겨갔고 그 대가로 넷째 입장도 절차적으로 그렇게 하였다. 첫째 입장은 이러한 움직임에 대하여 싸웠으나 성공하지 못하였다.

이러한 추이는 문서상으로는 이 의정서의 국제적십자위원회안에 대한 4년간의 심의를 거쳐 위원회에서 채택된 49개조의 안[119]을 수정하는 파키스탄안[120]이 1977년 회기의 마지막 단계에서 제출되고 이 후자인 안이 최소의 토의를 거쳐 받아들여졌다는 점에서 나타난다. 위의 위원회안 채택 지지의 배후에는 대부분이 제3세계에 속하는 다수 국가들의 심각한 유보가 있었다. 1977년 회기 초에 파키스탄 대표단은 많은 다른 대표단과 토의를 거듭한 결과, 이 의정서 본문의 길이를 축소시키는 것이 적절하며 또한 상당수 국가들이 국제문서에 포함시켜 규율하는 것이 부적당하다고 생각되는 분야도 있다는 사실에 상당한 불만을 품고 있다는 것을 알게 되

118) Cf. CDDH/SR. 56 and 58, quoted by *ibid.*, p. 282, note 41. 제3세계의 약 20개국이, 만약 이 의정서가 투표에 붙여졌다면 설사 그것이 파키스탄 안(뒤에 설명될 바와 같이 대폭 축소된 것)이었다 하더라도 그들은 기권을 하였을 것이라고 표명하였다.

119) CDDH/402, quoted by *ibid.*, p. 278, note 27.

120) CDDH/427, 31.5.1977, zitiert von Bothe, Ipsen und Partsch, a.a.O., S. 69, Anm. 181.

었다.[121] 그리하여 파키스탄의 대표단장은 캐나다의 대표단 및 국제적십자위원회의 대표와 상의후 위에서의 수정안을 전체회의에 제출하였다. 파키스탄안은 외교회의에서 주도그룹 사이의 '신사협정'에 입각한 것이다. 이 협정하에서 파키스탄은 위의 위원회안을 크게 단순화하는 수정안을 제출하고, 그 대신 이 의정서에 관하여 유보된 태도를 갖고 있던 제3세계의 국가들이 그 채택에 반대하지 않기로 하였다. 위원회안의 가장 강력한 지지자인 서방국가들과 사회주의 국가들도 이 협정에 합의하였다. 전체회의에서는 위원회안이 토의의 토대가 되었으나 이 안은 조문마다 단순화된 파키스탄안과 결합하여 토의되었다.[122] 그리고 이미 말한 바와 같이 이 안은 최소의 토의로써 채택되었다. 이 안에 없었던 몇 개의 조문이 위원회안에서 남게 되었다. 이리하여 위원회안의 반을 조금 넘는 28개조로 된 이 의정서가 채택되었다.

정부와 그 상대편의 법적 평등을 의미할 수 있는 모든 공식화(예: "충돌당사자"란 표현)는 완전히 삭제되었고, 어떤 사항에 관하여서는 규정이 없어지고, 어떤 사항에 관하여서는 개별적 규율이 없어지고 일반적 원칙 하나만 남게 되었다. 이 의정서의 7개 부 중에서 전투에 관한 제4부와 의정서 실시에 관한 제7부가 없어지고 이 두 부에서 소수의 규정이 타 부분에 삽입되었다. 또 붙들린 자를 인도적 조직자가 방문할 수 있는 권리가 사라지고 또 특히 사형집행, 민간인의 보호와 구호행위에 관한 중요하거나 상세한 규율이 희생되었다.[123]

---

121) CDDH/SR. 49, at 4, quoted by Forsythe, *op. cit.*, AJ, April 1978, p. 278, note 28.

122) CDDH/SR. 49, S. 8ff., zitiert von Bothe, Ipsen und Partsch, a.a.O., S. 70, Anm. 183.

123) Cf. *ibid.*, S. 70; Forsythe, *op. cit.*, AJ, April 1978, pp. 282~283.

B. 제2의정서의 적용범위와 적용요건

가. 적용범위

이 의정서에는 물적 적용범위(material field of application, 제1조)와 인적 적용범위(제2조)가 규정되고 있는데, 후자는 제1조에서 정의된 무력충돌의 영향을 받은 모든 자들에게 미치며, 또 무력충돌 후에도 이 충돌 때문에 자유가 박탈되었거나 제한된 자들에게 부분적으로 미친다.

특히 고찰의 대상이 되는 것은 전자인 사적 적용범위이다. 이 의정서는 한 체약국의 영역 내에서 그 병력과 책임있는 지휘권하에 있고 영역의 일부에 대하여 지배를 하고, 그럼으로써 지속적이며 통합된 군사작전을 할 수 있고 또 이 의정서를 이행할 수 있는 반대병력(dissident armed forces) 또는 기타 무력집단 사이의 무력충돌에 적용된다. 그러나 인민들이 그들의 자결권행사에 있어 식민지 지배, 외국점령과 인종차별 제도에 반대하여 싸우는 경우의 무력충돌은 국제적인 것으로 규정되어(제1의정서 제1조 4항; 제2의정서 제1조 1항)이 의정서의 적용범위 밖에 있다. 또 폭동, 고립적이며 산발적 폭력행위와 같은 성질의 기타 행위와 같은 국내 교란 및 사태에는 이 의정서가 적용되지 않는다.

여기에는 두 가지 검토될 문제가 있다. 즉 반식민지주의전 등을 이 의정서의 적용범위에서 제외한다는 것과 이 범위 내에서 반정부병력 등은 일정한 지휘권하에 있고, 어떤 일정한 정도의 영역을 지배한다는 등의 요건을 갖추어야 한다는 것이 이것이다.

이 적용범위 문제는 인민들이 식민지지배, 외국점령과 인종차별 제도에 반대하여 싸우는 경우의 무력충돌을 국제적인 것으로 한 것으로서, 이미 말한 바와 같이 일찍이 결정되었다.[124] 그런데 어떤 경우가 위의 무력

124) 제1차 회기의 제1위원회에서는 찬성 70 : 반대 21 : 기권 13으로 제1부가의정서 제1조가 채택되었고, 제4차 회기 전체회의에는 동조가 찬성 87 : 반대 1(이스라엘) : 기권 11로 채택

충돌에 들어가느냐 하는 해석문제는 관계 조문인 제1부가의정서 제1조의 표결에 의한 채택에 따른 토의에서도 물론 해결될 수 없었다. 이 조문의 제4항에 반대해 온 서방국가들의 하나인 서독의 대표는 이 조문의 채택문제에 있어서의 그의 기권을 무엇보다도 다음과 같은 이유 때문이라고 표현하였다. 즉, 제4항에 포함된 표준은 실제에 적용될 수 있고 또 적용될, 기본적으로 법적 성질의 적절한 표준이 되지 못하고, "식민지 지배", "외국점령", "인종차별 제도"라는 말은 객관적 표준이 아니고 자의적 · 주관적 및 정치적으로 동기지워진 해석을 허용할 뿐 아니라, 이 말은 단기의 정치적 문제 및 목표를 위하여 선택되었고 따라서 장기적 가치를 갖도록 의도된 법적 문서에는 적합하지 않다는 것이다.[125] 이러한 입장은, 식민지 지배 등에 관한 사태의 오늘날 국제적 중요성을 강조하는 제3세계의 국가들의 입장에 대하여, 국제적 무력충돌과 비국제적 무력충돌, 전쟁과 같이 내란의 구별에 있어 전통적인 법적 입장, 법적 일관성을 고집하는 서방국가를 대변한 것이다.[126] 제3세계의 국가들은 위의 제4항은 이미 국제연합에서 발전된 법을 제네바법에 받아들인 데 불과하다고 하였으며, 국제연합 총회의 결의[127]를 원용하여 제4항의 세 가지 경우는 이러한 문서에 공식화된 바와 같은 자결권의 적용형태라고 하였다. 또 적용례로서 나미비아(Namibia), 짐바브웨(Zimbabwe), 남아프리카, 팔레스타인 인민과 그들의

되었다. 주된 서방국가들은 처음에는 반대를 하였고 뒤에는 기권을 하였다(CDDH/SR. 36, zitiert von Bothe, Ipsen und Partsch, a.a.O., S. 8, Anm. 16).

125) *Ibid.*, S. 9.

126) Cf. Forsythe, *op. cit.*, AJ, January 1975, pp. 80~84.

127) Declaration on Granting Independence to Colonial Countries and Peoples: Resolution 1514(XV) of December 14, 1960(Yearbook of the United Nations, 1960, pp. 44~50); Declaration on Principles of International Law concerning Friendly Relations and Co-operation among States in accordance with the Charter of the United Nations: Resolution 2625(XXV) of October 24, 1970(*Ibid.*, 1970, pp. 789~792); Resolution 3163(XXVIII) of December 14, 1973(*ibid.*, 1973, pp. 673~675). Cf. Bothe, Ipsen und Partsch, a.a.O., S. 9.

자유, 독립 및 인권을 위하여 싸우는 모든 기타 인민들을 제3세계의 국가들은 들었다.[128]

위에서의 국제연합 총회 결의의 원용은 1970년의 "국제연합헌장에 따라 국가들 사이의 우호적 관계와 협력에 관한 국제법원칙에 관한 선언"[129]을 위의 제4항이 지시하는 결과를 가져왔다. 동항에 의하면 인민들이 국제연합헌장과 위의 선언에 규정된 바와 같은 "그들의 자결권의 행사에 있어" 식민지 지배 등에 반대하여 싸우는 무력충돌이 국제적 무력충돌에 포괄된다는 것이다. 위의 선언은 그 자체로는 법적 구속력이 없는 국제연합 총회의 하나의 결의인데 이것을 조약문에서 지시하였다는 것은 비정상적이라 할 수 있다.[130] 그러나 이러한 지시가 있으므로 이 선언이 동항의 해석에 있어 고려되어야 한다.

이 선언에 의하면[131] 국제연합헌장에 의하여 모든 인민들은 외부의 간섭 없이 자유로이 그들의 정치적 지위를 결정하며 그들의 경제적 · 사회적 및 문화적 발전을 추구할 권리를 가지며, 각 국가는 헌장의 규정에 따라 이 권리를 존중할 의무를 진다는 것이다. 그리고 주권독립국가의 수립, 어떤 독립국가와 결합 또는 통합 또는 인민에 의하여 자유로 결정되는 기타의 정치적 지위를 얻게 되는 것이 자결권을 구현하는 양식을 이룬다는 것이다. 또 모든 국가는 인민들의 자결, 자유 및 독립에 대한 권리를 박탈하는 어떠한 강제행위도 삼가할 의무를 지며, 그들의 자결적 행사의 추구

---

128) So Clark(Nigeria) und Jeichand(Mozambique), CDDH/SR. 36, S. 16 und 18, zitiert von *ibid.*, S. 10, Anm. 18 und 19. 팔레스타인 해방전선의 대표는 그들의 투쟁이 제4항에 규정된 세 가지 모든 경우에 해당한다고 하였다(CDDH/SR. 36, S. 21, zitiert von *ibid.*, S. 10, Anm. 18).

129) 주 127 참조.

130) Cf. Bothe, Ipsen und Partsch, a.a.O., S. 10. 외교회의에서 제3세계의 대표 중에는 국제연합 결의와 조약의 상이점을 이해하지 못한 대표가 많았고 또 몇 대표들은 국제연합에의 대표단의 구성원이었는데, 국제연합에서는 법적 전문사항에 유의하는 것보다는 투표와 연합외교에 중점이 놓인다(Forsythe, *op. cit.*, AJ, January 1975, p. 82).

131) 제5항 "인민의 평등권과 자결의 원칙".

에 있어 이러한 강제행위에 반대 및 저항하는 그들의 행위에 있어 이러한 인민들은 헌장의 목적 및 원칙에 따라 지지를 구하고 또 받을 권리를 갖는다는 것이다. 그리고 헌장하에서 식민지의 영역 또는 비자치지역은 시정국의 영역과는 분리되고 구별되는 지위를 갖는다는 것이다. 그러나 이러한 것들은 인민의 평등권 및 자결의 원칙에 따라 행동하고 그의 영역에 속하는 전 인민을 차별없이 대표하는 정부를 가진 주권독립국가의 영토보전 또는 정치적 통일을 전체적으로나 또는 부분적으로나 분단하거나 훼손할 어떤 행위의 권한을 주거나 이 행위를 고무하는 것으로 해석되어서는 아니된다는 것이다.

이러한 대강의 내용에서 여기서 문제되는 것은 첫째, 자결권의 국제법상의 확립 여부, 둘째, 확립되었다면 이 권리가 어떤 범위에 미치느냐 하는 것, 셋째, 이 권리가 무력으로써 행사될 수 있는가 하는 것이다. 첫째 문제에 관하여서는 국제연합헌장 제1조 2항 및 제55조에는 "인민의 평등권 및 자결의 원칙"(principle of equal rights and self-determination of peoples)이라고 규정되어 동 조항은 자결의 권리까지는 가지 않고 있다. 또 설사 자결의 권리라고 규정되었다 하더라도,[132] 헌장이 채택되었을 때에는 '인민'과 '자결'의 개념이 명확하지 않아 국제법상 자결권이 인정될 수 없었다고 보는 것이 옳을 것이다. Berber는 1970년의 위의 선언으로부터 자결권은 이미 단순히 정치적 원칙만이 아니고 법적 원칙이라고 생각되어야 한다고 하였다.[133] 이와 같은 주장이 정확한 것이냐는 어려운 문제이나,

---

132) 이 점에 있어 프랑스어본은 영어본과는 달리 자결의 권리라는 표현을 쓰고 있는데(principe de l'égalité de droits des peuples et de leur "droit" à disposer d'eux mêmes), 이러한 경우에 국제연합헌장이 처음에 영문으로 작성되었기 때문에 영어본에 따른 것이 적당하다(Verdross, a.a.O., S. 174). 또 중국어본도 영어본과 같다.

133) Berber, a.a.O., I Band, S. 175~176. 이 문제는 자결권이라는 것이 이미 오래 전부터 정치적으로 국내법상 주장되었다는 것과는 물론 구별되어야 한다. Verdross에 의하면 인민들의 자결권의 이념은 1789년 프랑스혁명에서 처음으로 나타났다는 것이나(Verdross, a.a.O., S. 574), 고대부터 정부가 있는 곳에 자결권의 문제가 있었다는 것도 수긍할 수 있으며

여하튼 위의 선언에는 명백히 자결권이 인정되고 있다. 이 선언을 떠나서 생각할 때 자결권이 국제법상 확립된 것이 아니라는 입장을 최근 표명한 학자도 있으나,[134] 헌장의 채택후 국제연합의 결의와 국가관행에 비추어 자결권은 국제법상 확립하였다고 보아야 할 것이다.[135]

둘째 문제에 관하여서는 1970년의 위의 선언에서는 특히 식민지 영역 및 비자치지역이 시정국의 영역과는 분리되고 구별되는 지위를 갖는다는 것이 규정되었는데, 현재까지의 실제에 비추어 자결권은 신탁통치지역과 식민지 해방에 국한되었다.[136] 그러나 이렇게 오늘날 확립된 범위를 넘어서 발전할 가능성을 이 권리는 갖고 있으며,[137] 이 권리는 현행법 해석에 있어 고려될 도덕적 · 법외적(法外的) 원칙을 이룬다고 생각할 수 있으나,[138] 1970년의 위의 선언에서 표명된 바와 같이 이 권리가 평등과 자결이 일반적으로 실현되고 있는 국가의 영토보전 및 정치적 통일을 해칠 수는 없다는데 이 권리의 현 국제법의 기본구조상의 한계가 있다.

셋째 문제에 관하여서는 1970년의 위의 선언에 의하면 결정권을 박탈

(Umozurike Oji Umozurike, Self-determination in International Law, 1972, p. 4ff.), 자결이란 말은 독일어(Selbst-bestimmung)에서 생겼고, 19세기 중엽의 독일의 급진적인 철학가들에 의하여 자주 쓰여졌고 1896년 런던 국제사회주의회의의 한 결의에 삽입되었다는 것이다(*Ibid.*, p. 3).

134) Wolfgang Heidelmeyer, Das Selbstbestimmungsrecht der Völker, 1973, e.g. S. 243; O'Connel, International Law, 1973, 313, zitiert von Reinhard Patizina, Zur Bedeutung von Gewaltverbot und Selbstbestimmungs-Recht in den Ostverträgen und in der Schlußakte der KSZE, ÖZÖRVR, Neue Folge, Vol. 29, no. 1~2, Juni 1978, S. 71.

135) W. Ofuatey-Kodjoe, Self-determination and World Order, 1977, pp. 184ff.; Umozurike, *op. cit.*, e.g. pp. 271~273; Patizina, a.a.O., S. 71~72; Daniel Thürer, Das Selbstbestimmungsrecht der Völker, 1976, S. 192.

136) Verdross, a.a.O., S. 576; Thürer, a.a.O., S. 192; Ofuatey-Kodjoe, *op. cit.*, p. 187. Verdross는 보다 넓은 범위에서 자결권을 인정하려는 입장으로 옮겨갔는데(A. Verdross und Bruno Simma, Universelles Völkerrecht, 1976, S. 255), 이 입장은 지지되기 어렵다.

137) Cf. Umozurike, *op. cit.*, pp. 273~274; Ofuatey-Kodjoe, *op. cit.*, pp. 188~189.

138) Thürer, a.a.O., S. 193ff. Cf. Verdross, Völkerrecht, a.a.O., S. 576; Verdross und Simma, Universelles Völkerrecht, a.a.O., S. 255~256.

하기 위한 강제행위는 허용되지 않으며 이에 반항하는 인민들은 지지를 구하고 받을 권리를 갖는다는 것인데, 자결권이 식민지 해방의 범위에서 확립된 한에 있어 이 권리 행사의 무력에 의한 억압 내지 박탈에 대하여서는 자위권행사로서의 무력항쟁이 개별적으로 또 집단적으로 허용된다고 보아야 할 것이다. 그렇다면 식민지 인민들이 그들의 자결권을 먼저 무력행사를 하여 관철할 수 있는가? 이것을 허용한다는 것은 1960년의 "식민지 국가와 인민에게 독립을 주는 데 관한 선언"[139]에서는 물론 1970년의 위의 선언에서도 명시적으로 규정되고 있지 않은데, 이것을 허용하는 국제법상의 경향이 있다는 입장도 있다.[140] Berber는 무력에 의한 자결권의 관철이 허용될 것인지 불명확하다고 말하고 있다.[141] 그러나 국제평화와 안전의 유지, 이를 위한 무력행사의 원칙적인 금지와 자결의 원칙의 관계를 국제연합헌장에 비추어 볼 때 전자에 우선적 지위가 주어졌다고 보는 것이 타당할 것이다. 이 입장은 자결권 문제를 헌장 및 기타 국제문서와

139) 주 127 참조.

140) Thierry는, 침략의 정의에 관한 국제연합 총회의 결의(Resolution 3314(XXIX))도 인용하며, 그들의 자결권의 행사에 있어 인민들에 의한 무력행사의 합법성의 원칙은 국제법에 있어 자리를 잡는 경향에 있다는 것이 확인될 수 있다는 것이나(H. Thierry, J. Combaceau, S. Sur et Ch. Vallée, Droit international public, 1979, p. 502), 이 원칙은 아직 형성중의 법이라고도 하고 그의 법적 가치에 관하여서는 불확실하다고 말하고 있다(*Ibid.*, pp. 501~502). 또 Partsch는 1970년의 위의 선언에 의하여 식민지와 비자치지역에 관하여서는 분리를 위하여 무력행사가 허용된다는 것이나(Bothe, Ipsen und Partsch, a.a.O., S. 10), 이러한 단정적 해석은 수긍되기 어렵고(Cf. Thierry, Combaceau, Sur et Vallée, *op. cit.*, p. 502), 예를 들면 국제연합 총회의 1973의 한 결의(주 127)에는 위에서의 무력행사를 허용한다고 생각될 수 있는 표현("The General Assembly … 5, Reaffirms its recognition of the legitimacy of the struggle of the peoples under colonial and alien domination to exercise their right to self-determination and independence by all the necessary means at their disposal …,")이 있다는 것만 여기서 지적된다.

141) Berber, a.a.O., I. Band, S. 176. 그는 자결권행사에 관련하여 제3국의 간섭에 관하여서는 그 허용 여부가 불명하다고 말하는가 하면(*Ibid.*), 또 반도를 제3국이 원조하는 것은 허용되지 않으나 1970년의 위의 선언의 의미에서 자결권을 행사하는 반도에 관하여서는 그렇지 않다는 것이다(*Ibid.*, S. 242).

국가관행을 통하여 고찰한 Thürer에 의하여서도 지지되고 있다.[142] 또 Patizina는 1960년의 위의 선언 등과 그 후 실제문제에 관한 국제연합 안전보장이사회의 결의의 내용에 언급하고 자결운동을 위한 군사적 개입을 집단적 자위로써 정당화할 헌장 제51조의 관습의 발전은 없었다고 말하고 있다.[143] 위에서와 같이 다른 이론[144]이 없는 것은 아니나 자결권의 무력에 의한 관철은 현행법상으로는 허용되지 않는다.

이와 같이 1970년의 위의 선언의 내용을 출발점으로 하여 고찰할 때 오늘날까지 인민의 자결권은 식민지 해방의 범위에서만 확립되었고 이 자결권은 무력으로써 관철될 수 있는 것은 아니다. 또 실제문제로서 식민지 해방은 이미 많이 이루어졌다.[145] 이렇게 본다면 식민지 지배, 외국점령과 인종차별 제도에 반대하여 인민이 싸우는 경우의 무력충돌을 국제적인 것으로 규정한 것은 전통적인 국제법적 입장에서 벗어나서 전시법 속에 전쟁을 할 수 있는 권리에 관한 법을 도입하고 새로운 정당한 전쟁의 이념을 도입하였다고 생각될 수 있고,[146] 또 식민지 시대의 종국적 청산이라는 단기의 정치적 목표를 표명한 것이라고 생각된다.[147] 만약 이 규정이 장기적 의의를 가지게 된다면 인민의 자결의 넓은 함축, 외국점령 및 인종차별 제도의 불명확한 개념에 비추어 현 국제사회 내지 국제법의 큰 구조적 변경에 이르게 될 것이다.

---

142) Thürer, a.a.O., S. 192.

143) Patizina, a.a.O., S. 61 und 69.

144) 주 140. Cf. also Atle Grahl-Madson, *op. cit.*, pp. 269~279.

145) Berber, a.a.O., I. Band, S. 176.

146) Forsythe, *op. cit.*, AJ, April 1975, p. 80; De La Pradelle, *op. cit.*, p. 22.

147) Cf. Cerda(Argeutinieu, CDDH/SR. 36, S. 19, zitiert von Bothe, Ipsen und Partsch, a.a.O., S. 10, Anm. 20. 주 125 참조.

나. 적용요건

위에서 본 바와 같이 이 의정서가 적용되려면 한 국가의 영역 내에서 일어나는 무력충돌에서 반정부 병력 또는 기타 무력집단이 책임있는 지휘권하에 있고, 지속적이며 통합된 군사작전을 할 수 있으며, 이 의정서를 이행할 수 있도록 영역의 일부에 대하여 지배하여야 한다.

외교회의의 일부 대표단의 해석에 의하면 이러한 규정에 따라 이 의정서는 스페인 및 나이지리아 충돌과 같은 고전적 내란사태에 적용될 것이라 한다.[148] 또 타 대표에 의하면 이 의정서에 의하여 규율되는 충돌의 형태는 내란적 충돌과 교전상태보다는 반란상태에 이르는 무력충돌이라는 것이다.[149] 위에서 설명된 바에 비추어,[150] 이 의정서의 적용요건은 내란의 그것에 해당한다.

이리하여 이 의정서의 적용요건은, 이미 말한 바와 같이,[151] 제네바협약의 공통된 제3조의 그것보다 엄격하며 따라서 전자의 적용기준은 후자의 그것보다 높다. 이리하여 이 의정서가 적용될 수 없는 경우에도 위의 제3조는 적용될 수 있다. 위에서도 말한 바와 같이, 이 의정서의 제1조 1항에서 "그(위의 제3조)의 현존 적용요건을 수정하지 않고"라고 규정된 것은 이러한 것을 의미한다. 국제적십자위원회가 외교회의에 제출한 이 의정서안[152]에서는 이 의정서의 적용요건으로서 반정부 병력 등이 책임있는 지휘권하에 있을 것만 규정되었고 제1조 2항과 대개 같은 내용이 첨가되었다.[153] 이 위원회와 그의 안에 동조한 대부분의 서방국가와 제3세계의

---

148) 예: 영국 대변인의 견해(CDDH/I/SR. 24 at 14, quoted by Forsythe, *op. cit.*, AJ, April 1978, p. 294, note 98).

149) 오스트레일리아 대표의 견해(CDDH/I/SR. 23, at 7~8, quoted *ibid.*, p. 285, note 56).

150) 2. A. 가. ① 및 ③ 참조.

151) 2. B. 나. ① 참조.

152) 1. 주 1.

몇 국가들은 이 의정서의 적용요건은 위의 공통된 제3조의 그것과 같아야 할 것으로 생각하였다. 그러나 1975년 제2회기 초에 이러한 입장은 컨센서스에 의하여 지지되지 않을 것이 명백해지고, 많은 국가들은 이 의정서의 적용요건을 엄격히 하고 그 적용기준을 높이도록 위의 위원회안을 수정하려고 하여 이에 성공하였다.[154]

이러한 제1조는 컨센서스에 의하여 채택되었으나, 이 컨센서스에 완전한 합의가 있었던 것이 아니다. 이 조문은 국가주의의 대변자와 이 의정서의 적용기준을 낮추어 그 넓은 적용을 주장한 자 사이의 타협의 산물이며 아주 어렵게 이루어졌다.

이 조문에 관련하여 다음 세 가지 점이 지적된다. 이 의정서의 적용기준에 비하여 제네바협약의 공통된 제3조의 그것은 낮으나, 장차 국가관행에서 후자인 적용기준이 높아져 양 기준이 같아질 것이라고 몇몇 대표들이 말한 것[155]은 이유 없는 것이 아니다. 둘째, 이 의정서의 적용기준이 높아지면 무력충돌의 희생자의 보호수준도 높아져야 할 것이다. 제2회기에서 이 조문의 관계 내용이 결정되었고 제4회기에서 위의 보호수준은 낮아졌다. 셋째 한 국가의 영역 내에서 정부병력과 그 반대병력 등 사이가 아니고, 후자들 사이의 충돌은 적어도 문구상으로는 이 조문의 규율대상에 들어가지 않는다.[156]

C. 제2의정서의 법적 구속력

이 의정서는 제1조에 의하여 기존정부의 병력과 이에 대항하는 병력

---

153) Bothé, *op. cit.*, p. 89; Forsythe *op. cit.*, AJ, April 1978, p. 284, note 53.

154) Bothé, *op. cit.*, p. 89; Forsythe, *op. cit.*, AJ, April 1978, p. 284.

155) *Ibid.*, p. 286.

156) Cf. Bothé, *op. cit.*, p. 91.

또는 무장단, 즉 반도집단 사이의 무력충돌에 적용되는데, 충돌 당사자들에 대한 이 의정서의 법적 구속력의 권원은 무엇이냐 하는 문제가 생긴다. 기존정부가 대표하는 체약국이 이 법적 구속력을 받는 것은 재론을 요하지 않으며 문제가 되는 것은 반도에 관하여서이다.

이 문제는 이미 제네바협약에 공통된 제3조에 관하여 제기되었다. 국제적십자위원회는 이 조문을 포함하여 제네바협약은 체약국의 정부에 대하여 구속력을 가질 뿐 아니라, 그 국민에 대하여서도, 설사 그들의 일부가 반도가 된다 하더라도, 구속력을 갖는다는 주장을 하였다.[157] 같은 주장을 위의 위원회는 이 의정서에 관하여서도 하였다. 정부 전문가의 첫 회의에서, 이 위원회는 위의 공통된 제3조의 위에서와 같은 반도에 대한 구속력은 이 조문을 발전시키는 이 의정서에 관하여서도 마찬가지라는 것을 강조하였다.[158] 이러한 입장은 다른 곳에서도 이 위원회에 의하여 지지되었으나,[159] 여기에는 의문의 여지가 있다.

이 위원회의 입장은 국가관행에 의하여 국제법상 일반적으로 타당한 것으로 확인되지 않고 있다.[160] 그러나 위의 공통된 제3조는 특수한 경우라는 것이 언제나 인정되어 왔다.[161] 이 문제를 다루는 학자들도 법적 구성의 난점을 인정하지만, 그렇다고 이 조문의 반도에 대한 구속력이 법에

---

157) 이 입장은 1949년 제네바 외교회의 때 먼저 그리스 대표(Agathocles)에 의하여 취하여졌고 국제적십자위원회의 대표(Siordet)의 동조를 받았다(Final Record, II B 94, quoted by Greenspan, *op. cit.*, p. 624, note 19).

158) Conférence d' experts gouvermentaux, 24 mai-12 juin 1971, Rapport sur les travaux de la Conférence, p. 50, cité par Bothé, *op. cit.*, p. 91, note 26.

159) J. Picet, Commentaire, Vol. II, "La convention de Genève pour l' amériolation du sort des blessés, des malades et des naufragés des forces armées sur mer," 1959, p. 34, cité par *ibid.*, p. 91, note 27.

160) *Ibid.*, p. 92. Cf. Bothe, Ipsen und Partsch, a.a.O., S. 82.

161) J.A. Frowein, Das de facto-Régime im Völkerrecht, 1968, S. 154ff.; p. de La Pradelle, La Conférence diplomatique et les nouvelles conventions de Genève, 1951, p. 217, cité par Bothé, *op. cit.*, p. 92, note 28.

있어 불가능하다는 결론을 내리지는 않는다. 이러한 결과의 가장 좋은 설명은 아마 다음과 같은 내용의 관습규칙이 있다는 것일 것이다. 즉 어떤 국가에 의한 어떤 조약의 구속력에 대한 동의의 효력은 그 국가의 영역상에 세워지는 새로운 법체계에까지, 설사 그 주체가 임시적이라 할지라도 미친다는 것이다.[162] 이 명제는 1954년 5월 14일 무력충돌의 경우에 문화재의 보호에 관한 협약 제19조에 의하여 다시 확인되었다. 동조 1항에 의하면 국제적 성질을 갖지 않는 무력충돌의 경우에는 각 충돌 당사자는 적어도 이 협약의 문화재의 존중에 관한 규정이 적용되어야 한다는 것이다. 인도법의 어떤 최소한에 관하여서는, 기존정부에 의하여 체결된 조약이 관계 국가의 영역상의 반도에 대하여 구속력을 가질 수 있다는 이념이 다시 나타난 것이다.[163]

이와 같은 명제가 이 의정서에 관하여서도 타당한 것인가? 제1위원회에서 채택된 제5조에 의하면 "현 의정서"에서 생기는 권리 및 의무는 형평의 "모든 당사자"에게 평등하게 적용된다는 것이다. 이 조문에 의하여 위의 명제는 명백히 긍정된 것이다. 그러나 이 조문은 다음 기초과정에서 삭제되었다. 이미 말한 바와 같이 정부와 그 상대방의 법적 평등을 의미할 수 있는 모든 표현과 규정은 없어진 것이다. 그렇다면 이 의정서는 기존정부에 대하여서만 의무를 지우고 반도(叛徒)에 대하여서는 그렇지 않다는 것인가? 이것은 외교회의에 참석하였던 대다수 국가의 의도에 정면으로 반한 것이 될 것이다. 이 의정서에서 생기는 의무는 충돌의 모든 당사자에

162) 이 공통된 제3조의 법적 구속력에 관하여서는 또 하나의 입장이 있다. 이 조문은 조약상의 의무에서 독립하여 이미 확립된 법을 밝힌 데 불과하다는 것이다(Greenspan, *op. cit.*, p. 624). 이 조문이 인도법의 어떤 최소한을 규정하고 있다는 것과 소위 마르텐스 조항(Cf. Helmut Strebel, Martens'sche Klausel, Wörterbuch, a.a.O., II. Band, S. 484~486)에 비추어 이 입장은 수긍될 바를 가고 있는 것 같으나, 이 조문이 오랜 토의 끝에 채택되었다는 것과 내란 등에 전시법규의 실제의 적용(2. A. 나)은 이 입장의 약점을 말하고 있다.

163) Bothé, *op. cit.*, p. 92.

대하여 효력을 가져야 한다. 위의 제5조와 "충돌 당사자"라는 말의 삭제는 이 의정서 본문의 외모를 바꾸었지만 그 내용을 바꾼 것은 아니다. 인도법은 상호성의 엄격한 원칙에 입각하지는 않지만 그래도 어떤 정도의 상호성은 이 법의 좋은 기능을 위하여 불가결한 것이다. 이 정도의 상호성은 상호의무에 의하여서만 달성될 수 있다. 유용한 실효성의 원칙을 따르는 해석은 이 의정서가 충돌의 모든 당사자에게 효력을 가질 것을 요구한다. 제네바협약에 공통된 제3조에 관하여 일반적 관행에 의하여 수락된 조약의 효력의 위에서와 같은 예외적 확대는 이 의정서에 관하여서도 타당하다.[164]

D. 인도적 대우

가. 기본적 보장

제2부는 인도적 대우에 관하여 규정하고 있고 기본적 보장(제4조), 자유가 구속된 자의 대우(제5조)와 형사소추(제6조)로 나누어진다.

기본적 보장은 적대행위에 직접 참가하지 않는 자뿐 아니라 무기를 놓았거나, 항복하였거나 전투할 수 없게 된 자에게도 적용된다. 그들은 신체, 명예, 신념 및 종교적 관습을 존중받을 권리를 가지며, 어떠한 경우에도 불리한 차별 없이 인도적으로 대우되어야 한다(제1항). 그런데 동항 끝에 전멸명령하는 것을 금지한 것은 전투에 관한 규정(전조 제4부 제22조)[165]이며 이 의정서의 축소의 효과의 하나다.

개별적으로 금지되는 행위들(제2항, (가)-(아))도, 위의 일반적 규정과

164) *Ibid.*, p. 93. Partsch는 동 문제를 형사소추(제6조)에 관련하여 제1조에서 유도하고 있는데(Bothe, Ipsen und Partsch, a.a.O., S. 75), 이 논거를 보다 더 추구한다면 본문에서의 입장 같은 것에 귀착할 것이다.

165) *Ibid*, S. 73.

같이 제네바협약의 공통된 제3조에 대개 따랐는데, 집단적 처벌, 테러행위, 노예 및 약탈이 추가되고 있다. 또 개인의 위엄에 대한 침해의 특히 예시된 것 중에 강간, 강제매음 및 기타 음탕한 폭행이 포함됨으로써 부녀자의 보호에 관한 특별한 조문(전안(前案) 제6조)은 불필요하게 되었다. 또 위의 행위들의 위협도 금지되고 있다.

아동의 보호가 상세하게 규정되었다(제3항, (가)-(마)). 교육, 가족 재회합, 전쟁참화에 대하여 안전한 구역으로 소개(疏開)에 있어 아동이 보호되고, 특수한 것은 병력 모집의 최소 연령을 겨우 15세로 한 것이다.[166] 15세 미만의 아동이 이 규정에 불구하고 적대행위에 참가하였으나, 그가 붙들렸을 때에는 이 조문의 특별한 보호를 받는다.

나. 자유가 제한된 자의 대우

제4조에 첨가하여 무력충돌에 관한 이유 때문에 자유가 박탈된 자들은 그들이 억류(intern)되었든 또는 구금(detain)되었든 최소한 제5조에 의한 보호를 받는다.

그런데 비국제적 무력충돌에 있어서는 포로의 지위라는 것은 없다.[167] 이 관념 또는 이에 유사한 관념을 이 의정서에 도입하려는 제안은 성공하지 못하였다.[168] 그러나 물론 이 조문은, 비국제적 무력충돌이라는 것을 고려하여 제네바 제3협약의 포로에 관한 규정들을 간략하게 단순화하여 묶어 놓은 것이다.[169] 모든 경우에 준수되어야 할 최소한의 규칙(제1

166) 이것은 제3세계의 주장에 의한 것이다(*Ibid.*, S. 74).

167) 반도가 교전단체로서 승인을 받았을 때는 물론 포로의 대우가 문제된다.

168) Cf. Conférence d' experts gouvermentaux, 24 mai-12 juin, 1971, Rapport sur les travaux de la Conférence, p. 50 et ss.; idem, 3 mai-3 juin 1972, Rapport sur les travaux de la Conférence, Vol. I, pp. 79 et ss., cité par Bothé, *op. cit.*, p. 95, notes 33 et 34.

169) *Ibid*, p. 95; Bothe, Ipsen und Partsch, a,a.O., S. 74; Forsythe, *op. cit.*, AJ, April 1978, p. 293.

항, (가)-(마))과 붙든 측의 능력의 한도 내에서 지켜져야 할 최소한의 규칙(제2항, (가)-(마))의 구별이 있다. 전자에는 다음에 설명될 제7조에 따른 부상자의 구호, 식량 및 음료수의 공급과 보건 및 위생에 관한 보호, 심한 기후 및 전쟁참화의 위험으로부터의 보호, 구호품을 받을 수 있다는 것, 종교적 관습을 할 수 있고, 요청되고 적절하면 정신적 원조를 받을 수 있다는 것, 노동의 경우에는 지방주민과 같은 노동조건 및 보호의 혜택을 받을 수 있다는 것이 규정되고 있다. 후자에는 부녀자에게는 원칙적으로 별개의 숙소가 마련될 것, 서신을 받고 또 보낼 수 있다는 것, 억류 및 구금의 장소를 전투지대에 가까운 곳에 정하지 않고, 위의 장소가 전쟁참화의 위험에 있게 되고 소개(疏開)가 안전하게 될 수 있으면 그렇게 할 것, 의학상의 진단의 혜택을 받을 것, 어떠한 정당화될 수 없는 작위 또는 부작위에 의하여서나 신체적 및 정신적 건강 및 보전이 위태롭게 되지 않을 것이 규정되고 있다.

자유가 구속된 자의 대우가 전반적으로 포로의 그것에 미치지 못하는데, 예를 들면 식량에 있어 위에서 자유가 구속된 자는 지방주민과 같은 공급을 받는데 포로는 좋을 건강을 유지할 뿐 아니라 체중 감소 또는 영양부족이 없도록 또 그의 식습관도 고려되어 공급을 받는다.[170] 또 위원회안에는 충돌 당사자들은 위에서와 같이 억류된 자들의 공평한 인도적 조직체의 대표들에 의한 방문에 편의를 주도록 노력하여야 된다는 규정[171]이 있었는데, 이 약한 의무조항조차도 국내 충돌에의 개입의 두려움[172]에서 삭제되었다.

제5조 3항에서는 무력충돌 때문에 억류 또는 구금되지는 않으나 출구

---

170) 포로의 대우에 관한 제네바 제3협약, 제26조.

171) 전안(前案) 제8조 4항, CDDH/402, quoted by Forsythe, *op. cit.*, AJ, April 1978, p. 282, note 46.

172) Mexico, CDDH/I/SR. 32, S. 32; Indien, a.a.O., S. 37, zitiert von Bothe, Ipsen und Partsch, a.a.O., S. 74, Anm. 192.

의 폐쇄, 폐쇄권(閉鎖圈)의 설치 등으로 이동의 제한을 받는 자들에게 제4조의 기본적 보장과 동조 1항 및 2항에 의한 일부 보호(부상자의 구호, 구호품을 받을 수 있는 것, 종교적 관습 등, 서신을 받고 또 보내는 것)가 주어진다.

다. 형사소추

형사소추의 규정(제6조)의 국내충돌의 경우에는 모든 국민들은 현행법에 그대로 복종하며 반도(叛徒)들에게도 충돌중의 행위에 관하여 포로가 향유하는 것 같은 어떤 종류의 면제가 주어지지 않는다는 전제에서 출발하고 있다. 이 의정서를 준수하여도 반도(叛徒)는 그러한 면제를 얻지 못한다.[173] 그러나 다른 면에 있어 반도가 독립 및 공평의 요구를 충족시키는 자체의 법원에 의한 재판을 할 수 있다는 것이 이 조문의 규정에 의하여 전제되고 있다. 이 의정서에 의한 권리 및 의무가 충돌의 모든 당사자에게 평등하게 적용된다는 규정(위에서 언급된 전안(前案) 제5조)은 삭제되었지만 이 원칙은 형사소추의 출발점이 되어야 한다.[174]

이 조문의 표제는 형사소추로 되어 있으나 절차규정만이 아니고 형법원칙도 포함되고 있다. 제1항에 의하면 이 조문은 무력충돌에 관련된 범죄행위의 소추 및 처벌에 적용된다는 것이다.

제2항의 처음 명제는 제네바협약의 공통된 제3조의 1항 (라)의 규정과 대개 같이 일반적으로 표현되었기 때문에, 그 다음의 규정((가)-(바))에 없는 절차원칙도 이 명제에서 유도될 수 있다. 이 규정에서 피고에게 지체없이 그의 피소사실을 상세히 알리고 방어의 모든 권리 및 수단을 줄 것, 개별적 형사책임에 입각하여서만 유죄판결이 내려질 것, 형법의 불소급

173) Cf. die Erklärung der IKRK, CDDH/I/SR. 34, paras. 4ff., zitiert von *ibid.*, S. 75, Anm. 193; Bothé, *op. cit.*, pp. 95~96.

174) Bothe, Ipsen und Partsch, a.a.O., S. 75. Cf. Forsythe, *op. cit.*, AJ, April 1978, p. 290, III, 주 164 참조.

등, 유죄가 판명될 때까지는 무죄의 추정, 피고인을 출석시켜 재판할 것, 어떤 자도 자신에 불리한 증언 또는 유죄 고백을 강제당하지 않을 것이 열거되고 있다. 이 규정은 1966년 12월 16일의 시민권 및 정치적 권리에 관한 규약[175]의 규정(특히 제9조, 제14조 및 제15조)을 부분적으로는 문자 그대로 되풀이하고 있으나 이 후자에 포함된 모든 보장이 되풀이되고 있는 것은 아니다. 후자의 적용은 일반적으로 허용될 것이다.[176] 그러나 이것은 일사부재리 원칙을 규정한 규약 제14조 7항에 관하여서만은 문제가 된다. 국제적십자위원회안(제9조 3항)에는 이 원칙이 있었으나 결국 삭제되었고, 이는 반란이 일어난 국가의 법원과 반도의 법원 사이에서도 이 원칙이 타당할 것인가에 관하여 합의가 이루어지지 않았기 때문이다.[177][178][179]

또 제6조 3항도, 상소권을 인정한 위의 규약 제14조 5항에 대하여, 다만 사법 또는 기타 구제수단을 알 권리만을 인정하고 있다. 반도에게 2심 이상의 법원조직을 가질 의무를 과한다는 것은 어려운 일이며 또 군사재판은 일반적으로 단심이다.

형벌문제에 있어 가장 격렬한 토론의 대상이 된 것이 사형문제였다. 적대행위에 참가하였기 때문에 형사소추되는 어떠한 경우나 적대행위가 끝나기 전에는 사형이 집행되어서는 아니된다는 규정(전안(前案) 제10조 5항)은 국제적십자위원회, 로마 교황청과 스위스의 완강한 반대에 불구하고 삭제되었다. 또 사면원(赦免願)에 대한 청구권도 삭제되었다. 범행 때 18세 미만이었던 소년, 소녀에게는 사형이 선고되어서는 아니되고 임산부에게

---

175) The text of the International Covenant on Civil and Political Rights, AJ, July 1967, pp. 870~890.

176) Cf. Erklärung der Bundesrepublik Deutschland, CDDH/I/SR. 64, para. 19, zitiert von Bothe, Ipsen und Partsch, a.a.O., S. 75, Anm. 194.

177) *Ibid.*, S. 76.

178) CDDH/402, quoted by Forsythe, *op. cit.*, AJ, April 1978, p. 282, note 44.

179) Bothe, Ipsen und Partsch, a.a.O., S. 76; Bothé, *op. cit.*, p. 95; Forsythe, *op. cit.*, AJ, April 1978, p. 282.

는 사형이 집행되어서는 아니된다는 규정(4항)은 위의 규약의 규정(제6조 5항)에 따른 것이나 전자에는 임산부와 같이 유아의 어머니도 보호되고 있다. 또 적대행위가 끝난 다음 적대행위에 참가하였던 자 또는 무력충돌에 관한 이유 때문에 자유를 박탈당한 자에게 가장 광범위한 사면을 줄 것을 건의한 조항(5항)도 채택되었다.

제6조에 대하여서는 많은 대표단의 격렬한 반대가 있었고 비준 때에 유보를 할 것이라는 것이 알려졌다.[180] 이러한 유보는 무력충돌에 있어 희생자를 보호하기 위한 법의 발전에 배치함은 말할 것도 없다. 이 보호를 위하여 이 의정서와 위의 규약이 상호보충적으로 적용되어야 한다.[181]

E. 부상자, 병자와 난선자의 구호

제3부(제7조~제12조)에는 부상자, 병자 및 난선자(難船者)의 구호에 관한 규정이 포함되고 있다.

제네바협약의 공통된 제3조에는 부상자와 병자는 수용되고 간호되어야 한다고만 규정되고 있다. 제2위원회[182]는 상당히 상세한 규정을 작성했고, 이 규정은 본질적인 점에 있어 제1의정서의 해당 규정과 동일하였다. 다만 수상 및 공중에서의 의료임무 수송과 식별에 관한 상세한 규정[183]은 없었다. 또 교섭의 마지막 단계에 있어 이 의정서의 기초과정에서 제3부에 관하여서도 몇 가지 축소[184]가 있었으나 본질적 요소는 유지되었다.

---

180) Cf. die Abstimmungserklärung im 1. Ausschuss, CDDH/I/SR. 64, paras. 19~105 und die schriffliche Erklärungen im Plenum, CDDH/SR. 50 Annex, zitiert von Bothe, Ipsen und Partsch, a.a.O., p. 77, Anm. 200.

181) Cf. Bothé, *op. cit.*, p. 96.

182) I, 주 105 참조.

183) 제1의정서 제22조~제31조, 제18조.

184) 무엇보다도 정의에 관한 규정(제11조)이 삭제되었고 기타 조문의 이전 및 그 요소의 삭제가 있었다(Bothé, *op. cit.*, p. 96; Bothe, Ipsen und Partsch, a.a.O., S. 77, Anm. 201).

제7조에 의하면 부상자, 병자와 난선자는 그들이 적대행위에의 참가 여부에 관계없이 존중되고 보호되어야 한다(1항). 그들은 모든 환경에서 인도적으로 대우되어야 하며 실행될 수 있는 최대한으로 그리고 최소의 지원으로써 의료를 받아야 한다(2항). 제8조에 의하면 사정이 허용하면 어느 때나 또 특히 전투 후에는 부상자, 병자와 난선자를 수색하여 수용하고, 그들을 약탈과 학대에서 보호하며 적절히 간호하기 위하여, 또 사망자를 수색하고 그들의 약탈을 방지하며 그들을 예의를 갖추어 다루기 위하여 모든 조치가 취하여져야 한다.[185] 제9조에는 의무요원과 종교요원(medical and religious presonnel)의 존중과 보호의 원칙 등이 규정되고 있다. 제11조에 의하면 의무부대와 의무수송수단(medical units and transports)은 언제나 존중되고 보호되어야 하며 공격의 대상이 되지 않고(1항), 적대행위를 위하여 사용될 때에는 위의 보호를 상실하게 되나 미리 경고가 있어야 한다(2항).

제10조에는 의료의무의 일반적 보호가 규정되고 있다. 어떤 사정하에서나 누구도 의료윤리에 맞는 의료행위 때문에, 그 수혜자가 누구이든 처벌되지 않는다(1항). 의료행위에 종사하는 자는 의료윤리의 규칙, 부상자와 병자의 이익이 되도록 정하여진 규칙 또는 이 의정서에 반한 행위 등을 하도록 강제되지 않으며, 또 위의 규칙 또는 이 의정서에 의하여 요구된 행위를 하지 않도록 강제되지 않는다(2항). 의료활동에 종사하는 자가 그의 의료를 받고 있는 부상자와 병자에 관하여 얻은 정보에 관하여 그의 직업적 의무는, 국법에 따라, 존중되어야 한다(3항). 또 국내법에 따라, 의료활동에 종사하는 자는 그의 의료를 받거나 받았던 부상자와 병자에 관한 정보를 주는 것을 거부하거나 주지 않기 때문에 어떠한 방법으로나 처벌되지 않는다(4항). 이 의료정보의 존중과 그 제공 거부 등 때문에 처벌되지

185) 이 조문은 제네바협약 제1호 및 제2호의 부상자, 병자 및 난선자의 수색에 관한 원칙을 간략화한 형태로 옮겨 놓은 것이다.

않는다는 것은 국법의 유보 때문에 상당히 그리고 아마 우려할 정도로 약화되었다.[186]

제12조에는 백색 바탕에 적십자, 적신월(赤新月) 또는 적사자태양(赤獅子太陽)의 식별표장에 대한 보호가 규정되었다.

F. 민간인의 보호

가. 적대행위와 민간인의 보호

제4부 민간인의 보호(제13조~제18조)에는 적대행위 및 민간인의 보호와 구호행위 및 구호단체에 관하여 규정되고 있다. 이 의정서의 축소단계에서 영향을 가장 많이 받은 것이 전투와 민간인의 보호에 관한 규정이다. 특히 전투의 방법 및 수단에 관한 기본적 규칙, 배신행위의 금지, 전체로서의 민간인의 정의, 민간 사용의 대상물의 일반적 보호에 관한 조문들이 삭제되었다. 또 이 분야의 조문의 중요한 요소가, 생명구조 불허의 명령의 금지와 같이 타 분야에 받아들여지기도 하였다.[187]

제13조에 의하면 민간인은 전체적으로 또 개별적(civilian population and individual civilians)으로 군사작전에서 일어나는 위험에 대하여 일반적으로 보호되어야 하며(1항), 민간인은 공격의 대상이 되지 않고 그 주된 목적이 민간인 사이의 공포를 퍼뜨리기 위한 폭력의 행위 또는 위협은 금지된다(2항). 민간인은, 그가 적대행위에 직접 참가하지 않으면 그리고 그 불참가 동안에만 이 제4부의 보호를 향유한다(3항). 이 조문은 민간인의 보호의 기본이념을 표명한 것인데,[188] 다음과 같은 점이 지적되어야 할 것이

186) Cf. die Erklärung Norwegens, CDDH/I/SR. 46, para. 2, zitiert von Bothe, Ipsen und Partsch, S. 78, Anm. 202.

187) Bothé, *op. cit.*, p. 97. Cf. Bothe, Ipsen und Partsch, a.a.O., S. 78.

188) 전안(前案) 제26조의 5개항 중 처음 3개 항에 해당한다(*Ibid.*, S. 78, Anm. 78; Bothé, *op. cit.*, p. 97).

다. 첫째, 위 민간인의 일반적 보호규칙은, 구체적인 개별적 금지의 필요한 규칙들의 결여에 의하여 또 비국제적 무력충돌을 언제나 특징지을 전투 민간인과 그렇지 않은 민간인 사이의 변동에 비추어 그 위반 가능성이 매우 크다. 둘째, 민간인을 공격대상으로 하지 않는다는 금지의 실효성에도 부단한 위의 변동성은 불리하게 작용한다. 셋째, 공포를 퍼뜨리기 위한 폭력의 행위 또는 위협은 무력충돌의 초기단계에서는 언제나 보통 약한 반도측의 수단이므로, 이 수단 금지의 존중에 도움이 될 상호성의 기대를 정부측이 갖기 어렵다.[189] 넷째, 특히 이 조문에서의 민간인에 대한 공격의 금지를 비롯하여 소위 헤이그법의 어떤 본질적 요소가 다음 조문들에 의하여서도 제네바법인 이 의정서에 들어오게 되었고, 이것은 위의 두 법의 혼합 내지 전시법의 본질 및 정치적 · 군사적 발전에 의한 융합이라고도 생각된다.[190]

제14조에 의하면 전투방법으로서 민간인의 기아는 금지되며, 따라서 그러한 목적으로 민간인의 생존에 불가결한 대상, 즉 식량, 농업지역, 수확물, 가축, 음료수 시설 및 공급, 관개시설 등의 공격 등은 금지된다.

제15조에 의하면 위험한 물리력을 갖고 있는 사업장 또는 시설, 즉 댐, 제방과 원자력발전소는, 이러한 대상이 군사목표인 경우에 있어서도, 이에 대한 공격이 위험한 물리력을 방출하게 하고 그 결과 민간인 사이에 심한 손실을 가져올 때에는 공격의 대상이 되어서는 아니된다.

제16조에서는 인민의 문화 또는 정신적 유산을 이루는 역사적 기념물, 예술작품 또는 예배장소를 목표로 하는 적대행위와 이러한 것들을 군사적 목적으로 이용하는 것이 금지된다.

제17조에 의하면 민간인의 강제이동(deplacement)은, 관계 민간인의

189) Bothe, Ipsen und Partsch, a.a.O., S. 78~79.

190) Cf. Bothé, *op. cit.*, p. 97. 1. 참조.

안전 또는 불가피한 군사적 이유에 의하지 않으면, 충돌에 관한 이유 때문에 명령되어서는 아니되며, 이러한 강제이동이 행해져야 한다면 민간인이 피난처, 위생, 보건, 안전과 영양의 만족스러운 조건하에서 받아들여지도록 모든 조치가 취하여져야 한다(1항). 그리고 민간인은 충돌 때문에 그들 자신의 영역을 떠나도록 강제될 수 없다(2항).

나. 구호행위와 구호단체

제18조에 의하면 적십자 조직체 같은 체약국의 영역에 설립된 구호단체는 무력충돌의 희생자의 보호에 관한 그들의 전통적 기능을 수행하기 위한 그들의 역무를 제의할 수 있으며, 민간인은, 그의 제안에 의하여서도, 부상자, 병자와 난선자를 수용하고 그들을 간호할 것을 제의할 수 있다(1항). 또 민간인이 식량과 의약품 같은 그의 생존에 불가결한 공급품의 결여 때문에 과도한 곤궁을 겪고 있으면, 민간인을 위한 오로지 인도적이고 공평하며 아무런 차별이 없는 구호행위는 관계 체약국의 동의에 따라 행하여져야 한다(2항).

이 조문은 이 의정서의 어려웠던 부분에 속하였으며 따라서 위에서의 축소과정에서 상당히 약화된 규정이 도출되었다. 제1항은 제2위원회에서 채택된 두 개의 조항, 즉 부상자 등의 구호에 있어 민간인과 구호단체의 구실에 관한 조문(전안(前案) 제14조)과 지방의 구호단체의 구호활동은 허가되어야 한다는 것을 포함한 보다 일반적인 조항(전안(前案) 제33조 1항)[191]을 묶은 것이다. 충돌 희생자를 위한 구호활동의 보호를 위한 규정에서 남은 것은, 위에서와 같이, 해당 구호활동을 제의할 수 있다는 것뿐이다.[192]

---

191) "적십자…조직체와 같은 체약국의 영역에 설립된 구호단체는 구호활동을 하도록 허가되어야 하며 어떤 자나 이러한 활동 때문에 곤경에 처하여지거나, 소추되거나, 유죄판결을 받거나 또는 처벌되지 않는다" (CDDH/402, quoted by Forsythe, *op. cit.*, AJ, April 1978, p. 283, note 48).

제2항의 규정은 이 의정서에 관하여 가장 어려웠던 교섭 끝에 비로소 유지되었다. 많은 대표단은 민간인을 위한 구호행위에 관한 조문들은 이 의정서의 핵심을 이루는 것으로까지 생각하였다. 타방에 있어 구호행위에 따를 수 있는 외부 간섭에 대한 제3세계의 두려움은 가장 생생한 것이었다. 그러나 제2위원회는 비국제적 무력충돌에서의 구호행위에 관한 규정을 채택하였고, 이 규정은 국제적 무력충돌에 관한 규율의 요소들의 상당한 부분, 특히 구호물품의 통과와 구호에 참가하는 인원의 보호에 관한 규칙들을 포함하였다. 그런데 최종 채택 때에 남은 것은, 위에서와 같이, 민간인을 위한 구호행위는 관계 체약국의 동의에 따라 행하여져야 한다는 기초적 원칙뿐이다.[193] 여하튼 이 규정은 구호행위의 의무적 성격을 갖고 있으나 "동의"의 유보가 붙어 있다. 제2위원회에서 채택된 조문에서는, 제1의정서 제70조 1항에서와 같이, "관련 당사자"의 동의를 요한다는 것인데 전체회의에서 '관련 체약국'의 동의로의 변경이 있었다. 변경은, 위에서 본 바와 같이, 이 의정서의 축소과정의 형태에 부합한 것이다. 오늘날 결정적 문제는 '관련' 체약국이 무엇이냐 하는 것이다. 구호활동을 제한하려는 해석에 의하면, 어떤 체약국의 영역상에서의 모든 구호행위에 있어, 즉 기존정부에 의하여 통제되지 않는 영역의 부분을 통한 반도를 위한 구호행위에 있어서도 이 체약국은 관계된다는 것이다. 제3세계의 많은 국가들은 이러한 의미로 이 규정을 이해하였다.[194] 그러나 이것은 물론 유일한 해석은 아니고, 또 이 규정은 구호행위를 촉진하기 위하여 특히 노력하였던 핀란드 대표에 의하여 제안된 것인데, 이 해석은 이 제안자의 의도에도 반한다.[195] 이 규정은, 구호행위가 어떤 체약국의 기존 정부에 의하

192) Cf. Bothe, Ipsen und Partsch, a.a.O., S. 80.
193) Bothé, *op. cit.*, pp. 97~98.
194) Bothe, Ipsen und Partsch, a.a.O., S. 80.
195) Bothé, *op. cit.*, pp. 98~99.

여 통제되는 영역의 부분을 통하여 행하여질 때에만, 이 체약국은 관계된다는 의미로 충분히 해석될 수 있다. 또 관계 체약국의 동의는 사실상 정당화된 이유에서만 거부될 수 있으며, 이것은 해석 선언에서도 명백해졌다.[196]

G. 기 타

다음에 전문(前文)에서 유의할 점, 제1부의 의정서의 (적용)범위에 있는 불간섭에 관한 제3조, 주로 절차에 관한 제5부(제19조~제28조) 중에서 유의할 규정과 축소과정에서 삭제된 제7부의 이 의정서의 실시에 관한 규정에 관한 설명이 추가되어야 할 것이다.

① 전문에 소위 '마르텐스' 조항,[197] 즉 "법에 의하여 규율되지 않는 경우에는 인간은 인도의 법칙과 공공양심의 명령의 보호하에 있다"는 것이 포함되고 있다. 위의 조항에서 국제관습이 빠져 있는 것이 주목된다.

② 제3조에 의하면 이 의정서의 어떠한 규정도 합법적 수단으로써 법과 질서를 유지 또는 재건하고 국민적 단합과 영토보전을 방위할 국가의 주권 또는 정부의 책임에 영향을 미칠 목적으로 원용되어서는 아니되고(1항), 또 그의 영역에서 무력충돌이 일어난 체약국의 이 충돌 또는 그의 대내 또는 대외 사항에의 직접적 또는 간접적 간섭을 어떤 이유로서나 정당화하기 위하여 원용되어서는 아니된다(2항). 이 의정서가 국가의 주권에 불리하게 영향을 미칠 수 있다는 제3세계의 의구심을 덜기 위하여 국제적십자위원회도 그의 안에 불간섭에 관한 조문을 포함시켰으나 채택된 위의 규정은 제3세계의 원하는 바를 더욱 명료하게 하였고,[198] 또 그 내용이 파

196) CDDH/SR. 53, Annex, S. 1. Cf. auch CDDH/II/SR. 87, para. 27, zitiert von Bothe, Ipsen und Partsch, S. 81, Anm. 204.

197) C. 주 162 참조. 제1의정서에서는 제1조 2항에 이 조항이 표명되고 있다.

키스탄안의 주된 이유의 하나이기도 하다.[199] 그러나 이 규정은 명백한 것을 표명한 데 불과하다. 물론 이 규정은 외국의 간섭을 정당화하려는 법적 주장의 남용에 대하여 어떤 방패의 구실을 할 수 있을 것이나, 그 자체가 또 하나의 의미에 있어서의 남용된 주장의 기초가 될 수 없다. 이 조문이 이 의정서 위반의 정당화를 위한 도피조항으로 이용될 위험이 있다. 명기되어야 할 것은 제1항은 법과 질서의 유지 또는 재건을 위한 합법적 수단만을 말하고 있으며, 이 의정서의 위반이 될 수단은 합법적이 될 수 없다.[200] 이 의정서가 외국의 간섭의 정당화에 이바지할 수 있다고 생각하는 제3세계의 의구심은 타 규정의 토의에도 반영되었다. 예를 들면, 어떤 조건을 충족시키는 구호행위 또는 구호의 제안은 무력충돌에의 개입이라고 간주될 수 없다는 조항(전안(前案) 제33조 2항)은 삭제되었다.[201]

③ 제5부의 제19조에는 이 의정서는 가능한 널리 보급되어야 한다는 간결한 규정이 있다. 이 규정은 없어진 제7부(전안(前案) 제37조)에서 최종규정으로 삽입된 것이다. 이 조문에는 위의 보급에 관하여 어느 때 어떻게 배려되어야 할 것인지 명확성이 결여되고 있다. 제1의정서에서 이 조문에 해당하는 제83조에는, 제네바협약과 이 의정서의 연구를 평시에도 군사교육의 계획 속에 넣어야 할 것, 민간인에 의한 그 연구를 종용하여야 한다는 것, 무력충돌 때 이 협약과 의정서의 적용에 관하여 책임을 지는 당국들은 이 협약과 의정서를 숙지하여야 된다는 것 등이 규정되고 있다. 이 내용은 위의 제19조에 관하여서도 해석상 타당하다고 생각된다.

또 제1의정서의 제6부 최종규정의 제96조 3항에 의하면 식민지 지

198) Bothé, *op. cit.*, p. 93.

199) CDDH/SR. 49 at 5, quoted by Forsythe, *op. cit.*, AJ, April 1978, p. 278, note 30.

200) Bothé, *op. cit.*, p. 94. Cf. CDDH/I/SR. 29 at 23~24, CDDH/I/SR. 30 at 2~3, 11 and CDDH/I/SR. 30 at 8, 9, quoted by Forsythe, *op. cit.*, AJ, April 1978, p. 289, notes 79 and 80.

201) CDDH/SR. 53, cité par Bothé, *op. cit.*, p. 94, note 32.

배, 외국점령 또는 인종차별 제도에 대항하며 인민이 싸우는 무력충돌에 있어 이러한 인민을 대표하는 당국은 기탁자에게 보내는 일방적 선언에 의하여 이 충돌에 관하여 제네바협약과 이 의정서를 적용한다는 약속을 할 수 있고, 이 선언에 의하여 이 협약과 의정서는 관계 충돌의 쌍방의 당사자에 대하여 평등하게 구속력을 갖는다는 것이다. 이 조항과 같은 것이 제2의정서에도 도입되었어야 할 것이다.[202] 이 의정서의 반도에 대한 법적 구속력의 근거는 위에서 말한 바와 같으나,[203] 이러한 조항이 있음으로써 이 의정서의 적용이 강화될 것이다.

④ 없어진 제7부에는 위의 보급에 관한 조문 외에 이 의정서의 존중을 위하여 필요한 조치(전안(前案) 제36조), 특별협정(전안(前案) 제38조)과 국제적십자위원회가 그의 역무를 제의할 권리에 관한 규칙은, 따로 표명되지 않아도, 이 의정서 제1조 또는 제네바협약에 공통된 제3조를 통하여 타당하다는 것이 정당하게 지적되었다.[204]

4. 결 론

제2부가의정서는 최종규정을 제외하고도 18개조이며 이것만으로 이미 제네바협약의 공통된 제3조에 대하여 상당한 발전이 있다는 것은 명백하다. 인도적 대우의 기본적 보장이 더 강화되었고, 공평한 재판을 위하여 보다 구체적인 규정이 설정되었고, 부상자와 병자의 보호가 보다 잘 확보

202) Bothe, Ipsen und Partsch, a.a.O., S. 81.

203) C 참조.

204) Résumé des travaux, Revue Internationale de la Croix Rouge Nr. 703(Juli 1977), S. 415; Abstimmungserklärungen Italiens, CDDH/SR. 50, Annex, S. 3 und Belgiens, CDDH/SR. 49, Annex, S. 2, zitiert von Bothe, Ipsen und Partsch, a.a.O., S. 81, Anm. 205. Cf. Bothé, *op. cit.*, pp. 99~100.

되었고, 민간인의 전쟁참화에서의 면제의 원칙이 명문화되었고, 민간인을 위한 보호와 구호행위가 보다 나은 기초를 갖게 되었다. 또 '1966년의 시민권 및 정치적 권리에 관한 국제규약'과의 관계에 있어서도 이 의정서는, 무력충돌의 특수한 사정이 강조되어, 전자에 못 미치는 점도 있으나 전자의 보완을 받을 것이며, 또 전자보다 충돌의 희생자의 보호를 강화한 점도 갖고 있다.

그러나 국가군의 대립과 타협의 산물이기도 한 이 의정서는 제1의정서와 함께 식민지지배, 외국점령 및 인종주의 제도에 대한 인민의 무력투쟁을 국제적 무력충돌로서 규정함으로써 전시법의 조약 중에 단기적 정치목표를 위하여 전쟁을 할 권리에 관한 법의 새로운 규칙을 포함하고 있다. 다음에 전시국제인도법(제네바법)인 이 의정서에 기타의 전시법의 혼입은 후자의 새로운 편찬 내지 입법의 결여에 인한, 또 전시법의 본질에 입각한 이 두 법의 융합이라고 보아야 할 것이나, 두 법의 구별의 전통적 체계를 고집하는 입장에서는 이 혼입을 이 체계에 배치한다는 것이 강조된다. 또 이 의정서의 적용기준이 높아져 소위 '고전적' 내란의 경우에만 이 의정서가 적용되게 되었고 따라서 실제의 적용 가능성은 적다. 그 내용에 있어서도 이 의정서는 마지막 단계에서 대폭 축소되었고 붙들은 사람들에 대한 공평한 인도적 조직체의 대표들의 방문에 충돌 당사자는 편의를 주도록 노력하여야 한다는 규정, 충돌 중 사형집행의 금지규정, 지방구호단체의 구호활동은 허가되어야 한다는 규정, 어떤 조건을 충족시키는 구호행위 또는 구호의 제안은 무력행사에의 개입이라고 볼 수 없다는 규정 등 중요한 것이 삭제되었다.

그렇다면 보다 나은 의정서는 기대될 수 없었던가? 이러한 의정서를 위한 충분한 노력은 있었던가? 식민지 해방전 등의 국제적 무력충돌로서의 규정과 이 의정서의 적용기준을 높인 것은 이미 각각 제1회기와 제2회기에 이루어졌고, 국제연합에서 자결권에 입각한 식민지 해방 등을 특히 지지하는 다수 국가들의 힘이 그 다수로써 회의를 압도하였다. 그리고 이 의정서의 축소도 그 다수에 의해 이루어졌다. 많은 대표단들은, 위원회에서 작성된 안이 그 전체에 있어 마지막 투표에서 필요한 3분의 2를 얻을 수 없으리라는 가정하에서, 파키스탄의 축소안을 수락한 것이다.

그렇다면 필요한 다수의 결여 때문에 이 의정서의 거부의 위험은 있었던가? 이 점에 관하여서는 추측만이 가능하다. 그러나 많은 대표단들은, 그들의 최종선언에서, 의정서의 이념 자체에 대하여 기본적 반대를 언제나 가지고 있었다는 것을 확인하였으며, 또 상당수의 대표단들이 그들을 반대에서 적어도 불반대의 태도로 가게 한 것은 오로지 축소안을 제출한 파키스탄의 발의였다는 것을 강조하였다.[205] 외교회의에 서독 대표단의 한 사람으로서 출석하였던 Bothé에 의하면 이러한 입장을 취한 것은 대표단들의 아마 적어도 3분의 1은 되었으리라는 것이다.[206] 이 의정서가 최종투표에서 거부된다는 것은 보다 부족하고 결함이 있는 의정서의 채택보다 불행한 것이다.

이 의정서에 이르기까지 내란에의 전시법규의 적용은 우여곡절을 겪으면서도 대체로 발전하여 왔다. 현대 전시법규는 중세에 그 기원을 갖고 가톨릭 교회와 기사도가 이 법의 인도화에 영향을 미쳤고 30년전쟁에 뒤따라 일련의 관습법규가 발전하기 시작하였으며 뒤에 조약에 의한 편찬과 발전이 있었다. 이러한 전시법은 본래 국제전쟁의 상태에 대처하기 위하여 생긴 것이며, 내란에 적용될 규칙들은 주권국가들 사이의 전쟁을 규율하기 위하여 발전된 규칙들에서 주로 유도된 것이다.[207] 즉 내란은 본래 한 국가의 국내문제, 특히 그 국가의 형법문제로서 전시법의 적용은 배제

205) E.g. l'intervention du délégué du Zaïre, CDDH/SR. 56, pp. 44 et ss., cité par Bothé, *op. cit.*, p. 101, note 39.

206) *Ibid.*, p. 102.

207) Kunz, Kriegsrecht, a.a.O., S. 354; Petrowski, *op. cit.*, p. 439. 물론 그리스 및 로마 시대에도 전시법은 있었고 또 일찍이 동교도(同教徒) 세계, 중국 등에도 전시법은 있었으나(북

될 것으로 생각되었으나, 내란에 있어서도 인도화의 필요는 18세기 중엽부터 일부 정치가 및 법학자로 하여금 전시법의 어떤 일정한 수의 인도적 규칙의 내란에의 적용을 주장하게 하였다.[208]

전쟁참화를 수반하는 충돌이 일어났다 하더라도 전승에 꼭 필요하지 않은 살상과 파괴는 삼가야 하며, 충돌의 희생자는 인도적으로 대우되어야 한다. 특히 부상자와 병자 등은 구조되고 의료를 받아야 한다는 전시법의 존재이유는 전쟁이나 내란에 있어서 다를 바가 없다. 그리하여 전시법규를 비국제적 무력충돌에 전체적 또는 부분적으로 적용하는 효과를 가져오는 반도의 교전단체 또는 반란단체로서의 승인제도가 생겼다. 그런데 이 승인은 임의이므로 합법정부 또는 제3국의 자의적인 판단에 의존할 수 있으며 또 실제에 있어 거의 없다. 그러나 전시법규의 존재이유에서 볼 때 무력충돌이 어떤 일정한 사실성의 조건을 갖추었을 때 어떤 일정한 전시법규가 적용되어야 할 것이며, 실례에 비추어 그러한 방향의 경향이 있었으나 이러한 경향이 어떤 관습법규로 발전하기에는 전시법에 관한 무법상태가 너무 현저하였다. 제네바협약에 공통된 제3조는 그 적용요건을 명문화하지 않았다는 것과 그 내용이 일반적이고 어떤 최소한의 인도적 규칙에 그쳤다는 점에 있어 결함을 갖고 있으나, 그 적용이 위에서와 같은 승인에 의존하지 않는다는 데 획기적인 의의가 있다. 1977년의 제2부가의정서는, 위에서 본 바와 같은 변질 · 약화 · 축소를 겪었으나, 위의 제3조에 대하여 현저한 발전을 이루고 있다.

이러한 발전의 전망에서 다음과 같은 점이 지적된다.

첫째, 반란 또는 내란에 전시법 적용이 관습 또는 조약에 의하여 규정된 한에 있어서는 반란 또는 내란은 이미 국내문제일 수 없다. 따라서 위

미 인디언의 한 종족인 이로쿼(Iroquois)에도 전시법은 있었다. Siotis, *op. cit.*, p. 53), 이러한 것들이 현대 전시법규와 직접 역사적 관련이 있는 것이 아니다.

208) *Ibid.*, p. 55.

의 제2의정서의 해석 및 적용에 있어서도 국내법 우위의 옹호의 경향[209]이 사라지고, 전쟁참화의 희생자를 위한 합목적성이 인식, 실천되어야 할 것이다.

둘째, 반란 및 내란에 있어 전시법규의 실효적 적용을 기하기 위하여서는 국제적십자위원회 같은 인도적인 조직체의 개입이 절실하게 요구된다. 이것은 경험이 증명하고 있다.[210] 제네바협약에 공통된 제3조와 위의 제2부가의정서 등의 지식의 보급, 위반의 경우에 국제책임의 강조와 구체적인 경우에 역무의 제공이 요망된다. 위의 지식의 보급은 일차적으로는 물론 각 국가가 할 일이나 이 위원회에 의하여 국가들에 의하여 소홀히 될 수 있는 점들이 보완될 것이다. 또 이 위원회의 개입으로써 충돌 당사자의 전시법규 준수의 의식이 높아지고 따라서 보다 충실한 그 준수가 이루어질 것이다.

셋째, 반란 또는 내란에 있어서도 전쟁에 있어서와 같이 전시법규 적용의 실효성을 위하여 반란 또는 내란 당사자들의 합의에 의한 이 법규 위반의 조사제도[211] 같은 것이 특히 입법론적으로 요망된다.

---

209) 외교회의에서 많은 국가들이 강한 이러한 경향을 보였다. 제10조 안(案)과 처벌규정에 관하여 인도 대표는 다음과 같은 제안을 하였다. "본조의 적용은 국가가 그의 국내법을 적용할 권리를 해하지 아니한다"(CDDH/I/SR. 34 at 6, quoted by Forsythe, *op. cit.*, AJ, April 1978, p. 291, note 88).

210) 한 예로서 1962~1969년 예멘 내란 때 포로의 살해, 상해 등 잔인한 행동이 있었으나 뒤에 포로수용소가 세워지고, 포로의 대우가 개선되었는데, 이 개선의 가장 중요한 요인이 국제적십자위원회의 대표의 포로 방문, 그 교환의 알선, 가혹한 취급에 대한 항의 등이었다. 이 위원회의 대표는 예멘에 있어 국제법의 살아있는 대표였다고 Boals는 말하고 있다(Boals, *op. cit.*, pp. 315~316). 또 1968년 국제연합 총회의 결의(Resolution 2444(XXIII)(1, 주 1)에 의하여 사무총장에게 무력충돌에 있어 인권에 관한 법의 발전에 관하여 보고가 요청되었고, 사무총장은 국제적십자위원회와 접촉하게 되었는데, 이에 관련하여 총회의 제3위원회는 1970년 총회에의 보고에서 사무총장과 국제적십자위원회의 협력에 만족을 표시하고 다음과 같이 말하고 있다. "…이 관련에 있어 위원회의 구성원들은 국제적십자위원회에 대하여 현존 인도법의 발전 및 편찬에 있어서의 거의 10년에 걸친 그의 중요한 선구적 구실에 관하여 찬사를 바치는 바이다"(quoted by Hussain, *op. cit.*, pp. 50~51).

넷째, 반란 또는 내란에 있어서도, 전쟁에 있어서와 같이, 중대한 전시범죄자에 대한 보편적 관할권[212]이 확립되어야 할 것이다.

다섯째, 무력행사의 상황과 그 행사의 희생자가 처하여 있는 상태에 따라 같은 규율과 보호가 있어야 할 것이며, 1948년 스톡홀름에서의 제17차 국제적십자회의에서 국제적십자위원회가 내놓은 안은 이러한 이념을 표명한 것인다. 국제 인도법을 비국제적 성격의 무력충돌에 전체적으로 적용할 것을 규정하고 있으나,[213] 오늘날에 있어 이 이념이 곧 실현될 것은 기대될 수 없지만 그러한 방향으로 전시법은 발전되어야 할 것 아닌가? 이러한 방향으로 가는 동안 전쟁과 내란 사이의 회색지대에 관한 특별한 규율이 필요할 것이며 또 반란에 미치지 않는 폭동 등의 경우에 인권존중의 규율도 필요할 것이다. 이 두 가지 규율안이 국제적십자위원회에 의하여 제안된 일이 있고,[214] 국가들의 저항으로 좌절되었으나 전시법의 이념과 인권존중에 비추어 위의 규율의 실현이 요망된다. 이러한 발전의 전망에서 볼 때 제1부가의정서는 물론 제2부가의정서의 일반적 수락이 기대된다(참고: 2009년말 현재 2개의 부가의정서 가입국은 각각 164개국으로 국제사회의 '일반적 수락' 수준이라고 보인다).

---

211) 이러한 조사는 제네바협약에 다같이 규정되고 있다(예: 전지(戰地)에 있어 부상자 및 병자의 상태의 개선에 관한 제1협약 제52조).

212) 이 관할권은 제네바협약에 다같이 규정되고 있다(예: 제1협약 제49조~제50조).

213) Projet de Conventions révisées ou nouvelles, protégeaut les victimes de la guerre, Genève 1948, No. 4, p. 6, cité par Siotis, *op. cit.*, p. 192, note 28. 위 이념은 정부전문가회의(1971년 5월 24일~6월 12일)에서 노르웨이에 의하여 표명되었으나 많은 지지를 못 받았다(Conférence d'experts gouvermentaux, Rapport sur les travaux de la Conférence, pp. 42, 70, cité par Bothé, *op. cit.*, p. 88, note 19).

214) Conférence d'experts gouvermentaux, 3 mai-3 juin 1972, Vol. I, pp. 98. et. s.; Vol. II, p. 22, cité par *ibid.*, p. 88, note 20.

찾아보기(사항)

[ㄴ]

찾아보기(인명)

박재섭 (朴在攝; PARK, ZAI-SUP)

1916년생
진주고등보통학교
경성제국대학교 예과 문과 수료
경성제국대학교 법학 학사
고려대학교 대학원 박사
고려대학교 법대 교수(1948~1981)
고려대학교 명예교수

박기갑 (朴基甲; PARK, KI GAB)

1957년생
경기고등학교
고려대학교 법학과 수료
고려대학교 대학원 석사
프랑스 파리 제2대학교 박사
네덜란드 헤이그 국제법아카데미 디플로마
한림대 법학과 교수(1990~1998)
고려대학교 법학전문대학원 교수(1998~현재)

저자협의
인지생략

전쟁과 국제법

2010년 3월 15일 초판인쇄
2010년 3월 20일 초판발행

저 자 박재섭(著) · 박기갑(新編)
발행인 조병철
발행처 삼우사
서울특별시 용산구 청파동3가 82-1
전화 718-8553(대) Fax 718-8554
등록 1994. 9. 23. 제17-189호

정가 26,000원 ISBN 978-89-91083-27-1